KB262840

부타에 삐치다

부타에 삐치다

양 호

차정연

부타에 삐치다

발행일 2013년 12월 17일 **지은이** 양 호 **펴낸이** 이재익 **펴낸곳** 도서출판 차정연 **인쇄** 한국학술정보(주)

등록번호 251002013000048 **등록일자** 2013년 7월 11일 **ISBN** 979-11-950799-2-6

주소 서울시 성북구 서경로 124, 1015호(한림관)

전화 02-940-7185 **홈페이지** www.rndnext.com

차 례

5

서문

"빨간색을 오래 보면, 눈이 감기고, 파란색이 아른거린다." 샤카 부타의 중도 해탈핵심인 뇌 신경망의 반대색(보색) 잔상현상이다. 돌부처의 모습을 보고 있으면, 쓰다듬고, 체온을 느끼고, 거울에 비친 자신의 이야기를 듣게 된다. 이러한 시청각이 스마트폰 세기를 넘어 오면서, 촉각이 다중감각으로 크게 연동한다.

뇌과학 연구는 스위스의 다용도 나이프처럼 뇌 구조 자체가 각 각 따로 노는 것이 아닌, 모든 인드라 네트워크의 연합작동에 의해서 알아차리고, 마음이 성립된다는 부타의 이론에 접근하고 있다.

사람 정신머리의 다중감각을 물감(화학)색으로 대비해 보면, 빨강 노랑 파랑이 각기 신경회로에 작동할 때, 그 삼원색의 제 2차색인 주황색, 초록색, 보라색의 신경동네, 그리고 3차색인 검은색에 가까운 혼탁과 엉킴의(L. D. Rosenblum, 2013) 탐·진·치 합성으로 조성된다는 것이다.

인도의 망고나무 숲 속에서, 샤카 부타의 오래된 발견은, 정신머리의 진화가 쾌감, 창조, 개혁을 욕망하는 도파민 뇌신경의 에너지 과잉이 불안, 긴장, 진에의 노르아드레날린 신경(불쾌와 스트레스)을 활성화 시킨다는, 오늘의 뇌 과학을 이미 알아차리셨다는 점이다.

샤카 부타의 메시지는 이를 치유하고, 단 칼에 해결시키는 신비한 연합 뇌 시스템을, 오랜 고행 끝에 체험하셨고, 이를 지구촌 사람들에게 알리려 먼 길을 떠나라 하셨던 것이다. 오늘의 뇌 과학은 열 받고 혈압이 올라 호흡이 거칠 때, 세로토닌 신경물질이 여러 조직을 동반하면서 스트레스 엉킴들을 해소해 준다. 이를 빛(물리)의 삼원색에 대비시켜 설명해 보면, 도파민의 붉은색 과잉이 노르아드레날린의 청색, 불안 불쾌한 스트레스의 상태, 그리고 이를 치환(禪)하는 초록색 세로토닌 신경계의 비상한 호르몬 작동이, 결국 빛의 삼원색이 다중 연합되었을 때는 무색 투명의 통합 생리작용이라는 해탈의 '마음 삼원색' 가설로 귀결된다는 것이다.(A. Sumanasara, H. Artita, 2010)

2,500년 동안 샤카 부타의 뇌 과학 원리의 알음(seeing)은 6년 이상 밀림의 생태계를 관찰하셨던 자연생태학자로서의 바탕이 깔려 있다고 본다. 따라서 지금의 전자 스마토피아 세기, 모든 가르침의 몸짱(dress code)과 그 메시지는, 저 머나먼 실크로드의 탕카(탱화) 교재를 인터페이스화 시켜왔던 끝자락 반도국의 불교미술을 만지고 바라본다는 것이다. 하여, 내가 곧 부타라는

인드라 네트워크의 한갓 정거장임과 그 도파민 에너지의 의욕과 법열을 보상 받는다는 것이며, 진화생물학의 종족보존 과학이고 미래의 미학이라고 보는 것이다.

석불에 손바닥이 터치(touch)함으로써, 2,500년 전의 사운드가 울리고 느껴지는 쾌감은 신경미학으로 과학화 되었으며, 그 환경은 정치경제가 행동경제, 그리고 작금의 신경경제학이 보충 설명해주고 있다 하겠다.

즉, 인드라망의 피부인 부타의 여러 인터페이스(거울단계) 아이콘을 어루만지고 들음으로써, 생물 진화적이고 비트 속도의 적나라해지는 힉스 간섭입자 파동이 대뇌 회로에 오래도록 작동 진화되어 왔다. 이른바 화엄의 인드라 시스템에서 탐·진·치의 삼원색에 미치고(접속), 그리하여 환희와 미감의 법열에 아름다워지는 전자세대 문자그림(GUI)의 짜깁기, 구라 또는 헛소리 수다로, 이 자리에 한데 모아 본 것이다.

이를 위하여 교수라는 직업인은 본시 창작품과 과학적 논거로 글쓰기와 논문작성에 임함을 생활화 한다는 것을 잘 알고 있지만, 본 저서인 자화몽불(自畵夢佛)은 '미치지'(도달) 않으면 무용한 까닭에, 때로는 암호 같고 난해하고 겁주는 법문이 아닌, 차세대 그림문자와 만국언어로 서술하고 묘사하였다. 최근, 일본 중고 골프채 가게를 뒤져서 우드 드라이브 2번을 발견, 구입하였다. 조작된 세상의 법규를 바꿔본 것이다. 이른바 불교경제학이었다. 최근, 3년간 뇌 과학 분야의 대표적 국제 학술지의 연구들을 최다 인용하여 '차산남'(차가운 산사의 남자들) 연구에 보탬을 드리고 싶었고, 전국의 사찰 미술탐사 때에 버스에 동승하셨던 동포 줌마 보살님들의 보통언어를 사용함으로써, 이들 다중지능 해결사들의 불교경제학을 대변해 보고 싶었다. 그러나 그놈의 「지적 소유권」 때문에 100점 이상의 최근 뇌과학과 화엄 관련 인용 영상자료를 법률검토에 의해 비통하게 삭제하였다는 점이다.

인용되고 변상(變相)된 비루빠 또는 간따빠 큰 맘짱들의 인터페이스가 작금의 세로토닌 신경기능 위주의 대승(大乘)에서, '존재의 이유'인 도파민 신경계가 생존에너지라는 두려운 화엄세계임을 알려드리고 싶었다. 미래불 전자방법의 스마토피아(Smartopia)임은 필연이며, 생명체는 원래 죄악도 고통도 없었다는 과학적 논거들을 샤카 부타의 스토리텔링 아이콘으로 재해석 해보고 싶었을 뿐이다. 다만, 인용된 수많은 보석 같은 원화 해석과 논문, 저술의 재인용을 직접 허락받지 못했던 점, 사과드리며 용서를 구할 뿐이며, 이 화가(저자)의 평생을, 시공간으로 제공하셨고, 때로는 치명적인 허물도 포용하셨던, 당시 한양대학교 김종량 총장님께 본 뇌신경미학 저서를 헌정하고 싶다.

문득, 초등학교 때부터 부산고등학교 미술반에 불러다가 석고 뎃상을 지도하셨던 고 안상철 교수님, 초등학교 6학년 담임으로서 공부의 핵심 방법을 과외 해주셨던 고 이돈호 은사님이 오늘따라 생각난다.

계속 공부의 용기와 명분을 주셨던 서울사이버대학교 이세웅 이사장님께 고마움을 올리고 싶다. 또한, 사제지간의 시공간을 함께하고 있는 이향아 교수님, 본 저서의 총정리 작업을 책임지고 총대를 메시는 차세대R&D기술정책연구원장 이재익 교수님, 본래 제목이었던 「불미에 미치다」를 한순간 「부타에 삐치다」로 이 화가의 뇌리에 필을 꽂았던 박선우 이사님, 편집, 사진, 기타 디자인을 도와주셨던 김영우 교수님……, 많은 분들에게 다시금 감사드린다.

본시, 불법에 미숙한 이 화가에게 멀리서나마 인드라 텔레파시를 주시는 원경 큰 맘짱님(만기사), 불교중앙박물관장님을 역임하시고 최근 봉은사 주지로 오신 원학 큰 맘짱님(스님), 지리산 보적암 종지 맘짱님(스님), 그러나 무엇보다도 만년의 학업과 예술에의 길이 막히고 절망적일 때는, 반드시 관음 또는 일광보살 등의 가피에 의해 수백가지가 풀리고 해결되는, 기적으로 살려간다는 부타로부터의 보살핌이 고마울 뿐이다.

이 졸저가 최종교정으로 내 손에서 떠나던 날, 써닝포인트 골프장 160미터 아일랜드 숏 홀을 내려다 보고 있다. 퍼스티지 맨 마지막 23조의 원로 팀은, 상대 빈얀트리 피트니스 골프팀 25조의 꼰대팀에 싸인을 주면서 지켜보고 있었고, 우리 조 아버님들은 모두 공을 올리지 못했던 지극히 쫄아있던 상태이다. 평생 구라의 마지막(Ego) 한방을 아이언 4번으로 날려버렸는데 하얀 공은 홀컵 옆에 가뿐이 낙하하였다.

이른바 "내·가·부·타!야……"의 샷 리듬이었다. "프로선수처럼 샷을 하시네요!!" 뒤돌아보니 뒷팀의 심판으로 초빙 받고 오신 KPGA의 임진한 왕 프로시다. 저자는 드디어 인증샷(인가)을 받았나 봅니다.

2013년 겨울
저자 양 호

<h1 style="text-align:center">요약</h1>

　이씨 조선의 말기 예술은 말소되는 동포의 미의식을 살려내기 위하여 몸부림쳤던 자기 관조와 신명이 풍미하였다. 예컨대, 「매일신보」에 당대 기생들의 승무 춤 공연을 평론하고 찬미했었다. (김영희, 2011) 이 때문에 조선의 미가 현대에 와서도 오늘의 한류를 잉태 생성하면서 채록되는 문예의 르네상스 같았다고 말하고 싶다.

살풀이춤, 태평가를 바탕으로 하는 당대의 승무는 단연 한영숙이었고, 정병호(1929~2011)는 이를 보기 위하여 기차 타고 수원에서 걸어갔고 드디어 용주사에 도착, 승무공연을 보기도 하였다는 것이다. 이를 보면 당대 조선의 맘짱(스님)들은 불교의식에 예술놀이를 동반하는 멋들을 누렸었던 당대 엘리트들이었던 것이다.

앞서 머리말에 인용 분석된 조지훈의 시 ‘승무’ 또한 이때에 향유하였던 동포의 예술을 기표화한 것이다.

무용수 최승희……, 그는 지금도 필자가 찾아 헤매는 「조선의 미」를 당대에 구축하려고 몸부림쳤던 반도의 동포민족예술가였고, 그 사상과 철학은 이를 정립하고자 유랑하였던 「미학정신」이라고 말하고 싶다.

그때 이후의 동아시아 지성인 중 한분인 가와바타 야스나리는 “최승희의 조선무용은 옛 춤 그대로의 춤이 아니라 옛것을 새롭게, 약한 것을 강하게, 없어진 것을 살리고, 하여, 자기 스스로 창작한 것임에 그 생명이 있다.” 라고 하였다.(정병호, 1995)

이는 살풀이나 기생집 무용의 전통이 아닌 반도 전체에 부흥 진행하고 있었던 미적요소를 그의 지방공연에서 빠짐없이 채록하였다는 점이다. 그 고장마다의 유명한 민속 음악가를 초청하고 판소리, 민요, 농악과 탈춤의 가락, 그리고 아악과 3현 6각의 음악까지 연구 분석하여 그의 보살춤, 관음 춤 등에 몸짓언어로 완성해 갔다는 점이다.

의상 또한 불상이나 탱화같은 민족적인 아름다움을 복식화 하였고, 때로는 관음보살의 악세사리만을 몸에 감고 공연 연기에 임하기 때문에, 당시의 동포들은 탄식과 안타까움의 미모와 관능을 욕망했다는 것이다. 당대의 최승희는 동경에서부터 유럽까지의 세계일주 공연 기획력이 뛰어났고, 조선반도 방방곡곡의 미적요소를 융합한 최초의 아티스트였으며 뮤지션이었고 솔로 댄서였던 것이다. 그 최승희도 결국 승무의 일인자였던 한영숙을 6.25때 이북의 남편이 학장으로 있는 예술학교로 스카웃하려 하였다.

이 화가가 첫 머릿 글에 최승희 무용을 장황하게 늘어놓는 이유는 첫째, 그의 ‘유산의 비판적 섭취’ 라는 신문기고문에서 ‘남자들의 술자리에서 추는 기생들의 무용에 혼이 없음’ 과 ‘전국의 농민들이 일하면서 추는 춤을 승화시켜야 한다.'는 민족예술의 원형(archetype)을 제기하였고, 몸의 예술로 완성시키려 했다는 점 때문이다.

　두 번째로는 한 나라의 차별화되고 독창적인 예술본질을 위하여서는 전국에 산재하여 '밈' 유전자화 하고 있었던 예술정신과 그 기법을 집대성하여 새로운 문예부흥이 성립되는 민족미로 승화 완성되어야 한다는 그의 예술철학 때문이다.
즉, 현대의 이 나라 예술 환경에 교훈되는 삶과 미학정신을 몸소 실천하고 유산으로 남겨두었다 는 한국예술사의 큰 족적 때문이다.

월북 무용수 최승희의 공연 포스터. 양호, 정치행동학, 1991

　서구사회에서는 들뢰즈, 가타리 등의 막판(막장) 철학자에 의해 춤, 후각, 무리 짓기, 반복동 작, 울음소리들의 상호작용이 욕망의 존재로서의 존엄의 예술로 의미작용하고 있다한다. 결국,

이는 21세기의 생태학과 신경미학의 해석으로 설명이 가능하다. 참으로 신통한 평행이론이고 우연성일지 모르는, 샤카 부타께서 하셨던 주장을 이 시대 지구촌에서 선지자가 계속 반복 확인하고 있었다는 점이다.

이러한 어쩔 수 없이 유전 받아진 지구별의 모든 아름다움과, 이를 점차 알게 되는 교과서와 시청각 교재가 우리 승무에서 상징되었던 조선 반도에 교접 또는 새롭게 잉태되어 왔다. 조선 불교미술에 블랙홀처럼 빨려 들어가 버린 환시이고 환청일 것이다.

하여, 이 화가는 한 때 마치 최승희처럼 전국의 산골 깊숙이 감추어진 절집과 그 법당 안팎의 탱화와 부타 가족의 우상들을 관찰 채록하였고, 이를 재창작함으로써 퇴색되고 망가지는 동포선친 화공들의 정신과 기법을 후대에 새롭게 인식 보존될 수 있도록 노력하였다. 이들 숨겨졌던 이야기의 주인공과 그 조직들, 그들의 무대, 그들의 드라마를 통하여 조선 불교가 반도적이고 색다른 예술미를 원래 보유했던가? 그 기대와 함께 새로운 재료, 새로운 기법, 그리고 전통적으로 승계되었던 단절된 동북 아시아의 혁필화를 다시 살릴 수(패러디)있는 가능성에 도전한 것이었고, 지금은 만족하고 있고, 그 성취감 또한 법열(?) 수준이라 감히 말하고 싶다.

지금 이 순간은 전자혁명의 세기라는 스마토피아(Smartopia)를 완성해가고 있는 찰나이다. 나는 이 찰나의 세기를 저마다의 기득권, 제도권 문예와 권력의 예측불허의 돌연변이, 그 유령입자. 힙스신의 입자가 작동하는 빛의 속도마저도 붕괴될 수 있는(미와 추함이 함께 노중되는) 말법의 시대로 보고 있다. 그저 꼬이고 엉킨, 그래도 '그리고, 그리고, 그리고'(터치폰 슬라이드 순간이동)하면서 감자뿌리 마냥 귀신처럼 이동하는 인드라망의 본질환경에 무지하면서 탈주의 먹튀 역할들로 모두들 분주하다. 그리하여 그 막장에는 한마디로 상징되는 이씨조선 '추억의 충돌 언어' 가 시뮬레이션화 되고 있다.

바야흐로 동 아시아는 편협한 '애국주의(Jingoism)시즌-2' 연출시대이다.

하긴, 막말의 원래원조 김용옥 또한 미래예측의 대안을 공언했던 적이 많았지만 예컨대, 봉은사 법왕루 법회의 수많은 불자님들 앞에서도 결국 육두문자를 질러버렸고, 모두 경악했던 적이 있었다. 원래 그 마루바닥은 종교 피침의 최전선 강남스타일이었다.

그에 의하면 옛날의 승려들, 특히 야단법석꾼들은 단순히 심오한 경학을 강론했던 것이 아니다. 그들은 그림과 노래와 춤과 장끼와 웅변의 엘리트들이었다. 그들은 화가였으며, 성악가였으며 무용가였으며 무예인이었으며 연출가였다.

난해한 왕권 권위 불교를, 서민들 불러 모아 놓고 재미난 이야기로 전법 놀이를 하셨던 만능 엔터테이너 '각설이 성인' 들이었던 것이다.

원효가 헛소리 중얼거리며 유랑하던 그 시장바닥에, 그림책 펴가며 이야기를 변사처럼 하시던, 또는 약장사처럼 난해한 교훈을 심우도(尋牛圖)처럼 일러스트레이션 한 구술문화가 영상 문화와 만나면서 문자인쇄 문화를 비켜가는 하층민 교육학개론이었던 것이다.

저 구텐베르그의 은하수는 조선반도의 쌍놈계급을 비켜간 것이고, 그래서 만능 연예 한류는 시베리아 샤만 핏대 속에서 유전되고, 오늘의 '소녀시대'가 최승희의 환생처럼 간섭무늬로 파동 하는 것이다.

이 화가는 시장바닥의 변상도가 혁필화(Ekphrasis Art)를 장터에서 한장씩 구입하여, 안방에 장식하듯 값싼 수제복제의 문자그림과 그 속도 속에 잉태되는 선기(禪氣)와 객기로 망실되어가는 반도의 불교미술을 재생시키고 있다. 하여, 불심을 알아차리고 그 알음다움을 향유, 보존, 유산한다는 작업을 지금, 논문처럼 편집하고 있다.

"우상을 숭배한다!" 부타와 그 일행들의 표정과 몸매(Trade-dress), 그리고 그 문자와 메시지에 의해 위안받고 사유하는 자유와 해방을 누리고 있다. 자화자찬의 창작된 불심미술세계에서 체면 걸리듯 살려지고 꿈도 꾼다.(자가자승 자불자몽(自家自僧 自佛自夢))

그리하여 어느 산속, 어느 마을의 절집 뒤켠에도 꿈과 절망과 실수와 수다의 희색 몸빼, 줌마 보살님들의 위안과 기복을 엄청나게 목격했다.

토암산 석굴암 본존불과 당대 분황사가, 감히 서라벌 시장통 좌판장사꾼이 근접 못했던 호국불교의 명분으로 달마 소림사의 유전된 문자는 난해한 교과서로 반도국에 승계 되었다. 이제, 비로서 반야심경이 한글화 되었다지만 미래세대인 전자언어에 의한 현장속도에는 미흡한 통상어로 번안되었다. 모두들 불경의 8만 4천 문구 해독에 주옥같은 일생을 허비하시는 맘짱들과, 그 속에 위장된 신비주의가 타성화 되어버린 미래현실의 불확실한 불심을 지니고 있을 뿐이다. 26세의 청년위원이 무슨 국가위원장에게 질러버렸던 "국민, 국민하지 마시오. 감동하는 국민 한사람 없습니다." 라는 결정적 화두는 불가와 법석을 향하여 항변하고 혁명코저 하는 미래 불빠(부타의 광팬이라는 인터넷 용어)의 전언이고 2,500년 이전의 샤카 부타 환생의 목소리임일 뿐이다. 유전 환생되어진 존엄한 신체의 생명은 짝짓기의 절정 오르가즘에서 잉태 생산되는 쾌감신경시스템 그 자체이다. 따라서 생명의 가치는 쾌락과 환희와 이성에 대한 아름다움과 그 짝짓기 소유를 욕망하는 생명체로서 진화된 것에 있다.

따라서 첫째로는, "고통의 바다가 사바세계" 라고 하는 불법은 수정되어져야 한다. 원래 부타 샤카께서 말씀하신 불법은 "에너지의 총량은 일정하다." 는 과학이었고 쾌감에너지가 많을수록 진통에너지가 증가한다는 합계 제로의 게임(zero sum game)과 그 중도, 중용, 균형의 삶인 것이다. '마약뇌·문명' 의 저자 오오키 고오스케(1991)에 의하면, 달리기가 고통스러울 때 갑자기 쾌감을 느끼는 현상(Runner's high)는 TRH(갑상선 자극 호르몬)와 같은 뇌 시스템들이 장치되어있기 때문에 병아리도 벽으로 돌진이 가능하다는 것이다.(로저길만, 앤드류 샤카라, 1969

노벨상 수상)

고통의 바다에서 건져 주겠다는 전법은, 야휘의 신에서 모든 인간은 처음부터 원죄를 지니고 유전 받았고 현재의 인간세포는 전과자의 암호를 지녔기 때문에 "나의 종교로 입장하라. 그리하면 그 죄를 사하겠다." 라는 면죄부의 기능이었다. 불법에서는 고통의 지구덩어리라면서 불교에서 보상해주겠다는 오해를 받을 수도 있다. 원컨대 이 백수의 시대, 불황과 불안의 시장바닥에서 긍정의 쾌감 에너지, 그 도파민의 인간조건은 욕망이고 미학과 윤리학의 생태계로서, 때로는 슬픔의, 비애와 희열, 그 자비의 알음다움을 깨닫는 보상조건이라는 것이다.

둘째로는, 인류탄생의 조건이 산천초목의 도움으로 공진화하게 되었고 인간은 이를 감사할 줄 알았다. 태양의 빛과 강물의 흐름이 자손의 번식을 도왔고 이를 찬미하기 위하여 점치고 병 고치고 전쟁하면서 그 발원과 환치를 춤과 노래로 유희하였다. 엄청나게 먼 옛날에도 네안데르탈인들의 무덤에 오랑캐 꽃 송이 장송곡과 춤으로 영결했던 유전자 분석도 나타났다. 크게 어질고 크게 슬퍼했던 것이다. 인류애의 자비조건이었다. 여기에 '기복신앙' 이란 있을 수 없다 하시는 종교 지식인들의 최근 주장은, 이를 알리고 방송하고 인쇄하는 관련 미디어들과 함께 정신 차려야 한다고 본다.

유전된 인간의 대뇌 인드라 신경망은 엄청나고 알 수 없이 광대한 에너지 소모로 인하여 기쁨과 법열의, 욕망과 대화가 탐욕을 비켜나 있을 때, 기적을, 또는 가피를 발화하는 가소성(plasticity)과 항상성(homeostases), 되먹임의 자기닮음(fractal)같은 간섭무늬의 파동을 유지한다.(월터 케논, 창조와 쾌감의 도파민 A10 신경은 자가 수용체가 없기 때문에 끝없이 발현과 광기의 생리적 항상성이 생긴다.) 대략 우울증 관계의 베타 엔트로핀 세로토닌 신경분비(A6)가 이를 담당한다. 이는 지구별 자체가 에너지 덩어리이고, 멀리 난파선 위에 나타난 북두칠성과 북극성이 고향의 방향을 알려주었다. 그리하여 돌아온 동포의 핏대 속에는 성황당, 삼신각, 해랑사, 칠성각, 나반존자의 분신공간이 존재하였고, 달마조직이신 조선신의 문화적 「밈」 유전자로 유산되고 우주신론(cosmotheism)으로 작동하였다.

인류학자 레비스트로스에서부터 집단 심리학자 칼 융에 이르기까지, 우리 모두 신화의 축소된 현재의 반도동포와 그 기복신앙 반대론자의 핏대에까지도 제 4샤만, 그 한류유전자 정보는 도도히 흐르고 있다는 것을 명심하길 바랄 뿐이다.

셋째로는, 불교경영학의 새로운 경전 재편집이다. 영천 땅 세리 물고기가 깊숙한 산속 계곡까지 올라가 사는 사리 굴에는 일찍이 샤카 부타 떠나시고 미륵 부타 오실 동안의 현재를, 나반존자께서 가난한 백성을 구원하실 것이라는 사리암이 있다 하자. 즉, 한명이 수도하면 쌀 일인분, 두 명이 숙식하면 2인분이 자동으로 공급되었던 경영의 한계와 절제를 주제로 하는 불교경영학의 상징 이야기를 전설하고 싶다. 오늘의 불교경제학은 존재할 수 없다는 목소리 큰 모 교수의 논리는 칼 마르크스 자본주의론의 대측점 또는 경계에서만 논하려는 남루한 유행에 의존하는 느낌을 주게 된다. 스티브 잡스의 "어리석게 나아가라!"는 스텐포드 대학 졸업식장에서의 젊은 학생의 절규는 21세기 전자시대 정신의 불법을 대표하는 화두였다. 그러나 그의 "계속 갈망하라!" 했던 욕망(탐진치·도파민 신경계)은 인류 진화의 기본성립 에너지이고, 우주선 지구호(Space-ship earth)의 바닥날 에너지를 치유가치로 환치하여야 하는 순수이성 비판인 것이다. 소유가 아닌 「접속 경영」 이라는 의미이다.

넷째로는, 미래의 전자 신시대인 스마토피아 영역성(territoriality)은 더 더욱 왕성해지겠지만, 알 수 없고, 용어도 해독되지 않고, 깨사(깨달음의 사회화)도 목격되지 않는 절집에는, 머리 깎고 서성댈 그림자는 없어질 것이고, 가까운 미래에는 모든 것이 사라져 버릴 것 같은 예감이 든다는 점이다.

달마의 소림사 주방장 보조들은 섬나라 일본으로 가서 오늘의 여관 불교, 장례 불교를 탄생시켰다. 이를 교신, 교도, 교학하기 위하여 종교 예술은 섬나라 장인정신 특유의 도파민 미학을 연출하였고, 슬픔이 복받쳐 기쁨으로 승화되는 대뇌 시냅스 회로의 회동을 충만시켰다. 예컨대 '아미타불 래영도' 라는 아미타불의 엄청난 조직의 위계가, 초라한 일본 섬 초가집에, 어제 밤 작고한 시신을 보호 동반 하여 구천으로 함께 데리고 가려는 그 마중불 또는 마중물을 보았을 때의 "아……, 아미타나 지장보살은 일본인의 삶과 죽음의 바로 옆을 지키고 있었구나." 라는 불교미술의 메시지를 우리 모두는 두려움으로 느꼈던 것이다.

조선반도의 아미타불은 더 높은 위계질서에 의해 연약한 서민에게는 보이질 않거나, 닿지 않는 위엄과 권위의 연좌위에 군림하신다. 지장보살께서도 수많은 조직을 거느리지만, 49제 때에 주어진 염불과 다비의식만 수행할 뿐 눈물과 위로와 사후보장과 추억이 있는 상품가치, 하우크의 상품미학인 교환가치로서의 잉여는 존재하지 않는다. 최소한, 미래 불교에서는 법회를 주도하는 주지 맘짱님들께선 법당의 더 높은 법석에서 더 낮은 법당마루의 방석으로 내려와야 한다.

즉, 주지 맘짱님들께선 위안의 말씀과 대중의 번민을 치유해 줄 해결사를 찾아 나선 몸빼 줌마보살님들과 최소한 같은 눈높이에서 법회를 가져야 하고, 시대현실에 적용되는 법철학과 문자로서 지혜를 교환하여야 한다. 이른바 야단법석의 완벽한 실천만이 현대 과학세계를 설득할 수 있는 유일무이한 종교임을 깨달아야 함이다. 그리하여 현재의 정치판에 뛰어든 어느 맘짱처럼 헌법마저 고칠 수 있는 입헌 민주주의 정치에 반드시 직접 참여하여야 한다. 물론, 그 순간 자신은 '악마' 가 되고 만다. 부타께서도 간절히 바라시는 비로자나불법의 수정헌법 제1호일 것이다.

다섯 번째로, 죽음에 대한 현실 체감된 해결의식이다. 이 화가의 경우는, 예술을 향유하는 쾌감본능에 의해 평생의 삶을 유지하려 노력하고 있고 불교미의 자비심과 그 내재된 캐릭터의 메시지가 비장함으로써 더더욱 감각적 피부에 꽂히는 신경미학으로 불교 교훈의 기초를 깨달아갔다. 그 앎(知)은 아름다움으로, 뉴런과 시냅스가 뇌회로에서 접촉하고 발화될 수 있다.

조선의 미술이, 반도의 예술이, 동포의 문학이 비애의 신화에서 척박하게 출발하였던 그 핏대들은 싯달다 왕자께서 알아차린 반야지혜의 끝자락일 것임을 굳게 믿는다.

전자세기의 환생불신이었던 스티브 잡스는 역시나 스탠포드대학 졸업식에서 "죽음이야말로 삶의 가장 훌륭한 발명품"이라 하였다. 이 말이 진실인 것처럼 들리는 이유는, 불교역사에서 어지간한 맘짱들은 다 이같이 죽음을 노래해 왔다는 것이다. 그러나 어느 선방 벽면에 크게 깨달았다는 경험자(User experience)이외에는 이 말이 무슨 말인지 필이 꽂히지 못한다는 점이다. 얼마 전 그 한 해도 숫자로 마감되면서, 평소 관심을 가졌던 한분 후배 천재가 고문후유증으로 하여 먼저 세상을 떠났다는 뉴스를 보았다. 이 땅의 유일한 칼 마르크스의 후예가 죽었구나 했다. 왜냐하면 이 후배께서 당시 조직의 최고 권력보스와 "계급장 떼고 한판 붙자!" 했을 때, "아! 제대로 자본론을 공부한 유일한 분이 있었구나."라고 판단하였었다. 그들은 유산된 '천상천하 유아독존'의 원형에 박힌 자비의 본성을 발견하고 이의 인간주의를 당대의 자본권력에 대입시켜 아편처럼 공명화, 동시성화 했던 것이다. 오히려 자비정신을 아편이라 했던 녀석도 있었지만 말이다. 하긴 도파민 쾌감 신경계의 동일 발화 현상은 맞다고 본다. 이 나라가 핸조깡(군화빨) 정권시절, 대부분의 대학 교수들은 소위 운동권 학생을 배당받아 지도하는 지도 교수제가 있어 왔다. 어느 날 저녁뉴스에 당시 군부집권당인 민정당 당사를 불 지르게 되었고, 불길 속 옥상에는 태극기 흔들며 민주화를 외치는 여학생이 있었는데 놀란 것은 문제의 여학생 '숙'이는 이 화가 교수가 담당하는 지도학생이었던 것이다. 졸지에 영웅 혹은 방화범이 되고 있었던 것이다.

'숙'이와 나는 오랜 학년을 통하여 매일 새벽 학교 강의실 구석에서 만났다. "운동 하지마라"는 이 화가 교수의 일일 보고용 교과서 소통 문이었고 민족주의를 위장한 사회주의 이론은 '숙'이가 몇 년간 이 화가 교수님을 역으로 교섭한 콘텐츠였다.

민정당사를 불지를 때 쯤에는 칼 마르크스가 처음에 생각했던 노동의 대가 어쩌고 하는 그 바탕에 자비와 비장의 '원초적 인간주의, 그 휴머니즘'(인재성, 1929)이었음을 어렴풋이 느끼게 되었던 것이다. '숙'이는 퇴학당했다가 시골 도시 어느 시장바닥 좌판으로 떠돌았고, 좋은 시절 복학하여 종국에는 이 화가 교수의 지도에 의해 석사, 박사학위(게임중독 뇌임상치료 연구, 이학박사 학위)를 취득하게 되었던 것이다.

그리하여 "계급장 떼고 한판 붙자"의 용기와 철학은 아무나 하는 것이 아니라는 것을 알게 되었다. 최근의 강남 좌빨이니, 자본주의와 불교경제학이 양립할 수 없다느니 하는 헛소리들은 신경미학이나 진화생물학이나 막장의 극작가 조르주 바타유, 프랑스 철학자이자 임상심리치료사였던 펠릭스 가타리 같은 가치 전도된 그들만의 교과서 잔치로만 해석된다. '숙'이 때문에 레닌보다 더 레닌을 결과적으로 공부하게 되었던 헛소리이다.

　"두만강 푸른 물에 노 젓는 뱃사공. 흘러간 그 옛날에 내님을 싣고 떠나던 그 배는 어디로 갔오? 가을도 달밤이면 목메어 우는데 임 잃은 이 사람도 　한숨을 지네. 추억에 목 메이……"

위의 흘러간 노래는 "해방된 역마차에 태극기 날리며"의 이씨 조선의 전쟁 후 　'아프레 게일'이라 불리웠던 유랑민 노래였다. 민족주의자이며 국내파 공산주의 최고봉으로 불렸던 박헌영은, 달 같은 유아 하나를 절간에 버리고는 감방에, 그리고 정신병자 흉내로 결국 두만강 국경을 넘어 탈주하게 된다. 이때의 국내 잔유조직에, 무사도강을 알리는 유행가를 국민가수 김정구가 불렀고, 그 참혹한 숙청의 회오리 바람에 결국 희생양으로 살해되고 만다. 그 남겨졌던 유아는 절방들을 피신 다니면서 불법계에 포용되었고, 따라서 망부의 원한을 부타에 의해 씻겨졌던 시대적 망부석이신 것이다. 평생을 멀리서 목격했던 원경 큰 맘짱(만기사)이다.

똑같은 망부의 스티브 잡스, 그 또한 세상에 태어나자마자 애비에게 버림 받았고, 그리하여 아버지는 　'정자은행'에 지나지 않는다고 표현하였다. 지리산 시인 이성부는 "나는 아버지가 떨어뜨린 가랑잎 하나"라 하셨다.

그럼에도 불구하고 버림받음의 슬픔과 외로움, 그 비참함은 티벳트에 찾아가기도 하였고 결혼식 주례도 맘짱에게 선서를 했었다. 하지만 평생의 엉어리인 외상의 트라우마는 스탠포드대학졸업식 연설문에서 절제된 눈물로 죽음의 의미를 절규하였다. 때마침 돌이킬 수 없는 암세포의 돌연변이가 몸속에 전이(decode)되었고, 인류에 유익한 전자테크노와 미니멀리즘의 신경미학을 창출하였지만, 오히려 죽음의 극복 방법론은 우리 인류에게 제시하지 않고 분노의 세계적인 특허전쟁만 남기고 말았다. 그래도 긍정의 욕망과 법열은 순간에도 존재한다.

　지금, 내가 있는 곳은 강남 봉은사를 내려다보는 건너편 수영장 창가이다. 진화 맘짱님, 회색 옷 걸친 어떤 분, 공영 방송에 나와 우리들에게 침을 뱉으신 날. 이 화가와 손주 　'합장'은 법왕루 아래 계단에서 맘짱님 반겨 주셨고, 그날따라 유난히 용안이 편찮으셨습니다. 지금 이 순간, 　'정부는 봉은사 강제 수용 계획을 철회하라!'는 플랭카드가 보입니다. 중수부 검사들의 출입을 금지한다는 프랭카드가 붙었던 그 자리입니다. 말법 불교와 　'한국의 방법'을 모색해야 하는 만다라 인터페이스입니다.

승무(조지훈의 시)를 통한 주 사용어

파르라니 깎은 머리(단순화 드레스 코드)

박사(薄紗) 고깔에 (조선의 미) 감추오고(탈영토성)

두 볼에 흐르는 빛이(화엄제망)

정작으로 고와서 서러워라(짝짓기와 자비)

빈 대에 황촉 불이 (동시성 공진화 시뮬레이션)

말없이 녹는 밤에(뇌 시냅스의 발화 가소성)

오동잎 잎새마다(화엄생태계) 달이 지는데(간섭파동)

소매는 길어서 하늘은 넓고(인터페이스 모서리 빈도)

돌아설 듯 날아가며 사뿐히 접어올린(스마트 터치망)

외씨보선이여!(조선의 원추곡선미)

까만 눈동자 살포시 들어(탈위계성 MA 간극 시공성)

먼 하늘 한 개 별빛에 모두오고(북극성 기복마음)

복사꽃 고운 뺨에(종족번식본능)

아롱질 듯 두 방울이야(시김, 발효의 눈물)

세사(世事)에 시달려도(리좀 얽힘과 불확실성)

번뇌는 별빛이라(고통도 비애미도 관음이다)

휘어져 감기우고(조선 삼진박 · 노량목)

다시 접어 뻗는 손이(피크이동의 스마토피아 신명)

깊은 마음속(n1 → n0 → n00)

거룩한 합장인 양하고(대칭 스타일의 심미성)

이 밤사 귀또리도 지새우는 삼경(三更)인데, (인드라망 힉스입자 얽힘)

얇은 사(紗) 하이얀(밈 유전자)

고깔은 고이 접어서(도파민·세로토닌 분비)

나빌레라.(고통의 해탈, 그 알음다움)

－시 원문, 김원호, 2012－

1

무량수전 노숙자

무량수전 노숙자, 유화 8호, 2010, 평론가 김경애는 소금은 바다가 죽어서 남긴 시신이라 했다. 고행품의 정화.
카타르시스를 증류. 휘발이라 했다. 그 씻김굿의 무용수를 무량수전 노숙자의 이미지로 차용하였다.

　"누구야?", "정몽준이네", "정몽준이 누군데?", "무식하기는, 삼성 회장이잖아!",

"……"
어느 날 강릉시 체육행사장, 한 무리 고교생들……(이재명 기자, 2012)

"유신의 논리란 먹고 사는 것은 권력이 해결해 줄 테니 정치는 필요 없다는 것……
(유신을 옹호하는 것은) 국민을 행복한 돼지로 보는 격……"(정몽준, 2012)
"……" (무학 대사) "……" (이성계)

떠나신 자리, 무량수전 모서리 엣찌(edge) 빈마루

지난번 부석사 무량수전을 참배 하였을 때 때마침 노숙자의 찌던 모습으로 보살님 구도자 두 분께서 아미타불 옆자리와 구석자리에 길게 엎드려 자는 듯, 기도하는 듯, 시체처럼 누워 계셨다. 누드기 담요 위로 검은 머리카락이 길게 드리운 모습으로 보아 꽤나 오랫동안의 내공으로 어떤 경지에 도달한 그런 느낌이 들었다.

잡다한 기본 살림, 예컨대 '존슨엔 존슨' 로션크림과 노숙여인이라도 기본적인 몇 가지가 주변에 놓여있었고 무량수전 아미타불은 이를 허락하고 포용했던 것 같다. 그의 머리맡에는 영어로 된 "What is Buddhism?" 이었던가? 꽤나 기초적인 안내서 같지만 상당히 두꺼운 원서를 탐독한 것으로 보였다. 선뜻 난해한 오늘의 중국불교원전과 저마다의 해석과 번역은 오히려 노숙녀의 구도(求道)를 혼란과 갈등의 몰이해로 몰아왔을 것이다. 그래서 오히려 미국에서 세탁소 아르바이트 중 초보 영어로 포교하셨던 숭산 맘짱의 기본적인 불음이 기나긴 깨달음의 길에 진짜 가르침이 될 수 있었다는, 그리하여 구도 노숙녀의 깨달음......환희가 곧바로 이루어 질 것임을 이 참배자는 기원하였다.

필자는 그동안 의상대사와 무량수전 아미타불의 이미지로 그림을 그려야겠다는 그 어떤 사명감으로 가득 차 있었으나 트레이드 드레스 (이미지)가 떠오르지 않아 안절부절 하고 있었던 처지였었다. 우연히 '댄스 포럼' 무용 월간지에서 본, 대구에서 활약하신다는 유명 무용수의 '누워서 먼 어느 곳을 응시하며 어떤 메시아를 기다리는' 춤사위의 자태가 바로 그날 무량수전에 길게 누운 노숙 구도 보살의 모습에 중복, 중첩되면서 이 화가는 필이 꽂혔던 것이다. 떠오른 영감이 깜박하기 전에 거의 단색조의 드로잉으로 춤사위의 근육과 시선을 초치기로 스케치 하였다. 모성의 갈망과 희구를 살리려고 노력하였고 아미타불의 이미지를 현세에 앉아있는 청년의 모습으로 표현하여 장식과 종교적 수다스러움을 생략하고자 하였다. 하여, 이 미(美)청년을 현실적 욕망과 초월의 트레이드 드레스를 보이게 그림으로써 구원의 현실화, 피부화 하는 아미타불과 그 배경의 만다라 또한 어린 표범의 얼룩무늬로 표현하여 저 우주적 광대무변의 법계마루에 밀착하여 누웠다는 '노숙녀'로 승화시켜본 것이다. 필자가 그간 훔쳐(?) 그리고 있는 조선 불교의 변주(變奏)와 재생작업에서 이번 그림만큼 빠르게 완성한 적은 없었다. '향 칠하지 않은' 군더더기가 전혀 없는 미니멀리즘의 단순성을 강조하고 싶었다.

"원래 아무것도 없다." 는 불법의 가르침은 나로 하여금 가지치기로 유전되는 머릿속 오만가지 잡다한 기억과 그 상처의 트라우마 찌꺼기를 버리고 지울수록 진리라는 심미성의 극대화에 가까워진다는 결론을 얻게 하였다.

원효가 당나라로 떠나기 전날 밤 귀신 꿈을 꾸었던지, 해골바가지의 썩은 물을 마셨던지 간에 의상은 홀로 당나라로 뱃길 따라 떠나 버렸다. 그의 인물됨은 추호도 잡스러운 유혹을 넘지 않았던 싯달타 부처처럼 미녀 선묘의 애정을 물리침으로써 신라불교 정신의 가치를 구축하는 최초의 스토리텔링이 성립된다. 귀족적 귀동자 풍모의 이국적인 청년 의상은 말했다 한다. "나는 생명을 걸고 계를 지키고 있다. 불법의 힘으로 중생을 행복하게 해주고 싶기 때문이다. 색욕의 세계는 버렸다. 원망하지 말기 바란다!(세미야마 후오, 2010)

선묘는 이 말을 듣고는 바로 바른 마음이 일어나 참회하고 울며 맹세했다고 적고 있다. 당초

「송고승전」(988)에는 선묘를 소녀로 기록하고 있지만 두루마리 그림 (외상회)에서는 성숙한 여인으로 묘사되어져 있다. 또한 때로는 해용도 되는 선묘는 부석사를 짓는데 방해되는 무리들을 엄청난 바위로 변신시키면서 의상의 포교와 불사지음을 돕는다. 드디어 부석사는 676년에 창건되었고 본존 아미타불은 무량수전 정면에서 동남향의 옆을 향하고 있다. 그 오른쪽 산길에 선묘가 그려져 있는 조사당이 자리하였다.

이후 일본 고산사에는 3개의 신전이 건립(1225)되고, 그 중 하나에 선묘가 안치되었다 한다. 선묘가 불자로서 화엄옹호를 맹세했기 때문에 신격화 될 수 있었다는 것이다. 높이 31.4cm의 입상으로 (당나라 옷을 걸치고는) 바다 속으로 던질 상자를 들고 서있는 모습으로, 묘에 맘짱 자신은 의상보다는 선묘를 동경하였다. 꿈에 본 인형이 "이것은 선묘다. 선묘는 용이고 또 뱀이다. 다기가 되고 돌이 되었다." 라고 해몽할 정도로 흠모한 기록화이고 역사의 기록이었다. 사람은 개인이기도 하지만 인류와 자기닮음(fractal)의 구조를 지니며 공진화하는, 그 어느 하나도 전체와 같음을 증명하고 있었던 것이다.

의상은 그 때(625~702) "티끌과 같은 곳에 온 우주가 들어가고 한 순간에 영원이 수렴된다. (범성계) 하였다.

　'일즉다 다즉일' (一卽多 多卽一)의 자기 닮음은 원효가 세계 최량의 저술을 집필한데 반해 의상은 거의 글을 남기지 않았다. 원효가 저자거리를 개판 치면서 돌아다닐 때 의상은 당대 법통의 체계를 광범위하게 지배하면서 많은 제자를 남기고 그의 법성계 정신을 반도화 하였다. 「송고승전」 원전에는 다음과 같이 평가 기술하고 있다 한다.

　"의상은 말과 같이 행하는 것을 귀하게 여겨 강의 외에는 수련을 부지런히 했다. 세계와 국토를 장엄하게 하는데 조금도 두려워하지 않기에 꺼리는 일이 없었고 항상 온화하면서도 시원하였다. 3벌의 옷과 물병과 바리때 외에는 아무것도 소유하지 않았다."

필자는 그래서 더욱 화가 난다. 차세대 청소년에게 이러한 의상의 이미지는 훈남이면서 정통 교과서적인 완소(완전소중) 교장선생님 같을 것이다. 원효와의 극단적인 대조는 원효가 야성적이고 최고 권력의 권위를 위해 과부 공주도 마다하지 않을 남자다움에 비해 의상은 몸조심하는 스타일로 하여 최초의 통일국가가 지속 가능토록 하는 정치사회적 위계를 구축하지 못하였다.

말기 왕권의 권위와 국가경영의 정신적 현세장악을 도모하지 못하고마는 종교만의 지도자고 불교만의 메시아였던 것이다. 조선반도는 산과 물이 많아 지역간의 분쟁과 전쟁이 끝 모를 숙명을 타고난 지형이다. 의상이 당나라 유학을 왔다 갔다 하기 전 고구려는 남쪽 평양 대동 강변으로 수도를 천도하고자 하였다. 그리하여 왕궁을 지키는 성을 축성하는 사업을 오랫동안 진행하였고 성곽이 완성되기도 전에 왕은 평양으로 입성, 이후 북쪽과 남쪽의 군사 공격을 이겨내는 전투 전략 요충지를 완성시킨다.

하지만 신라와 당나라 소정방의 연합군은 결국 고구려의 멸망을 초래하게 되고 통일 신라 역시

지배 권력내의 여러 부침에 의해 포석정 연회장은 초토화 되고 만다. 비록 고려왕조가 불국의 문화예술 창달의 극대화를 도모하였으나 이조의 유교와 그 폐불정책에 의해 나라가 왜구에 식민지화 되는 '망국의 역사'를 초래하게 된다. 통일국가 신라의 수도 서라벌. 그 경주 땅에 땅 밟기를 가보면, 선덕여왕의 왕궁도 없고 황룡사도 없다. 통일왕권의 자취가 실종되어 있다는 것은 그만큼 외부의 침략과 내부의 방화로 하여 허술한 수비로 방비 대책이 존재하지 않았다는 의미이다. 이러한 원인의 중앙에 의상대사가 계셨다고 본다.

아프카니스탄의 탈레반에 의해 2001년 파괴되었던 바미안 계곡의 불상은 80톤에 가까운 진흙 파편을 양산하였다. 흙덩어리에 묻힌 염소 털 가락은 아쇼카 대왕 전후의 불국토 유전자가 그대로 복제된 우주의 한 파편을 보여준다. 이는 분자나 양자가 간섭 파동에 의해 시공을 통한 인간들이 유전자와 전혀 유사한 암호와 정보를 지니면서 또 다른 인연의 복제생명체 또는 무생물체로 조립되고 해체된다. 독일 Aachen 대학의 RWTH 팀은 해체된 파편을 3D디지털 기술로 복원하고 있다. '지구진화에 반복되는 개발이냐 자연생태 유지냐'의 양론이 의상과 그의 친구였던 문무왕 사이의 의견대립에서도 그 「나비효과」를 분명히 엿볼 수 있다. 유사 기록에 의하면, 진덕왕에서 시작하여 진평왕 (591)에 남산성을 쌓고, 부산성(富山城)을 3년만에 완성, 토성과 석성을 쌓았다 한다.
통일국가는 그냥 전투에 승리한 것이 아니었다. 아버지의 위업을 결국 통일국가로 완성한 문희의 아들 문무왕은 통일수도의 성곽을 기본적으로 축성코저 당연한 명령을 하달하였다. 그래서 당시에도 대중을 지배했던 종교권력의 양해와 협조를 위해 의상에게 의견을 묻고 동의를 구하게 된다. "왕의 정치가 밝다면 비록 풀밭에 금을 그어서 성의 경계라 하여도 백성이 감히 넘지 못하고 재앙을 씻는 복이 될 것입니다. 하오나 정치가 밝지 못한다면 비록 장성을 쌓는다고 할지라도 재앙을 면치 못할 것입니다." 반도의 산하가 덧없이 파헤쳐져 자본의 세력이 득세하는 오늘에 와서도 의상의 인본적이고 생태주의적인 경고와 입장은 우리 후대의 주인공들에게 많은 암시와 의미를 준다.

그리하여 문무왕은 토목공사를 중단하지만 진시왕의 만리장성은 명나라에 까지 와서 완벽한 성축으로서 성공하게 된다. 문무왕은 의상에게 알았다면서 부동산과 노비들을 보냈고 의상은 단호히 거절하는 서신을 또다시 보낸다.
"수도자의 법은 지위의 상하를 평등하게 보고 신분의 귀천 없이 평등하게 대합니다. 어찌 제가 저택과 밭, 노비를 소유할 수 있겠습니까? 가난한 빈도는 법계를 집삼아 발우를 가지고 걸식하는 것으로 만족할 뿐입니다." 의상대사는 문무왕이 동족상전의 전쟁에 백성을 몰아넣고도 모자라 다시 성 쌓는 노역에 고구려 백제의 패전 유민들과 전쟁포로들을 동원 노동력을 착취하려는 신라 지배 권력을 준엄한 어조로 나무랐던 것이다.

의상은 중국대륙에 정처없이 떠도는 백제와 고구려의 조선족들을 보았을 것이다. 수많은 전화속의 패전국 포로들의 참상을 의식하는 성인으로서, 그리고 휴머니스트로서의 인간정신 해방이라는 의상의 역할은 그 시대에 완벽한 업무를 수행하고 있었다. 통일신라 이후의 패망백제 여러 곳 그의 발길 흔적에서 위로와 자비의 생각이 넘쳐난다 할 수 있다. 하지만 만물의 시공간은 결국 변하고 만다 하였던가? 통일신라의 극대화된 영락은 오만과 부패와 권력쟁취로 하여 그 악업을 초래하게 되었다. 잦은 쿠데타와 왜구침략에도 불구하고 완벽한 축성으로 통일국가를 지속하였다면 오늘의 조선반도가 근대의 치욕과 수모를 받을 수 있었을까 하는 통탄함이다.

오늘의 한국불교가 21세기에 도달하였음에도 '무소유, 무소유'의 교과서 낭독에 그침으로써, 선대의 찬연한 피투성이에서 이룩해 낸 불교정신과 그 문화예술이 "땅 밟기"라는 이름아래 초래된 대웅전 점령 당하기라는 수모의 종교로 몰렸다는 사실이다. 화가로서의 필자는 그 동안 전국의 산골을 돌면서 쇠퇴해가고 탈색되어 가는 불교 탱화의 그림언어와 그 구석의 전통들을 의상과 원효가 나에게 전달한 것이라고 확신하고 조선불교의 그림들 예컨대, 떨어지는 대웅전 뒷벽 불화라던가 대웅전 꼭대기의 퇴색되고만 갓집의 가르침을 새로운 그림도구와 기법으로 재변주, 재창조 하여왔던 것이다. 차세대, 혹여나 나의 외손주가 한국불교는 우리들에게 어떤 메시지를 전달하고 있었습니까?라고 물었을 때의 발현되는 샤카 부타와 그 불음방법이 진화되도록 하는 바람뿐으로……

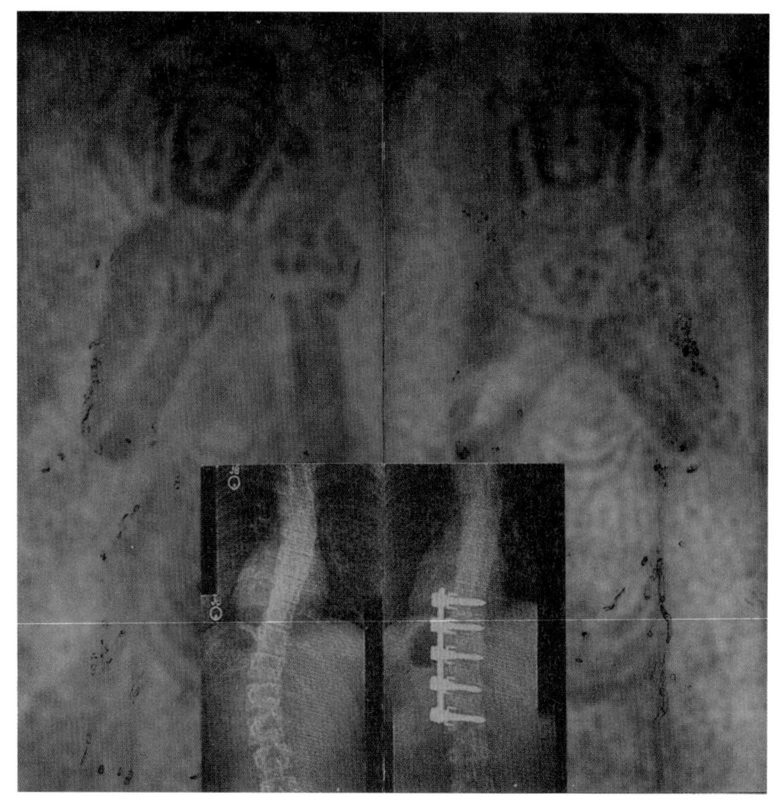

대칭과 비대칭, 부석사 '무량수전' 석등의 S라인 I라인 보살,
평생을 S자로 휘는 척추측만증의 스테이시 루이스 LPGA 프로 골퍼는 철심
5개를 박아 대칭의 생명력을 유지하면서 메이저대회 나비스크챔피언 쉽
(2011)에서 생애 첫 우승을 차지한다.
→ 2013년 봄 LPGA 세계랭킹 1위이다. (양호, 대한임상미술치료학회, 2011)

마음은 어떻게 생겼나.

승자독식, 혁필유화 8호, 2008

　"포교를 떠나는 푸르나여! 그쪽 사람들은 성질이 거칠고 사납다 한다. 대중 앞에서 비난하고 비방한다면 그때는 어쩔래?"

　"부타님, 그때는 저를 때리지 않는 것만으로도 좋은 사람들이라고 생각할렵니다."

　"그럼 그들이 돌로 때린다면?", "그때는 칼을 가지고 저를 찌르지 않는 것만으로도 그들은 훌륭한 사람으로 생각할께요!"

　"그러면, 칼로 상처를 입혔다면 어쩔래?"

　"칼로 상처를 입힌다 할지라도, 죽이지 않는 것만으로도 저쪽이 참 좋은 사람들이라고 생각하겠습니다."

　"그러면 그 칼로 자네를 죽일 때는 어떻게 생각하겠는가?", "부타님, 그때는 불자들이 참지 못하고 칼이나 독물로 자살하는 경우도 많습니다. 그러므로 그 곳 사람들은 선인들입니다. 그들은 스스로 목숨을 끊는 번거로움을 덜어준 것이라고 생각하겠습니다.”

“푸르나여. 더 이상 할 말이 없구나. 그만한 각오가 서 있다면 가서 법을 펼치도록 하라!” (군포교 30년 자광 맘짱께서 첫 포교 나가실 때 경산 은사님께서 들려주셨다는 실화, 2004)

　　인간의 의식이란 본래부터 지니는 성질 일 수도 있고, 어쩌면 정보의 근본적인 본성과 자웅동체(본래 남녀성이 한 몸에 구성된 신체 또는 신상)처럼 엮여 있을지 모른다. 어떤 심리학자는 비물질적인 영혼이나 정신에 얽힌 현상이 아니라, 두뇌에서 일어나는 물질적인 형상일 여지가 몹시 크다는 것이다.(Jeffrey, Satinover, THE QUANTOM BRAIN, 2010) 어쨌거나 인간의 뇌는 양자 컴퓨터이다. 예컨대 스승이 한손으로 손뼉을 치면 어떤 소리가 나는가?의 선문답에, 두정엽(Parietal lobe) 피질의 40HZ(헤르츠)진동이 스스로 생겨나는 경우이다. 상충하는 신호가 망상활성화 네트워크에 파동의 간섭구조가 발생한다. 섬모운동과 편모운동의 DNA-RNA-단백질로 이어지는 순환발화과정의 가소성 성립이다. 두뇌가 깜박깜박하다가 끝내 치매가 유발되는 단백질은 베타-아밀로이드 단백질의 독성물질이라는 통념을 깨고, 단백질이 뇌에 쌓여 두뇌의 고장을 일으킨다는 최근의 발표(서유헌, 1996)가 있다. 알츠하이머병으로 위축되는 뇌의 모습은 전두엽과 측두엽이 단백질의 과잉에 이온 산화하는 현상이 발생, 신경세포의 변성과 탈락이 진행된다.(동경대학대학원 의학계, 뇌와 마음, Newton, 2010)

사람의 두뇌에는 (극도로 잔인할 수 있는) 사악한 신경중추란 원래 존재하지 않고, 범죄센터망도 있을 수 없다고 한다. 켓 매크원(Kat McGowan, THE BRAIN, Dec. 2010)에 의하면 7죄종(7가지 큰 죄) 즉 자만심, 시기질투, 탐욕, 분노, 육욕, 식탐, 그리고 나태 (pride, envy, greed, wrath, lust, gluttony and sloth)의 죄악은 14세기 단테(Dante)이후, 현시대의 인간두뇌활동을 탐색하는 기본 원인이라 할 수 있다. 기능성 MRI 등의 영상은 생물적인 부정적 긴장을 두뇌의 회로 속에서 보여주기 시작하였고, 진통과 쾌락, 보상과 학대의 두뇌 깊숙한 측두엽(Temporal lobe), 해마(Hippocampus) 등의 중추에서 가소성(Plasticity)의 활동을 맹추적하고 있다. 분노와 질투는 전두엽 피질에서 협력을 도모하며 동기를 부여 받는다. 우리가 받는 고통에 대항하여 식별, 탐지, 대항하기도 한다는 것이다. 우리가 먹고, 종족보존을 위한 성욕을 발산하는 기관들은 잠재적인 뇌의 보상을 받기도 하며, 스스로 억제적인 장애 장치를 작동하기도 한다. 대뇌의 시상하부(Hypothalamus)에는 이성을 원하는 중추와 성교를 하는 두 개의 중추가 있는데, 전두연합영역은 이 본능을 조절한다는 것이다. 도파민과 엔도르핀은 사랑을, 그리고 세로토닌은 성행동을 할 때 분비된다. 식욕과 성욕은 인간욕망의 가장 기본적인 진화조건이고, 쾌감본능의 대표적 대뇌기능이다. 과식증, 거식증은 뇌의 식욕지배 중추가 혈액 중의 포도당 양에 반응하면서 식욕을 명령한다. 예술가들이 실존하였던 마지막 찰나와 명멸, 그 흔적과 방아쇠 격발의 탄알 화약 냄새를 맡기 위해 세계로 나섰던 맹난자(2004)는 우울의 고통과 편집광증으로 하여, 허무와 죽음을 스쳤던 어네스트 헤밍웨이를 찾아 조그만 촌락교외의 숲속, 우드강 서쪽 통나무 이층 집을 찾아갔다 한다. 집은 아침 해를 바라볼 수 있도록 지어져 있었고, "그 망할 놈의 어마어마 한 공허감과 허무감을 떨쳐버릴 수가 없다."는 유언 같은 중얼거림으로, 새벽7시, 잠옷 바람의 자신을 향해 방아쇠를 당겼다 한다.

'바다와 노인'은 우리의 소년시절, 오히려 '모비 딕'이라는 그레고리 팩 주연의 영화에서 더욱 현실적인 고래와의 사투 속에 죽음의 감동을 주었던 (헤밍웨이의) 서사시였던 것이다. 맹낭자 는 이렇게 절규하고 있었다. "드디어 그는 대어를 낚아챘다. 돌아오는 길에 살점을 상어 떼에게 다 뜯기고, 비록 뼈만 앙상하게 남았지만, 그는 그것으로 충분했다. 최후에 우리가 획득할 수 있는 것은 상처뿐인 영광이 아니겠는가? 종국에 우리는 무엇을 손에 쥘 수 있겠는가? 낚시 배 옆구리에 앙상한 뼈만 남은 고기를 달고 돌아오는 노인의 모습, 그것 외에 아무것도 획득할 수 없는, 마침내 빈손이 되고야 마는 우리 자신의 모습일 것이다." 음……
그럼에도 우리에게 전달되는 영원한 대뇌의 신호는 "인간은 파멸될 수 있지만 패배할 수는 없 다."는 생명실존의 진화본능이다.
어찌보면, 헤밍웨이의 "누구를 위하여 종은 울리나?"의 그 타종 파장은 한국 불교 사찰 종 아래 에 매달린 풍경 끝의 고기 한 마리이고, 하여, 이 화가는 물고기 생태계의 약육강식을 혁필 유 화 그림으로 그려보았다. 어느 대웅전 대들보에 그려졌던 희미한, 덩치는 커다란 고기였었고, 중간 크기의 고기를 물면서, 먹고 있는 장면의 불화를, 혁필 유화로 되살려 본 것이다. 헤밍웨 이의 "……너처럼 거대하고 아름답고 태연하고 고결한 존재"를 변주해 본 그림이다. 회화라기보 다 마치 낚시하듯 손바닥으로 캠퍼스에 향 칠해 버린 흔적이다. "누가 죽이고, 누가 죽든 난 상 관하지 않는다"는 이 꼰대의 넋두리인가? 무패의 조건은 무위자작이렸다! 그렇다고 선화의 스타 일에 끼고 싶지는 않다.
지승(1989)은 '노자의 붕어새끼 한 마리'를 인용하면서 "천하 다스리기를 작은 생선 삶듯 하라. 도(道)로서 천하에 임할 것이니, 그리하면 귀신도 세력을 쓰지 못할 것이다"라는 작은 생선을 찌 는 사람의 〈무위〉를 예로 들고 있다. 물고기는 제 몸 속의 잘디 잔 가시를 다소곳이 숨기고, 오 늘도 물속을 우아하게 유영한다. 제 살 속에서 한시도 쉬지 않고 저를 찌르는 날카로운 가시를 짐짓 무시하고, 물고기는 오늘도 물속에서 평안하다.(남진우, 가시)

자기 존재의 모습에 대한 앎(알아차림)으로서의 아름다움을, 추함과 대립되는 의미의 아름다움 을 목표로 하는 것이 아니다. 그가 익숙하게 알고 있는 소외된 개별자, 썩어가는 육체, 전망 없 는 미래는 헛것인 존재들이라고 김현(시인 기형도가 죽은 을지로 새벽의 심야극장, 그 비인간화 된 캄캄한 도시 공간을, 선배 김훈은 기술하고 있다.)은 말했다. 그것들은 아름답다는 대상답는 것이며, 시적인 것은 따로 없다 하였다. 하여, 김현은 "익숙하게 아는 것이 아름다운 것이며, 시적이지만, 그래서 그 아름다운 것들이 사실은 얼마나 부정적인 것들인지……"라는 질문을 던지고 있다.

김훈과 김현의 표현처럼 '알아버렸다'는 감각은, 알아차렸다는 뇌신경의 가소성 발화 작동이며, 그러하기에 미와 추를 초월한 극복의지의 존재확인이고, 따라서 생명의 신경미학에의 작동이라 할 수 있다.

이 화가의 경우, 선천적으로 타고난 유전자의 긍정성과 낙천성으로……? 하여, 태평양전쟁과 6·25전쟁, '서울가는 12열차'에 홀로 앉은 경기중학교 2년생, (눈썹 깎고 입시 공부 후) 전국의 후속 우등생들이 입학해 버린 학급에서도 우수한 성적 석차, 우수한 자유형 1500m 수영선수가 갑자기 수영 메달리스트들의 수상한(이상한) 스카우트로 인해, 졸지에 수구(공으로 하는 수영경기)반으로 밀려난 사건들……, 미술수업 중에는 미술반장의 권한으로, 미술선생님 박상옥 국전 대통령 수상화가께서 전교생에게 내린 방학숙제 정물화(아버님이 마시던 양주병을 무조건 한 병씩 가져와서 정물화를 그리는 숙제)를 그리기 위해 미술반은 국내 최대 양주병 박물관이 되고, 그중에는 아직까지도 까지 못한 신상(신상품) 위스키를 딸 수 있었고, 그리하여 졸지에 미술반은 음주애호가 급우들의 비밀 양주시식 카페가 되었고, 때로는 우리 조직(?)의 소림사 주방장이 되곤 했던, 온갖 알아차림으로 미와 추함을 극복하고자 처절하게 몸부림치곤 하였던 것인가?

향학잡지표지. 전세만 선수 · 한광열 보스 · 양호(일) · 채희경 선수

부관연락선(부산과 시모노세끼를 오고가는 연락선) 속의 이 미아(?)는, 어느덧 꿈 많은 고교 2학년 진급 때, 우리 반 학우들은 두 가지 조직으로 나뉘었다. '공부 파'에 비해 '노는 파'가 수적으로 우세하였기 때문에, 반 아이들은 장난처럼 이 화가를 반장선거에서 절대다수로 당선시킨 사건이 발생한다. 다음날 전교 조회 때 반장임명장을 교장선생님으로부터 받게 되는데, 우리 반의 경우 몇 표 안 나온 부반장 당선자가 반장으로 호명되고, 이 화가는 부반장으로 강등, 임명장을 받게 되었던 것이었다. 하여, 곧 바로 담임선생님께 항의하러 교무실에 진입하였고, "유구한 역사를 자랑하는 우리 경기고등학교에서 우등성적자가 아닌 학생이 이때까지 반장에 임명된 적이 없었다. 싸움하러 다니지 말고 공부 좀 해라! 이 xx야!" 하면서 가볍게 출석부로 이 대뇌전두엽(Frontal lobe)을 한방 갈겨버렸던 것이다. 아! 나 또한 가문의 위대한 탄생으로, 모친께서는 2차 대전 중, 구하기 힘들었던 미역국을 잡수셨고, 인간의 존엄성에 의해 전쟁 중에서도, 흑설탕 등을 배급받는 신분으로 살아 남았던 것이다.

어린 기억 속에 깊숙이 각인된 모멸과 비교육적 학대는 지울 수 없이 계속 떠올려지는 상처, 그 '트라우마'라는 것을 체험하게 되었다. 나는 지금도 고교 동창회와 반창회에 잘 참석치 않는다. 그 원인은, 그 원인 제공의 구루께서, 계속 사랑스런 제자들의 초청에 의해 참석하신다는 풍문 때문인가? 그까이꺼 용서야 교육적 입장에서 가능하지만, 당시의 모멸감과 배신감은 이상하게도 이 화가의 뇌신경망 회로에 꾸역꾸역 작동을 하면서 일평생, 그 어떤 순간에도 참석하고픈 용기와 자존을 주지는 못했던 것이다. 이 지경을 우리는 유식하게 〈외상 후 스트레스 증후군〉(Post-Trauma Stress Disease)이라고 한다던가?

두뇌 변연계(Limbic system)의 전기적 흥분은 공격과 분노, 불안을 야기시키고, 측두엽의 뇌전도이상(腦電圖異常)은 자살 충동과 자해행위를 유발한다. 인간의 뇌는 이러한 경험이 쌓이면서 다시 구축되고 진화된다. 발달도상의 뇌가 학대받게 될 때에, 뇌에 분자적·신경생물학적인 변화가 생기며, 가혹한 유전이 진행되면서, 투쟁과 도주반응이 발생한다.(Martin Teicher, Scars that won't heal, SCIENTIFIC AMERICAN, Mar. 2002)

지금 현재의 이 꼰대는 당연히 비만과 고혈압의 위험선상을 왔다 갔다 하면서, 노화의 속도는 해마를 포함한 뇌 구조의 변성을 촉진하고 있는 것이다.

위대한 아름다움의 유전자 진화성은 실제로 중추신경계에 스트레스를 억제하는 감마아미노산(GABA) 신호들이 전달하는 수용체가 과잉 흥분한다. 이때, 변연계의 흥분은 정상적인 기능으로 「가바」의 염소이온이 투과하게 되고, 신경의 전기흥분이 억제되는 「가바」 수용체 기능이 있다 한다. 두뇌는 양자컴퓨터 기능이라지만, 컴퓨터처럼 확실한 계량성능은 인간이 따라갈 수가 없다. 이러한 뇌(머리)의 '아리까리' 하고 '깜박깜박' 하는 유연한 가소성이 인간의 상상력과 창조력, 그 아름다운 예술적 감성을 작동하는 원동력이 되는 것이다.

얼마전, 이 화가가 잠시 회장으로 있는 대한임상미술치료학회의 2011 춘계학술대회 스폰서인 '차의과학대학원' 줄기세포연구가 장장 10년의 불법연구기간을 지나, 국내 최고법원에 의해 배아줄기세포연구가 드디어 허락되는 판결이 났다. 하여, '차의과학대학원' 은 미국에 이어 동시에 세계 두 번 째로 '배아줄기 세포연구 의과학대학원' 이 된 것이다. 또 바로 하루 전 신문에는 미국 오바마 대통령이, 부시대통령이 8년간이나 금지시킨 동일한 주제의 연구를 풀고, 미연방 최고법원에서는 연구자금 지원을 승인하는 판결이 나게 된 기사가 실렸다. 하여, 이 화가는 한 미 두 나라가 '배아줄기세포 연구' 에서 서로 짜고 선수를 친다는 우스개 분석으로 대한임상미술치료학회 춘계학술대회 주제 발표 시 발언한 바 있다.

2006년 일본 야마나카 신야 박사는 유전자변형을 통해 피부세포를 줄기세포로 바꾸는데 성공하였으며, 오늘에 와서 프레드 게이지 박사 연구팀은 〈Reprogramming〉이라는 이 분야 최고 기술로 정신분열 신경세포를 대량생산하게 된다. 두뇌 해골을 구멍내고 전기충격을 고문하듯 하면서, 정신병자를 괴롭히던 외과적 수술(lobotomy)을, 이제는 실험실에서 두뇌세포의 인큐베이터 치유가 가능하게 된 것이다. 이 화가가 열광하는 또 다른 이유는, 교수직으로 40년 봉직하던 우리 학과에 맥켄토시 컴퓨터를 초기 도입할 때부터 지금까지 컴퓨터 시뮬레이션의 특수한 시각화 탐색기술의 소프트웨어가 영상 이미지의 신경미학 결정론을 예시화하기 때문이다. 과학적인 수치에 의한 컴퓨터의 지능은 인간 두뇌의 오락가락, 깜박깜박하는 뇌세포의 가소성과 유연성을 따라 잡을 수는 없다. 이성에서 보다 감성과 그 상상력에서 컴퓨터는 논증의 자료는 제공하지만, 로봇이 인간을 대행할 수는 없다. 그럼에도 그 시대 그 지역 환경과 토양에 의한 종교발생이나 철학사상은 비과학적인 우주의 현상에서 설명되고 연출되지는 않는다.

　이 화가는 서광 맘짱께서 미국 유학시의 불교이론을 과학적으로 인용하고, 신경미학적으로 재해석해 오고 있다. 서광 맘짱께선 수녀가 될려다 말고 머리깎고 미국 보스톤의 하버드대학 근처에 선방을 얻고는, 그곳의 최신형 정신과 임상의 겸 대학교수와 같이 뉴욕의 끝 간(?) 시민의 고장 두뇌를 고치시며 연구하는 현재진행형의 실무학문을 이 화가에게 학문적 강의 자료로 제시하여 주셨다. 후에 출간된(2002) 〈마음의 치료〉와 문득문득 발표되는 그의 논평에는 프로이드 정신분석학 이후의 최선진국 정신의학의 단편과 그 불교경전의 오차수정을 판독한 당대의 최고 경전이라 믿어 의심치 않는다. 하여, 이 화가의 〈종교구라〉에 서광 맘짱의 이 불교이론을 차용하고 싶었다. 서구심리학에서의 7가지 큰 죄이며, 현대 사회에 진행되고 있는 죄악의 본질을, 서광에 의해 사성제(4-Noble truth)와 육도 윤회(Samsara) 사상의 대비로서 불법에 연출되었던 죄의식을, 재점검하고 싶었던 것이다. (서광의 표현으로는) 서광의 보스톤 쪽 사부님으로 보이는 마크 웹스타인 (Mark Epstein)은 ‘의식자 없는 의식’ (Thought without a thinker)이라는 저서를 통해 “디지털 기술의 발전에 비례하여 인간의 〈존엄성〉은 점차 가치가 높아질 것이다. 과학을 통한 영혼의 이미지화, 종교자료의 과학적 분석은 첨단 임상의사들에 의해 빠르게 시도 발전되고 있다.” 고 기술하고 있다. 물론 현대과학의 성취는 필연적으로 종교의 토대를 허물고 있다한다. 반면 복거일(2005)은 종교는 개개인이 이 세상만큼 중요한 존재이며, 그들의 영혼은 영원히 살아남는다고 안심시키고 있다. 과학의 성과를 누리면서도 사람들은 결정적인 순간엔 종교에 의지하는 연약한 속성을 지닌다. 서광은 인간의 본능, 그 자기방어, 〈희생양 만들기〉의 기제를 기술한 적이 있다. 예컨대 선인이건 악인이건 자기 책임의 회피를 위하여, 생의 상처 없는 구실을 위하여, 타인의 어떤 대상을 선정하고는, 끝없이 미워하면서 칼을 휘두르고 싶은 잠재적 희생양을 만들고, 미움만의 존재감을 쾌락화 한다. “자! 저 빨간 모자를 쓴 사람이 일어나면 나도 이 카페에서 일어서겠다” 고 이야기하는 사람은, 자신의 생을 누군가 대신 살아주고 조정하고 그 책임을 돌려버리는 「이기적 유전자」로 작동한다.
중세유럽의 카톨릭 교회가 지난 몇 세기 동안 마녀사냥을 집행한 것은 교회의 권능을 위한 자기보호 본능보다는, 사악한 인간본능에의 ‘희생양 학대하기’ 의 편집증 현상이었던 것이다. 탐진치의 뇌활동이다. 아직까지 세계는 상대성이론의 지배를 받는다. 미군이 빈·라덴을 그의 어린 딸이 보는 앞에서 사살해 버린 개연성은, 이후 또 다른 미국인의 의식에 어떤 희생양의 대상을 다시 설정하고 몰아갈 것인가의 차세대 미래세계의 쏠림현상이 될 것이다.
불자들은 “행위는 있으되 행위자는 없다” 는 능가경의 육도 윤회사상이 ‘지옥도’ , ‘축생도’ , ‘아귀계’ , ‘아수라’ , ‘인간도’ 라는 것을 잘 알고 있다. 서광은 이들 심리상태를 공격과 피해망상, 애욕, 탐욕과 이기심, 경쟁과 질투심(The realm of the jealous gods), 자아도취와 자기중심, 자아조절과 자아실현 등으로 표현하고 있다. 마크 웹스타인은 그의 저서에서 '지옥도'는 거울을 든 여신상, 불꽃을 든 여신상, 책을 든 성자상, 갈비같은 사지에 부플린 배에 길고 가느다란 목구멍을 지닌 유령으로, '아수라' 이미지는 불을 내어 품고 칼을 휘두르는 성자상, 자아도취의 천상천하 유아독존(Heaven above, earth below, I alone am the most honored one), 비파를 들고 음악을 연주하는 성자상의 천상도로 각기 이미지화하고 있다.

이 화가는 육도윤회사상을 전자시대 유랑민들의 이해를 돕고, 또한 미래불의 영상을 그리기 위해 가상공간의 개념에서 재해석해 보았다. 애욕에 넘치는 축생도는 동물적인 욕망을 승화, 해방하기 위한 지적능력, 사생능력을 상징하며 이는 식욕, 성욕 등의 욕구로 프로이드 정신분석학에서 중점적으로 제기하였던 행태이기도 하다. 허기진 욕망의 위장과 '숨은 조정자'들이 가진 아귀의 메시지는 끝없이 욕망하는 탐욕과 이기심의 아귀계이다. 이때 아수라장은 이기심(Ego)에 집착하여 질투하고 혼돈, 갈등에 휩싸인 마음, 그 옛 상처(trauma)의 희생양 (scape goat)을 무차별 공격하는 연출 장면이다. 전자시대의 유아독존, 그 시간동기화 (temporal synchronicity)에 의한 '깜짝 집합'(flash mob)행위자들의 익명성, 자폐, 해체성은 청소년들을 자아도취적 부모와의 관계에서 거짓자아를 발달, 은폐시킨다는 위니컷(winicott)의 이론을 성립시킨다. (서광에 의하면) 그는 심리적 결핍감, 불안감의 이중 고통을 쾌락과 동시에 재앙이라고 표현하였다 한다. 인류의 절박한 염원, 그 사후의 '기다리고 있는 세계인 천상도', 열락(mano)과 환희(runner's high), 그 인간본성이 일치된 법열의 이상향을 꿈꾸어야 하는 새로운 드라마가 써져야 하는 것이다. 동서양 죄악의 구분은 무조건 한쪽은 인간의 욕망을 억압하였고, 한쪽은 이기(Ego)를 그림자, 환영으로 보고 개체의 하나(n1)인 우주의 세포(self)를 향한 존재의 확인으로 결론 지우고 있다.
그래서 현대의 힘든 상황에 적응하는 전자인간의 기제는 자아도취(narcissism)와 자기중심, 완벽주의 일중독을 통한 자기과오의 신경세포 재확인(neuro-feed-back)의 의도적론 생존 요령인가? 착각, 망상, 집착경향, 굴욕, 창피함의 공격성 등은 결국 무학대사의 '돼지의 눈에는 돼지만 보이고 부처의 눈에는 부처만 보인다.'는 고성제(苦聖諦)의 행태 이미지를 연출시킨다.

유아기적 자기중심. 그 집성제(集聖諦)의 쾌락추구는 갈애와 자기편집증의 「거울단계」 현상을 말한다. 태어난 애기는 울기만 하면 축축한 기저기가 뽀송뽀송한 기저기로 갈려진다. 우유병이 제공되는 엄마의 뽀얀, 희미한 그림자의 얼굴미소와 냄새, 그 유향의 리듬파동은 결국 끊임없이 변화하는 주마등같은 환영임을, 한여름 밤의 꿈임을 의미한다. 혼돈스럽고 복잡하게 얽히는 나무뿌리 같은 '리좀현상'의 전자시대 도래는 때로는 재앙이고 때로는 시련이다. 거울 뉴런과 마음 단백질. "인간의 두뇌는 돌발적으로 진화되었다." 「거울 뉴런」은 다른 이의 행위를 뇌 속의 거울 인터페이스에 비쳐보고, 재현하는 관계라고 생각된다. 이는 시그마이스랍(1996)이 발견한 신경세포로서 인간에 존재하고 있다. 임의의 찻잔을 손에 쥐고 활동하는 행동과 별도의 찻잔을 쥐고 싶어서 보고(주시하고)있는 활동의 모습이 그것이다. 눈 속에서 빛에 반응하는 단백질로서 「로돕신」은 빛이 닿으면 여러 구조가 바뀌면서 활성상태가 된다. 활성상태의 「로돕신」에 신호전달 단백질이 전달되면서 10만분의 수초 정도, 짧은 시간에 구조가 변한다. 계속 변화하는 단백질은 망막에 전해진 시각신호를 뇌까지 전달한다. 비활성상 「로돕신」이 빛에 닿으면 활성상태의 「메타로돕신-2」로 바뀐다. GaCT2라는 신호전달 단백질이 결합되어 있는 구조이다.(최희욱, 빛 수용체 중간 단백질 구조, Nature, 10. Mar. 2011), (V.S.Ramachandran, Newton, Dec. 2010)

일광보살에 반응하는 로돕신 단백질. 청소년들의 전자게임 중독은 경쟁의 동일한 조건, 그리고 실패해도 제기하는 패자부활과 조직공헌도에 따른 배신 없는 충성과 의지심을 보장한다. 이야기 중심의 드라마 연출 본능, 수다떨기(gibberish) 아바타 대리인 만들기 등은 전자시대의 '멸성제'로서, 대원경지(adarsauai-nana) 라는 심리학자 라캉의 거울단계이고, 거울 신경체계이다. 좌절된 욕구나 꿈은 가족, 친지, 아바타를 통해서 대리만족 행태로 대체하고, 욕망의 덩어리, 자기(Ego)는 방으로 콕 숨는 기제일 것이다. 정신분석가 프로이드는 인간의 욕망을 제거할 수 없다고 단언하였다. 따라서 전환과 분출하는 타협안을 수립 제제함으로써, 차선의 생리적 되먹임(bio feed-back)의 대뇌활동을 원용하라고 하였다. '도성제'는 전복심리, 증오본능, 배신주의는 환상과 착각의 집착에서 발생하는 허상이며, 관계중독이라는 의미를 포함하는 것으로 보인다. 노드아드레나린 호르몬 신경계이다.

돌아오신 서광 맘짱, 미래 불교의 한국적 대안제시를 학문적으로 동포들에게 반드시 내 놓아야 한다는 기대가 있다. 하여, 강남 몸빼 보살님들에게 자녀 출세교육에 집착하지 말라는 세속의 주제 강연만을 하실까 노파심도 가져본다. 서광의 불사는 위니컷의 미래 심리학과 앱스타인의 환자를 만나는 치유의 가치, 그리고 종교가 불교경전의 어떤 새로운 되먹임 이론, 그 비전과 꿈을 제시하여야 하다는 필연적 당위성이다.

겐다유의 비통함. 유화 8호, 2009

인간이 접하는 우주는 근본적으로 어떤 설계도, 목적도, 선과 악도 없으며, 오로지 눈멀고 인정사정 보지 않는 무관심만 존재할 뿐인 곳에서, 인간이 기대할법한, 바로 그런 속성들을 지녔다.(R.도킨스, River out of Eden;A Paruinian, View of Life, Basic Books, 1995)

"점과 점은 연결되어 있습니다.(About connecting the dots) 여러분은 미래에 점들이 연결될 것임을 확신해야 합니다.(So, You have to trust that the dots will somehow connect in your future.) 끼, 운명, 상처, 업장, 등 그 무엇이 되었든 믿음을 가져야 합니다.(You have to trust in something-Your gut, destiny, life, karma, whatever.)

항상 배고파하세요. 우둔하게 나가세요!"(Stay hungry, stay foolish!)

(스탠포드 대학 졸업식에서, 스티브 잡스, 2005)

화엄계 인드라망의 점과 점 연결. 료안지(龍安寺) 선정원 바다 연출.(OFF, June.2012)

선의 무상관(無常觀)은 물을 무화(무량수) 시키기도 하고, 역으로 돌과 모래가 풍부한 정원은 물이 흐르는 듯(karesansui), 무대를 반전시킨다. 산수의 일체화는 순간, 찰나의 선기(禪氣)에서 원근법과 인경, 차경의 여백미, 여운의 미를 백사와 15개의 돌로 연출하고 있다. 압도적인 존재감, 그 확장의 극한 화엄세계를 의미한다. 결국 선의 바다 위, 바위산들은 각기의 비례법칙으로 마(사이)의 의식과 순간을 인식하면서, 인드라망의 간섭파동 무늬, 그 점과 점들의 부호 분할 다중접속(CDMA) 인터페이스와 심미적 가치에 해탈(解脫)을 느낀다.

지금, 이 순간은 켈리포니아주 법원 배심원들에 의해, 삼성은 애플에 결국 첫판 판결 패를 당하고 말았다. 그 애플의 스티브 잡스 그래픽 디자이너는 샌프란시스코 다리 아래, 마약으로 찌든 히피족이, 어떻게 인류의 새로운 전자통신문명을 혁신 시켰는가를 규명하는데, 지금의 인류정신머리가 촌각을 세우고 있는 것이다. 적어도, 최첨단 엘리트 집단인 삼성디자인 특허 팀의 패인이 "세상은 점과 점으로 연결되어 있다."는 진짜 우주의 진실, 현대물리학의 인드라망의 지배하에 존재한다는 기업철학의 부족함은 아니었던가 자문해 볼 필요가 있다. 아이폰 디자인 개념의 최종 생각을 추적해 보면, 일본의 '삼각김밥정신'의 조동종(曹洞宗) 보스였던 도웬(道元, 1200~1253)의 교과서, 정법안장(正法眼藏)의 샤카 부타 가르침이었을 것이다. 예컨대, "우둔한 재능을 비하하지 마라! 아미타불이라 속삭이기만 하여도 불성(佛性)에의 가능성(見性)이 있다" 는 것이다. 예컨대 삼시업(三時業)은 현재의 결과에는 3종류의 시간차 행위가 있다는 가르침이다.(SOHO, Zen Internatinal, OFF, June. 2012)

"모든 사람은 깨달음의 경지에 이르러 부처님이 될 수 있다는 불성에의 가능성" 을 기록한 「묘법연화경」 은 가장 감화력이 강한 경전으로서, 불교에서는 선과 악의 구별의식이 원래 없으며, 죄 그 자체를 인정하지 않고 있다 한다.

원래 우주 속에 유전되어 진화하고 있는, 우리의 유전자는 석가 부처를 계기로 하여 신체나 그 마음의 구성 원소는 서로 동일하며 닮은 구조로서 성립되고 사라진다.

따라서 과거에 어떤 일을 저질렀다는 업장의 굴레는, 한번 참마음 일으키며, 염불만 하면, 그 순간부터 부타의 길에 들어갈 수 있다는 것이다. 불경 속 이야기에는 스스로 살인마였던 앙굴마리의 깨달음이 전해 오고 있다. 앙굴마리의 사부님은 그에게 백 개의 사람 손가락을 모아 목걸이를 만들면, 도를 이루고 하늘나라에 태어날 수 있다는 거짓말에 속아, 사람들을 닥치는 대로 죽이기 시작하였다. 99개의 손가락을 모아서, 마지막 하나를 찾아 나섰을 때, 눈앞에 나타난 사람이 자신의 어머니였던 것이다. 그가 막 행동에 옮기려 할 때, 때마침 제자들의 반대에도 불구하고 무시무시한 살인마 앞에 나타난 샤카 부타님에게 그는 달려들었다. "기왕 다른 사람을 죽이지 어찌 내 어미를 죽여서 손가락을 가진단 말인가?!" 하면서 서로가 뛰며 이야기를 나눈다. "멈춰서라. 죽인다!" 했을 때, "나는 이미 멈췄느니라. 너도 역시 멈추어라!", "당신은 걷고 있으면서 내게 멈추라하니 도대체 무슨 뜻이냐?" 부처님께서는 "나는 중생에게 악업을 짓는 일을 이미 멈추었지만, 너는 아직 멈추지 않았느니라." 이때, 살인마는 문득 '진정한 멈춤은 영원히 악을 버린다는 것'을 깨닫게 되었다 한다. 그는 눈을 번쩍 뜨게 한 부처님의 설법으로 부타의 제자가 되어 후에 성불하게 된다. 아무리 험하고 극악한 원인과 결과라도 극복될 수 있다는 경전의 가르침과 지옥에 떨어져야할 몸이 극락에 태어날 수 있는 살인마의 커다란 참회처럼, 아무리 큰 죄라도 지극한 마음으로 참회하면, 좋은 인연과 과보를 받을 수 있다는 가르침이다.(김성규, 2009, 이강옥, 2010)

겐다유 이야기는 아무리 강하고 악한 인물도 원래는 여리고 애절한 부처의 본성을 지니고 있다는 진리를 말해주고 있다. 금석물어(今昔物語)라는 이야기책에는, 사누키 나라에 악당 겐다유(源太夫)라는 야쿠샤(깡패)가 살았는데, 이 자 역시, 살인도 마다 않는 모든 나라 사람들이 두려워하는 존재였다고 한다. 어느 날, 어느 마을 불당 앞에 스님께서 많은 사람들을 모아 놓고 설법을 하고 있었고, 때마침 겐다유 일당이 지나가고 있었다. 스님께서도 떨려서 제정신이 아니었으나 야쿠샤 두목은 계속 시작해 보라고 강압하였다. "서쪽에 아미타불이라는 고마운 부처님이 계신데, 그 동안 아무리 죄를 많이 지은 사람도 단지 아미타불을 부르기만 하면 반드시 그 사람을 맞이해 주시며, 기꺼이 좋은 나라로 데려가 주신다……" 라는 설법에, 나처럼 나쁜 사람도 진정 받아 주시겠느냐?에, 그렇다고 대답하였다. 스님에게 겐다유는 "그럼 지금 여기서 내 머리를 깎아 주시오!" 하고 소리쳤다.

만류하는 부하 조직들을 뿌리친 그는, 삭발하고 승복으로 갈아입어, 그 스님의 말을 따라 오로지 서쪽으로, 서쪽으로 걷기 시작하였다. "여보시오. 아미타부처님!" 하고 외치면서 꽹과리를 치며 걸어갔다. 해질 무렵 어느 절에 당도해서는, 식은 밥을 동냥 받아 "나는 아미타불을 찾아 서쪽으로 가는 자요!" 하며 다시 길을 떠났다.

설법을 했던 스님이 7일이 지난 후 서쪽 끝가지 가 보았더니, 바다 벼랑의 절벽 위 두 갈래로 갈라진 나무 위에서 꽹과리를 치며 계속하여 "여보시오. 아미타 부처님……!"을 외치고 있었다 한다. 맘짱께서 한심하게 생각하며, 무슨 대답이라도 돌아왔는가?고 묻자 "들어보시오."라며 계속 아미타불을 읊조리고 있었다. 그러자 돌연 멀리 바다 한가운데서, 미묘한 음성으로 "여기 있도다……!"라는 대답이 들려왔던 것이다. 다시 스님은 7일이 지나서 그 자리에 가보았더니 겐다유는 서쪽을 향한 채로 나뭇가지 위에서 죽어 있었는데, 그의 입속에는 아름다운 연꽃 한 송이가 피어 있었다고 한다.(나카노 고지, 2002)

이 화가가 그린 겐다유 이야기 그림 속의 나무는, 역시 수월관음의 손에 쥐어진 버들가지 나무와 그 꼭대기에서 멀리 바다를 보고 북을 두들기는 겐다유의 애절함, 그리고 바지가 벗겨진 엉덩이는 버려버린 악업의 가벼움을 표현(묘사)하고자 하였다. 생불이 된 옛 악인을 대비시키기 위해, 아래 부분에 욕망과 고통의 현실세계를 상징하는 무속 여인이, 마치 샤카 부타님 해탈시 유혹하는, 세 자매의 자태처럼 유머스럽게 표현(묘사)하고자 하였다.

"과거란 끌어내지 않으면 존재하지 않는다. 무리하게 이것저것 생각하지 말라." 나카가와 소엔(1984) 맘짱은 인간을 용서하고 용서받는 바닥에는 망각이 있어야 하며, 우주 속에 '괴로워하라'라고 명령할 자격을 가진 사람은 없다는 것이다.(타카와 아키가즈, 2007)

(처음에는 / 무지와 미망 속에 갇혀 있지만 / 그러나 뒤에 가서 지혜의 빛을 찾는 사람…… 처음에는 악한 짓을 했지만 / 그러나 뒤에 가서 선행으로 / 그 악행을 극복하는 사람 / 그는 이 세상을 비춘다 / 구름을 헤치고 / 나오는 저 달처럼.(법구경 수망갈라본, 석지현 역)

영웅은 정변의 돌연변이 속에 자주 등장한다. 백제가 신라, 당나라 연합군에 멸망한 이후, 더더욱 끈질긴 영웅들의 저항이 거칠었다. 그만큼 내부의 탐욕과 애착은 결국 배신으로 점철되는 좌절을 연출한다. 그러나 시대의 영웅이 반란(역적의 성취)를 완성한 순간에, 손 한번 써보지 못하고 허무하게 죽임을 당했던 당대의 영웅 임상문 장군의 이야기는, 어떠한 강한 힘도 빈틈이 존재한다는 교훈을 주고 있다.

1786년대 청나라에 망한, 명나라의 복귀를 꿈꾸던 배청, 반란의 주인공 임상문은 수도 북경에 진주, 쿠데타에 성공한다. 그러나, 그날 밤 안경의 첩이었던 '칼춤을 잘 추는 여인' 남강월이 밤에 몰래 군부대의 막사에 진입하여, 영웅 임상문의 목을 단칼에 베어 버린다. 수도에 입성한 반란의 영웅은 힘없는 여인의 칼춤에 맥없이 죽는다는 실화(정세비태록, 낙성비룡)는 충신과 간신의 대립(전쟁)과 그들 주변의 애욕이 어떠한 명령 수행도 마다하지 않는 모성 본능을 처연하게 보여준다.

칼 춤추는 여인, 유화 8호, 2009

　이청준의 소설 '벌레이야기'에는 나이 마흔 살에 얻은 아이를 유괴 당한 여자가, 신에 귀의함으로써, 유괴범을 용서한다는 이야기가 나온다. 그러나 유괴범 역시 신에 귀의하여 여자가 용서하기 전에, 신으로부터 용서받고 말았다는 사실을 알고는, 그 여자는 자살하고 만다. "내가 용서하지 않으면 너는 용서 받은 것이 아니다!"라는 주인공의 조건은 인간의 심장에 깊숙이 박힌 분노와 증오의 화살을 직접 뽑음으로써, 연민을 느끼려는 인간적인 울부짖음이라 할 수 있다. 다빈치의 '최후의 만찬'에 그려진 예수의 얼굴 모델은, 어느 시골의 교회 성가대에서 발견한 얼짱 청년의 얼굴이었다 한다. 그러나 가룟 유다의 묘한 얼굴은 도저히 표현할 수 없었다 한다. 3년 동안 술집, 형무소 등을 뒤지다가 지치고 포기했던 날, 길바닥에 쓰러져 있는 행려병자를 보았을 때, 그가 바로 가룟 유다의 얼굴이었던 것이다. 이 거지가 깨어나 보니, 누군가 자기 얼굴을 열심히 그리고 있어 화를 냈더니, "당신의 얼굴이 가룟 유다와 닮아서 그린다."하였다. 그는 크게 통곡하였다. 바로 3년 전 예수의 모델로 섰던 성가대의 그 청년이었기 때문이다. '다빈치 코드'의 또 다른 기호학이다.

앞서 앙굴리 마라는 바라문 사부님으로부터 100명의 남녀를 죽이고, 그들로 부터 손가락 한 개 씩을 모아서 목걸이를 만들어 오라는 최후의 명령을 내렸을 때, 그 원인 제공의 사부님 사모님 께서는 차산남 청년 앙굴라 마라를 유혹하다 거절당하고, 홧김에 '당신이 집을 비운 사이, 자신을 욕보이려 했다'는 고자질로 하여, 보복을 하게 한다.

명진 맘짱께서 봉은사 마당에, 보우 순교자의 나무 말뚝, 사리탑 표지판만 꽂은 채 떠나버린, 그 보우는 역시 제주도 귀양으로, 당시 알아서 기었던 제주 목사에 의해 열 손가락 짤리는 사형을 당했쪽. 애꾸눈 제바는 흰두교 신전의 눈을 도려냄으로써, 신과 맞장 떠다가 결국 그도 한쪽 눈마저 잃고 암살자의 칼에 꽂히는데, 그럼에도 암살자를 용서하고 도망가는 길까지 알려준다. 그리고 자신의 조직원에게 말한다.

"누가 원수이며 누가 적인가? 누가 죽이며 누가 당하는가? 부질없는 복수심을 버려라. 이 세상 에는 해함을 받을 자도, 해칠 자격이 있는 자도 절대 없는 것이다."

영화로 본 '다빈치 코드'는 인류의 보복과 그에 대한 복수의 한계가, 끝없는 잔혹함으로 반복되는 종교권력과 과학의 진리를 기호화한 이야기이다.

우주탄생의 점과 점. 확장되는 우주 속은 흩어지는 군중들처럼 다른 은하계로 번져 나간다. 이러한 은하계 팽창은 500억 광년과 250억 광년 사이를 두고 일어난 것으로 보인다. 그리하여 '대폭발'이라는 「빅뱅」이 같은 장소, 같은 시간대에 모든 은하계가 표준 모형을 이룬다. 이러한 가속도와 감속도의 우주확장은 「쐐기지역」에서 복잡한 길을 따라 확장한다. 은하별과 그들의 조상 별들은 그렇게 정확한 순간들에 의해 운행하는 것이다.

은하계 표준 「빅뱅」은 아인슈타인의 상대성 원리에 의해 유한한 시간이 제로가 된다. 「빅뱅」의 찰나에는 시간이 상실됨을 의미하는 것이다. 불법에서 말하는 '색즉시공'의 시간 역추적 모습이 바로 이것이다.

이 표준모형은 자연을 구성하는 기본입자 12개가 있고, 그 중심에 힉스(Higgs) 입자라는 신의 입자가 있다. 상호작용해서 질량을 부여하는 중요한 역할을 하지만, 표준모형에서 유일하게 그간 발견되지 않고 있었다. 물리학자 스티븐 호킹은 신의 입자의 존재는 없다는 쪽에 100달러 내기를 걸어놓고 있었다 한다. 인류가 원자핵 발견 이후 엄청난 변동이 있었듯이, 상상하기 힘든 새로운 22세기가 만들어지는 것이다. 2013년 봄, 스티븐 호킹은 100달러를 지불 하였다 한다. (G. Veneziano, 시간존재의 신화, SCIENTIFIC AMERICAN, Vol.21, 2011)

땅이 움직이고 있다는 코페르니쿠스(1473~1543)의 '지구의 회전에 관하여'는 당시로서는 날벼락

같은 도전이었고 혁명이었다. 당시의 신과 그 지배 정신을, 신성한 성서를 모독했던 사건이었고 그 논쟁의 정점에서 갈릴레오가 재판을 받는다. 결국 로마 가톨릭 교회는 이 유죄판결이 잘못 내린 것이라고 인정하게 된다.

'다빈치 코드' 스토리는 어느 날 '바티칸'에서 추기경이 살해당하고 선종하게 되며, 곧 이어 차기 추기경 후보 네 분이 실종 납치되는 사건이 발생하게 된다.

근위병과 로마시경 수사관들은 이 사건을 해결하기 위하여, 성당으로 뒤 덥힌 로마 전역을 대상으로 실마리를 풀기 위해 예술품에 숨어있는 기의와 암시를 발견코자, 기호학의 최고수 랭던 교수를 긴급 투입시키게 된다. 이야기는 '일루미니티'라는 정화를 위한 복수와 계몽 거대 지하 조직의 과학자 후예들에 의한, 처절한 음모와 반역이 진행되고 있음을 실타래 풀 듯 풀어나간다. 그 원인은, 로마 카톨릭의 신성한 교시가 과학자들의 연구결과에 의해 점차 통째로 뒤집어 지기 시작하는데 있었고, 시민 지배에의 신뢰가 붕괴되는 위기가 닥침으로 하여, 문제의 반역 과학자들을 구금 교살하게 되었다. 과학자들의 시신과 가슴에 악마의 구멍을 뚫고는 공기, 흙, 물, 불의 4원소 표식을 처절하게 각인시키고, 그대로 중심가 광장에 파기시켜 나갔음이 판명되었던 것이었다.

미켈란젤로의 성당 건축, 베르니니의 조각, 라파엘의 미술 속에 암시되고 상징되어진 암호와 악마의 원형은 기호학 랭던 교수에 의해 결국 아슬아슬하게 진실이 규명된다. 결국은 교황과 추기경의 마녀와, 과학자 생체 사냥에 희생되었던 복수와 폭력의 조직들이 똑같은 시해방법에 의해 교살 당하고 만다는 것이다. 대명천지 21세기의 적나라한 문학적 기호 서술의 시뮬라시옹 예술 영화이었던 것이다. 그러면서도, 이 영화는 4원소와 반물질의 (악마의 구멍이라는) 기호 비밀은, 빛의 소멸 전설과 복수의 화신에서, 정화와 계몽의 신비를 피투성이 사체를 통해 규명해 내지 못하는 미완의 고통 또한 제시하고 있다.

우주탄생의 비밀과 신비스러운 진화과정은 아직도 영원한 태고의 암흑으로 남아있는 것일까? 우주 가속 팽창의 근원인 암흑에너지는 74%, 암흑물질은 22%가 차지한다고 한다. 나머지 4%가 '다빈치코드'에서 보았던 일반적인 원소이다. (윤풍, 2011)
신이 숨겨 놓았다는 반물질은 물질과 접촉하면 씽방 모두 소멸하게 되며, 이는 우주진화의 단서가 된다고들 한다. 다만 모를 뿐이라며, 떠돌던 쑹샨 선사의 깨달음이 진실이었다.

"Only, I don't know……", "I don't know", '다빈치 코드' 이후, 달라이라마는 서구문명의 종말론에 구원의 명분을 제공하였고, 일본 스즈키 조직의 미국서부정신 'Zen' 화는 월남 전쟁, 히피족, 마약중독 등의 구원에 그 타이밍이 있다. 쑹샨 맘짱께선 미국 세탁소 알바에서 "원래 없다. 모른다!"에서 시작하셨다.

"울고 가는 저 기러기……"

울고 가는 저 기러기. 유화 8호. 2008

　　"물새는 갈 때나 돌아올 때나 발자국이 없어도 도는 잊지 않는다."(도겐 맘짱) 어떤 이들은 불멸을 꿈꾸지만, 나는 소멸을 꿈꾼다. 수만 마리 철새가 창공을 어지럽게 날아도 하늘은 비어 있고, 수억 마리 물고기가 바다를 가르고 헤엄쳐도 바다에는 길이 없다. 어떤 위인이 생애에 미처 하지 못하고 간 일 때문에, 태양이 외롭거나, 바다가 쓸쓸한 적은 없다. 오히려 너무 많은 일하고 가신 위인들 때문에 산이 아프고, 강이 아프고, 바다가 아프고 미래가 아프다.(반칠환, 2012)

　　"황매산 봄 정원에 전설이 남아있고 / 추운 기러기 때 눈물 뿌리며 북으로 날아간다. / 멍청한 십년을 무슨 일로 힘 썼는가? / 달빛아래 섬진강은 유유히 흐른다.", "십년 벙어리로 깨닫지 못하면 다시 십년, 눈까지 감아 버리려고 했다."라는 저 조선불교 끝자락의 송담 스님이 십년묵언 끝의 깨달음 순간, 그 순간을 노래하였던 오도송이다.

한국선종이 그 어느 때보다 적막한 (김정휴, 1985) 반도 불교에서, 송담, 전강의 불문학이 저토록 서정적임은, 미래의 자손들에게 어떠한 진실보다도 더 반도의 비로법신체(毘盧法身體)임을 각인케 할 것이다.

　　"울고 가는 저 기러기......"는 어린 시절 진화되어온 약소국가의 서글픈 유전자 정보였던 것이다. 아버지는 어린 아들의 손을 잡고 동래 금정산 범어사의 산길을 올라, 선대의 불사 용역으로 수많은 노동력을 바친 기억을 가지고 있었다. 하여, 일주문을 지나, 그 어린 시절 무서웠던 사천왕사에 도착한다. 아버지는 합장하면서 박수를 치시면 돌연 "떼르르......!"하는 울림소리가 사천왕사 천장 아래에서 울려 나온다. 어린 손은 계속 손벽을 쳐본다. "떼르르......! 떼르르......!"

신라불교의 메시지는 아버님의 말씀을 통해, 전설처럼 신화의 유전자는 유전된다. 신화의 차용과 재창조이다. 그 복제의 서정이 심미화 되는 것이다. "옛날에 앞마을 팔송정에는 양반과 쌍놈 자녀 간에 이룰 수 없는 사랑 때문에 야반도주 하여, 범어사 사천왕사 대들보에 와서, 두 처녀 총각은 목 메달아 자살하고 말았다 한다. 이후, 두 연인의 슬픔과 원한을 밤새, 지나는 참배객들에게 슬피 울음으로써, 합장 하에 망자를 달래는 의식을 행하도록 한다."는 내용이었다.

신라의 귀족불교가 원효 등을 통해, 하층의 피지배계급을 종교조직화 하려고 했던 전법의 핵심은, 바로 부타의 생각이 모두를 포용, 쓰다듬으로 하여 '고통의 마음을 참회의 눈물로 승화 시킨다' 라는 메시지를 전달하고 있는 것이다.

　　얼마 전에, '떼르르' 진동소리의 그 사천왕사는 어느 불쌍한 홍의병에 의해 불태워져 버렸고, '떼르르' 소리만 저 범어사 '추억의 고향' 에서 사라져 버린 것이다.

경주 석굴암의 보수와 재조립에서 불법의 과학과 미학이 재복제되지 못한 채, 유리 진열장 속 나무기둥이 박혀 있음을 확인하였을 때, 평생 미술을 공부한 이 화가의 눈에는 뜨거운 액체가, 오열과 법열 속에서 흐느껴 흘렀던 것이다. 누구라 통일신라 불법계를 함부로 손을 대고 초보적인 보수 학문을 적용시켜, 극동아시아 동굴 석조미술의 핵심 미학요소와 문법을 코메디화 시킨 것인가? 누군가 불 질런 범어사 사천왕문이 다시 복원된다고 치자, 과연 축조의 기술과 재료에서 원래의 불법이 제작하였던 그 구조주의의 공명하는 진동소리가 다시 울리도록 지을 수 있을 것인가? 우주 자산의 방화였다. 방화범은 종교의 차원에서 쓰레기같은 잡종이 아니라, 언젠가 통일된 미래의 반도국가에 그 정신을 승계하는 문화예술의 전통과 역사를 불질런, 민족반역의 행위를 조종 받아진 죄인이었던 것이다.

종교의 기능은 어린마음에 못을 박는 상처의 집단과 그 트라우마의 방지와 치유에 있음이다. 비록 환각의 두뇌상태에서, 창녀나 우상으로 보일지라도, 그 누구라 돌을 던지라 하였던가? 오늘날, 조각난 샌드위치 한반도의 국토에는, 밖에서는 포탄이 날아와 연평도가 불타고, 안에서는 국가문화재산을 불 지르는 한마디로 민족철학의 부재 현상이 여기저기 감지되고 있다. 한국 불교이론을 재정립하기 위한 학문적 공간인 세미나 장소에서마저, 명석한 분노의 지성인과 지식인이 보이지 않는 적막의 새 세기일진데, 그 말법시대의 유전자는 어떻게 공명하고 진화될 것인가? 걱정이 태산 같다 아니할 수 없다.

하여, 불교미술로부터, 샤카 부타의 정신과 그 가르침을 은유 받는 이 땅의 예술가들은, 반도의 불교미술, 그 사라지고 부식되는 국가 문화예술을 어떻게 재정립하고, 보존하고, 신화의 유전자를 전달할 것인지 걱정이 앞선다.

태안사 징검다리를 건너던 걸망진 전강 선사는 전광석화처럼 뇌리를 스치는 충격을 느낀다. "안개 속에 소리를 잃었으니 어떻게 해야 소리를 찾느냐?……" 먼저 다녀가신 스님의 깨달음, 그 법열의 울먹임만은 아니었다. "산천초목이 모두 비로자나 법신체인데, 나는 얻다대고 오줌을 누란 말이냐?" 라는 벽력같은 일갈은, 오늘의 세금권력 앞에 모기소리만 지르는 이판사판의 제도권 이기심을 향해 큰 교훈과 화두를 던져주고 있다. 불교 유신과 개혁의 성자와 순교자의 새로운 등장을 이렇게 모두들 기다리고 있음이랴…… 그러나 만해의 「불교유신론. 시즌-2」는 계속 소리가 없었다.

포크레인과 불도자, 그 시멘트로 무지막지하게 도배하는 행위는 먼 훗날 동북아시아 반도국에 잃어버린, 잊혀진, 우주 공상만화에나 나올법한 인스탄트 「우주선 지구호」(Spaceship earth)의 실종을 초래하게 할 것이다.

김지장 보살의 찬연한 미라(마른 시신) 자태를 소개하였던, 소설가 정찬루는 오랜 불국토 수행생애에서, 한국스님의 두 가지 스타일을 말하고 있다. 한 부류는 환희와 법열에 찬 긍정의 선 생활 하시는 부류와, 무상과 허무에 빠져 버린(누군가 진짜 불교결사를 단행하여, 원래의 불법을 완성시키는 혁명가와 카리스마를 기다리는) 부정의 부류로 나누어져있다고 말씀하셨다.

허긴, 최근 유에스 뉴스 지와 월드 리포트 2월 8일자에는, 인류 유전자가 원래부터 성선설을 지닌 유전자와 선악설을 지닌 유전자로 구별하여 존재하고, 탄생된다는 연구 논문이 발표되었다.(Braien Micky, 아미노산 결합체 ‘신경 펩터트’(N.P.Y) 양에 따라 어떤 이는 낙관주의로, 어떤 이는 비관주의자로 태어나는 것으로 보고되었다.)

동전의 양면이고, 음양의 조화라는 빛과 그림자의 예로 유전자를 결정하고 있다는 이론이다. 저 극한의 고통과 깨달음, 비극의 문둥병 여인 같은 순교의 그 끝자락, 조직도 있고, 명예도, 종교적 지도자적 자리도 가졌음에도 떠나버린 경허 맘짱, 그 말년, 삼수갑산 맘짱께서 집어 준 ‘짚신 같은 생활’은 바로 인간의 허무와 무상함의 감성주의를 보여준 것이다.

샤카 부타의 판단은 이를 말하는 것이다. 전강 선사는 태안사 돌다리 위에서 번개처럼 깨닫고, 몸 전체의 굳어진 에너지가 해체될 때, 당연한 배설생리, 그 오줌 빨을 태안사 대웅전 앞마당에 시원하게 갈겨버렸다 한다. 삼천초목을 향한 그 고함소리는, 전강 선사가 23세 나이 때였다 해서 더 더욱 오늘의 깊은 산속 수행 수좌님들에게는 ‘강박의 기다림’을 재촉하는 하나의 사건이었을 것이다.

김정휴에 의하면, 당대의 스타들로는 만공, 혜봉, 혜월, 용성 등이 건재하셨고, 웬 미친놈의 대웅전 법당 앞마당 오줌 빨에 죽사발로 몰매를 맞은 뼈다귀의 전강 맘짱께선 후일, ‘저 기러기’의 송담 선사, 그 망월사 십년묵언에서 혜담, 춘성, 향봉, 황의돈 등 기라성 같은 불맥과, 이어서 춘성의 ‘이부라지 외투부대’를 낳게 된다.

앞서, 송담의 출가는 직지사 제산스님에게로 이었으며, 이때 이미 경허, 만공, 혜월 등의 직지사 조직을 공유하면서 탄웅, 서운, 관웅, 녹원 등의 잊혀진 엘리트들을 배출하셨다 한다. 이러한 불교정신의 왕성함, 자유분방함은 중국의 대승불교, 그 육조 혜능과 홍인이 머물던 황매산(黃梅山)의 무거움과 오만을 벗어나는 반도지형의 심미감과 서정성의 독창적 불교 이미지로 찬연히 발현하게 된다.(김정휴, 1985) 당연히 한국 불교미술사에도, 찬연한 학문적 예술적 연구업적이 있어 왔지만, 다만 후대들을 아우를 설득력이 없음은 실로 안타까운 일이 아닐 수 없다.

왜냐면, 현실의 법당종교에 하등 교훈과 승계됨이 없고, 자가 도취한 불교미술 사학자들 그들만의 용어와 한문에 차용된 난해함으로 기득권을 장식해 왔던 복제성과, 고유섭 스타일의 예술종교학문이었기 때문이다.

구약성서와 신약성서는 인류역사상 가장 위대하다는 섹스피어나 톨스토이도 근접 할 수 없는 문학예술의 정전(Canon)이다. 그 콘텐츠는 내가 사형을 집행 당하던 날, 수많은 군중이 돌팔매와 침을 뱉어 달라던, 그 실존의 카뮈 문학도, 예수의 “누가 이 창녀에게 돌을 던지라”의 유사 모방이 아니었던가? 이 시대의 문학예술, 그 지배 종교의 정서는 송담의 ‘섬진강물 위 눈물 뿌리는 저 기러기’의 문학성이 전강 선사의 오도송에 그대로 승계된 유전자였던 것이다.

“어젯밤 달빛은 마루에 가득차고. / 창밖의 가을꽃은 눈처럼 희구나! 부처의 조사도 신명을 잃었는데 / 흐르는 물은 다리 아래를 지난다.” 자기 신체의 학대, 그 끝의 모습은 샤카의 뼈다귀처럼 되고, 그 뼈다귀의 뇌 속에 ‘개오의 전기화학적 충격’이 다가 왔을 때 그것은, 법당 앞 오줌 빨과 묵사발 나게 두들겨 맞았던 전강이 울부짖었던 도파민 에너지의 법열이었다. 다만 희미하게 나마, "창밖의 가을꽃이 눈처럼 희구나……"라는 미약해지는 시신경의 적막감, 그 허무와 피로의 인지 상태였을 것이다. 수행의 지친 끝자락, 그 고통과 매맞음의 학대 받음은 희열의 깨달음, 그 오르가슴을 더욱 충격화, 효율화 했을 생리작용이었다. 잠재되었던 23세 전강의 상처, 그 트라우마는 "부처도 조사도 신명을 잃고 있었다."는 불법의 공중무색(空中無色) 진공이었던 것일까? 그저 다만 유추해 볼 뿐이다.

중화인민공화국 종교마피아였던 남권을 어린 조주가 찾아 갔고, 그때 보스는 드러누워 있었다 한다. 어디서 뭘 보다가 왔냐는 물음에 "졸고 있는 샤카를 보았다!"는 발칙한 대구에, 기겁을 하고 자리에서 벌떡 일어났다는 것이다.(김정휴, 1985)
그야말로 "자욱한 안개 속에 소리를 잃었으니 어떻게 해야 소리를 찾겠느냐?" 그저 담장 넘어 참외라는 현실에 깨어서, 부타의 진실을 따 와야 하겠다는, 모두의 공진화 상속권리, 그 현장부재를 말하고 있는 것이다. 원시적인 보수로 엉망이 된 석굴암과 그 나무 기둥은 원래, 비로자나 법계 수석조직인 일광보살, 그 새벽의 첫 태양(solar) 에너지를 금강석으로 받아, 석굴암 내부공간의 주연과 조연, 스턴트맨에게까지 빛을 반사하여 불법의 희열을 연출한, 김대성과 아사달 예술가의 유전자……가 아닐까? 하여, 그 유전자는 지금 어디에, 누구의 자궁에 잉태, 환생되고 있는 것일까? 선방산 지보사 문수 맘짱…… 하루 한 끼, 떡 한쪽으로 천일을 기도하셨던 스님은 돌연 근처의 주유소에 들렀다, 강가로 나가 주저앉았다가(가부좌) 기름을 끼얹고 법신을 불질러 버리셨다. 베트남 소성불교인들은 몸을 태우는 소신공양이 저항과 혁신의 최대 무기였지만, 지금 여기 반도불국의 말법정신(?)은 어떻게 조립된(문수 스님이라는) 부타의 유전체인데, 함부로 사명을 포기하고 떠나버리셨다는 것인가?
"부정부패를 척결하고, 재벌과 부자가 아닌 서민과 가난하고 소외된 자들을 위해 최선을 다하라"는 그의 경고와 절규는, 산천초목을 파헤치고 지렁이 땅을 시멘트로 포장해야 하는, 토목 자본주의의 재앙, 그 아토피 피부병에 끝날, 지구 최후의 생태붕괴를 이 한 몸 불태워 나무라셨던 것이다. 이 화가의 상상력은 그랬다. 유전 받아진 법신이, 지구의 좋은 쪽으로 진화되고 있다는, 2,500년 이후, 이 땅에서 "울고 가는 저 기러기"와 더불어 몰락할 것임의 방지와, 재창조, 재진화에는 원래의 우주적 질서, 부타가 발견하셨던 그 '지구생태학'의 순환원리질서와 그 영원한 가르침이 있다는 것, 바로 그것이리라.

최근 도착한 과학전문지에는, 울고 가는 저 기러기의 곡예비행에 농축 암시된, 천상천하의 생태와 행태 질서가 요약되어 있다. 즉,
① 이웃 기러기의 진로 속으로 접근치 않도록 노력하는 충돌회피(collision avoidance)

② 무리와의 같은 비행속도와 같은 방향의 속력조정(velocity matching)
③ 이웃동료 가족과의 밀착유지에 노력하는 응집(cohesion)
  (Brian Hayes, Flights of fancy, Jan.2011, American Scientist)

  띠끌 하나하나가 모두 불국토(청량국사)이며 산천초목 섬진강물에 두두물물(頭頭物物)이 비로
자나 법신체이다. 북으로 떠나는 기러기 한 몸, 법신에너지에도 우주 별똥의 구비조건은 다 갖
추어져 있고, (지니고 있고) 진화되어 있다. 기러기 한 몸에서 발산되는 전자자기의 파동은 곡예
비행의 엄격한 질서를 유지하기 위하여 끝없이 교신하고 간섭물결을 교환한다.
기러기 한 몸 아플 때에는, 비행중의 바로 뒤 또는 옆 위치의 이웃 기러기 가족이 함께 비행대
열을 이탈하여 육지나 바다에 착륙한다. 대열의 조직 보스는 앞바람을 제일 많이 받는 고통을
이겨낸다. 동시에 탈락된 가족과 그 의무병에게는 비행 중에도 끝없는 텔레파시의 파동을 보내
고 답신을 간섭 암호로 받으면서, 비행편대의 속도를 완만하게 재조정한다.
샤카 부타의 이타심(利他心), 그 유전자 속 불심이 발현하는 순간이다. 비로자나비의 정서이다.
결국은 낙오된 아픈 기러기도 같이 북쪽으로 합류시켜 함께 날아간다. (불법이란 다른 것이 아
니다.) 오늘의 신경과학이 이러한 신비 속에서 새롭게 해석해 내는, 그 진실 하나 하나는 다름
아닌, 2500년 전 인도 숲속의 갠지스 강, 싯달타가 알아차렸던 그 불교생태학, 대뇌과학의 행태
와 유전정보일 뿐이다. 그것은 「이기적 유전자」도 아니고 갑자기 돌연변이 된 진화 네트워크
도 아니다. 다만 진선미를 향하여 날아가는 저 기러기의 자전과 공전일 뿐이고, 지구 중력 속에
잠시 조립된 존재일 뿐이다. 그래서 누구나 다 「존재의 이유」가 있다. "소리도 냄새도 이름도
없으니 / 천지에 가득한 모든 것 밝히기 어렵도다 / 공을 깨달아 참 모습 알고 싶다면 / 가을
하늘 강위를 나는 기러기를 끌어당긴다."

  탈영역성, 리좀생성(De-territorializgation · Rhizome becoming). 모든 무리의 새떼들이 비상
하면서 속도를 내는 구조는 공동의 상호관계의 확장에서 이루어진다.
(A)무리는 속도를 내는 무리들의 무늬이고, (B)무리의 파동변동이 의미하는 것은 속력보다는 무
리를 떠나는 탈 중심성(decentral), 탈영역성, 비위계성(nonhierarchial)을 보인다. 그럼에도 무
리 영역성은 하늘비행에서 어느 지역도 합계 제로(O)가 되는 인드라망의 요인을 필수로 한다.
따라서 전체 무리의 규모와 개체공간은 속도조절에 의해 지역의 규모를 이루고 이동한
다.(American Scientist. Jan.2011)
기러기의 주체성 ① privacy는 이웃가족과의 일정한 ② 개체거리(personal space)를 유지하면서
각기의 ③ 영역성(territoriality)를 확보한다. ④ 과밀성(crowding)을 유연하게 유지한다. 진화
유전된 거울신경세포의 작동이다.(양호, 정치행동학, 1992)

건달바와 오세암 동자

"겨울에 우린 따뜻하게 덥혀 있었지. 미각의 눈 속에 산천은 묻혔고, 메마른 뿌리들로 죽다만 생명 견뎌냈으니……"
(Winter kept us warm, covering earth in forgetful snow, feeding. A little life with dried tubers……)

"기억과 욕망을…… 봄비로 잠든 뿌리를 일깨웠지." (Memory and desire, stirring, Dull roots with spring rain.), (T·S 엘리엇, 황무지, 재해석)

울산바위. 유화 50호+2, 2008

봉정암을 창건하고 금강산을 향하던 자장율사는, 외설악에 참으로 기이하고 아름다운 산봉우리가 있어, 후에 울산바위로 알려진 바위산에 올랐다 한다. 그리고 새벽 해 뜨면 나타났다, 해가 완전히 뜨고 나면 사라진다는 심향성(尋香星)이라는 별을 보게 된다.
심향성은 팔부중(八部衆)이라는 여덟 신랑, 즉 하늘, 용, 야차, 건달바, 아수라, 가루라, 긴나라, 마후라기 중에서 '음악의 신', '건달바 별'로서, 사막이나 바다의 신기루 같은 환시현상을 보인다고 한다. '우리명산답사기'의 류인학은 울산바위의 백설 덮힌 새하얗고 티 하나 없는 빛깔의 단아한 네모 형상 때문에, 거기 더 정갈한 기운이 뿜어 나온다 하였다.

　이 화가는 한계령 끝에서부터 270도 각도의 울산바위의 위용을 스케치 하였다. 실로 순간 30초만에, 유화 몇 점으로 예비그림을 완성한 후, 드디어 50호짜리 컴퍼스 두개를 온전히 나이프 터치로만, 날카로운 예각을 긁어 나가기 시작하였다.

결국 왼편의 외설악 능선과 그 뼈대의 자기닮음, 프렉탈 구조를 대비시킴으로써, 울산바위의 강한 용틀임 기운이 우측 하늘로 집중하도록 하였고, ‘건달바 별’ 의 딴따라 같은 환상의 율동을 춤추게 하였던 것이다. 산도, 바위도, 파도도 눈에 보이는 파동이 있고, 눈에 지각되지 않는 전율이 있다. 하여, 생물의 주어진 법계의 생명력은 영원히 살아있는 것이다.

이 바위가 원래는 울산에 있었는데, 금강산이 아름답다는 이야기를 듣고 구경 가다가, 외설악 앞자락에 그만 주저앉아 버렸다는 황당한 전설은, 오히려 불국의 모든 존재가 생명력이 깃들어 있음을 웅변해주는 것이 아니겠는가?

류인학은 풍수의 개념을 빌려, 빛깔이 너무 깨끗하여 울산바위에 서린 기운이 한없이 맑기 때문에, 제왕이나 정치가보다 성자를 배출한 산이라 하셨다. 그리고 이렇게 맑은 기운을 입는 사람은 세속의 탁류에 휩쓸리지 않는다 하였다. 약 한달 정도, 50호 2장 유화를 그리고 마침내 완성하게 된 이 화가는, 더 더욱 내가 내 자신의 그림을 보면서, 울산바위의 ‘건달바 별’ 같은 성자 또는 심향성의 성자가 된 듯이, 내 온 몸의 에너지 흐름이 신선한 기운으로 다가와 큰 감동을 느끼게 되었다.

　백두대간, 금강산 유점사를 향하는 ‘한 많은 단발령’ 을 연상하게 하는 설악산 미시령을 넘자면, 우리는 언제나 동해의 갑작스런 수평선의 반전을 급박하게 경험한다.

시간이 숨 멎듯이 정지되는, 동포들의 이상향, 설악과 동해였다. 때마침 미시령에서 오른편에 보이는 울산바위는, 저녁 태양 볕에 역광으로 반사되는 백두대간의 돌연변이 장관을 ‘줌인’ 시킨다. 미인의 옆모습을 역광으로 비추었을 때의 예측하지 못한 종족보존 본능과 그 생명미감을, 울산바위는 마치 숨기다 들킨 듯, 태초의 샹그릴라, 그 잊혀졌던 비밀을 찾아야 한다는 강한 파장음을 내 보내고 있었다.

　‘날나리 건달바’ 라는 이름의 별처럼, 바람과 색깔의 급박한 산악계곡, 자장율사의 별 따라 지은 향성사도 환시현상처럼 불 타 버리고, 의상대사는 능인암터에 신정사를 짓는다.

계조암을 바위자락에 두고는 샤카 부타의 진신 사리를 모신 봉정암 석탑의 극상 자리와 오세암, 영시암 백담사를 포용한 내설악의 깊이는 대청봉(1,708m), 황철봉(1,318m)을 정점으로 한다. 끝없는 자기닮음 바위형태를 크고 작게 반복하면서, 설산, 설화산(삼국사기) 살뫼, 살(호동서락기)의 선경, 신성, 그 생명력을 끝없이 잉태한다.

울산바위 측면과 외설악의 위용은, 그 기본 형태가 사각형추와 날카로운 칼날 같은 삼각형의 외각으로 각기 구성되어 있다. 해금강 총석총 기둥에서 보여지는 직사각형의 확대와 축소의 자기

닮음-프렉탈 구조, 반복-환류의 되먹임(피드백)은 울산바위를 구성하는 기본적인 조립체, '트랜스포머' 이다.

외설악의 기본구조는 침식과 반항의 바위 원소인 날카로운 금강, 설악의 뾰족 구조로 이루어져 있음을 이 화가는 유화 붓 끝 손놀림으로 알 수 있었다. 이 화가의 법계의 '창작노트' 이다. 결국, (설악산 울산바위 측면, 외설악 입구, 40호, 1995) 40호 유화 두 작품이 탄생하게 되었고, 그럼에도 더 높은 데서 관찰하고 분석한 인공위성 사진이나 영험한 설악산 산신령이 보았을 때는, 역시나 더욱 큰 프렉탈 구조의 설악산 전체를 자기닮음으로 자리매김 해놓았으리라.

설악산 울산바위, 측면 40호, 2005   외설악, 입구 40호, 2005

　　즉, 더 크게 확장된 시각으로 보았을 때도 마찬가지로, 사각형 침식 울산바위와 삼각침식구조의 외설악 실루엣은 완벽한 자기닮음의 프렉탈 구도를 지니고 있다. 더 큰 되먹임은 태백산맥 구도이다. 금강계에서 추락하다 잠시 머문 불심의 정지 상태, 그 영원한 '아슬아슬함' 의 봉정암 석탑은 눈사태와 여러 법계의 원소들로 하여, 수많은 순례자 몸빼 줌마보살님들의 염원에, 숨 가쁘게 벼랑 끝을 지키는 인드라 망점이었다. 또 다른 이웃 오세암은, 뾰족한 삼각추의 극상 상태, 그 눈 속 깊이 숨겨진 원시의 자궁 같은, 기다림의 인터페이스 아이콘이 자리한 곳이다.

마치 산봉우리가 연꽃 잎 같은 예각을 이루며, 반쯤 개화된 꽃 마음자리, 그 지구의 속 중심에 만 년 전부터 찍혀서 자리했었고, 당대의 만해 스님과 무슨 신숙주인가 하는 글쭐이나 한다는 지식인들이, 이 끝 간 데 같은 종착점에 머물러 보호 받고, 도피하고, 필경 소외당했을 것이다. 하여, 핏대 반도, 근 현대사의 주역인 모 장군 별도, 이 곳 백담사에 유배되어 버리는 천혜의 천연형상 풍수자리인가 보다.

웅대 무변한 백두대간의 구도자들, 그 마음 공부하시는 자리는 우주의 법칙과 법계의 율법상, 안겨지고 보호받고 영양을 공급받는 산악 생태계의 한 미약한 존재이고 겸허함이다. 하여, 구도자의 마음공부와 그 최소한의 생리적 도구가 사찰의 조건이고, 디지털 시대의 참 내용, 그 소프트웨어이다. 깨달음이란 이 소프트웨어를 버리고 실종시키는 것이며, 샤카 부타께서 간곡하게 유언하신 진실이다. 또 그 끝자락에는 애지중지하던 뼈다귀 살점도 태워버리고 '다비' 시킴으로써 소프트웨어를 끝내고, 그 탄식하고 한 숨 지었다는 파동이 영혼처럼 떠돈다면, 다음 세대의 차산남(차가운 산사의 남자)이나 몸빼보살에게 전파하라는 것이 샤카 부타의 당부이셨다. 설악산은 이렇게 도도히 자전되고 공전되고 있었고, 그렇게 흘러갈 것이다. 그래서 설악은 반도의 이 핏대 동포들에게 '영원히 아름다움' 이라는 교과서를 제공한다. 그럼에도 불구하고, 설악산 가장 깊고 높고 험한 자리에 위치한 원래의 이 소프트웨어 자리에, 지난 몇 년간 너무나 엄청난 규모의 하드웨어 공사가 토목 되고, 건축 되었다.

　전국 산야의 대부분 사찰은 절집들을 새로이 짓고 있었다. 불교의 확장이고, 템플 스테이의 원래적 종교기능을 수행한다는 명분이다.
어제 비구니 스님께서, 오세암은 일 년의 반이 눈 속에 파묻히는, 태양광으로만 가냘픈 전기를 충전하는 몹시 춥고 힘든 사찰이라 하셨다.
오세암이, 아무리 구름 속에 떠 있고, 사방이 연꽃 잎 모양의 연봉이 병풍처럼 감싼 자궁 속의 암자 자리라지만, 앙꼬 없는 찐빵처럼, 새벽에 내설악에 울려줄(타종할) 종이 없다는 것이다. 이 화가의 경우, 경주남산 새끼 종 두 개를 소유하고 있음에, 아! 나는 얼마나 탐욕스런 인생인가를 잠시 참회(?)해 보기도 한다.
하여, 이런 저런 연유로 이 화가는, 종각 불사에 오르내리는 계곡문턱에 황폐하게 자리한 영시암에 헬리콥터로 자재를 나르고, 사찰을 새로 짓는 인부들의 그 함바식당도 자리한, 깊은 산 속 오세암 신축 사찰공사 현장을 직접 목도하게 된 것이다.
'기와불사' 하시는 (조계사 승가 코스를 졸업하신) 보살님께서 굳이, 녹두죽 한 그릇 솥에서 퍼 잡수시라 하셨다. 필자는, 여기 영시암에 산신각 건물은 낡아서 폐허 직전인데, 그 속의 소프트웨어인 산신령과 벽화는 왜 온데간데없이, 새로운 절집만 계속 짓고 있느냐고 물어보기도 하였다. 폐허가 되어 길거리 간이역 같은 영시암 자갈돌 정원에는, 짙은 자주 색의 처음 보는 꽃나무들이 뜻도 모르고 피어 있었다. 순례하시는 어느 몸빼 보살님께서 신천초라 하셨다.
언젠가 스치셨던 수좌께서 이 신천초라도 심어야겠다는, 또는 어느 불사 보살께서 가져다 가꾸었을 신선초 군락들...... 이 화가는 잠시 생각에 잠겨본다. 불국토의 조그만 자리를 점유한 영시암의 기능은, 융성한 신도들의 숙식과 공부의 하드웨어, 절집 보다는 신선초와 녹두죽 공양을 브랜드화 하고, 이야기를 꾸며서(스토리텔링), 결국은 불심에 도달하는, 사찰 드라마의 콘텐츠

개발이, 당면한 미래불교의 정도일 것이다. 종교의 가르침도 해석하기에 따라 달라지고, 끝없는 지역과 시대 스타일에 비해 적응과 순응, 포용과 융합으로 새롭게 되먹임 한다. 그래서 자기닮음은, 부부도 같이 살면 닮아간다 한다.

우주 속에 공진화되는 항상성을 단절시키는 반인륜은 전쟁이었다. 역사 속 대부분은 종교전쟁에 의해 단절되고 재탄생한다. 우리 불국의 기적은, (비록 상처는 있었지만) 팔만대장경이라는 당대 문화 지성의 증거물, 그 경전이 온전히 보존되어 있다는 불국역사의 자부심이다. 몽고군이 남한산성으로 도망간 임금을 욕되게 하고 온 나라를 유린할 때, 그 때도 이러하고 저러하여, 결국 팔만대장경이라는 오늘의 경전은 불 타 버리지 않았다. 영원한 불국토의 상징이고 자존심이다. 나비효과, 그 초기의 발생가치는 전우주적 간섭파동에서, 때로는 엄청난 인류 재앙의 돌연변이를 가져 온다. 몽고 기마병의 반도 침공과 경전보존의 관계는 징기스칸의 성장 동기와 어린 태무진 왕자의 인격형성, 그 연민과 자비의 불심 이전의, '그 어떤 연유(사연, 곡절)의 마음' 에서 찾아보아야 한다면, 우스개 소리로 들릴까?
세계를 지배하였던 징기스칸은 몽골의 조그만 부족장 칸의 아들로 태어나, 파란만장의 청년기를 겪으면서, 결국 기적같이 살아났고, 몽골을 엄격한 헌법으로 통일하고 통치하게 된다. 징기스칸은 타인과의 나눔, 슬퍼할 줄 알고, 독식하지 않는, 요즘으로 치면 독점 권력이 아닌 신의의 지도자였다. 징기스칸은 한 때, 숙명 같은 적도 만나고, 죽음 같은 노예감옥에서 운명 같은 노 스님을 만난다.
이 노 스님의 단 한 가지 조건, "당신은 미래의 초원을 통치할 인물이다. 모든 전투, 전장에서 승리할 것이다. 이 때, 반드시 모든 인명과 부락을 말살시킬지라도 사원과 그 속의 경전을 절대로 불태우지 말고 보존해 주기 바란다. 이 약속만 지킨다면 당신의 부인을 납치한 몽고 부족장으로부터 구출해주겠다" 하였다. 결국, 징기스칸은 죽음 같은 노예감옥에서 탈출에 성공하나, 우여곡절 끝에 그 스님의 목숨은 끝장나고 고비사막 한 가운데에 '다비' 되어 버린다. 불법의 유전정보 항상성이었다.
"탈취한 전리품은 철저히 부하들에게 공평하게 분배하라. 아녀자를 폭행하거나 주인을 배신하면 처형한다. 승려들의 경전은 절대로 불태우지 말라……"
초기의 나비효과. 태무진 왕자의 인간적 초심이 부하를 모았고, 천둥번개 같은 악천후를 당시의 무속적 종교로 승화시켰다. 전 세계를 침략하지만, 피침 민중과 공생하는 지혜를 실천하고, 드디어 칸의 제국을 건설한 것이다.
그 결과, 중동 사막의 경전이나 인도, 중국의 경전도, 후대의 새끼 제자와 문학인들에 의해 '스토리텔링' 되고, 기록되고, 필사되고 찍혀졌다.
새벽 예불에 타종되는 종각이 현재 부재하다는 오세암, 그 이야기는 맘짱께서 다섯 살 조카아이들 절에 데려와 길러다, 어느 해 바깥 세상에 외출시, 엄청난 눈이 내림으로, 다음해 봄, 오세암에 돌아오게 되었다. 죽을 줄 알았던 다섯 살 조카가 관세음보살의 도움으로 기적같이 살아 있었다는 것이다. 이 유명한 전설은 (길가는 아이들도 다 아는) 인류 보편적 신화의 유형이다. 어리지만 잉태된 생명력의 위대함과 인류 진화의 한 상징으로 회자되는 스토리텔링이었다. 그런데 이번 오세암 참배에서 든 의문점은, 이 화가가 잘 못 알고 있었던지, 아니면 전설이 (경전의 변용처럼) 재해석 되었던지, 내설악 계곡을 따라 한참을 하산하면서, 여러 보살과 나누어 본 오세암의 외관 이미지 (트레이드 드레스) 였었다.

여러 보살과 나누어 본 이야기인즉슨, 오세암 법회를 주관하셨던 비구니 맘짱께서는, 봄이 되어 스님께서 절에 돌아와 보니까, 멀리서부터 조카의 소리가 들렸는데, 당도해 보니까 법당에 엎드린 채, 무슨 김용각 지장스님처럼 굳어 있었고, 돌연 생불로 화현하면서 동자부처님으로 다시 나타나, 설정 맘짱 을 알현하셨던 것이다. 오세암 법계조건에는 원래 세분의 부처님 나실 자리인데, 이 동자부처님 한분 나시고, 두 분의 진짜 부처님 나실 날을 모두들 기다리고 있다......., 참배하신 여러분 중 열심히 기도 하시고 불사를 잘하시면, 나머지 부처님 되실 확률이 매우 높다는 내용이었다.

오세암 동자의 전설은 약 오백년 전부터 전해지던 불교문학의 가치를 지니기 때문에 반도의 신화에 가깝다. 설악산에 잉태되었던 만 4세 동자의 이야기는 우리에게 크게 두 가지의 불법을 교신해 주고 있다.

설정 맘짱께선 데려다 키우는 어린 조카에게, 양양물치 장터에 떠나면서 며칠 먹을 밥을 지어둔다. "이 밥을 먹고 저 어머니(관음)를 관세음보살, 관세음보살 하고 부르면 잘 보살펴 주실거다." 아이는 목탁을 치면서 관세음을 불렀고, 저 어머니가 언제나 찾아와, 밥도 주고 재워주었다 한다. 이 메시지는 사람은 누구나 태어나면서 부처님 세계에 미숙하나마 적응할 수 있고, 어떠한 악조건에서도 안길 수 있다는, 가피의 약속을 부타는 하시고 있다는 것이다. 흰옷 입은 여인이 바로 뒤 관음봉으로부터 내려와서, 삼촌스님 앞에 반가워 어쩔 줄 모르는 오세동자의 머리를 쓰다듬으면서 "성불하였다는 기별" 을 전하고, 한 마리 새로 변하면서 날아가 버렸......" 의 극적인 상봉장면은, 모든 중생은 탄생 후 비록 아이일지라도 부처의 몸으로 태어난다는 의미를 말해 주고 있다.

오세암 뒷산 관음봉에서의 추락 또는 찰나의 시공, 2012

　샤카 부타는 열악한 풍토와 계급의 억압 속에, 인도 사람들의 끈질긴 생존본능, 종족번식과 그 진화를 알아 차렸다. 그러면서도 인내할 수 있었던 것은 "단 '하나의 나' 라는 것은 없다. 열 개의 나 자신도 없다.　'나'　라는 (존재는) 없다.　'나'　란 오로지 평행(균형)의 위치일 뿐이다.　'나' 들의 평균, 궁중 속의 한 움직임이다." 라는 진리 때문이었다. 프랑스 작가 앙리 미쇼(Henuri Michaux)가 바꾸어 말 해버린 자기(Self)의 정의이다.

평행과 균형의 현재 자리, 그 중간 위치를 지나는 개체 자체가 부처의 모습이고, 부타라는 이름 (명호)을 내릴 수 있다는 것이다.

기쁘고 쾌감을 느끼다가, 혹은 슬픔과 고통과 허무를 감각하는 생명과 그 부처 몸이라는 자가표 식(autophagy)의 웃픈(웃길수록 슬픈) 생리는, 원래부터 지니고 있다는 법계의 보상이다. 앙리 미쇼가 말한 열 개의　'나'　들은, 사람 피부 껍데기의 밖이턴, 내부이턴, 나쁜 서부 싸나이들과 좋은 서부 싸나이들 사이의 부단한 결투와 치열한 전쟁을 의미한다.

즉, 열 개의 ‘나’ 라는, 열 개의 세포 전체가 죽는, 자연 사멸이나 괴사와는 달리, 세포내 소기관 인 ‘리보솜’ 에서 세포 내부의 불필요한 구성 물질들을 싸걸이 분해, 작살냄으로써 ‘나’ 라는 개체 의 신체 향상성을 유지하는 인류생명의 최선 기능이다.(三時業. 현재의 결과에 3종류의 시간차 가 존재한다. 내세의 결과가 현재이고, 차세대 이후의 결과가 현재의 행위 결과라는 생각, OFF, June. 2012)

나비의 날개 짓에서 출발하였던 신석기 시대부터의 조선반도 도래인들은, 성질 급하셨던 현대 의 한 현자의 혁명에 의해, 갑자기 한 국가의 에너지가 과잉 축적 되었다. 보우, 김시습, 한용운 등이 비관하셨던 나라 운명에, 혼돈과 뒤엉킴의 그 누구도 풀 수 없는 헝클어짐(리좀현상)을, 산 이나 강가나 도시에 넘쳐나게 했다.
반도의 누구나, 공부 꽤나 좀 했다는 거사님들은 오세암과 봉정암 정도 한번 가봐야만, 뭐, 만 해의 시와 불교유신론은, 뭐 그런거였었어? 하곤 한다. 샤카 부타의 뇌 사리를 모셨다는 강원유 형문화재 제31호 오층석탑은 높이와 폭의 황금비례에서, 키다리 늘씬한 모델의 몸매를 시원스럽 게 비상하고는 설악의 봉우리들을 제압하고 섰다.
진폭과 율동이 가파른 백두산의 정기는 각기 자기닮음의 반복 속에서도, 아찔한 각도의 무질서 를 그림으로 보여주는 설악산 산세이다.
참배 후 백담사 들러, 귀양 왔던 권력찬탈의 ‘하나의 나’ 의 존재 흔적을 더듬어 보고, 빠른 걸음 으로 하산하던 중, 돌연 전두엽 앞이마를 한방 얻어맞고 말았다.
좁고 가파른 등산 길 참배 길은, 국립공원법이다 뭐다하여, 유실되지 않게 튼튼한 돌길과 다리 장치로 인공을 가미하였다. 산길 위로 기울어진 나무들은, 산림법인가 뭔가로 자르지 못하게 하 여, 얼마나 길손들 머리를 부딪쳤는지, 키 높이의 나무껍질이 모두 빤짝 빤짝하게 광이 나 있었 던 것이다.
문득 작년 어느날, 계룡산 어느 조그만 암자에 드리운 나무하나를 피치 못해 잘랐다는 이유로, 수도하시는 스님을 오라 가라 했던, 그 시골 공무원의 웃픈(웃을수록 슬픈) 산림법 빙자 동포탄 압사건이 생각났다.

“가거라! 그리고 다시는 생사를 거듭하지 말아라! 인간으로도 축생으로도 다시는 삶을 받지 말 아라! 썩어서 공이 되리라. 네가 간 그 곳은 어디냐……누런 해가 돋고, 흰달이 뜨더냐……!”

연꽃이 가벼이, 가벼이 솟아오르며, 수면은 광심에 부딪쳐 번쩍였다.
(And the lotus rose, quietly, quietly, The surface glittered out of heart of light, T.S 엘 리엇, 사중주)

56

태국 촌부리 피닉스골프장, 대부분 삼각주 지역은 산이 적은 습지이다.
뒤 멀리 야산에는 부처님이 조각되어있다. 유화 8호, 2010

김유신. 애마 목을 베다, 혁필 유화 10호, 2004

"너 어느 병원에서 태어났니?" (선생님)

"병원에서 태어나지 않았으므니다. 알에서 태어났스므니다." (갸루상)

"네가 알에서 태어났으면 양서류야?" (선생님)

"견과류이므니다. 머리가 딱딱하므니다." (갸루상), (개그맨 박성호, 2012)

간밤에 술로 필름이 끊긴 뒤, 그토록 어머니께서 평소 못마땅해 했던, 기생 천관이 옆에 자빠져 자고 있었던 것이다. 김유신 장군은 칼을 뽑아들고, 애마로 다가가 단칼에 말의 목을 베었다 한다. 그토록 아쉽게 기생집 문 앞까지 오락가락 하면서 욕망을 달랬던 유신은, 애마가 본능적으로 기생집에 내려주고 말았던 업보였었다.

최정희의 전설이야기(1986)에 의하면, 이후 천관은 시 한수 읊고는, 머리 깎고 절에 갔다는 통상적인 구도의 이야기이다. 오랜 세월 독신으로 있다가 50세가 되어서 태종무열왕의 셋째 딸 지소부인과 결혼했다고 한다. 유신은 평생 천관에 대한 죄책감에 그녀가 살던 옛집에 천관사라는 절을 짓고는 고인의 넋을 달랬다고 한다.

김유신. 애마 목을 베다. 혁필 유화 10호 그림은 이 화가가 혁필화 기법으로 애마의 목을 치는 김유신의 모습을 단숨에 칼 휘두르듯이 그려냈다.

암 바이러스는 독자적인 유전자를 갖는다. 그리고 거기에는 과거 암 바이러스가 숙주로 삼고 살았던 동물 세포 유전자의 일부가 들어있다. 즉, 발암 바이러스는 감염과 전파를 반복하면서 대량 고속 복제, 때로는 숙주 유전자의 일부를 반출하고, 때로는 그 유전자를 다른 세포로 윤회한다. 라우스 육종 바이러스는 조류의 세포에 악성종양을 만드는데, 어느 시점부터인지는 알 수 없으나, 먼 옛날 어떤 세포에 침입한 후 그곳에서 증식하기 시작했다 한다.. 그 자손이 퍼질 때 숙주인 게놈 안에서 우연히 인산화 효소 유전자를 뜯어 가지고 나오게 되었다 한다. 세월이 지나 바이러스는 다른 세포에 둥지를 틀었고, 세포의 시스템을 도용해 대량으로, 고속으로 자기 증식을 했다 한다.(후쿠오카 신이치, 윤회 되먹임의 이식, 2009. S.A, Jan. 2011. A.Mantovani. Cancer-related inflammation, Nature, 24. July. 2008)

스티브 잡스는 췌장암에 걸려 결국 사망하고 만다. 그의 암 말기의 사진들을 보면, 암세포 왼편 아래 췌장암세포가 확장되어 종양세포와 적혈구의 혈관이 상피를 뚫고 전이되고 있음을 알 수 있다. 종양 돌출세포와 대식세포 조정 T세포 환경이 작동하여 기본적으로는 면역시스템의 백혈구세포가 암세포를 공격한다. 이 현상은 모바일 두뇌(mobile brain) 라 호칭되는 뇌 면역시스템의 신호전달에 의해 반복된다.(Servan-Schreiber, Anti cancer, 2009) 그러나 결국, 증세는 호전되지 못하고 그는 비탄 울분에 빠져들게 되며, 천재의 창작열과 그 광기는 에너지총량의 사용한도를 원한과 분노로 극대효율화 한다. 하여, 스티브 잡스 또한, 아버지 '정자은행' 탄생의 단순 사용가치와 죽음 극복의 의문을 티베트 불가에서 찾고자 하기도 하였다.

　고구려왕은 복술가 추남의 점괘가 하 수상하여 죽이기로 작정하였다. 하여, 쥐 한 마리를 함 속에 감추고 이속에 무엇이 들어 있느냐고 질문하였다. 추남은 바로 그 속에는 틀림없이 쥐가 들어앉아 있으며, 한 마리도 아닌 여덟 마리라고 했다 한다. 결국, 알아맞히지 못하였음으로 능지처참을 당했다 한다. 추남은 마지막 한 말씀에서 "내 죽은 뒤에 타국의 장군으로 태어나 이 고구려를 꼭 멸할 것이다." 하였다. 이후, 함속에 넣었던 쥐를 꺼내, 배를 갈라보니 새끼 일곱 마리가 들어있었고, 추남의 답변이 맞았음이 밝혀졌다 한다.
점과 복술을 담당하였던 무속관리 추남을 처형한 고구려왕은 그날 밤, 추남의 혼이 신라 서현응 부인의 품속으로 들어가는 꿈을 꾸게 되었다.
(삼국전쟁의 와중에도) 세월은 계속 흘렀고, 고구려의 유소년 정보조직원 백석은, 일찌감치 다시 환생한 김유신 장군의 살해임무를 수행 하고자 화랑의 낭도로 잠입하였다. 김유신 화랑의 신임을 얻은 후에, 결국 적국 고구려를 염탐하자고 꼬셔서, 김유신을 고구려 땅으로 유인하게 된다. 지금 인용하고 있는 이 이야기는 '과학속의 불교, 불교속의 과학' 이라는 저서의 "시간은 어떻게 존재하는가"의 장에서, 윤회의 영혼이동을 가장 적절히 예시한 호국불교사상의 한 장면이라 할 수 있다.
이야기는 계속되고, 관능적인 호기심을 유도하면서, 그들은 국경 언저리의 영천 땅에 당도하였고, 해는 저물었다. 이때 아름다운 여인 둘이 등장하게 된다. 김유신과 간첩 백석은 갑자기 나타난 미녀들과 함께 밤새 도란도란 이야기를 나누며 놀았고, 뒤늦게 등장한 여인들은 유신을 잠시 꾀여, 밖으로 나와 숲속으로 유인하게 된다. 이처럼 대부분 불교설화에는 아름다운 여인들이 등장하게 된다.
갑자기 여인들은 신령으로 바뀌면서 자신들은 각기 나림, 혈례, 골화 세곳의 호국신이며, 지금 백석을 따라가면 작살나고 만다는 경고를 하고는, 홀연히 사라졌다는 것이다. 하여 두고 온 문서를 가져와야 하니 고향에 다시 잠깐만 다녀오자 하면서 백석을 체포하게 된다.
물고문 같은 문초 끝에 신라 김유신의 전생이 고구려 복술참모였던 추남이었다는 것이다. 고구려 국경에 강물이 역류하는 참변이 생겨, 점을 쳐보게 하였더니, 추남은 점괘를 뽑아보고, 임금님의 부인께서 남녀간의 사랑을 거꾸로 행하기 때문에 그러한 현상이 발생한다고 했다. 대왕은 기절초풍하고 왕비는 푸르르 떨었으며, 결국 위에서 인용하였던 '상자속의 쥐' 점괘를 출제하고, 바로 죽여 버리도록 명했다는 고백을 듣게 되었다 한다.
윤회사상은 에너지 총량은 결코 변하지 않는다는「열역학 법칙」에 의해 죽고, 남이 반복된다. 이때 생명이 살려지면서 발생하는 에너지의 그림자의 찌꺼기들은 소멸되지 않고, 유전자 정보로 기록된다. 다른 생에 업(Karma)으로서, 암호로서 수행되며, 결코 소멸되지 않는다는 것이다. 하여, 샤카 부타께선 부메랑 되어 돌아오는 김유신 전생의 한스러움 같은 업장을 풀고, 끝까지 반성하고 선업을 수행하는, 이런바 수행의 종교가 대안이 될 수 밖에 없다는 것이었다. 결국, 통일국가를 피투성이의 전투 속에서 수행 완료한 김유신 장군은 당대의 지배종교였던 불교가 나라와 서민을 지켰고, 불국토로서의 영화를 이룩했다는, 대 국민 메시지의 '남우 주연상' 감이 되었던 것이다. 고구려 왕후의 사생활을 공개 장소에서, 까발림으로써 참수당했던, 추남의 유전자 정보기록은 595년 신라 진평왕 17년에 다시 적국 신라 땅에 태어났고, 이때 몸에는 칠성의 무늬가 찍혀 있었다고, 「삼국유사」 같은 역사 기록자들은 부풀리고 상징화, 신화화 한다. 사람의 영혼은 모두 일정한 시간 속에서 새로운 신체를 받고 태어나고, 지구와 달 사이의 공간에서 배회하도록 운명 지워졌다면서(플루타크), 물방울 하나가 영원하려면 바다에 버리면 된다는 티베트의 지혜가 과학 속의 불교, 그 불교 속의 과학으로 인식되어져 있다. 김유신 장군의 전생인 복술가 추남은, 고도의 파동 주파수에 의해 상자 속 한 마리의 암쥐가 일곱 마리의 새끼를 임신하고 있었다는 과학적 사실을 알고 있었던 것이다. 이때의 어미 쥐와 아직 뇌세포가 완벽하게 구성, 조립되지도 않은 태아 쥐들의 정신과, 그 속에 도사린다는 영혼은 도대체 어디에 위치해 있다는 것인가?

이때, 시인 T.S. 엘리엇이 표현했던 대영혼(Great Soul)은 무속점쟁이 추남의 정신의식 수준이라는 것인가? 진짜 영혼이 있다고, 지금은 아무나 말 못한다. 더구나 유전자 지문처럼 김유신 개인의 영혼과 또는 마음자리의 위치가, 세계에서 유일하게, 경주 어느 무덤 앞에 떠돌고, 남산을 헤맨다고 말하지는 못한다.

싯달타 왕자가 떠날 수 밖에 없었던 숨막히는 "물방울이 영원하려면 바다에 던지면 된다"의 진리, 티베트 고도 3,500m 최후의 샹그릴라에서 쾌락과 환희의 삶을 살려졌던 절상의 미모 스타 종려시 주연의 삼사라(Shamsara, 판 니린 감독)의 만두도시락 포기. 그 영상 미학

윤회는 영혼을 소유하면서, 나고 죽음을 끝없이 반복한다. 그래서 시인 T.S. 엘리엇은, 참으로 지루하고 권태로운 여정이라고 표현하고 있다. 완벽한 생불로서 깨달음을 얻었을 때에 비로소, 윤회의 지루함을 끝내고, 수미산의 극락으로 올라가, 다시는 대지위의 생물 또는 무생물로 태어나지 않는 극상의 환희 몸체, 마음을 창조할 수 있다는 보상이, 저 갠디스 강에서부터 흘러온 8만 4천 교과서적 해석이라 할 수 있다.

시인 윌리엄 브래이크는 "순수를 꿈꾸며", "한 알의 모래 속에서 영원을 붙잡는다." 하였다.

천국, 극락 또는 수미산, 티베트의 매루산(Mt.Meru)을 바라보는 인류의 꿈과 이상향, 그 대방광불 화엄경에서 묘사한 연화장 세계는, 결국 동서고금의 시간 속에서, 어느 신경망으로 뭉쳐져버린 더 높은 의식상태의 핵심, 그 대표성을 지녀왔다고 감히 이야기 할 수 있을까? 나고 죽는 윤회의 바퀴 굴레는 어미 쥐에 잉태되는 새끼 쥐들의 찰나적 임신상태를 반복하는 것이다. 그들 태아 쥐 상태의 미숙한 생각과 의식의 상태는, 하나의 씨앗이라는 정보 상태에서 쥐라고 하는 공동체의 대표성을 지닌다. 나무의 씨앗과 함께, 닭의 달걀이든 인간의 정자이든, 이들은 스스로 완전히 성장한 생명체라고 생각한다. 이때 정보씨앗은, 예컨대 달걀의 경우, 위 아래에 위치한 축에 양전기와 음전기의 위치(場)가 발생, 점유된다. 장(場)은 생명조직체에 침투, 자리를 차지하면서 이를 감싸고 있다는 것이다.

우리는 (쥐의 자궁 속에서, 또는) 개구리 알 속에, 올챙이의 척추가 알에 있는 전기장의 축을 따라 배열되어 있음을 발견할 수 있다.(Harold S. Burr, 1972), (Blueprint for Immortality, London, Neville Spearman, pub, 1972)

질서의 자기닮음, 그 프렉탈(fractal) 구조는 윤회라고 이름 지워진 끝없는 되먹임, 그 피드백의 나쁜 것은 버려지고, 좋은 유전자 정보는 되살려졌던 인류 진화의 공명성, 동시성, 항상성이 물질계의 질서라는, 때로는 혼란과 복잡함 속에(고구려왕의 눈으로는 쥐새끼가 한 마리로도 보이고, 점쟁이에게는 총합계 여덟 마리로 보이는) 마치 엑스선이나 컴퓨터 촬영, fMRI처럼, 분해되어 보이는 것이다.

이러한 윤회, 상관관계의 끝없는 '트랜스포머' 처럼 몸체가 진동하고 변환하는 사바세계는, 결론적으로 전자기 홀로그램이 우주의 모형과 자기닮음을 유지한다. 물질계, 사바세계에 현존하는 생물체가 4차원의 간섭무늬와 그 파동 속에 끝없이 결합되고 헤엄친다는 것이다.

자, '블랙 홀' 처럼 알지 못하는, 유전자정보 또는 지도 속에서, 영혼이라는 것이 실존하면서 윤회를 반복 또는 되먹임 한다는 미확인의 진실생각은 어떻게, 또는 어디에서, 날아와 살다가, 그렇게 떠나가기나 했을까? 의 의문을 한번 풀어보기로 하자.

일반적으로 이 화가가 최근의 여러 첨단 이론과 실험 논문에서 요점화한 생각, 마음, 의식, 그리고 영혼의 정체 등은, 인류에 유전되는 부모대로부터의 자연 유전자정보가, 태어난 후의 학습과 문화 환경적인 적응 또는 순응, 반항 등에서 구축되는 문화적 유전자(meme) 정보가 각기 대략 1/2(50%)의 구성 원리에 의해 성립되어 서성거린다고 보는 것이다.

오늘 날의 우주의 한 뒷골목, 희극적인 강남 스타일에도, 테헤란 길이 둘로 나뉘는, (테북과 테남 지역) 아줌마들의 명품 핸드백이 완연히 서로 구별 된다는 점이다. 그러나 갠지스 강가, 배고픔으로 화장 비용마저 마련하지 못하는 사람, 거지들이 사는 번잡함 속에서, 오랫동안 사유하고 터득하셨던 싯달타 부타의 판단은, 저 맨발의 걸치지 못한 '거지같은 아이들'의 마음이었다. 콩 하나도 이웃과 나누어 먹어야 하고, 그래야 가족과 부족이 같이 살아갈 수 있다는 공진화 욕구가 인류라는 유전자 지도에 각인되어 있다.

반도의 동포들은 지금 이 순간, "나의 소망을 이룬다"와 "나의 소망을 버려야 한다"는 화두에 몰두하면서 모두들 정신없이 마음의 노숙자 생활을 하고 있다. 그럼에도 이 와중의 먹물(지식인)들은, 소망을 버려야만 하는 종교 주도세력에게, 또 차세대 우리 아이들에게 '필'(감성느낌)이 꽂히는 소프트웨어 콘텐츠를 내놓지 못하고 있는 것이다. 하여, '딴지걸긴'가 뭔가 같은 「넘」들은, 부정적 시각과 「안티」가 시대정신에 먹힌다는 촌스러운(영악한) 방법론으로, 오늘의 불교와 그 종단 구성원을 질타(?)하고 있다. 시민들 또한, 이러한 유행에 동승함으로써, 지구생태학과 그 부타적 환경순환의 어느 정지된 순간을 파동시키고 있는, 선순환의 현대 불교에 시비를 걸며, 스스로 '지식인' 인양 한다.

저 임진왜란을 초래하였던 무방비의 불교지식인들의 말장난들은, 오늘도 깊은 산 속에서 정진 수도 공부하시는 수좌님들에게 지구생태학과 그 부타적 환경 선순환의 큰 진리를 교훈으로 남길 수가 있게 되는 것이다.

과학 학술지 '네이처'(Nature, 18, Aug. 2011)지에는 '협동을 통해서 이익을 평등하게 공유하는 인간'(Collaboration encourages equal sharing in children, but not in chimpanzees.) 이라는 제목의 논문이 게재 되었다.(Katharina Hamann)

한마디로 싯달타 부타가 깨달았던, 맨발의 태아와 인류는 기본적인 연민과 자비의 몸과 마음을 지니면서 탄생하며, 이는 원숭이나 침팬지와 극단적으로 구별, 차별화되는 '인간의 조건'이고 '인간의 굴레'이다.

사람은 덩치가 큰 유인원과 비교할 때, 개체간의 자원을 공유하는 정도치가 크며, 공평함과 공정한 사회규범을 통해 공유를 정당화하는 경우가 대부분이다. 우연히 얻어지는 소득에 대하여 어떻게 반응하는지를 확인하기 위하여, 유아들에게는 장난감, 침팬지에게는 먹이를 주는 행태학적 연구를 통해서, 3살까지의 유아들이 장난감을 얻는 경우, 훨씬 더 공평하게, 이를 나눈다는 사실을 확인하였다.

별명이 '합장'인 외손자가 롯데호텔이 구입, 장식한 할아버지(필자)의 유화 작
품을 고개 갸우뚱하며 감상하고 있다. 2010, 작품비 수입에서 4,795,890원의
소득세. 479,580원의 지방세가 부과, 환원되었다.

　　독일의 볼프강 괴테 연구센터는 라이프찌히 동물원의 협조를 얻어, 2,3세 유아 48명에서 144
명을 대상으로, 그리고 침팬지 12마리를 통하여 도구 실험을 가졌다. 2세 유아의 경우 약 48%
는 협동적 행동을, 그리고 무행동이 약 24%, 3세 유아의 경우, 분배와 나눔의 협동행동이 약
75%, 무행동이 약 48%의 비례로 관찰되었다.
이러한 '평등행동'이 학교 등교 나이인 6,7세대 평등개념을 학습한 후에 나타난다고 보았던 기존
개념에 위배된다는 사실이 규명되었던 것이다. 유전으로 타고 나는 인간, 유전자의 기본정보 자
체가 싯달타 왕자가 떠날 수 밖에 없었던 "물방울이 영원하려면 바다에 던지면 된다." 는 숨 막히
는 진리, 싯달타 부타께서 깨달았던 원초적 연민, 자비, 그 휴머니즘을 지니고 잉태한다는, 인간
의 숙명을 증명하고 있는 것이다. 이후 유치원, 학교, 동네골목, 들판에서 학습되는 협동과 소유
욕구는 진화학자 도킨스가 이야기 하고 있는, 「밈」 유전자의 후천적 인격형성이 끝없이 되먹임
된다는 것이다. 그래서 비슷한 주파수와 간섭무늬가 엉키는 네트워크의 수억만 파동 단계를 공
진화시키면서, 서로의 유사한 의식 주파수 진동자들이 대뇌 인터페이스의 시냅스 가소성으로 발
화한다. 그 결과, 뭉쳐지고 해체되고 섞여가는 단계의 체험적, 충격적 거울뉴런의 기억과 그 자
국이, 우연한 인격체를 조종하는, 그 우주의 매뉴얼을 우리는 영혼(Soul)이라고 편하게 부른다.
T.S 엘리엇은 초기 불경의 이미지를 변주하면서, 초영혼(Great Soul)이라는 말을 시로 썼다.
또, 최근 전자미디어 예술가로 변신한 노소영과 범신론자였던 바휘흐 스피노자(Baruch

Spinoza, 1632~1677) 간의 가상대화인 “당신은 영원무궁한 신이 특정한 시간과 공간에서 드러난 변용이자 양태(樣態)입니다. (신이 만든 생산물인데) 무한한 정신과 유한한 육체의 결합입니다.”, “그럼, 소위 예술가인 나는 ‘신의 놀이’ 를 하는 건가요?”(노소영, 2011.8)는 우연한 인격체를 조종하는, 그 우주의 매뉴얼, 영혼(Soul)을 잘 정의 해주고 있다.

김유신 장군과 박정희 장군의 개별적 영혼은 없다. 다만 특정한 수준의, 주파수 번호가 비슷한 군번(암호)을 지녔었고, 미래에 누군가 비슷한 매뉴얼의 정보기억을 유전 받고 윤회, 환생 될 것이다.

‘스피노자’ 식 해석으로서의 변용과 양태는, 정갑동이 해석한 ‘덧없는 사물’ 에 대한 욕애와 죽음의 도시에 있는 모든 존재물에 대한 ‘추억’ 이 섞여있다. 따라서, 인간은 무한한 고통의 바퀴인 윤회의 틀에서 탈피하지 못한다는 그 ‘변용과 양태’ 라고 재해석 하고 싶다.

‘무한한 정신’ 이라는 표현은 편하고 애매한, 존재하지도 않는 ‘영혼’ 이라는 단어를 사용치 않고 진정한 진실에 가까울 수 있다는 의미이다. 변하고 흐르는 우주와 육체, 또는 몸에, 두뇌에, 심장에 각인된 윤회의 유전정보, 그 지문이나 설계도, 기나긴 매뉴얼 시스템이 ‘정신머리’ 라는 근대적 동포의 문자 표현이었던 그 신뢰감이다.(학은 천년, 거북은 만년, 나는 백년(百年). 후쿠오카 성복사 센가이 기완 주지(1975~1873), 정해진 수명론), (OFF, June. 2012)「우파니샤드」 경전에 의하면, “풀벌레가 다른 풀로 건너뛰어 그 풀에 옮기듯 ‘아뜨만’ 도 지금 머물고 있는 육신을 없애고, 무병을 가진 채로 타인의 몸으로 건너가 정착한다” 고 했다. 쉽게 비약해 보자. 2011년 8월, 개봉극장에는 ‘새 소림사’ (Legend of Shaolin)라는 제목의 유덕화, 성룡, 그리고 식상한 중국 여배우의 새로운 자존심, 천하일색의 판빙뱅이 출연하는 ‘반란군이 점령한 혼돈의 시대에, 소림사를 지키기 위한 최후의 결전’ 이 상영되었다. 달마는 동쪽의 소림사에서 9년 동안, 동굴 안팎의 벌레, 곤충들의 생존 투쟁을 행태학적으로 관찰하고, 그 ‘약육강식’ 과 ‘적자생존’ 의 법칙들은 자체방어로 지킬 수밖에 없었던 고립된 산속, 그 소림사 권법무술을 창조하게 된다. 이후 중국대륙은 여차 여차 불국토의 땅을 확장하지만, 빠드마삼바바의 티베트, 소림사의 달마 정신과 철학이 존재하지 않았다면, 당대의 페르시아 경교는 황하를 건너고 몽골사막을 넘어, 발해와 고구려 땅으로 들어와 반도의 선주 무당신앙과 함께 일찌감치 기독교의 반도가 되었을 지도 모를 일이다.

‘돈은 동양에 있고, 빚쟁이는 서양에 있다. 나라면 빚쟁이보다는 채권자 편에 서겠다.” (뉴욕 백만장자 짐 로저스, Newsweek, 2012)라고 하는 시대는 지금, 세계의 가치 중심이, 소림사로 상징되는 양자강으로 이동하고 있다.

달마불교, 그 대승불교의 새로운 해석은 간단 명료하다. 신 소림사 큰스님의 메시지는 “불심은 자비, 법심은 정의이다. 성심(공자와 성인의 마음)은 결백이다” 이다. 그러면서도 근대의 소림사는 결국, 영어를 쓰는 포병부대에 의해 초토화, 작살나 버리고 만다. "중국 불교정신은 결백하고 청정치 못하면 외국군대에 침략당하고 만다"라는 교훈이었다. 장애모 감독은 베이징 올림픽 개막식에서('중화의 세계지배 야심' 이벤트에서), 미래의 중국 불교정신을 발 빠르게 개조하고 있음을 상징적으로 보여 주었다.

윤회되고 있는 인간의 조건, '자비심', 그 협동과 평등을 공유하는 생명체는 침팬지 원숭이도 전혀 아닌, 막 유전 받아진 2,3세 유아의 인간두뇌이다.

앞서, 언급한 볼프강 괴테 연구센터 실험의 발표에 의하면, 라이프찌히 동물원의 침팬지 열 두 놈 모두, 주어진 먹거리(소득)를 혼자 먹어 치우고는, 전혀 나눌 줄 모르는 것으로 관찰 되었다 한다. 즉, 인간에 가장 가까운 유원인인 침팬지(Pans traglodgtes)의 '분배 빈도' 없음은, 인간만이 자원을 공평히 분배하는 경향의 '진화적 기원'(마르크스 프랑크, 독일 진화인류학 연구소)인 불법의 기본, '자비심'의 원소를 윤회, 유전 받음을 증명하고 있는 것이며, 토마셀로, 니체, 히릭 등이 2009년 최근까지 증명하였던("Only humans are true collaboratic foragers") 인간의 진실이다.

부타께서 나에게 말씀 하신다 "여기, 저기 열렬히 망설이는 육욕과 매력으로 출생을 이끄는 것은 그 욕망, 즉 성적인 쾌락, 다시 태어나는 욕망, 끝까지 존재하려는 욕망이다. 수좌승들이여. 그와 같은 것이 고통발생의 거룩한 진리이다." 라고......

공즉시색 인드라망 윤회. 감마선 폭발(Gamma-ray burst) 방사선 물질에서 방출되는 전자기 방사선은 고에너지 엑스선이지만, 궤도, 전자각 보다는 핵으로부터 기원하고, 자기장에 의해 휘지 않고 폭발한다. 10억 광년의 공간 모양새 변화는 네트워크의 스핀 먹임과 이동, 분산재 정돈 같은 재현이 중력물결흐름(간섭무늬)에 의해 물질과 에너지를 나타내면서 공간의 모양이 발전 된다.

감마선 폭발은 3개의 광자 융합뭉치가 연합되면서 하나의 부피양자로 되며, 또한 역류과정도 나타난다. 감마선에 의한 불연속적 시공간은 각기 다른 방향의 인접부피와 연결되면서 두 개의 볼륨으로 나뉘어진다.(N1, N2) 두 개의 다면체 모양은 각기 다른 네트워크 평면위에 크리스탈 깨어지듯 융합 후 분열된다. 이러한 스핀 먹는 네트워크는 공간존재의 기하학으로 크게 변화할 뿐 아니라 (양자역학의 기본상수인) 프랑크 상수(plank scale) 규모 속에 양자 파동으로 끊임없이 작동한다.

137억년 전 또는 그 전후, 두 번의 우주탄생 대폭발은, 최근의 빛보다 빠른 중성미자(유령입자)와 신의 입자인 힉스(Higgs)입자 존재의 신비에 의해, 어느 순간 우주에 물질이 생겼고(공즉시색), 반입자는 반물질을 만들고는, 둘 다 사라진다는 것이다.(색즉시공)

감마선의 무존재 공간은 적막의 시공간으로, 어떠한 존재, 물질의 수량(넘버, Number)도 없는

No(제로)의 상태를 보여 준다. 입자와 반입자의 스핀 네트워크가 진행되면서, 예컨대 다면체의 망 정거장, (적색, 청색)이 생성된다. 이때 초신생 별이나 인간, 또는 지구 같은 넘버1, 넘버2의 물질(공즉시색)이 10억 광년을 통해 지구나 바이러스에 진화, 유전, 그리고 윤회의 되먹임을 공진화한다. 화엄계 윤회의 인드라망 환경이다.

N1유전자의, '김유신콘텐츠' 같은 입자가 우연히, N 무한대의 N3에게 윤회될 때에, 김유신의 의식이 윤회된 것이 아니라, 프랑크 상수치가 우연히 근접하는 유사 군번의 간섭파동 속 진화 물결의 존재일 뿐이다.(Evolution of Geometry in Time 재편집, Lee Smoin, Atoms of space and time, SCIENTIFIC AMERICAN, Vol.21, 2011)

구법 진표의 최후, 유화혁필, 10호, 2008, 차용원화─허유소부도, 가회 박물관 소장

"아무도 죽길 원하지 않습니다. 천국에 가고 싶다는 사람들도 죽고 싶어 하진 않습니다. 하지만 여전히 죽음은 우리 모두의 최종 목적지입니다. 여러분의 시간은 한정되어 있습니다. 따라서 다른 사람의 삶을 사느라 시간을 낭비하지 마십시오. 다른 사람들의 생각과 결과물에 불과한 도그마에 빠져 살지 마십시오. 가장 중요한 것은 여러분 마음과 직관을 따르는 용기를 가지라는 것입니다. 마음과 직관은 여러분이 되고 싶어 하는 것을 이미 알고 있습니다. 모든 외부의 기대, 자존심, 그리고 실수나 실패에 대한 두려움은 '죽음' 앞에 모두 떨어져 나가고 오직 진실로 중요한 것들만이 남기 때문입니다"(스티브 잡스, 스탠포드대학 졸업식, 2005)

어렵사리 왕위에 오르신 조선 유교국 중종임금은 등극한 뒤 8일 만에 그토록 소꿉동무 처럼 다정했던 신씨 왕비와 생이별하게 된다. 인왕산 중턱 세조의 사위 댁에 쫓겨난 신씨는 임금님 얼굴이라도 보고 싶을 때는 큰 바위위에 올라가 근정전을 바라보며 눈물을 흘렸다. 한번은 바위에 자신의 흰 치마를 걸어놓으니 임금은 우연히 이를 발견하고는 안타까운 연모로 위로하였다 한다. 바로 그 치마바위의 연인은 50년 동안이나 경복궁을 바라보며 살았으나 중종은 신씨보다 20년 먼저 작고한다. 중종은 14세 연하의 17살 소녀 윤씨와 세 번째 결혼하게 되고 아들 하나 (후에 명종) 딸 넷의 화목한 가족을 이루었다. 44세에 중종은 세상을 떠나는데 아들 명종은 나이 겨우 12살 이었고 문정왕후가 된 윤씨는 대왕대비로서 섭정하게 된다. 문정왕후는 점차 불교를 믿음으로써 몸과 마음의 허망함을 달래기 시작하였고 백담사 스님 보우 맘짱을 입궐시켜 불경을 듣게 되었다.
보우스님은 회안사에 있으면서 학식과 수양에 상당히 앞섰던 당대의 엘리트였었고 문정은 그를 한번 불러본 후부터는 연모하는 정이 간절하게 되었다 한다.(최태웅, 2009)
원래 사람이나 국가조직이나 새로운 권력에너지를 장악할 때에는 기존의 가치를 붕괴시킴으로써 개인 또는 국가의 경영 브랜드 이미지를 높이게 된다. 이씨 조선의 개국명분이 고려국의 불교국시와 그 폐해로 하여 중국 쪽의 유학을 도입, 도덕국가로서의 국가존립 목적을 설정하였다. 국법과 사회 전반에 체면만 찾고 뒤에서는 서민과 천민의 계급을 공고히 하면서 백성을 착취하는 유교국가가 철저하게 성립되던 시기였었다. 따라서 사사건건 수렴청정의 불교도적 입장은 왕권 주변에서 충돌을 반복하게 되었다. 산속깊이 밀려나고 또는 묘 자리를 위해 불태워지는 사찰의 퇴폐를 막기 위해 보우는 불교 재생을 절박하게 실행하였던 것이다. 결국 유생들과 같이 승려들도 과거시험을 볼 수 있는 제도를 만들게 되고 봉은사와 봉선사에서 경전 암송을 시험하며 선종에서 21명, 교종에서 12명을 택해 급제한 스님을 전국의 각 절에 주지로 파견하게 된다. 숨 막히는 유교의 규율과 제사의식 등에서 하층민들의, 또는 무관들의 반란이 반복되고, 백성의 정신력 구원이 몽매해 버린 조선반도는 종교 충돌의 와중에서 정변의 소용돌이는 끝이 없었다.
문정왕후는 단절되었던 불교미술의 맥을 중요하게 이어가는 불사를 역사상 가장 많이 수행하셨던 대보살이셨다. 불교경전의 어려움, 그 대중 포교와 왕권의 존립을 위해 평민들이 쉽게 이해할 수 있고 교습할 수 있는 불화를 약 400점 제작 배포하였다. 상실되고 도난당하고 팔려나간 불화 중에서 21세기 오늘, 수도 서울의 국립박물관에 어렵게 모아진 민족 불화에 저 문정왕후의 불사 그림 3점이 그나마 발굴 진열되고 있음은 부처의 말씀이 어려움이 많을수록 더 더욱 빛나는 가치를 숭계할 수 있음을 웅변하고 있다. 또한 구술 종교에서 이미지 (trade dress) 종교로 바뀌는 튼실한 증거이기도 하였다. 명종(1534~1567)의 어머니셨던 문정왕후(1501~1565)는 1565년 회암사(檜巖寺) 중창에 맞춰 아들인 명종의 장수와 왕자의 탄생을 발원하며 400행 불사 즉, 400점의 불화를 조성하는 대형불사를 진행하였다.

이 불사는 석가, 약사, 아미타, 미륵의 네 부처를 각각 금으로 50점, 채색으로 50점씩 그려 총 400점을 제작하였다. 이중 현재 6점이 남아있으며, 국내에는 단 한 점만이 국립중앙 박물관에 소장되어있다. 약사삼존도는 중앙에 주존인 약사불이 오른손에 약합을 들고 있으며 부처의 무릎 아래에 일광보살과 월광보살이 배치되어있다. 또 다른 불화에는 해를 상징하는 삼족오(三足烏)와 달을 상징하는 계수나무와 토끼가 그려져 있다.

왕권 주변의 유교권력들은 지금의 파고다공원 근처 원각사를 철폐하고 그 재료를 다른데 사용하자는 청원을 올린다. 문정왕후는 강력히 반대하고 원각사를 지키려는 의지를 보인다. 하여, 명종 5년 9월 양재역 벽서사건이 터지고 갈등은 정점을 달리게 된다.

"여자 임금이 위에 있고 간신 등이 아래에 있어 권리를 농락하니 나라의 멸망이 곧 닥쳐올 것이다......" 라는 메시지를 유교선비들로 하여금 척불의 행동으로 옮겨지는 계기를 제공하였다. 실제 절에 들어가 땅 밟기를 하며 부처상을 파손하고 장식물을 던지는 행패를 부리게 되었다.(최태웅, 2009)

정원사, 회암사, 봉은사, 봉선사 등의 위생들 출입금지를 해제하라는 구호와 함께 봉은사 주지 보우를 체포, 구금하여야 한다는 끝없는 요구를 왕후는 단호히 거절, 명종 6년 만에 보우를 판선종사도대선사, 수진을 판교종사도대사 봉선사 주지에 임명한다. 아울러 양재역 벽보사건을 기화로 유교조직 내부의 권력 암투도 표면화하게 되고 억울한 내부의 정적들은 사형 또는 귀양의 형벌을 받게 되는 혼란을 초래한다. 제주목사로 갔다가 파면당한 엘리트 임형수도 삐라 벽보사건의 혐의자로 몰려 억울하게 사약을 받게 되는데, 저 유명한 마지막 임종에 10살 아들을 불러 "너는 아예 글을 배우지 말아라!" 아니, 다시 불러 "만일 글을 배우지 않는다면 무식하단 소릴 들으니 글을 잘 배우되 고시공부는 하지 말라!" 이씨 조선의 통치전략을 단적으로 상징하는 유명한 일화였다.

조선태동의 척불정책은 성종, 연산군, 중종시대의 탄압통치를 거쳐 문정왕후의 15년 동안 불교예술과 그 문화의 찬란한 반짝 정립을 도모하게 된다. 왕후는 명종 20년, 1565년 4월에 부처님의 피안으로 떠나 버리고 그 두 달 후 명종 임금은 어머니가 그렇게 존중하던 보우를 죽이지 않고 제주도로 귀양 보낸다. 그가 불사했던 불화의 수월관음은 그 풍만한 몸매와 미모의 작태, 회초리처럼 보이는 오른손의 버들가지…… 조선반도의 아름다운 종교화 모델에서 문정왕후 윤씨의 모습이 보살의 재생처럼 화가의 눈에 오롯이 겹쳐진다.

　철학자 비트겐슈타인(Cudwig wittgenstein)은 "언어의 한계가 곧 우리세계의 한계이다."라고 말했다. 수많은 경전의 복제와 은유는 시대 문화의 필요에 의해 확장된다. 조선의 시대는 우아한 도덕적 체면을 숭상하는 척한 양반계급과 차별화시키는 야만적 쌍놈들의 의도적 정신박약을 교육체계로 연출하고 있다. 글이라는 언어 대신에 그림이라는, 누구나 쉬운 언어가 필요하였다. 어린나이로 왕의 권좌에 오른 그 어머니는 유교시스템의 권력이 음모와 기득권 쟁탈의 소용돌이 속에 임금을 바지저고리의 무용함으로 만들고 있던 많은 사건들을 보면서 궁중 생활을 익혔던 것이다. 그들의 이데오르기에 절대 휘둘리지 않기 위해서는 그들의 반대적 체계 즉, 왕권의 절대적 확립과 지속가능성을 위한 보위의 안전과 만수무강, 그 기복적 철학이 정확히 필요하였기 때문이다. 폐불, 억불시절 분연히 시대를 다시 재생시켰다. 문정왕후 윤씨의 존재는 그래서 부타 환생의 삶을 다시금 보였었던 것이 분명하다.

보우(좌)와 문정(우) 이미지, H · 27cm, 양호미술관

"너무 웃기고들 있기 때문에 슬퍼다." (웃픈, 2012)
"근대는 터져오는 웃음 속에 얼굴이 폭발하고 가면이 귀환하는 시대이다." (미셸 푸크, 1999)
"얼굴이란 인간만이 가지고 있는 독특한 기호체계이다. 지위와 역할과 아우라를 부여한다."
(벤자맹 루아노, 2011)

"허깨비로 허깨비고을에 들어가 오십 여년 미치광이 장난쳤네. 인간의 영화롭고 욕된 일 모두
다 희롱하고, 꼭두각시 중 몸 벗어 버리고 창창한 하늘로 올라간다." 의롭고, 외롭고, 참혹한 순
교의 마지막을 장식한 보우 맘짱의 임종 변이다.(허응당집)

허깨비같은 권력게임 속에서, 한 오십년 미친듯이 개판 쳤던 현세의 희노애락, 모두 희롱했던
종교의 탈을 이제서야 벗고 법계의 피안으로 이제 떠난다는 보우의 메시지 속에 완성되고 있었
던 법열의 신념과 못 다한 그의 꿈을 애절하게 느낄 수 있다. 1565년 문정보살이 떠나고 승직을
박탈당한 보우는 제주도 귀양이라는 명종의 효심어린 형벌을 받게 된다. 예나 제나 '알아서 기는
야심가' 제주 목사 변협은 보우의 열 손가락을 짤라 버리는 참수를 집행하였다. 왕실과 밀착하였
던 권력승이며 민심을 현혹한 요승(妖僧)으로서 역적을 방조한 죄인으로서 절대권력 절대왕권에
의 주류 권력쟁탈을 위한 명분의 희생양이었고 불교중흥을 위한 순교의 드라마였던 것이다. 조
선 중기의 보우 맘짱은 1509년 중종 4년에 출생, 일찍 부모를 여위고 금강산 마하연암에 출가,

백담사 등지에서 정진하였다. 어려서부터 한학과 유학에 정통한 당대의 선두주자였다. 이후 1548년 봉은사 주지로 도대선사의 지위에 오른다. 대사의 순교이후 불교는 다시 암흑기로 돌아 갔지만 보우대사의 이론적 분야의 위치는 대단한 수준의 내용으로 알려져 있다고 한다. 허응당 집, 나암잡저, 수월도량, 공화불사, 여환변루, 몽중문답, 유불융합론, 권념요록 등이 남아있다고 한다.(김충현, 1987)

임금의 자리와 오고가는 왕십리, 그 뚝섬나루터 건너의 봉은사는 왕과 왕릉, 그 권력의 길목에 위치함으로써 오늘까지 터의 기세와 부침이 소용돌이치는 탄핵의 가람으로 보인다. 현대 한국불 교사 말미에 해인사 젊은 맘짱들의 불교개혁 이벤트는 그나마 오늘의 안정되어보이는 종단의 체 계에 원인제공이 되었다고 한다. 종교의 기존 기득권인 당시의 성철스님과 맞짱 떴다는 상좌님 들의 용기는 지금 이 찰나의 전국 깊은 산속, 젊고 어린 풋 맘짱들에게는 개혁의 신화로 기억되 고 있다 한다. 그렇기 때문에, 저 만해 맘짱의 불교유신론과 같은 가치를 완수했으면 하는 기대 를 저마다 가지고 있었을 것이다. 적어도 이 화가가 전국 깊은 산골 곳곳을 찾아다니며, 조선 종교화가가 그렸던 불화, 탕카(Tangka)화가 탈색되고 헐려지는 현장의 발굴여행에서 만났던 해 맑은 수좌 맘짱들의 묵언의 미소속에 숨겼던 메시지, 밀리지 말아야지 하는 결의가 읽혀졌던 것 이다.

달마나 보우나 수경, 문수는 당대 현실권력과 그 ‘알아서 기는 조직’ 의 반대편에 서서, 이상을 구현하려한 낭만주의자였고, 더 인고했어야 하는 미완성 교향곡이었을 것이다.

"오늘 〈8일〉저녁 7시 법왕루, 직영지정 철회촉구법회에 많은 동참 부탁드립니다. 봉은사 신 도회." 현실의 현장감을 위해 방금 도착한 봉은사로부터의 문자를 기록해 보았다. 그러나 포교 와 종교전쟁, 종교혁신 등의 역사는 피를 사랑한다던가?

최초 달마스님이 고향을 버리고 중국에 왔을 때, 용의 역린을 건드릴 정도의 절대왕권 양무제에 게 시큰둥한, 업신여기는 상봉으로 하여 소림굴에 박혀서 9년을 기다렸었다. 모택동 공산조직이 중국 대륙을 통일하고 실각한 이후, 철도객차를 감옥삼아, 가옥삼아 보호 감호된 상태에서 모택 동은 매일 어린 소녀당번들과 바둑만 두고 있었다. 등소평의 유연한 철학이었다. 오랜 기다림 속에 모택동은 드디어 외신기자들을 앞에 불러놓고, 저 양자강을 맨몸으로 수영, 도하하는 이벤 트를 가졌고, 이의 신호를 받은 북경대학교를 접수하였던 학생조직이 제2의 혁명데모를 발발시 킨다. 그 수많은 기존체계에의 혁파. 그들은 중국식의 ‘알아서 기는 홍위병’ 들이었고, 결국은 재 숙청의 길을 재촉한다.

달마에게는 우상숭배 같고, 진짜 같지 않은 중국불교의 형식주의에서 참선법의 진리를 홍행화하 는 과정에서, 현장의 소림사 맘짱들은 수많은 공격을 받게 된다.(지승, 1989)

샤캬 부타나 소림굴의 달마는 어쩔 수 없는 생태학자일 수 밖에 없었다. 세계적 생태학자 "자연에의 디자인" 저자 이안 맥핵은 어린 시절 폐병에 걸림으로써 스코틀랜드 바닷가의 요양원에서 오랜 세월을 보내게 된다. 그 곳 바닷가의 조개나, 갈매기 떼, 해초, 비바람의 주기를 본의 아니게 채집, 관찰함으로써 현대의 생태학이라는 학문을 발전, 정립시킨다.(Design with Nature, Ian McHarg)

달마에게는 사람들도 모이고, 소림굴의 땅 밟기 같은 폭행도 당연히 일어났다. 달마는 소림사에 모이는 맘짱들에게 (조직의 보호를 위하여) 호신술을 가르치기 시작한다. 지승 맘짱에 의하면 소림사 무술은 자연생태계에서 순환, 발생하고 있는 생존과 보신의 방어술이었다고 한다. 달마스님은 굴속에서 9년동안 자신의 뜻이 이루어지도록 기다린 오랜 세월에, 하찮은 곤충에서부터 사나운 맹수들에까지 야생의 생존에서 보아왔던 공격의 행태를 밀착하여 관찰하였던 것이다. 이 때, 소림사 주방장 보조까지도 원숭이 권법이니 사마귀 권법이니 학 권법이니 하는 호신술을 익히게 되었고 (지승, 1989) 오늘에 이르러 세계적인 소림사 무술이 브루스 리(이소룡) 같은 천재적 연기인에 의해 알려지게 되었다. 결국 달마의 종교조직은 확장되게 되었고, 혜가 같은 구도자는 소림굴 달마에게 한수 알려달라며, 손을 칼로 잘라 야자나무 이파리 같은데 싸서 간다바치는 충성장면까지 연출하였다.

에너지의 총량은 불변하며 일정하다던가? 결국 고개를 드는 새로운 종교 세력과 그 달마는 중상모략과 국가반역죄로 왕으로부터 사약을 받게 된다.

달마가 중국의 중원을 중심으로 동쪽으로 왔기 때문에 대승불교의 도도한 물결은 황하와 양자강의 계곡 깊숙이까지 번져 나갔던 것이다.

「신발 한 짝 들고 서쪽으로 돌아가는 환생달마」 일본 선화 선승 하꾸인 (白隱, 1685~1768)이 80세 말년에 그린 달마도는 선병이라는 노이로제 증상(Alzheimer질병)의 화풍을 보이고 있다한다. (122.5 X 53.6cm, 후꾸오카 계림사 소장), (미술수첩, 2013. 2월호) 그리하여 달마의 순교는 후대 시나리오에 의해 '부활의 구도' 를 연출하고 미화시킨다. 분명히 나라 임금도 확인한 확인사살과 목관짜서 땅에 묻었는 데도, 짚신 한 짝을 매고 부활한 달마가 티베트 너머 파미르 고원에서 구면의 중국 사신과 만나게 된다. 이 곳은 인연이 다해서, 다시 고향으로 가는 중이라며 서쪽으로 넘어갔고 돌아온 사신은 한 번 죽은 달마의 소식에 깜짝 놀랐다. 임금이 다시 무덤을 파고 관을 열어 확인한 결과, 놀랍게도 시신은 온데 간데없이 짚신 한 짝만 관 속에 놓여있었다는 것이다. 이처럼 동서고금에 종교적 순교는 미화되고 보상된다.

"나고, 죽고, 또 나고"
(부타는 길에서 태어났다가 길에서 떠나셨다.)

불현 듯 원효의 모습으로 그려졌다. 눈길의 출산. 유화 8호. 2009

    동시성 공명(Synchronicity sympathy). 해바라기가 해를 바라보는 것은, 보려는 의지 때문이 아니라, 단지 신진대사 활용률을 최대화하게끔 적응된 것이고(홀연히 생각하니 도시 꿈속이라) 사람피부에 털이 없어진 이유는, 이성적 인간이 되는 최적화 진화의 적응 결과일 뿐이지, 모종의 작용이나 의지의 결과가 아니다.(천만고 영웅호걸 북망산 무덤이요 부귀문장 쓸데없다. 황천객을 면할소냐?) 마찬가지로 새벽녘 이파리에 붙은 작은 이슬방울은 어떤 감정이나 의식의 현상이 아니라, 단지 기온차이에 의한 물리적 결과일 뿐이다.(오호라. 내 이 몸이 풀끝에 이슬이요.

바람속의 등불이라.), (데니얼 데닛, 지향적 자세), (경허, 참선곡)

삼포 가는 길(황석영 1974), 무진 가는 길(김승옥, 1964)……, 물길 따라, 철길 따라 걸어가는 길은 내가 순간 순간의 찰나를 확인하는 부처의 길이고, 살아났음에 대한 한없는 감사를, 하나 하나, 뚜벅 뚜벅 확신시키는 시공간이다.

통일신라의 말기. 자고나면 역모 쿠데타에 의해 임금이 바뀌고 난리는 계속되었다. 민심은 흉흉 해지고 산적들은 곳곳에서 준동하였다 한다. 어느 황룡사 맘짱께선 삼랑사로 외출하셨다가 늦었 으니 자고 가라는 주지 맘짱의 뜻을 뒤에 두고 서둘러 길을 떠났다 한다. 어둠에 덥힌 귀로 길 을 눈발이 희끗희끗 날리면서 무서움이 엄습해 오고 있었다. 돌연 맘짱의 발길에 검은 고양이가 나타났고, 고양이는 어떤 신호를 "야옹 야옹" 하면서 맘짱에게 애기하는 듯 했다 한다. 맘짱은 고 양이를 품속에 안은 채 염불을 외우며 발목까지 차는 눈길을 걸었다. 천음사에 가까이 왔을 때, 멀리 어둠에서 아기 우는 소리가 들렸다. 고양이 소리는 아닌 것이, 환청처럼 닭살이 돋는, 아 기울음소리 같기도 했던 것이다. 눈발 속에 드디어 천음사의 모습이 보이기 시작하였고, 절 처 마 밑에서 지친 애기의 울음소리가 신음하듯 들렸다.

이 이야기는 「전설 99」의 저자 최정희님께서 들려주신 내용을 그대로 복제하였고, 눈보라 속 심야의 참으로 인간적이고 이타적인 장면을 재 연출 시켜본 그림이다.

저자의 〈벌거벗은 스님〉전설은 계속해서 다음과 같이 기술하고 있다. "금방 해산을 했는지 흰 눈을 붉게 물들인 채 실신한 여인이 아기의 탯줄을 쥐고 있었다. 노스님은 황급하게 아기의 탯 줄을 끊고는 대문을 두들겼다. 거센 바람과 눈보라 때문인지, 안에는 아무런 인기척이 없었다. 당황한 스님은 더욱 크게 소리를 지르며, 꽝꽝 난폭하게 두들기다가, 갑자기 돌아서 아기를 안 았다. 여인의 엷은 치마에 감긴 아기의 살은 얼고 새파랗게 질려 있었다. 아기를 품은 스님은 아기의 언 몸을 문지르며, 염불을 외우고, 때때로 대문을 두들겼다. 스님은 허리를 굽혀 여인을 흔들었으나, 신음소리조차 끊어졌고, 옷이 벗겨진 여인에게선 피비린내가 물씬 났다. 스님은 얼 어붙은 여인의 몸을 주무르기 시작하였고, 여인의 코와 이마, 그리고 뺨을 문지르며, 자신의 입 김을 계속 불어 넣었다. 아기는 품속에서 잠들어 있었고, 스님은 두루마기를 벗어 아기를 감싸 여인의 옆에 눕혔다."

눈보라 속 심야의 위급한 산모와 무사한 태아, 그리고 이들에게 구원의 손길을 알려준 검은 고 양이, 생명의 존엄함이 사찰을 무대로 한 깊은 우주 같은 산길에서, 「착한 유전자」는 스님 같 은 부처님의 보살핌과 눈보라 속에 가린 법계의 광대무변한 비로자나의 에너지로 하여, 통일신 라의 불교가 연약한 위기의 여인까지 가피를 보인다는, 당대의 뜻을 적나라하게 전하고 있다. (최정희, 1986) 하여, 이 화가는 극한의 위기적 상황을 사실적 문학성으로 기술하신 최정희 저 자에게 양해도 없이 그대로 복제, 재인용하였다. 이 화가가 그린 유화가 저자의 세부적인 극적 상황을 그대로 표현하였는지는 의문이다. 다만, 은하수 같은 눈보라 속 비로자나불의 상징을,

당시의 호랑이와 그 자세가 연약한 생물을 기필코 보호하여야 한다는 의지를 표현하고자 하였다. 노스님은 그랬다는 것이다. "그래도 내가 오길 잘했지, 만약 꼬마 사미승을 시켰더라면 이 눈 속에 어찌할 뻔 했을까?" 작가는 노스님의 불법 속에 깊숙이 도사린, 참으로 인간적인 삶의 태도와 그 휴머니즘적 원형을 우리들에게 전하였고, 이 화가는 다시 그림으로 복제 재생산하여 후대의 우리 젊은이들에게 강력한 이미지로 각인되도록 하고픈 것이다.

"탐욕은 가장 나쁜 병이고 애착은 가장 큰 슬픔이다. 이것을 참으로 아는 이에게 열반은 최고의 평화이다. 건강은 최고의 이익이며 만족은 가장 큰 재산이다. 믿고 의지함은 가장 귀한 벗이고, 열반은 가장 높은 행복이다."〈법구경〉제 203, 204 계송이다. 참으로 문학적인 질투까지 느꼈던 일지 맘짱은 위의 경전 말씀을 소개하였다. 누구에게나 한번 마음의 평정이 깨지고, 육신의 기능적 질환이 생기면, 자기 회복을 위한 오랜 시간과 노력이 필요하다 하였다. 그러나 순수한 불교적 관점에서 본다면 마음의 미혹도, 육신의 병도, 사실은 모두 그릇된 행위들이 쌓이고 쌓인 업력(Karma)에서 비롯된 것이다.

지금 우리가 앓고 있는 모든 병과 고통은 바로 탐욕과 애착의 강도에 정비례한다. 지금이야말로 이 파멸적 공식을 깨닫고 인생 최고의 이익인 건강과, 만족할 줄 아는 앎이 최고의 재산임을 일지 맘짱은 호소하고 있는 것이다.(일지, 1987)

화가 또한 사실적인 그림을 그릴 때는 이미지의 극단적 표현을 위해 집중하고, 그 집착을 위해 염불과 경전을 흥얼거리곤 한다. 〈눈길의 출산〉을 그릴 때는 다음과 같은 부처님 말씀의 법열과 그 사명감으로 단숨에 작품을 완성하였다.

"세상에 있는 어떤 것이라도 내 것이라고 고집하지 말라. 고통을 겪을 때라도 수행자는 결코 비탄에 빠져서는 안 된다. 생존을 탐내서도 안 된다. 무서운 것을 만났을 때에도 떨어서는 안 된다. 병이나 굶주림, 추위나 더위를 견디어야 한다. 저 집 없는 사람은 그런 것들의 침입을 받더라도 용기를 가지고 굳세게 살아야 한다.(숫타니파타, 922.923, 계송)

심청이, 리얼리즘전, 서울민미협, 유화 10호, 2008

심청이는 태어나자 마자 어머니가 죽음으로써, 아버지인 심봉사의 손에 의해서 자라난다. 이 집 저집 젖동냥을 하면서 소녀로 자란 심청이는 공양미 3백석에 몸을 팔았다. 황해도 앞바다 임당수에 빠짐으로써 폭풍이나 조난을 잠재우는 무속신앙의 제물이 되고 만다. 하여, 용왕님을 만나고 극진한 대접 끝에 많은 선물을 받으며 고향에 돌아온 심청은, 놀란 심봉사가 "내 딸아! 어디 보자!" 면서 심청을 더듬을 때, 심봉사의 눈은 번쩍 뜨이는 기적이 일어난다. 아버지의 눈을 뜨게 하기위해 몸을 팔아 죽으러 가는 효녀에게, 용왕과 그 용화세계는 극단의 보상인, 부녀 상봉과 개인의 아픈 현실세계를 치유하고 있다. 황석영(1988)은 모든 세상의 장님, 곱사등이, 절름발이 아픈 사람들은 홀연 벌떡 일어나면서, 모성의 부처인 미륵하생과 토착 혼의 마지막 승리로

용화세계를 표현하고 있다고 하였다.

바리공주나 심청이 설화는 마치 엄마의 젖을 찾는 아기를, 그리움과 기다림 그리고 애타는 목마름으로 이 땅 토착 혼과 그 상징으로 설정하였다. 미륵을 부녀자의 수호신으로, 전남과 경북에서는 미륵이 부녀자의 해산, 득남과 연결되어 여성의 해결사로서 역할을 수행한다는 것이다. 다박녀(완도, 부안), 타박녀(서울), 따분녀(수원), 다풀녀(정선), 다발녀(합천) 등으로 저승에 가신 어머니를 따라 산 높으면 기어가고, 물 깊으면 헤엄쳐 가서, 어머니의 젖을 먹고야 말겠다는, 버림과 모성 상실의 설움과 그 보상에서 모성의 부처로 토착화 한다.

그러나 이정원 교수는 그의 저서 「전을 범하다.」에서 심청전을 뒤집어서 분석하였다. "심청전은, 아비의 눈을 뜨게 하기 위해 당대의 공동체(시스템)가 그 딸을 살해한 이야기일 뿐이다." 하였다. 아버지 심봉사와 부타께서 심청과 '눈뜨기'를 거래한 것이고, 또한 남경 뱃사람과 인당수 용왕이 심청과 '안전한 항해'의 보장을 거래하는 것으로 분석하였다. 저서에는, 이 두 계약에는 심청이는 어떤 이득도 없으며, 단지 생명을 잃을 뿐이다. 따라서 심청의 죽음이 계약의 형태라 하여도, 그것은 살인으로 규정될 수밖에 없다는 것이다. 심청이 나중에 황후가 되는 과정은 살인과 죽음의 보상이며, 죄책감을 은폐하는 서사적 장치라고 주장하였다.

　시인 엘리엇은 인생 무상함을 아래와 같은 시로, 우주만상이 동시적으로, 다만 공명(synchronicity sympathy)하고 있음을 노래한다.

"시냇물 수면위의 하나 물거품"(A bubble on the surface of the stream.)

"아침 풀잎에 맺힌 한방울 이슬"(A drop of dew on the morning grass)

이차돈의 순교

이차돈의 순교, 혁필유화 8호, 2008

　방년 22세 청년, 이차돈의 순교에 법흥왕은 그의 시체를 북악에 장사지내고 그의 명복을 빌기 위해 '자추사' 라는 절을 세웠다.(刺楸寺·백률사) 드디어 법흥왕 14년(527년)에 불교는 공인되었고, 국가의 첫 통일과업을 완성하는 최고의 가치가 성립되었다.(서문성, 2006)
　"의에 죽고 생을 버림도 놀라운 일인데, 하늘 꽃과 흰 젖의 이적이 더욱 다정하다.

갑자기 한 칼에 몸은 비록 죽었으나 절마다 울려 퍼지는 종소리는 서라벌을 뒤흔든다.”(의연이 이차돈을 위해, 최태웅, 2009)

교수형에서 잘린 이차돈의 목의 솟구친 하얀 피의 이적은 불교수행의 마지막 단계인 〈아나함〉의 경지를 (당시 신라의 순교에서) 기적적으로 보여준다. 〈유가수련증험설〉에 의하면 “아나함미를 얻으면 붉은 피가 하얀 기름으로 변한다. 입에서 진기한 맛이 느껴지고, 코에서는 아름다운 향내가 감돈다. 흰머리가 검어지고, 빠졌던 이가 다시 난다. 병자를 만지지 않고 기운으로 고치며, 손가락으로 바위에다 글씨를 새긴다……”

지리산에서 노인으로부터 수행한 개운조사는 암자에서 지난 지 일주일 만에 〈간혜지〉를 얻었다 한다. 불교수행의 첫 단계로서 온갖 욕망으로부터 자유스러운 경지이다. 노인은 〈능엄경〉이란 책을 개운조사에게 주고 떠나 버렸다. 새처럼 푸른 하늘로 날아간 것이다. (류인학, 1995) 백일 만에 〈수다원과〉를 얻고, 몇 년이 지나 세 번째 단계인 〈사다함과〉와 네 번째 단계인 〈아나함과〉를 얻었다 한다. 불래(不來)라고 불리우는 아나함과를 얻으면 현세에 오지 않는다고 한다.

　통일신라의 험준했던, 그리고 찬연했던 예술창업은 이차돈의 돌아오지 못하는 순교보신이었던 것이다. 양나라에서 사신이 향을 가지고 왔는데 아무도 그 용도를 몰랐다 한다. 마침 지금의 선산 땅에 고구려로부터 온 승려 묵호자는 집안에 굴을 파서 살고 있었고, 이차돈에 의해 알현하게 된 묵호자는 “이것은 향이라는 것이다. 태우면 향기가 풍겨 신성에게 이른다. 그런데 불, 법, 승인 삼보보다 더 신성한 것은 없소. 만일 이것을 태우며, 발원하면 반드시 영험이 있을 것이오.” 라 하였다. 때마침 공주의 중병을 향을 사르며 발원하고, 곧 낫게하여, 왕이 기뻐하며, 예물을 후하게 하사하였다.(삼국유사, 전홍법)

이미 고구려로부터 정방, 멸구자 같은 승려는 불법을 전하다가 박해를 받고 죽어가고 있었고, 법흥왕은 완강한 호족귀족들과 신하들의 불교배척에 난감해하고 있었다. 하여, 22세의 심복 이차돈은 “전하, 제가 전하의 명령을 어기고, 불사를 시행하겠습니다. 그때에 왕명을 어긴 죄로, 저의 목을 베어 주십시오. 그러면 제가 기이한 이적을 보며, 왕의 본심을 이룰 계기를 만들겠습니다.” 마침내 그의 목을 베자, 잘린 목에서 하얀 피가 한길이나 솟아 올랐다. 사방이 캄캄해지고 땅이 진동하며, 꽃비가 내려 형장을 수놓았다. 모였던 사람들은 경탄하였고, 그의 거룩한 순교정신에 감동하여 더 이상 불사에 반대한 사람이 없었다 한다. 그리하여 이제까지의 귀족합의 정치에서 불교수용정책이 관철되었고, 비로소 중앙집권적 왕권통치를 강화하게 되었다 한다.

종교는 전쟁의 역사이고, 낭자한 피를 먹는 속성을 지니는가? 통일신라의 정치가 부패·타락하고, 서라벌 하늘에 자주 나타난 혜리혜성을 핑계로, 조카가 왕을 죽이고, 임금이 조카를 죽이는, 피의 권력쟁탈과 그 탐욕에 의해 종말의 역사를 장식하고 있었다. 그 중심에 황룡사의 9층 목탑이 있었고, 승려들의 종교권력을 쥐기 위한 배신과 음모의 참담함도 연출되고 있었다. 급기야 병상의 선덕여왕 침소자리에 임금의 회생을 기원하던 스님은 개혁파 또는 혁명파에 의해 칼부림으로 낭자한 죽임을 당하고 여왕의 몸과 얼굴에 피투성이가 튀고 말았다 한다. 종교사는 후대의 기록에 따라 사실적일 수도 있고, 아름답게 꾸며진 전설처럼 미화될 수도 있다. 삼국사기와 삼국유사가 각기 다른 드라마를 연출하고 있는 예이다. 이 시대의 극한적 관찰과 극단적인 말투로 정신을 혼란스럽게 하는 최고 학벌의 사상가 김용운의 저술에서 그대로 인용해 보자 "말하노라! 아마도 성모 마리아상 위에 오줌 눗고, 침까지 뱉고 지나갔을 것이다. 예끼! 도울 이놈! 그럼 후미에 위에 차마 발길을 떨구지 못하는 그 잔혹한 칼날에 새파란 생명을 휘날려버린 그 생령들의 진실은……? 후미에를 비킨 28만의 죽음, 그들이 있었기에 찬란한 오늘 일본문명의 자태가 있는게 아니냐? 새남터 절두산에 뿌린 수천 명의 혈루가 있었기에, 오늘 자랑스러운 조국, 대한민국의 개화된 모습이 있는게 아니냐? 예끼! 뭔 그 순교자 새끼들 땜에 신도 등 처먹는 새끼들……"(혜능과 세익스피어, 1986)

이후, 한반도의 순교는 계속된다. 궁예스님은 신라왕의 버림받은 서자라지만, 미륵불왕을 자처하며 억압받는 반도인들을 뭉쳐서 새로운 통일국가를 창업코저 하였다. 그리하여 맏아들은 청광보살, 막내아들은 신광보살이라 칭하고, 그 백여 명의 승려들이 범패를 부르고 염불하며 "미륵하생"의 구호로 혁명전쟁을 일으켰다.

이때가 한국 불교미술사에서 가장 청동부처님을 많이 제작한 시기이기도 하다. 후고구려, 후백제, 발해 모두 병기의 우수성과 다량확보, 숟가락에서 쟁기까지 모두 철기 무기로 과시하며, 서로가 이의 확보량 과시욕에서, 크고 큰 청동불상을 조성하게 된 것이다. 신라의 귀족불교가 금속이라면 가난한 서민의 신앙은 돌로 거칠게 만든 미륵상이었다. 왜란과 몽고란의 전화에서 사찰과 철불은 저렇게 불타 사라져 갔던 것인가? 하여, 반기를 든 석총과 형미선사는 궁예의 막판 신경질에 의해 처형되고 마는, 순교의 길로 생을 마감한다.

또 다른 러시아공산혁명, 1937년 불교의 숙청 때 체포되어 감옥에서 사망한 도르지에프 스님과 단다로(Bidiya Dandaror, 1914~1974) 스님은 모두 티베트 불교스님이었다. 이들이 알렉산더 3세 황제와, 이후의 불교인 숙청에서 순교하였기 때문에 "나를 찾아오도록 하는 것은 너희들 자신이 아니라, 서구로 오고 있는 불교이다." 라 했던 말이 오늘에 증명되고 있는 것이다.

1960년 11월 24일 오후 3시, 비밀리에 조직된 순교단 6명이 서울의 대법원장실에 난입하여 30cm정도의 칼로 할복하였던 사건이 발생하였다. 행원 맘짱을 주축으로 월탄(해인사), 성각(양주 자재암), 진정(구곡사), 도명(화엄사), 도헌(화엄사), 성우(자재암) 맘짱이셨고, 당시 청담 맘짱께서 정화의 당위성을 역설하며 분노의 의지를 촉발시키고, 순교의 선전포고를 재판장 고재호 대법관에 일갈하였다 한다.(법산, 50년전 승려대회의 참여주체 연구, 2010) "불법에 대처승은 없는데, 재판에서 세상법으로 인정받지 못하였기에 이를 호소하러 왔다.”는 호소는 공허하게 되었고, 이후 서대문 경찰서장이 수십명 경찰을 대동하고 출동하였으며, 복부에 박힌 칼을 빼고 무차별로 구타하였다 한다. 조계사에서 단식하던 400여명의 맘짱들은 6명의 스님들이 순교했다는 소식을 전해 듣고 일제히 서소문의 대법원에 진입하였다. 대법원 판사들은 도망치고 경찰 기마대의 무차별 구타와 강제 진압으로 하여, 353명의 스님들이 연행, 24명이 구속되는, 동포 자존심을 지켰던, 마지막 순교정신이었다. 그래서 여론과 언론은 순교자들의 열정에 전폭적인 지지를 보냄으로써, 오늘의 종단 불법을 지킬 수 있었다 한다.(법산, 2010)

걸레윤회 부타경제

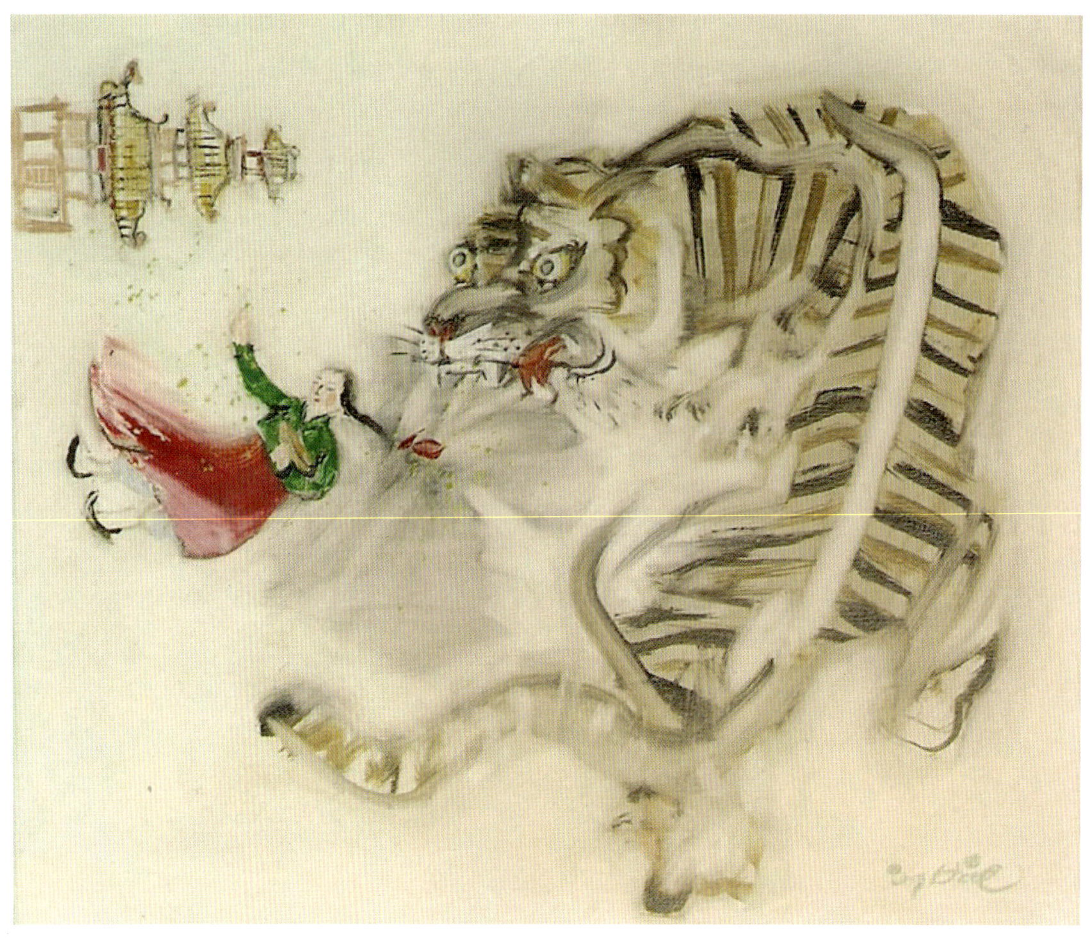

한 맺힌 소녀와 영축산 호랑이, 혁필유화, 2001

　광인(미친 넘)은 욕망이 정지되어, 장벽에 가로 막혀 있으며, 스스로의 욕망이 통제 당한다는 무의식을 갖고 있다. 이른바 광인(측두엽뇌전증, 간질)의 벌거벗은 실존이, 그 미쳐 돌아가는 자본의 수레바퀴를 멈추게 하고, 새로운 생성(Be being)의 계기를 만들어 낸다. 광인의 미쳐있음이 하나에 협착 되는 것이라면 정상인의 미쳐 있음은 여러 가지를 도착(倒錯)하게 하는 것이다. 그런 의미에서 광인은 소수자의 독특한 사회적 위치를 알려주는 초석이나 등대라 할 수 있다. (펠릭스 가타리, 신승철, 2011)

인도에서의 샤카 부타는 수행자들과 더불어 살아가는 방법에서, 탁발과 공양의 기본철학으로 하여, 오늘의 어마어마한 상상력과 가설을 승계, 유전토록 하였다. 이를 위하여, 오늘의 스폰서 역할 또한 대단히 중요하게 생각함으로, 오히려 슈마허와 같은 불교경제학자도 생겨나게 되었다. 왜냐하면 상부상조의 에너지교환과 순환이라는 연기사상은 오늘의 지구생태학의 기본이면서 부타께서 깨달은 인생의 진리였기 때문이다.

부타의 수제자 아난다(阿難)는 당시 왕비였던 샤마바티로부터 500벌의 옷을 공양 받았으며, 왕은 이 말을 듣고, 아난다의 욕심을 확인하기 위하여 그를 불러 물었다 한다. "한꺼번에 엄청난 옷을 받아 어쩌려는 거냐?" 라는 물음에, "많은 비구들이 거지 옷을 걸치고 있기에 그들에게 나누어 주려합니다." 하였다. "그러며 헌 옷은 어떻게 합니까?", "헌 옷으로는 요를 만들겠습니다.", "헌 요는 어떻게 하시겠습니까?", "베갯잇을 만들겠습니다.", "그럼 낡은 베갯잇은요?", "침상의 깔개로 사용합니다.", "낡은 깔개는요?", "방석을 만듭니다.", "방석은요?", "걸레를 만듭니다.", "오래된 걸레는요?", "대왕이여, 우리들은 그 걸레를 잘게 찢어서 잔 흙과 섞어 집을 만들 때 벽돌로 씁니다." (법구비유경, 이노우에 신이지, 2008)
내게 맡겨진 물건이란, 우주로부터 차용된 물건으로 자연생태계가 한 마리 소(제1차 소비자)가 풀(제1차 생산자)을 뜯어먹고 살찐 소를 도살하여, 인간(제2, 3차 소비자)이 등심구이로 잘 먹고, 다음날 대소변으로 배출하면, 결국 그 분비물은 풀밭으로 다시 스며든다. 이 때 풀밭 아래의 땅속은 낙엽 썩은 시체와 메뚜기 뒷다리 등이 썩어서, 지렁이는 이리저리 다니며 훌륭한 퇴비를 만든다. 질소, 인산, 가리의 무기질은 소의 영양을 제공하는 잡초를 왕성하게 자라게 한다. 태양과 물과 공기는 그래서 지구별의 기본 생명을 유지시키는 절대적 존재이다. 아난다는 낡아빠진 걸레는 흙과 함께 또 다른 생명으로 환생하여, 먹이 피라미드(food chain)의 최정상에 위치하는 인간에게 다시 돌아온다는 것을 깨닫고 있었음이리라.
이때의 영양 고리는 열역학의 법칙, 모든 에너지의 총량은 불변이고, 바로 되먹임 되지는 않는다. 우주 법칙에 의해 걸레 속에 미세하게 분해된 유전자의 존재와 그 이동 상태는 정보암호로 재탄생, 재생산 된다는 것이, 저 아난다의 사부님, 부타가 발견한 우주의 진리인 것이다. 「안이비설신의 무색성향 미촉법」 최상의 부타 음성인 「반야심경」 (The heart sutra)에서 표현한, 인간의 기본 감각과 그 제 6감까지의 유전자 정보이다.

통도사 백운암의 강백 맘짱과 통도사 산신각 바로 남쪽의 호혈석(虎血石) 전설은, 걸레 같은 옷에 배어진 냄새의 정보 속에, 오만가지 인간의 신경 분비물이 암호화된, 욕망과 그 억제의 수도과정이 녹아 있는 기억, 그 자체였다.
부타의 깨달음 직전에서부터 오늘에 이르기까지, 수도자에게 엄습하는 생리적 욕구는, 악마에서부터 어여쁜 소녀에 이르기까지, 여러 환상에 의해 극복되어야 하는 숙명을 지닌다. 미남의 풋 맘짱께서는, 어느 날 밤늦게 공부하는 와중에, 나물 캐러 나왔다 길 잃은 처자가 하룻밤 묵어갔는데도, (고자인지 동성애자인지) 아랑곳하지 않았다는, 불도의 길을, 풋 맘짱께서는 인고하고, 그리고 자기에게 주어진 책무를 다하셨다.

귀가한 소녀는 상사병으로 하여 시름시름 아파 눕게 되었고, 짝사랑의 사정을 들으신 부모는 차산남(차가운 산속의 남자) 스님을 찾아가 사정했으나 헛수고였다. 결국, 마지막으로 한번만 보고 죽었으면 하면서 눈을 감고 말았다 한다. 이후 한 맺힌 소녀는 영축산 호랑이로 환생하게 된다. 어느 날 통도사 감로당에 큰 연회가 개최되었고, 갑자기 호랑이 한 마리가 날아들면서, 문을 흔들고 사납게 울부짖었다 한다.

결국, 저 '호랑이가 찾는 사람'이 있을 터이니, 각자는 자기 저고리를 벗어 밖으로 던지기로 하였다. 결국 마지막 그날, 새로 승진하는 강백 맘짱의 저고리를 받더니, 호랑이는 마구 갈기갈기 찢으면서 더욱 사납게 포효하는 것이었다.

남녀간 나눈, 또는 스쳐간 몸 냄새와 그 이미지는, 유독 강한 추억으로 뇌리에 남는다. 나물캐던 소녀의 긴 밤 절망 속 모욕과 수치스러움은, 이후 엄청난 상처(trauma)로 남았고, 그 원한의 업(karma)을 유전인자에 각인한 채로, 다시 호랑이로 환생, 복수의 앙갚음을 시도하는 스토리였다. 이 화가는 손바닥과 나이프 터치로 대단히 빠른 속도로, '순간포착' 같은 깜짝 그림(한 맺힌 소녀와 영축산 호랑이, 속필유화)을 완성하였고, 찰나의 '원한이 단칼에 풀려 버리는 희열' 또한 그림 속에 남기려 하였다.

강백 맘짱은 아무래도 사연과 인연이 있나보다며, 예불한 후 어둠 속으로 뛰쳐나갔다 한다. 호랑이는 맘짱을 낚아채고는 어디론가 사라졌다. 다음 날, 젊은 시절 공부하던 백운암 앞에 강백 맘짱은 눕혀져 있었고, 남성성기가 잘려나간 채 죽어있었다 한다.(최성희, 2001)

여인의 원한에는 오뉴월에도 서리가 맺힌다 하였다. 그리하여 인류의 드라마는 기억과 추억의 반추 속에 끝없이 되먹임 되고, 신화는 전설에서 동화로, 그 모양새(시뮬라시옹)가 재창조된다.

이 우주의 조그만 지구별이 은하계를 떠도는 동안, 에너지의 파동은 「간섭물결」에 의해 혹은 유령입자나 혹은 「신의 입자」의 작동에 의해, 인드라망을 접속시키고 간섭시킨다. 샤카 부타께서는 이를 화엄세계의 인드라 네트워크망이라 하였다. 이 순간의 모든 자전과 공전, 그리고 지구의 중력 등은 참으로 알 수 없는 에너지를 발화시키고, 전혀 동일한 모양새(무늬)에 의해 인간두뇌의 신경 인드라망을 작동한다. 이러한 에너지의 총량은 '최소 노력의 경제 법칙'에 의해, 알아차리고 아름다움을 확인하면서, 뇌신경의 '에너지 쾌감'을 창발한다. 이를, 최근의 생태철학(Ecosophy)에서는 '욕망'이라고 규정한다. 그 놈의 욕망 때문에 살고 죽는다는 것이다. 생태철학은 미래 지구환경에 급변하고 있는 전자 환경에서 더 더욱 확고한 법칙과 조건을 제시하고 있기 때문에, 과학적 해석에서 절대적인 틀이나 프리즘의 분석 역할을 제공 할 것으로 보인다.

또한 생태철학은, 마음생태(깨달음, 자유, 주체적 생산 욕망)와 사회생태(혁명적 변이의 자기 닮음) 그리고 자연생태(먹이 연쇄 피라밋, 지구의 순환 되먹임, 유전자의 윤회)를 하나의 공통적인 미적, 윤리적 영역에 속하는 것으로 받아들인다. 미래에 예측되는 지구 환경의 생태적 감수성을 작동시키는 생명에너지이기 때문이다. 제 2·3차 소비층인 인간(Carnivore)은 '탐진치'의 에너지 스타일이다.

최근의 생태철학은, 화가 프란시스 베이컨의 그림에서, '인간 몸체의 동물 되기'의 '탈루적 진화'를 자본과 물신의 욕망으로 보았던 '막장철학'의 '땡 처리'에서 시작되었다.

때마침 위의 생태철학의 욕망이, 칼 마르크스(Karl Marx, 1818~1883)의 유사상품과 전혀 반대의 생명에너지로서, 지구별 구원의 원래 원리로 작동하였다.

생태철학의 핵심은 "모든 욕망하는 생명체는 존엄하다"는 것이다. 2500년 전 부타는, 아날로그 생태학자로서, 펠릭스 가타리의 '마음과 사회와 자연의 세 가지 생태학'을 이미 알아차리고, 이 지구별에 8만 4천 구술문자를 완성하셨던, 그 위대하고 우아한 생명의 존엄성을, 전혀 새로운, 마지막 종착역의 철학처럼, 전 유럽과 지구 판을 파동 치게 했던 것이다.

펠릭스 가타리(1930~1992)는 칼 마르크스의 지성인인 척 유행병(?)에 반대하였다.

가타리는 "욕망은 우리의 몸, 감성, 상호작용에서 작동되는 생명 에너지이다. 욕망이 변형, 왜곡되는 까닭은 어떤 가로막힘의 발생 때문이다. 변형, 왜곡된 욕망은 돈 때문에 돈을 욕망하고, 권력 때문에 권력을 욕망한다. 욕망은 과학, 예술, 혁명의 원동력이며, 대안사회를 만들고 창안할 수 있는 힘이다." 라면서, (가타리, 신승철, 2011) 저 유명한, "이미 거기에 존재하는 것을 욕구(탐욕)함과는 달리, 욕망은 '아직까지 기억에 없는 것을 만들어 내는, 특이함(감수성)"을 말했던 것이다.

통도사 백운암 강백 맘짱은 야습한 여린 소녀의 욕망을 갈등화 함으로써, 윤회되어진 '호랑이 소녀'에 의해 결국 꼬추가 짤린 채 살해되었다.

가타리는 달라이 라마처럼 싯달타 부타의 직손으로 유전된 윤회 아바타였을 것이고, 8만 4천 법문의 21세기적 용어와 개념으로 2600년의 기억을 재탕하고 있는 것이다. 그는, 생태계의 모든 생명체가 언어를 사용하지는 않지만, 춤, 냄새, 무리짓기, 반복동작, 울음소리 등을 통해 상호작용 하며, 이성의 존재로서가 아닌 욕망의 존재로서의 존엄성을 주장하고 있다. 하여, 이제는 자본욕망과 인간중심주의에서 벗어나, 꽃, 나비, 돌, 나무, 새 들이 갖고 있는 생명의 욕망에 귀 기울일 때이며, 낮은 곳에서 살아가는 소수자, 아이, 동물, 광인의 입장에서 세계를 재창조하고 새로운 삶, 사유, 행동, 그리고 욕망하는 모든 생명체의 권리와 가족주의의 영원성, 그리고 미학적이고 윤리적인 감수성의 추월가치를 향유하여야 한다는 것이다. "제법공상, 불생불멸, 불후부증, 수상행식, 역부여시의 미래세대용 불음이고, 그 '탈주적 진화론'이었으며 마음 낮춤의 하심

(下心)을 삶의 좌표”라 하고 있는 것이다.

앞서 언급했던, ‘가타리’의 세가지 생태철학이 ‘들리지’의 생성되기(being)와 만나면서, 이 화가가 누누이 인용하고 있는 엉킴의 리좀(rhizome) 현상을 구체화하게 된다. 가타리 연구로 학위를 취득하신 신승철에 의하면, “분자혁명이 비가역적 방식으로 여기에 위치해 있고 발전하며, 낡은 조직형식 및 조직구조가 권력을 장악하고, 욕망의 리좀적 요소를 주목적 권력체계 속에 묶어두기 때문에 이러한 운동은 그때마다 실패한다……”고 가정하고 있다.

어차피 원시 우주에서부터 지금까지, 알 수 없이 에너지화 되는 간섭파동은 1과 0의 전자 엉킴에서 “그리고, 그리고, 그리고,”의 발산, 수축, 응결, 이접하는 비 선향적이고, 탈중심, 탈위계의 인트페이스 법계망으로 증강현실(세계)화 되고 말았다. 현재 스마트폰으로 상징되는 페이스북, 트위터 사용자 중, 전 세계 사용자의 절반인 3억 500만 명이 중독 증세를 보이면서 인드라망 제국의 시민 역할을 ‘유행화’ (?) 한다. 이른바 트레이드 드레스(trade dress)의 교환가치 시대이다. 자본주의 시민에의 종속, 중독됨은 상품미학과 그 도착의 망상이 영원할 것이라는 착각에서 비롯된다고 한다.

　일 만년 된 산과 들판을 백년도 못사는 사람이 소유할 수 있다는 설정은, 착각이나 오류라고 말하는 불음은 여전히 유효할 것이다.

신승철 박사는 이렇게 결론 내리고 있었다. “자본주의는 미쳐 돌아가는 체제이다. 미친 듯이 벌고, 미친 듯이 놀고, 미친 듯이 써서 없앤다. 그렇게 잔치판을 벌릴 만큼 지구는 무한한 자원을 줄 수 없지만, 자본의 광기는 광기를 생산하면서도 광인의 광기를 추방한다.”(신승철, 2011) ‘소수자 되기’는 자아의 존재를 낮은 곳으로 향하게 하고, 더 벌거벗은 사람들과 호흡하고 사랑하는 마음을 갖는 것이 삶의 유일한 좌표이다. 바로, 프란체스코 교황의 등장 이유이다. 지금, 지나가고 있는 해 저문 올 한해는 탈루와 이접(disjunction)과 독식의 분열생성이 횡단했던 리좀(되먹임, 엉킴)의 도착상태였다고 감히 표현하고 싶다. 우주 같은 대뇌 신경시스템의 협착과 과잉 엉킴이, 도저히 고구마 감자줄기 캐듯, 풀 수가 없는 “아니면, 아니면, 또 아니면 말고” (or, or, or not) “나는 가수다, 나는 가수다, 나도 가수다.”의 끝없는 ‘탈주적 진화’의 한 해였던 것이다.

　또 다른, 지루하고 비루한 탈주의 한해를 보내면서 인드라망의 유령입자, 또는 힉스신의 입자처럼 수도하시는, 현응 맘짱께서 말법의 생태철학 입장을 말씀하셨다.

종파불교가 아닌 회통불교로서의 법적, 이미지적 미래를 위해, 반도에 이룩된 불교자산 주체문제를 대비할 것과, 불교관의 내용과 언어(문자)를 바꿀 것을 절절히 당부하셨다. 맘짱께서는 현재부터 미래까지, 출가자의 확산, 비전(vision) 마련과 엘리트 스님 스타의 양성, 이를 위한 산

아래 시민들에게의 일부 권한이양 같은, '깨사'(깨달음의 사회화) 혁명이 (벽면으로 만의 탈주와 묵언으로) 계속 외면당하고 있음을 안타까워하고 계신 것이다.

샤카 부타와 아난다. 앞서 언급한, 그 탁발 걸식과 걸레 이불 같은 순환의 자연생태학 대담은, 오늘의 1% 자본권력 또한, 도착과 이접의 협착 오류에서, 삶의 좌표를 수정하는 가장 적절한 가르침일 것이다.

세 개의 생태불법이란, 그 영양단계(food chain)가 샤마바티 왕비의 500벌 공양의복에서, '거지 옷→요→베겟잇→방석→걸레→진흙벽돌' 이라는 대지의 원래자리로의 귀환됨을 말하는 것이다. 아름다움이고 윤리적 생태순환을 이야기하는 마음생태, 사회생태, 자연생태에 적용되는 미래불법의 해법을 암시한다고나 할까? '적은 것이 아름답다' 는 진실 또한, 근대에 새롭게 조명되었던 생태계의 원래 논리였었고, 최소 뇌신경 소모의 미학이라는 생명에너지 법칙인 것이다.(최소 경제치의 에너지 미학론)

슈마허가 1973년 저술한 "Small is beautiful"(인간중심의 경제, Economics as if people mattered)은, 그가 불교 국토인 미얀마에 오랫동안 근무하면서, 이때부터 유럽 현대인들의 '강박 현상' 에 대한 해법을 제기하게 되었고, 그 반응은 당시 놀라운 호응을 얻게 된다.

그는 불교와 그 원리에서, '인간의 정당한 생계'(Right livehood)라는 개념을 추출하였다.

즉, 인간의 노동기능은 ① 그들의 재능을 이용하여 발전시킬 기회를 주어야 하며 ② 이타적 공동 노동으로 자기중심적 사고를 극복하며 ③ 인간 생존을 위해 꼭 필요한 재화와 서비스를 만들어야 한다는 것이다. 때문에 비폭력과 검소함의 불심 속에서 놀랄만한 작은 수단이 엄청나게 만족할 만한 큰 결과를 이끌어 낸다는 것이다. 따라서 보다 작은 기업, 중간기술, 그리고 가장 효율적인 경제 시스템으로서의 사회주의적 경제개념에 의한 중간기술(Inter mediate tech.)과 인간 중심의 기술(Tech with a human fare)에 의한 경제혁신만이 불교경제학이 가르치는 정당한 생계방식이라는 것이다.

칼 마르크스의 경제론에 쫄아(?)있던 당시의 서양 철학에서, 펠릭스 가타리는 "욕망의 생명에너지(화)와 생명현상은 세계를 재창조하고, 새로운 말과 새로운 관계망(인드라 네트워크망)을 수립한다." 고 역설했다.

이 화가가 생각하는 생물진화론 역시, 우주와 인류의 '공진화' 이던, 자본 독식 시스템으로부터의 '탈주적 진화' 이던, 종족보존 욕구와 그 도파민 대뇌에너지의 발화를 통한 인류문명 창조이다. 또한, 종족보존 욕구와 그 도파민 대뇌에너지의 발화를 통한 인류문명 창조의, 바로 그 동인은, 이 화가가 '신경미학' 과 '윤리적 감수성' 에 절대적으로 의존하고 있었음에 있다. 통도사 호랑이의 욕망이었다.

고려국의 태조께서 어느 날 목포에 내려가 유숙 할 때, 동네에서 빨래하던 처녀를 작업(?)하였고, 결국 필(느낌)이 꽂혀 그날 밤 동침하게 되었다 한다. 그런데 '플레이보이'의 '프로' 답게, 행여 임신을 걱정하여, 처녀의 몸 밖으로 사정해 버렸다 한다.

처녀는 즉시 태조의 정액을 자기 몸속에 넣었으며, 본능적으로 권력을 먹는 탐욕의 지혜를 발휘한 것이다. 처녀는 곧장 임신하고 아들을 낳으니, 그가 바로 혜종 임금이었다 한다. 여성이 권력정상의 옆에 누워 기대서, 권력의 여편네(동업자)가 된 사례였다.(양호, 그림 남자, 그림 여자, 일간 스포츠, 1997~1998)

　　펠릭스 가타리는 이렇게 말하고 있다. "생명에너지로서의 욕망은 자본주의 시스템에서는 생태계에 위협을 주는 절멸의 에너지로 바뀌지만, 끝없이 증폭되고 성장하려는 욕망은, 지구가 유한하며 사람이 유한하다는 것을 감추고, 영원불멸한 자본의 신체를 만들어 낸다."
즉, 진화생물학이 8만 4천 법문을 거쳐서, 말법시대의 생태계가 비로소 「스마트 유랑민」에 제시될 미래불이라는 것이다.

이씨조선 중종 때 고등고시에 합격한 임형수는, 화려한 관운 끝에 모함을 받고 임금으로부터 사약까지 받았다 한다. 아홉 살의 아들에게 "울지 말고, 아비의 얼굴이나 잘 보아 두어라! 그리고 너는 공부하지 마라"고 유언하였다. "아니다! 글을 읽되 과거공부는 하지마라!"면서, 아비가 고시공부로 벼슬길에 올랐기 때문에 아비의 비극이 생겼다는 경고를 주고 저 세상으로 떠났다. 이를 근대사에 대입시켜 보자. 「검사와 여선생」 변사가 꽤나 인기가 있어, 눈물과 박수를 동반, 선동했던 해방 후 첫 영화였다. 「검사와 여성 사업가 K씨」 탐욕의 종말론이다.
이 모두가 탐욕의 욕망을 버리는 삶, 그러나 생명 진화로서의 관계망 창조와 생성의 단순화, 이타화(利他化)만이 영원불멸의 해방과 자유, 그 통쾌 상쾌함이 명쾌하게 꽂혀지는 욕망긍정의 존엄성을 위하라는 교훈이다.
우리에게 가치중립적인 종교론을 들려주시는 김형효 교수는, 소유론과 존재론적인 긍정적 태도를 강조하고 있다. 기복신앙은 희구태(希求態), 체주태(諦住態) 이전의 청원태(請援態)라는 신행으로서, 진리에 머무르는 상태, 신행 성취의 수순 이전의 욕망하는 기복(심산, 2011)이라는 것이다. 단순 반복되는 자본주의 등, 리듬일상에서 벗어나, 탈주와 횡단의 자유가 갖고 있는 웅대한 폭의 화음이 보여주는 생명의 횡단(橫斷) 리듬을 구성하는 탈주적 진화(가타리, 신승철, 2011)의 차세대 삶을 확인하자는 것이다. 그리하여, 리좀의 엉킴 같은 전자로 증강된 세계에서는 더더욱 욕망하는 생명체의 존엄과 종족 보존, 윤회의 앎과 아름다움, 작고 적음(Small and less)이 시공을 통해 해체, 실종, 절제되는 '입자적'이고 농축된 생명체가, 부타의 창작품으로 시공 속에 존재했고, 사라졌고, 존재했던(and, and, and) 것이다.
　　찰나, 순간, 지나감의 현재형 행위는 결과적 현재, 내세에 결과되는 현재, 차차세 이후의 결과

초래되는 현재의, 3시업(三時業) 시간차 업장으로 구분된다.(OFF, June, 2012)

　자, 이제는 오늘 현실의 욕망을 보자. 이를 위하여 가장 '구라' 나 '수다' 가 객관적이라는 기자의 기사를 예시해 보자. '나도 칸트다' 의 순수이성 비판은, 눈에 보이는 진실의 기준을 가장 신뢰할 수 밖에 없다. 하여, 영화전문기자 이승재는 '내 마음대로 뽑은 부문별 올해 최고상' 의 최고 '매혹' 상에, 중국 여배우 '탕웨이' 를 선정하였다. 평소, 이승재 기자는 영화 '색계' 와 '만추' 의 주인공 '탕웨이' 를 광기의 팬 수준 이상으로 흠모하는 듯 한 기사를 쓰신다.

최고 '매혹' 상의 심사소감은 다음과 같다. "미국 시애틀의 자욱한 안개와 축축한 공기 속에서 살아있는 듯 한 캐릭터를 연기하는 놀라운 영화 '만추' 에서, 중국 여배우 '탕웨이' 가 남자 주인공 현빈을 쳐다볼 때의 그 표정, '상대를 거부하는 동시에 욕망하고, 머뭇하는 동시에 불나방처럼 달려가고픈, 여인의 모순적 내면을, 이리도 숙명적으로 표현하는 여배우가 지구상에 있을까? 수십년 쌓은 국민 연금과도 맞바꿀 만큼 매혹적인 표정이 아닐 수 없다."

이처럼, 타인이(이승재 기자) 저 자신의 기복욕망을 이렇게 대변해 주기 때문에 심미적 존재와 가치는 정의로운 것인가?

미녀의 얼굴을 많이 그려본 이 화가의 생각으로는, 저 일본 교토 '코오류지' 에 있는 목조 미륵보살 반가 사유상(일본국보 1호)을 제작한 통일신라 조각가 앞의 미녀 여인 모델이, 다시 중국 땅에 환생하여, 배우가 된 '탕웨이' 의 진짜 생명체라고 상상해 봄은 즐거운 일이 아닌가? 생각해 본다. 앞서 기자가 기사화한 '모순적 내면을 숙명적으로 욕망하는 표정' 은 이 세상의 고뇌와 원래 유전된 '슬픔인자' 가 농축되고 억눌리고 굳어버린, 없음과 상실의 '탈주적 표정' 이라고 말하고 싶다. 하여, '탕웨이' 라는 가장 심미적이고, 그래서 무 감수성의 짝에게, 접속과 소유의 욕망, 최우수 유전자와 함께 (종족을 승계코저 하는) 대뇌 속 해마 기억의 작동이 '탕웨이' 의 광팬으로서, 이승재 기자가 발화되려 한 것은 아니었을까?

자! 필자 나름의 결론을 내려 보자! "독일의 유명한 바이올리니스트이자 아르마니 패션모델인 데이빗 가렡(David Garrett), 한국과 일본 전 지역에 산재한 미륵보살 반가사유상, 석굴암 보살입상, 베토벤, 탕웨이, 김태희 등은, 앞서 수없이 언급한 생명체의 존엄과 종족 보존, 우수유전인자의 확산, 그리고 윤회와 환생 등을 통하여, 패션모델이 되고, 음악가가 되고, 배우가 된 진짜(?) 생명체로, 인류 진보의 스마트 생명 상징이고, 신경미학의 멘토모델이자, 삶의 원래자리인 생태미학자 샤카 부타의 대리인일지도 모른다."

옥면의 방아스타일. 유화 8호. 위 나무는 민화에서 차용. 2009

"웃음은 시대가 원하는 바다. '멋진 것' 은 보는 사람의 기분이 좋아야 멋져 보이지만 '웃긴 것' 은 안 좋을 때 봐도 웃기잖나 ?" (싸이, "육갑(6甲))하다", 2012)

"하루만이라도 부타의 가르침을 행한 자는 마땅히 샤카 부타를 쫓아 극락의 연꽃에 태어나리라. 수행이 적은데 어떻게 그럴 수가 있는가? 라고 말하지 말라. 만개의 횃불도 지푸라기 불에서 나오는 것이니." 일본 지은원 소장 '관경십육관 변상도'에서 설명되는 불음이다.
신라 경덕왕 때 계집종 옥면은 주인을 모시고 절에 다녔을 때 맨 날 마당 한가운데 서서 주인 맘짱을 따라 염불을 했다. 주인이 하도 얄미워서 계집종에게 하룻밤동안 곡식 두 섬을 다 찧도록 시켰는데, 방아를 찧으면서도 말뚝 두 개를 세워 손을 매달고 합장하며 춤을 추었다 한다. 제4유희무속의 한류 기질이었다. 하도 답답한 맘짱들은 종의 신분에도 법당 내에서 염불토록 하였고, 어느날 하늘에서 음악소리가 들리고 계집종의 몸이 솟구쳐 법당 대들보를 뚫고 날라 가버렸다 한다. 이때 물론 서쪽하늘로 나르면서 부타의 몸으로 변해 큰 빛을 발했다는 것이다.(향전, 승전)
이는, 현세에서는 비록 신발 한 짝을 떨어뜨리는 진정 불심이 있는 불자는 그 누구도 부처가 될 수 있다는 메시지이며 이의 포교를 위해 그 자리에 절을 짓는 것과 무엇이 다른가? 미타사와 보리사의 창건 설화도 유사하다. 샤카 부타는 평생 무식하고 순박하여 빗자루 질 밖에 몰랐던 수도승도 때로는 최고의 참모로 예우하고 그 귀함을 평가하셨다. 그러면서도 물론 샤카 부타 자신은 과거사와 미래사의 오고 감에서 전생의 어떠한 카르마(업)에 의해 환생을 반복했던 것이다. 계집종 옥면의 전생신분은 축생도에 떨어져 부석사의 일하는 소로서 일생을 보냈다 한다. 어느날 불경을 잔뜩 싣고 가다가 환생하여 인간으로 다시 태어났고, 여자 종의 신분으로 윤회했던 것이다.(승전)
"방아 찧고 돌아와서 밤은 벌써 이경이다. 한마디 염불마다 부타가 되어가고 손바닥으로 새끼줄을 꿰니 그 형체를 잊었네." (방아타령)

불도의 수행단계에는 아라한과가 있다 한다. 이를 얻은 이는 죽음도 초월하는 신선이나 보살을 말한다. 아라한과를 얻으면, 하늘을 날아다니고 항상 불국토에서 노닌다는 것이다. 원효는 그랬다 한다. "날개 작은 새는 산기슭에 의지하여 형을 기르고, 작은 물고기는 여울물에 엎드려 본성을 편안히 한다."
다만 사람으로 태어난 부타의 성품이 여래장에 가려져있어, 자신이 원래 부타의 유전자를 타고 났음을 깨닫지 못할 뿐이라는 것이다. 원효의 이러한 한마음 생각은, 사람은 누구나 마음속에 빛나는 태양을 지니고 있지만 태양이 구름에 가리워져 어둠속을 헤맨다는 것이다. 하여, 원효는 떠도는 영혼처럼 시장바닥을 두들기고 노래하며, "대안……대안!" 피지배 백성 모두가 '살아있는 생불' 임을 절규하였던 것이다. "천상천하 유아독존" 이라는 말처럼 수많은 해석이 떠도는 문구도 없을 것이다. 불교의 상상력, 그 광대무변한 변화무상의 우주관 또한 한마음에서 출발하고, 다시 귀환하는 자기닮음의 나비바람 같은 것인가? '나비의 가벼움' 거듭 동냥 떠나는 새벽 거지 다움일까?(정연종)

지승(1989)은 그랬다. 불교의 역사관은 동냥질로 얻어온 한 바리 때 (식은) 밥의 그늘에서 시작되어 그 밥(한) 그릇 안에서 끝난다. 더도 덜도 아니다. 탁발하여 담겨진 바리 때 속의 색깔 다른 밥을 내려다보면서, 그 밥을 혀끝에 녹이면서, 현세의 달고 쓴 온갖 희비를 생각하여 일으키는 맘짱의 〈비원의 원력〉이 불교 역사관 그것 자체라 하셨다. 지금의 미얀마 바간 대 무덤평원에는 한 스님이 그날 굶고 있었다. 그것은 그가 다녀온 마을의 일곱 집이 지금 굶주리고 있다는 것을 의미한다. 지승은 다시 말했다. 허기와 떨림은 신이라는 해결사를 설정하였고, 그 신은 인간의 불안이 만들어낸 거짓 그림자였다고 하였다. 우주는 서로의 간섭무늬와 파장에 의해 자기닮음의 순환질서를 유지하고 있다. "우주는 그저 저로서 그러할 뿐이다. 그러므로 그 안의 삼라만상도 모두가 그 호흡이요, 숨줄이지 별것이 아니다. 변하게 하는 무엇이 있어서 변하는 것이 아니라 저로서 저절로 그러함이다." 원래 신들의 세계는 환상이었고, 오로지 사람 중심의 세계가 지구별의 진화되고 있는 주인공이었다는 깨달음이 바로 샤카무니(Shakyamuni)에 의해 이루어졌다는 점이다.

법당이란 신의 거처가 아니라 인간의 거처라고 지승 맘짱은 말한다 "대웅전 가는 길목의 사천왕은 바로 하늘의 신들로서 인간의 제사와 공양을 받던 까마득히 높던 지위들인데, 샤카무니 부타님이 생명의 실상을 체득하여 〈천상천하 유아독존〉을 설파하면서부터 그 지위가 격하, 인간을 만나러 가는 길목의 문지기가 된 것이다." 이것이 불교요, 이래서 샤카 부타께서 가르치신 불교는, 인권 중심의 불교라 하는 까닭이라 한다. 2000년이라는 긴 시간이 흐르면서 인간의 상상력은 지역과 시대에 따라 수많은 연출과 시나리오에 의해 인드라(Indra)망 네트워크가 시뮬레이션되어왔다. 동네 미타사 주불을 '아삐' 라고 부르는 외손자 '합창' 도 청년이 되고 장년이 되며, 때로는 어떤 종교를 선택할지 모른다. 외할아버지 따라 아삐만 보면, 여승만 보면 합장하는 유모차에 실린 18개월의 유아가, 그들 시대에 변모해 있을 동서양의 불법에서 과연 어떤 콘텐츠가 그 미래세대의 취향으로 선택되어질 것인가? 지율 맘짱께서 모 재벌 신문기자에 매도되어 코미디언 도룡용쯤으로 조롱당했고, 장로독식권력은 G-20 세계대회에서 그 극상을 연출, 향유하였다. 오늘은 결국 반드시 변화하지만, 지금쯤 산골 어디에 숨어 있을 지승 맘짱의 불교 통찰은 뒷날 반드시 외손자에 의해 읽혀지고, 끝없는 되먹임의 (우주, 진실이었음을, 미래의 언어와, 조선의 천민그림)으로 상속 유전하고 싶을 따름이다.

또한 맘짱께서 주지가 되어 나갈 때 4가지의 계를 지켜야 함도, 끝없는 되먹임으로 지켜져야 될 것이다.

즉,

1. 복을 다 받지 말라. 반드시 재앙이 따른다.

2. 기운을 다 쓰지 말라. 모두 쓰게 되면 반드시 욕됨을 당한다.

3. 말을 다하지 말라. 모두 말해 버리면 기밀해지지 못한다.

4. 규칙을 다 행하려 하지 말라. 이를 모두 다 행할 때는 더불어 살기가 어렵다.

　(법연스님 4계, 송나라, 히로사치오키, 1983)

　오늘의 전자시대 영웅 스티브 잡스 또한 "Stay hungry! Stay foolish!" 미련, 우직의 계, 손자병법을 변용하고 있는 것이다. "바보처럼 있으라!"
계집종 옥면의 힙합·염불, 그 한류의 환희심은 방어적 말뚝 두개를 집고서도 오히려 '소녀시대', '카라'의 원조로서 살아있음을 노래했던 것이다.
미국 '펜실베니어' 주에 사는 안느 메라크는 태양을 돕는 일을 한다고 한다. 아주 오랜 기억 속에서부터 그 소녀는 이 일을 해왔다는데, 매일 아침 그녀는 팔을 들어 하늘로 태양을 밀어 올리고 매일 저녁에 그녀는 팔을 내려 태양을 수평선에 내려놓은 의식 같은 동작을 반복한다고 한다. 아주 어릴 적에 이 일을 시작했고, 한 번도 실수를 해 본 적이 없었다고 한다.
사람들은 그녀가 미쳤다고 했고 그녀는 여러 곳을 전전했으며 수많은 신경정신과 의사들에게 치료를 받았다 한다. 물론 엄청난 양의 알약도 복용하였다. 하지만 아무도 그 소녀를 치료하지 못했다고 한다.(E. Galeano, 2011)
제도권 종교, 귀족의 위세와 권위의 통치하에 명분을 제공하였던 당대의 불교는 예컨대, 원효의 불성에 두려움도 느꼈고 그 비범함에서 혁명가의 기질도 확인하였을 것이다. 그리하여 파계승의 유량민으로 자칭 조성기사라며 떠돌고 다녔던 것이다. 숭샨(승산) 스님께서 (다만 모를 뿐) 이라는 '콩글리쉬'가 미국 골목에 더 정확하게 먹혔듯이 (Hyon Gaksunim, Only don't know, SHAMBHALA, 1999) 원효가 떠도는 시장바닥은 춤과 노래의 '만남의 광장'으로 미친듯이 놀아났을 것이다. 그리하여 귀족불교가 아닌 농부와 장사꾼의 미륵부타를 힙합춤 속에, 처용가면 속에 노래하고 전법하였을 것이다.

　황룡사, 불국사, 그리고 석굴암 깊숙이 불법세계의 황홀경을 현세에 연출하였던 불교의 통치 소유는 피지배자들의 구원과 위안에는 하등 작동이 되지 않았고, 전쟁의 징집과 수확의 회수 명분에 지나지 않았을까? 깊숙한 불법의 은둔은 도시 골목에서 완전히 하산하지 못하고 서성되었던 것인가? 그리하여 월주 맘짱의 시대에 와서도 저 '깨사' (깨달음의 사회화) 운동은 아직도 진행, 생성중인 것으로 보인다.
　"……그리고 금성 토성이 차례로 나왔더라네. / 토성이 식어서는 지금의 태양이 나왔는데 / 지

금껏 찬란한 빛과 열을 뿜는 거라오. / 이제 태양이 식는대도 걱정이 무어랴? / 수천만 개 별이
반짝 반짝 기다리고 있으니 / 반딧불 같이 사는 인생아 / 태양이 식는다 운운할 게 무어냐? /
흐르는 세월 영원하거니......" (원경·만기사, 2010)
불탑으로 도배된 밀림, 시간이 정지해 버린 지구 끝자락의 미얀마 바간 탑파무덤들! 불국의 폐
허가 된 밀림은 작열하는 일광보살 아래 허무와 실종된 듯한 없음, 또는 없어졌음의 경험이, 왜
영국 노짱들이 굳이 멀고 아득한 이곳에 와서 자살하는지의 이유를 알 것 같았다.

폐허의 바간 탑파 도시, Small is beautiful이라는 불교경제학은 슈마허가 미얀마 불국에 오래 머물면서 관조하였던
바간 무덤 도시의 비통함에서 잉태된 진리이다. 유화 10호, 2003

"오늘의 가락이 아니다."

새 가족, 유화 10호, 1996

"하루살이야, 우리 내일 다시 만나 놀자"(메뚜기)

"내일이 뭔데?"(하루살이)

하루살이는 일일용 심장을 가졌다.

메뚜기가 개구리와 놀았다. 날씨가 추워지자, 개구리가 메뚜기에게 얘기했다.

"메뚜기야 우리 내년에 다시 만나 놀자"

"내년이 뭔데?"(메뚜기), (지광, 2011)

"알고 배운 것에 머무르지 말고, 마음과 행동으로 새로운 것을 낳으리"(無住妙行, 2012)

어떤 학생이 가야금 산조를 배울 때의 일이라고 한다. 레슨을 열심히 지도하신 사부님의 지시대로, 밤새워 그 가락을 연습하였고, 그 가락을 다 습득하였다고 한다. 다음날 그 가락을 사부님께 연주해 보였으나, 그게 아니라고 하셨고, 이렇게 하라며 연주를 해보였다 한다. 역시 전날의 가르침대로 실연하였으나 이날도 마찬가지로 사부님의 가락은 그게 아니었다며 학생을 야단쳤다는 것이다. 열 받은 학생은 (그럴 줄 알았다면서) 사부님의 시범 곡을 녹음한 녹음기를 켜 보였다는 것이다. 그러나 자신의 연주가락을 끝까지 다 들은 사부님께서는 전혀 당황하지 않고, 한국 국악사에 영원히 남을 이야기를 남겼다 한다.

"이건 어제의 가락이지, 오늘의 가락이 아니다."(최준식, 2007)

악보가 있건 없건 중요한 것은 지금 이 순간에 내가 무엇을 느끼느냐의 감정표현, 그 깊숙한 심원의 표출이 순간적으로 승화되는 열락. 그것이 청각과 그 쾌감의 심미성이라는 의미였던 것이다. 한국 국악계의 전설이면서 가야금 산조의 명인이셨던, 심상건 선생의 스쳐간 '과거도, 미래의 오늘' 이라는 순간의 지나감. 가버림의 "존재가 원래 없음" 을 상징하는 것이다. 조각가 알베르토 자코메티(1901~1966)의 작품「서있는 사람」의 젓가락 같은 마지막 상실 모양새와 같다고나 할까?

조주 종심선사의 강아지 새끼에도 부처의 마음이 있느냐?의 물음에, 하루는 불성이 없다고 답하고, 다음날은 개에게도 불성이 있다고 답하신, '상대적 입장의 변화의 진행성'과 그 '존재의 그물망(네트워크)' 을 선사께선 암시하셨던 것이다.

존재의 거울 같은 인드라망, 이를 가장 적절하게 표현하신 쑹샨 스님께서 돌아가실 때 "걱정하지 마라. 걱정하지 마라. 산은 항상 푸르고, 물은 흘러간다. 왔다 가는 길이 아니요. 있었다 사라지는 길이 아니다. 자연 그대로 일 뿐" 이라 하셨다 한다.

원래 우주나 우리는 우연이 그대로 존재하게 된 그대로 일 뿐, 과거나 미래의 연속적 흐름에는 원래 순간의 스침만, 비트의 속도로 윤회(shamsara)되고 있었을 뿐이라는 것이다.

직업종교인 조직에 비켜서 따로 헤매셨던 쑹샨에게, 현각 맘짱 같은 무배신의 수제자가 있었다는 현실은, 미래 불교의 가능성을 밝게 비추는 현상이다.

제자는 스승의 말씀을 띄우기 위해 출판사를 헤맸고, 오히려 하버드대학 출신의 현각 수제자의 상품 교환성을 덤으로, 사부 제자의 책이 동시에 한 출판사에 의해 출판 되었다. 동한거에서 돌아와 보니, 일약 스타 종교인이 되어버렸다는 것이다.

모처럼 독일에서 돌아오신 현각은 '에너지가 넘치고 즐거워 보인다' 는 기자(김윤덕)의 질문에 "보이는 대로다. 선불교는 재즈다. 선승의 생활은 재주(연주)와 같다. 많은 종교들이 형식과 틀, 어떤 법칙을 강조하는데 선불교는 다르다. 재즈처럼 자유롭고 즉흥적인 연주를 할 수 있다. 나는 선승이 될 수 밖에 없었다. 그래서 행복하다." 하였다.

"매이지 말라. 원래 그렇게 우연히 생겼고, 물결치고 있는 것이다. 그러니……"

김정휴의 저서에 탄허 맘짱과 김항배 교수님의 대담이 참으로 소중하게 편집되어 있었다.(필자는 20대에 김항배 교수와 같이 대학 보따리 강사를 함께 한적이 있었다.)

앞서 가야금 사부님이나 조주 스님 버전으로는, 말뚝 신심, 붙받이 신심(윤청광, 2009)의 전국구 보살 몸빼님의 종교 강박관념, 그 집착의 과잉이 맹목적이고 (교황악단의 연주같은) 틀에서 해방되지 못하는 현상을 나무라셨던 것이리라. 현각은 그랬다. 종교는 인간이 만든 형태일 뿐이다. 종교는 누구나 진정할 수 있는 보편적 가치를 생활화 할 때, 참 종교가 된다 하였다. 샤카부타께선 마지막 말씀에 "나의 말(도)을 믿지 마라. 내가 말했기 때문에 믿으면 안된다." 하였다는 것이다.

 탄허 맘짱, 그는 사부님 한담의 지시에 의해, 1961년 우주같이 방대무변한 규모의 화엄합본 번역을 약 10년 동안 완성, 10호 9만 5천 48지에 달하는 화엄경 80전과 논 40점을, 모두 우리 말로 옮기신 분이다. 영겁의 한 순간도 티끌 속에 존재하면서 화엄의 비로자나 법계가 아인슈타인의 이론과 일치함을 술회하신 끝에, 말뚝, 붙박이의 집착에서 해방되는 자유의 해탈을(김항배 교수를 통하여) 가르치고 계셨던 것이다.(김정휴, 1980)

탄허는 그렇게 예를 들었다. 유명한 "너희들은 소가죽도 뚫는다.(牛皮也透得)" 는 집착의 해악에 대한 가르침이다. 그에 의하면, 옛날 위산 사부님께서 암상 맘짱에게 "너는 경을 보라" 하였더니, 암상은 "평소에는 경을 보지 말라 하시더니 어찌 제게는 경을 열심히 보라 하십니까?" 했다. 또한 어느 날 위산 사부님이 경을 읽고 있으니까 "우리한테는 보지 말라 하시고, 사부님께선 왜 경을 보고 계십니까?" 하였고, 위산 사부님께선 "나는 경을 보고 있는 것이 아니고, 눈가림하고 있는거야!", "저희들은 그럼 뭐하고 있는 겁니까? 눈가림하고 있는게 아닙니까?" 하였다. 사부님께선 "너희들은 지금 소가죽을 뚫고 있다!" 하시며 집착을 나무라셨다 한다.(김항배, 1975)

그럼에도 불구하고 대승불교의 오케스트라 구도의 거울망, 그 도도한 흐름은 한순간 지휘자 또는 지배 엘리트의 권한과 역량에 의해, 불확실한 미래의 돌연변이 종교 수단을 자극하곤 했다. 하여 저만큼 수경, 지율 맘짱이랑 문수순교를 한 마리 잃은 양처럼, 찾아보시도 못하는 내승의 속성에 의해, 결국 조계사는 한 때 산문폐쇄라는 봉은사의 전철을 집행하게 된다.

현대경영학의 신동엽교수는, 21세기 환경의 특징이 예측할 수 없는 극도의 불확실성과 급변성으로 하여, 돌연변이의 위기와 붕괴가 부메랑 된다고 보고 있다. 하기 때문에, "21세기 위기 상황에서는 재즈와 같은 찰나를 놓치지 않고, 적시에 정확하게 대응하는 순발력이 필수적이다." 라 하였다.

불교식으로 표현하면 "일즉다 다즉일"(一卽多 多卽一)의 "천상천하 유아독존", 그 자기만의 절대적이고 차별화되는 개성의 종교 타이밍을 창조하여야 한다는 것이다. 대승불교의 권력은, 황희 정승의 며느리도, 시어미도 옳다는 중도, 그 중간 인격을 나무라는 시누이의 말도 역시 옳다는 그 포용. 그 대승불교의 변용과 재창조만이 재즈형의 즉흥 순발력에 의한 미래 확장이 가능할 수 있는 것이다.

대승불교의 오케스트라식 조직은, 문제가 생기면 통제를 더 강화해서 누구도 자유롭게 움직이지 못하게 한다. 영양가가 많은 사찰은 직영해야 하고, 지난 정권권력의 추종자가 눈밖에 났을 때는, 백담사로 보내버린다. 백담사에 감금된 전대통령은 빙그레 미소 지어면서 "노태우 짜아식, 정치는 아무나 하는 건 줄 아니?" 했다는 것이다.(김용욱, 1989)

신동엽교수의 표현을 빌리면 "재즈(Jazz) 연주에는 지휘자와 미리 정해진 악보가 없다(자신과 법을 등명하고 의지하며 다른 것에 의거해서는 안된다.(自燈明 法燈明, 샤카 부타) 모든 연주자가 알아서 연주해 가는 과정에서(본능적으로) 다른 연주자와의 조화를 찾아 나간다." (개인의 순간적 다중행동. 「multi-tasking」에 의한 독학수행자, 야호선. 野狐禪)

동반 연주자 중 돌연 불협화음이 연주될 때에는, 즉흥적인 반응에 의해, 돌연변이의 존재 음에 맞추는 음을 변주해 낸다.

찰나, 순간을 놓치지 않고 적시에 정확하게 대응하는 필수적인 순발력의 개인존재, 현대경영학에서는 구성원 전원이 지휘자인 임파워먼트(Empowerment) 경영이라고 한다.

샤카 부타께서 설파하신 의미는, 불교라는 '특정한 종교는 원래 아니었다' 고 한다. 불교라는 특정한 종교를 양성시킨 것은 후세의 경전작가들에 의한 시나리오들이었다는 것이다.(나카무라 하지매, 2003)

"나는 신과 인간의 모든 번뇌로 부터 벗어났다. 너희들도 해탈을 얻었다. 자, 이제 전법의 길을 떠나 가라. 세상 사람과 신들의 이익과 환락을 위하여 처음도 중간도 끝도 조리 있게 법을 설하라. 둘이서 한길로 가지 말라. 나는 우루벨라로 교외설법을 떠나 갈 것이다." (그리하여 수경도, 문수도 떠난 것인가?)

현봉 맘짱께선 우리에게 샤카의 마지막 가신 모습을 이렇게 기록하셨다. "돌아가실 때가 되자 부처님께서는 고향 쪽으로 걸어 가셨습니다. 산은 없고 지평선만 보이는 들판을 한 늙은 수행자가 석양빛에 지척, 지척 지팡이를 짚고 걸어가시는 모습에서, 우리는 인간 샤카를 발견합니다.

지나치게 신격화되기 전에 부처님의 참 모습이죠. 모든 것은 다 부상한 것이며, 생겨난 모든 것은 다시 사라져 간다는 것을……외형적인 육신은 사라져도, 법신(法身)은 '불생 불멸' 이기에 슬퍼하지 말라고 제자들을 위로합니다……"(현봉, 2010)

멀어져 가는 석양의 어두운 하늘에서 돌연히 머리위에 떨어질 듯 나타난 갠지스강의 북두칠성. 오직 자기들만이 연결되는 일정한 간격의 시간과 공간은 우주적인 한 순간이고 찰나이다. 육신이라는 껍데기의 옷걸이에 영혼이나 마음, 의식의 의상을 걸친 관계라 했던 베르그송(Henri Bergson)은, 시간이라는 계산법을 만들어 낸 것이리라.

탄허 맘짱께선 그랬다. 무한히 빠른 물체의 자체운동 속도는 「제로」에 가까워진다는……지금 와서 아인슈타인(Alvert Einstein)의 전자 유랑민적인 생활, 동시다발적 스마트폰 연결과 원래의 인드라망이, 파동, 전자파 되고 있다는 동시성(Synchronicity)은 베르그송에 의해 흐름(시간)의 공명성을 이야기 하고자 한 것이다. 이 때 시공간적인 법계의 현상은 순간의 연속성(Temporal sequence)과 찰나의 공간적 연속성(Spatial sequence)으로 구분했던 것을, 이제서 확인하는 진실인 것이다. 「아톰」이라는 원자시대에서 「비트」라는 빛의 관계망 속도시대에서의 해석은 그렇다는 것이다. 이 시대의 도시와 건축 공간, 그 거주하는 전자 유랑민들의 스마트폰과 전자언어들의 속도는, 자신들만의 절대성을 지키면서 우주적 한 순간을 공간의 스침, 그 찰나적 인연으로 뭉쳐서, 몸이 됐다가 썩어서 돌아간다. 이때 유전자에 기록된 정보(법신)는 생존하여 무한의 영겁속에 떠돌다 다시 조립(Trans-form-er)되는 영원불변의 화엄 세계망이다.

'뇌속의 시계', 찰나의 타이밍 사이클. 24시간의 신체상 고저 리듬은 시간당 주기 간격으로 작동한다. 각기 다른 비율로 외피신경의 부분 집합하는 두뇌반응에 의해 간격 타이머의 출발 보턴이 환기 행동을 개시한다. 상호 동시 행동하는 꼬리 핵의 초록색 화살표와 보라색 화살표의 흑백 질에서의 화학적 도파민 신호공급을 촉진한다. 이들은 꼬리 핵(striatum) 스핀 신경에서 각기 충돌하며, 여러 발화 상태 이후 외피신경으로부터의 충격을 모니터링하여 모든 구조를 진행시킨다. 이러한 동시적 접촉 발화는 두뇌의 판단결정 중추의 또 다른 회로를 향하여 결정적 타이밍을 보내는 포인트로 작동한다.(KarenWriget, 우리 삶의 시간들, SCIENTIFIC AMERICAN, Vol.21, 2011)

헝가리 부다페스트 출신 유태인 조지 소로스(220억 달러 소유)는 "혼돈과 충돌이 난무하는 악마의 시대로 접어든 만큼 최악의 세계금융 시스템붕괴를 각오하여야 한다." 하였다.(뉴스위크, 2011)

"우리는 죄를 지었다." 자본주의의 새 모델을 찾겠다는 스위스 다보스 포럼(2011) 창립자 슈바프

회장 성명이다. 깨달은 맘짱의 종이 위. 먹물 글씨는 전자현미경으로 확대했을 때, 질서 있는 배열의 먹물입자를 나타낸다.(오모라 소겐, 1989)

「영상 크리스탈」이라 불리는 나노미터 규모의 전자영상은 혼돈구조를 컴퓨터 조각이미지로 실린더 층의 분할을 통해, 원통과 벽(오렌지, 노란색)의 네트워크망을 보여준다. 무작위(random)와 리좀(rhizome) 생성도 나노 극대화에는 양성자와 중성미자의 질서가 존재한다는 사실을 보여주는 디자인 영상이다.(Ann Chin, Order from chaos, S.A, Jan. 2011)

사실, 에너지와 질량의 가변성, 빛의 입자성과 파동성의 이중성 등, 아인슈타인은 앞으로 우주 종교가 필요함을 역설하면서, 그의 우주 종교적 요소는 거의 전부 불교에서 찾아 볼 수 있다고 강조하였다.(탄허, 1969)

자! 임제 선사는 죽어가고 있는데, 마지막 유언을 남길 생각을 하지 않고, 답답하게 누워만 있었다 한다. 주변에서 마지막 유언을 명문으로 남겨야만 조직의 번창이 계속 영위될 것이기 때문이었다. 드디어 "들어 보게나!" 지붕 위 두 마리의 다람쥐가 구르고 뛰며 놀고 있었다 한다. "이 얼마나 아름다운가!" 그간의 오도송이 얼마나 한 가닥 집착을 남겨간 메시지였음을 한순간 부정해 버린 '죽음의 미학'이었다. 오소(Osho)는 단호하게 순간을 살라. 문짜(경)를 넘어가라. 때로 어떤 말도 붙일 수 없는 신비의 세계를 살라. 때로 사람들이 미쳤다고 하는 삶을 살라 했다.(오소, 1995)

인도와도 바꾸지 않는다고 했던 영국의 대문호 섹스피어, 그 절대 왕권보다 더 절대적인 지배력을 지녔던 신과 그 추기경의 역사 속에서, 찬연한, 그리고 참으로 인간의 모든 탐욕과 희열을 그렸던 그의 문학에는 그를 지배한 종교철학이 전혀, 하나도 없었다 한다.

절대중립의 인본주의, 그 원형을 표출했기 때문에, 그는 '불후의 예술'을 남긴 것이라 한다. 섹스피어의 메시지는 후대의 베케트에 의해 재확인 된다. 유명한 그의 「고도를 기다림」은 "아무도 이곳에 온 일이 없고, 아무도 여기를 떠나지 않았으며, 아무런 일도 일어나지 않았다."는 독백은 화엄경의 광대한 변용을 한마디로 묶어버린 것이다.

'재법공상. 불구부정'의 미래적 해석은, 지금의 나는 누구지? 지금은 언제이지? 지금 어디쯤 갔는지의 뮤지컬 독백일 것이다. 현각 맘짱의 찰나철학은 이랬다. "순간경! 이 커피 향을 맡는 순간, 재즈를 듣는 순간, 걷고 이야기하고 시장에 가는 모든 순간, 뺨에 스치는 바람을 느끼고, 친구와 악수하면서 감촉을 나누는 순간, 순간, 순간……"

약간은 임제 선사의 "이 얼마나 아름다운 다람쥐들인가!"의 패러디 느낌이지만, 그래도 진실의 찰나가 제일 잘 포착되는 문짜(경)였다.

원효와 묘에

"삼계는 오직 마음일 뿐, 만법은 오직 앎음앎이다. 마음밖에 존재하는 것이 없으니. 나는 오랑캐들에게 달리 배움을 구하고 싶지 않으며, 당나라에도 가지 않겠다."
(三界唯心 萬法唯識 心外無法 胡月別求 我不入唐, 원효가 의상에게)

"누가 자루 없는 도끼를 빌려 주겠는가? 나는 하늘 받칠 기둥을 찍으련다." (태종무열왕을 향한 당대 최고 사상가의 메시지)

"지난날 백 개의 서까래를 구할 때에는 내 비록 참여 못했지만, 오늘 아침 대들보를 가로지름에 있어서는 오직 원효, 나만이 가능하구나." (송고승전. 宋高僧傳. 황룡사 강경)

"……,처음 삼매경의 축을 열었고,……는 마침내 만가의 풍습이 되었네. 달 밝은 요석궁엔 봄잠이 깊더니, 문 닫힌 분황사엔 돌아보는 그림자가 비었다." (일연)

원효의 광팬-묘에. 12세기, 13세기는 일본 불교계가 큰 변화를 겪게 된다. 묘에는 교토에 고산사를 창건하고는 전쟁미망인들을 위한 여승방 설립과 함께 중국 선진불교의 화엄사상을 독창적으로 해석하였다. 그는 직접 그림양식을 배워 샤카 부타의 이미지를 창작하였고, 뛰어난 불상, 불구공예가와 화가들을 모아서 일본불교미술의 전성기를 이룬 스님이다. 의상과 원효를 흠모하였고, 화엄종 조사회전이라는 두루마리 그림에 의해 의상과 원효의 전기를 제작하였다. 또한 고산사의 수호신으로 세 개의 신전을 건립하였는데, 그중 하나에 선묘를 안치시켰다.(신라역사인물 특별전, 경주국립박물관, 2010)

신라의 귀족불교가 미친놈 취급하고, 파계승으로 이단시하였던 원효는 100여부 240여 편의 저술을 펴낸, 세계 종교사의 유일한 학승이었고, 또한 당시의 피지배 서민에게는 우상이었다 한다. 남동신은 그의 저서에서 "오늘날 한국인들이 원효를 기억하는 것, 그것이 학술적이던, 대중적이던 고려의 의천과 일연, 가깝게는 최남선과 이광수에 의해서 형성된 것이다. 그들은 망국의 식민지로 전락한데 따른 책임에서 자유롭지 못한 유교 대신, 또 하나의 전통적인 불교에서 민족적 영웅상을 모색하게 되었다. 마침내 유교정전에 참담히 말살되려던 민족적 영웅상을 모색하였고, 결국은 잊혀졌던 원효를 재발견하게 되었다."고 기술하고 있다.(남동신, 1999)
해골 물을 마시고 깨달았으며, 과부 공주와의 통정에서 아들 낳고 파계했다는 스님의 극적인 이야기는, 이웃 송, 명나라와 일본에서 더더욱 열광했던, 부타의 재탄생이었다. "그 인연이 이미다 일그러지자, 마음 닿는 대로 가서 노닐었다. 얼마 지나서 미친 소리를 하고 거칠고 빗나간 행동을 하였으며, 잡배들과 술집이나 기생집에 가기도 하여, 마치 취권 스님이 칼과 쇠 지팡이를 차고 다니는 것 같았다. 혹은 글을 지어 〈화엄경〉을 강론하시고, 혹은 거문고를 뜯으며, 사당에서 음악을 즐겼다. 여염집에서 자기도 하고, 혹은 산수에 들어가 좌선을 하는 등, 마음 가는 데로 했지 일정한 규범이 없었다."(송고승전. 宋高僧傳, 원효전 저자 찬녕은 원래 당대의 요동에서 집단 이주한 고구려 유민의 후예)

드라마의 대조적 효율 극대화는, 중국 당나라 유학을 떠나고자 했던 당항성(경기도 화성시 남양동)의 그날, 빗속의 무덤 굴에 함께한(650년, 부석사 본비) 의상(625~702)의 또 다른 불교사이다. 경주국립박물관 〈원효대사〉 특별전에 의하면, 원효와 함께 중국유학을 시도하였던 의상은 원효보다 여덟 살이나 어렸지만, 둘이는 하나부터 열까지 같은 것이 없었다고 한다. 원효가 6두품 출신이었다면 의상은 왕족, 즉 진골출신이었으며, 원효가 요석공주와 사랑에 빠졌다면, 의상은 중국의 아름다운 선묘에게 끝까지 마음을 열지 않았다고 한다. 학문에 있어서는 원효가 통불교(通佛敎)였다면, 의상은 화엄학 하나에 집중하였다. 원효가 교화를 위해 시장바닥을 헤맸다면, 의상은 한번 거동에 스님 1,000명, 불자 1,000명, 구경꾼 1,000명 등, 3,000여명이 움직였다고 한다. 원효의 통불교는 그랬다 한다. "좋은 음식을 아무리 먹어도 이 몸은 결국 썩을 것이고, 아무리 비단옷으로 입혀도 한 목숨 반드시 끝이 있다. 수행 없는 빈 몸은 길러도 이익이 없고, 덧없는 목숨은 아껴도 보전하지 못한다…… 백년이 잠깐인데 어찌 배우지 아니하며, 일생이 얼마라고 닦지 않고 방종하랴…… 사대는 흩어지니 내일 살기 기약 없고, 오늘은 이미 저녁, 아침부터 서둘러야 한다. 용상대덕(龍象大德) 원한다면 긴 세월 인고하고, 사자좌에 앉기를 기약하면, 욕심과 향락 영영 던져야 하리"(발심수행장, 원효)

최초로 통합국가를 이루는 신라의 민중들은 전쟁의 참화 속에 체념과 허무와 고통의 삶을 영위하였다. 신라의 귀족불교는 현세의 고통과 형벌은 내세의 극락에서 복을 누리고 정토신앙의 보상이 주어진다는, 신라지배층 권력의 종교적 장치였다. 고은은 신라의 지배정신은 불교가 아니고 진리도 아니었으며, 이미 정치의 사교화(邪敎化)였다고 규정한다. 당대 원효의 역할은 불교의 목적인 중생제도였다는 점에서, 오늘에 와서 재삼 숭앙의 가치를 지닌다는 것이다. 고은은 원효가 초기의 귀족불교에서 그 자신의 낭만적인 과제를 통하여, 민중에게 미타신앙과 미륵신앙을 고취시켰다고 본다. 그러나 그도 다른 많은 재야승들과 다를 바 없이, 불교를 개인적인 형태의 농세(弄世, 세상을 쉽게 취급한다.)와 정신적 열락으로 태웠으므로, 철저한 민중불교의 구조화를 달성하지 못했다고 보는 것이다.

민중을 피상적으로 격려하는 촌락편력에 그치고, 민중사회의 실천적인 신앙화에는 이렇다 할 기능을 발휘한 적이 없고, 원효가 사랑한 민중은 그의 정신적 수확에 그치고, 민중에 대한 조직화, 의식화라는 사회적 성숙과 그 완성의 경험은 보이지 않았다는 것이다.(고은, 1979) 탄허 스님의 긴 탄식이 아니더라도 영웅 재생산의 갈망을 멀리하는 한국불교의 현세에서, 어쩔 수 없는 역사적 반복을 대중들은 쳐다볼 수밖에 없는 것일까?

일본 화엄종을 대표하는 묘에(1173~1232)가 원효를 영원한 스승으로 흠모하였음이 최근 국립경주박물관이 주최한 〈원효대사 특별전〉을 계기로 알려지게 되었다. 그는 죠닌(成忍)에게 부탁하여 원효와 의상의 행적을 그린 〈화엄종 조사회전〉이라는 두루마리 그림을 불사로 남겼으며, 원효의 〈보살계본지범요기〉를 강설하기도 하였다. 당시 일본은 불교의 전성기가 도래하면서 내부의 종파분열 또한 점점 큰 세력을 형성하게 된다. 항시 무사집단들의 다툼으로 내란상태의 일본은 나라의 도다이지(東大寺)와 코후쿠지(興福寺)가 무사들의 공격을 받아, 일본불교의 상징이었던 '동대사 대불'이 불타버렸다 한다. 묘에는 정치스님들을 뒤로하고 산속깊이 들어가 수행과 학문에만 힘썼고, 교토에 고야마지(高山寺)를 창건, 석가모니를 사모하고, 진언밀교와 더불어 일반대중을 위한 쉬운 수행법을 연구, 실천하게 된다. 전쟁으로 남편을 잃은 수많은 여성들을 위해, 쉽게 불교에 귀의할 수 있도록, 그림양식 등을 배워, 석가의 이야기를 직접 그리고 지도하였다 한다.(세이야마 후오, 2010)

원효와 의상의 전기를 그린 이 두루마리에는 첫 깨달음의 중국행 '해골바가지 물맛'이 다른 이야기로 묘사되고 있다는 점이다. 송고승전(宋高僧傳)의 인용을 주도한 〈원효회〉에는 신라에서 당나라로 떠나는 바닷가 동굴에 당도하였고, 동굴에서 한밤을 보냈는데, 아침이 되어 해골이 즐비한 무덤 밭이었고, 격렬한 폭우로 인해 두 사람은 부득이 다음날도 같은 장소에서 잘 수밖에 없었다한다. 그날 밤 원효는 무서운 귀신이 나오는 꿈을 꾸었고, 꿈에서 잠이 깬 원효는 깨닫게 된다. "무덤인지 몰랐을 때는 편히 잤지만, 무덤인지 알고는 악몽에 시달렸다. 일체의 법은 모두의 마음의 변화에 따른 것. 마음이외에 스승은 없다." 그리하여, 원효는 신라에 머물 것을 결심하는 것으로 묘사되어 있다.(一切唯心造)

우리가 알고 있는 원효의 꽹과리 두들기며, 시장바닥에서 춤추고 노래하는 광인 파계승의 「빈티지 스타일」은, 비파언덕의 벼랑위에서 좌선을 하거나, 해변에서 달을 읊는 장면의 그림들이 낭만적인 몽환 속처럼 아름답게 그려지며 묘사된다. 최초의 통일국가를 이룬 신라의 파계승을 이웃 송나라에서 최고의 고승으로 기록하고, 이를 교과서처럼 일본에 가져와 섬나라의 불교교화에 기나긴 두루마리 그림으로 불사하였다는 스토리는, 정작 원효의 '제자 없음'을 핑계로 한, 이 땅의 불교예술에는 낯 뜨거운 부끄러움과 당혹함을 느끼지 않을 수 없다.

물론 불교라는 종교 또한 최초의 성립 콘텐츠가 세계로 확대 되면서, 각색되고 지역화 하는 수많은 과정의 시간을 지닌다 하자. 소승에서 대승으로, 광대무변한 현세에서 엄청난 대중의 기호에 각기 맞아 떨어지는 구원의 신앙대상을 시나리오화한 동북아 불교사는 전 지구의 새로운 메시아적 기증을 확산하고 있다. 예컨대, 원효의 바나 벼랑 위 좌선이라던가 해변의 달무리와의

일체성을 섬나라 일본이라는 해풍에서 도래하게 된 불성이 '묘에' 라고 하는 승려 자신의 수행배
경으로 변주되면서, 원효 위에 묘에가 중복되는, 일본적 종교의 토착화라고 해석 할 수도 있다.
풋 맘짱(스님)일 때의 묘에는 탕천만 바다를 수없이 바라보며, 진리의 진실을 탐구하였을 것이
다. 묘에가 사모하였던 또 다른 선배는 덕운비구(德雲比丘)라는 화엄경에 보이는 승려라고 한다.
12년간이나 바다만을 끊임없이 응시하고는, 어느 날 바다 가운데에서 큰 연꽃이 나타나 그 위에
앉아 있는 샤카 부타가 덕운비구에게 깨달음의 불법을 설한다는 이야기이다. 일본 야쿠샤 겐다
유의, 해변 나무 위에 올라가 꽹과리를 두들기며 아미타불을 불러대는 극적인 장면 또한 섬나라
에 승계되는 설화의 변주곡이라 보겠다.

원효의 광팬-묘에

무색성향 미촉법

행복풍선, 유화 30호, 1989

"여섯 감각기관을 인하여 닿임이 있고, 이를 인연하여 느낌이 있고, 느낌을 인연하여 욕망이 있고, 욕망을 인연하여 잡음이 있으며, 잡음을 인연하여 존재가 있고……" (아함경, 원경 강혜, 만기사, 1990)

　지금은 신도수가 200~300명인 교회도 세습을 당연시 여긴다. 오죽하면 신학생들 사이에서 '아버지가 목사면 성골, 장로면 진골, 이도 저도 아니면 잡골' 이라는 말이 돌아다니겠는가?…… 거칠게 말하면 교회가 죽어야 기독교가 산다…… 대형교회 세습에 개척교회 다 죽어가고 있다…… "내가 목회를 시작한 곳이 서울 인사동 승동교회였다. 120여년 전 백정들이 많이 다닌 교회이다. 백정이 최초로 장로가 됐다. 교회 안에서는 왕손이나 백정이나 평등했다. 만인 평등의 가르침과 사회적 공헌, 기독교가 초창기에 성공시킨 철학이었다." (김동호 목사, 2012)

　「행복」이란 무엇인가? 심리학자 프로이트는 "행복이란 쾌감원리의 만족" 이라고 그의 유명한 「문명 속의 불안」(1930)에서 말하고 있다. 프로이트 이후, 인간의 '가장 만족한 상태' 를 알 수 있는 정서적 척도는, 현대의 신경미학 분야에까지 끝없이 제기되는, 인간존재의 규명과제로 연구되어 왔다. 왜냐하면 우리는 살아가면서 더 많은 행복을 누리고 싶어 하지만, 무엇이 행복을 가져다주는지 확실히는 모르기 때문이다.
왜 사람들은 종교에 열광하는가? 사람들이 종교를 원하는 것은, 종교가 보편적이고, 지칠 줄 모르는 요구에 어떤 보상을 해 주는 유일한, 그리고 그럴듯한 원인이기 때문일 수 있다.(로저 핑크, Acts of Faith, 2001) 최근의 신경생물학에서는, 종교가 인간현상으로서 막대한 비용이 드는 효율성이며, 시간과 에너지를 소모시키는 어떤 이윤과 그 가치를 획득하게 한다고 보고 있다. 이때 진화되는 가치의 척도는 "경쟁자보다 더 성공적으로 '복제하는 적응도' 의 조절 능력이라는 것" 이다.(다니엘 데깃, 2009) 서구의 근대 종교사에서 공진화하는 불만과 그 문명의 위기는, 프리드리히 니체의, 저 유명한 '신은 죽었다' 이후, 신성함과 구원이, 인간 대뇌의 신경회로 안에 있고, 과학으로 신성과 정서, 의식 등 신과의 관계에서, 더더욱 대뇌영상은 '다만, 알 수 없다.' 의 미지 세계로 퇴화한다고 생각함에 있다.
급기야 「21세기의 가상 종교:신경신학」 이 맥키니(L. Mckinney, 2009)에 의해 저술, 출판되었고, 그 주 내용은 '공학' 과 '신학' 은 서로 대립할 필요성이 없다는데 있다.
그는 현대 서구식 불교에는 "고대로 부터의 역사, 증거뿐 아니라 현대의 신경과학에 의존해서도, 부처나 여러 작가와 시인들의 통찰을 부인하는 것은 아니다. 우리는 전 세계에 서로 연결된 21세기의 영적 욕구에 (과학에 의한) 실용적으로 대응(실험통찰)하는 것 뿐 " 이라고 말했다.(Zack Lyunch, 2010)
"이것은 누구에게 이익인가?" 는, 쾌락과 죄악이 쾌락유도 신경중추에 소용돌이치면서, 행복의 설정점인 공감격차의 차별화 욕망을 정서화, 의식화 한다는 것이다. "적은 것이 아름답다" 는 슈미

허는 최근에, 「불교경제학」 이라는 이론분야 저서를 출판하였다. 위에서 말한 쾌락과 죄악의 판단 기준은 「악의 근원」 이라는 화폐의 량에 의해 평가된다는 내용이다. 화폐에의 경멸이니, 요즘 유행하는 무소유, 쾌락중추를 자극하는 도파민 에너지의 내재된 가치 등으로 하여, 결국 자본의 전기청소기 같은 흡인력과 빚 투성이 중진국이, 말로만 분배 분배하는, 공존의 내재적 가치를 들먹이게 되는 것이다.

화폐수집의 대뇌지능의 극이, 뉴욕증권가 '리먼 브라더스 금융' 의 금융파생상품 재앙으로 상징되고 있다. "돈 놓고, 돈 먹기" 한다면서 "내 돈 없이 돈 먹기" 를 자행하고, 지구촌 마지막 이윤극대화 연극을 개봉하고야 만 것이다.

인간의 대뇌시스템 역량은, 고양이 앞의 쥐들의 번식과 번영, 그 행복 추구 기술까지 실험하고 실습하는데 전혀 문제가 없어 보인다.

목숨 걸고 고양이 앞에 자주 알짱대는 쥐새끼들은, 서로 감추어진 이익추구를 위해 행동한다는 가설에서, 번식 진화율의 생태계 순화를 엿볼 수 있다. 즉, 개미의 몸속에 기생, 생활하는 「창형 흡충」 처럼, 곤디이 기생충(Toxoplasma Gondii)은 여러 포유동물의 창자에서 살 수 있지만, 번식을 위해서는 반드시 고양이의 위장에 입성하여야만 한다는 것이다.

개구리는 색맹으로서, 눈앞에 움직이는 형태만 그의 대뇌 시신경이 판별 인지한다. 눈앞에 알짱대는 파리가 움직일 때만, 혀로 날름 잡아먹는다 한다. 고양이의 약을 한참 올려 논 쥐새끼는, 인신 폭탄테러 마냥, 몸속의 곤디이 기생충을 이식시키기 위하여, 고양이의 약을 올리고 난 후의, 난폭한 식욕에 의해 순교하고 만다.

'곤디이충' 은 일단 쥐의 몸속에 침입하여 쥐의 신경계를 교란시킴으로써, 홍위병처럼 충성의 몸짓을 대담무쌍하게 자행한다는 것이다. 이때, 결과적으로 초래된 상태는 누구에게 이익이 돌아갈까? 그 이익은 쥐도 고양이도 아닌 곤디이 기생충에게 돌아온다고 한다.(Zimmer, 2000) 기생충에 의한 쥐의 신경계 돌연변이와 그 교란은, 감각계에 기쁨과 쾌락을 증득시키는 행복에의 보상과 그 신호를 발신한다. 인간도 몸짓 행동을 위한 동기유발을 할 때, 대뇌신호를 사용하는 행복의 효율화를 도모한다. 쥐들의 행복음은 낮은 주파수의 초음파 발성으로 표현된다. 실험쥐의 특정 뇌중추에 도파민호르몬을 주입 시키면 실험쥐는 고성 발광하면서, 굉장히 높은 빈도의 행복한 비명을 지른다 한다.

종족번식 유전자는 모유에너지의 풍부한 공급을 욕구한다, 양호,
대한임상미술치료학회, 2010, 발리에서 채집, 90cm, 1996

　　행복과 죄악, 쾌락과 고통, 그 에너지 총량은 「열역학 법칙」에 의해, 일정하고 불변한다. 증가하지도 않고 감축되지도 않는다.(부증불감. 수상행식. 역부여시)
신경체계의 감각은 익숙하게 면역되고 마비되고, 쾌락중독의 에너지 량은 점차 더 늘어나, 언젠가 그 설정점의 정상이고 되먹임 되는 욕구 소유량 한계를 넘게 된다. 따라서 열락의 종말과 고통의 출발은 우주와 자연, 그 망고나무 숲속의 생태에서 관찰되었던 싯달타 부타의 깨달음이었다. 하여, 불교의 핵심이 집착(attachment)과 그 해체(free)임으로, 지구생태계의 평화스러운 진화를 유지하고, 그 유전자의 정서적 조정 속에서, 생물신경계의 보상 체계, 그 행복의 「진화적 가치」를 '순환, 유산' 시킨다는 것이다. 자유와 해방의 최후가치이다. 해탈이고 깨달음이다. 정서적 조정은 생명의 자기 보존과 자기 초월의 두 기능을 수행한다.
이 때 현실은 인간의 이기심과 이타심의 갈등을 조장한다. 종교적 보상에는 때로는 과부화와 전기화학 작용에 의한 대뇌 오류인 간질 발작이, 때로는 종교적 황홀감, 그 쾌락의 변연계 핵심을 신격화, 해결사화 하는 현상을 초래한다. 이러한 대뇌 변연계와 측두엽의 병목, 교환이 초자연적 존재감으로 인식시키는 현상을, 현대 신경미학의 선두주자 '라마찬드란'은 신의 모듈(God module)이라 명명한다. 유아는 출생하자마자, 8일 만에 대뇌의 조직이 구성되기 시작하고, 가지치기 현상에 의해 각기의 뇌신경인 거울뉴런은 확장된다.
이때 대뇌 기능의 각각의 임무 능력인 모듈(임무수칙)을 진화, 성장시켜나간다 한다.
심리학자 라캉이 말했던, 유아가 최초 젖 먹을 때의 어머니의 얼굴과 자궁에서 남았던 냄새, 그 원시본능의 지각 뉴런들은, 새로이 「만져지는 거울」과 그 공감각세포라는 영상사진술에 의해 보여지고, 두 손가락 꼬집기 멀티터치 줌(Multi-touch zoom)에서 간디 뉴런(Gandhi neurons)까지 발전한다.

　　삼성은 애플의 디자인특허인, 기본 트레이드 드레스(trade dress)인 직사각형의 둥근 모서리 디자인(유니버설)과 양 집게손가락에 의해 확대, 축소되는 멀티 터치 줌(Multi-touch zoom) GUI(그래픽 유저 인터페이스) 사용환경 특허소송에서, 캘리포니아 법원 고혜란(Lunch Koh) 판사에 의해 패소하고 말았다. 한편, 한국법원은 애플의 바운스 백(인터페이스 에지(edge)에서 빈 공간을 보여주며 반대로 튕겨나가 화면 끝임을 알리는 기술특허) 1건을 무단 도용했다고 판단하였다. 법원은, 아이폰 4, 패드 1, 2의 판매중단을 결국 명령했다. 바야흐로 전자세기의 기본은 접촉과 만짐의 '무색성향 미촉법' 그 '스킨십' 의 '교환혼용' 인 것이다. 러시아 진화생물학 연구실, 생육시키는 20층 토끼장은, 간호사의 손길이 닿지 않았던 고층의 실험용 토끼들이 일찍 죽어 나갔다 한다. 상하층 토끼들을 서로 바꾸었더니, 역시 하층에서 상층으로 이사한 토끼들이 죽어 나갔다고 한다. 뇌 속에는 자기에게 해당하는 장소가 존재한다. 백일몽 같은 많은 시간 속에, 타인들의 많은 접촉을 목격했을 때는, 타인들의 많은 접촉이 자신에게도 접속되는 감각을 느낀다. 뒷 호주머니의 핸드폰 장기 진동신호는, 한동안 핸드폰 장기 진동신호로 장착하지 않았는데도 일정시간, 뒷 호주머니 둔부피부에 진동파동을 '조건반사화' 한다고 한다.

　유아가 젖을 뗄 때, 퇴근하는 아빠의 트레이드 드레스(trade dress)보다 아빠의 아이폰을 더 많이 기다리고, 아이패드만 달라고 한다. "팥빙수……잡수세요……!" 하기 때문이라나, 뭐라나? 스마트폰, 아이폰의 학습은, 접촉신경뉴런을 쾌락 중독과 특정 대뇌 모듈성능을 확장시키고, 결국 사람들은 그를 천재라 하고, 수재라 한다. 오늘의 신경증세 환자들, 특수한 신경계의 활성 극대화는 인근 중추에의 고장을 야기 시키면서, 동시다발적 행동, 과잉행동의 공감각 부화를 유발 시킨다. 따라서, 교감신경과 부교감 신경, 좌뇌와 우뇌의 균형감각 유지, 그 중도의 미감이 '우연히 주어진 인간'이라는 생명체의 기본태도이고 존재 가치이다.
누군가 "선문답하고 앉았네!" 하겠지? 하기야, 신경미학의 현재를 부정할 수도 있겠다. 위에서 말해본 신경과 생명의 관계는 '차의과학대학원' 에서 발표한(2010.12.20.), '대한임상미술치료학회' , '추계학술대회' 의 '발제본' 을 요약하여 필자 나름, 쉽게 설명해본 것이다. 다시 더 압축, 요약해 보자. 즉, "삶이 불행한 이유는 '행복' 이 있다고 믿기 때문이며, 행복이란 낱말과 개념에 얽매이면 행복에 종속되기 때문이다." 라고 누군가 말 했으리라……
이어 장영섭(2007)은, 만져지지도 않는 행복을 계산하러 애써서 '적은' 행복에 실망하고, '많은' 행복을 부러워한다 하였다. 따라서 내가 사는게 아니라, 생활(삶)이 나를 살게 하며, 생각이 나를 부리고, 말이 '나' 라는 존재를 조종한다는 것이다.
우주법계(비로자나불)는 생물의 우점종을 진화시키고, 번식시키기 위해 햇빛(교감신경, 일광보살)도 주고, 달빛(부교감신경, 월광보살)도 보낸다. 그리하여 가치 있는 하나의 단위원자로서 융합하고 해체하는 존재의 본성적 기능을 지닌다. 생명의 자존감은 즐거움과 행복을 장치시킴으로써, 중용과 조화의 생명을 탄생, 그리고 마감, 그리고 되먹임(윤회)한다.
법계의 교훈은 행복과 슬픔, 그리고 행복이 지니는 불행의 그림자 부분, 좋은 칼도 날이 선 부분을 쥐면 상처를 입는다. 시대가 공진화의 속도를 빠르게 할수록 생을 즐길 수 있는 존재의 확인, 그 인간의 본래적 존엄성을 샤카 부타는 발견하고, 우리 중생 대중에게 알렸던 것이다. 확실히, 시대는 농업혁명, 종교혁명, 촉각혁명의 숨 가쁜 물결 속으로 진입하였고, 세기 후반에는 정보의 공유가 이루어졌다. 그리고 새로운 21세기에는, 인간 존엄성의 공유가 절박하게 요구되는 시기이다.(가루미 수다, 2003) 때로는 부모세대의 악업을 유전인자로 하여, 우연히 탄생되기도 하고, 살면서 불행한 업을 받을 수도 있다. 윤회의 되먹임은 절망, 분노, 원망, 후회, 자기연민 등의 불행과 고통을 수반한다. 우리에게 오늘날 샤카 부타의 존재가치는 인류고통의 해결사로 자처한 유일의 인물로, 자신은 '천상천하 유아독존'이라 부르짖으면서, 오른팔을 들고 사방을 몇 발자국 걸어서 탄생하였다고 한다. 후대의 종교 시나리오 작가들이 퍼트린, 그 우주법계의 존엄성에서 새로운 세기, 전자 신경시대의 재해석, 재 변주, 재 콘텐츠화의 미래가 존재해야 하는 것이다.

시대의 엘리트, 전범석 서울의대 신경과 교수는 등산 중 갑자기 전신마비로 하여 불구의 몸이 될 뻔 하였다 한다. 그는 삶과 죽음의 기로에서 비로소 행복이 무엇인지를 생각하게 되었다 한다. 행복이 어떤 건지 잘 모르겠지만 만족하고 있고, 더 이상 바라는 게 없다고 하였다. "바란다고 해서 다 얻을 수 없다는 것을 알게 되었다."고 하였다.
미국의 평범한 은퇴자 로널드 존스(R.Jones)는 1932년생으로서, 다음과 같은 그의 아마추어 시는 「행복의 길」로 가는 불도의 방향을 아름답게 제시하고 있다.
"지나온 시간은 우리 생각을 우아하게 키워 준다. 나는 적절히 시간의 중요성을 깨달아 왔다. 내가 물려 받는 유산(불성DNA)에는 존경이 스며들어 있다. 이미 사라지고 없는 이들로부터(멘토 아버지) 얻은 귀한 선물들, 각각의 인생은 그 유산(업.Karma)을 남겨 놓는다. 모두는 그것을 나눠 가지면서 성장한다. 모두가 가질 수 있지만 나만을 위한 그것. 내 의식은 지금 '공정함'이 절망을 이기는 모습을 본다. 더 많은 것을 욕심내는 충동을 잘 다스려 온 나. 젊음의 자유분방한 욕망에 시달리지 않고, (때로는) 문 밖에서 기다릴 줄도 아는 분별력을 키워 왔다. 이제 야망의 불꽃을 길들이는 (불)법을 배우리라. 잔을 반만 채우는 것이 현명함을 깨닫는 남자가 되리라. 젊음이란 가득차기를 바라기에 한숨을 낳는다."

성숙함! 절 담장 뒷 켠에 비켜서 사는 삶이다.

2

뇌 변연계 상처자국

나비보살, 유화 8호, 2009

　우연한 유전자 정보와 유전자 에너지에 의해, 생명이 임시로 조립되고, 끝에는 해체된다. 선순환의 복제품에는 고통(duhkha)이라는 운명을 동반한다고 한다.
태어나고 늙고 병들어 죽어간다는 네 고통에, 좋아하는 대상으로부터 헤어지는 고통, 싫어하는 자와 만나는 고통, 바라는 것을 얻지 못하는 고통, 집착해서 생기는 고통을 합친 여덟 고통이다. 샤카 부타께선 인생의 현실이 괴롭고, 그 괴로움이 욕망에서 생기며, 이러한 욕망을 끊고 멸한 상태가 이상적인 진리이며, 이 이상상태에 이르기 위한 올바른 행위를 8정도(正道)라 하셨다. 이러한 사성제(four noble truths)가 불교의 근본 진리라는 것이다.

임시로 조립되었던 우연한 지구촌의 하숙생들을 종국에 강제하는, 진통에의 악순환은 생태계의, 또는 법계의 생물 되먹임 법칙에 의해 세포조직의 노화를 초래한다. 이른바 우량유전자 번식을 위한 종의 진화 임무를 끝낸, 땅과 4원소에의 복귀 명령인 것이다.

원래 암세포는 과거에 그저 평범한 세포였었다 한다. 간세포였거나 췌장세포였거나, 혹은 폐세포였었다 한다. 그러다 어느 순간 자신의 임무를 잊고, 자신의 정체성을 찾아 나선다고 한다. 자신을 찾아 헤매이며, 무한히 확대 재생산하는(그 이웃세포들을 용서 못하는 승자독식의) 세포가 암세포라는 것이다.(후쿠오카 신이치, 2011)

솔제니친의 「암 병동」은 죽음 앞에 서서 한 가닥 희망을 절규처럼 갈망하는 대목이 처연히 묘사되고 있다.

진통의 근원 위치. 외상후 스트레스증후군의 상처를 받고 있는 뇌지도, 기억과 행동을 제어하는 원시적인 피질영역인 대뇌변연계의 과잉흥분 상태는 뇌의 깊은 곳에 위치하는 해마와 편도체가 기능부전의 관계를 보인다. 해마는 상처기억을 장기기억으로 저장하며, 편도체는 생존과 감정의 필요성에 반응하고, 감각정보를 필터링하며 적절한 응답을 수행한다.(Martin H.Teicher, SCIENTIFIC AMERICAN, Aug. 2002)

한사람의 환자가, 암 일지라도, 드물게는 자연치유의 기적적 사례가 있다 하자. 다른 환자는 "그것은 마치 넓은 지면의 교과서에 펼쳐진 페이지에서, 자연치유라는 이름의 무지개 빛깔의 나비가 날아오르듯이……" 라고 말하고 있다. 가와다 요이치. 다이샤쿠 아케다(1973)의 대담에서, 그들은 무지개 빛깔 나비의 비상은 암환자들이 그려 낸 희망의 결정이면서, 비록 덧없는 허구일지라도, 한 마리 나비를 안고 가야하는 종착점의 비애이며 진통이라는 점을 간파할 수 있다.

당대의 세계 권투 챔피언 무하마드 알리는, 그가 최절정의 에너지를 구사했을 때 "나비처럼 날아서 벌처럼 쏘겠다." 하였다. 생명의 극대화는 파동과 그 선율의 가벼움과, 버림에의 율동 속에서, 꿀벌 같은 창작과 드라마가 나온다는 상징이다. 장자가 꿈꾸던 꿈속의 나비가 진짜 나비였던가? 아님 나, 장자였던가?의 환상은, 나비의 날개짓이 반대편으로 확산되면, 엄청난 생명에너지를 분출한다는 그 가능성, 그 희망의 선 되먹임(Positive Feed-Back)인 것이다. 그러면서도 나비가 날아간다는 그 궤적은 자국이 남고 뇌의 해마에 기억으로 보존된다. 생명체의 현세에 남긴 역사이고 암호이고, 메시지를 또한 유전시킨다. 정찬규의 「길룡사에서 나비를 보다」 에서는 "새벽의 길룡사 오솔길을 걸으며…… 그날 보았던 나비도 마찬가지였다. 늦가을 찬 냉기에 날개를 떨며 숲을 못 찾고, 이리 저리 날고 있었던 것이다. 그런데 그 미물들은 우리에게 삶의 고통과 번뇌가 힘이 된다는 것을 깨닫게 해주었다. 노랑나비는 나름대로 살기위해 몸부림치고 있었고, 한 마리, 법당으로 날아들어 노란부처의 이마에 앉아 쉬고 있었던 것이다." (정찬주, 2011)

이 땅의 동포들은 어린 시절, 새해 처음 만나는 나비의 색깔이 흰나비이면 그해 상주가 되는 운명이고, 노랑나비를 보면 별다른 비극 없이 행운이 온다는 나비점을 치고 있었다. 이른바 나비로부터의 인생 상징을 신호 받았던, 이 땅의 동포핏대 속에 도사린 자연주의(에니미즘) 이다. 흰나비의 대칭점에는 노랑나비가 있다. 마찬가지로 죽음의 반대 대척점에 탄생이 있다. 풀 끝에 이슬이고 바람 앞의 등불이다.(경허)

가볍고 덧없고 허공 같은 나비의 상징이다. 그럼에도 추억은 때로 오랫동안, 에너지정보로 각인되고 삶을 지배한다. 회한과 탄식이다. 베토벤의 실연과 광기, 화가 렘브란트의 상실의 명화들, 그들의 뇌 속에 엉켜있을 트라우마(상처)들의 물적 증거는 그들의 대뇌 속에 그려지고 묘사되는, 할키고 곪아버린 피부의 문신으로 기록화가 된다.

인간 그 자체가 음악이며, 인간 그 자체는 상상력이 풍부한 원숭이라 표현하였던 아담 제만은, 렘브란트의 자화상 그림에서 경계심, 반항심, 정직성을 읽었다 한다. 그는 슬픔의 달인, 파멸의 달인, 죽을 운명의 달인, 이미 상실의 달인이었다고 기술한다.(Adam Zeman, 2011) 그의 그림들은 "아무것도 지속되지 않을 것이며, 아무것도 견뎌내지 못할 것이며, 젊음, 재산, 아름다움, 이 모두가 사라진다고, 그리고 실제로 그렇게 사라졌다" 한다.

싯달타 부타의 비애와 경허 맘짱의 허무를, 렘브란트는 미술로 경전화한 것이다.

1162년, 렘브란트의 자화상은 그의 가정부이자 연인이자 모델이었던 헨드리케와의 절박한 사생활로 당시의 교회로부터 비난 받아왔다. 첫째부인의 묘지는 강제로 팔아야 했으며, 이듬해 봄 하얀 나비가 날아올 즈음에는 한몸 같이 헌신해주었던 가정부 헨드리케 마저 역병으로 죽어가면서, 결국 묘비도 없는 터에 묻고, 결국은 잃어버리는(?), 그 상처의 흔적마저 상실된다. 청순했던 소녀시절, 유명 조각가 로뎅의 조교이면서 모델역할을 했고, 그래서 영혼과 몸까지 나누었던 카뮤에 코르델은 조각가의 불운과 가난이 아닌, 명예와 탐욕으로 하여, 결국 헌신짝처럼, 파리 근교 정신병원에 30년간이나 유폐되고 말았다.

유기범죄의 피해여성. 그 상실의 미학은 과연 아름다웠고, 추하지 않았다고 해석되는가? 하여, 갈구하는 듯한 로뎅의 여러 조각 작품에 젊은 조교 연인의 몸과 그 할킨 자국을 나비 문신처럼 되새겼다는 것인가? 남성, 로뎅은 위선자였던가? 정신없이 번역되는 첨단 이론 서적에서, 이 화가는 저자의 머리말 보다, 번역하신 분들의 역자후기를 먼저 보는 지혜가 있다. 첨단 주간과학 학술지 네이처의 내용을 몇 년간 놓치지 않고 보는데, 그 소요되는 엄청난 해독시간의 소비를, 간단한 표지 이면의 한글판 주요논문 소개문 두 페이지를 읽고 끝낸다.(해결한다.) 물론, 전공인 뇌신경 컴퓨터시뮬레이션 부분은 반드시 거금 6만 얼마를 긁고 구입했음은 물론이다.

아담 제만의 ‘뇌의 초상’은 김미선이 번역하였다. 역자후기에서 “보이지 않는 틈새를 매우며 비약을 줄여가는 일은 방정맞은 자궁에게 간절히 기도하며 배설물을 끼얹는 ‘무효한(위약효과를 빼면)’ 푸닥거리를 거두는 데서 그치지 않는다. 날 아프게 하는 악마를 보여준다면, 그것이 단백질이든 철자법이든 순순히 인정하리라, 나는 기계다, 그리고 나는 기계가 아니다…… 어쩌면 ‘흰 가운을 걸칠 때, 일상의 감정적 안테나를 꺼버려선 안 되는’ 여기부터가 몸에서 해부학적으로 찾을 필요가 없는 문학적 ‘영혼’의 영역인지도 모른다.”라고……, ‘거의 심장 멎는 것 같은’ (Adam Zeman, 2011) ‘동포의 절규’(김미선, 2011)를 탐닉하고 애무하게 되었던 것이다.

이 화가의 깊은 신념의 하나는 역사상 최고의 문학적 성취를 이룩한 신화와 미학은 성경이라는 판단이다. 이는 인간과 그 세포환경의 초월적 이야기에서 ‘꼬집으면 아프게 느끼는’ 인간적인 경험의 드라마에 의해, 진리를 메세지화 하기 때문이다. 「눈멀게 되는 삼손」, 「성 스테파누스의 순교」 같은 명품을, 렘브란트에 의해서만 성취되었던 성경 속 분노, 고통, 절규로, 이 화가 또한 문학적 감동을 받아서일까 ?

최호영에 의해 번역된 알란 월레이스는 ‘뇌의식과 과학’에서, 기본적인 고통과 괴로움은 피하고, 쾌락과 기쁨을 경험코자 하는 인간중심의 경향이 생명 중심적 특징으로 그 경계를 넘을 때, 불교적인 메시지인 자중자애의 진실은 완성된다고 기술하였다.(B. Alan Wallace, 2007) 요컨대 불교는 자기(ego), 신, 뇌, 자연의 우상들을 던져버리고, 포괄적인 인연생기설로 대체되면서, 이러한 ‘위대한 완성’의 견해가 시공간, 질량에너지, 몸과 비움이라는 근원의식과 절대공간의 무한에너지 본성이라고 본 것이다.

최호영은 “지혜가 빠진 자비는 속박이고, 자비가 빠진 지혜는 또 다른 속박”이라고 하였다. 하여, “즐거움을 주려는 자애심, 힘듬을 벗겨주려는 동정심, 기쁨을 함께하는 공감, (생명을)차별없이 대하는 평정심이 그것이다.” 라면서 사무량심(四無量心)의 과학적 번역을 하고 있다. 이때의 몸과 마음에 작동하는 위약효과(placebo effect)는 예술사 속에 도도히 흘렀던 신경미학의 본질이며, 해로운 위약효과는 구라와 헛소리에 침잠해 있는 선무당 같은 교과서이론과 상품가치 예술일 것이다.

간통의 화살 사형, 선암사 감로탱화 원화복제, 유화 10호, 2009

내일은 내일의 태양이 떠오를 거야" 라는 스칼렛 모하라의 대사를 잊어라.(Marie Pasinski, 2011)

"진주이론이란 종교를 단지 아름다운 부산물로 보는 이론이다. 종교는 환경의 위협에 대해 대응하는 어머니 기능의 자연 또는 그 진화에 의해 설계된, 유전자에 조절되는 메커니즘, 또는 메커니즘그룹에 의해 발생한다. 진주는 하찮은 쪼가리 또는 기생생물에서 시작되지만, 일단 조개가 아름다운 충돌을 더해주면, 상처와 고통을 극복하는 딱지의 알을 우연히 확장시킨다. 이른바 자연적 예술품(object)인 생물(biofact)이 출산된다." (데니얼 데닛, 2006), (마력 콘, 1999)

"코카콜라를 읊조리든 나무아미타불을 읊조리든 상관없다. 염불을 하는 그 마음이 중요하다." 쑹산 맘짱의 설법(말)은 쉽고, 단순하고 유머러스하지만, 동시에 정곡을 찌른다. 하여, 쑹산 맘짱은 미국의 국민들과 젊은이들에게 이렇게 단순하고, 유머스러하게, 그러면서도 정곡을 찌르는 효율적인 촌철살인으로 불법인식을 전달하신 것이다.

틱 낫한은 "젊은이들이 불교를 외면하는 것은 불교가 시대에 맞는 언어로 법을 전하려는 노력을 하지 않았기 때문이다." 라 하였다. 그의「본래 이름으로 불러주오」의 시는 쉬우면서도 생태학적인 뜻을 함축하고 있다. "나는 강물위에서 / 변신하는 하루살이 / 그리고 나는 / 그 하루살이를 삼키려 내려앉는 / 한 마리 새…… ", "나는 우간다의 어린이 / 뼈와 가죽만 남아 / 다리가 젓가락 같네 / 또한 나는 무기상 / 우간다의 무기를 파네……"

앞 시 구절은 자연생태학의 시스템을 그대로 설명하는 먹이사슬의 법계를 표현하고 있으며, 뒤 시 구절은 사회문화생태학의 핵심을 노래하고 있다.

한국의 경우, 자연생태학은 고 김준민 교수에 의해 최초로 서울대에서 강의되었다. 최근 대학가의 '철학용어 유희'는 하버드대학에서 먼저 시작되었고, 이어 생태철학이라는 철학용어의 암호를 더욱 구름 잡듯이 나열하는 경향(유행)이 생김으로써, 불법을 난해하고, 신비스럽게 치장하면서, 우리 맘짱(스님)들은「접근금지」의 뒷선방에 안주하고들 계신다. 앞서 제기한 21세기의 불법이 다음 세대에 과연 전법될 것인가? 엄마 종교 덕에 출세한 21세기 주역들은 그토록 간절했던 '갓바위 어머니들의 기도'를 기억할 수 있을 것인가? 저 수많은 몸빼 보살님들을 품에 안고 계시는 부타는, 그들이 기복하셨던 아들, 딸들이, 당신을 향해 108배 드리던 법당 마루에 여전히 다시 찾아오리라는 기대는 기우인 것이다. 비트 시대는 물질(Atom)의 시대에서 정보(Bit)의 시대로 빠르게 와버렸다. 차세대에 유전된 인간유전자의 총량은, 창조될 때부터 지금까지 변함이 없다.(부증부감)

디지털혁명으로 탄생된 이들 신인류에 복제되는 유전자들은, 부모의 선천뇌(先天腦)에 새겨졌던 진화의 조건, 즉 항상성(homeostasis)의 속도 극대화를 위해 개인적, 이기적 유전자로 변이 또는 돌연변이의 문화유전자「밈」으로 변종된 것이다. 모바일, 인터넷을 피부와 두뇌의 연장으로서 달고 사는 전자유랑민, 또는 신인류, 넷 세대는 동시다발의 생활기법을 누리는 (multi-tasking) 21세기 디지털 원어민(digital natives)으로 호칭된다. 이들 신인류를 잉태하면서, 다중적 유전인자를 승계시킨, 우리의 '방석깔어' 보살님들은 이른바 아줌마해결사 (zoomadella) 기능으로서, 때로는 한 남자의 부인으로, 부동산 투기자로, 아들 병역기피의 정보 수다자로, 퇴직관료 전관예우 치부로, 가족과 신인류를 양육, 생산한 것이다. 이들 아줌마델라 보살님을 디지털 이주민(digital immigrant) 유전자라 호칭할 때, 사회적, 문화적, 경제적인

「밈」 유전자라는 항상성을 지닌다. 예컨대, 이메일을(스크린 상에서 읽지 않고) 종이에 출력해서 읽고 수정하는 뉴시니어 꼰대층은 「디지털 원시인」 이 된다.(Mark Prensky, 2001)

앞서 인용한, 틱 낫한 맘짱(스님)의 시는 자연생태학(비로자나법계)이 적자생존, 약육강식에 의한 종족번식에서 에너지와 자원, 화폐의 총량이 불변하는 가치체계로의 전이를 의미하고 있다.

세상전체가 황금이라네 (Maropa 성인)

세금을 뿌리는 Virupa, 유화 8호, 2009

"문제가 되는 것은 경제상태가 아니라 문화이고, 생활수준이 아니라 삶의 질이다……"
문화와 삶의 질은 오늘날 이 시스템(자본주의자)에 의해서는 단지 저하될 뿐이다. 사회주의자들은 보다 민주적이고 품위 있는 산업관리 시스템보다 인간적인 기계의 이용, 그리고 인간의 독창성과 노력의 성과를, 보다 이지적으로 활용, 발전시키기 위한 정당한……(E. F. 슈마허, 작은 것이 아름답다, 인간중심의 경제, 1973)

인도의 청년 마로빠(Maropa)는 히말리아 산속 깊이에서 수도하신다는 비루빠 성인을 드디어 찾아갔다. 정중히 세상의 행복에 대한 가르침을 한수 달라고 했단다. 뜻밖에 성인은 절대 공짜로는 가르쳐 줄 수 없다 하였고, 마로빠는 일년 넘게 광산계곡에서 사금 몇 개를 채집하여 히말리아의 성인을 다시 찾아갔다. 그러나 성인 비루빠는 사금 몇 알로 싸게 가르쳐 줄 수 없다 하였다. 다시금 몇 년 동안 한주먹의 사금을 채굴하여 찾아 갔으나, 이제는 충분한 양의 사금 과외수업비에 진정한 진실을 습득할 것이라고 믿었으나, 역시 참담하게 무너졌다고 한다. 실망한 마로빠는 이제 중년이 되었고, 한가마의 사금을 평생토록 채광하여, 드디어 히말리아 계곡을 찾아 성인에게 상납하게 되었다. 성인 비루빠는 수고했다는 한마디도 없이, 돌연 가지고 간 사금 푸대자루를 몽땅 계곡의 언덕 아래로 모두 뿌리고 날려 버리고 말았다. 이제는 진정 깨달음을 얻겠다던 기대는 산산조각 무너지고 낙망하게 되었는데 비루빠 사부님께선 "젊은 마로빠야! 이 세상 전체가 모두 눈부신 황금이라네……!" 라고 하셨다 한다.(인용 미상)

성인 비루빠, 아크릴화 6호, 2012

마로빠의 눈에는 때마침 돌풍과 함께, 사금가루는 온 세상을 노랗게 물들이면서, 태양 빛에 황홀한 광채가 천지를 발광하게 된다. 결국 성인 사부님의 돌변하는 가르침으로 하여 전혀 새로운 세상, 그 모든 아름다움과 진선미가 충격으로 다가왔던 것이다.

이 화가의 위 그림들의 (사금을 뿌리는 Virupa, 성인 비루빠) 무대는 통도사 탱화(응진전 십육라한도)의 아미타여래문자가 각인된 바위 언덕 아래 폭포수의 웅덩이를 배경으로 하여, 성인 사부님을 풍만한 여성의 관음상으로 묘사하고, 통도사에 상징으로 살았다는 호랑이 등에 올라타게 형상화하였다. 금가루를 언덕 아래로 뿌려버리는 장면을 혁필화와 나이프 터치, 그리고 손바닥 물감칠 하기로 결정하고 단숨에 그려냈다. 이른바 찰나의 앎을 아름답게 이미지화 한 진짜 선화이다. 화가는 작업할 때 역시 선택과 집중의 극대화를 위해서는 뇌신경의 예열을 이미지화,

에너지화 한다. 이 화가의 작업 대개는 베토벤 같은 강한 감응과 선동적인 선율을 주입시키고, 후회스러웠던 기억에의 묘사에서는 쇼팽의 "그때 만약 그랬었다면……"(If I did) 이라는 비애의 피아노를 이미지화 한다. (哀而不悲. 애잔함이 슬픔을 잡지 못한다.) 중요한 핵심은 이야기체 주제의 감동스러움을 차용하면서, 그림으로의 변주를 향 칠하고, 뿌리고, 기합을 넣고, 칼과 손바닥을, 극단적 찰나로 속도화 한다. 이 황금선화의 이야기체 주제는 로라·리(1914~1994)의 「봄의 시작」이라는 시의 핵심을 복제, 변주하였다.

"만약 이 세상에 / 진짜 축복(blessing)이라는게 / 있다면 / 지금 / 내가 / 보고 있는 것이 / 그것이다. / 해와 달 / 별과 등불의 여래에 / 귀의한다. / 나는 / 이 맑은 / 우주천지의 / 영혼이 지니고 있는 / 힘의 / 결정체이다." 그래서, 윌리엄 브레이크는 기쁨을 잡으려 기나긴 동면 속에 살겠다 했다던가? 좌우간 이 세상에서 한세상 즐겁게 살 수 있다면 다음 세상에야 새가 된들 어떠하리라는 달관과 체념이, 동포불자에 유전되었던 희망 유전자였을 것이다. 그런데도 과거나 현재의 고통과 가난을 견디기 힘든 인내와 함께 지배 권력과 그 위장종교가 함께 역설하고 겁도 주어왔다.

거의 모든 종교역사는 신의 영역에 황금과 화폐라는 대체에너지를 교환하였고, 인간의 영혼 또한 화폐로 상품가치와 교환가치로 대체되었다.

강신주에 의하면 칼 마르크스도 돈이 가진 신적인 힘을 인용하고 있다 하였다.

"나는 추하다. 그러나 나는 아름다운 여자를 사 드릴 수 있다…… 나는 절름발이다. 그러나 화폐는 나에게 24개의 다리를 만들어 준다. 따라서, 나는 절름발이가 아니다. 나는 사악하고 비열하고 비양심적이고 똑똑치 못한 인간이지만, 화폐는 존경 받으며, 따라서 화폐의 소유자 또한 존경 받는다. 화폐는 지고의 선이며, 따라서 그 소유자도 선하게 된다."

영혼의 상품권, 그러나 화폐에는 영혼도 없고 정신도 없다. 다만 이를 다루는 사람의 마음이 존재할 뿐이다. 돈을 보고 이용하는 사람의 마음에 따라, 돈은 천사로도 보이고 악마로도 보인다. '머피의 법칙'에 의하면, 돈은 꿈의 실현이나 삶의 보람의 창조에 빼놓을 수 없는 존재라는 인식을 가지고, 어디까지나 인도적인 방법으로 이를 취득하는 태도가 중요하다 하였다.(우에니시 아키라, 2005) 불교 경영학이다. 흔히, 돈은 수단이지 목적이 아니라 한다. 욕구를 충족시키거나 상품을 얻기 위한 수단의 상징일 뿐이다. 사람을 타락시키는 돈은 악의 근원이며, 인생을 어지럽히는 마약 같은 것이다. 그 악의 근원은 화폐 그 자체가 아니라 화폐에 대한 집착이다.

승가대학원 지안 맘짱께서 최근, 현대인들의 화두는 돈이라면서 화폐과잉 시대의 찰나 무상을 말씀하셨다. "모두가 돈 벌려고 애를 씁니다. 한 나라의 경제 수준을 나누는 것이 GNP라고 하지요. 1인당 국민소득이 오천불을 넘어서면 4촌 이상이 멀어져 남이 되어버린다고 합니다. 만불이 되면 부모가 귀찮아지고, 이만불이 되면 자식이 귀찮아지며, 삼만불을 넘어서면, 부부가 서로 믿지 못하게 된다고 합니다. 이게 잘 사는 모습인가요? 그래서, 결국 오히려 가난한 사람들끼리 결속력이 더 강해진다는 것을 반증해주는 예라고 할 수도 있습니다." 또한 샤카 부타는 남이 버린 천으로 기운 가사를 입을 것과, 탁발걸식으로 살 것과, 나무 밑에서 살 것 등 의식주에 집착하지 말라는 불교 경영의 기본 출발을 말씀하셨습니다. 인도 남방 스님들이 '맨발의 청춘'을 고집하고, 탁발 보행 중에 지렁이나 개미를 밟지 않게 하신 샤카의 불교생태학 사례이리라. 지안 맘짱은 우리가 아무리 고비용 시대에 살고 있어도 마음의 값은 절대가치를 지닌다면서, 제자의 빗자루 수행을 예로 들었다. 이는, 동포불가의 존재가치는 상황종교의 정립과 과거의 의존적 함몰에서 시급히 탈피하는 불교경영학을 제창하신 것으로 해석된다. 70, 80년대 지성의 정점에 계셨던 탄허는 "제 2경제, 제 3경제는 인간이 돈으로만 살 수 없기 때문에 불가피하게 필요한 윤리이다. 윤리가 바로 서려면 철학이 필요하다. 철학은 제 4경제이고 철학 위에는 종교가 있는 연유로 종교는 제 5경제라고 볼 수 있다" 하셨다. 칼 마르크스의 경제론이 설정했던 시장자본주의만의 경제관으로 하여, 오늘의 불교경제학 존재는 없다고 말하는 헛소리도 있다.

　탄허의 그때나 지안의 지금이나, 경제의 발전으로 인해 사람들은 기계의 노예, 돈의 노예가 된 채, 자신을 상실하고, 허공만 바라보는 사람들이 많아졌다. 특히 탄허 맘짱께서는 공자말씀의 흉년 걱정과 먹을거리가 문제가 아니라, 고르게 분배하지 못하는 것이 더 큰 걱정이라 하셨다. 무료급식, 반값 대학등록금 시위, 사채 서민금융의 부패, 책임지는 자가 없는 부패공화국, 그 장로종교 권력독점의 동포핏대 미래상이다. 일찍이 도스토옙스키(1821~1881)가 간과했던 기만의 경제 "2에 2를 더하면 4라는 것은 이미 삶이 아니고, 죽음의 시작은 아닐까?" 라는 극언을 하였다 한다. 뉴욕 월스트리트 금융가, 리만 브라더스의 세계경제붕괴를 그는 예언했던 것인가? "작은 것이 아름답다." (The small is beautiful)하였던 슈마허를 신봉하며, 일본의 불교경제학을 저술한 이노우에 신이치(2008)는 자연과학의 얼굴을 한 경제학이 과도한 수치적 예측력을 믿는 바람에 위험의 순간들을 맞이했다고 말한다.
이는, 노벨경제학상을 받았던 하이예크(Friedrich A. Von Hayek)의 비수학적 자유논의 속에 '드라마일 수 밖에 없는 인간의 양극화 현상의 끝없는 반복과 그 대안으로서의 대안경제학' 을 의미하는 것이리라. 그는 지성과 이성의 「오만과 편견」 에 대한 반성이 인류행복의 유일한 해결책이라 했으며, 신의 전능과 그 이름으로 명분과 오만을 보존하고 있음을 비판하였다. 이노우에 신이치의 불교경제학에서는 business의 어원은 busyness라면서, 바쁘다(망, 忙)의 한자는 '마음(心)이 없어지다(亡)' 라는 결합어로 이를 세로로 재결합하면 망(忘)이라는 '잊다' 의 뜻인 "행복의 본질을 잊는다" 라고 풀이하고 있다. 왜냐하면 경쟁과 욕망의 황망함에 몰입하게 되면 인간은 행복의 본질을 잃어버리기 쉽기 때문이다.

한마음으로 개미같이 힘쓰고, 꿀벌과 같이 노력하라 했던 불교성전의「육방예경」에는 고용주의 마음가짐으로, 고용인의 역량에 맞게 일을 시켜라. 그리고 충분한 급여를 주며 병들었을 때는 친절히 돌보고, 진기한 것은 나누며, 때때로 쉬게 하여야 한다고 기술되어 있다. 고용인의 마음 가짐으로는, 주인보다 일찍 일어나고 저녁에는 늦게 자야한다. 무슨 일이든 정직하고, 능숙하게 하고 주인의 명예를 손상하지 않도록 주의하여야 한다고 하였다. 기초 경제학개론이다. 법구비 유경(法句譬喩經)에는 노동으로 노력하여 얻은 부는 자기 한사람만의 것이라 생각하여 자신만을 위해 소비해서는 안된다 하였다. 그래서 얼마는 타인을 위하여, 얼마는 저축하며, 얼마는 국가 를 위해, 사회를 위해, 교육을 위해 사용됨을 기뻐하지 않으면 안된다 하였다. "과잉 축재자의 소송은 돈을 물에 던지는 것 같고, 빈곤한 자의 호소는 물을 돌에 던지는 것과 같다. 이로써 가 난한 백성은 어찌할 방법을 알지 못한다. 신하의 도리마저 여기에는 없다." 이 말은 경제적 동물 태동기의 일본 쇼토쿠 태자가 정한「17조 헌법의 제 5조」에 삽입된 경고이다. 오늘의 우리 동 포들에게도 반복되고 있는, 선거철엔 표를 모으는 거짓 선심술로 변주되고, 포장된 분배라는 위장전술이다.

칼 마르크스보다 더 설득력이 강한 무정부주의자 바타유는 "건강, 아름다움, 영속성(지속가능성) 은 폭력, 소외, 환경파괴의 위험한 구조 속에서 처음부터 진지하게 논의된 일 조차 없다. 인간 적인 가치의 무시는, 즉 인간의 무시이며, 이것이 경제 지상주의로부터 생겨나는 해악인 것" 이라 하였다.(양호, 국가미래예측과 양산박 테크노, 자유사회연대, 2009) 군자는 재물을 사랑하되, 이 것을 얻는 데는 도(道)가 있는 것이라 하였는가? 그 가는 길은 어떠해야 하는가? 샤카 부타는 게송으로 이렇게 말씀하셨다 한다. "나는 모든 것을 이긴 자요. 일체를 아는 사람 / 나는 모든 번뇌로부터 자유롭고 / 모든 굴레에서 벗어났노라 / 스스로 욕망을 파괴하여 자유를 얻었고 / 위 없는 지혜를 성취 하였거늘 / 누구를 스승으로 삼으랴 / 나에게는 스승이 없고 / 천상에서나 지상에서나 견줄 자 없도다 / 나는 이 세상의 성자요. 가장 높은 스승이며 / 진리를 깨달은 부 타이니라 / 모든 감정으로부터 고요함을 얻었고 / 홀로 열반을 증득 하였도다 / 이제 진리의 왕 국을 세우고자 베나레스의 카시로 가노니 / 어둠의 세계 속에서 죽지 않는 불사(不死)의 북을 울리리라." (Mahavagga 1-8:S.B.E, vol.XIII)

　오늘도 이 화가는 조직의 자금을 쓰고 다닌다. 단 돈 10월도 사용할 때면, 샤카 부타 조직의 자금에서 차용, 인출된 돈을 쓰기 때문에 반드시 상의 드리고 허락을 받아 황금을 사용한다. 때 로는 궁핍의 절박한 순간이 올 때도, 반드시 관음보살로 헌신한 조직에서 사금을 인출토록 조치 한다. 하여, 황금의 종소리는 새벽 예불에 사금가루처럼 퍼져나간다. "이젠 늙어버린 마로빠야!

이 세상 전체가 눈부신 황금으로 조립된 것을......!”, “음...... 보아 두었던 아르마니 자켓이 드디어 70% 창고떨이로 나왔네요. 보살님! 질러도 되겠습니까? 코엑스 중국집...... 1시까지만 6,000원에 관동탕면(그것도 주중에만 할인 됨), 그 절미의 쾌락을 맛보고 있는데, 카르마가 안 될까요?”

긴 누비파의 나그네 설움-춘성

긴 누비파와 춘성, 유화 8호, 2009

　　"관념적 언어 종교의 세계를 직관적 사물, 그 욕의 세계로 풀어냈다.", "저 놈들은 만해스님의 뼈다구를 팔아먹는 놈들이다." 지금은 상실의 시대…… 모든 진짜 어른들은 떠나가고, 그리움의 보상심리는 추모와 조직 승계의 이벤트만 성행한다. 그래서 때로는 그 빈자리의 소유와 교환가치를 역모한다. 이럴 때 시원하고 통쾌한 욕 한마디는 교과서의 관념적 메시지를 백배로 효율화하면서 그 뜻의 해석을 인지하게 한다.

춘성 맘짱은 지나간 시대에 혼돈과 상실의 정신을 가끔은 회복시켜 주셨고, 진짜 종교의 현실 구현을 몸으로 말해 주셨던 그리운 분으로 생각한다.
이 화가의 종교정신에 각인된 경허 맘짱의 생각이, 시대의 먼 곳으로 가버린 비현실적이고 비체감적인 아쉬움에서 누군가 대타의 선구자를 기다린다. 어느 날, 김광식(2009)의 저서 「춘성일대기」가 완간되었을 때의 그 기쁨은 이 땅의 젊은이들에게 말할 수 없는 불교 승계에의 한 고비를 점유하게 되었다고 할 수 있다. 한마디로 그의 생각은 이렇게 요약된다. "미친년들! 아니, 처녀 총각이 만나 노는데 왜 지랄이야 ? 질투가 났나 보지. 선남선녀가 놀면 강산이 아름다워지지. 왜 더러워지냐구?"
식민지 시절, 조선일보 이광수 편집국장의 얼굴에 정종 한 컵 뿌려 버리고, 깜방 10년 가버린 와세다 대학 졸업-초짜기자 이몽 독립정신가, 그 따님이셨던 시인 이행자 〈아, 사람아〉 (지성사, 2006)의 저서를 발견하고는 김광식이 어렵게 만나, 인사동에서 실화 에피소드를 듣게 된다. 망월사 옆 자락 '광법사' 로 친구와 휴가 갔던 20대 꿈 많은 처녀들은 당연히 오빠들과 만나 냇물가에 발 담구고 노래하며 놀다 헤어졌었다. 밤 늦게 잠자리에 든 처녀들은 결국 암자의 비구니들로부터 풍기 문란죄로 쫓겨나게 되었던 것이다. 하여, 망월사로 피신한 이행자 일행은 마침 마당에 서성되던 춘성 맘짱에게 사유를 말씀드리고 절방에 숙박을 간청하게 된다. "쫓겨난 이유가 뭔데?" 하는 춘성의 물음에 위와같은 사연을 듣고 하신 "……강산이 아름다워지기……" 의 진정한 법문을 말씀하셨던 것이다. "……왜 더러워지냐구 ?" 의 의문 속 확신은 오늘의 부정스러움과 추함의 시대에서 긍정의 유전자 정보가 절절하게 요구되는 필연의 종교 음성인 것이다. 저 춘성은 미와 추의 대립, 그 금수강산의 아름다움이라는 신념의 미학을 말씀하셨던 것이다. 이후, 자주 올라갔던 이행자 시인은 승복바지에 윗도리는 항상 런닝 차림 아니면, 몸 벗고 빨래하시는 스님의 모습을 볼 수 있었다 한다. 또 다른 고영희 보살님과의 면담에서 춘성은 원래부터 열쇠가 없고, 자기 방이 따로 없고, 거처가 따로 없이 일반 수좌스님들과 같이 넓은 방에서 자는 듯, 첫 새벽에 나가지만, 스님들은 절대로 이불을 덥고 자지 못하게 하였다는 것이다. 자신은 방석 하나 배꼽만 덮고 자며, 어렵사리 엄청난 이불을 해 오신 보살 앞에서 바로 이불 보따리를 불태워버리는 기행을 연출하였다 한다.

'긴 누비파' 의 두목 춘성스님. 김광식(2009)이 인터뷰한 명진 맘짱의 에피소드 속 '춘성의 철학' 은 이 화가에게 불현듯 이 느낌을 그려보고 싶다는 충동을 안겨주었다. 하여, 도봉산 산줄기를 배경으로 단숨에 '긴 누비파' 보스 '카리스마 춘성' 의 헐벗고 맥주병 드신 모습과 그 '긴 누비파'의 일렬횡대 근무를 단숨에 그려냈다. 화가의 욕심은 순간적이지만, 그리스도 최후의 만찬에 참석한 제자들의 각양각색의 생각과 몸짓처럼 '긴 누비파'의 당시 수좌조직이 지금은 얼마나 성장하여 생불의 깨달음과 그 산 밖에서의 기여를 하셨는가에 대한 꿈같은 기대를 하였던 것 또한 솔직한 심정이다. 또, 김광식이 인터뷰한 맘짱들 중에 과연 해인사 성철 맘짱에 맞짱 떴다는 여덟 분 맘짱의 그림자를 찾아보았지만 허사였다. 명진은 이렇게 말씀하셨다 한다. "겨울에는 얼마나 춥습니까? 춘성을 따르는 수좌들은 누비를 이불로 삼아야 하니, 누비를 길게 입었어요. 그래서 누비가 길고, 무겁고, 시커멓고 그랬습니다...... 따뜻하게 하고, 때를 안타게 시커먼 누비를 길게 입었습니다. 이렇게 치렁치렁 무겁게 다니니깐 전국에서 욕을 많이 했어요. 저희들은 수행자로서 열심히 살려는 의지의 표현이었지만 '긴 누비파'라니, 양산박이니, 간혹은 '깡패새끼들'이라고도 했습니다."

그러나 사찰과 사찰의 인연을 연구하는 어느 분은 춘성 맘짱을 천하의 무애도인이자 걸승이라고 표현하셨다 한다. 칼 대신 육두문자를 휘두른 스님이, 사람 그리워 익산 미륵사에서 갑자기 도봉산 화강담석의 자리를 찾아갔다는 것이다. 하여, 당연히 그 산의 정기는 전형적인 깡패 아니면 칼을 찬 장군이 살아야 하는 살기등등한 풍수지리의 산이라는 것이다. 그가 87세를 일기로 저쪽 나라로 떠나실 때 다비식의 울음바다, 그 통곡에는 춘성의 평생 목마름, 평생 좋아하셨던 맥주들을 떠올리니 모두들, '긴 누비파'들은, 당신의 18번곡 '나그네 설움'을 목 놓아 불렀다 한다. 경허의 허무와 춘성의 나그네 설움, 그 절규가 어제의 조계사 법당 기둥자리에, 또는 봉은사 법왕루법회 합창곡 「떠나가는 배」의 아련한 비애로 다가온다.

반역의 쌍계곡

청학동 쌍계계곡, 유화 8호, 2009

　지리산 피아골 넘어 화엄사 칠불암 앞 골짜기 깊숙한 계곡에, 물살도 난폭한 쌍폭이 충돌하면서 파열음을 증폭하고 있는 쌍계사, 그 반역의 물 포화가, 배반을 복수하는 충돌질을, 굉음으로 욕망하고 있었다. 그 계곡 끝자락에 커다란 바위 문 두 개가 놓였고, 여기에도 고운선생의 가녀다란 글씨가 「쌍계 석문」이라고 새겨져 있다.

이번 조계사 신도회 성지순례에 다시 밟아본 쌍계사의 입구 쌍 문은, 기존 바위오솔길에 잡다한 가게 식당이 들어섬으로, 우회하는 커다란 신작로가 생겼고, 참배객이나 수학여행　온 학생들은 애석하게도 세계적인 자연 돌문을 못보고 가는 현상이 생겨나 있었던 것이다.

이 화가는 오래전, 건축 잡지 월간 「공간」에 연재하기 위해 전국의 물길, 돌길, 왕길, 절길을 측량하며 조사하고 다녔을 때, 쌍계사의 언덕 돌길과 기와 흙담에 조형된 아름다운 절담의 무늬 구조를 탐사하러, 쌍계사에 들렸던 적이 있었다. 하여, 약 40호 정도의 유화를 그려서 발표하게 되었는데, 그림의 주 컨셉은 쌍계석문을 강조하면서 일주문에서 금당까지의 가람 돌길을 묘사했던 것이다.

일주문 '삼신산 쌍계사' 글씨는, 해강 김규진이 쓴 예서체로, 서체 하나 하나의 대칭과 비대칭의 삐뚤어져 움직이는 형태가, 서로 엉켜서 부축하며, 힘을 모우고, 공간의 사용을 서로 강조할 때는, 약하게 위축시켜주는, 그리하여 전체 현판의 공간은 우주처럼 변화 속에 일목요연한 질서와 율동을 유지시키고 있다.

고운 최치원이 쇠 지팡이로 돌에 새겼다는 (김택술, 두류산유록, 1943), 동구(洞口)의 쌍문 글씨체는 "두 시내가 합류하고, 두 바위가 마주 서 있다. 서체는 그보다 못하여 애들 글씨 연습한 것 같다."(김일손, 두류기행록, 1489), "쌍계덕문에 이르렀다. 그 글씨를 보건대, 가늘면서도 굳세어 세상의 굵고 부드러운 서체와는 사뭇 다르니, 참으로 기이한 필체다. 김탁영은 애들 글씨 익히는 수준이라 평했는데, 그는 글을 잘 짓지만 글씨에 대해서는 배우지 못한 듯 하다."(유몽인, 유두류 산록, 1611) 하였다.

고운 최치원은 불일폭포 올라가는 도중의 환학대, 신흥동의 삼신동, 세이암(洗耳岩) 그리고 비석 글씨로는 국보 제 47호인 쌍계사 '진감선사 대공탑비'를 썼다. 전국의 산사계곡에 이분의 글씨가 너무 많이 도배되어 있다는 (독주의) 글씨 행각을 엿볼 수 있다. 당대의 신필(神筆)로서 풋 스님의 교과서체였을 뿐 아니라, 성균관 유생들도 결국은 고운서체에 마지막으로 의지할 수 밖에 없었다는(김동곤, 2011), 그는 진정 예술의 고수였다는 것인가?

　"……돌문에 가을 기색 애련하다 / 나무 끝에 초생달 고개 내밀고 / 산의 형세 마치도 천태 같아라 / 병풍 마냥 둘러쳐진 산봉우리들. 천둥소리 울리며 계곡물 쏟아지네……"

쌍계사 성보박물관 감로탱화　　　　　　　쌍계사 절길. 돌길. 공간. 유화 40호

　　호가 계곡(谿谷)인 장유는 '석문에 가을색이 애련하다'(1636)고 노래하였지만, 오늘의 쌍계석문은 계곡 아래 즐비한 판자가게 골목 끝자락에 아무도 모르게 감추어 은닉된, 또 다른 애련함을 느끼게 하는 곳이다.
서산대사도 그랬다 한다. "출가했던 곳, 마음의 고향, 화개동에 기념물 하나도 없지만 화개동을 노래한 시들은 많이 남아있다" 했다.
달마대사가 동쪽으로 와서, 6대 법맥을 이은 혜능 스님께선 어느 날 예하조직에게, 그 유명한 "나는 간다."(I'll go!), "누군가(해동사람) 내 해골 통을 훔쳐가려 하면 그를 벌주지 말고 그냥 뛰게 하여라!" 하였다 한다. 그러자 기이한 향기가 방안 가득히 감돌았고, 하얀 무지개가 땅에

꽂혔으며, 숲속의 새와 짐승들은 슬프게 울어댔다고 한다.(유인학, 1995)

이 화가의(유화 8호) 청학동 쌍계계곡은 신라 맘짱, 김대비에 의해 정골사리가 모셔진 그 불일폭포와 옥천대(玉泉臺), 환학대 높은 바위에 천둥소리 요란한 폭포의 포효가 오색 영롱한 무지개를 그려 보았다, 물거품 속 처사들이 지옥인지 선경인지, 열 지어 헤엄치면서, 웃고 떠드는 모습들(봉은사 지장암 탱화 인용)을 심판하고 벌하는, 칼춤 추는 여 보살들의 요염한 무중력 비상을 대비시켜 본 것이다.

불일폭포 물살이 난폭한 쌍계곡의 물 포화는 반역의 탄성과 할낌의 법맥과 함께, 귀를 씻어내는 세이암 바위물 속의 꽃 같은 두근거림, 그 연민(자비)하는 여인의 한숨이, 향의 재 떨어지는 소리처럼 흐느끼는 이미지이다.

　지리산맥 피아골 전투, 밤과 낮의 부대 국적이 교차하는 민족의 쌍 학살 속에, 남부군 빨치산 사령관 이현상은 빗점마을 근방에서 총살된다. 이씨조선 영조 4년, 쌍계사 맘짱들은 이인좌의 무장 쿠데타에 가담하였다는 죄명으로 무참히 처형되면서, 반역에의 유전인자는 쌍계사 계곡에 숨겨져 번식되고 있었다.

지리산 맘짱 대유(大有)는 조조 같은 승려출신 송하(宋賀)와 함께, 쌍계사 연곡사를 중심으로 지리산의 산적 수천 명을 집결시키면서, 태백산, 덕유산, 변산반도 일대의 화적들과 함께, 이인좌의 정부반란에 가담, 실패하고는, 오늘 이 시대의 수경 맘짱처럼 사라지고 만다.

이후, 마녀사냥 같은 무당들의 처형과 미륵 교도인들의 참수는, 지리산 천왕봉의 성모 할매라고 불리우는 성모 미고와 반야도사(般若道師) 사이의 여덟 명 딸이 모두 팔도 무당자리에 입성함으로써, 핏대 반도의 샤머니즘 민족정신을 확장하게 된다.

최영순(2007)에 의하면, 지리산 성모가 팔도 무당의 시조라는 전설이외에, 고려태조 왕건의 왕후설과 부타 어머니 마야부인이 지리산 성모라는, 세계 공통의 ‘지모신 신앙’을 발상시킨다. 이후, 쌍계사 뒤편 칠불암을 거점으로 민중불교 결사인 ‘당취’가 조직되는데, 후일의 땡추, 땡초 호칭은 이에 근원(기원)되었다 한다. 쌍계사 상화(尚華) 맘짱은, 하동 섬진강에서 돌발한 문양해의 반란 모의에 ‘당취’로 참여하였다 한다.

반역의 정기, 그 역모와 혁명군의 유전인자는 이 동포의 반도적 속성이고, 한스러움과 인고에의 즉흥적 신명으로 풍류화, 한류화 되는 ‘감성 핏대’였다. 초치기의 기분에, 즉흥적인 선 그림(禪畵) 이벤트의 신경미학은, 선조의 좌절되는 반역을 곰 싹이는 우점종 유전자 정보일 것이다. 백제, 고구려, 신라 삼국에 동시적으로 공명하고 연출되고 있는 역사의 업장일 것이다. 동시적 방화(synchronous firing)의 물 포화 팽창 독성은 오늘의 반도에도 계속 돌출되는 풋 권력의 파동 진폭인가?

동서양의 유명한 종교사원은, 관광객의 폭주로 인하여 점차 원래의 수행기능이 상실되어가고 있다. 미켈란젤로의 종교화나 조각품은 이를 자기화, 소유화, 접속화하기 위한 첨단 사진기능으로 ‘상품화’ 하려는 과잉행동이 노증되고 ‘사진 찍지 말라!’는 줌마 보살의 목소리는 (절규에 가깝도록) 대웅전 법당 순례자의 기도를 방해한다.

작년, 성지수행에서 석굴암 내부의 나무기둥이 세워져 있음으로 하여, 신라 불국토 예술을 후대에 망쳐버렸던 그 미적 무감각에 열 받았던 기억이 있다. 이어서, 불국사 역사마당 다보탑과 석가탑, 그 과학적이고 첨단기술적인 '보수학'이 안타깝던 차, 본존불 계시는 대웅전에, 문자 그대로 인산인해의 참배객과 관광객의 팽창 독성은, 자원봉사 보살님들의 '사진 찍지 말라! 향 피우지 말라!'의 아우성으로 하여, 불국사찰의 원래적 건립, 조성목적을 스스로 훼손하고 있었다. 쌍계폭포의 폭발하는 물줄기와 그 파열음에 나타나는 무지개 빛은 오늘도 유유히 유전자 정보로서 공진화 하였다. 그 영롱한 무지개 포화는, 섬진강 흘러서 은빛 나는 은어와 재첩조개들이 살아가는 한반도의 마지막 숨겨진 계곡물이다. 반역의 맛은 누군가 심기 시작한 하동찻잎의 우려진 그 떫은 미각으로 하여, 쓰고도 개운한 지리산자락의 햇빛과 물과 재배보살들의 유전된 줄기세포일 것이다. 그럼에도 우리 순례자들을 불안하게 하는 현지 자원봉사(?) 보살님들의, 그 지치고 독기어린 '기도자'에의 감시(?)는, 쌍계사 역사보존의 어쩔 수 없었던 경계와 사찰보호의 임무였다 하겠다. 그럼에도, 철없는 관광객이 대웅전에 들러 참배한다는 그 미숙함과 경건치 못함에도, 하동치마처럼 (쓰디쓴 미소를 지어) 전달하는 빈 마음, 천진한 부타 마음이 절절한 쌍계사이다.

이 화가는, 어느 사찰에서나 뒷길과 옆모습에서, 옛 고려나 조선의 아름다운 미학이 있을 것으로 생각하고, 서성이고 해메인다. 하여, 이 화가는 대웅전 좌우 천장의 불화 단청과 본존불 뒤편의 불화장식을 본능적으로 관찰하는 습관이 있다. 어느 날, 본존불 뒤편을 돌다가 자원봉사 보살님의 제지를 받게 되었다. 다리가 불편하신 신도회 노보살님, 기둥에 기대서 참배할 수 밖에 없었음에도, 결국 제지를 당하고 말았다.
그동안 얼마나 수많은 참배객에 시달리셨겠냐만, 본존불 부처님 내려다 보실 때는 오히려 지나친 군기잡음이, 멀리 온 중생의 마음을 편치 못하게 함이리라.
시골장터의 끝자락 좌판(장사)에도 권력의 서열이 있고, 시간이 지나면서 홍위병 완장처럼 현실판단이 흐리게 된다. 사찰은 최후에 '산문폐쇄'라는 절대적 불심이 존재하지만, 사찰이 (피해본능에 의해서) 참배객에 권력을 행사하는 듯한 모습을 보여서는 안된다. 따라서, 쌍계사 역사에 도사린 반역과 자폐의 유전자 정보는, 쌍계석문의 중심잡기와 함께 한국불교개혁의 핵심 성역이라고 말할 수 있다.
성보박물관에, 한반도 끝단에, 불교원화가 과학적으로 잘 보존된 한국탱화의 대표작들, 초록색과 적자색의 대비와 콘텐츠 경계들의 명확한 공간위치 설정의 불화 구성력은, 미켈란젤로도 근접하지 못한, 하이퍼 모더니즘과 만다라의 구성력을 보여주고 있기도 하다.
어느 날, 대웅전 방석위에 서성거리는 장수하늘소 한 마리가, 평생 기도하고 천도했던 스쳐 지나간 아득한 사람이, 몇 겁이나 환생했던지, 장수하늘소 되어 꿈같은 다시 만남, 그 재회의 참배를 나누고 교신하는 자리인 '법당'임을 알려주고 있었다. 반역과 성깔은 다른 것이다.

원효의 뇌지도

신라의 달밤. 유화 8호, 2010. 조선감로탱화의 목욕장면 모티프를 리메이크

"내 행색이 비록 남루하나 비구의 몸인데 어찌 공주가 목욕한 물에 몸을 담글 수 있겠소?" (원효), "그건 스님이 제가 목욕을 한 후에 오셨기 때문입니다…… 불구부정(不垢不淨)은 스님이 일러주신 법문 아닙니까?" (요석공주), "하지만 비구의 몸에 어찌 여인의 손을 닿게 할 수 있겠소?" (원효), "꽃의 향기를 알려면 꽃 가까이 가서 꽃의 향기를 맡아 보셔야 합니다. 여인의 몸을 품어보지 않으시고, 어찌 여인의 몸이 독이 됨을 알겠습니까?" (요석공주), (남지심 우담바라, 1987)

"아아. 신라의 바아암이여 / 불국사의 종소리 들리어 온다 / 지나가는 나그네야 / 걸음을 머엄 추우어라 / 고오요오한 달빛아래 / 금옥산 기슭에서 / 노래에를 불러보오자 / 실라의 밤 노오래에를." 유호 시 박춘석 작곡 현인 노래는 광복 전후 허망했던 전란 속에 잃어버린 마음을

찾아, 즐겨 불렀던 민족원형의 부르짖음이었을 것이다. 이 노래는 현대의 재즈가수 '말로' 가 4분의 5박자를 즉흥적으로 끌어가며, 다시 불러본 강강수월래 힙합 같은, 처용가 같은 절규의 음악성을 내 놓고 있는 것이다. 이 화가가 그려본 신라의 달밤은 오히려 베토벤 13번 소나타⟨월광⟩의 적막과 그 속의 노도 같은 파장 진동수의 제 3악장 같은 격정을, 절제시키고 숨겨놓고 싶은 분노와 억압의 화신, 원효의 그때 마음, 또는 당시의 시대적 유전자 형성인⟨밈⟩(meme)을 그려보고 싶었음이다.

광기의 보름달, 윌리엄 세익스피어는 오셀로의 입을 통하여 "그건 대단한 달의 실수였다. 그녀가 했던 것보다 더 지구 근처 가까이에 접근했다. 그리하여 한 사나이를 미치게 했다."라고 표현한다. 아무리 생리적으로 노짱이 됐음에도 톨스토이나 간디마저도 매일 매일의 성적 그리움은 어쩔 수 없는 숙명이라 했다던가? 하긴 샤카 부타께서도 니련선하(尼連禪河) 강가에 계실 때, 악마 파순은 "홀로 외로운 강가에 와서 선잠에 들고 있는 당신! 나라와 재물을 다 버렸으면 그뿐이지, 여기서 또다시......, " 하면서 유혹과 혼란을 부추긴다.

악마 파순은 세 딸을 보내 샤카를 유혹하기 시작한다. 잠아함경(39권, 1092)에는 세익스피어 문학만큼이나 인간적인 의식을 사실적으로 묘사한다. 세 마녀들은 "남자들은 취향에 따라 여성의 이미지를 각기 달리 선호한다. 가느다란 청순 가련형의 소녀모습과 금방 신혼중인 새 신부의 모습과 아이를 낳아 본적이 없는 소녀. 아이 한 둘 낳아본 풍요로운 여인과 여우같은 중년여인의 풍만한 모습으로 각자 변신하여, 싯달타를 유혹하기로 하자"고 모의, 즉시 둔갑 실행에 옮긴다. 그러나 샤카로부터 모든 애욕을 다 떠났다는 대답이 돌아왔다. 전설속의 경허도 풋스님일때 그랬다던가? 긴긴 겨울 흰 눈 속에 한 달간 동숙한 기도여인은 눈이 녹아 하산하는 아침밥상에서 스님. 혹시 고자이십니까? 했다는 스토리의 원래 원조였던 것이다. 최근, 폐종단 도박판을 뒤집었던 성훈 맘짱께서는 TV방송에서 자신은 고자라 했던 것이다. "나는 이미 큰 재물과 이익을 얻었기에 / 마음은 만족하고 편안하고 고요하다 / 모든 악마를 무찔러 항복받았고 / 육체적 욕망에도 집착하지 않는다. / 그러므로 구태여 돌아다니며 / 사람들과 친해지려 애쓰지 않는다." 마녀는 다음 시구로 노래한다. "어떤 묘한 선정을 그리 닦았기에 / 몸이 누리는 온갖 욕망의 강을 건너고 / 또다시 어떤 방편으로서 / 부정의 바다를 건넜나요?", "어떠한 선령의 묘함을 닦았기에 / 헤어나기 힘든 모든 욕망을 떠나 / 저 언덕으로 훌쩍 건너가 / 대욕의 표호에서 벗어났나요?" 마녀는 감탄했다. "이미 사랑과 애욕과 / 두텁게 쌓인 욕망을 끊어 버리고 / 다생 동안 깨끗한 믿음을 일으켜 탐욕의 강을 건넜으며 / 밝은 지혜를 활짝 열어 / 죽음의 경계 뛰어 넘었구나." 마왕은 세 딸들이 멀리서 실연의 처진 모습으로 돌아오는 것을 보고는 조롱하였다. "너희 세 딸년들이 평소에 잘난 척하면서 몸빛을 내뿜고 구름 속에 번개 치듯 하더니 / 아무리 아름다운 교태로 유혹했지만 / 도리어 그에게 무너졌으니 / 그 모습, 바람에 날리는 솜털 같구나.", "너희가 만일 바람을 붙들어 결박하고 / 허공의 달을 떨어 뜨리거나 / 손으로 큰 바닷

물을 긷거나 / 숨길로 히말라야 산을 움직일 수만 있다면 / 모든 번뇌에서 해탈한 그 사람/ 그
제야 흔들 수 있으리라."(윤창화, 2003)
탐욕의 강을 건너, 저 언덕의 법에 훌쩍 건너간 수많은 동아시아의 혜초스님들, 그중에서도 불
교의 미학으로 "그냥 시로 읊어버려"(석지현, 1978)하는 감성의 예술로 노래한 치부송(治父頌)이
금강경의 통달로 하여 찌릿하게 전해진다.

베르나르 포르는 2,500년전 샤카 부타가 탄생하지 않았더라도 오늘의 법계는 그대로 존재했던
것이고, 생명과 무생물에의 불심은 그대로 아름답게 진화되고 있을 것이라고 한다. 미화와 포장
의 종교적 드라마는 연약한 인류에게 지구환경을 견딜 수 있는 정신적 에너지를 충족시켰던 것
이다. 다만 아름다움과 그 쾌락을 느끼게 하는 뇌신경작용에 의해, 예컨대 샤카 부타의 교과서
적이고 교훈적인 악마에의 물리침 보다는, 후대의 수많은 사람들이 감동 속에 문학적인 메시지
를 효율 극대화시키는 예술의 감각으로 시나리오를 썼고, 그림을 그리고, 조각들을 제작한 것이
다.

죄수번호 4001, 신정아 큐레이터에게 당시 고 노무현 대통령은 "어린 친구가 묘하게 사람을
끄는 데가 있다"고 자신에게 말했다는 표현을 그의 일기장 저서에서 기록했다고 한다. '묘하게
끈다' 는 의미는 대상의 감정을 전할 때의 아름다움을 작동케 하는 뇌신경 네트워크의 신경미학
연출이다. 악마 파순의 샤카 유혹 세 딸 이야기는 후대의 모든 예술가들에 의해 미화되고 포장
되어 신경미학의 쾌감을 자극하고 승계된다. 인류는 네안데르탈인 때부터 감성과 이성의 반쪽
두뇌신경이 교류 작동하면서, 자와 비의 삶을 노래하여왔다. 사냥에서 잡아온 먹이감이나 곡식
을 재배하면서, 태양과 물의 고마움을 제사 지내기도 하였다.
세 미녀들로 부터의 욕망차단을 위해, 해도 빌리고, 달도 빌리며, 자연의 불가항력인 아름다운
요소를 발견, 엮어 내 가면서 감각의 법열을 창출한다. "……한여름 오전에 꿀벌을 지켜보는 것
도 / 들판에 방목된 동물들도 / 새들도, 곤충의 불가사의함도, 일몰의 불가사의함도 / 고요하게
반짝이는 별들도 / 봄의 초승달 비길 데 없이 우미한 가느다란 곡선도 / 이들은 하나도 남김없
이 내게는 기적이다." 잘 알려진 휘트먼의 시〈기적〉으로, 둘도 없는 우주(only one cosmos)를
노래한 것이다.

이 화가의 논문은 무조건 게재해 주셨던 당시의 공간지 편집국장 조정권 시인의 시는 극히 최
근의 달 이미지를 노래한다. 동서고금에, 한번 시인치고 달도 밝다고 읊지 않은 사람이 있으랴
마는, 김선욱 시인은 "조선하늘에 뜨는 달은 닳고 또 닳았을 것이다 / (투명한)눈물로 침하된 /
투명하게 비춘다 / 초생달이 됐다 한다." 고 했고, 이정록 시인은 "돌부처 눈 한번 감았다 뜨면

모래 무덤이 된다 / 눈 깜작할 사이에 없다 / 그대여 모든 것이 순간이었다고 말하지 말라 / 달은 위로 한번 하는데 한 달이나 걸린다.”고 표현했다. 모두들 절묘하게 연계되어 리듬과 율동, 그 질서있는 선율이 울려 퍼지는 파동의 진동수, 휘트먼이 노래한 우주의 생명, 그 비로자나 법계의 유익하고 긍정적이며, 쾌감주의의 유전자 생존이, 기적이며, 존재 그 자체라는 것이다. 이 화가가 원효의 맨몸 목욕장면을 어느 민화의 모티브에서 복제하면서, 떠올랐던 시상을 김현 평론가의 〈찬기파랑가〉를 논하는 이미지에서 중복 차용하였다. 반도적 종교와 그 우주적 환경이 물과 바람과 달과 파랑새. 그, 때로는 천수관음의 변신과 관능미, 호랑이가 때로는 선녀도 되고, 여린 조선인의 아주머니도 될 수 있는 〈신라의 달밤〉을 그려보고 싶었던 것이다. “구름이 열렸기 때문에 나타난 달이 / 흰 구름을 쫓아서 떠난다 / 새파란 냇물에 가장의 모습이 있어라! / 이로써 냇가 조그만 / 지내시던 마음의 끈을 쫓고 싶어라 / 아아! 잣가지 드높인 서리를 모르올 화장장이여.” 일찍 사라진 일지 맘짱의 문학적 멘토셨던 김현은, 한용운(스님)의 불교적 인생관이 멀리 소급되면서 〈찬기파랑가〉의 초월적 태도와 신분의 불평등과 불교적 비의를 진리로서 수락한다. 또한 이를 뛰어 넘는 어려운 정신적 곡예를 〈님의 침묵〉처럼 보여준다고 기술하고 있다. 불교적 이념이 ‘샤머니즘 무당화’ 함으로써 얻게 되는 체념, 허무(눈물) 등을 다 같이 극복하고 있다고 규정(김현, 1987)하였다. 이 시 가락의 찬탄은 호소도 아니며, 애원도 아니고, 진리탐구에 가까이 갈 때는 인간의 모습을 찬탄하는 내용이면서, 그 찬탄은 호소도 애원도 아니었다고 김현은 말한다.

“아마도 경주의 어느 시냇가. 그 시내 앞에 가인(歌人)이 서 있다. 그는 맑은 시내 속에서 갑자기 달이 구름을 열어 제치고 나와서, 흰 구름을 쫓아 서쪽으로 가는 것을 본다. 그 달을 보고 가인은 그 달과 같이 맑고 높았던 기파랑을 생각하여 낸다. 아마도 그렇다. 그는 그의 높은 자존과 탐구 때문에 생의 자질구레한 잎을 몰랐을 것이다. 이 시는 시의 원초적 형태인 무속가를 고도의 개인의식으로 극복해 보인 최초의 한족 시가이다.”(김현, 1987)

원시토속 샤머니즘과 불교의 변주 속에 반도의 독자적인 이념과 진리를 찬탄고자 하는 허무나 법열이나 체념의 가락에서, 민족의 능동적인 메시아 또는 미륵같은 ‘초월의 이상’을 부르짖었던 것이다. 보라! 이 시대에도 〈찬기파랑가〉의 초월자가 존재 한다던가?

여죄수번호 4001호, 이성의 자존심을 위해, 이성이 존경의 혐오 나락에 추락했을 때, 반드시 베풀어야 하는 것이 ‘자와 비’의 플레이보이 신조이다. 그 한마리의 잃어버린 젊은 여인에의 슬퍼함을 나누는 위로, 예컨대 감방면회는 쪽팔릴지라도, 일금 5천원에 통닭 한 마리는 수인에게 틀림없이 배달되었을 것이다.

진짜 플레이보이는 경제적으로 작업한다. 2009년도 12월 31일자인가? 대전지법 230호 법정판사는 다음과 같은 시를 대리하여 그 영광과 권위의 판사직을 떠난다. 현대 한반도의 유일했던 〈기파랑〉의 상실을 보는 것 같았다. “법희와 선열을 음식삼아 (法喜禪悅食) 다시 다른 생각이 전혀 없으며(更無餘食想) 여인은 원래부터 있지 않으니(無有諸女人) 한 가지 악한 길도 없다.(亦無諸惡道) 법관이란 헌법이라는 커다란 틀, 그 시스템을 구성하는 피라미드의 어느 인드라망 정거장이다. 시스템을 이탈함으로써 비로소 개성과 자아(ego)를 지니는 인간 감성을 표출할 수 있다. 그러나 조직 중에는 탈영토성의 개체발언 또는 개인 메시지는 발신하지 말아야한다. 시스템의 신뢰 자체가 붕괴될 수 있는 것이다. 최근에, 재판도중 판사는 "피고는 초등학교 나왔는가? 부인은 대학 다녔는가? 마약 먹여서 결혼한 거 아니요?" 했던 것이다. 아......! 대에한민국, 장원급제여!(잔발장)

어제 봉은사 신도회에서는 그간의 사찰직할이니, 주지스님 좌빨이니 하면서 봉은사의 원래 유전자나름 어려움이 있었고, 이를 털기 위해 성지순례행사를 가졌다. 모처럼의 신도들에게 무량수전달 버스 14대의 보살들이 "모두 의상대사를 따라 용이 되어 서해를 건넜던 선묘같이 화현하셔서, 선묘 보살님 되셔서 봉은사로 귀임하시기 바란다."는 진화 주지맘짱의 덕담이 법회를 위로하였다. 한 뭉치의 양자 유전자. 하나의 남자로 보았을 때, 의상 대사는 모범생이고, 이기적, 이지적 또는 고지식하신 맘짱이셨다. 하층민생의 깊고 아픈, 그리고 애절한 애증의 고통을, 원효대사만큼 체험하지는 못했던 것으로 보인다. 의상에 비하면 원효는 훨씬 플레이보이의 프로 작업 기질을 가졌던 유전자정보 덩어리였었다. 당대 과부인 요석공주를 통하여 아들도 낳아 본, 그리하여 시장바닥에서 막가는 흥행과 종교 샌드위치맨 행세를 하고 다녔던 것이다.

요즘시대의 용어로는 민중을 계몽하고 선동하면서 신라의 달밤. 냇가에는 관음보살이 화현한 호랑이나 선녀들로부터 악마적 유혹에, 꽤나 부딪쳤던 스캔들의 거지승려였을 것이다. 김춘추의 권력이나 김유신의 '하나회' 권력을 제압할 수 있었던 사상과 철학을 지녔었지만, 의상의 조직력 때문인지, 왕족 귀족에의 철통같은 견제였던지, 좌우간, 이 혁명가는 뜻을 이루지 못했던 것으로 보인다.

사랑에 깊이 빠졌을 때, 대뇌 깊숙한 「복부외피」인 쾌감센터는 활발한 활동을 보인다. 약물이나 도박중독 또한 동일한 자극을 보이며, 연인끼리 입맞춤으로 접촉되었을 때, 역시 동일한 쾌감을 느낀다. 난쟁이로 불리우는 (신체를 왜곡시킨) 지도는 대뇌 신체감각 중추에 도착하는 피부접촉 신호의 강도를 표현하고 있다. 접촉에 극도로 예민한 감각 수용체들이 밀집해 있는 입술 부분이 비례를 무시하고 아주 크게 묘사 되어있다. 입맞춤은 한 잠재적 짝꿍의 유전적 호환성을 잠재의식정보로 전달한다. 애초에 어미의 입술로부터, 입술로 음식물을 공급받게 되고, 점차 애정을 갈구하는 유전자 지시를 받게 된다.(Chip walter, Affairs of the lips, Scientific American Mind, vol.21, 2010)

인에의 유혹스토리는 샤카 부타에서 부터 오늘에 이르기까지 수많은 드라마에 의해 미화 포장되었지만, 서문성(2006)의 ‘자재암 설화’는 문학적인 표현이 싸나이의 간장을 뒤집히게끔 서술하고 있다. 간밤 폭풍우 속에 뛰어 들어온 여인의 유혹을 간신히 물리친 원효는 옥류천 폭포수를 맞으며, 간밤의 욕정을 물리친 희열로 하여, 무아와 무애의 마음으로 차가운 물길을 느끼고 있었다. “스님! 저도 목욕 좀 하겠어요.” 하면서 여인은 옷을 벗어 던지고 물속으로 들어와, 원효의 벗은 몸에 다가왔고, 아침 햇살에 여인의 몸매 는 눈이 부셨다. 여인이 욕정의 대상으로 보이며 자제할 수 없는 한계에 이르자, 원효는 거부의 나무람을 보냈다 하자. 이때 대부분 여성의 언변은 “제가 왜 유혹합니까? 당신이 저를 색안으로 보시는 것 아닙니까?” 하는 욕망과 그 만큼의 도주핑계를 같이 지니는 보호본능을 보인다. 특히나 밤의 감성(Heart)은 낮의 이성(Mind)을 지배하는 대뇌의 반쪽기능이 특별히 강하다.

더구나 달의 인력과 진동전파는 심장박동과 그 도파민 호르몬 분비에의 생리적 우주본질을 동일체로 작동한다. 종교설화나 경건의 기본구도는, 수도자는 반드시 이 위기 상황마저 극복하고 그 깜빡했던 마음마저도 버려야 한다. 비로소 미모의 ‘자연산 여인’은 금빛 찬란한 후광을 띄우며, 또는 관음보살이 되어 (트랜스포머) 폭포에서 사라지고, 이때의 알리바이 증거로 반드시 하얀 고무신 한 짝을 남기고 만다. 달마가 무덤에서 나와 파미르 고원을 넘을 때, 신발 한 짝은 환생의 상징물이었다. 우주의 진화 법칙을 비로자나 법계의 질서와 상호관계를 효율극대화 시킴으로써 우량품종의 유전자가 마르고 닳도록 살아남게 된다는 것이다. 따라서 짝짓기나 잉태하고 번식하는 생명의 유전은 기본적으로 성적인 유혹을 감각화, 장치화, 미학화하고 포장함으로써 쾌감의 가소성, 항상성을 유인해 낸다. 때문에 살아있음은 생명의 기본 장치인 성적욕망이 뇌신경의 전기화학적 네트워크에 의해서 본능적 짝짓기의 작업화를 작동하게 된다.

이러한 긍정과 쾌감의 유전자 정보는 그 만큼의 부정과 고통의 인간관계를 함께 지닌다. 밝은 빛은 그 만큼 어둠의 그림자가 걷히고, 생명의 원동력인 산소를 소비 할수록 유해산소는 합계 0이 되는 「제로섬 게임이론」(Zero-Sum game)에 지배된다. 모든 에너지의 총량은 일정하다. 지진과 해일의 쓰나미는 바닷물 총량이라는 부피가 바닥에서 땅이 치솟을 때, 그 표면장력이 폭발하여 울려 퍼지는 피로의 간섭현상’ 이다. 지나친 밝힘증의 경우 또한, 타이거우즈 같은 극대의 집중력 확대와 효율화라는 골프계의 뇌신경 연합술을 연출하는 신비스러운 두뇌 가소성을 지닌다. ‘표면장력’ 의 한계는 어떤 외적인 관성 모멘트에 의해 신경망은 망가지고 엉키면서 성적 중독 상태의 금단현상을 가져오게 한다. 특히, 검은 달밤에 작업의 감흥이 극대화된다는 생명현상은, 사람의 몸을 구성하고 있는 진동장들이 외부의 장들과 쉽게 파동을 교환하면서 정전기장을 발생시키기 때문이다.

달이나 태양에 의한 자기장과 중력장의 변화라든가, 일기에 따라 달라지는 저주파 전자기장의 변화나 FM방송, 스마트폰의 인위적인 진동수들도 서로 긴밀하게 교류한다. 수도승의 목욕과 냇가의 (여인)유혹은 물과 달의 관계가, 생명본능의 지구 극대화 파장을 초래함으로써, 욕망 극복의 최고 수련 교과목이 되어온 것이다. "달빛이 수면에 비치는 도량에 앉아 공화의 만행을 닦는다." 는 물과 달리 진동하기 때문이다.(밀암어록. 密菴語錄)

생명의 율동과 리듬은 빛과 중력의 절대적 영향을 받으며 진화한다. 서해안의 굴 조개는 조수의 물결, 그 간섭현상에 맞추어 입을 열었다 닫았다 한다. 약 2주일 후에 굴은 리듬을 바꾸고 달의 뜨고 지는 주기에 맞추어 입을 여 닫는다. 굴은 분명히 달의 중력에 의해 리듬이 편성된다. 음파는 세포조직에 따라 훨씬 더 삼투압되고 더 많이 번식한다. 생명의식의 질이 높을수록 그 조직체의 진동수 반응(frequency response)의 주파수 응답 범위는 높아진다. 인간 청각은 30헤르츠에서 2만 헤르츠의 자극에 의해서만 반응한다. 가시광선 스펙트럼은 파장 4,000~8,00옹그스트롬이 시상화되고 의식화된다.(American Scientist, May~June. 2008)
달 그림자가 물결을 만든다. 달은 지구의 바다를 당길 뿐 아니라 땅도 역시 움직인다. 타이안 국립중앙대학의 류잔영 교수는 2009년 7월, 가장 긴 월식이 나타날 때 대만과 일본을 통해 받은 위성사진 1,400종을 네트워크로 분석하였다. GPS로 계산된 약 300km의 전리층에서 잔물결을 탐지, 분석하게 되었고 컴퓨터프로그램에 의해 월식 그림자는 마치 활모양 같은 날렵한 배 모양의 물결을 보여주었다고 하였다. 리차드 랭그리(R. Laugley) 교수는 흥미로운 발견이지만 좀 더 탐구를 해봐야 한다고 평가하였다.

서양에서의 달(Luna)의 어원은 '미친'(lunatic)의 접두사라고 한다. 몸의 조직 중 일부인 두뇌는 수분이 많은 습한 조직으로 이루어져 있기 때문에, 특별히 밀물과 썰물의 조수를 인력화하는 달의 영향을 받게 된다는 것이다. 소코토 리린필트는 최근 논문 〈달의 광기 영향〉(Lunar Luncacy Effect. Transyluania Effect)에서 중세유럽의 늑대인간과 뱀파이어 설화는 보름달이 뜨는 동안 자기장과 중력장의 과잉잡음이 강하게 일어난다고 하였다.(Sciencetific American Mind, Feb. 2009)
보름달은 정말, 인간의 강한 행동을 재촉하는가? 만월과 광기는 달밤의 체조처럼, 강강술래처럼 사람을 미치게도 한다. 김순덕 논설위원의 '횡설수설' 란에 "여자들 눈엔 그리 미모가 아닌데도 숱한 남자를 사로잡았으며, 한 남자로부터는 지고지순한 사랑을 받는다"고 하였다. 하여, 이러한 점에서 스캔들의 여인들은 서로 닮았다.
신정아의 학위위조 사건은 멀리 실세권력 밖의 이 화가에게도 약간의 피해를 주었다. 그 해, 친구들과 정기적인 골프 접전을 레이크 힐스 컨추리에서 열나게 수행 중, 수상한 전화 한통을 받게 되었다. 한양대학교 아무개 교수냐고 확인하더니, 여기는 서울지검 특수 2부의 아무개 검사인데, 대학원 강사 중 아무개가 귀 학과에 출강한 적이 있느냐는 것이다. 그 분이 가짜 학력으로 귀 학과에 출강중이기 때문에 출강의뢰 및 과정과 경위를 알고 싶으니, 지금 빨리 참고인으로 출두(?)하라는 전화였던 것이다.

서울지검 특수 2부는 전직 대통령도 구속했던, 이 시대 비로자나법계 염라대왕 조직이다. 아무리 기억을 더듬어도, 영 생각이 나질 않았고, 그 날 이 화가의 골프게임은 엉망이 되고 말았다. 서울지검 특수 2부가 원한 이 화가(참고인)의 핵심 진술은, 출강한 모 교수의 가짜 학력이 명기된 '종이이력서'의 증거가 필요하였고, 당시 학과장으로서 그의 가짜 학력을 알았는지 몰랐는지를 확인코자 했던 것이다. 이 화가가 재직한 한양대학교 산업 환경디자인전공 박사학위 코스는 한국 최초로 개설되어, 현재 약 100명 이상의 학위취득 제자들이 전국의 대학에 교수로 활약하고 있는 터이기는 하다. 이 사건으로 인해 결국 학력을 조금이라도 세탁한 경험이 있는 유명 강사들은 대학에 출강치 않으려는 풍조가 만연되고, 유명 강사 구하기가 점차 어려워졌다.

또한 지하철 2호선 (소재)대학의 교수는 더더욱 요지부동이었다. 이 사건 이후 쥐꼬리만한 강사료에 캠퍼스 주차비까지 지불하며 강의를 맡겠다는 유명 강사들은 없었다. 하여, 처음에는 지방대의 제자교수들을 사정 사정하여, 밥을 사주며 출강시켰다. 막판에는 수강희망 박사 재학생이 직접 섭외하여 간신히 매 학기 시간표를 매우는 말 못할 실정이었다. 문제의 종이이력서는 없고, 마침 시대의 모든 행정이 전산화 되고 있었던 과도기였기 때문이고, 가짜학력을 확인할 의도도, 시간도 없는, 말하자면 교수간, 사제간의 신뢰문화라고 배경을 설명한 후, 결국 서울지검 특수 2부의 아무개 검사님을 납득시킬 수 있었다.

물론 당사자들은 모르지만 업의 카르마 파장은 이렇게 법계의 연관 네트워크가 엮여져 있음을 다만 확인할 뿐이다. 하여, 학력위조로(처음엔 몰랐지만), 유명강사 구하기가 그렇게 어려웠음을 검찰에 '이실직고' 하였던 사실을, 그 당시 우리 김종량 총장께서 아셨으면 얼마나 서운해 하셨을까?

비탄, 광기의 해마, 편도체

약육강식, 혁필유화 8호, 2009

　"똑같이 확실하고, 똑같이 단순하고, 게다가 똑같이 원초적이고 보편적인 두 개의 힘이 있다. 즉, 흡인력과 반발력이다."(베토벤은 칸트의 왕팬이었다. 위의 일기는 칸트의 일반적 자연사와 천체의 이론에서 인용한 것으로 보인다. 이어서 호메르스의 '일러어드'도 차용하였다.) "왜냐하면 운명은, 인류에게 계속 견디어 낼 수 있는 용기를 주었기 때문이다." 마음의 외상후 스트레스장애(PTSD)는 급박해지는 현대사회에 크게 나타나는 사회적 행태 증후군이고, 일종의 사치스러운 유행병으로 회자되기도 한다.

왕년에 입은 큰 상처 한 두 번, 고통 한 두 번에서 기사회생하여 살아남았을 때, 인간승리의 제일 조건으로 흡인력과 반발력이 치부되곤 하였다. 확실히 유전자 진화는 부정과 추함과 비생산적이고 비공동체적인 정보를 삭제한다. 때로는 강제적으로 사장시킴으로써 인류성장의 ‘소비열량 최소화’ 라는 경제권력 원리를 작동시킨 역사 또한 만만치 않았다.

　폭력과 학대, 상처와 고통의 두뇌작동은 예일대학　브렌너(J. D Brenner) 교수가 자기 공명화상법(MRI)을 사용하여, 당시(1997) 신체적 성적 학대를 받았던 17인의 성인을 상대로 조사한 결과, 조사 대상자 전원에게서 PTSD가 발견되었음이 보고되었다. 비교대상의 연령·성별·학력·민족·음주량 등에 관계없이, 피학대 경험자의 왼쪽 해마는 건강인에 비해 평균 12%가 축소되어 있음을 발견하게 되었지만 오른쪽 해마는 정상규격을 유지하고 있었다고 한다. 이후, 스테인(B·Stein)의 실험 결과 또한 조사 대상자 해마에 이상이 초래됨으로써, 성인여성 21명 모두에게 해이성동일장애(解離性同一障礙)의 결함이 발견되었다. 결국　‘다중인격장애’ 라는 치명적인 현실현상징후를 나타낸다고 한다. 이와 유사한 경계성 인격장애의 성인여성은 정상 규격의 해마(Hippocampus)가 16% 작아지고, 편도체(Amygdala)가 8%작아지는 조사 결과가 알려지기도 하였다.(M. Driessen, 2001)
결국 스트레스는 해마에 민감하게 작용하면서, 억제할 수 없는 흥분성과 적의의 공격감정을 분출한다는 것이다. 어릴 때 학대받은 상처는 커서 반사회적 행동으로 나타난다. 기억과 자비심을 제어하는 원시적인 피질영역은 대뇌변연계(L. S. Limbic System)의 과잉흥분으로 작동한다. 뇌의 깊숙한 부분인 해마와 편도체에서는 공포와 공격충동이 발생한다. 해마는 들어오는 정보를 장기기억에 저장하는 결정적인 중요장소이다. 편도체는 사람의 생존과 감정의 필요성에 응하면서 이입되는 감정정보를 걸러준다(filtering)라고 알려져 있다. 해마는 특히 시각과 냄새의 감정정보를 집중적으로 보관한다.(변연계시스템=편도체, 뇌하수체(Hypothalamus), 해마+완와전두엽(Orbitofrontal cortex))
공격과 야만스러운 광기는 데스토스테론 호르몬이 과잉 분비되었을 때 특히, 청소년 폭력으로 작동하기도 하며, 때로는 여성장기 수감자에게 많이 분비되어 작동되는 것으로 조사 보고되었다.(J. Dabbs, The Testosterone Connection, SCIENTIFIC AMERICAN MIND, Dec. 2006)

　지원정사에 찾아온 마룬쿠야는 샤캬 부타에게 육체와 정신은 하나인지 별개인지를 묻고는, 해답이 없으면 조직을 떠나겠다고 하였다. “여기 독화살을 맞은 한 남자가 달려온 의사에게 이 화살을 쏜 자는 누구냐? 어디서 날라왔고, 화살독은 대체 어떤 독이냐?”를 가르쳐 주지 않으면 절대로 치료를 받을 수 없다고 떼를 썼다 하자. 여기서 가장 중요한 핵심은 독화살을 빼는 것, 즉 현실의 괴로운 현상을 해결하는 일이다.
① 삶은 고통이다 ② 욕망이라는 원인에서 비롯된다. ③ 따라서 욕망이 없어지면 저절로 고통도

소멸된다. ④ 이를 위하여 우리는 바르게 보고 올바른 생활을 해야만 한다. 불교에서 고통의 원인은 단적으로 '사랑'이라 보여진다. 불법에서는 '사랑해서는 안된다.'라는 것이 진리이다. 집착과 갈애, 그 원인과 그 결과인 인과응보, 꿈 속에서 괴물에게 쫓겨 괴로워하는 양상인 괴물부재를 알지 못하고(무명.無明) 그로부터 도망치고 싶어(사랑) 자기 멋대로 괴로워하고 있는 것이다. 무명의 '없애버림'과 사랑도 실종되고 또한 고통도 해소된다. 연기의 가르침인 것이다.(히로사치, 1983)

갑작스럽게 연인이 떠나면 발로 아랫배를 강하게 차였을 때와 같은 견딜 수 없이 심한 통증을 느낀다고 한다.(컬럼비아대 연구팀, TIME, Apr. 28. 2011) 연구팀은 최근 실연당한 40명에게 헤어진 연인의 사진을 보여주면서 fMRI 촬영장치로 실연당한 40명의 신경물질 전달과정을 관찰하였다 한다. 그 결과 스트레스를 전달하는 신경물질 일부가 평소와 다른 경로로 작동하면서, 분노와 공포의 감각을 대변화하였고 감정의 돌연변이를 조장했다고 한다. 대체적으로 조울증 환자 10명중 7명은 우울증을 앓다가 치료 후 재발하는 과정에서 조울증이 나타난다고 한다. 또한 여성이 남성보다 1.4배로 조울증이 많다고 한다.(한창환, 2011)

기분이 들떴다가 다시 우울해지는 불확실성의 상태는 웃다가 울다가를 반복하는 대뇌정보의 교란인 것이다. 대뇌신경망의 혼돈과 복잡성을 기억시스템의 정보과잉으로 창발하다가 환상의 원래 존재로 회귀한다고 해석한다면 지나친 독단일까? 잘못 기억된 '무명의 꿈속 괴물'을 쫓는 현실의 여인을 잠시 알아보자. 어떤 여인이 있다 치자. 그녀는 어린 아들을 저 세상으로 일찍 보내고는 고통의 나날을 술로 뇌를 마취시키면서 살아가는 음악가였다 하자. 얼마 전까지 이 화가에게 일 년에 몇 번 정도, 핸드폰으로 아무게 호텔 중국식당으로 나오라는 전갈이 그녀로부터 오곤 했다. 이미 그녀의 목소리는 술이 어느정도 적당히 취해있는 상태였지만 중요한 통화의 내용은 확실히 맨 정신의 또렷한 발신신호이다.

하여, 한걸음에 달려 가보면 돌아선 연인을 다시 만나는 듯 반가워하며 계속 알코올의 공급을 확신 받을 수 있는듯 안도의 수다를 토해내곤 하였다. 탕수육에 배를 채운 연인(?)들은 이차, 삼차, 마지막 노래방 순례까지 하게 되고, 그 몇 시간의 취몽사몽(비몽사몽) 동안 여인의 감정은 웃다가 울다가를 반복하는 조울증의 뮤지컬 수다들을 토해내곤 하였다. 물론 이 화가는 몇 수십년부터 금주의 상태이기 때문에, 무리들의 비틀거리는 한발 한발의 술집 순례는 정상적으로 수행된다. 마지막 떠난 아들을 향한 죄책감과 절망감 때문에 곧바로 자살을 결행하여야 한다는, 가곡인지 유행가인지를 노래방 마이크에 절규하는 순서가 거의 마지막 레퍼토리이다. 본시 성악가 출신이기 때문에 러시아 소프라노 안나 네트렙코(Anna Netrebko. 그는 최근에 경악할 정도로 뚱뚱해졌다.) 수준의 애절했던 곡조는, 다 늙은 이 꼰대의 가슴을 뒤집고 교란시켰던 것이다. 문제는 미래의 맨 정신에서 우연히 스쳤을 때 이 꼰대를 못 알아보고, 지각 또는 기억이 입력되지 못하고 있다는 사실이다. 적당한 기억의 마취와 쾌감중추의 시동이 걸리는 단계에서 불현듯

인지되는 전화번호의 술 공급 삼촌(!), 그 비탄과 소외와 고통의 빈자리를 채우고자 하는 취중과 비몽사몽이다. 마치 가상현실의 아바타가 만나 수다 떠는 인드라 네트워크망의 접촉인 것이다. 예컨대 그는 친구들과 모처럼 골프를 나갔는데 장비나 옷차림, 몰고 간 승용차에서 가난한 자신의 모습을 발견하곤 하여 자기 자신을 비하하게 되었고, 이 화가 삼촌에게 '빨간 골프화' 를 신고 싶다고 갈망했다. 그날 우리들의 취중 가상만남은 '빨간 골프화' 의 생김새, 브랜드, 치수 등의 정보교환으로 날을 샜으며, 두 사람 다, 다음날 맨 정신에는 필름이 끊긴 상태였음을 잘 안다.

조울증 여인의 예를 영화를 통해 이야기해 보자. 야유와 탄성, 그리고 비명의 충격적 걸작, 제62회 칸느국제영화제 여우 주연상을 수상한 '샤를로뜨 갱스부르' 의 의식은 많은 두뇌영역의 협력을 요구하지만, 특정 영역의 무엇이 마음의 눈 (Mind's eye)을 나타낼 수 있는지를 지켜보게 한다. 또 다른 영역의 네트워크인 전두엽(SFC, LFC)과 정수리 영역(PR)은 물론 편두류(AMY)까지 포함하여 '주의력 틈새' 까지 책임지고 있으며, 새로운 자극의 발상을 등록시킬 가능성을 지연시키는 것으로 보인다.(Andreas K · Engel, Corning to attention, SCIENTIFIC AMERICAN MIND, Aug. 2006)

'샤를로뜨 갱스부르' 는 앞서 언급한 아들 잃은 빨간골프화 아주머니의 원래 원조격 조울증환자이면서, 혼란에 몰입하여 공포의 선과 악을 치명적으로 연기하는 '극단의 악마화' 를 선 보였던 것이다. 라스 폰 트리에 감독의 안티크라이스트(ANTICHRIST, 2011)는 (눈 오는 한밤 중) 위층의 아기 침실에서 '세 거지가 나타나면 누군가는 죽어야 하는' 암시의 장난감을 떨어뜨리면서 아기는 (스로모션으로 하이스피드 카메라 촬영) 떨어져 세상을 떠나고 만다. 이후 남편(윌리엄 데포)의 끈질긴 심리치료와 대화 속에서, 이미 아기 엄마의 대뇌 어느 부분이 고장 나있음을 알아차린다. '에덴의 숲속' 이라는 작은 오두막에 아기를 데리고 가서 학위 논문 〈마녀사냥〉을 집필할 때, 엄마는 자식에의 사랑은 존재했지만 모성적 피부접촉과 일심동체의 보살핌을 무명의 상태로 방관하게 된다. 아기의 신발짝을 오른발 왼발을 거꾸로 신겨왔던 습관을 알게 되는 것이다. 결국 여인의 광기는(악마의 속성도 원래 누구에게나 존재하여 왔다는 듯) 남편의 다리를 못으로 박으면서, 완벽한 자신에의 소유와 단일 신체화를 시도하게 된다. 공격충동의 욕망화는 결국 여인의 죽음으로 종결된다는 경악의 스토리로 충격화 시켰던 것이다. 인간의 집착과 욕망화가 얼마나 비참해 질 수 있고, 악마의 속성을 창출해 낼 수 있다는 경악감을 메시지화 하였던 위대한 예술 승리의 신경미학이었던 것이다. 광기의 근원, 불안과 공포는 우리들의 기억 유전자에 설계된 기본 입장이던가? 영화 속에서 두뇌 네트워크가 완전히 망가지고 뒤집혀진 교란현상은 에덴의 숲 오두막에서 집필한 학위 논문 〈마녀사냥〉의 처연한 영화 속 자료에서, 이미 정신이 뒤집혀지고 상대적으로 숭고한 존엄의 아기를 대비시킴으로써 보색대비를 극대화하였다.

중세 16세기까지 7년 동안 「마녀사냥」 은 4만 내지 6만 명의 억울한 여성과 여아들이 원인도 모르게 고문으로 죽어갔다고 한다.

성경 속 어디, "너는 마녀를 살려두지 말지어니……"의 한 구절을 이유로 하여 말레우스 말레피카룸(Malleus Maleficarum)은 〈마녀의 망치〉를 발간하게 되었다. 〈마녀의 망치〉 출간을 계기로 순식간에 유럽 전 지역의 기득권 종교권력과 그에 종속된 장로 부족장들은 여인의 두개골을 쐐기로 축소시키는 고문, 광풍의 대 학살 이벤트를 자행하였다. 이들 박해의 권력들은 평소의 잠재저항세력, 특히 여권신장을 두려워했던 강박관념과 여성의 자연적 종족 번식의 생리적 기능을 과잉 욕구로 보았다. 그들은 이들을 정신병 도는 거지집단으로 몰아 악마의 하수인 사탄으로 취급하여 그 공포와 죽음의 광란 이벤트로 몰아갔던 것이다. 이로 인한 파급효과와 그 영향은 오래도록 인류집단과 그 권력화 과정의 악마성 유전자의 승리와 진화현상으로 진행되었고, 미국에 건너가 소설 〈주홍글씨〉의 형벌 또한 이러한 휴유증의 증거로 표출되었다.

히틀러의 유대인 집단투옥학살, 그 마녀사냥이라는 흥행엔터테인먼트는 사채시장의 고리대금업자들을 작살내면서 출발하였다. 게르만 민족성을 위대하게 신화적으로 연출하였던 바그너(Wilhelm R. Wagner, 1813~1883)의 영웅적 음악성은 히틀러의 민중장악 조작에 절대적이며, 극단적인 정치연출 기술이었다. 바그너의 유대인 혐오와 증오심은 광란의 마녀사냥에 도취토록 하였고, 인간의 「악마성」이라는 대리만족과 이간질의 분할통치권력은 그 뒤에 숨어서 조종하는 지배권력 1%들을 홍위병처럼 조율한다. 히틀러, 바그너, 레닌은 '전관예우' 급수이지, 최종이득 존재의 탈취자는 아니었다.

　오늘의 한반도 역사에서, 원자재와 화폐를 비참하게 위장시키고 있는 분할작동세력과 이들의 재고량을 아는 또 다른 분리주의자의 작사, 작곡, 연출이 끝없이 환류되는 리모컨 사냥이 악취를 내면서 작동하고 있다. 대중 또는 서민, 또는 유권자들은 어떤 절대적 「존재의 이유」에서 파동되는 「간섭무늬」의 마취로 인하여, 1% 군중들이라는 위장 포장지속에 존재하고 있음을 다만 모를 뿐인가? 말세를 조종했던 존재이건 혹은 시스템이건 새로운 21세기를 막 통과하고 있다. 말법세계가 지나면 미륵불이 온다고도 했다. 샤카 부타의 2,500년 후의 예측 가능한 관점(방법)이다. 그러나 이는 추상적이지, 구체적이고 현장적인 대안 매뉴얼(manual)은 될 수가 없다. 왜냐하면 분할과 이간질로 챙기고 누리는 은폐된 물귀신의 큰형님 (Big brother) 또는 인드라망 시스템의 기능 고장은 결국, 업장과 자멸의 위기를 불러오기에 충분하고 샤카 부타의 새로운 방법이 절실하게 요구되는 엉킴의 종점세기이기 때문이다.

착시와 실종의 가룽빈가

'가룽빈가'라는 불국토 상상의 새는 봉암사를 창건한 지증대사(智證大師. 824~882)의 사리탑에 아로새겨져 있다.(寂照塔. 보물제 137호) 팔각원당형의 이 탑은 헌강왕 8년(882)에 세워졌다. 팔각벽면의 양각 장식조는 역시 통일신라 미술의, 그리스와 간다라 미학을 구사하는 비례와 부피의 양감을, 실크로드를 통해 영향 받아졌음을 감지할 수 있는 미적 쾌감을 참배객에 선사한다.

"가을 시린 바람이, 허리께에 일적마다 서걱서걱 살을 저미는, 가슴아래 감추어둔 여인의, 된 기침소리, 바람이 머리채에 붐비는 밤이면, 다시 쇠소리로 굳게 잠근, 진여문(眞如門) 한번, 오지게 밀어보고, 열리지 않는 문 안으로, 하늘 한번 힘껏 쳐다보며, 아! 까닭없이 서러운, 서슬 푸른 가을 하늘, 몇 겁 후면 다시, 봉은사(奉恩寺) 보살로나 태어날거나"(이름 모를 시인의 '봉은사', 일간스포츠 연재, 그림여자. 그림남자, 양호, 1997~1998, 재인용)

무한대의 우주확장 공간감각의 감동은, 또 다른 미세한 나노세계에서의 극한 소우주공간과 함께, 대뇌신경을 자극하고, 미적 쾌감을 상승시킨다. 우리는 이집트 피라미드의 크기에 감동하고, 광활한 수평선 위에 전개되는 사막의 돌출사태를 경이롭게 보고 느낀다. 같은 삼각추의 파리 루부르 박물관 정원에 놓여진 유리 피라미드는, 주변의 웅장한 건물에 찌들려 보이는 한갓 통풍과 빛의 돌출 창문에 지나지 않는다. 미적 감동과 쾌감을 상승시킬 공간이 없는 것이다. 정치인들이나 서울시, 지자체의 한껏주의 시장들은 다시 한번 그 자리 당선을 보장받기 위하여, 깜짝 실적들을 기획하고 무식하게 실천한다. 눈에 보이는 가시적인 위업을 위하여, 실질적인 시민의 안녕과 보호, 하물며 감동과 쾌감은 늘 뒷전이고, 그들은 실로 몽매하고 무식하다. 그저, 한강에 눈에 띄는 오페라하우스를 짓고, 시 청사들을 어마어마한 규모로 짓는 반면, 동네 골목 골목의 공공도로와 장애인 유도 도로는 점차 사라진다.

국내 사찰경관과 규모는, 풍수지리와 환경지리에 적합했던 인공 건물을 짓고, 계곡과 산골의 생태적 상태가 공급하는 생명수와 그 배분의 영양단계에 맞추어, 수도하는 스님(맘짱)들의 수용 인원이 정해졌다. 하여, 사찰 자리는 영원했고, 경관의 짜임새 또한 새벽예불에 걸맞게, 웅장하게 불국토에 파동하는 법고, 법종, 목어, 운판의 동심원 울림이 세세 맥맥에 물결을 그리며 흐를 수 있도록 본존불의 시야를 확장시켜 디자인되었다.

북극보전 가룽빈가 보살, 유화 10호, 2009

수년 전, 봉은사 본존불의 눈에 눈물이 흘러내려, 그 얼룩 자국이 오후 서향 빛에 더욱 선명하였고, 지나가다 들린 이 화가는 가슴이 매어오고 회한에 젖어, 한 없이 대웅전 서편 문짝에 기대어 짙어가는 노을을 바라보며 멍청히 서 있었다. 어느 날, 본존불은 눈물자국과 함께 떠나시고, 금색 찬연한 새 부처님께서 오셨다. 이 시기, 옆 지장암 역시나, 직선이 많이 가미된, 피부량감의 김세중 은사님 스타일 특유의 지장보살 조각 작품이 동시에 봉은사에서 사라지고 말았다. 역시나, 조계사 고목나무 사이로, 대웅전에 꽉 찬 금색 광채에, 휘둥그리 놀라, 들어가 보았을 때, 그 엄청난 불상들의 크기에 경악하고 말았던 적이 있다. 참배 신도가 숨 쉴 공간도 없이, 과잉 확장된 크기공황으로, 그 위압감과 공포감은 말로 표현할 수 없을 정도여서, 끝도 없이 작동하는 심장 박동수를 억제 할 수 없었다.

또한, 이 화가가 죽기 전에 하여야 할 평생가치인 퇴색, 상실되어져 가는 사찰 불화들을 기록하고 재창조하여, 한국종교예술의 지구상 실종을 막아 보고자 하던, 꿈같은 꿈은 깡그리 짓뭉게지는 절망감이 내 가슴을 도려내는 바로 그 현장이었다.

최근 화엄사, 쌍계사, 고운사, 월정사 등 등, 은둔의 봉암사까지, 새로운 요사채와 그를 장식한 전통미술양식의 변질에서부터, 신세대 만화그림 같은, 마지못해 칠하는 단청무늬와 불화에 이르기까지, 사찰 미학의 독창적 생명력과 그 전통예술의 승계미학은 서서히 실종되고 있다. 지배적이고 비불교정신적인 작금의 사찰예술과 그 경관미학을 탄식해 본들 무엇하랴 ? 지금, 이 순간에도 조선반도 동포들의 불교미학은 상실되고 있다.

일년에 한번 개방한다는 봉암사. 원래 유명한 석탑, 약간은 동쪽으로 피사의 사탑처럼 기울어져 가지만, 상탑 위 꽃 장식의 반복과 그 위계질서는 신라시대 미술양식을 대표적으로 승계하고 있다. 원래의 대웅전 자리는 그 규모와 배경, 산세, 앞의 계곡 폭류와 함께하는 대자연의 교향곡이었다. 어느 날 갑자기, 사찰 주 동선에서 오른쪽 언덕에 엄청난 크기의 새 대웅전이 세워졌고, 봉암사는 문경 소백산맥 끝자락의 모든 세계와 단절된 채, 생뚱하게 새 보금자리를 튼다.

이 화가는 봉암사와 경순왕에 스쳐 지나간 마지막 통일신라국의 예술적 정서를 안타깝게 뒤져 보았다. 그리고 경순왕을 강제 책봉한 미륵 드라마의 작가인(?) 후백제의 견훤과 그의 무자비함을 생각해 보았다. 복수의 화신 견훤은 마침내, 경애왕의 유명한 최후의 만찬, 포석정 연회장을 급습, 왕을 자살케 하고 왕후를 성폭행하면서, 강제로 경순왕을 책봉하였다. 그는 후백제를 미륵의 용화세계라는 환상속에 살았고, 그의 권력지배 시나리오는 석가와 미륵의 '잠자리 모란꽃 피어내기'의 연속극을 궁예와 함께 드라마화 하였다.

1980년대, 엉킴 리좀」 불교의 탈중심, 탈영역성의 망 정거장, 봉은사의
폭력사태는 위치점유에 의해 시공의 기억을 윤회, 진화한다. 봉은사 미륵불이
건너편 수영장에 비치면 이 화가는 물속의 미륵 물결에 뛰어 들어가, 미륵
품안에 잠겼다가, 환영의 결합을 금방 해체시킨다.

    마이트레야(Maitreya)…… 인도 빠라나시의 재무상 아들로 태어날 때까지, 그의 어머니는 꽤
나 독종이셨다 한다. 그런데 아들을 잉태하고부터 갑자기 자비의 화신이 되었다. 미륵, 마이트
레야는 우정, 친절 등의 이미지로 자(慈)로 번역되며, 이때부터 현모를 자당이라 한다.(황석영,
1988)

이리 저리하여 죽림정사를 찾아 샤카 부타에게 머리가 터지는 것에 관해 질문하였고, 학문에 대한 고뇌 자체가 미망이고 무지, 무명이라고 본 샤카는 "무지함이 머리(두뇌)라는 것을 알라. 지혜야 말로 머리가 터지는 것이다." 라고 말했다 한다.(슈타니파타)

흰색 모래사장이, 화강암과 대조되는 제주도 우도. 이 섬이 우리나라에서 가장 아름다운 풍수의 조건을 지닌다 하였던, 풍수대가 최창조는 종교기능에서 치유가치를 말씀하신 분이다. 황해도 사리원 정방산성에 자리한 "성불사 깊은 밤에 그윽한 풍경소리, 소승은 잠이 들고 객이 홀로……" 그 깊숙이 유전된 기억의 음율만으로 만족해야 하는 성불사 대웅전은 비만 오면 물에 잠겼다 한다. 이러한 상습 침투지대에 절을 세운 이유는 '땅이 아파서 고쳐 드리고, 달래기 위해 절을 짓고 탑을 올렸다' 는 것이다. 만백평야의 수원지인 이곳 정방산성만 잘 지키면 홍수피해를 막아 낸다고 하였다.(최창조, 2011)
소백산맥 큰 줄기, 멀리 하얀 봉우리의 희양산은 '절이 들어서지 않으면 산적들의 소굴이 될 자리' 로 알려졌기 때문에, 헌강왕 5년 지증대사(824~882)께서 절집을 만드시게 된 것이다. 하여, 성철스님을 비롯하여 네 분의 조계종 지도자를 배출하였고, 폐쇄적인 수도도량은 여전히 무거운 역사속의 치유공간으로 자리하고 있다.

지모신, 여신상, 여성 무속인 등의 토속신앙대상들은 동서를 통한 모든 보살상에서 통합되고 꾸며지며, 선망과 기도와 신앙의 대상이 되어 왔다. 종교미술사에서 가장 사치하고 장식품이 현란했던 고려때 수월관음상은 당나라 보살상이 도교와 함께, 귀부인에의 선망의 대상으로서, 대리만족의 모델로서, 부티 나는 여관음상으로 묘사 연출 되었다고 한다.(최영순, 2007)
앞서, 이 화가는, 한국 사찰의 중병이라 할 전체 가람풍수와 질서의 조화에서, 갑작스런 돌연변이 규모의 건축물과 엄청난 크기의 새 대웅전 등장으로 하여, 참배객의 시신경의 비균형을 초래하는 사찰들이 점점 늘어난다고 논한 바 있다.
사찰환경과 조경은 근경, 중경, 원경의 요소를 갖추면서 시청각 쾌감의 질서를 선사한다. 이때 연못에 비치는 송광사의 경우, 풍경을 빌리는「차경」과, 절문 문고리를 만지작하는 촉각의 느낌 등은 명품사찰의 풍수와 신경미학의 필수 조건들이다. 화엄사 본존불에서 내려다 보이는 가람의 대칭적 배치와 중경, 원경의 저 멀리……. 석양에 흘러가는 예불소리들은 스테레오의 다중 쌍음처럼, 끝없는 남도평야의 영원한 피안으로 퍼져가는 치유가치의 공간이다.

지붕을 개조한 봉암사 극락전. 경순왕 피난처 원당이다. 2011

원래 한반도의 여인 의복, 그 기원의 증거는, 우아하고 세련된 그러면서도 검약한 장식과 흐르는 듯한 주름곡선의 「드레스 코드」가, 가장 반도적 미의식을 지닌 석굴암 십일면 관음상에 남아 있다. 석굴암 십일면 관음상은 우리들에게 "너무 현란하게 나가지 말라"는 신호를 보내고 계신다. 오히려 인도나 바미안 키질의 불상보다는, 간다라를 통한 그리스의 자연신체미에 가까운 석굴암 보살상이기 때문에, 불교미술 질서의 문법과 요소가 불법과 불계의 영원성과 인간적 감성을 표현하고(지닌다고) 있다 할 수 있겠다.

이태리 「로베르타 까발리」 브랜드는, 전 세계의 대담한 색채와 색다른 무늬와 형태들을 발굴하여, 소위 통섭의 디자인 명품을 생산해 낸다. 때로는, 아프리카의 원시 야만적인 뜨거운 문양과 터키 아르메니아 계곡의 낯설고 알려지지 않은 염색, 직조를 제품화 한다. 이 화가는 비록 된장녀나 명품족은 아닐지라도, 교수 월급에, 때로는 그림 팔아서라도, 「로베르타 까발리」의 실크 셔츠나 티셔츠는 가능한 한 모두 구입해 왔다. 왜냐하면, 이 화가의 작품활동이나 디자인 강의에서, 시대에 뒤 떨어지지 않고, 앞서가는 '센스'와 '컨셉'을 유지하는 유일한 최첨단 감각 정보통이자 매개체인 셈이었다. 하나의 문자나 글귀, 하나의 정보나 상품모델을 통달함으로써, 뇌속의 빅 데이터와 메모리를 통합하는 동시발화(synchronous firing)라는 전자시대에 유용하게 작동하는 신경미학의 '선택과 집중, 그리고 착시' 이론이다.

11년 동안이나 사부님 찾아 헤매던 만행 끝에, 개운조사는 "이곳 저곳을 분주히 다니면서 (쓸데 없이) 신발만 닳고 있구나" 하였던 옛 선사의 일갈에, 갑자기 뇌 속이 터지듯이 팽창하고, 이윽고 통합된 동시발화의 목소리가 들려왔다고 한다. 그리하여, 열아홉 살까지 공부하고 수행했던 옛 봉암사를 다시 찾아, 환적암 산내 암자에 정착하였다.(류인학, 1995)

객질하고 다닌 만행을 중단한 것이다. 개운조사 역시, 수행 중에 별의별 환상들이 괴롭혔고, 때로는 요염한 미녀가, 눈앞에 황금과 호랑이가, 또한 산적이 침입하는 환청과 환시 속에, 정진을 계속하였다. 역시나 어느 날, 난폭한 노짱으로 변신한 보살님이 나타나셨고, 이를 잘 섬기고 극복함으로써, 깨달음과 이적을 낳았다는 봉암사의 전설이 남아있다.

선택과 집중, 그 착시와 미완성의 봉암사 개운조사는 환상 같은 현실을 잠시 머물다 가버린 인물이었다. 깜짝 조립품과 그 해체의 허무함과, 꿈같은 순간과 흐름이 동시적으로 통합, 팽창하여, 그리고 썩어버림의 해체를 동시다발적으로 반복했던 수행의 과정이며, 역사였던 것 것이다.

"천국은 없다. 그건 인간이 만들어 낸 동화(fairy story)일 뿐이다!"라 하였던 호킹 박사의 '인간두뇌의 오작동'과 '그 오락가락, 깜박깜박하는 허구성'을 강조하는 듯하다.

"내가 웃는게, 웃는 것이 아니야" 라는 망말! 애잔하다는 것이 슬픔을 잡지 못한다(哀而不悲)는, 꾸미고 사는 삶의 연역법은, 시간의 역사가 말해주는 암흑세계의 두려움, 그 대안으로 모색하였던 신화였고 동화였다는 것인가? 숭산 맘짱의 '다만 모른다'(only I don't know!)라 했던 해법은 정녕 위기 모면의 수사였던가?

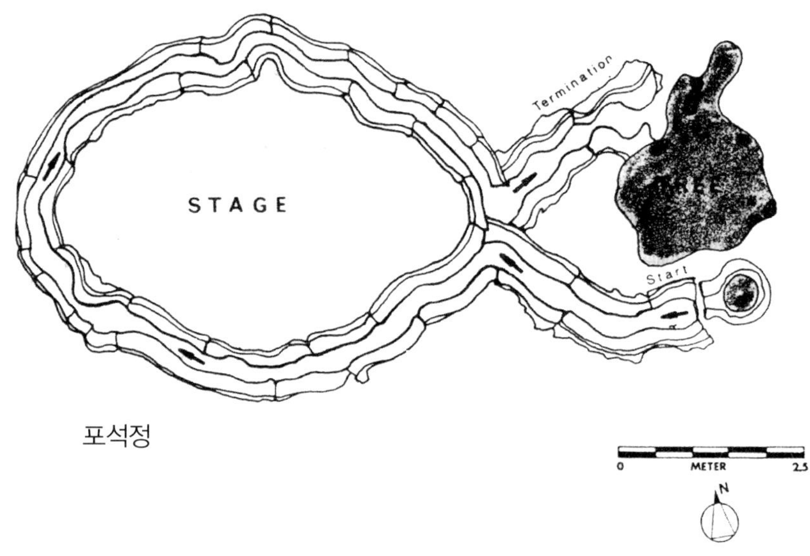

포석정

양호. 한국의 돌길, 물길, 왕길, 능길, 절길. 공간 142, 143, 144, 145, 146권 1979, 1980, 향원지의 돌샘길이 시공적인 척도에 의하여 쌓여진 길이라면 창덕궁 깊숙이 흘러 떨어지는 옥류천 폭포길은 바위를 깎아 의도적으로 물길을 만든 삭이는 폭포길이라고 할 수 있다.

한반도 핏대의 상징, 포석정은 임금님 잔이 흐르는 술길이 굽이굽이 곡선과 미묘한 23개의 경사도로 이루어진 돌길이다. 술잔의 무게, 속도, 곡선의 경사는 영겁을 두고 부딪히지 않고 흘렀던 신비적 방정식을 지니고 있다. 또 다른 신비의 대뇌 수로, 정보회로의 선택과 집중, 그리고 착시의 우주 또한 일러 무엇하리?

"나는 어디에서 와서, 어디로 가고 있는가?" 화가 고갱이 타히티 섬에서 미쳐가면서 그렸다는 그림의 제목이다. 근 현대 시대정신의 문학적 대변자였던 (고)최인호의 '낯익은 타인들의 도시' 또한 선문답 화두로 던진 '역시나' 에 대한 질문이고 고백이다.

봉암사 지증대사 부도에 얼굴은 사람이고, 몸은 새 모양인 「가릉빈가」 의 가상 조각은 원래 헛꽃이고, 환상이고, 기억에 남겨지는 사리의 의미였든가?

설봉의 시에 "소대가리 사라지니 / 말대가리 돌아온다. 조계(혜능)의 거울속엔 / 티끌한점 없어라/ 북치고 모두 나와 찾아보라 했건만/ 그대 정녕 보지 못할꼬? / 봄이 오네 / 온갖 아름다운 꽃 / 누굴 위해 피려는고." 를 읊조리노라면, '결국 본래 한 물건도 없다.(本來無一物)' 라는 혜능의 절대 경지를 확인할 수 있다.

아참, 너무 나가버렸나? 이 화가의 이상향 연인의 두뇌 속에 인지된 수평선은, 확대하면 지구

윤곽의 일부로서 필경, 곡선일 것이다. 이 곡선은 자기닮음(프렉탈)을 되먹임하면서, 끝없이 자전과 공전에 의해 움직이고 변화하고 있다. 때로는 지구 땅속의 에너지 흐름에서 서로 충돌하고, 바다에서는 지진 진도 9의 쓰나미가 대 폭발하면서 지구의 기본축이 멸도, 변동되기도 한다. 연세대 가정의학과장 존 린튼은 "한국교회는 초심으로 돌아가라."면서, 빛과 소금의 기독교가 너무 빨리 성장하면서, 교회가 중심이 되지 못하고, 교우가 중심이 (고소영) 됐다 하였다. 당신께서 평소 존경하셨던 손양원 목사는 여수순천 사건에서 좌우빨 대립으로, 자신의 아들 두분이 처참하게 총살당했지만, 아들의 살생자를 목사님의 양자로 들였다 한다. 목사님은 피난을 거부하고 한센인들을 돌보다가 좌빨 인민군에게 총살당했다고 한다. 6.25의 전란 속에서의 죄와 벌, 그 자체가 환시이고 환각이었다. 자연과 인간의 허상 전쟁임을 목사님께서는, 예수님의 최초의 가르침이셨다고 미리 신앙하고 간파하셨던 것이다.

자! 환시나 허상과 환각의 지구환경과 그 물질들이 어떻게 붕괴와 변화의 과정을 거치는지 확인해보자.

뇌속의 난쟁이. 정보처리계(Sensory Qualia). 우주 전체와 뇌의 구조는 프렉탈적으로 구성된 전일운동(holomovement)의 자기조직을 지닌다. 생리학적 인간의 특수감각은 압감, 진동감각, 온열감각, 통각, 고유 감각인 위치, 중력감 등의 체성감각을 균형 있게 유지한다. 뇌의 대부분은 이러한 감각으로부터의 정보수집과 분석에 사용되며, 이것을 그림으로 표현한 것이 Penfield Homunculus(호문클루스. 난쟁이)이다. 인간의 뇌가 감각(in-put)과 신체(out-put)를 움직일 때, 신체 부분의 대응사용량을 표현한 것이다. 신체에 비해 매우 큰 머리와 손은 감각에도 신체에도 공통적으로 사용되고 있다. 입술과 생식기는 운동보다도 감각 쪽이 더 크며, 운동에 뇌의 상당부분이 사용되고 있음을 알 수 있다. 눈이나 손의 경우는 감각정보를 얻기 위해서도 운동하는 것이 더 필요하기 때문이다. 이제, 인간은 전신을 사용하던 아날로그적 놀이에서 손가락 몇 개밖에 쓰지 않는 기형적인 놀이 즉, TV게임이나 컴퓨터게임, 휴대용 게임 등, 속도만을 요하는 단순동작의 엄지족을 양산하는 디지털적 놀이에 함몰되고 있다.(V. S. Ramachandran, 이충 역, The Emerging Mind, 바다출판사, 2003. 배현미 역, 인간환경학, 일본건축학회, 보문당, 2002)

과학기술의 융합, 산업간 경계선의 붕괴, 에너지 고갈, 기후 돌연변이의 테러화, 금융사채시장의 불투명 등으로 매년 5천만의 인구가 도시로 유입되고, 지구환경은 최저비용과 에너지 절약이라는 우주선 같은 지구호의 대 환경변화를 가져오고 있다. 정신세계의 혼돈과 함께 인간의 환경은, 적응과 항상성의 속성에 의해 예측하지 못했던 착각의 지구로 변이되고 있다.(양호, 청계천 복원 환경디자인기본계획, 1993)

도시의 기본개념은 면의 구획에서 선의 동선 개념으로 변화되고, 이들 도시의 구성 물건들은 구조역학의 역동성에서 유체역학(fluidics)의 시스템으로 전환되어 선점과 독점, 소유의 경계와 단절, 분할이 전체와 교환, 연결되는 기능으로 바뀐다.

하여, 도시의 이미지는 기계에서 부드러운 직물로, 티타니움 등의 고체에서 액체 또는 기체로의 유연성으로 바뀌고, 이제까지의 발명과 발견, 개발 등 제 도시건축 요소는 재 편집되고융합되어 미래도시로 변환되고 재편된다.(양호, 서울시 도시기본계획, 1994)

현대는 이미, 자연 동시적인 네트워크의 공명장치가 미래인류의 환경에 장착되고, 쇠퇴되는 판타지의 세상에 와 있다. 더구나 전자기술의 비트적인 속도와 가상세계, 그리고 인터넷, 통신기의 증강현실은 나비가 현실인지, 나비를 꿈꾸는 나 자신이 환상인지가 애매하여, 우리들 모두는, 이렇게 헷갈리는 유목민처럼 떠돈다. 하나가 전체이고, 전체가 하나로 연결되어있다는 부타의 진리는 비트시대의 혼란스러움 속에 더 더욱 설득력을 지닌다.

약 2,500년 전 마에트리아의 지상낙원 예언경에는 미륵이라는 인류구원자의 도래에 의해, '메시아 유토피아' 라는 '극락에의 환영'에 세계 동포들은 이미 찬탄하였던 바 있다. 나라 안에 계두성 (鷄頭成)이라는 미래도시를 부타께서 이미 예언하신 것이다.

즉, 이 예언에서는 4대해의 물은 한쪽으로 줄어들어, 토지는 평탄하고 거울처럼 맑아진다.(프랑스 같은 선진농업국은 인공습지공원, 운하, 비의 도시라는 물은행 등이 설치되어진다.)

옷이 열매처럼 나무에서 열려, 사람들이 따서 입는다. 농사는 한번 뿌린 씨에 일곱 번 수확한다.(나노·바이오·위상기하학에 의한 시스템의 엉켜진 뿌리 같은 리좀(Rhizome)생성.)

나찰 귀신이 밤마다 온갖 더러운 물건을 치우고, 향즙을 땅위에 뿌리니 도시 성안(ketumati)이 향기롭고 깨끗하다.(영화 트랜스포머처럼 수시로 기능이 변용되는 카본프리도시(Carbon free city)) 남녀가 대소변을 보고 싶을 때에는 땅이 저절로 열리고, 볼일을 본 후에는 땅이 다시 합쳐진다.(수세식변소, 스마트 칩 내장 도로) 마을 사이에 닭 우는 소리가 들리고, 닭이 날아다닐 수 있을 정도로 도읍(도시)이 즐비할 것이다.(비트 하이프 링크의 스마트폰, 인공위성, 전자유목민)

백성들은 애나 어른이나 권리가 평등하며, 조금도 차별 없이 분배되니, 보석을 줍는 사람이 없다.(진표, 궁예, 견훤, 이성계, 세종, 손화중, 박정희), (최종대, 2006)

극락이란 끝없이 진화 또는 퇴보하는 환경에의 적응과 순응의 생리 생태에 기인한다. 불법계 진화의 기본 조건인 생명체의 향상지향 상태, 즉 항상성(homeostasis)의 끝없는 되먹임과 그 환시, 환청되는 자기닮음의 구조 (프렉탈이) 선율, 파장, 파도, 숨결로 증명해 보여주고 있다. 즉, 이미 심리학자 마슬로가 갈파하였던, 인간욕구가 낮은 단계에서 높은 수준으로 도달하면, 인간은 좀처럼 아프지 않고 오래 살며, 바르고 훌륭하게 살며, 타인에 도움을 주는 항상 젊고 건강한 무 질병의 삶, 그리고 심장과 피부의 숨구멍이 멎으면 잠시 해체되어 버리는 생명체의 본성, 그리하여 삼악도(지옥, 아귀, 축생 등)의 불행한 운명이 없고(無三), 땅위나 허공에 있는 궁전이나 누각이나, 흐르는 냇물이나 화초나 나무, 온갖 물건이 모두 보배와 향으로 변하여, 비길 데 없이 훌륭하며, 무수히 많은 성문들이 있는, 즐거움이 있는 곳(Sukha-vati), 그 극락세계가 최후의 수단이자 목적이었던 것이다.

진짜 북두팔성이다.

세상은 헛것이고 환상이다. 캘린더 일러스터. 아크릴화. 1985

멍청하게 보는 것과 딴 생각의 비상

"앎은 지금껏 내가 알고 있던 모든 지식과 내가 보는 모든 사물과 내가 듣는 모든 소리와 내가
느끼는 모든 감각과 내가 지금까지 믿어왔던 하느님과 진리라고 생각해왔던, 모든 학문이 실은

거짓이며, 겉으로 꾸미는 의상이며, 우상이며, 성바오로의 말처럼 사라져가는 환상이며, 존재하지도 않는 헛꽃임을 깨우쳐 주었다.”(최인호, 2011)

북두칠성은 진짜로는 북두팔성이다. 북두칠성은 시력이 어느 정도 나쁜 사람에게만 보이는 성좌이다. 좀 더 자세히 보면, 북두칠성 손잡이 부분 가운데의 별이, 하나 아닌 두 개로 보인다. 이를 미자르와 알코르(후쿠오카 신이치, 2011)의 착시현상이라고 한다.

오래 전, 인도의 빠라나시 하늘에 내려 앉아 버린 것 같은 바로 머리위의 북두칠성, 그 큰 별들의 간격과 인도가 우주에 원래부터 더 가까웠던 것 아닌가 하는 착각이 들 정도로, 경이로운 별자리, 우리들에게는 치성광여래 조직들의 북극성, 물 한 그릇에 떠난 자식 빌었던 정화수 별자리였지는 않았는가? 스티븐 호킹은 “사람들은 자신이 고립된 존재가 아니라, 보다 큰 전체의 일부이며 다른 어떤 존재와 연결되어 있다고 믿고싶어 한다.”고 했다던가? 인간은 흩어진 별들을 모아 성좌를 만들고, 점과 선을 이어 형체를 만들어야 안심이 되는 본능을 갈구한다. 보고, 듣고 있다고 믿는 것, 심지어 과학자들의 가설과 이 우주까지, 실체가 아닌 인간 각자에의 뇌에 새겨진, ‘오래된 수로’(김소연, 2011) 또는 유전자정보의 진화적 조작에 의해 공진화된 우주세계의 약속이고, 기억이었고, 희망사항이다. 그래서 황혼은 태양이 붉게 타면서 사라지고, 그래서 우리는 슬프게 느껴왔던 것이다.

빛은 파장으로서의 성질과 입자로서의 성질이 있다. 에너지를 일정량 받아들이는 데는 30초 이상 걸린다. 밤하늘의 별이 보이는 이유이다. 국자의 자루부분에는 세 개의 별이 있는데, 사실 가운데 별은 하나가 아니다. 미자르와 알코르라는 두 개의 별이 가깝게 붙어있다.(후쿠오카 신이치, 2011)

북두칠성자리. 초신성 ‘PTF1 1kly’를 보려면 북두칠성 국자 끝 두 별의 바로 위쪽(사각형으로 표시된 부분)으로 망원경을 향하면 된다. 초신성은 회오리 모양의 M101은하 위에 있다.

유아기의 시각중추. 유아기에는 시각중추가 좌로 갔다 우로 갔다, 오락가락 하는 훈련과 학습을 진행시키는 대뇌 속성이 존재한다.(Graham Lawton, The Grand Delution, New Scientist, 14, May. 2011)

시간차에 의한 단기기억 뉴런. 시간적 흐름을 인식하는 것은 여러가지의 직관, 인지의 필수적 요소로 대뇌의 몇몇 신경회로가 마이크로초에서 밀리초에 이르는 매우 짧은 시간동안의 일시적인 정보처리에 관여한다. 최근, 얼룩생선의 시각시스템에서의 신경활성이, 수초간격으로 지속되는 느린 섬광의 비트속도를 최고 20초 동안 기억 할 수 있다는 사실이 밝혀졌다. 이와 같은 장기적인 타입의 리듬활성은 조정 가능한 신경회로의 Metronome으로 작용하여 리듬이 있는 감각신호에 대한 단기적인 기억 메커니즘으로 작용한다.(German Sumbre, Entrained rhythmic activities of neuronal ensembles as perceptual memory of time interval, Nature, 6. Nov. 2010)

매일같이 이상적으로 우리가 깨어 있을 때, 시각시스템은 합계 약 4시간 동안만 작동한다고 한다. 우리의 시각신경은 아주 작은 부분만 색채로 잡혀진다는 것이다. 시지각은 두뇌에 지각된 경험이 무엇이었나? 하는, 우리들의 꾸밈과 연출에 의해서 작동된다.(Ron Rensink, 2011) 반짝 지각되는 시신경은 문자 그대로 빙산의 한 부분이라는 것이다. 망막 중심과의 「사카드」라 불리우는 깜박이는 0.2초에 세 번 정도, 극히 눈 깜박할 사이에 움칠한다. 따라서 두뇌의 신경전달 물질의 정보는 뇌신경에 전혀 접속되지 않는 것이다. 거울에 비친 우리의 눈을 왼쪽에서 오른쪽으로 고정 상태에서 가볍게 이동했다가 다시 돌아오게 했을 때, 눈 동공의 움직임을 볼 수 없다는 것이고, 이는 두뇌가 정보전달을 못 받고 있다는 증거라는 것이다. 따라서 우리들의 의견과 신뢰, 그리고 기억들은 우리들이 꾸며낸 실제 속에서 매일 착각하여 잘못 생각하고 있다는 것이다. 그래함 로우톤은 이러한 미혹의 힘은 거대한 망상의 개개인에 의해, 순수하게 빗나가고, 진실에의 편견을 보여 왔다는 것이다.(Graham Lawton, 2011)
공진화된 뇌신경의 유전자정보는 이렇게 오늘의 인류를 향상화 시켜왔음에도, 후천적 환경에 결합하고 적응하는 유전자 진화는 어디에서 착각의 가소성과 그 유연성이 출발하였을 것인가?의 의문이 존재한다. 조나던 브라운은 긍정적 착각은 유년시절 때 양친으로부터의 재롱과 분리불안과 사회성에서의 미덕, 무시, 과장 등의 감정조정에 상대적으로 과장된 견해가 작동되기 시작한다고 하였다.(Jonathan Brown, 2011) 현재까지 인간의 두뇌는 미혹속의 착각에 의해 창조되어 왔고, 감각의 결정은 물리적 우주세계 속에서 신비적인 조정을 성립시키는 발화에 의한다. 그렇다면 착각 속에 진화되고 있는 인류의 뇌신경 또는 우주시스템의 연결망이 파장, 교란을 작동하게 된다. 현란한 '오빠, 강남스타일' 음향과 빛. 그 열정의 율동에는, 본능적으로 눈과 귀를 닫아버림으로써, 뇌 감각의 수용능력 한계를 보호하기도 한다.

"작은 것이 아름답다" 는 슈마허의 진실은 의식주 실체에서 절제와 여유와, 감각의 휴식을 위한 "적은 것이 더 크다"(Less is more)라는 미즈 반데 로에(Mies Van de Rohe, 1886~1969)의 건축디자인 현장 철학에서도 적절히 설명된다. 인간의 확장기술은 가상현실의 끝없는 속도 속에서, 혼돈과 환상을 헷갈리게 하고 있다.

건축과 미술양식이 불교의 텅 빈 허공사상을 신봉하는 듯 한 유행이 발생하게 된 계기는, 뇌 활동의 능력한계에서 대두되었던 미니멀리즘(Minimalism)의 필연적 순화 기능 때문이었을 것이다. 화가 이우환이 뉴욕 구겐하임 미술관에 3개월 전관 초대전시 되었을 때(2011) 그가 던진 메시지는 「무한의 제시」 이며, 소멸의 시공간을 미학화 하는 미니멀리즘이다. 예술은 과학과 종교 사이를 왔다 갔다 하는 것이다. 자기반성, 자기부정을 통해, 앞으로, 미래로 나아갈 수 있는 힘과 계기를 준다.

마샬 맥루한(M. MacLuhan)의 인간능력의 확장은 현대문명의 마지막 과잉세계와 문화, 그리고 잡스러운 영혼들의 종교적 해석으로 「증강 현실화」 되고 있다. 도스토옙스키의 '몸이 뻣뻣하게 굳어가고 팔다리가 급격히 떨리면서 의식이 실종되는 간질 발작' 은 뇌의 전기신호고장이, 때로는 고통으로, 때로는 짐작할 수 없는 환희의 쾌락으로 작동된다. 결국, 세기의 위대한 문학과 철학이 무아지경의 작동 중단으로 '축소될수록 풍부해지고'(Less is more) 종국에는 실종되고 해체됨으로써, 중력마저 상실된, 텅 빈 허공과 우주에, 결국 환각과 착란의 방식을 확인하는 깨달음, 알아차림의 유전자정보를, 2,500여년 전 샤카 부타께서는 미리 발견해버렸던 것이다.

춘성 맘짱이, 왜 헛소리처럼 "없다! 없다!" 며 종로바닥을 헤맸겠는가? 쇼토쿠 태자는 오사카의 추구사의 만다라 그림에 이렇게 썼다. "이 세상에 존재한다는 것은 모두 헛된 것이다. 오직 부타만이 진실하다." (이노우에 신이치, 2008) 장님은 아침에 만졌던 코끼리와 저녁때 만졌던 코끼리의 부분이 각기 다른 느낌임을, 코끼리라는 존재의 실체를 감히 알지 못한다. 다만 모를 뿐이다. 그런데 샤카 부타는 코끼리의 모든 피부와 그 확장이 서로 연결되어 있고, 세포가 조립되었기 때문에 잠시의 생명을 이루고 있다는 것을 알았다. 생명현상에서는 '전체는 부분의 총화(sum) 이상의 그 무엇' 이라고 한다. 다시 말하자면 우주세계나 미생물이나 세포환경에서는 부분이랄 만한 것은 존재하지 않는다는 것이다. 개개인 또는 고정관념의 지시나 교훈에서도 역시 부분이란 환상에 지나지 않는다. 앞서 시신경에서 보여지는 개개인의 상품과 생각 등은 '헛것' 을 본다는 생명 현상이며, 헛소리가 들린다는 환청일 뿐이다.

　　무릇 모든 이미지(상)가 있는 것은, 모두 허망한 것이니, 만일 모든 모양 있는 것이 모양이 아님을 안다면 바로 여래(부타)를 보리라.(금강경, 제 5여리실견문)

　　불교계의 엘리트 현실정치인이자 행정가였던 백성욱. 그는 "종소리가 종에서 나오는 소리로 들릴 때, 우리 이상(ego image)의 벽은 아직 매우 두텁다. 종소리가 종에서나 나오는 소리 같기도 하지만, 자기 자신의 소리처럼 느껴질 때, 우리의 이상은 엷어졌다고 알아라, 이상의 인식이 완전히 소멸되었다면 종소리는 이미 종소리로 울리지 않고, 바로 자신의 소리임을 실감한다. 이

때서야 비로소 종소리를 제대로 듣는 것이다.”라고 하였다.(김원수, 2008)

결국 환상과 환청은 생명이 보유한 자기 단백질이 끊임없이 산화되고 변성되며 분해되는 유전자 에너지의 깜박임이고, 정보의 가소성(plasticity) 진폭 운동이다. 하여, 치매환자에게 투약된 약품의 작용이 효과과잉과 세포변이에 의해서 라스베가스의 유명한 천재 도박사가 되었다는 뉴스는, 생명체환경이 인상적으로도 환상으로 흐르고 변할 수 있음을 말해준다.(Gray Stix, 2009)

가소성(可塑性)과 항상성은 유량번식을 위한 쾌감시스템으로 하여 극단의 쾌락도파민과 인근 전기화학적 작용으로 단백질이 돌연히 작동하고 연출하는 환각의 체험이며, 생명에너지의 극대화하는 진폭 파동의 전기 화학적 흐름인 것이다. 작동된 단백질은 소모되고 버려지고 만다. 황홀한 미로에의 실종이고, 때로는 쾌감회로의 법열과 황홀발작(ecstatic seizure)의 간질 교란 오르가즘일 수 있는 것이다. 도스토옙스키는 그의 「백치」주인공인 미쉬킨 공작을 통하여 다음과 같이 환상 발작체험을 묘사하였다. “그의 간질 증세에는 발작 자체가 (만일 의식이 있는 동안에 일어난다면) 일어나기 직전에 오는 짧은 순간이 있었다. 그때가 되면 갑자기 슬픔과 정신적 암울함과 우울함 한가운데 있던 뇌에 불이 붙는 것 같았......”

발작오르가즘 스냅사진. 오르가즘 순간들의 시공간 연속성들은 두뇌의 변화하는 스라이스 조각들의 순간적 프로필을 보여준다. 시뮬레이터에 나타나는 푸른색으로 표현된 혈액흐름의 점-재생 그림들은 활동이 약해보이지만, 온 색인 붉은 색의 점들은 좀 더 활동적인 의미를 지닌다. 그러나 오르가즘은 두뇌전체를 통하여 경험하는 대뇌활동임이 관찰되었다. 전두엽은 선명하게 활동하고 있으며, 고통의 체험을 동반한다고 생각되는 전전두엽회 역시 관찰되고 있다. 쾌감회로들은 고통 경감의 의식조절을 암시하고 있다.(Kayt Sukel, The pathways of pleasure, New Scientist, 14, May. 2011)

인간은 10분 전의 몸체와 10분 후의 몸이 완전히 다르다. 1초 단위로 변화하는 매우 역동적인 평형역동성(homeodynamics)을 유지한다. 이를 방해하는 냉기는 한 세포 당, 한곳에만 보여야 할 유전자 이상이 두 곳으로 늘어가게 된다. 결국 몸 전체적으로는 120조 개의 유전자 이상이 생기고, 그 결과 120조나 되는 이상 단백질이 만들어진다. 항상성(homeostasis)의 역동성이다. (가와시마 아키라, 2011)

항상성 뇌신경부분. 두뇌는 모든 부정적임에 반대하며, 긍정적이고 항상적인 방향으로 기운다. 낙천주의의 긍정 편견이 우세하다.(Tali Sharot, The Optimism Bias, TIME, June. 2011)

뇌량. 이 신경세포들의 만남의 광장에서는 어떤 좋은 일이 벌어졌을 때, 두뇌의 휴식은 민활하게 기능한다.

전부대상회. 전두엽의 한 부분으로 긍정적 감성의 흐름을 증폭시키는 부분이며, 긍정적 미래의 이미지를 지닐 때 더욱 낙관적인 행동을 유도한다.

편도체. 두뇌 깊숙이 위치한 조그만 알몬드 같이 생긴 편도체는 감정의 진행을 도우며 낙천적인 발동을 지원한다.

해마. 기억의 결정적인 역할을 수행한다.

그의 머리와 심장에는 눈부신 빛이 홍수처럼 흘러 넘쳤다. 그의 모든 고뇌, 의심, 걱정들이 눈 깜박할 사이에 진정되어, 절정에 달한 평온함 속에 이해로 가득 차는 것 같았다.... 하지만 이 순간들, 이 희미한 빛들은 그럼에도 불구하고, 마침내 발작 자체가 시작되는, 그 두 번째 순간의 전조(결코 1초 이상 지속되지 않는)일 뿐이었다. 물론, 그 두 번째 순간은 견딜 수 없는 것이었다. 도스토예프스키는 그것이 "보통 상태에서는 불가능하며, 남들은 짐작도 할 수 없는 행복을 낳는다. 나는 나 자신과 전 세계 안에 가득한 조화를 느끼며, 그 느낌이 너무도 강하고 달콤해서, 그러한 축복의 몇 초를 위해 생애의 10년, 어쩌면 전 생애를 포기할 수 있을 정도"라고 했다.(아담지민, 2007)

뇌신경 네트워크의 과잉되고 엉켜버린 전기 화학적 자극은, 진통과 쾌락의 동시적 찰나에 의해 폭발하고 말았던 이미 스쳐간 환멸의 기억이다. 반야심경의 핵심인 '색'은 돌연히 '즉시 공'으로 없어졌고, 그래서 몸과 환경의 변해가는 진공이고 환상이고 꿈이었다. 다만 뇌의 해마 깊숙이 짧은 기억으로 잠시 조립(transmitter)되었던 가소성일 뿐이다. 그냥 존재했던 현상과 그 대상물은 "내가 정하고, 누군가가 정하고, 여자들이 정하고, 남자들이 정하고, 이 지구를 둘러싼 수천만의 원인과 결과가 정하고, 그렇게 나는 여기 존재하는 것"이다.(가와카미 히로미의 어디서 출발해도 머나먼 곳, 후쿠오카 신이치, 2011)

최근, 팔만대장경 천년 특별기획이라는 슬로건으로 김종록의 소설 「붓다의 십자가」(김종록, 2011)가 시중에 연재되고 있다. 부처의 눈에는 부처가 보이고, 돼지의 눈에는 돼지만 보인다는 각종 신경전달물질에 분비되는 가상의 뇌세포 작동은 샤카 부타께서 갈파하고 깨달았던 인류습관의 본질이고, 환각경험의 반복되는 기억 진화였을 것이다.

'색즉시공 공즉시색'의 오락가락 변주이다. 이 소설에서 부처의 눈에는 부처만 지각되어온 선순환의 유전자정보는 아래와 같이 변주된다. 소설의 주제중 하나가, 불교와 대진국 경교(景敎)의 몽골군대에 의해 경전이 유입될 때에, 주인공은 "세상에 완전무결한 경전이란 있을 수 없다. 예컨대 여기에 한 여인이 있다고 칩시다. 호랑이가 보면 먹을 것으로 인식하고 사내가 보면 여색으로 인식하고, 부처님이 보면 썩어 문드러질 허상으로 인식하지요. 대상은 실체가 없고 오직 우리의 인식만 있지요.", "맞습니다…… 삼장법사 현장이 인도 나란타대학에서 유가사지론을 들여와 번역했잖습니까? 신라 때 원효는 이를 배우려고 가다가 신라에 병합된 백제 땅 당진 근처에서 해골바가지에 담긴 물을 마시고……. ", "마음이 생기니 갖가지 법이 생기고, 마음이 멸하니 갖가지 법이 멸합니다."

대략, 소설로 각색된 역사기억이라 할 수 있다. 여인이란 부타가 보았을 때는 썩어버릴 뼉따귀라 하였다. 버려두고 온 부인과 아들과 피붙이 모두를 불러들여 수도승을 만들어 버렸던, 저 비정의 싯달타 왕자는, 결국 사람이 죽음 앞에 병들고 늙어버리는 순간 순간에 비로서, 샤카 부타의 진정한 심연의 존재의미를 경험하고 이해하고 깨닫게 된다는 불법이다.

이 화가에게 여인이란 먹이감도 시체도 아닌, 아름다움의 극치를 보유하고 있는 환상이고 판타지이다. 모든 생명은 변하고 있다. 미와 추, 선과 악마, 감사와 배신의 화신인 여인은 모성적 본능에서나 종족번식의 욕구라는 생리적 항상성의 진실에서도, 이 세상에 존재하는, 존재하였던 아름다움의 진수이고 영원한 정전(canon)인 것이다.

영원한 생산성과 이를 부추기는 심리 생리적 감각을 발산하고, 정확한 신체의 비례와 풍만한 질량의 환희는, 동서고금의 모든 화가들이나 예술가들에게 미를 추구하는 로망이자 롤 모델이고 연민의 대상이었던 것이다.

하여, 이 화가 역시 누드 크로키에서부터 일러스트레이션, 유화작업의 이미지에 상시 여인의 몸체와 그 여인 내면에 숨겨진 암호와 신호를 작품화하려고 환희하였고, 때로는 관음보살님마저 관능의 여성성으로 그래픽화 하기도 하였음을 고백한다.

바닷가의 소녀(세상은 헛것이고 환상이다, 캘린더 일러스터, 아크릴화, 1985)는 오래전 시중백화점 캘린더의 원화시리즈로 제작했던 아크릴 극사실화이다.

풍만한 장미 덩어리같은 볼륨의 미장원(미장센)머리를 한, 속눈썹이 긴 여인은, 그 당시 이 화가에게는 원자핵과도 같은 영혼이고, 눈물의 씨앗과도 같은 이상적인 연인이고 환타지이고, 관능의 상징이었다. 작품 속, 여인은 검은 바다 멀리 수평선을 응시한다. 그러나 실제로 이 화가는 장미다발 속 여인의 (두)뇌에 좀 더 현란하고 눈부신 파도 같은 수평선을 그려보고 싶었다.

하여, '길 잃은 작은 새 한 마리'(당시의 이 화가의 18번이 어니언스의 노래 '작은 새' 이다.), 임 잃은 가여운 연인(여인), 영혼으로서의 인간존재의 원형, 그 아키타입을 찾아 끝없이 저공비행하고픈 공상과 망상의 파동내면을 극사실로 표출하고 싶었던 것 같다.

마음의 파도는 공상과 망상, 몽상과 때로는 광신도의 파동을 떨게 하면서 살아간다. 아인슈타인 또한 "굳은 믿음을, 경험의 세계에서 자신을 드러내는 초월적인 마음이 있다는, 깊은 느낌과 결합된 인과(원인과 결과)적인 작용"을 뇌의 조작으로 설명하고 있다.(D. M. Wegner, 2003)

n2→n0 순간

n+1

‘안·이·비·설·신·의’ 의 욕망은 개체수 넘버 1에서 (∞)무한대의 이기적인 물질과 상대적 업보, 고통을 보유한다. (Newsweek, Sept. 2011)

n1→n0

밈 유전적 욕망과 기억, 트라우마, 비애가 해체(decay)된 유전자 지문번호 n1의 상태, n1이 완전 간섭종료될 때 무아의 깨달음, n0이 완성된다.

100/n 개체수 넘버의 존재도 없이 존재할려는 좀비·홍위병·네티즌 익명성.

비트의 광속보다 빠른 정보화 환경은 (다중지능과 함께 변신과 융합의 만능 로봇처럼) 결합 또는 분해되는 색즉시공, 공즉시색의 상호결합을 자기 스스로 복제. 생산, 둔갑한다. 이러한 조립체(trans-former)는 개인의 업이다. 선조의 집단적 상처(trauma)라고 하는 진화 토대가 정치, 사회, 문화 등에 모방되고 복제된다. 후천적 개인유전자는 결국 전자세기와 접목, 융합되는 문화유전자 「밈」 복합체(meme complexes)로서 더욱 이기적인 진화 시스템을 만든다. 이때 소프트웨어와 하드웨어를 전자도구에 의해 광속이상의 속도로 복제를 수행할 때, 신인류, 또는 원어민의 전자두뇌를 윗웨어(wetware)라고 구분하기 시작하였다. 이러한 윗웨어의 기본속성은 개인, 개체라고 하는 단위법신의 본능 또는 지혜가, 개체수 n(number)이 부족한, 또는 다른 n단위, 또는 법신에 쉽게 합일화되는, n-1의 융합 또는 해체속도(비트)를 지닌다. 이러한 문화유전자 「밈」 은 「안·이·비·설·신·의」 의 무색성향 미촉법이 암호화(encode)되었다가, 누군가, 또는 생물의 종족교배에서 해독(decode)될 때, 비로서 불법계의 증강현실화로 구현(회향)된다.
영화 「트랜스포머2 로봇」 은 미세한 쇠구슬 수백개가 합체되어 「악당로봇」 이 된다. 중장비 몇 대가 거대한 로봇으로 합체되며, 뱀처럼 n-1의 모자란 개체들이 움직이다가, 매개체(vector)로서의 네발 달린 모듈러 로봇으로 변신·진화한다. 이때의 조립체는 전자전쟁을 수행하기 위한 기억·암호화된 문화 환경정보를 조정, 집행하는 유전자 「밈」 으로서 복제된다. 이를 가능케 하는 비트 또는 수백개의 작은 쇠구슬은 개체수 n 빼기 1의 ‘좀비’ 같은 속성을 지닌다. 이를 인간에 대입시켰을 때 21세기의 신인류, 원어민의 개체를 위해서는 n-1에 적응하는 메커니즘을 지니고, 이기적인 개체(법신과 자아-self와 ego)가 성립된다.

이때의 형태, 상품, 또는 인간의 변이는 복잡계 과학을 바탕으로 한 컴퓨터 프로그램을 이용, 배출, 산출되는 법계가 아니라는 점이다. 피타고라스 정의와 같은 유클리드 기하학에서 대두되었던 혼돈(caos)은 자기유사성의 자연성장에너지에서 자기닮음인 프렉탈(fractal)적인 구도로 해독, 판독함으로써, 비로자나 우주법계의 유한한 현실계 공간을 재단한다. 이러한 본질과 원리에서 「가상시간」이라는 무존재, 무실체일 수 있는 '사이버 삶'의 (때로는 「증강현실」이라는) 미디어생활로 (자의반 타의반) 영위하게 되는 것이다.

이제까지 우리는 다윈의 진화론이 나무의 가지처럼 눈에 보이는 유클리드 기하학과 그 높낮이의 위계질서 등에서 「형님 먼저 아우 먼저」하면서 살아왔다. 어느덧 컴퓨터기술에 의해 흙속에 감추어졌던 나무의 뿌리나 하늘의 별들의 운행 등에서, 어떤 축이나 중심이 없고, 지진의 균열처럼 위계질서가 없고, 또한 벼락의 속도 같은 비물질적이고, 고향도 없어져버린(탈영토화, deterritorialization) 비목적적이고 감자뿌리구조인 리좀(rhizome)의 세계를 발견, 인식하게된 것이다.(Deleuze, 1980. Guattari, 2001) 이른바, 복잡하고 혼돈스러운 화가 피카소 의 입체주의 큐비즘의 여러 방향, 여러 시점, 여러 관점의 물체와 그 색채는 해체되고(색즉시공) 다시 재구성, 조립되는 트랜스-포머(공즉시색)의 세계 속으로 실존하는 것이다.

탈영토화의 리좀세계를 현실세계로 깜짝 증강시키는 전자세기의 상품미학 선구자는 스티브 잡스이다.(뉴스위크, Sept. 2011)

미래세계의 시대정신은 융합이다. 자! 동포의 국가문화였던 '짜깁기 보자기' 미술이나 문 창호지의 삼투압, 역삼투압 과학적 사고로 삼한사온을 자동 조절하였던 지혜는, 결국 반야라고 하는 상호 연결된 하이퍼링크(hyper link)에 의해 우점종의 반도동포로 진화하였다. 과학(생태학)과 이타심의 유전자가 융합한, 그 탈중심, 탈위계, 탈영토화의 리좀 복잡계는 2,500여년전 갠디스 강가 어디에서도 유행했던 철학이고 미학이었던 것이다. 세월이 흘러 지금, 우리 인류와 동포들은 극단적인 과잉연구, 과잉화폐, 과잉 떡볶이, 동네빵집 저인망 싹쓸이 재벌, 과잉법률폭력과 이씨조선권력 시즌-2 먹튀들의 막가파 형님들을 처절하게 체험하고 있다.

이제 인류와 동포들은, 유클리드 기하학에서 위상기하학(topology)이라는 법계의 원래적 모양새를, 컴퓨터기술에 의해 실시간 소통하게 된 것이다.

'물귀신 작전'이니, 얄밉게 정적을 약 올리는 권력의 의도적 인사발령. 예컨대 일국의 최고 권력은 일국의 최고 종교지도자의 승용차 트렁크를 검문하였던 인물을, 그 특정종교의 영토를 관리하는 국립공원 기관장으로 발령해 버렸다. 납세자들이 보았던 부메랑 업장은 차세대 정권변혁에서 어떠한 대가의 엔트로피를 자득할 것인가에 대해, 무한권력 소멸이 종착역에 왔음을 잘 안다.

마샬 맥루한에 의하면 자동차는 신체의 연장이다. 바로 그 신체의 권위(종교)를 검문 검색한 것이다. 아, 로마 가톨릭 바티칸에서 이런 일이 일어날 수 있을지 상상이나 될까? 아메바같은 아바타 좀비들로 하여, 약속세대의 목격자들에게, 기득권 독식의 과잉 씨리즈는 어떠한 시공의 업장과 부메랑을 자업자득할 것인가? 그 전복의 진화 항상성을 장로 홍위병들, 줄줄이 묶여서 깜빵 간 것은 명약관하 하였다. 지금, 몸빼 보살님들이 '북받이 방석'에서 복을 빌어야 했던 자신의 자녀들 세대는 문화유전자「밈」환경에 의해 유랑민적 떠돌이와 자폐적인 방어생활로 삶을 영위하고 있다. 불교경제학자 슈마허(E.F.Schumacher)가 말했던 "작은 것이 아름답다"(Small is beautiful)는 미니멀리즘의 '참을 수 없는 가벼움'은 형님들 주변의 탐욕스런 냄새로 붕괴, 이탈 현상을 보여주고 있다.

법계의 불교 성질로부터 깨달음에의 이기적 유전자의,「비우고, 빼고, 버려버리는 마이너스」, 그 뺄셈(n-1)의 절제와 단순화가 불생, 불멸, 불구부정의 과학임을 오랜 '열받음'의 끝에 확인한다.

샤카 부타께서 현실세계를 떠나실 때, 마지막 당부 말씀은 자등명(自燈明)이라 하셨다 한다. 이는 절대적 진리, 그 가치의 절대적 수치라는 완벽성은 존재하지 않는다는 뜻이다.

우주법계는 변화하고 순환하기 때문에 존재하고, 따라서 불법의 유연성이라는 기본방향은 이러한 사람의 개인수치인 넘버와 눈, 귀, 코, 혀를 통한 감각과 그 행위 작동을 절제하고 축소시키는 것이다. '작은 것이 아름답다'의 불교 경영철학으로 가는 언제나의 n-1개념, 그 에너지 소모는 불법의 유연성과, 그래서 진화하는 항상성, 공시성, 혼돈에의 해결사로 2000년 이상 흘렀고, 또한 미래에의 공전과 자전 같은 과학적 약속이었을 것이다.

우거지 채소가 해장국으로 삶아지면서 기본 줄기나 위계질서가 떡처럼 허물 허물하게 되었을 때, 우리는 또한 이를「리좀」현상이라 할 수 있다. '우거지탕'이라는 원래의 '자기닮음' 같은 생명질서가, 혼돈이라는 붕괴로 인하여 질서 지향의 존재이유가 상실되고, 자극의 참담한 뒤엉킴 현실을 초래한 것이다.

일본교도·서주사 화상상, '맘:n1 그리고 n0', '아라트만', 아크릴화 6호, 2012

자아와 무아 (Ego and self). 결국, 불법의 군번에서는, '항상 마이너스의 삶'을 가지라는 진실과 자유를 가르친다.

n-1은 자연 유전자에 합쳐지는 「밈」 유전자의 선량한 성질이고, 쾌락 호르몬이며, 두뇌 단백질이다. 물론 이를 실천, 완성했다고 보는 달마도 있었고, 원효도 있었고, 경허에서 춘성도 있었다. 때로는 논리적으로 n-1의 극한적 벽면 또는 무문관에서, 또는 냇물을 건너다가 말고 돌연히 눈앞과 두뇌 신경망이 갑자기 실종되는 텅빈 시공간에 도달하는 것, 깨달음인 것이다. n0의 영역. 그 넘버 제로의 상태를 우리는 무아(self, 군번의 숫자 같은 것)라 할 수 있다. 이때 nX. 즉 사람의 수량, 수자의 원래 없음. 그 경지의 이기주의, 에고이즘의 완벽한 실종, 그 해탈의 미르바나 탄생을 샤카 부타께서 알게 되신 것이다. 그 '알음'이 아름다울 수밖에 없는 것이다.

반도적 동포의 숙명 같은 고뇌는, 독점화폐와 그에 파생되는 힘이, 자연생태계와 인간행태계의 불균형과 거주자 균열을 발생시키는 추함을 처연하게 작동 시킨다. 그래서 이때까지 선조 동포들이 그렸던, 미래의 미륵불 왕림을 저렇게 학수고대하였을지도 모른다. 예컨대 이른바, 일년 9천만원을 모 종교조직에 헌납하였더니 어느 날 장관으로 임명되고 말았다는, 그 대가성은 최민자 교수가 언급하셨던 "인간이란 너무도 작은 영혼에, 너무도 큰 권력이 주어져 버렸다."고(최민자, 2001) 하는 혼란스러움을 초래하게 된 것이다. "과잉(정치)화, 가치 상식의 실종, (정치의) 타락에 대한 (시민적) 분노는 사람냄새 나는 실용적이고 유연한 합리성이 급박히 요구되는(허승효, 2010) 작금의 우리 현상계인 것이다. 하여, '그레고리 핸드슨'은 소용돌이 속의 「리좀」 현실을 진단하면서, 지금 겪고 있는 삶과 생활의 문제를 보듬고 안아 주기 바란다고 미래의 전자적, 디지털적 미륵에게 요구하고 있다. 헝크러진 우거지 건대기의 원래적 이파리 구조로의 역계산, 위상기하학에서는 전자기술 테크노에 의해 역추적 될 수도 있고, 완전히 우거지가 해체 될 수도 있다. 이른바 비로자나 법계이다. 해체는 개체의 n-1 진행처럼, 알 수 없는 에너지 덩어리의 코끼리 한 부분으로서, 탈중심(무량. 無量)적이고 위계질서가 붕괴(무변無邊)되어 탈영토화 되어지는 기본 원리이다. 샤카 부타가 바라보았던 인간의 괴로움, 그 비극은 예술이라는 「밈」의 복제행위로서, 간신히 숨 쉬고 마취되어 구원받는 신화의 외상이었던가?

화가와 병자의 경계, 화가 노숙자. 예술과 미술은 종교역사에서 가장 중요한 전법메세지의 시청각 교과서이다. 유럽의 근대미술양식이 돌연변이되고 몸부림치는 혼돈의 추상미술시대는 결국, 1930년대 뉴욕의 빈민촌 골목의 낡은 아파트 방에서, 혼돈과 이주의 공포 속에서 당연한 탈영토화의 미술양식을 탄생시켰다.

추상화가 고르키(Arshile Gorky, 1905~1948)는 아르메니아에서 살다, 열다섯 어린 나이에 미국으로 이주, 급격한 환경의 변화와 자극으로 소외된, 빈민의 삶을 살아갔다. 더구나 어릴 적 자신의 벙어리로서의 기억, 도망가 버린 아버지, 세 누이와의 고향 흑해 생활에의 향수, 그리고 어머니의 죽음에 대한 기억과 함께, 고독과 소외와 분노가 그대로 그의 그림 (고민2, 뉴욕 휘드니미술관 소장) 속에 토해 냈던 것이다. 이파리, 풀포기, 벌레 등 생태계의 성장과 사멸은 숨 막히는 예상 불능의 굴절과 분해, 비유와 공허로서 신화원형의 착란을 왜곡시키고 소멸시켰던 것이다. 아름다운 버지니아주, 초원의 빛은 그에게 아름다움도 초원도 아닌 것이었다. 그것은 일종의 판단중지(epoche)상태로서 허셀(Hussel)의 이른바 의심할 수 없는, '필연적인 앎과 법열에의 소갈증'을 찾아 헤매는 출발점(박이문, 1977)이었다. 무산소의 무생물 같기도 한 아베마들의 단백질이나 물의 없음이었다. 결혼하던 해(1935) 이혼 당하고, 교통사고로 목뼈가 상하고, 오른손은 마비가 오고, 결국 정신착란증이 발작, 끝내 두 번째 부인과 두 딸은 가출하였다. 그는 결국 목메어 자살함으로써, 패배해 버리는 '썩어버림의 미술' 이었던 것이다.

'부서졌던 천재 디 쿠닝(De kooning) 회고전' 이 감각을 해체시킨다. 커다란 캠퍼스에 찢고 갈겼던 그의 작품은 해체의 미술이다. 당대의 불안했던 미국인들의 마음을 달래고 대리 관능을 표출하게끔 도와준 대표적 신경미학 화가였다. 여인을 해체, 모성애를 실종시키는 n-1 또는 nX의 종교화, 불화였던 것이다. 역시나 알코올 중독에, 여성 밝힘증에도 불구하고 그는 92세까지 살다가 1997년 작고한다. 디 쿠닝은 인간의 종족보존 유전자의 극치, 타인의 교배신체를 극단적으로 해체 분리시킴으로써, 양파의 껍질을 끝없이 벗기고, 학대하고 찢어버리는 이성학대, 그 자신의 혼돈을 해결코자 하는 원초적 '안이비설신의' 의 감각을 해체시키고자 하였다.(디 쿠닝의 핑크 천사들(1945, 뉴욕 현대미술관(MoMA), Sept. 2011))

간다라 미술양식의 흰옷입으신 약사보살 윤곽을 연필로 드로잉, 실크스크린
기법으로 광대무변한 바다 위의 현장적 나부(생명체 Number I)를 일체화한
허공, 대한민국 산업미술디자인전 초대작가, 1982

불우한 화가 잭슨 폴락(J. Pollock). 길거리의 두 여인을 차에 싣고는 음주운전 상태로 야반
도주하다가, 희미한 가로등 사이로 계속되는 환시, 환청을 동반하는 대뇌신경의 교란으로 n0(넘
버 제로)가 되기 직전, 그러니까 알딸딸한 취기에서, 흔히들 '필름이 끊긴다'는 현상과 전혀 다
른, 어떠한 '시공간의 정지 상태'가 몇 초 동안 밀려온다. 말하자면, 멀쩡하지만 아득한 마취의
정신이상 상태인, 완전히 미친 행동을 나타내기 일보 직전의 '순간 적막'이다. 어떤 음모나 학대
나, 잡음도 갑자기 정지되는 「에포케」가 밀려온다. "아! 나는 지금 붕 떠서 가고 있구나" 하는

마지막 지각을 추억하게 된다. 이 상태에서 잭슨 폴락의 운전대는 방향을 잃고 그대로, 부엉이 바위의 누구처럼, 언덕에서 날개 없이 추락하게 된다. 폴락의 초기미술 또한 역시, 파리 화가들의 모방과 복제의「밈」행동이었고, 실패와 패배를 잊기 위해 술로 대뇌를 마취시켜 왔다. 그나마 흰옷 입으신 뉴욕 관음보살이 윤회 헌신하여 그리니취 빌리지의 어느 빈민골목에서 술도 사주시고 밥도 지어주신다.

어느 날, 그리다 만 캠퍼스 옆 바닥에 우연히 떨어진 뻥끼통 방울자국들의 형태에서, 잭슨 폴락은 자신이 추구하려 하였던 '해체'의 화두를 발견하고 탄성을 질렀던 것이다. 문득 알아차린 아름다움이었고 앎, 그 자체였다. 하여, 21세기 미국 국민들의 번영과 그 정신을 단적으로 묘사했다는 잭슨 폴락의 '뿌리는 방울미술'은 자기닮음의 프렉탈 구조로 단숨에 흩날리고 뿌려진다.

1950년대 그리니치 빌리지 뒷골목에 술 취한 노숙자 화가(잭슨 폴락, J. Pollock)의 그림자가 짙다.(Ed. Harris 주연, 2000)

17세기 일본 강호시대 유랑선승 엔쿠는 평생 12 만체의 불상을 목각할 것이라 발심하였다. 현재, 전 일본 사찰에 5000 여체가 남아있는 그의 목불은 마치 자코메티의 앙상한 조각처럼 해체되고, 생략단순화하는 현대조각의 미를 극렬히 조형화하였던 전설의 조각승이었다.(33관음입상, 천광사, 82cm) 선화의 최고봉 하쿠민(白隱) 선사(1685~1768)의 유명한 「외눈의 달마」(85.2×28.7cm)는 시공을 극단적으로 단순화시킨, 80세 전후의 절필 직전 선화이다.
이 양 거장의 특별전은 2013년 초봄 동경국립박물관과 동경 신쥬쿠 뮤지엄에서 극적으로 개최되었다. 색채와 물감의 해체, 화가의 몸짓 행태의 흔적과 기록이 암호화, 기표화, 동시성화 된 해체의 불교미술 특별전이었던 것이다.

　잭슨 폴락, 유랑선승 엔쿠, 선화의 최고봉 하쿠민(白隱) 선사, 이들 세분의 화가들이 창조하였던 ‘해체의 미술’ 은 불교선화에서 마치 동일한 창작 작업의 속도로, 또는 무애, 무상으로 그려지고 발현되었던 것이다. 지금 이 순간, 이 화가가 보기에 이들 세분 화가들의 작품이야 말로 이 시대, 신경미학이론의 대표적 걸작이었다고 단언해 보는 것이다. 술 취한, 또 다른 미아리고개의 왕십리(한양대) 노숙자, 거지같이 떠도는 전쟁 후의 센티멘탈과 허무의 ‘돌아와요 부산항에’ …… 유아시절, B29 폭격기의 악몽이 트라우마 같은 업이 되어, 그렇게, 저렇게 이렇게, 깡독주(깡쐬주)에 매몰, 흡착되어 갔던, 또 다른, 이 화가의 해체된 (n0)허공이었다.

　만일, 눈이 다시 영원한 별처럼, 죽음의 황혼 같은, 제국의 꽃잎 왕성한 장미다발처럼, 나타나지 않는, 한 텅빈 무명의 인간들이 한갓 희망일 뿐……,
“……unless, The eyes reappear, As the perceptual star. Multifoliate rose, of death's twilight kingdom.”
의식과, 그리고 현실사이에, 동작과 그리고 행동사이에, 그림자는 내린다.
“Between the idea, And the reality, Between the motion, And the act, Falls the shadow.” (T. S. 엘리엇)

3

줌마의 슬픔은 없다

하드보드. 아크릴화. 20X25. 1990

　비슷한 실력의 부부가 내기골프를 하던 중 공이 잘 안 맞아 뇌신경회로가 열 받은 남편이 아내에게 "실은, 당신 만나기 전에 사귀던 여자가 있었어!" 했단다. 아내 역시 기다렸다는 듯 "나도 고백할 게 있어요. 결혼 전에 성 전환 수술을 했거든요!" 라고 받아쳤던 것이다. 돌연 "야 이 XX야! 그러면서 지금까지 레이디 티에서 쳤단 말이야?" (레이디 티란 골프 티 박스의 위치를 여자의 경우 홀에서 좀 더 가깝게 위치시켜 남녀동등의 핸디캡 조정을 해 줌을 말한다.)　'우리를 슬프게 하는 것들……'　아득한 중학교 학창 시절이었던가? 국어 교과서에　'안톤 슈낙' 인가 하는 서양 사람이 우리의 인생을 슬프게 하는 몇 가지를 나열하였고, 어린 시절　'슬픔이란 이런 것' 이구나 했던 생각이 오랜 기억으로 각인되어 지금까지 필자의 머릿 속을 맴돌고 있다.

　　"나의 치료를 받으면서 잠시 생기를 되찾던 아버지는 어느 날 길에서 맥없이 쓰러져 그대로 세상을 떠났다. 급히 도착한 영안실에서 아버지의 옷을 넘겨받은 나는 아버지의 지갑 속에서 복권 석 장을 발견하고는 아버지가, 아버지의 인생이 너무 불쌍해서 한동안 가슴에 통증을 느껴야 했다. 나는 내 아버지의 우울증도 제대로 치료하지 못한 정신과 의사였다." (정혜선, 2001)
　　"내가 아버지를 거부한 것, 그것은 곧 나 자신에 대한 거부였다. 내가 아버지를 미워했다는 것, 그것은 곧 내가 나를 미워했던 것이다. 마찬가지로 아버지에 대한 나의 연민 또한 나 자신에 대한 연민과 조금도 다르지 않았다. 내가 아버지를 용서하고 있지 못했을 때, 나는 나 자신을 용서하지 못하고 있었던 것이다. 이제 막 숨을 거둔 아버지의 시신을 만지며, 차마 울음으로 내 마음을 대신할 수 없어서 나는 눈물을......" (종교 심리학자 서광 맘짱, 2002)
세상에 나오자마자 애비로부터 버려 진거나 다름없는, 스티브 잡스의, 아버지란 단지 정자은행에 지나지 않았다라는 특수한 사정을 빼고는, 세상의 따님들이 아버지가 자신을 두고 이 세상을 떠나는 슬픔은 비통함을 넘어 완전한 좌절과 애증, 그리고 극한의 회한을 노정하는 오열일 것이다. 평소 필자가 학회 발제 논문에 인용하였던 위의 두 가지 독백 속에는 '고통' 이라는 단어의 기표, 그리고 생리적 아픔이라는 진통과 눈물 이외에 '괴롭다' 라고 하는 의미, (그 시니피앙) 또한 잘 읽히질 않는다.
지금까지 2천년 동안 시니피에, 그 기표기호로 상징되었던 고통(pain)은 반야심경의 '도 일체고해' 라는 고통의 바다가 이 우주이고 지구별에 사는 인류를 괴롭혀 왔었다고 하는 위대하고 불가사의한 명제였을 것이다. 장발장도 그랬다 한다.(빅토르 위고, 레미제라블)
이제, 어느 듯 시대는 사이버 리좀 시대로 와 버렸고, 절박하게 불법의 새로운 깜짝 놀랄 설득력이, 소구력이, 지혜의 가소성(plasticity)이 돌연변이로 반전되는 전환기에 도달하였다. 그리하여 순교의 희생양을 만들더라도, 동포들과 그 자녀들에게 던져져야 하는 '변한 불교' 가 시급히 요구되는 것이다. 고통이란 (원래) 없는 것이다. (뇌신경만) 잠시 슬픈 것이다. 세로토닌, 아드레날 코텍스 호르몬과 신비의 인슈라섬 등이 고통해결사이다. 베토벤의 제 9번 교향곡 이후에 '맛이 갔다' 고 보는, 그 '대푸카' 음악 양식은 '생뚱하고 추하다' 하였다. 베토벤은 "추하기 때문에 아름답고 슬프지 않으냐?" 고 고집 피웠다.

　　조선 반도의 아름다움을 '슬픔' , 그 '비애의 미(美)' 로 보았던 야나기 무네요시는 그랬다.
　　"왜 한국인은 버들을 즐기고 구름을 사랑하고 물새를 그리고 학을 그리려고 생각한 것일까? 연약하게 흐르는 것 같은 그 버들의 선은 덧없는 이 세상에 편히 쉴 수 없는 마음의 암시, 그것이 아닐까? 그 버들의 쓸쓸한 그늘에서 노는 물새는 무엇을 말해주는 것일까?......"

"비애의 한국미(美)……" 고려 불국토에서 망조의 이씨조선까지 덧없는 하늘만 눈치 보았던 동포 예술인들의 미학 개론은 슬픔, 비애의 그 오래된 상처가 잉태한 예술상품은 아니었던가? 고유섭의 고려국, 야나기의 이씨 조선국, 그 동포의 서정(emotion)은 고구려 시조, 유화 부인, 신라 안압지 버드나무와 기러기 서식 연못, 백제 백마강 조경, 고려국 수덕궁과 양태정, 비원 깊숙한 옥류천, 향원지, 남도사찰의 홍교 등 등은 일본에 의해 강제(?) 귀화한 노자공이 문제의 일본 아스카 궁전을 디자인 할 때 즐겨 다루었을 정도로 강변의 버드나무, 포플러나무, 물새가 노니는 정원은 조선 민족이, 조선 경관이 즐겨 물을 다루었던 민족성임을 증명하고 있다.(양호, 환경디자인과 생태학, 공간 179권, 1982)

이씨 조선의 '비애의 미' 끝자락에 간신히 되살리는 불씨는 이 땅의 젊고 여린, 그래서 야윈 시인에게 미학의 승계를 이어가고 있는가? '슬픔치약 거울크림'의 시집 서문에서 김혜순 시인은 "우 다음엔 울이라고 / 세상에 가득한 수학이 출몰하는 밤 / 존경하는 시인님들은 아직 죽음의 탯줄에 매달려 계시고('우가 울에게') 길에서 집에서 머리채 잡혀 / 실종된 여자들은 다 어디로 갔을까 / 해파리처럼 젖은 머리를 내리고, 물 속 땅 속 어디에 묻혀 있을까?"라고 묻고 있었다. 슬픔의 생리적 현상은 H_2O, 그 눈물이다. 눈물이 정지되고 만 눈의 기능은 아름다움도 보인다는 눈의 보색 잔상현상이다. 붉은 색을 오래 보고 있으면 시신경 과잉으로 눈이 닫히게 되고 검은 망막에 반대색 보색인 파란색이 보인다. 생명체! 그 불법계의 균형이고 중용이다.

카타스트로피(Catastrophe) 이론은 불연속 변화에 대하여 눈의 기능을 미의식으로 승화시킨 것이 '화학적인 예술'이라고 한다면, 그것을 논리적으로 승화시킨 것이 기하학이고 도표이고 지도라는 것이다.(R. THOM, 1974)

슬픔의 뇌 회로는 물로도 세탁된다는 건가? 뇌 회로의 과잉 사용은 유전자의 소멸과 진화원리인 소산구조(dissipative structure)의 흩어짐을 통하여 질서와 완전성을 유지한다. 이후 닥치는 뇌의 신경회로는 열불나면 발화하는 우울증이라는 세포체와 축색 돌기(an axon), 수상돌기의 의도적 또는 기능 상실적인 고장을 유발시킨다. 우울증은 자기의 무의식적 학습에 의한 되먹임 현상이 진행되는 것이다. 그래도 자기 닮음을 유지한다.

김혜순은 그의 시에서 우와 울을 분리, 해체시켜 실험하였다. 그리하여 우울함의 실체를 죽도록 확인함으로써, 우울과, 우울의 동기부여가 탈영역성(deterritorialisation)의 '존재란 가벼웁다.' 아니면 '존재는 없다.', "우는 구름을 덮고 울은 그림자는 덮었네 / 우는 바람에 시달리고 울은 바다에 매달렸네 / 우는 살냄새다 하고 울은 물냄새다 했네 / 우는 햇빛을 싫어하고 울은 발이 찼네 / 우는 먹지 않고 울은 마시지 않았네 / 밥을 먹는데도 내가 없고 물을 마시는데도 내가 없었네"의 절규 같은 두뇌의 발작을 토해내고 있는 것이다.

　죽은 세포의 fMRI-기능적 MRI 스캔은 두뇌가 발작을 보일 때 죽은 세포지역이 붉은색으로 나타난다. 이는 각각의 회로에 산소가 풍부한 혈액과 산소가 미약한 혈액이 퍼져 있는 상태를 측정한다.(Annchin. Head shots, Scientific American Mind, Dec. 2011)

진화의 항상성은 다윈과 아인슈타인의 과학이 보증하였던 현재까지의 시스템 이론이었다.

벌통의 둥지 유기체인 개미 사회에서 여왕개미는 종족보존과 복제라는 신성한 진화의 유전자를 보존하는 절대 권력의 자리이다. 식량을 구하는 개미와 침략을 방어하는 문지기 개미, 새로운 식구를 양육하는 개미 등이 먹이와 공해와 문득 어느 날 폭주하는 식구의 수에 의해 개미 사회의 조직은 파국(catastrophe)의 엉킴(리좀) 생성과 '죽은 좀비의 사회'가 되고 만다.

바로 그 "우는 산산이고 울은 조각이고 / 우는 풍비이고 울은 박산이고 / 내 살갗은 겨우 맞춰놓고 직소 퍼즐처럼 금이 갔네 / 우는 옛날에 하고 울은 간날에 울었네."

풍비박산, 풍지박살 나 버린 빛의 속도시대. 그 비트의 끝자락에 파기되는 파국의 모든 발화, 그 음과 양의 선순환 에너지였던 더하기와 마이너스, 그 독식 개미여왕의 99% 좀비 개미들, 그들의 허무한 아수라 이미지가 결국 보살님 아줌마들의 다중지능 여전사들을 해체시키고 내버리고 돌보지 않게 된다. 지그문트 프로이트와 친한 심리학자 융에 의하면 원래 인간의 양성적인 동기부여 모티브가 마녀, 무녀, 정령(산천초목이나 무생물 등 갖가지 물건에 깃들어 있다는 혼령)들의 상징으로서 남녀 양성의 인격과 욕망을 인도의 시바(siva) 신으로 증명하였던 것이다.(Jung, 1964)

아줌마들은 여왕벌과 여왕개미로 모두 모두 여전사가 되었다. 영화 킬 빌이나 애니 매트릭스, 미드 노키아 여전사는 전장에서, 대결에서 디지털 기기의 웻웨어(wetware) 능력을 극한으로 발휘하여 국제금융 마피아와 미국의 CIA, FBI, 소련의 KGB를 열 배 합친 시스템과 마피아를 자동 자살폭탄 폭발 1초 전에 해체하고 영웅이 된다. 그래서 결국은, 돌아선 여전사의 남녀의 성 기능은 상실된다.(contra sexual. metro sexual) 이는 자기 파괴적이며 쿨(cool)하고 영악한 다중 저항적(anti-multitude) 현상을 초래하지만 본질적으로는 죽음, 유희의 세뇌, 조작, 배양의 돌연변이와 대량 복제를 가져온다.(사에토 시케타, 2002)

시인은 계속하여 이렇게 노래한다. 아니 이렇게 한탄한다. 이렇게 속삭인다(절규한다). "왼쪽 어깨에 우를 오른 쪽 어깨에 울을 / 물지게 가득 짊어진 여자가 나타났네 / 티베트 깡통 돌리는 할머니 염불처럼 천당 지옥 / 천당 지옥 계속 이진법이더니 / 우 다음에 울을 한 바케쓰 내 살갗 밑에 부었네 갔네 / ……세상에 가득 찬 수학이 출몰하는 밤 / 존경하는 시인님들은 아직(도) 죽음의 탯줄에 매달려 계시고 / ……그렇게 오도 가도 못했네." (김혜순, 2011)

티베트 깡통 돌리는 할머님처럼 다중 역할의 봉은사, 조계사 보살님들은 그렇게 기도하고 염불하였던 자신의 창작품, 그 핏대 아들, 그 딸들을 위해 가피의 에너지가 갓 바위와 설악산 봉정암에 목을 매다시피 하셨다. 세월은 흐르고 통곡은 메마르고 우울은 우와 울이 마음에서 대립한다는 것이다. 결국은 등을 돌리는 성장 속의 핏대들은 그들 앞에 닥친 우와 울, 그 비트의 속도 전쟁과 충성! 효도!의 헛소리에 대한 갈등과, 이미 계산기 두들겨도 답이 안 나오는 월가의 파생 금융상품 같은 엉킴(리좀) 현상으로 꼬이고 만다.

Mark Epstein의 동서심리학 비교 저서 "Thought without a thinker"
(행위는 있으되 행위자는 없다. 능가경)을 통한 육도윤회(samsara)사상과 정신의학의 비교

	심리상태	Image	사이버 스페이스	Behavior_setting
지옥도	피해망상 공격성	거울을 든 여신상 불꽃을 든 여신상	Mirror stage→ 거울 뉴런, →전자거울	공격성은 불안과 공포심을 초래한다. 마음의 지옥은 인정받고 사랑받고자 하는 욕망이 빚어낸 고통과 좌절의 상태다.
축생도	애욕	책을 든 성자상	Common contents Information Flash	동물적인 욕망을 승화, 해방하기 위한 지적 능력, 사색 능력을 상징한다. 식욕, 성욕 등의 욕구는 프로이드가 중점적으로 연구한 분야이다.
아귀계	탐욕. 이기심	갈비같은 사지에 부풀린 배에, 길고 가느다란 목구멍을 지닌 유령	skin ship 치고 놀다. 빠지는Play Tag	허기진 욕망의 위장을 가진 아귀들의 메시지는 인간의 끝없는 욕망을 상징
아수라	경쟁.질투심 (the realm of the jealous Gods)	불을 내뿜고, 칼을 휘두르는 성자상	Egoism character-based	Ego에 집착해서 질투하고 혼돈, 갈등에 휩싸인 마음. Trauma의 희생양(scape goat)을 무차별 공격
인간도	자아도취 자기중심	천상천하 유아독존 (Heaven above, earth below, I alone am the most honored one.)	시간 동기화에 의한 flash mob 행위자들의 익명: 자폐, 촛불 시위	자아도취적 부모와 적응관계에서 거짓자아를 발달 은폐시키는 청소년. Winnicott은 심리적 결핍감, 불안감의 이중고통은 쾌락과 동시에 재앙이라고 표현
극락천상도	자아실현 자아조절	비파를 들고 음악을 연주하는 성자상	Well-being (인간이 본성과 일치된 상태) Mano(열락) Runner's high	Smartopia 인본주의 심리학자 Carl Rogers. 매슬로의 중심생각

저 갓 바위 기도하시던 정자은행에의 유전자(gene)와 두뇌를 복제 장치로 융합하여 모방, 전달 되는 백수들의 딴지를 걸어 버리는 변이 현상. 이름 하여 문화적, 후천 환경적 유전자 밈 (meme)이라야만 불확실, 불안, 불황의 삶을 알바라도 할 수 있는 것이다. 결국 아수라의 패밀 리였던가? 등을 돌리고 돌아서버리는 갓 바위 부처님이셨던가?

그리하여 바야흐로 '엄마를 부탁해'(Please Look after Mom!)의 폭주시대가 되고 말았다.

"아줌마들 중 더러는 얼굴을 되찾기 위해 / 노라처럼 집을 뛰쳐나가지만 / 남편과 자식들이 뜯 어먹은 아줌마들의 얼굴은 / 이미 제단 위에서 조차 사라진지 오래 / 어디에도 아줌마들의 얼굴 은 없다……/ 아줌마! 하고 부르면 뭔가……/ 가슴을 조이는 것 같은 슬픔이 / 세상에 발가벗 겨져 내동댕이 처진듯한 서러운 에너지가 / 울컥하고 내 속에서 두발로 일어선다."(김상미, 2004)

평론가 김승희는 이를 '가부장제, 자본주의 사회에서 획일화된 집단적 욕망을 앓고 있는 환자집 단의 사회, 그 죽은 시인의 사회'라 하였고, "아줌마들은 가족(패밀리)이라는 병을 앓고 있다. 아 줌마들은 가부장제라는 병원, 아니 사원 속에서 그 뜨겁고 무시무시한 히스테리, 사랑을 앓고 있다."하였다.(양호, 골벽 글벽 화벽, 2004)

변심한 여자. 아까운 여자. 창피한 여자. 고고한 여자. 이혼한 여자…… 예술 속의 모든 아름답 고 우아한 형용사로 묘사된 여성. 그 영원한 그리움의 지모신(地母神) 이름이다. 반전, 전복의 시대에는 패러디와 변주의 유머가 긍정적 되먹임의 에너지를 준다.(자니윤, 2012)

도파민 에너지의 상실된 회로를 활성화 시킨다는 것이다. 그래서 '변심한 여자'는 변비로 심하게 고통 받는 여자이다. (울다가 다시 우는 여자), (다방에 가면 꼭 창 없는 구석에 앉는 여자) (못 먹어도 고를 외치는 여자) 그러나 정말 끝내주는 아줌마는 '이혼한 여자'였다.

"아주머니! 커피 한 잔 하시겠습니까?" 어느 날 옆 차선에 붙은 운전자가 건넨 말이었다. 그 다 음 교차로, 문제의 차 옆에 급정지한 아줌마. 차창을 열고는 "야 이XX야! 너 같은 넘. 우리 집 에도 몇 넘 있어!" 했다는 것이다. 열 받은 날의 골프 라운딩 실수는 배가 된다던가 ? 앞 조의 아줌마 골퍼들, 두 번째 샷을 끝냈을 때, 돌연 필자가(살짝 친 공이 더 멀리난다) 친 드라이브 공이 아줌마 머리위로 날았던 것이다. 순간 "아이고! 싸모님! (A골프장 주인 부인이셨다 한다.) 큰일났다……" 캐디의 비명이 들리는 듯하였다. 혼비백산. 아비규환의 난리 장면에서 문제의 아줌마는 쫓아 온 뒷팀 캐디 언니에게 "야! 뒷팀의 어떤 년놈의 샷이냐? 여자가 쳤다면 용서치 못하지만 (당시 동반자는 진진숙 동양화가였던가?) 남자가 쳤다면 용서한다고 전해라!" 하였다 한다. 혹시 상실되었던 기다림이라는 나의 '원초적 본능'이었을까? 이 여성은 자기의 마음에 들 면 문제의 골프공을 쥬피터의 화살 신호로 알고 받아들이겠다는, 위기의 순발력 지혜이고 아름 다운 모성의 용서인 것이다.

그러나 문제는, 오늘 아침의 '너 같은 넘. 우리 집에도 몇 명 자빠져 있다'는 월 88만원 백수 조직에 대한 불가사의한 경멸의식이었다.

나는 파블로 피카소 화가에게서 두 가지 진리를 배웠다. 하나는 피카소 자신은 어린아이처럼 천진난만하게 그림 그릴 수 있도록 하는데 꼬박 30년이나 걸렸다는 것이다. 즉, 주로 (동자 같은) 고승들이 내공으로 닦은 모든 기술과 기억을 내려놓아 버리는 비움의 삶의 방법론이다. 두 번째는 항상 미완성의 예술을 남겨두고 뒤집어 생각하고 출발하라는 전자세기의 화두, "다르게 생각하라(Think different))"의 전도몽상 구견열반의 방법이다. "단순함은 복잡함보다 어렵다. 작고 적은 것이 더 아름답다(Small is beautiful), (E. F. Schumacher)", "뒤를 돌아보아야만 점을 연결할 수 있다. 그 점(인드라망)이 미래에 어떤 식으로든 연결될 것이라고 믿어야 한다."(스티브 잡스)

필자는 주벽, 흡연벽 30년 이후 골프벽 30년에 이제야 비로소(힘빼기 30년이 아니라) 현장의 눈에 직접 보이는 미래의 끝, 바로 홀컵에서 부터 거꾸로 퍼팅 공 흐름을 리와인드 하듯 상상하고 계산해보는 방법을 (간신히) 터득한 것이다. 박세리 선수가 퍼팅 전에 반드시 홀컵에 와서 연습 퍼팅하는 장면이 그냥 폼이 아니었던 것이다.
"아주머니……" 가만히 불러본다. "가족이나 골프장 동반자, 그 상대방의 끝점은 현재 어떠하고, 앞으로 어떻게 갈지자로 흘러갈 것인가를 상상하고 예측하는 여유를 가져봅시다."
우리 집에 몇 넘 있는 애비와 그 아들의 오늘을 처절하고 처연하게 연민해 봅시다. 비록 장국 끓여 놓고 며칠 해외골프 나가시더라도 잊지 말고 몇 넘의 상실되고 만 슬픔과 좌절을 다시 생각해봅시다. 어차피 '간장녀' 소리 들어가며 군대 간 아들이 삼촌 아저씨처럼, 새장가 보낸 저 마마보이가 마치 사돈 영감처럼 느껴지더라도, 이쁜 며느리는 어쩌겠나 ? 인드라망의 또 다른 나의 아바타 분신인 걸…… 의류학계의 원로 대모셨던 K교수님, 미국 사는 세 아드님 댁, 한 달 예정으로 손자 보러 갔지만 오도 가도 못 하고 바로 귀국하셨다. 며느리들 눈치에 냉장고도 마음대로 못 열겠더라는 것이었다. 그래서 시친며(시어머님 친구의 며느리)는 희망사항이었고 인류의 업보일 뿐이었다.
하여, 앞서 인용한 2040세대의 대변인 김혜순 시인께선 우와 울의, 어쩌면 1:99의 시대에서 "세상에 가득 찬 수학이 출몰하는 밤, 존경하는 시인님들은 아직 죽음의 탯줄에 매달려 계시고…(미륵불이 석가불에게, 12월이 11월에게) 우는 빗줄기를 빗질하고……그렇게 오도 가도 못했네." 라고 노래하였다.
퇴직하신 아빠의 우울함. 그 시대 배경은 세상이 꼬이고 엉켜진 수학, 그 위상이 기하학일 수밖에 없는 전자 유목민이고 위 아래가 붕괴된 탈위계, 소속이나 가족이 해체되는 탈영토화, 그 크고 작은 자기 닮음의 20, 30, 40세대가 '출몰하는 밤' 인 것이다.

탈위계성. 그 존경하였던 스승과 구도자들은 아직도 천년 이천년 전의 죽음이라는 상실현상에만 계속 복제, 재연출하는 오늘의 종교 녹음기술에 매달려 계신다.

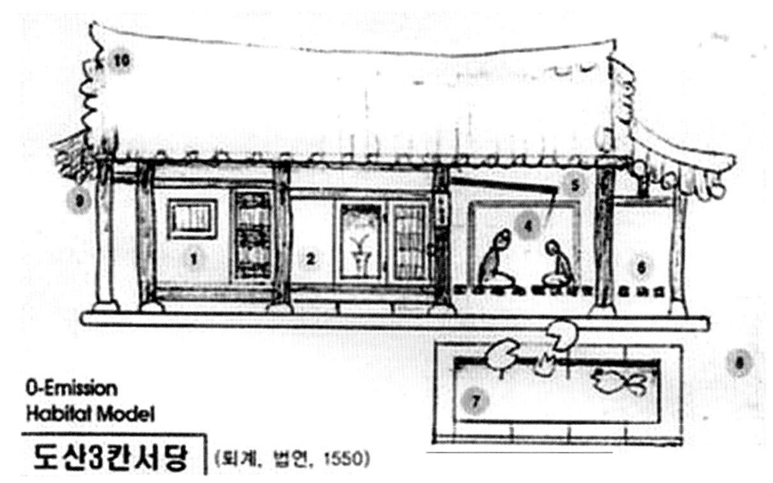

무폐기 배출 주거모델(Zero-Emission Habitat Model)

이퇴계도 알았다던가? 고향 안동에 퇴직한 후 3칸 초가를 짓고 동네 아이들 가르치며 꼰대의 삶을 마쳤다. 그 때 지은 3칸은 부엌 1칸, 온돌 1칸, 마루 1칸, 그리고 절제·축소·청정의 거경궁리(居敬窮理)로 그는 작은 아름다움을 누렸다. 경주 최 부자 부동산 소유면적 사방 100 리에 굶는 자를 두지 말라 했다. 참으로 아름답다 했다. 유희일까? 적어도 가족 해체, 부권 상실에서 나오는 스위치 현상 같은 부정(denial), 분노(anger), 아부(bargain), 우울(depression)의 도피주의(Escapism)적 정신 질병은 숙명적 유전자 정보였을 것이다.(Davis Melinda, 2002)
결국 아드님은 장래의 며느님과 함께 촛불 들고 시청 앞에 순간 집결 해체해버리는 시간 동기화(Smart Mobs)족이 되어버렸고, 7년째 근무에도 비정규직을 알바처럼 목숨 걸고 수행하며 맥도날드 간판 저 너머로 허기를 채울지 모른다.
그리하여 '제3의 물결' 은 '제4의 점령' 으로 다중저항 현상이 동시다발로 나타나 결국 지하에서 웃을지 울지 모르는 바티유나 칼 마르크스의 '사이버 다중저항' 의 또 다른 전자지구화가 생성되고 있는 것이다.(M. A. Negrei, 2002. Nick Dyer, 2000. Waderford, 2000)

보자! "관자재보살 행심 바라밀다시. 오온개공이 도일체고해라?" 하셨다. 온통 고통의 바다라는 반야심경의 규경은? 삼유타 니까야(Samyutta-Nikaya)에서 적나라하게 강조되어진다.

"수행자들이여. 고통의 거룩한 진리란 이와 같다. 태어남도 괴로움이고 늙는 것도 병드는 것도 괴로움이고 죽는 것도 괴로움이고 우울, 슬픔, 고통, 불쾌 절망도 괴로움이다. 사랑하지 않는 사람과 만나는 것도 괴로움이고 사랑하는 사람과 헤어지는 것도 괴로움이고 원하는 것을 얻지 못하는 것도 괴로움이다."

하여, 이를 깨달은 샤카 부타는 고향의 왕궁으로 돌아와 사랑했던 아들과 이모님, 기타 가족들을 자신의 사원으로 왕창 모두 데리고 간다. 그리고는 터득하신 진리가 고통을 극복한 해탈의 법열(mano)이고 환희이고, 도파민 쾌감미학의 체감이면서 인류 진화라는 목적을 이루는 생명체들의 수단과 방법이라는 가르침이었다.

뇌신경 시스템 가동 용량 지도(기능별 관계망 MRI). 기능적 연결망 MRI는 어떻게 뇌의 지역 간 상호연결이 되어있나를 보여주는 접촉지도이다. 각각의 색깔 공들은 각기 센서 데이터를 수행하는 강도에 따라 공의 크기가 다르고 각기 연결되는 회로도 오렌지색 공과 연결회로는 강하고 여린 초록색 공과 회로는 약한 상태를 시간별로 보여주는 그래픽 시뮬레이션이다.(Ann Chin. Head shots, SCIENTIFIC AMERICAN MIND, Oct. 2011)

오소(Osho, 2007)에 의하면 법열은 치유행복의 영역(healing bliss zone)이라는 최적의 마음상태로인 절정의 내면적 기쁨으로(가상공간, 사이버스페이스) 체험을 보상받는다.(히사추네 다추히로, 2004) 거울 뉴런 같은 신경세포에 의한 춤, 기도, 합장, 명상, 골프 등은 새로운 세대의 전자거울에 의한 오래된 흉터(trauma)의 치유 효율을 극대화한다. 일종의 간섭 파동 같은 우주 리듬과 마음 상태의 운동, 정서 활동의 집중은 대뇌 생리에 의해 성취의 기쁨과 안도감을 보상받는다. 그래서 고통은 원래 없다. 인류의 스마트폰 중독이 그 증거이다.

우주선 지구호는 부와 화폐의 골목 저인망 싹쓸이에 의해 '더 불어나지도 않고 더 줄어들지도 않는' 합이 0인 제로섬 게임에 의한다. 공평한 재분배와 독식 권력, 가문의 영광을 해체시키는 조화와 균형의 '사이버-마르크스' 적인 다중 저항(Anti-multitude)이 생성됨으로써 불국토 원래의 이상향, 그 유토피아에의 오래된 미래의 꿈이 가능해진다면 원래의 고통은 없는 것이다. 원래의 기쁨과 만족 또한 공동 소유가 되어야 한다는 포스트 자본주의로 갈 수 밖에 없다. 불법계의 원래적 평화이고 승자 독식과 과잉 소유가 붕괴될 수 밖에 없는 필연의 열역학 법칙이 작동한다는 것이다.

그래서 불법은 원래 무일물이고 태어남은 축복이며, 종족 보존의 핏대줄 성립이고 환희이고 생명력의 찬미인 것이다. 건장한 청년 왕자로 성장한 샤카 부타의 아들을 처음부터 고통의 바다 속에 네가 존재한다고 겁주고 초칠 필요가 없다. 극소의 확률로 태어나게 된 인연과 지구촌에 잠깐 사글세 방 둠에도 찬란하고 위대하며, 우아한 100일 잔치와 돌 반지의 축복이 존재하는 것이다. 그리하여 사랑하지 않는 사람과는 피해야 하고 사랑하는 사람과는 헤어지지 않아야 하는, 영악하게 진화된 유전자의 지혜와 환희의 인연을 취사선택하는 선순환의 삶을 의도하여야 한다. 바로 여기에 불가의 대략적인 금기와 자비의 부타경제학이 존재하는 이유가 있는 것이다.

　이미 오늘의 빛과 삶의 속도시대, 그 전자시대에 더욱 불법이 적용될 수 밖에 없는 시나리오가 2500년 전에 예언되질 않았는가? 당시의 열악한 위계, 영토화, 계급화, 빈곤화의 꿈과 기회 없음의 갠지스강가 화장터, 나무 땔감 값이 덜하면 토막 시체를 그냥 버려버리고 둥둥 떠내려가게 하였던, 그 강 언덕에서의 고통은 단연코 괴로움이라 할 것이다.
그래서 미륵(Maitreya) 지상낙원의 예언경을 고통스럽게 약속한 것이다.(최종태, 2006) 다음의 표로 정리된 예언서는 신통 방통 하게도 21세기 디지털 세상에 그대로 적용, 실천되는 지상낙원이다.(양호, 대운하 양론과 U-Eco design, 2007)

Maitreya 지상낙원(2500년 전 예언경)

먼 장래의 메시아 유토피아 예언서	Bit 시대
① 강물은 한쪽으로 줄어들어, 토지는 평탄하고, 거울처럼 맑다.	인공습지공원 Net Bank (Rain City)
② 옷이 열매처럼 나무에서 열려, 사람들이 따서 입는다. 농사는 한 번 뿌린 씨에 일곱 번 수확한다.	Rhizome 생성(n-1) (Nano·Bio·Topology)
③ 나찰귀신이 밤마다 온갖 더러운 물건을 치우고, 향즙을 땅 위에 뿌리니 성안(ketumati)이 향기롭고 깨끗하다.	Transformer System (Carbon free City)
④ 남녀가 대소변을 보고 싶을 때에는 땅이 저절로 열리고, 볼 일을 다 본 후에는 땅이 다시 합쳐진다.	수세식 변소 (Smart 칩 내장도로)
⑤ 마을간 닭 우는 소리가 들리고, 닭이 날아다닐 수 있을 정도로 도읍이 즐비할 것이다.	핸드폰, 유목민, 인공위성 (Bit hyperlink)
⑥ 백성들은 어른이나 아이의 권리가 평등하며, 조금도 차별 없이 분배되니, 보석을 아무도 줍는 사람이 없다.	베토벤, 궁예, 조용필, 스티브 잡스, 손화중, 박정희, 김지하

　천재 음악가(작곡가)에게 다가온 청각마비의 시련은 더 큰 극복의 인내와 고통 속에 창작물의 환희와 보상으로 다가온다고들 (공자처럼) 이야기한다. 갑자기 눈이 멀어버리고, 그래서 뇌신경은 청각세포와 회로를 더욱 발전시킨다. 하지만, 작곡가 이영자에게 다가온 날벼락 같은 불행은

고통으로도 극복되지 못하는 업보이고 죽음 같은 것이다.

"작곡가로 지내온 지난 세월은 살아갈수록 삶의 아픔이 음악으로 승화되는 것을 느낍니다. 육신은 사그라지고 인생은 단 것보다 쓴 게 많죠. 비록 무대에서 연주되지 못할지라도 내 눈이 보일 때까지 음악에 마지막……"

(현존하는) 모든 것을 포용할 수 있는 건 학문이 아니라 리듬이다.(프리드리히 니체)

최근 방한한 러시아 오케스트라의 흰 자작나무 같은 데미르카노프 지휘자도 그랬다 한다. "나는 모든 것을 가능하게 하는 음악의 힘을 믿는다. 언젠가 음악을 들을 때 마치 벼락이 치는 것과 같고 망치로 강하게 때리는 것과 같은 인상을 받은 적이 있었다. 바로 이렇게 예술이란 강렬하고 아름다운 것이다." 하였다.

모든 사물에는 부타의 생명력이 원래 작동한다는 말이리라. 이는 생명체의 뇌 속 신경계 세로토닌(Serotonin)과 또 다른 기쁨 쾌락물질 도파민이나 공포, 놀람, 스트레스의 노르아드레날린(Noradrenaline)을 통하여 고통과 우울을 극복하고(와다 히데키, 2009) 우수 유전자가 공진화하여야 미래의 미륵하생 유토피아를 이룰 수 있다는 것이다. 이쯤에서 필자는, 인류에게 진통(illness)은 있어도 고통(pain)의 의미는 시간적으로 기쁨, 쾌락, 그리고 즐거움의 긍정적 태도이고 이 때 작동하고 보상받는 에너지가 아름다움이고 신경미학이라 강조하고 싶다.

문제는 이러한 비트의 속도시대, 고통의 앞줄에서 높여질 우울보다는 쾌감의 반복적인 뒤따름의 환희가 법열과 개오, 진리와 현실에의 깨달음이 아닌 환각과 광적인 신앙상태의 뇌신경상태로 회로 폭발 또는 고장상태가 (더 많은 확률로) 다가온다는 '포스트· 도일체고해'의 불심 방향타라는 것이다.

현대의 줌마 보살님들의 삶은 다중지능을 굴리고 한 번에, 단 한 번에 여러 행동을 작동하면서 해결사 노릇을 하는 멀티 태스킹의 위태 위태한 뇌신경을 굴리고 사신다.

서광 맘짱은 보스톤에서 '무아의 사유'(Thought without a thinker) 개념들을 사성제에 접목시키시고 사성제라는 고집멸도의 (일반보살행의) 생명현상을 갈파하셨다.(서광, 2005) 쉽게 말해서 동양종교는 이기(Ego)를 그림자, 환영으로 보고 개체(self-number. 우주의 세포)를 향한 존재 확인임을 강조하셨다.

사성제(4 Noble Truth)에 대한 이미지와 행태(태도)

	심리상태	Image	Behavior_setting
고성제 (聖諦)	narcissism 자아도취, 자기중심, 완벽주의, 인생이 괴롭다.	잠깐 권력들의 착각, 망상, 집착경향, 굴욕, 창피(humiliation)의 공격성	돼지의 눈에는 돼지만 보이고 부처의 눈에는 부처만 보인다.(무학대사) 추운 겨울의 존재를 인정, 적응하기 보다는 우울증을 선택. 타인의 능력, 성공보다 질투심을 선택한다.
집성제 (集聖諦)	쾌락추구, 갈망, 유아기적 자기중심, 자기편집증	거울단계의 축축한 기저귀는 울기만 하면 제거되고 우유병이 제공되는 어머니가 전우주인 시절	나는 해낸다. 대신에, "잘 될거야." 나는 대단해 대신 "괜찮은데" 하는 "난 잘 생겼어"의 Ego 부재의 삶. Ego는 끊임없이 변화하는 환영일 뿐이다.
멸성제 (滅聖諦)	대원경지(大圓鏡智) (adarsanai nana) 거울뉴런	전자거울, Nirvana, 전자게임중독. Storytelling 본능. 수다떨기(Givverish)A vatar	인간의 원초적 갈망을 모자간의 완벽한 결합상태에서 찾는 정신분석적 입장에서 해석하면 좌절된 욕구나 꿈은 가족, 친지, 아바타를 통해서 대리 만족 형태로 전환된다.
도성제 (道聖諦)	관계 중독, 환상주의, 팔정도	반 엘리트주의의 증오, 배신은 환상과 착각의 집착에서 생기는 허상이다.	정신분석이론은 인간의 욕망을 제거할 수 없다고 단언한다. 전환과 분출하는 타협안을 제기한다.

정신분석 이론은 인간의 욕망이란 제거불능으로서 지나치게 절대시하였고 예술, 스포츠 등으로 전환·승화·분출하는 타협안을 제시한 반면(H.Read의 조형의지, will-to-form), 청교도 정신은 무조건 인간의 욕망을 억압하였다고 본다.

서광의 사성제(四聖諦) 심리상태를 다시 비트시대의 이미지와 그들이 놀아나는 임상 치유 상태로 재구성해 보았다.(양호, 대한임상미술치료학회 발제논문, 2005)

자! 고통의 삶일지 모르는 현실세계를 극대 또는 초시간적인 넘나듦으로 시의 서정을 창조하셨던 김혜순의 우울철학을 줌마 보살님의 핵심 불성으로 언어화한 한 대목 시를 다시 소개해보자.

"저마다 독립만세의 그 날을 꿈꾸지만 / 밤이면 숟가락을 지참하고 모여드는 곳 / 내가 숟가락을 들고 식구들에게 근엄하게 물었죠 / 우리는 배꼽에서 벗어나려고 안달 난 배달민족일까 / 우리는 배꼽으로 들어가려고 안달 난 배달민족일까……"

반복되는 핏대들의 억제계와 흥분계의 중도적 조정. 그 지혜와 용서와 무시의 설거지 공간은 어차피 늑대 같은 울음소리의 최면술과 여우의 영악한 어떤 미소 속에서, 그 접 붙여서 탄생한 역경이 자식의 이기적 유전자였다. 아름다움을 찾아 헤매는 도파민 에너지이고 불법계의 법열, 그 떨림과 오열의 '마노' 감각인 것이다. 리처드 도킨스는 그의 저서 '지상 최대의 쇼'에서 "우리 주위는 너무나 아름답고 경이로운 생명들로 가득하다. 이것은 우연이 아니며 무작위이지 않은 자연선택에 의한 결과다. 이것은 진화가 펼쳐낸 지상 최대의 쇼이다."라고 하였으며, 줌마 보살님만이 가지고 있는 세포속의 모계 유전체인 미토콘드리아를 분석하여 추적하니까 약 20만년 전에 아프리카에서 살았던 한 여성으로 확인되었고 그녀가 바로 인류 여성의 시조 할머니였다는 것이다.(윤풍, 2011)

리좀 생성과 4.19 혁명

금강산. 혁필유화. 58전. 10호. 1996

　　예술과 과학 공히 세상에 관한 모형(model)을 구성한다는 점에서 일치한다.(구조주의 이후의 포스트 모던 류의 사상(생각)들과 현대 물리학에서는 ‘비결정성’과 ‘상호 연관성’ 그리고 끊임없는 생성과 소멸의 진동(flux)을 세계의 모델로 보고 있다) 예술이 타 분야와 무관한 별세계가 아니라, 인류가 공유하는 공통의 인식론적(epistemological) 그리고 존재론적(ontological) 의미구조 안에서 작동함을 보여준다.(노소영, 2010)

　　“어디서 무엇이 되어, 다시 만나랴”는 원래 없다!
생기고 사라짐, 생성과 소멸을 샤카 부타의 불음인 「법구경」에서는 이렇게 말한다.

"아아 이 몸은 오래지 않아 / 도로 땅으로 돌아가리라 / 정신이 한 번 몸을 떠나면 / 해골만이 땅 위에 버려지리라." 김달진 선생의 번역을 석지현 맘짱이 다시 다듬었기 때문에 좀 더 시감이 넘친다. 덜 박절하고 야박하다.

"머지않아 이 육체는 흙으로 돌아간다 / 이젠 아무도 돌봐주는 이 없이 / 마치 나무토막처럼 / 그렇게 버려지고야 만다."

신화학자 메르시아 엘리아드의 '약화되는 신화', '전설의 동요화'와 같이, 시대가 흐르면서 가르침의 해석도 서정화하고 감성화하며, 지금은 이야기(스토리텔링)를 더욱 부풀린다.

하여, 시대의 마지막 죽음에의 정의는 스티브 잡스의 전기를 위해 아이작손이 나누었던 전자시대의 법구경 해석을 소개하고 있다.

"하지만 한편으로는 그냥 전원 스위치 같은 것일지도 모릅니다. 딸깍! 누르면 그냥 꺼져 버리는 거지요…… 아마 그래서 제가 애플 기기에 스위치를 넣는 걸 그렇게 싫어했나 봅니다."

2000여년도 더 전에 쓰여진 법구경, 죽음이란 전원 스위치 같은 현상이라는 미래의 진리이고, 불음이 이렇게까지 규정할 수 있는 용기는 이 세상의 예술과 과학의 교차점에 서서 '모든 중요한 혁신은 놀라워야 하고, 예상치 못하고, 세상이 준비되지 않은 상태에서 나와야 한다'는 그의 전자 불심이었기에 가능했던 것이다.

임상미술치료학회(2010)에서, 1년에 수 십 명 환자의 몸을 절단하는 칼잡이 정형외과의 박종훈 교수(고려대)는, 수술대에서 수많은 죽음이 저만큼, '10미터에서 바로 떠나는' 현장을 매번 목격하며 산다 하였다.

색즉시공 사이의 경계. 때는 1986년 여름, 캘리포니아 주 타사자라 산 속 선원. 마리화나에 찌든 스티브 잡스는 친구 겸 멘토인 코분 오토가와(1938년생)와 함께 산속 냇가를 산책하고 있었다. "당신이 여기에 와 있는 게 기쁘다. 그런데, 왜 그렇지?", "새 직장인 넥스트 회사의 컴퓨터 제품을 예쁘게 만들려면 MA(聞. 사이 간)에 대해 알고 싶은데요! 내가 그냥 알고 있는 건 물체와 공간 사이의 관계성을 말하고 있는 것 같은데. 우리 컴퓨터 제품이 완벽하게 디자인 되기를 원합니다. 한 수 가르쳐 주세요!" (The Zens of Steve Jobs, C. Melby., Jessa, Febes, 2012)

"나는 사물을 그리지 않는다. 단지 사물간의 차이를 그릴 뿐이다." (야수파 화가 앙리 마티스, 1869~1954)

이 화가는 새벽 촛불을 사를 때, 록 음악으로 부르는 백화 도량의 아미타불을 듣고, (경주 남산에서 입수한) 조그만 양쪽의 종을, 양 손에 방망이를 쥐고는, 랩 리듬으로 관세음보살, 지장보살 하며 두들긴다. 이때의 짙은 커피는 역시 에스프레소로, 진하게 갈아 뽑은 보리수이다. 부타는 향과 맛까지 '안·이·비·설·신·의' 의 감각으로 뇌의 도파민 에너지 접속을 극대화시켜 준다. 오로지 부타의 법계 작동이고 뇌신경의 흥겹고 신들린 감사의 순간이고 찰나이며, 저렇게 종소리 흐느낌의 끝처럼 은은하게 소멸하고 사라진다.

전기불 누르면 그냥 켜져 버리는 거다. 해골만이 땅 위에 버려지리라 던 법구경의 해석, 마치 나무토막처럼 그렇게 팽개쳐져 버린다 하던 법구경의 경전은 누구들이 썼던 것인가?

'천상천하 유아독존' 이라는 탄생불의 일성은 갈수록 만 갈래의 나름대로 해석이 분분함으로서, 불법의 본질이 호도되지는 않는가? 차라리 당시의 동서남북 공간개념에서 시간의 진실을 구독시키는 '과거 미래 유아독존' 이나 '스침 찰나 유아독존' 같은 마음의 기억 문제들이 오히려 미래 불심의 이해를 쉽게 메시지화 하지는 않을까? 물론 일개 환쟁이의 헛소리이고, 지식인들, 종교직업인들로부터 몰매를 맞을 구라를 치고 있는 것인가?

그렇다면 우리 시대는 박정희, 김지하, 조영남, 이 세 분께서 배달민족의 청춘을 조립하셨다 해도 과언이 아니다. 저 '오적' 시로 조국 청년들 가슴에 못을 박았던 김지하. 그는 이 죽음과 재탄생 또는 완벽한 해체됨을 어떻게 노래하는 것인가? 이제는 '오백적' 이 번식하고 있는 불확실성의 혼돈시대라 했다던가?

대중음악 평론가 강현은 몇 일 전 가수 이선희를 새삼 인식하면서 '어느 할머니의 극락' 이라는 노래를 불렀다는 것이다. 바야흐로 불교 르네상스의 꿈이고 엄숙히 독송하던 반야심경을 '순야타' 의 젊은 청년들은 랩으로 노래하며, 현묵 맘짱은 옆 산 송광사 딱따구리 리듬으로 고쳐 편곡하셨다 했다. 이기향 교수님 '춤추는 단청' 이라는 패션 쇼, '관' 무용단의 전위 무용이 이애주 교수의 한풀이 춤을 현대화 한단다.

하기는 예술사나 과학, 종교사가, 체제와 양식과 비빔밥의 돌연변이 속에, 인류의 '밈'유전자는 공진되었고 현대의 전자문명(smartopia)을 향유하고 있다고 하겠다.

'그래도 지구는 돈다' 했던 다 빈치 코드의 로마 교황청 주변은, 바꾸어 보면 역사를 보전하는 지구별의 지킴이라 표현할 수 있을까? 언제나 생성과 소멸의 사이 경계선이었을 것이다.

4.19 혁명이 나기 1,2년 전 서울 미대에 입학하고, 첫 등교하는 이 화가(신입생)에게, 복도에서 고귀하고 위엄 있게 생기신 노교수님께서 기다렸다는 듯이, 자네가 이번에 입학한 아무개냐 하셨다.

그리고 이 화가가 그 때 입었던 (리바이스 제품으로 기억하는) 원래 원조 맘보 청바지의 바지폭이 너무 좁기 때문에 (교칙에 어긋난다며), 내일부터는 학교에 이런 옷 입고 오지 말라 하셨다. 이제 생각하면 진보의 바람에 대한 기득권의 두려움이었을 것이다.

이 분이 당시 장발 미대 학장님이셨고, 형님께서 당시 장면 총리인지, 부통령인지를 하고 계셨던 가톨릭계의 대부셨던 것이다. 하여, 당시 미대교수는 김세중 조각 은사님부터, 전원이 가톨릭 신자였고, 학풍과 교풍은 전통적인 중세 유럽 예술사를 지켜야 하는 근엄한 풍토였던 것이다. 따라서 매년 신입생들의 새로운 아방가르드 같은 전위 풍조가 미대에 침입하는 오염(?)을 경계하셨던 것이다. '다 빈치 코드의 시즌 2' 였다 할 수 있을까?

아니나 다를까? 전위와 창작과 파괴의 미술을 탈취하기 위해 입학하였던 회화과 학생들에게, 가톨릭의 고루한 예술관은 창조성과 그 작업에 엄청난 걸림돌이 되었던 것이고, 결국 해방 후 서울대학교에서 교내 시위와 데모가 발생한 첫 사건을 야기 시키고 말았던 것이다.

상대적으로 현대 산업사회에서 각광받아질 응용미술과 학생들은 장발 학장을 지지하는 일사불란한 태도를 보였고, 결국 대학 본부의 총장실(동숭동 대학로)을 난장처럼 점령하고는, 가마때기를 깔고 단식 농성에 들어갔던 것이다. 이때, 단식이란 물도 안 먹는다는 순박한 생각이 착오였음을 평생토록 깨닫게 되었고, 같은 반 여학생들이 사 오는 바나나랑 소주랑은 평소보다 더 폭식하였다. 학장 옹호 단식 투쟁을 총장실 점거라는 의외의 의식으로 실천하였던 것이다. (총장실 본관은 로마 바티칸 성당이었을 것이다.)

그 때에 데모하면서, 일 년 후배로 미대 미학과(다음해 문리대 미학과로 편입됨)에 갓 입학한 김지하를 알게 되었다.

어느 잔인한 4월 19일. 첫 수업 역시 조용히, 역시 가톨릭 신자이신 이순석 교수님의 지도 아래 진행되었고, 돌연 옆 동의 법대생들이 (수업중인) 실기실에 몰려 들어와서는 여학생들을 내몰고 나갔다. 이 와중에, 그 날 옆자리의 짝꿍 여친 고순자는 아직 등교하지 않았던 상태라, 나는, 한편 안심하였다. 여친은 미술 공부하고 싶어 몇 년 동안 본 미대에서 누드모델 알바를 하며 입학금 모아 합격하였던 끈질긴 생명력의 소유자인 연상의 여인이었다.

점심 때 쯤에는 또 한 무리의, 이번에는 다소 멀리 자리한 문리과대학 학생들이 우리 반 나머지 여학생들을 모조리 떼로 몰고 나갔다. 실기실 창문이 두들겨 부서졌고 순자는 "야! 호일아! 나, 경무대(청와대) 갔다 올게. 출석 좀 해주라!" 라면서 황급히 사라져 버렸다. 국가가 어떻고 하며, 학구열이 강했던 당시의 강남스타일 여학생들도, 마침 짝이 없었던 터라 모두 따라 나섰다. 그 때 우리는 신축 혜화동 성당 외벽을 장식 할 문자디자인 알바 숙제 중이었고, 오후가 되고서는, 점심 겸 (길음정) 막걸리 한 잔 걸치고 있었다.

   "사람은 두 번 죽는다. 한 번은 육체적으로, 또 한 번은 타인의 기억 속에서 사라짐으로써, 정신적으로 죽는다." (김현 일기, 1988)

   낙산 다방 '위스키 티' 에서 홍차 뺀 도라지 위스키 한 잔(그러면 반값 쳐 주었다) 마셨는데도 고순자는 학과 교실에 돌아오지 않았던 것이다. 회화과 동향 김성경은 벌써 내 것 까지 5잔을 걸쳤고, 다방 레지는 내게, 오늘따라 왠 폭음이냐 핀잔했었다.

결국 시국도, 의식도 없는 이 비 애국파 미대생은 총소리 노랫소리 진동하는 데모 군중의 아수라 속을 뚫고 효자동 쪽 드럼통 굴러 오는, 쓰러진 부상자, 시체들 속을 "순자야. 순자야." 하며 찾아 헤매게 되었다.

을지로, 지금의 외환은행 자리에 내무부가 있었고, 옥상에 설치된 기관총을 드르륵 드르륵 갈기면, 찝차, 트럭 탈취하여 태극기 높이 흔들던 대학생, 고등학생, 때로는 양아치까지, 순식간에 총탄에 피격되고, 쿵! 쿵! 하면서 을지로 아스팔트 위에 추풍낙엽 처럼 떨어져 나갔다. 날은 어둡고, 결국 순자는 서울 대학병원 침상 위에 얌전히 누워 자는 듯 했고, 이마 중앙에 하얀 솜이 조그맣게 땜질처럼 박혀 있었던 것이다.

그 날의 효자동, 중앙청에는 결국 국군 전투병의 초록색 아군들이 정렬하였고, 그 앞에서 "전우의 시체를 넘고 넘어, 앞으로 앞으로, 우리는 전진한다. 원한이여 피에 맺힌 적군을 무찌르고, 낙동강아 잘 있거라……전우야 잘자라……!" (이 노래는 그 당시 미국 뉴욕 타임즈에 그대로 영역되어 실렸다. 최병열 법대 1년 선배님은 당시 한국일보 견습사원으로 입사, 초짜 기자들이 자주 다니는 각 경찰서 취재를 담당, 특히 외신의 자료를 많이 가져왔었다.)

　진정한 시대의 노래였고, 동포들의 정신이었다. 한참 후 김민기가 미대 입학 하면서 영화 고지전(장훈 감독) 백마고지 전투에서 아군과 인민군 쌍방이 교대로 불러댔던 '전선의 야곡' 같은 노래는, 그 후에 '아침 이슬' (김민기 작곡)이라는 국민가요로 대체된다.

세월은 흘렀으나 데모와 시위와 탄압의 악순환은 끝없이 생성되고 명멸되어 갔다.

그 절정의 고비에서, 김지하는 「오적」 이라는 (국가 반역의) 반체제 시를 발표하였고, 곧 이어서 깜방 생활 어쩌고 하면서, 어느 날 갑자기 독방의 햇빛 드는 창살 사이로 새싹이 트더니, 이름 모를 잡초가 물도 없이 겁도 없이, 태양의 힘으로만 살아 생성하는 광경을 보게 된다. 이 화가 나름의 해석으로는, 이 때 이 후배 시인의 생명 사상이 태동하고, 이후에 율무인지 율여인지의 철학은 너무 어려워서 알려 하지도 않았던 것이다.

　오적! 이를 반드시 알아야 했던 것은, 모름지기 교수는, 배당받은 의식화된 운동권 학생과의 상시적 지도 면담과 토론에는 반드시 필수적인 주제였기에, 당시의 무시무시한 공안정국에 이를 구해보려고 꽤나 애를 썼고, 드디어 옆 동 문예 창작과 김동리(1913~1995) 교수 방에서 문예 평론집을 빙자한, 금지된 시 전문을 드디어 읽게 되었던 것이다. 당시의 위장, 은유, 포장 메시지 방법이었다. 세월은 흘렀고 벽돌공장에서 기다시피 나온 (저항시인, 미학자) 김지하를 시체처럼 목격한 장소는 안성 산골의 청룡사였다.

가끔은 원경 큰 맘짱 보러 갔다가, 뒤의 골방에 골병들어 누운 김지하를 목격한 적이 있었다. 원경 큰 맘짱은 신륵사랑 여기저기에서 불사 많이 하신 분이다. 이름 없는 만기사에 가셔서도 불사를 저지르고 계셨다. 누구처럼 토목공사 유전자 체질이다.

자주 오가는 대화는 없었지만, 어느 날 청동불두 하나를 주시면서, 절에는 머리 불상을 모셔 둘 곳이 없으니 미술가께서 보관하시면 두고두고 그 아름다운 표정의 진가를 느끼실 것이라 하였다. 최근 어느 날, 용산의 국립 박물관 3층에 갔다가 이와 동일한 철불을 보고는 깜짝 놀라 자빠졌던 적이 있었다. 고려 초 (또는 후백제) 청동 불두는 이후, 이 화가의 사생활 공간에 항상 중앙 자리로 예불하면서, 천만가지 대화로 이 화가를 위로하고 격려하며, 때로는 세상 일 아무 것도 아니라, 엄명하시는 사부님이시다.

누구라 감히 지구별 예술의 역사에, 우상숭배 운운하는 사이비 미학자나 종교인이 경거망동 하는가? 이 순간 과학과 예술의 결합이 인류의 급격한 진화와 우점종 유전자를 양산하지만, (그 결과) 결국은 소수의 극한적 유전자 욕망은 세계인들의 가난과 실직과 기본의 인간 조건을 편취 당하고 있는 이 알 수 없는 세상과 환경과 도시를 만들고 있지나 않은가? 아리스토테레스의 말처럼, 예술의 중국은 메타포(은유)인 것을……

'하나도 내 것은 없다' 법구비유경에 나오는 말이다. '모든 것은 단지 인연에 의해서 자기에게 온 것이며, 잠시 맡겨졌을 뿐이다.' 어차피 빈손으로 왔다 빈손으로 간다는 것이며, 이 지구별에 한 주먹 쥐고 나왔다가 사글세방에 기대 살며 손바닥은 편 채로 떠난다는 진리이다. 생성(being)과 소멸은 격동기의 급진화가 기존의 가치와 고정관념을 무참히 파괴한다.

레닌의 등 뒤에서 노동자 혁명에 가담한 스탈린은 그 정점에서 동지 조직들을 다 죽이고 없애버렸다. 결국 부인마저 자살토록 방조한다. 딸 하나 간신히 남아 그의 유전자를 승계한다.

그 격동의 시대에 유럽과 그리스, 아시아의 이씨조선은 해방된 역마차를 타고, 망명 독립군이 돌아오며, 국내외의 독립 투쟁하던 민족 사상가들은 모스크바에서 진행되었던 권력들에 의해 희생양들이 되었던 것이다. 그 즈음에 원경 큰 맘짱은 기억에 없는 법당에 위탁되었던 것이다. 한참을 지난 후 모스크바에서 노랑머리의 누님께서 오셨고 상봉하였다는 소식을 듣게 된다. 소모품 혁명가 박헌영의 자녀들이었다.

어느 술자리에서 이 화가는 같은 직장의 모 교수로부터 지독한 K.S.S 마크의 부르조와 자식이라는 술 반, 구라 반의 공개 공격을 받고 있었다. 이 때 원경은 "술상의 수많은 반찬은 제각기 어떤 배경에 의해 생성되었고, 각자의 맛깔과 때깔을 우리들에게 선사하고 있다. 아무리 주제에 맞지 않는 반찬이라도 이 세상에서의 기능을 수행하며, 자기의 역할은 (법계로부터) 주어져 있다" 하셨다.

풍운아 (박헌영) 아버지의 유전자 정보는 그 아들 원경 큰 맘짱에 잉태되면서 후천적, 문화적 '밈' 유전으로 '하나가 전부다, 전체가 하나다' 라는 부처님의 정보를 소유하셨던 것이다.

역마차에 태극기를 휘날리면서, 해방된 수도 (경성) 서울에 댄스홀이 허락될 즈음은, 유전 정보는 소멸하고, 새로운, 아니 엄청난 역사적 음모로 하여 소멸과 생성의 간섭무늬는 반복되고 폐허가 되기도 했다.
최근 다시, 승전의 상륙부대 같은 1%의 우점종 독식 현상은 칼 마르크스 「자본론」 이상의 해석 이론이 없다는 논리가 대두된다. "단도직입적으로 말하면 자본주의식으로 산다는 것은 반불교적이다…… 타인의 것을 빼앗아 자기 배를 불리는 것이 자본주의인데, 부처님은 그 반대로 보살행을 행하라 하셨다." 라면서(법보신문, 2011) 칼 마르크스는 노동이나 경제 성장 그 자체가 아니라, 계급투쟁에 의한 이상사회를 건설하려 했다는 것을 간조하고 잇는 것이다. 샤카 부타는 물질 그 자체가 아니라 그에 대한 인간의 탐욕이 인간 해방의 장애물이라고 분석하였다. 결국 두 분께서는 같은 꿈을 꾸되, 수단, 방법, 실현 조건은 다른, 동몽이상의 관계라고 결론지었다.

우울한 수도 서울에 거주하는 신세대 젊은이들은 비트, 빛의 속도로 전자 유목민 또는 방글라데시인, 노숙자의 백수로 하루 알바, 하룻밤 새우잠을 이룬다. 그러면서 그들의 우상은 애플사의 스마트폰 정보 수준과 정보량으로 고립무원의 외로움을 위로받고 살아간다. 이들의 우상, 신체의 연장된 새로운 전자, 확장된 피부의 생명력은 생성과 소멸 속도 또한 대단하면서, 이를 디자인 한 스티브 잡스의 유전자가 녹아나 있는 제품을 끼고 산다. 이른바 스마트폰 세대이다. 예컨대 자신이 스카웃한 녀석에게 IBM의 엄청 떼돈 버는 방향은 포기하고, 매킨토시라는 영양가 없는 제품만 고집스럽게 집착한다는 이유로 하여, 이사회에 회부, 원래 원조 소유권자를 몰아낸다. 그는 소멸되었지만 그의 조직과 상품에 녹여진 디자인 정신의 유전자는 엄청난 인류의 공진화를 가져왔던 티베트 선불교의 철학이고 마음이었다. 잡스는 소멸되었지만 남아 있는 애플의 직원은 이렇게 말했다 한다.
"우리는 제품에 집중하는 회사에요. 제품에 신경 쓰지 않고 딴 데 신경 쓰면 회사가 금새 망가져요. 그런 기업들을 참 많이 봤어요. 무엇을 만들지 고민하기보다 얼마나 팔 것인가 고민하는 회사들." (김상훈, 2011)
도도하게 2,500년 간 도도하게 흐르는 생성과 해체의 불교경제학이다.

문경새재 깊은 산 속, 대승사의 극락전과 지장전 건물은 비록 자그마하지만, 외벽에 그려졌던 불화의 내용과 경전 이야기는 엄청난 콘텐츠와 미술 표현기법의 양식을 지니고 있었다. 한 때는 사찰의 엄격한 기세와 대단한 생성의 기운이 도는 불화였지만, 이 화가를 눈물 나게 하는 건,

이미 대부분 퇴색되어 다시 그려낼 수 없다는 인류 예술사의 (실종의) 한 명작들이라는 것이다. 산 뽕잎 차는 다시 살아나지만, 동포화가의 어떤 고귀한 화풍은 지구별에서 사라지는 순간의 통탄함이 있었다. 지장보살의 괴팍스럽고 카리스마 넘침은 대승사의 오늘과 미래를 걱정하는 아픔을 삼키는 듯했다. 치열하고 극한적인 수도승들의 규율이 맘짱마다, 퇴색 불화마다 넘치는 생동하는 불법계 경계였다. 지장보살 아래 몽타주된 그림은, 어느 날 미국대륙이 대전쟁으로 폐허가 된 문명도시에서 주인공 일라이(덴젤 워싱턴)가 세계 지배의 악의 축으로부터 구약 성서의 경전을 (약탈당하지 않으면서) 결국 대륙의 끝의 수용조직에 전달하고 마는 영화 ‘The Last Story’의 한 장면 같았다.

천지개벽, 누구는 2000년 고통문제만 먹고 산다는 불가의 빛과 그림자처럼 각출되고, 1% 대 99%의 탐욕과 빈곤 대결, 1% 마피아들의 돌려 막아주는 기득권 세계와 우수 전자 종족보존 본능의 불균형, 배나무 아래서는 갓 끈을 고쳐 매지 말며, 가지 밭 가까이 가서 신발 끈 고치지 말라던, 동포 조상의 미덕은 도덕과 정의의 불감증으로 하여 그 어느 누구도 (아무도) 못 말리는 가치전도의 극단을 자초하고 있다.

　　69.3, 75.8, 66.8, 43.1, 30.4의 퍼센트 단위는 이번 ‘우울한 서울’에서 20대부터 60대 이상의 정당정치 반대의사 선거 투표율이다. 이보다 한해 전 54.2, 38.8, 26.0의, 이번 지지율보다 완만한 변화 상승 간섭곡선을 그리고 있다 이른바 ‘대한 초등학교 반장선거’ 현상이었다. 서른(30세) 잔치는 끝난 것이다. 절대 절명의 헌법이든, 경전이든, 시대와 공간에 따라 이렇게 생태 변화의 이성과 감성이 생성된다. ‘나징가 Z’ 후보의 당은 재수가 없다는 것이다.(여의도 연구소장, 2011)

　　알렉산더 대왕의 우직한 용기는 십자군 전쟁을 지겹게도 2백년 이상이나 끌고 갔다. 그런데 몽고 초원의 아마추어 지도자 징기스칸은 속전속결 전략에 의해 세계의 반을 점령한다. 몽고국 내의 통일을 완성할 때, 한 때는 의형제며 은인이었고, 통일 몽고의 양대 부족장이었던 폐랑은 징기스칸에게 포로가 된다. 그리고 묻는다. 두 나라 군부대의 최후의 결전 때, 자네의 전투 병력과 무기는 열세였고, 패배가 예상되어 있었다. 그런데 갑자기 ‘적벽대전’처럼 하늘이 진동하여 번개가 치고 폭풍 회오리가 발작하게 되었으며, 이때는 하늘과 번개의 뜻에, 공포의 줄행랑을 치는 몽고군 유전자 정보인데, 어떻게 징기스칸 부대들은 도망치질 않고 우리의 패주하는 부대를 공격했는가 묻는다.

한 때 몽고부족 내부에 각축전이 심할 때는, 최후의 도망처(피난처)가 늘대 득실거리는 무당 굴속의 기도처였고, 이 때 벼락 신께 소원(염원)을 빌었다 한다. 위기에 봉착한 벼락 믿는 신도는 반드시 벼락 늑대가 나타나 도와준다는 신념이 있고, 어느 날 아프가니스탄까지 노예로 잡혀갔을 때, 몰래 도주, 탈주를 도와주는 수도 맘짱께서, 당신의 관상과 아우라의 몸빛이 천하를 통일할 선구자로 보인다. 당신은 반드시 이상을 이룰 것인데, 그 때에 중앙아시아 사막 벌판에, 혹은 산언덕에 자리하고 있는, 비록 폐허 된 사원일지라도, 절대로 불태우지 말고 공격하지 말기를 약속해 달라고 한다. 이른바 3세기 동안의 말갈 불교제국의 흔적이다. 당시의 불음 승계였고, 징기스칸은 공포의 침공 부대를 불교 보호라는 경전의 재해석을 실천, (천하를 통일하게 된) 불교에 동화된 늑대 번개 형 종교인이었던 것이다. 불법은 출발부터, 모든 신화의 법칙을 따른다.

불교의 말법사상(末法思想)은, 샤카 부타가 소멸 또는 입멸한 이후 5백년간 올바른 불법이 행해지는 정법(正法)의 시대가 계속되며, 곧이어 상법(像法)의 시대가 온다는 것이다.
말하자면 이미지의 시대로서, 바른 수행, 깨달음을 얻는 자들이 약해지는 퇴세기 또는 우상숭배 같은 천년의 시대가 흐른다 했다. 상법의 시대가 지난 시대는, 샤카 부타의 가르침은 남아있지만, 더 이상 수행자가 없는 말법(末法)의 시대가 일만 년 계속된다고 한다.(이노우에 신이치. 불교경제학, 2008)
불교에는, 역사는 진보하지 않고 퇴보한다는 속성을 지닌다는 의미이라는 것이다. 지금은 왜 B급 시대인가?(김지영, 2012)
스스로 물러나 앉겠다는 냉소적 포즈(김유정, 2012)이고, 경쟁의 반감이 반영된 1등의 포기 의미(김수영, 2012)의 말법이라는 것이다.

작은 것이 더 크다 (Less is more)

'말춤' 제3회 서울 민족 미협 리얼리즘 1:99전 출품작, 유화 8호, 2009

칼 마르크스에게 자연이란 역사에 복종하기 위하여 '인간이 정복하는' 대상이며, 니체에게 자연이란 역사를 정복하기 위하여 '인간이 복종하는' 대상이다. 그것이 히브리인과 그리스인의 차이이다. 니체가 초인(super giant)을 기다리면서 있는 그대로의 것에 '그렇다'고 말하기를 원한 것과는 달리 칼 마르크스는 앞으로 도래할 것에 '그렇다'고 말하기를 제안했다. (알베르 카뮈) 권력의 주변에서 서로 감싸고 변호하고 정책이론을 정당하게 정립시켜 주는 이른바, 미국 엘리트 인맥인 아이비리그 대학의 경제학 전공 교수들, 고리대금업 금융은행에서 자라난 화폐 좀비들, 금융행정정책 관료들, 하물며 세계 경제 포럼, 다보스 포럼 어쩌고 하면서 짜고 치는 고스톱 행태야말로 오늘의 미국적 꿈이었던가? 그리하여 그 거품의 남겨진 찌꺼기(cognitive surplus)는 이 지구별의 모든 곳에 영향력을 뿌려가는 월가 마피아와 그 변호 인종들일 것이다. 서울의 모피아(화폐조폭조직)도 같은 인드라망이다. 세계적인 건축가 미즈 반 데 로에는 '작은 것이 더 크다'면서 외과 수술이 불가능하였던 근대에서, 인간의 해골을 뚫고는 밀폐된 해골(Lobotomy)의 비투명성과 비동시성의 정체성, 그리고 단순미와 신경휴식을 위한 더 나은 쾌적성이 건축도시환경에 적용되는 'Less is more' 운동을 전개하였다.
한때 국내에서는 어느 대학이 누가 먼저 컴퓨터의 신종을 구입하여 발 빠르게 컴퓨터 그래픽을 가르치느냐에 따라 (당시 인기수요가 폭등하였던) 멀티미디어 디자인학과와 그 교수 요원의 전국적 배분을 장악하는가가 필자인 이 화가의 교수직 임무 중 가장 중요한 기능수행이었다. 따라서 그 결과 아이러니하게도, 한국에서는 이 분야의 토종 박사학위 코스를 최초로 인가, 설치하여 어느덧 2백 명이 훨씬 넘는 박사 제자, 교수 제자를 양성하였다고 할 수 있다.

자갈돌 형태의 스마트폰. Ishicoro. Naoto Fukasawa design.(Hiyokosha. Aspect. co., 2011) 단순 극소화 디자인은 사람의 촉감에 접속하는 돌과 나무 등의 원초적 재질감의 자연 회귀 욕망을 미래화 한다. 백남준(1932~2006)의 호모 사이버 네티쿠스 개념은 일직선 시간의 화살(인드라망 MA. 엇박자)을 빠르고, 뒤집을 수 있고 흐름을 비틀 수도 있다는 역류의 증강현실(디지털+아날로그)의 한계, 경계를 극복한다.

당시의 전자 원시적인 출발점에서 이제, 결국 가 버린 그래픽 디자인의 귀재 스티브 잡스는 인터페이스(G.U.I) 장치와 쥐새끼 같은 마우스를 도입하고는 매킨토시(1983,84 이후 출시) 컴퓨터를 제작, 판매하게 되었다. 당시 국내출시의 가격과 제품 량에서, 그리고 280모델 한 대 사면 다음해 380, 그 다음해 480하는 식으로 새로운 기능과 용량을 계속 증강, 출시하였던 것이다. 스티브 잡스가 왜 이 화가의 평생을 괴롭혔느냐 하면 당시 사립대학의 총장님이나 오너들은, 경제적 한계에서 특정학과의 실습 기자재만 그것도 계속하여 구입해 달라는 학과장 또는 학장의 입장을 철모르는 돈키호테 취급하면서 비아냥거렸던 추억이 있었다는 점이다. 때로는 총장실에서, 때로는 사무처장이라는 어린 교수에게 황당한 창피를 당하면서도, 주어진 실험실습비의 배정을 위해, 저 스티브 잡스의 매킨토시를 구입하기 위해, 불편한 교수직을 묵묵히 수행해 왔다고 말씀드릴 수 있다.

결국 미즈 반 데 로에의 '작은 것이 더 크고 좋다'는 미니멀리즘은 스티브 잡스의 '모방이냐 아니냐?'로 (병환의 와중에서도) 스마트폰을 조립, 창출한 기본의 디자인 철학이었다. 인류의 기호와 성향은 복잡 과잉 혼돈 환경일수록 단순하고 용량이 적고 작은 미니멀리즘의 명상, 휴식, 에너지 재충전의 상품 환경을 선호하게 되고 지구별 소통시장에 융합할 수 있게 되었다.

미니멀 디자인의 개념에는 '한번에 작동해결(One touch system)'이라는 아날로그 시대의 정신이 아직 살아있고 이 순간, 컴퓨터 맹인들은 노년과 꼰대라는 소외의식 속에 스티브 잡스의 청바지만 바라볼 뿐이었다.

패션, 디자인 감각의 주기성, 이발소 그림과 빈티나는 그림은 그리움의 미학이고 단순 회귀의 원시 뇌를 동경한다. 최근, 새로운 한국 또는 지구별의 엄청난 가치관 혁명이 전자속도를 통해 확산되면서 미래의 예측 불가능한 돌연변이의 총체적 에너지 폭발 또는 종식 현상이 예측되고 있다. 최근 '강남 스타일' 한류는 키치 유화를 기본으로 하면서 '이장 스타일', '함흥 씨스터' 등의 브랜드 이미지로 그 가치가 이동한다.

최근, 양자 물리학으로 빛보다 빠른 양자가 나왔고 노벨 화학상을 받은 준 결정(Quasicrystal) 비 규칙 이론 또한 이 화가가 본 저술에서 간판으로 인용하는 '간섭파동이 망가진 엉킨 리좀의 생성과' 도킨스, 아인슈타인의 비합류성, 상대성 원리로 샤카 부타께서 갈파했던 과학이론과 전혀 다르지 않음을 알 수 있다.

리좀 엉킴의 종말. 많은 전문가들은 셀, 폰 방사선이 인간에게 엄청난 발암성의 가능성을 노출시키고 있음에 놀라워하고 있다. 의·생태학적 유행병학계는 인간의 무선전화 사용에 의해서 신경교증(glioma)과 악성 뇌종양이 증가하는 현상을 주목하고 있으며, 세계 약 30억 인구가 약 20년 동안 사용하는 가운데 신경교증과 청각장애와 같은 부적절한 증상이 2B 발암 급 물질이 다른 암 증가 추세를 앞서가는 위기의 현상을 목격하게 된다고 한다. 그러면서 자동 운항 시스템, 휴대전화 기억 의지, 인터넷 검색 등의 인류지능 대체는 두뇌신경과 인간성의 실종을 초래한다.

영원불멸의 원리이고 진리라 믿었던 예술적 상상력이 하루아침에 휴지조각이 될 수 있는 숨 막히는 징조와 암시들이 출현하고 있다. 또 다른 '암흑에너지'인, 우주의 약 73%를 차지하는 알 수 없는 현상 발견 또한 그동안 '미친 소리'로 인식 되었었다. 하긴 이미 대뇌신경환경의 그리아(Glia) 물질의 부피와 그 기능이 영양가 제공 이상의 두뇌신경 기능을 밝혀내지 못하는 신비의

‘정신머리’로 알려져 있기도 하다. 그저, 숭샨 맘짱의 다만 ‘모를 뿐’ 이라는 것이다.

클레어셔키는 이에 더 보충 설명하여 “더함은 차별화된다.”(More is different)라 했고, 스티브 잡스 또한 다중지능 개발자 아니랄까봐 “Think different” 라 하기도 했다. 그는 좋아했다는 비틀즈를 예로 들면서 네 명이 서로의 약점을 보완하는 밴드를 만들면 이 때, 네 명의 합은 “부분의 합보다 더 크다”는 네트워크의 량을 강조하였다.

자 ! 동포의 통신문화와 환경, 그 정신적 피폐와 개인 존엄성 파괴가 증강하는 통신비용과 그 이익, 기업 또는 유사기관, 단체, 위원회의 미래국가 음성적 효율성은 아마도 차세대에 엄청난 공해비용으로 다가올 것이다. 문제는 정책결정자와 그 인맥들의 불감증이다.

인터넷 해커단체, 악플 등 유익한 통신기술의 스티브 잡스적 혁명은 원 터치에만 익숙하였던 기존의 노인층에게는 엄청난 스트레스로 다가왔던 것이다.

이 화가의 경우, 소유한 핸드폰은 효율적 생활통신으로서 너무도 나무랄 데가 없는 개인 소유물이었다. 몇 년, 몇 달 전부터 짜증스럽고 성가신 일은 목욕 중이나 운동 중이나 집필 중에도 “당신의 지금 전화기는 곧 사용불가가 되니까 이번에 이러이러한 전화기 기능으로 바꾸어야한다”는 시도 때도 없는 음성 또는 녹음 음성, 문자가 날라 오는 것이었다.

요는, 문제의 잡스가 개발한 골치 아픈 작동의 스마트폰으로 바꾸라는 것이고 그 통화 공해발신처가 무슨 K어쩌고 하는 국가 또는 산하 공기업의 집요한 상행위로 보여 지는 파파라치 전화질 공해이다. 그러나 문제는 다른데 있다. 아! 잡스가 이제 지구별 떠났으니까, 보복의 다빈치 코드 같은 어렵고 난해한 생활환경은 끝날 것이라고 다짐했었으나, 한 번 해병은 영원한 해병이라면서 K무슨 통신사의 수장은 역시나 1%의 관료자리에서 낙하산으로 떠도는 이 나라 ‘고소영 스타일’ 이라는 것이다.

소설과 영화에서 보았던 ‘다빈치 코드’ 에는 로마 교황청의 집단 교살되었던 당시 과학자들의 정신과 그 승계된 비밀 범죄 조직이 나온다. 그때나 지금이나 개혁과 혁명의 두더지 작전 같은 무형의 점조직을 통해 주어진 임무와 분노의 복수를 수행한다.

선진국형 화폐과잉 조직들은 돈 놓고 돈 먹기의 에너지 증가 법칙에 의해 끝장의 폐망공포를 알면서도 서로 회전문 뱅뱅 돌듯이 간판을 바꾸면서 배달사고처럼 챙겨, 먹튀로 비켜 선다.

미래의 새로운 가치는 유엔과 IMF의 기능, 하버드 경제학 전공 교수와 재판을 관장하는 법인들, 그 청문회의 유세 관료들, 그들의 전업과 특기, 어쩌고 하는 추함 속에서 자스민 혁명이나 무슨 일루미나티 마피아 조직처럼 생성된다. 다만 이미 한참을 다빈치 코드처럼 음모는 진행되고 있었을 것이고, 이는 우주의 기본 생태질서 속의 간섭파동 현상일 뿐이다.

최근의 지구별 변이 현상의 한 간섭파동을 관찰해보자. 중국 인민공화국 관영 신화통신(2011)은 다음과 같이 분석하고 있다.

“미국은 빚 중독을 고치려면 사람은 누구나 자기 능력껏 살아야 한다는 상식을 바로 세울 필요가 있다. 워싱턴의 버릇없는 아이들이 더 손해를 초래하기 전에 치킨게임을 그만 둘 때이다. 미국 부채위기가 발생한 후 국제사회는 줄곧 이를 코미디로 여기고 있다. 임시 경영자들의 1% 천국이라고 비방 받는 원래의 종교적 배경은 국가 경영의 명분 승계를 위하는 것처럼 보인다. 끼리끼리의 승자 독식체계를 위장하는 공공의 위원회는 비록 그 수가 엄청난 한국에 비해 연방 정부별, 투자적인 책임회피 또는 분산의 알리바이 암호를 발신한다" 2004년쯤에 출간된 '치료법을 넘어서'(Beyond therapy)는 미국의 생명윤리 대통령 자문 위원회의 목소리를 집약한 것이다.

"우리는 더 나은 자녀를 원하지만, 또래보다 우월하게 만들기 위해 유전자를 조작하거나 뇌를 조작하는 것을 바라지는 않습니다. 우리는 더 나은 삶을 원하지만, 화학자들의 창조물로 전락하거나 비인간적인 방법으로 승리하려고 우리 스스로를 도구화시키기를 바라지는 않습니다. 우리는 수면연장을 원하지만, 삶을 아무렇게나 희생하여 다음 세대를 내 팽개치기를 바라지는 않습니다……"

작금의 미국의 꿈, 미국의 이상은 엄청난 주택융자 이자에 날아가는 빈집들, 그 돈이 다시 백수들 등을 치는 희한한 사기 상품들, 결국 비어지는 은행 금고는 시민 세금인 정부 돈이 채워주는 부조리 고리의 순환 속에 새로운 가치전도 체계로 이전되는 과정에 있다.

칼 마르크스의 최초 실험장이었던 소련이 붕괴되면서 25억의 노동자가 갑자기 등장하게 된다. 화폐의 속성은 독점되는 자본시스템을 끝없이 등장하게 하고 결국, 금융파생 상품과잉은 1%에 불과한 인구가 전 세계를 속이는 사기 사건화로 전이되었다. 주택 값의 거품 또한 한해(2007년) 197%로 폭등하게 된다. 학계와 법계는 오염되었고 미국 하원의원 1명당 금융 마피아 소속 로비스트가 평균 5명 이상 밀착되고 폭발가능성의 위기는 덮여지고 감싸졌다. 월 스트리트 신문은 "지금 어디로 가고 있는 거야?"(Where we are now?) 또는 그리스탄 라가드르 총재는, "여기서 뭐 할 건데?"(How we get here?) 소리쳤지만, 미디어 또한 먹이사슬의 숨은 네트워크의 망일수도 있었던 것이다. 우주선 지구호의 금융지킴이 IMF(국제통화기금)는 "쓰나미 같은 폭풍이 닥치는데 무슨 수영복을 입을까?" 하고 있었다 한다. 뉴욕 월가의 "화폐는 잠자지 않는다"의 금융마피아는 결국 600만 채의 빚 못 갚는 주택을 압류하게 되고 99%의 저항은 막가는 탐욕과 소유로 엉킨 시스템의 전복, 그 혁명을 진행시킨다.

때마침 등장한 '공화당의 오바마' 흑인 케인은 자신이 피자 가게를 살려냈듯이 미국을 '개조' 하겠다고 나섰고, 구체적인 대안으로는 소득세, 판매세를 모두 9%로 통일하는 9-9-9 세금정책을 전략으로 내세웠다. "사람들이 8-8-8 하면 수입이 너무 적고, 10-10-10 하면 너무 많기 때문이다" 하였다. 지금 미국이 원하는 것은 기존의 정치인이 아니라, 피자가게를 살려낸 현장중심인이라는 것이다.

"한국 국민은 지금 금융당국을 못 믿는데 어떻게 정당 정치인을 시장선거에 당선시킵니까?"

서울시민의 2030세대 감성이었다. 시스템 지배하의 체제와 법망의 굴레에서 삶을 영위하는 소프트파워의 인류는 모두 보편적인 인간의 조건을 한 가닥이라도 희구한다. 그것은 냉소와 비애가 뒤섞인 결핍에서 온다고 하였다.

시인 최금진은 때마침 "……일생에서 한번만 더 길몽을 만난다면 나도 아버지처럼 노름이나 배울까 / 금값이 올랐다는 뉴스를 보면 억울하고 또 반갑다 / 내일은 토요일. 복권을 여덟시까지 팔고, 일주일은 그렇게 그냥 가고 / 저녁 별들은 황금빛을 짤랑거리며 빛난다."면서 눈앞에 퍼런 지폐가 우수수 쏟아지고 찬란한 황금빛에 눈이 부신다 했다. "아 그곳은 엘도라도. 월급봉투로는 닿을 수 없는 그곳에 가기 위해 오늘도 티켓을 산다, 복권을 산다." 하였다.

'우주선 지구호'가 자전, 공전하는 에너지의 총량은 일정하며(부증불감 · 不增不減) 불변이고 균형을 잡고 법계를 진화시킨다. 고 노무현 대통령의 "그럼 마누라도 바꾸라는 말입니까 ? 정말 막 나가자는 겁니까?" 했을 때 그의 혁명적 체제 번복의 에너지는 당대의 시스템 환경에서는 돌연변이였었다. 그래서 부엉이 바위 위로 추락하는 찰나로서의 되먹임의 에너지 균형을 잡은 것이다. 이런바 중도의 불법원리이고 우주균형의 기본이었다.

최고 정상까지의 질량은 곧바로 바위처럼 추락한다. 시지프스의 신화였다. 한국의 금융사기사건 또한 지배 시스템 자체의 네트워크 망이 교란되고 불협화음화 되고 있다. 윤갑근은 "이번 판결은 법원이 결론을 내려놓고 코끼리를 분해한 다음 다리와 꼬리만 놓고 코끼리가 아니라고 하는 것"(2011) 이라고 '생성'과 '소멸'의 생태학 기본을 언급하였다.

천년을 붙박이장처럼 권위와 단절과 신비로 시스템과 체계를 보호 자위하던 종교계를 보면, 어떤 본능적이고 원시 뇌신경적인 개혁과 21세기 신도 환경에 적응해야하는 포장과 내용물의 위기를 느끼고 있는 것으로 보아진다. 교황 베네딕트 16세는 '평화를 위한 종교지도자 모임'에서 "폭력의 종교역사는 신앙의 남용이었다. 사과하고 용서를 청한다" 하였다.

한때는 좀 더 라틴 원 언어에 가깝도록 어렵지만 권능을 위해 복귀하자 하였던 의식언어를 "And with your spirit", "And also with you" 등으로 순화시키면서 좀 더 인간중심으로, 좀 더 신도의 감성현실에 감흥 하는 쪽으로 재현하여야한다.

때마침 토끼의 뿔과 거북의 털을 구하러 다녔다는 저 송월주 맘짱께서, 1980년 10월 27일 법난과 보안사 연행 23일간의 폭력을 사법고발 하게 되었다.

'이판사판의 경계', '깨달음의 사회화' 라는 월주 맘짱의 철학이 새삼 그리워지는, 하산과 현실참여, 그들의 대중이라는 불자들을 소외시키지 않고 피부로 위안하는, 그리하여 샤카 부타의 극락에서의 기다림이 절박하게 다가오는 예약된 사형수(대중)들의 평화와 자유해방……그 개혁과 혁명의 단초를 월주 맘짱에게나마 한 가닥 기대해보는 것이다.

불자의 자격보다는 불교 미에 심취하여 그 신경미학 속에서 삶을 살아가는 이 화가에 있어 불교

미술 이야기체속의 절대적인 과학기본과 생태학의 원리를 따른다는 신념은, 그리고 불교경제학의 여러 태도와 가르침이 독점자본주의 탐욕시스템이 어떻게 작동하고, 그들끼리의 1%의 영욕이 결코 몇 년 가질 않는다는 부타경제학이 존재하고 공진화하고 있다는 믿음은 불변한다.

원래 1970, 80년대 2호선 지하철 주변 대학교수들은 정부의 프로젝트 용역이나 그림이 잘 팔리는 시절이 아니었기 때문에, 대부분 이 대학 저 대학으로 시간강사의 발품을 팔아 생활비에 보탰었다. 이 때 부탁 받았던 강의는 실기수업이 아니고 대부분 골치 아픈 이론과목으로 미술사, 미학, 디자인개론, 공예특론 등의 조교수급 강의를 주로 하고 다녔다. 한국 공예사나 미술사의 경우, 문제의 유종열(柳宗悅) 야나기 무네요시의 한국미술, 한국 공예사를 주로 강의하게 된다. 그만큼 당대의 고유섭과 맞먹는 식민지 나라의 아름다움을 슬픔과 비애의 미로 해석하였고, 동정과 연민의 마음으로 일제강압의 식민정책을(일본지식인으로서) 못마땅하게 여겼던 몇 건의 사건도 있었다.

그 야나기의 아미타 불론은 한마디로 체제 시스템의 구도, 또는 틀의 하드 파워 개념이라고 해명하고 있었고, 지승 맘짱께서 말했던 대승불교의 다양한 해결사 드라마, 예컨대 지옥에서의 지장이나 선재동자의 50명이나 되는 캐릭터를 유목민으로 만든 관세음보살 등의 인간화된 시스템의 네트워크 회로의 망 역할을 한다고 했다.

야나기는 역시 아미타불이 역사성을 결여하고 있지만 본체로서의 법신이기 때문에 생사를 가지는 인간성을 가질 수 없고 본체 시스템 역할과 기능을 수행한다 하였다. 예컨대 일광보살, 월광보살, 치성광여래 등의 화신(化身·아바타)이 가능한 틀이면서 최고의 위계(질서)에서 불성을 수행하게끔 하는 무량수(목숨)이고 무량광(무색투명의 빛)이라는 것이다.

야나기는 그리스도는 예수가 아닌 임마누엘이며 임마누엘의 행적과 역사는 그림자에 불과하다는 하드웨어와 이를 수행하는 소프트웨어의 관계를 예로 들었다. 따라서 샤카 부타는 역사적이고 인간의 생사를 가졌던 성인이었지만 부타(불타)라는 깨달은 자의 법이며, 부타는 불타이기 위하여 샤카 부족의 부타를 기반으로 한다는 것이다.

법은 현현하기 때문에 여러 부처의 명호를 부른다 한다. 아미타(Amitabha 무량광불)는 인간에게 작용하는 법체이며, 이때 시간과 공간의 비인간성을 보유하는 성질을 지닌다. 무량수(無量壽)와 무량광(無量光)은 영원, 무시무종, 불생불멸의 수명과 광명을 커다란 불법의 간섭 신경망에 의해 지혜와 자비를 파동화 시킨다.

야나기는 미학자답게 슬픔을 이야기하고 비(悲)는 자(慈)이면서 애(愛)라고 하였다. 애를 슬픔으로 읽고 나아가 미·아름다움(美)이라는 의미는 비모관음(悲母觀音)이라는 소프트웨어로 현신하면서, 하나의 아미타들이 보자기나 창호지처럼 엉켜서 합쳐지는 다중결합(Hyper link)과 관통(Trans-causal)이 된다고 해석하였다.

그러면 전통적인 한국불교의 아미타관은 어떻게 이야기하는가? 역시 법보신문에 연재중인 한탑 맘짱의 '천강에서 달을 보다'에서는 '아미타란 시간적으로 무한하고(무량수) 공간적으로 대립이 없는(무량광) 존재'로 표현하였다. 우리 모두 사형수로 예약된 유한한 생명이며, 내가 절대 무한대의 아미타에 귀의하고 동화되어 합일법체가 됨으로써 아미타세계와 극락을 실체화시킨다고 설명하신다. 한탑은 "저 하늘 어딘가엔 극락이 있고 아미타세계가 있을 것이다. 실체화는 중생의 이해를 조금이나마 돕기 위한 방편의 하나일 뿐"이라 하셨다.

인간, 중생이라고 가만히 불러보는, 지나감도 없고 앞으로도 와봐야 아는 찰나의 유전신경 결합체, 미래에 업이나 윤회, 죄업도 실체가 없기에 참회에 의해 소멸될 수 있다는, 아미타불 시스템의 시간과 공간성은 결국 유전인간에서부터 무량수 무량광을(유니폼을 입고 있음을) 추적해보아야 한다는 것이다.

비로지나 법계라고 하는 무량수 무량광의 시간과 공간에는 원자가 모여서 분자를 즉, 원자보다 높은 단계를 만든다. 다시 분자의 집단은 육안식별의 결정체를 구성하거나 더욱 윗 단계인 간단한 생명체로 조립된다. 지렁이의 의식이나 더 큰 의식체도 역시 합하여 구성된다.

씨앗은 나무의 시공간(4차원) 조직이 씨앗 속에 응축되어 그 속에서 진동하고 있는 분자들은 나무형태에 관한 정보를 저장한 유전자로 구성되어 있다. 자기닮음 · 프렉탈 원리로 대입시켜 보면 씨앗이 지닌 샤카 부타의 유전자 정보에는 아미타라고 하는 우주의 나무형태에 관한 정보를 저장하고 생성하는 붊법계 네트워킹이라 비유할 수 있을까 ? 씨앗은 나무의 시공간형태를 부호로 간직하고 있는 것은 진실이다.(It zhak Bentov, 1981)

이 부호(code) 법망은 배열에 따라 공간기억이 가능하고 각 분자들 상호간의 진동수 관계에 의해 시간적 기억이 축적된다.

우리는 매사를 착각하면서 살고 있다. 나의 이미지와 남들이 생각하는 모습은 같지 않다. 남들 또한 알고 보면 내가 생각하고 상상하는 사람들이 아니다. 아무리 사소한 문제라도 내가 생각하는 것처럼 남들도 똑같이 나처럼 생각할 거라고 기대하면 그건 착각이다.

남편은 아내를 착각하고 아내는 남편을 착각한다. 부모가 자식을 좋아하고 싫어하는 것도 알고 보면 착각에서 비롯된 것이다.(서광, 1999)

2011년도 노벨상 때문에 다소간 신뢰가 흔들리는 아인슈타인(Albert Einstein)의 동시성(synchronicity) 개념인 '물리학에서의 서로 다른 사건이 일어나는 시각이 같은 때도 있다는 시간과 공간의 합쳐지는 이론'은 각 공간의 체험과 인지가 뇌 속에 통합되는 투명성, 상호관입, 그리고 중립 등의 동시 공명성을 말한다.

베르그송(Henri Bergson)이 시간적 연속성의 동시성과 공간의 연속적 지각이라는 공명성을 이야기 했던 것은 아미타 우주법계의 무량수 흐름과 무량광의 빛남을 현실적 건축 공간에서 갈파했던 것이다. 이후 르 고르비제(Le Corbusier)의 흐름의 동시성, 자기닮음의 모듈 비례확산, 그리고 미즈 반 데 로에(Mies Van Der Rohe)의 앞서 인용한 ‘작은 게 더 크다’(Less is more)등의 스마트폰 (디자인철학인) 미니멀리즘 등은 미래 선각자이자 석학들인 이들이 미생명체의 속성을 시대별로 규정짓고 있었던 것은 아닐까? 생각해 본다.

갈릴레오 갈릴레이(Galileo Galilei)의 “지구는 둥글고 빙빙 돈다 ”는 당시의 지배 종교 시스템에서는 말도 안 되는 유언비어임이 확실하기 때문에 교황청은 “어떤 미친놈이 헛소리 한다”면서 그 씨족을 멸종시켜 버린 당연한 처사였던 것임에 지나지 않는다. 근엄하신 신부님들 가까이에는 마녀 같은 여성들이 교신을 보내지 않게 하였던 율법, 그 마녀사냥을 멧돼지 사냥처럼 교살하였던 역사들은 혁신과 개혁과 시스템인 틀의 뒤집힘과 돌연변이 생명 속성을 미리 차단함에 있음, 그 이상도 그 이하도 아니었던 것이다.

여기에, 미술사의 큐비즘양식이 던져준 당 시대의 충격은 엄청난 것이었고 이를 계기로 근세유럽은 새로운 혁명과 급진화의 문명을 창조한다. 1927년 열일곱 꽃다운 나이의 한 소녀는 피카소의 연인 겸 모델이 되었고 강열한 근육의 소녀는 얼굴과 몸체가 갈갈이 해체되는 그림으로 재탄생하게 되었고 그림이 완성된 후 모델은 기절초풍 한다.

얼굴의 방향은 오른쪽 수평과 정면의 윗 얼굴, 그리고 왼쪽을 쳐다보는 정면 얼굴의 좌회전은 한 공간속에 3개의 풍광을 동시에 합쳐버리면서 서로 똑바로 한순간 목격할 수 있는 투명하고 거침없는 공간, 그 세계가 완성 되었던 것이다. 오전에는 큐비즘 그림을 그렸고 오후에는 건축 설계실에 나갔던 무신론자 르 코르비제는 제단을 역투시법으로 한 롱샹성당을 설계하였다. 라 트리오수도원 설계를 수행하면서 자신의 사후 유체를 하루밤 자고 가도록 유언함으로써 생사의 경계까지도 해체의 화엄을 증명하였다.(르 코르비제와 20세기미술전, 일본국립서양미술관, 2013)

　동시성·투명성. 다중시점의 방향을 한 화면에 동시적으로 접속시킨 파블로 피카소의 작품은 시공간 동시성 혁명이다. 화면의 상하부를 차별화되는 테크닉으로 한 캔버스에 그린 작품(1939. 국립 소피아 왕비 예술센터)이며 위 얼굴은 다방향으로 향한 얼굴이 명료하게 그려졌고 하부는 아이를 안고 있는 흐려진 묘사이다. Marie-Therese Walter는 1927년 17세에 피카소와 만나 연인이 되지만 스포츠 취향에 예술적 감성과 흥미가 없었다 한다. 1977년 자살한다.(Pen, Dec. 2011)

베르그송이 일찍이 간파하였던 공간적 동시성의 개념은 현대 공간미의 연속성이라는 투명성과 관찰 눈동자의 이동개념과는 다소 차이가 있다. 시간적 연속성(Temporal sequence)에서의 인체 동작은 힘의 극상과 그 피크(peak)이동에서는 공기저항, 중력 등의 장애에 의해 소용돌이치는 동심원 현상(Concentric and deconcentric phenomenon)에 의한 에너지의 극상을 이룬다. 이른바, 리비도·엑센트·오르가즘 등의 쾌감본질은 조형의 보편적 원리 중 핵심이라고 할 수 있다.

아미타→(아바타)→베토벤→피카소→잡스. 이들 관계망은 어떻게 유전되고, 신경세포들이 다중·하이퍼링크 되는가? 최근, 초 고 확대 영상에 의해 쥐새끼 머릿속 마음이 어떻게 유전자 지도를 그려나가는가? 하는 접선, 교접, 발화현장을 잡는 장면이 나온다. 사람의 뇌신경이나 지구별과 그 아바타 달님이 자전, 공전하는 견우 직녀의 이별장면은 오바마 대통령의 표현대로 '다수로 이뤄진 하나'(Out one with many)였을 것이다.

이는, 송월주 맘짱께서 늘상 강조하시는 "모든 다수가 인연 따라 생멸하고 무상하다"라는 진실 과학과 유사한 의미로 해석된다.

베토벤 제 9번 교향곡은 귀머거리 작곡가인 베토벤이 당시의 음악 사조로는 말도 안 되는 기절 초풍할 '합창을 혼합시키고 완성' 하였으며 직접 지휘 하였다. 당대 주교까지 신의 음성이고 신의 음악이라 하였다 한다. 그는 이에 그치지 않고 '대 푸가'(베토벤이 완전히 청각을 상실한 1825~1826년 작곡되었다……)라는 새로운 양식(교향악단원도 고개를 돌리는)의 작품을 혁명가 처럼 작곡·공연하게 된다. 문제의 주교님께서는 "베토벤이 이젠 완전히 귀가 먹었군 미쳤어" 하며 돌아선다. 베토벤은 자신의 연인이자 그림자인 '안나' 에게 자랑한다. 그런데 '안나' 마저 "추하다!" 했다. 베토벤은 그랬다. "추해? 추하다고? 하지만 아름답다!!" 추함은 미에 대한 도전이라는 것이다. 추함과 본능으로 음악을 인도해야 한다는 것이다. 20세기 미술가 마르셀 뒤샹의 당시 충격적인 '변기전시' 미술 작품은 이미 베토벤의 창조세계에서 교과서처럼 모방 변혁되었던 별거 아닌 것일지도 모를 일이다.

솔직히 고백컨대, 필자는 베토벤 생애 작곡음악을 총체적으로 섭렵하고 어쩌면, 생활의 일부분으로 베토벤의 음악신화를 듣고 산지 오래된다. 그러나 말러 작곡의 교향곡은 이제 말라버린 정서 때문인지 감각교신이 잘 안되고, 그러나 형님을 대신한 지휘자 카라얀의 건방지고 기교 없는 음악은 절대 사양하고 산다. 이른바, 신화의 터부이고 원효가 냇가에서 목욕할 때 나타났던 이모님 같은 금기이다.

같은 대학 (직장)에서 가끔 부딪혀도 (눈이 나쁜지) 인사할 줄 모르는 이승훈(2000)교수는 "형상과 배경이 갑자기 그 경계가 허물어진다. '절대적 시인의 권위' 에 대한 비판이고, 따라서 전통적 미학을 부정한다."고 평했었다(無眼界. 無意識界). 그 시집에서의 '공즉시색' 의 전도몽상(뒤집힌 꿈 이미지)이면서 전자 문명에서는 비동기화(출발원점이 없다) 되어버리는 생성관계의 예이다.

예술을 통한 혁명가는 처음엔 욕먹고 재수 없다 한다. 침입과 천이, 집중과 분산 그리고 지배와 종속의 아날로그시대 생태학은 새로운 스마트폰 제국의 시대로 이미 혁명이 완료되었다. 시대의 정신, 그 탑재메뉴의 다양한 콘텐츠에 의해 퇴보세대의 생활에서도 (보살들의)기호별 해결사별 직능이 주어진다. 하늘에서 내려온 신들과 그 호위무사(사천왕)은 사찰의 입구에서 경비를 선다는 그 혁명에서부터, 어쩌면 원자나 분자 같은 유전자 지도 번호만 지니는 운명일지 모른다. 조지 오웰 소설의 빅 브라더 시스템이다.

필자는 대한민국 육군 군번 0037511이라는 일련번호(number)에 의해 육군 인드라망 시스템의 학도병에서 병역의 의무를 다하였다. 논산훈련소 제 00연대 수용연대는 금강산 유점사 보이는 단발령처럼, 꿈 많던 청년의 장발 머리를 잔혹하게 긁어버리고는 그 고유번호를 목에 걸어준다. 삭발 전에 막 도착한 오전 팀과 삭발자와의 사이에는 엄청난 고참과 신참의 위계성이 존재한다. 오전에 막 도착한 후진들은 인천지역의 오갈 데 없었던 반강제 복무 팀이었고, 상대적 선배였던 야성적 공격성의 부산 경남 지역의 대학 재학생 학도병들은 속수무책의 긴 하루를 보내고 있었다. 매점에 오는 동료들의 등에 밀려 졸지에 가짜장군(가라쇼군)이 되었고, 수용연대 그 큰 연병장에 나폴레옹부대 최후의 전선처럼 한판 결전의 순간이 임박하였다. 이쪽 머리 깎은 학도병 진용은 '너희 양아치들이 국가를 위해 입대하겠다는 선량한 대학생을 왜 가해하냐 ?' 하는 쪽이었고, 저쪽 장기복무 지원팀은 '선택받고 부모 잘 만나 대학 댕기다가 (병역기피 못하는 혁명세상이 오자) 할 수 없이 입대하는 넘 들은 손 좀 봐야 한다' 는 명분과 취지를 가진 쪽이었다. 드디어 10열로 도열한 상대방 공격진용에서 우람한 체구의 장비같은 지도자가 앞으로 나섰고, 이쪽의 심약한 학도의용병(?) 진용에서는 침묵만 흘렀던 것이다.

'사리자시 제법공상 불생불멸 불구부증' 이었다. 죽기 살기를 각오하면 얻을 것도 잃을 것도 없다는 샤카 부타의 교신이었다. 이 화가가 깡생폼사(지혜) 하나 믿고 드디어 밀려나왔다.

"나는 부산 부둣가를 잡고 있는 「20세기 조직」 의 아무개다. 나는 정식시합으로 유도 5단의 자격이 있다. 가능하면 유도대결의 방법으로 한판 붙었으면 좋겠습니다!" 말씀도중의 나도 지금 생각하면 회심의 지혜였다. 나 자신 나를 놀라게 했다. 그러나 심장은 멈추는 듯 굳어갔다. 돌연 기적 같은 장면이 벌어졌다. 상대 장군은 갑자기 연병장 모래 맨땅위에 무릎을 꿇고는 "나는 인천지역에서 태권도로 먹고사는 태권 9단 아무개이다. 나는 스포츠정신을 배웠고, 평생 이를 실천하는 신사의 삶을 살아간다. 보아하니 나보다 선배 스포츠맨이기 때문에 그 정신에 의해 사부 · 선배를 절대 공경하는 태권도 정신으로 무릎을 꿇겠다." 하였다. 00연대 수용연대를 꽉 채운 양대 진영은 (멀리 연대장 기관원들은 심판처럼 관전했다) 웅성거렸고, 나는 적진 용장을 일으켜 세우고는 양 무릎에 묻었던 흙을 털어주고 악수를 청했던 것이다. 사회적 번지와 신사들의 격차가 소통되고 발화되는 전기화학적 평화통일이었던 셈이다. 이러한 오래된 기억과 추억은 바람 앞에 등불처럼 존재가 없지만 0037511이라는 지문 같은 군번은 필자의 정신머리 편도체에 영원히 존재한다.

논산훈련소 수용연대 연병장. 이 사건으로 새로운 소프트웨어 회로가 부가되었으니 그 교신 코드명은 「부산 칠성파」의 전신인 '20세기 부산 조직'의 보스 아무개로 통용되기 시작한 것이다. 물론 스마트폰을 주로 쓰는 지금의 헬스클럽 목욕탕에는 가끔 나체의 진짜 원조 부산부두 「20세기파」 보스를 친구처럼 만난다. 물론 그는 내가 어느 위험한 시절에 자기 이름을 팔아먹었던 존재였다는 사실은 꿈에도 모른다. 가짜 대장이었다. 00연대 수용연대 학도병 부대라는 임시시스템은 각 분자들을 보호하기 위해 자생적 허구의 영웅을 만들었던 것이다.

스티브 잡스는 자신의 벤츠 승용차에 차량번호판을 달지 않았다. "권위에 대한 반역이었다."는 것이다. 번호판을 단다는 것은 권위(시스템)에 복종하는 것 이라고 생각했다.

아미타 불상의 기표는 무량광의 기의를 지니면서 전도 · 인지된다.

세월은 흘러 드디어 세상은 시스템들이 서로 꼬여 엉키는 가운데 반장스타일도 강남스타일도 전도되는, 흐려지는 공간(Blurred zone) 우주선지구호(Space-ship)의 시대이다. 보스가 있으면 주변에 참모와 행동대의 위계가 질서 있게 긴 줄을 선다. 역대 대통령님들은 남의 동네 이야기 하듯 변방으로 돌고, 엉뚱한 참모들이 한편으로 또는 뒤편으로 이권을 챙겼다. 형상과 배경(Figure and Ground)의 관계에서 유연한 회색의 중립지역이 발생했고 드디어 희석되면서 흑과 백의 대조, 대비가 붕괴되는 아메바 또는 물귀신의 형상을 지닌다.(Digram Diaries, 1999) 이른바, 원자 아톰의 시대에서 빛의 비트(Bit) 시대로 이미 와버렸기 때문이다. 이때 가장 중요한 현상이 디지털 공간과 그 공간에 존재하는 입자는 등가이며 동일하다는 개념이다. 공간과 우주는 그 입자들의 합에 불과하다는 디지털 위상공간, 그 행렬(Matrix)이 무량수 · 무량광의 광대무변한 영원성과 존재 없음이라는 허무한 조직에서의 불음, 그 「아바타 부타」라는 매트릭스의 출현인 것이다.

이러한 공간이 손에 잡히는 색의 상품, 그 물성을 소유하지도 접속하지도 않는 것에서 간섭파동의 세계들은 출발하게 되고, 질량이 존재하지 않는 공간은, 사람과 그 가짜 유도 5단도, 20세기파 조직도 없었던 스마트 네트워크이다. 이 스마트는 공간을 빛의 속도, 그 무량광의 속도로 이동하는 가상세계의 입지를 통한 위상공간(Topology space)이고, 상대적으로 그 크기를 헤아릴 수도 지각할 수도 없다. 스마트폰 공간에서 소프트 파워 정보를 구성하는 죽고 사는 인력을 가지고 있지 않지만, 무량수로 결합하고 해체와 소멸을 반복하는 속성을 지닌다. 이른바 스마토피아의 선재동자 군번들이다.

철학자 베르그송이 말했던 시공간의 연속성과 달리 스마트폰 시스템에서의 공간은 그 입자들의 합에 불과하다는 것이다. 정보 매듭(node. 연결정거장)들이 형성하는 대뇌근방계가 디지털 위상공간이고 그 트랜스포머같이, 이씨조선 법당에 자리하신 조각미의 그 형상 배경의 만다라 불화가 바로 배경으로서의 디지털 생명체, 그 아미타불이고 비로지나불이고 샤카 부타인 것이다.(顚倒夢想. 究意涅槃)

생사 없는 생명체, 생사 있는 인간에게 끝없는 아름다움을 교신(메시지)하는 불교미술 형태는 그 무량수 무량광의 기의(원래의 숨은 뜻)를 지닌 현물이고(心無罣碍 無罣碍) 컴퓨터의 '살아있는 형태'(Animate Form)이다. 이는, 보이지 않고 만져지지 않으며 비의도적인 예측불허의 새로운 차원, 새로운 전자 인터페이스에서 작동 교신되는 원래 우주의 형태이었고, 법당 같은 공간에 출현하는 불법계로부터 프로그래밍된 생명환경인 것이다.(Paola Gregory, 2004)

살아 있는 행태, 그 상품미학은 인간 신경체계의 확장이 유기적으로 상호 연결된 불법계의 약속된 창작이었고, 승계되는 유전자 예술정보이며 전자시대의 마음지도이다.(Pierre Levy, 2000)

마샬 맥루한의 피부확장 이론은 결국 2042년 즈음에 뉴욕도시와 그 전체 소프트 파워는 디지털 생명체와 생물학적 생명(인간을 중심으로)이 공존하는 공간적 세계가 될 것이라는 디지토포(Digital topology)의 아수라 인간지도, 또는 극락천상도로 진화 변혁될 것이다.

시간의 파동 속에서 기존 전통과 시스템을 파기시켰던 베토벤의 「대푸가」 프로그램은 시간성의 혁명이었고, 피카소의 「큐비즘」은 공간속에서의 비 동기화되는 시스템 네트워크 망을 처연하게 아주 우습게 찢어버리고는, 여러 시절을 한 대 비벼버리는, 동포 전통 보자기의 다중변형을 연출시켰던 것이다. 이후 시각과잉의 큐비니즘 미술은 '원탁 앞의 여인' (르 코르비제, 1928)같은 형상과 배경(불상과 배경의 만다라 불화)의 공간적 하이퍼링크를 통해 성당건축의 원초적 탈영역화, 탈위계 구도와 탈장식성의 살아있는 새 20세기 건축을 창출한 것이다. 단순, 생략시키는 미니멀리즘의 모자람이 더 많은 감성을 보유한다. 피카소의 큐비즘은 미래에 올 약사여래의 신경미학적이고 육감적인 에너지를 풍족한 법열로 교신을 선사하는 미래불이다.

  무릎 꿇고 참배객에 합장하는 세지보살(勢至菩薩). 일본 교토에서 차로 1시간 교외에 위치한 삼천원(三千院)은 세속을 등진 귀족과 문인들이 은둔하였던 사찰이었다. 출가한 귀족 여인이 작고한 부군의 성불을 기원하면서 독립권 법당을 설립하고는 아미타여래와 협시의 보살을 모셨다. 합장하는 세지보살은 1148년의 묵서가택 내에서 발견된, 확실한 제작년도를 지니는 탈 위계질서, 탈 영역성의 놀라운 전도몽상 역발상 불상이다. 한국불교가 가야할 필연적인 하심의 자태이다.

전자시대가 완성된 스마트 망에서의 '색즉시공' 현상은 '형상–배경'의 상호작용이 잠재에너지에서 현세에너지(Kinetics energy)로 전환할 때 공명, 발화되는 미적 쾌감 창발이다. 대뇌 인터페이스의 재확인되는 미감은 세로토닌을 포함한 도파민 창발(Dopaminerge)의 생물적 유전코드의 신경가소성(Neural Plasticity. 발화성)이다. 생물적 유전자 코드는 예컨대 초파리의 시신경 속도 같은 연속적 정체성(temporal identity)을 발화시킴으로써 대뇌의 보상체계와 인류의 유연한 창조력을 개혁, 진화시켜왔다는 것이 신경미학의 견해이다. 신경미학은 이전의 "형태는 기능을 따른다."(Form follows function)는 아날로그적 개념에서 형태는 그 자체로서의 생물이며, 게슈탈트(의미형태)의 형태형성(Morphogenesis)은 전기자기적 광학 또는 '살아있는 형태'인 우주전체 유기체의 타이밍 기법(Timing machanism)으로 변혁, 연출되어야 한다. (양호, 대한 임상 미술학회, 2011)

"전도몽상 구견열반 한다"의 스마토피아 법당 공간은 (한 번 더 강조하건데) 탈 위계, 탈 영역의 부처님 이미지가 대중의 방석 높이로 내려와야 한다. 그래서 배경과 형태는 하이퍼링크로서, 신경전달물질의 시냅스 회로가 수평의 광대무변한 저 무량수, 무량광의 만져짐과 속삭임, 그리고 랩과 록으로 개혁된 찬불가를 베토벤 9번 교향곡처럼 합연되어야 한다.

일본 교토 삼천원에서 보았던, 인간으로 향해 무릎 꿇고 합장하는 저 '하심'(마음낮춤)의 진짜 모습이 원래 샤카 부타가 가졌던 생각이었다. 오늘의 법계가 1%의 탐욕 때문에 99%의 사람들이 정당한 몫을 받지 못한다는 부조리로 하여, 결국 연결 과잉의 경고음을 무시하고 무감각의 작동 조작을 욕망함으로써 인류의 위기를 초래하였다.

이씨 조선의 불교는 피안의 불구경도 하지 않는 것처럼 보인다. 위계와 권위와 주객의 위상이 과잉 연결되고 귀족적 형상이 경계를 붕괴시키는 조짐에서도 천년을 신비 속에 안주하는 것처럼 보인다. 아미타불은 왕국도 없었고 성곽도 없어야 하는 체계이고 시스템 없는 기본 틀이었다. 색불이공, 공불이색이다. 스마트 파워, 아이폰 4는 혁명 상품의 돌연변이의 발상이다. 하여, 끊김 현상과 신호강도가 약하며 작동 실현이 부담을 주는 '잠재오류'의 신호를 발신하고 있다. 무량광의 파격적인 신상품, 그 공간적인 비트의 속도를 이야기체로 하는 미래보살이 출현 할 것을 오늘도 기다린다. 순간 풀장 창밖 건너편에 보이는 진여문에는 '한국불교의 새로운 도약을 위한 봉은사 선(禪)교(敎)율(律)대법회' 플랭카드가 부착되어있다. 얼마 전, 불교계는 법난으로 수백만의 신도가 떠났다. 1977년 불교 인구는 1,290만 명이었는데 1982년 자료에는 750만 명으로 무려 54만 명이 줄었다. 최근 보도는 수도권 60대 이상 불자들이 대거 가톨릭으로 개종하고 있다는 것이다. 이러다가 99%의 불자들이 떠나고 1%가 법당을 지키는 날이 오지 말라는 법도 없다. 악몽이다.

돌아서 버린(색즉시공), 뒤돌아 보는(공즉시색), 일본 · 교토 · 선림사의 아미타불, 아크릴화 6호, 2012

지구별 탐욕 화폐. 지구별(지구촌) 통화화폐를 독점 소유화 하려는 최근의 금융위기는 지배계급, 기득권 유권자들의 잡종별 교배에 의해 탐욕되고 과 분배 된다.

화폐가치를 '시간화폐' 라는 생성과 소멸의 인간수명을 관장한다는 상상력에 의해 얼마 전 할리우드영화 '인 타임'(In Time)이 제작 개봉되었다. 원격조정의 세계 금융시스템이 어떻게 인간을 착취하고 있는지를 상징적이고 충격적으로 고발하고 있다.

지역별 거주 생존자는 팔뚝전자 지갑에 25초 '재고시간' 가격이 표시됨으로써 상대지갑에서 시간을 수혈하듯이 지급받는다. 그렇지 않으면 25초 지남과 동시에 죽게 된다. 영화의 개념은 한정된 지구공간에 인간수명이 끝없이 연장되는 미래세계에서는 과잉인구로 하여 결국 포화, 밀집되고 멸망하게 되고 만다는 것이다. 유식하게 이야기하면 과밀(crowding)과 영역성(territoriality)을 탈영토화(de-territorialization) 비위계화(non-hierarchial)하여 위상학적(topological) 혼성화(hybrid)의 우주선 지구호(Space ship earth)가 결국 혼돈(리좀) 환경으로 생성된다고 보는 것이다.(질 들뢰즈, 2011)

따라서 일찍이 '시간화폐' 를 지배하는 세계 네트워크는 달러(dollar)의 파생상품 같은 일당노동의 '시간화폐' 알바(아르바이트)로 지구별 인구수를 죽여 나가는 부정적 되먹임을 이 영화는 처절하게 보여주고 있다.

2011년도 저무는 지구별 어느 새벽에 결국 지구촌 인구는 70억이라는 분기점을 넘고 있고 이들이 또한 1:99퍼센트의 상대적 빈부의 계급 차가(자본주의의) 대체가치를 절박하게 호소하는 충격적인 미래 경고 영상 보고서였던 것이다.(커피 1잔 값은 4분이다?)

지난 시절, 이 땅의 빈곤민족이 남자는 탄광인부로 여자는 간호원으로 부의 나라 서독에 파견되어 먹고 살려 했을 때 혁명가 박정희 준장은 그곳에 날아가 민족이 어떻게 해야 부강해 질 수 있나를 학습하고 현장에서 동포의 자존심을 함께 다독였다.

그렇다면 지금은 잘 먹고 잘 사는 지경으로 왔다고 생각하면서 망각과 욕망의 세월을 보내고 있는가? 하여, 지금은 시대정신이라는 인간존엄성의 가치가 변질되었고 이구백(20대 90%는 백수 건달), 메뚜기 인턴(취업을 못하고 인턴으로만 옮겨 다니는 신세), 장미족(장기간 미취업자) 현상이 '고소영' 이라는 취득 영토 고착화 5년의 결과로 서독 광부, 간호사 유전자는 파멸되고 재생성되는 동포사회의 화폐생태계를 보여주고 있다.

나는 매주 말 헬스클럽에서 국내 재벌들의 웨이트 트레이닝 현장을 목격한다. 이 대단하신 분들을 담당하는 웨이트 트레이너들은 6, 7년의 비정규직 근로자들이다. 자신은 임시로 고용되고 쉽게 해직되며 귀족노조의 보호도 받지 못하는...... 아! 단군핏대의 유전자들이고, 이들의 존엄성은 묵언으로 재벌 오너의 운동훈련을 보조한다. 물론 외국 유수 자본주들과 합작된 호텔 헬스클럽이다. 한 10년 이상 맨 날 빨가벗고 목욕까지 하면서 목격하고 내 피부에 느껴지는 감각과 느낌은 외국인 자본과 잡종으로 경영되는 비정규직과 선별 선택된 정규직 사이의 눈에 보이지 않는 피지배와 지배의 권력(엔트로피)장벽, 바로 그것이다.

　정신분열증은 앞으로 조현병(調絃病)으로 불려 진다고 한다. 현악기가 정상 조율되지 않았을 때의 음색이 환자 생태와 비슷하다는 의미이다. 미국 UCLA대학에서의 뇌 스캔 영상은 정신분열증 직후의 환자의 뇌 회색 부분이 상실되고 있음을 보여준다. 핑크색과 적색부분은 뇌 수축을 급박하게 진행하는 부분이다. HERV-W 바이러스는 이들의 49%에 영향을 미치는데 일반인들은 4%정도 바이러스를 보유한다.(Douglax Fox, 광기 바이러스, The Insanity virus, THE BRAIN, FALL. 2011)

법조 권력, 관료 권력, 선거 권력, 인터넷 권력들은 동포 눈에는 알게 모르게 투명하고 역사로서 추억되는 암호, 정보 기록이 반드시 남게 된다. 왜냐하면 에너지 총량은 불변이라는 합계 결국은 0, 제로가 되는 똔똔의 부메랑, 인과응보의 과학적 진실이 작동하는 불법계이고 지구촌 에너지총량이기 때문이다. 이씨 조선 말법사상, 혹은 백담사로, 혹은 고향 부엉이 산으로 떠나는 엔트로피의 공정성, 그 균형성, 그 대칭성을 동포들은 보아오지 않았는가?(生死一如) 이른바 업(카르마)의 공정성이다.

세계인구 70억 시대의 우리나라는 비정규직 근로자 600만명 시대가 도래하였다. 문학인　박경리 선생은 살아생전 그랬다. 거대한 빅 브라더(만사형통)의 권력보다는 시골장터 입구의 외손자 운동화 하나 사주기 위해 예컨대, 감나무에서 홍시 한다발 이고와 좌판 벌릴　때 그 장터 끝자락, 요즘 유행하는 에지(edge) 공터에도 좌판 점령 권력이 존재하고, 쫓겨나게 하는 조세 권력, 더욱 악질의 지배 계급 홍위병 권력이 문제라는 것이다.

몇 십 년 전 또 다른 눈에 지각되지 않는 권력, 선망의 안양 골프장 캐디 피는 지금도 비과세의 가진 자와 덜 가진 자의 하루낮 교환 가치였다.

저자의 친구 중 K고 S법대 출신의 재벌 맞 사위로서, 당연히 당대 최고의 사교장인 안양 골프장의 회원이었고 한창 잘 나가는 분이셨다. 군부권력이 하늘을 찌르던 그 시대에 그 재벌기업은 무얼 그리 크게 잘 못 보였던지 군사정권의 군화 빨에 작살나고 만다. 그때 그 시절 결국, 그 친구는 군사정권에 의해 몰락의 길을 걸었다. 겨우 무역화물선 한 척만을 제외한 모든 것을 군사정권에 빼앗겼다. 실망과 분노의 감정이 오죽했을까 싶다. 친구는 갈 곳이 없었다. 기껏 다니던 골프장에 나가 친한 친구들 몇 몇이 라운딩 하면서 전국의 사찰과 무고한 시민들을 군화발로 짓이겼던 군부권력의 장성들을 향한 증오의 심정으로 샷을 날리고 욕으로 퍼팅하는 그러한 인고의 나날을 보냈다.

그런데 하루는 등기우편이 친구의 집으로 날아왔다. 내용인즉, "귀하는 본 골프장에서 회원의 품위를 손상한 언행을 상습적으로 자행하였기 때문에 본 골프장 품위유지(?) 위원회에서는 귀하를 골프장 출입금지 1년형에 처할 것을 명하니 향후 1년 간 출입을 자제하기 바랍니다." 라는 것이었다.

지금은 골퍼 4명이 한 카트에 타고 도는 시스템이지만 삼성의 고 이병철 회장님 오너시절의 안양 컨트리는 4명의 골퍼에 각각 개인 골프백을 매는, 네 명의 여자 캐디가 경기진행에서부터 모든 서비스를 담당한다. 하지만 그 때부터 지금까지도 캐디들은 물론 비정규직이고, 일당 알바제이고, 지금은 젊은 명문대학 졸업자들로 마땅한 정규직을 구하지 못한 장미족들 까지도 간간히 카트를 몰기도 한다.

당연히 그 시대는 골프장 캐디의 노조는 일체 인정될 수가 없었고, 4명을 1조로 한 캐디들은 반드시 절대 고객의 눈에 띄지 않는 별도의 조직 관리용 팀장이 배치되었으며, 이 막강한 권력을 가진 팀장의 눈짓 하나 하나에 캐디들은 일사불란하게 움직여야 하는 처지였다.

따라서 이들 막강한(?) 권력은 회원들의 언행 또는 매너라는 최상위 사회(영원한 승리자의 사회)의 품위가 손상(?) 되고 재벌 기업의 이미지에 티를 묻힐 때(?)는 과감히 위에다 1급(?) 정보를 고자질하여 출입 금지 시켜 버리는 막강한 임무(미션)을 부여 받았다.

당시의 일개 골프장 캐디 조직 관리용 팀장의 권력이 이정도로 막강한 시절이었으니, 혹시나 있을지도 모를 절대 권력 지배시스템의 붕괴를 막기 위한 1급(?) 정보 수집은 그들 위정자들에겐 꼭 필요한 것이었다. 죽기 살기로 한 쿠데타를 통해 절대 권력을 쟁취하였던 보스는 충성심 강한 부하들과 대원들만을 돌려가며 좋은 자리에 앉히고 싶었다. 하지만 충성스러운 부하들만으로 한 나라를 경영하기에는 위험부담이 따른다. 따라서 보스는 시대가 요구하는 급히 해결해야 할 경제적 현안이나 국민을 설득할 수 있는 경제 프로 관료나 지성인 등, 예상 밖의 제갈공명이 절박하게 필요하기도 하였던 것이다. 예컨대 금융, 교육, 정보, 과학기술과 에너지 등 등의 최적합 인물들의 전자적 데이터베이스가 없었던 시절, 보스는 당연히 년 간 또는 월 별 골프장 부킹 리스트를 통하여 권력지망생들의 인적 관계 망(네트워크)을 파악하였던 것이다. 하여, 리먼 브러더스 같은 금융 마피아의 조직과 고급 정보 망 시스템과는 전혀 다른 예상 밖의 아날로그 식 정보가 필요했던 것이다.

예컨대, 홍길동님이 경제기획원 장관에 홍길동 장군이 중앙정보부장에 임명될 예정이다 했을 때 홍길동님과 홍길동 장군 골퍼는 얼마나 안양 컨트리에 운동하러 왔고 이때 동반자는 누구 누구였었고 이때 누가 그 힘든 부킹을 주선하였는가를 초치기로 그야말로 아날로그 방식으로 분석하여 상부로 보고했던 것이다.

권력 최상위를 점유하기 위한 스탈린이나 모택동의 공산당 역사를 나름 공부해 왔던 필자의 기억에 의하면, 이들 혁명가들은 자신의 씨를 뿌리는 유전자적 가치관은 희박할 수 밖에 없었다.

모택동의 여러 아들들 중 청각장애 아들이 있었던 것 같다. 중화인민공화국 공산당 수뇌부는 모택동 이후 '13억 중국 인구의 99%를 어떻게 장악할 것인가?' 가 공화국이 해결해야 할 가장 중요한 난제였을 것이다. 하여, 공산당 수뇌부는 선택받지 못하고 소외되고 퇴화하는 장애자와 노약자들을 앞서 인용한 영화 '인 타임' 에서처럼 '소멸' 의 인구정책이 아니라 나름의 살아남을 예술과 기술에서의 생성의 길, 희망과 꿈의 길을 '경극' 이나 전통서커스의 유전자를 승계하는 쪽으로의 인민정책을 수립한 것으로 보인다. 이는 외견상 모택동의 청각장애인 아들을 앞세웠지만 내면적으로는 등소평 등의 합리주의적 정책에 의한 적당히 '기차간' (모택동의 한 때 감옥)을 예우하는 차원의 이벤트였고 실상은, 모택동의 아내 강청(江靑) 등의 4인방 조직과 홍위병의 권력화 반동을 종식시키고자 한 고도의 전술 전략적 명분일 뿐이었다.

중국 지도부는 '경극' 등의 전통 예기를 1987년 중국 '장애인예술단' 이라는 종합예술공연단으로 (한국의 통일교 재단의 리틀엔젤스 예술단처럼) 조직하여 "그들이 장애를 극복하고 참된 삶을 살고 있다" 라는 국내외의 선전용으로 기능하게 하였다. 드디어 '장애인예술단' 은 유네스코가 지정하는 '평화예술단' (UNESCO Artist for Peace)이 되었고 장쩌민과 그 후계권력들은 2008년 베이징 장애인 올림픽 개막식에서 세계인을 감동시키며 '아픈 자의 예술적 구원' 이라는 눈물의 감격 도가니 이벤트를 연출한 것이다.

또 다른 한편 망국의 이씨조선 사멸 이후의 생성에너지 리듬은 소녀시대, 크레용 팝 등의 아이돌 차세대의 영민하고 아름다운 예술과 한류 미학으로 확산일로에 있는 이즈음에도 뒤에서, 또는 옆자리에서 씹어대는 우리 불교는 아직도 기부신앙이고 대학입시, 고등고시 합격의 '기복 불심' 매도가 진행 중이다.

그러나, 우주 운행이든 전자 유목민의 유랑이든 분명한 것은 비로자나 법계의 시스템에 의해 자체, 자생의 생태리듬을 견지하면서 이 땅의 아미타불 에너지를 효율화 시키고자 스스로 자전하고 공전하여 왔음 또한 인정하지 않을 수 없는 사실이다.

음양전극의 몸통 · 인드라망 파생 브랜드. 고대 인도신화에서 인드라 신왕은 주기적인 우기 도래의 기후조건에 대응하고 기원하는 일종의 번개신이었다. 신화구도는 역시 악한 용을 교살하고 강물과 강우를 관장하면서 생명 탄생의 태내 양수를 분출시키는 신격화의 영웅 신이었다 한다. 불교에 편입되면서 간다라 만트라 불교미술에는 성적 능력을 암시하는 트레이드 이미지가 천 개의 눈으로 구성되었고, 이는 천 개의 여성 성기를 몸속에 지닌다는 의미를 가졌다고 한다. 번개를 관장하는 신은 중앙 아시와와 몽고의 사막, 초원 등에서 상징되어진 하늘과 땅의 신으로 기능하였다. 화엄경에 편입된 인드라망 또한 우주와 천지의 전뇌현상의 기표로 보여 지면서 우주의 구성 흐름 본질을 암시, 은유하는 아미타, 비로자나의 미술종파였고, 천수천안 관세음과 같은 파생 브랜드로 해석되어 우주 운행 본질의 화엄계를 상징한다.

전남 불자 신도회장님은 백제의 얼을 승계할 면목이 없다면서 사재를 털어 신도회 부흥을 맹세하셨다. 그리하여 앞서 언급하였던 중국 장애인예술단 '내가 선택하지 않은 장애, 내가 극복할 수 있는 장애'의 구호를 가진 '나의 꿈' 공연단을 초빙하고 광주종합체육관을 빌려 엄청난 규모의 불국토 잔치, 이벤트를 개최하게 된 것이다. 그 천 개의 사랑, 천 개의 자비라는 대승불교 본바닥의 사상이 인도 고유의 천수관음 불심을 나타내는 '천수천안 관음 무'를 비로소 우리 도시에서 공연하게 된 것이다.

천수천안 리모콘. 빛과 광이 그림자들의 혼융 잔치를 법열하게 한다. 21세기는 시청각 장애자들의 천 개의 접촉과 천 개의 영상 인터페이스 시대이다. 장애인예술단의 시청각 장애 소녀들은 그들의 연습 스킬을 리모콘 지휘자의 발 박자 무대진동 파동과 일렬로 겹치는(등 뒤에 격동하는) 뒷 편의 무용수의 밀착 심장 박동과 주제 음악을 트는 스피커의 파열음을 끌어안아 심장에 전달되어 느끼는 생명맥박 리듬으로 학습한다. 천수천안 관음들이다.

애플 디자인과 천수천안 마우스. 역산(逆算)은 수학의 −1 허수존재를 끌어들이는 미학이다.(마쯔오카 세이고우, 2012) 선의 무상관(生死一如思想)은 아이폰의 선적 작동(mobility)을 완벽하게 역산한 기술(skill)의 창조 크리에이티비티이다.
애플의 인터페이스는 가속도를 중시하고 있다. 고도의 프로그래마틱 기술을 구사하는 하드웨어와 촉감을 통한 유리판 거울에 미끄러지는 슬라이드 감각은 스피드를 가했을 때 화면상의 포인트의 거리가 더 확장되는 가속의 유연성을 고취시킨다. 스티브 잡스는 대학 벤처기업을 인수, 터치 기술 특허를 취득함으로써 인터페이스의 아이콘 배열(G.U.I)의 시공간 속도 극대화와 구석구석 엣지(edge)의 모서리 빈도 이용을 극 효율화 하고 사용자 반사운동의 시공간 소모비율을 응축하였다. 중국 정원 기법의 차경(借景)과 일본 정원 기법의 마(MA. 間) 착시 현상을 애플 디자인에 혼융 극대화한 것이다.(Forbes, The Zen of Steve Jobs, Willy. Inc, 2012) 일본의 삼각 김밥, 워크맨, 모래정원의 바다 풍경 또한 색즉시공의 간격 순간이 무상관에 의한 물이 물이 아닐 수 있고, 바위는 부러져서 모래밭이 되는 바다풍경에의 착시, 가까움을 멀리 보이게 디자인하는 마(MA. 間)의 불법 우주관을 제품화한 것이다.

21명의 청각장애 무용수들이 표출하는 관음무용은 '하늘이 내린 기적의 예술미학'이라 할 정도의 숨 가쁜 파동 템포와 대칭 비대칭이 이루는 동심원 떨림의 발산과 그 위축 축소의 박진감이었다. 인간의 집단 몸집이 저렇게 기술적 또는 조화력으로 극단의 메시지를 발산할 수 있구나 하는 감동을 전남체육관에 모인 모든 열광의 군중에 던지고 있을 때, 미국 팝송 'Where's child was born' 또는 삼바, 차차차의 장애자 군무 속에 'Made in China'의 암호와 교신을 감득할 수 있었다. 물론 의상대사랑 묘현 용이 왔다 갔다 했고, 장보고 부대 해군들이 한때 장악했던 서해 바다는 아직도 크게 뚫리지 않은 이 땅의 뱃길 현실에서 소림사 영화가, 장쯔이의 이쁜 자태가, 중화의 현실적 몸체가 이 땅, 나당 연합군의 전쟁터에 충격적으로 직접 와 버렸다는 현실의 경외감이 아련했던 하루였지만……

체육관 안은 엄청난 규모의 불자들, 전국에서 전남 신도회를 응원하기 위해 버스로 버스로 모였던 광기로 앞자리 중앙에 불가 지도자급 스님들의 위용스러움에 한국 불교, ‘절대 퇴보는 없을 것’이라는 소프트웨어와 하드웨어의 또 다른 침묵 속의 메시지가 발산되고 있었다.

청각장애 무용수들은 절대 음을 맞추는 박자를 귀로 들을 수 없지만 한 치의 오차도 없는 군무 동작을 구사하여야 한다. 자세히 보자. 무대 양쪽 코너의 엣지(edge)에는 항상 이들의 춤 동작을 지휘하는 손동작의 컨덕터가 시종 눈물나게 지휘하고 있었다. 정작 춤의 주체보다 숨겨진 이들 지휘자들이 눈물겹도록 아름다워 보였고, 이들이 바로 진정한 현실세계에서 강림하신 천수천안의 관음임이 확실히 확인되었던 것이다. 베토벤의 청각 아닌 시각으로 보여주고 공연을 완성하였던 제9번 교향곡, 바로 그 ‘안·이·비·설·신·의’의 사바세계였던 것이다.

　음악도시 비엔나, 10년 만에 개최되는 청각장애 베토벤의 마지막 제9번 교향악 연주에서 베토벤은 그렇게 고집하던 지휘를 막상 시작하는 자리에서 포기하여야 한다는 강박감으로 현실적 청각장애를 한탄한다. 이 때, 베토벤 마지막 인생에 관음보살처럼 등장한 ‘안나’ 악보의 복제와 작곡 전공의 이 도우미는 악단 중간에 섞여서 제9번 교향악 초연에서 지휘를 포기하려던 베토벤에게 용기를 북돋우면서 대리 컨덕트로서의 역할(지휘)을 완벽히 수행한 것이다. 기존의 지배종교에서 ‘자유와 평등’의 외침은 미술과 음악, 그리고 아름다움이라는 대지의 들숨과 시민의 날숨이 숨 가쁘게 호흡되는 혁명의 환희, 그 법열(mano)의 신경미학, 상쾌, 명쾌, 통쾌인 것이다!

백만의 사람들이여 나의 포옹을 받으라! 이 키스를 전 세계에! 형제여 별의 천개(天蓋) 위에 환희, 아름다운 신들의 불꽃! 낙원의 처녀여! 환희, 아름다운 신들의 불꽃! (제9번 교향곡 환희의 노래, Tochter aus Elysium! Freude, schoner Gotterfunken! Gotterfunken!)

　태양계 간섭파동과 인드라망. 우주의 현상계는 모두가 진동하는 실체이며 각기 다른 종류의 파동으로 가득 차 있다. 파동들이 겹쳐지면 간섭무늬(Interference Pattern)가 생기고 이 파동들의 차이에 반응하는 ‘맥놀이주파수(beat frequency)’가 발생한다. 또한 같은 진동자들은 공명체계(hologram) 현상을 이룬다.(Itzhak Bentov, 1981) 화엄경, 천부경에는 “인드라(Indra)의 하늘에는 하나의 것에 나머지 모든 영상이 보이나니 이 진주 그물은 세계 속의 모든 것과 연관되어 있다.” 즉, 그 물체가 곧 다른 물체임을 뜻한다는 것이다. 태양과 지구, 그리고 달과 행성들은 중력장과 전자기장에 의해 파동의 스펙트럼을 확장한다. 태양은 지구의 자기장을 태양풍으로 교란시킴으로써 자기닮음의 프렉탈 구도를 비례상수 10의 36제곱으로 무한중첩비율이 때로는 호수에 비치는 사찰 풍수의 에너지 위치를 충족시킨다.(정윤모, 2010)

무단 무상 철거 하던 테러집단들이 짓밟았던 봉은사 법왕루 마루 바닥 나무 결에 보이는 간섭파장은 우주의 화엄세계를 자기닮음하고 있다. 2012년 벽두엔 결국, 다윈의 빛의 속도보다 엄청 빠른 유령입자 힉스신의 입자 실험이 과학적으로 증명되고 있어 결국 화엄의 인드라망을 현실적이고 구체적으로 명확하게 설명하고 있다. 뉴턴 역학은 '인간은 우주의 방관자'이고 인간 자신이 물리학으로 결정된 기계이지만 결국 원자, 전자의 세계인 양자역학에서는 '내가 우주의 주체'가 되는 것이다.

힉스 신의 입자 투과 속도. 광자(적색)와 미분자(황색)는 CERN(제네바 LHC)에 광자간을 충돌시키는 빛보다 빠른 양자역학실험 시뮬레이션이다. 광자는 투과하고 상실되기도 한다. 인드라망의 법화경을 증명하고 있다.(J. Ellis, The need for new physics, NATURE. 5. Jan. 2012)

조선시대 말기쯤 유목 탁발의 경허스님 맘짱은 전염병이 돌고 있는 김제평야 어디쯤에선가 온 마을 입구가 죽어가는 시체들의 그 진동하는 썩는 냄새 속에서 "세상이란 과연 무엇인가 ? 이토록 가혹한 세월인가 ?"라면서 통탄한다. 카뮈는 자신의 두 번째 명작 '페스트'에서 파놀루 신부는 때마침 불어 닥친 페스트 전염병의 엄청난 인간재앙과 천막 같은 병동에서 아이들의 알 수 없이 죽어가는 장면을 선의와 연민으로 묘사하면서 세상에 대한 회의를 품게 된다. 결국 그는 엄청난 당 시대의 최고 권력인 교황청조직 속에서 신부의 기본 태도 변화를 시도한다. 그의 용기(?)는 예나 이제나 엄청난 인간의 실존을 환기시키는 역사적 사건으로 당대의 이적 행위이고 신성모독이면서 교회로부터 파문당하는 역사의 죄인(?)이 된다. "좋다 ! 그래. 죄와 벌, 그럴지도 모른다. 그런데 이 어린아이는 죄를 지을 시간이 없었다. 죄 없는 자가 왜 죽느냐…… 한 마디의 비명, 호흡에 따른 억양조차 너무나 이상한 비명과 항의, 너무나 이상한 주리를 틀도록 창조해 놓은 세상이라면 나는 죽어도 거부하겠다." 파놀루 신부의 죽음과 소멸(김화영, 2011)이었다.

이보다 앞서 비엔나 오페라하우스에서의 청각마비 베토벤은 그림자 신호 연주를 해 보일 연인(?) '안나'가 용기를 북돋우며 지휘 독려를 하는 순간 이렇게 독백한다. "이 베토벤은 적막 속에서 산다고들 하지만 그렇지 않다. 내 머리 속은 소리, 소리로 가득하다. 절대 멈추질 않는다. 신은 나를 음악으로 채웠다. 그리곤 무슨 짓을 했나? 무슨 죄로 나를 귀머거리로 만들었나 ? 나만 빼고 모두 내 음악을 듣는다. 그게 신의 사랑(Love of God)인가? 그게 친구냐고? 나는 (연주를) 못하겠다! 내가 미쳐가나 보다……" 카피라이터 작곡 지망생 '안나'는 잘 보이는 곳에서 박자를 맞추겠으니 쫄지 말고 시작하자고 달랬다. 결국 베토벤은 제 9번 첫 악장의 가상지휘를 시작하면서 "이제 음악의 역사가 바뀔 거야. 이 새끼들아!" 하지 않았을까? 그냥 필자만의 생각인가? 교향악단 속에 숨어서 베토벤의 지휘 박자를 선도하는 시스템의 하이퍼링크 신경전달자(Hyper link transmitter)이자 그림자 연출가인 '안나 헬스', 그녀는 베토벤보다 더 베토벤다운 음악의 진원을 알고 그 파장을 전달한다.

　방어 기제는 우리들 자신이 위협받는 상태를 알아차릴 때 대뇌 깊숙이 자리하고 있는 시상하부는 공포를 날려 보내는 역할을 한다. 이러한 행동의 두 방향 분출은 신속한 호르몬 분비와 또 다른 호르몬 세트가 작동을 지연시킨다. 즉, 급성 강박상태에 대항할 뿐 아니라 우리들의 깊은 기억과 유사한 예측상태를 예비하는 두 방향의 방어기제는 이때까지 작동되었던 방어 시스템이다. 신속한 반응 – 시상하부는 교감신경의 섬유를 통하여 바로 신장에 자리한 부신선의 중심부에 위치한 부신피질 골수에 신호를 보낸다. 스트레스 호르몬인 아드레날린과 노르아드레날린의 지원을 받는 부신피질골수는 신체를 단숨에 대항 또는 도주의 준비를 하게 한다. 혈액 보충과 심장 박동은 신경을 통해 근육으로 재빨리 공급 증감되고 호흡으로 더 많은 산소가 두뇌에 증가되며 자연산 고통저격수들은 예방체제에 서고 혈소판은 손상될 경우, 최소 혈액소모를 작동하는 에너지공급을 가동시키는 것이다.
지연된 재 반응–시상하부로부터 뒤늦게 공급받은 호르몬 작동은 연속적으로 뇌하수체와 뇌하수체 외피에서 연결된다. 첫째로 두개골 기초 가까이에 자리한 아몬드만한 크기의 부신 선으로 특별한 네트워크의 모세관을 흐르면서 뇌하수체 전엽에서 공급된 아드레날 코텍스(부신피질 자극 호르몬)인 CRH가 작동한다. CRH는 ACTH라는 다른 호르몬으로 작동 동기를 제공하는데, 이는 가장 중요한 인간의 스트레스 호르몬으로 부신피질의 해방동기를 작동시킨다. 부신피질 보조는 우리들을 정상적으로 회복시키는 역할을 한다. 신체의 발화와 면역을 방해하는 신경전달 물체를 비옥하고 풍부하게 하여 결국은 낭비된 에너지 용량을 보충하고 있는 것이다.(M. V. Schmidt, Scientific American Mind, 2011)

　빛과 그리고 그림자(무의식계), 원격 조정자의 권력 시스템에 지배받는지도 모르고 사는 인류들! 임박한 2020년에 닥칠 또 하나의 예측 시나리오, 복제 그림자의 임무 기능은 숀 레비감독의 '인간의 챔피언 경기를 대체하는 로봇 파이터(fighter)'의 '리얼 스틸(Real Steel)'이라는 영화로 목하 개봉되었다. 잊혀진 권투선수의 아들은 고물상에서 주워온 아톰이라는 고철덩어리 로봇복서로 전자 관계망이 완전 작살나는 KO패의 역경에 봉착한다. 장착된 칩들은 고장 나고 소멸되어 가지만, 그럴수록 꼬마주인(다코다 고요)과 그 조련사 아버지(휴 잭맨)의 복싱 동작을 인지하는 기계의 인간화 완성과정은 실로 놀랍다. 그래서 우리는 서로 닮아간다 하였던가? 하여, 2020년 당대 세계 로봇권투(WRB) 챔피언과의 피투성이의(아! 참, 핏발은 튀기지 않았다. 고철들이니까) 격돌 끝에 링 사이드의 아버지 복서는 링 위의 챔피언 노이지 보이(Noisy boy)와의 가상대결 모션을 만신창이의 '아톰'에게 실연으로 보여주면서 마지막 어퍼컷을 시연, 당대 챔피언은 KO가 된다. 이 모두는 '안나 헬스'의 베토벤 그림자 지휘이고, 중국 장애인 연예단 수화 지휘 아티스트들의 미래형 지구별 인드라망 대안 제시이고, 은유이고 암시였던 것이다. "혼자 하는 원맨쇼가 아니야! (This is not a one-man show!)" 스티브 잡스의 말이다.

백양사 대웅전의 본존불 왼쪽 구석에 연대가 오래되어 보이는 삼존불이
좌정하였는데 얼굴의 야성적인 상처투성이의 고뇌를 지니며 고통스러운
초월감으로 참배자의 마음을 찡하게 한 값진 불상이었다.

깨달음의 뇌신경망

앞. 아름다움, 혁필유화 10호, 서울민족미술가협회전 출품작, 1996

공부를 좀 한다는 사람들 중에 흔히 유에 집착하지 않으면 무에 집착하고, 무에 집착하지 않으면 공에 떨어지거나 더러는 열반에 집을 짓고 안주하는 이들이 없지 않다.

(실상은 명백히 하나뿐이니 나를 알고자 하는 사람은 이름에 속지 말아야 한다. 그리고 나를 알 수 있는 답이 십현담(十玄談)에 있다.) 이 십현담을 열 번 읽고 백번 천번 만번 읽다 보면 거기에서 전에 못 보던 나의 참 얼굴을 보고 속으로 감사의 눈물을 흘릴 때가 있을 것이다.(동경봉(鏡峰) 서해안(海眼)의 해안 스님), (심정섭, 법보신문, 2011)

노상강도가 갑자기 총을 들이대고는 “돈 줄래 목숨 줄래?” 했을 때 신사는 놀라서 말을 못했다 한다. 계속 “돈이냐, 목숨이냐?” 하고 강도가 윽박질렀을 때 그는 “생각 좀 해 보고요.” 했다는 것이다. 돈과 생명의 교환경계. 이를 범하는 것. 우정이나 지식이나 애국심에 금전적 가치를 매기는 것은 주어진 생명의 역할과 자격을 스스로 박탈하는 행위이며, 바로 이 점이 종교를 신성한 가치로 만든다.(Tetlock, 2004)

장 자크 루소도 그랬다. 우리가 정의롭게 행동하고 있다는 생각이야말로 정의의 가장 큰 보상이라고. "나름대로 고도의 문명을 누리고 사는 양, 폼 잡고 복잡하게 (헝클어진 실타래처럼……리좀생성) 얽혀 살아가고 있지만 결국은 먹고 싸는 단순한 원초적 규칙만이 인간의 생명을 유지시키는 거 아니겠습니까?" (통달 맘짱-최창현 대담, 2011)

물귀신들이 초치기로 빨리 빨리 살아가고, 애플 회사는 지구별 온 동네의 법원 찾아다니며 장사 못하게 안달하는 '돈이냐 목숨이냐 ?'의 찰나에 우리 불가의 법당에는 너무 말들이 많고 생각이 많은 것이다.

"……무작배기 살림에 심취해서 자기들끼리 아는 말로만 서로 격을 높이고 서로 시비를 벌여 공연히 시끄러울 뿐이지, 사회 대중의 살림에는 떠드는 만큼 보태준 것이 없어 왔다. 이것은 대승불교의 엄정한 허점이요. 고쳐져야 될 병통이다." 동양철학 전공의 지승 맘짱이 약 20년 전에 저술하신 핵심이다.(1989) 이 논리를, 그 역사적인 배경을 밝힘으로써 금세기의 화두인 배고픔에 머물러야 하는(Stay hungry) 존재의 이유를 지승은 지성적으로 논술하고 있다.

깨달음의 타이밍. 대뇌 변연계는 생명유지와 종족유지(생식)에 관계하는 중요한 기능을 수행하며 시상하부와 함께 공격, 도피, 섭식, 성행동 등의 본능 조절, 쾌감과 추함, 공포감 같은 정서 반응도 조절한다. 시각피질에서 억제, 추적되는 자극피질의 약 30분간 시간 경과되는 연속적인 뉴런 접속을 시뮬레이션 한 것. 예컨대, 같은 법당 바람에 나부끼는 촛불을 응시하면서 자신의 해마에 기억 또는 추억과 상처의 은닉된 어떤 회로를 추적해 갈 때, 한순간 쾅 ! 또는 아하 ! 하는 섬광 같은 강박세계를 뒤집고 고정된 회로가 뚫려버리는 돌연변이의 전광석화를 발화하게 되며 대뇌의 활동하는 지역인 적색, 황색 부분이 점차 몇 십 분 지나면서 시각피질에서 사라짐을 볼 수 있다.(David W. Dodick, A Brainstorm, Scientific American, Aug. 2008)

이씨조선을 망해 먹은 통치 철학인 유교가 이론이 틀려서 망한 건 아니었다. 그 학문 자체만 본다면 우주의 본질과 생명의 바탕에 심오한 관심을 기울였고, 경건하게 느껴지는 깊은 이치가 드러난다. 그러나 그들의 고담준론에는 밥이 들어있지 않았었다. 민중이 뙤약볕 아래서 허리가 휘도록 일을 하는데, 저들 유생들은 밥 먹고 (노동의) 힘을 내야하는 실제 것에는 관심이 적었다. 그렇게 민중의 피땀을 그냥 먹으면서, 밥을 버는 민중을 짐승처럼 여기다가 끝내 민중을 죽이고 저도 죽었던 것이다. 그 바람에 짓밟혔던 조선불교는 우둔했기에(Stay foolish) 저렇게 칠성 같은 엘리트 맘짱들이 생성되었던 것이다.

누구라 ? 오늘의 스님 두뇌가 때로는 기름지고 때로는 신경 과잉이라 했던가. 문정왕후에 반짝 떴던 보우마저 열 손가락 잘려나가는 참형을 제주 목사는 감행하였다. 그 시대정신의 그 맘짱 핍박은 차세대 엘리트들이 기필코 알아야 할 추억이고 원한이다. 이씨 조선의 1%는 스님(중)으로 창녀, 백정, 노비 등의 천민 계급을 괄시하였고, 그들은 선비들이 쓸 종이와 기름, 신발 등을 만들어 바치는 꼴이었다고 한다. 더군다나 남대문, 동대문 등의 도심 출입을 못하게 제도화하였고, 명당자리의 사찰은 불태워져 저들 지배계급의 조상 산소 묘지로 점령되곤 하였다 한다. 천기 누설급의 명당에 선조를 이장하면 대통령 된다고…… 이 필자 또한 충청도 어디에 하루 나선 적이 있었다. 혼자서도 잘 할 수 있다는 그 선배 후보의 오만과 독선은 결국 하늘의 점지를 받지 못했던 동포애의 교훈이었다.

오늘의 법당은 춘성처럼 내복도 이불도 없이, 등은 따습고 신비의 경계 저편에 스님들은 계신다. 2,600년 동안 샤카 부타의 가르침은 간섭무늬의 파동으로 때로는 순조롭게, 때로는 하강하면서 지구별 생태계의 리듬에 의해 향상되고 공진화되는 것이다.

작금의 환희의 불가는 비로자나 청정법계, 또는 광활한 우주 순항의 극 미세한 순간을 파동하면서 지나가는 어느 찰나의 시공간이다. "니들 잘해라. 이래서는 안 된다. 내가 공부한 불경은 이런 것"이라면서, 소음이 진동하는 작금의 현상은 지극히 긍정적인 불성의 무지(Avidya)일 것이다. 최근 잔소리들의 핵심을 나열해 보자. "샤카 부타의 가르침을 현대적으로 재해석, 재번역 하는 작업이 급선무이다. 그리고 구체적인 수행의 경험을 검증하는 것과 어떻게 변했는지를 검증해야 한다. 그게 아니라면 무문관을 십 년 했건, 수십년 했건 그것은 수행의 껍떼기인 타이틀일 뿐이다." 말로만 교리적으로 우월하고 선사들이 도인이 되었던 것은 다 과거의 이야기이다. 부처님이 그랬고 과거 조상들이 그랬지만 지금은 아니라는 것이다.(최훈동, 심리학, 2000)

"어떤 수행을 통해 어떻게 경험했다는 경험주의로 가야 한다."(전현수, 정신신경의, 2000)

그래서 "부타가 수행을 하며 본 것은 자기의 깨끗한 마음이었고, 이를 보는 것이 먼저이지, 문제를 어떻게 해서든지 바꾸려는 게 중요한 것은 아니라는 것"(윤효균)이다.(이제 불교에서는 미래 지향적인 진리를 추출해야 된다는 것인가?)

"한국 불교는 고유의 종교적 감성이 있고, 그 한 가지 예가 바로 '고통'에 대한 예민함이다. 모든 생명의 고통을 자신의 아픔으로 받아들일 수 있는 존재가 바로 '보살'이며, 이러한 보살 정신이 생태적 삶을 위한 불교적 실천의 출발이다"(조성택, 2011)

보살. 그 보리살타의 정신. 차세대에는 공부하실 맘짱들이 부족할 것이고 사찰 자본이 분점화, 영역화 할 것이며 산중 선원은 일반 대중에게 굳게 닫힐 것(수불, 2011)이다. 오로지 깨닫기만 하면 된다는 적정과 무사안일에 빠져 귀신 굴에 앉아 급변하는 세상 현실을 외면(월암, 2011), 그리하여 드디어 막장의 공허 같은 학자의 막말이 나오게 된 것이다.

"스님들의 설법은 2,000여년 전의 시계에서 멈추어 있다. 그 얼마나 공허한가. 불교는 현대 대중의 삶과도 철저히 유리되었다. 대중들은 구조적 빈곤, 소외, 불안에 떨고 있고 국가와 자본이 폭력과 억압, 환경 위기, 미디어의 조작, 재현의 위기 등의 고통 속에 있는데 한국 불교는 2,000여년 전의 고(苦)에 대해서만 당위적으로 멸하라고 (앵무새처럼) 말한다."

예컨대, 이 글을 쓰면서 바라보이는 봉은사 진여문 안에서 필자가 불교개혁의 아나키스트(무정부주의자)로 생각했던 저 명진 맘짱은 자본주의의 본토인 강남의 부티남 앞에서 이씨조선적 장노 권력과 화폐의 종속을 일갈하는 법문을 매주 가졌던 것이다. 샤카 부타께서 말씀하셨던 중도 철학에 강남 좌빨은 어디로 갈 것인가? 자칭 재벌 좌빨 김성주도 저렇게 고생하셨는데⋯⋯, 그리하여 돌연 봉암사 어딘가로 수월처럼, 수경처럼 사라졌던 것이다.

오늘도 비는 내리고, 심어 놓으신 보리수와 그 아래 넓적 바위에 이끼는 파릇파릇 하고 보우 스님 사리탑은 진화 주지스님께서 드디어 봉안하셨다. 황필호(1988)는 해방신학자 까마라(S. H. Camara)의 명언을 인용하면서 오늘의 봉은사 자리를 중심으로 강남 좌빨이니 분당 우빨이니 하면서 가진 자, 누리는 자들의 위장과 포장 발언이 난무한 시대정신을 대신하고 있다. "분명히 공산주의자가 아님에도 불구하고 공산주의자로 낙인을 찍을 때가 공산주의의 위협이 가장 심각한 시기"라고 했다던가?

좌빨, 우빨의 동포 유전자 정보, 이는 상식과 비상식 (또는 네티즌들에게는 정의와 불의)의 판별로서 차세대는 주목하고 있다. 결국 「대한 초등학교 반장선거」 같았던 시대정신은 비록 반쪽이지만 고 육영수 여사에게의 빚을 갚았던 것이다.

평준화 정책과 엘리트의 국내 실종, 그리하여 미륵 오시는 미래에 영접할 풋 스님들의 정원 미달 사태, 전자속도시대의 소프트웨어를 디자인하고 다루는 디지털 개척자, 예컨대 구본무, 이건희, 손정의, 스티브 잡스 같은 다빈치 코드를 가상 건축학계에서는 웻웨어(wetware)라고 칭한다.

하여, 현대를 크게 하드와 소프트 파워로 구분하였을 때 이를 이끄는 선구적 지도자 또는 디지털 작동 두뇌를 우리는 웻웨어라고 구분한다.(Paola Gregory, 2004)

오늘의 이씨조선 시즌 2의 끝장에 기필코 불교가 변한다면 그 생태계의 영양 공급은 발 빠른 전국 산중의 스님들이 디지털 법당으로 변하여 맘짱들 자체가 웻웨어 수좌로 처연하게 변신함으로써 미래의 반도를, 미래의 미륵 연화 세계의 언어를, 미학을 위로케 하는 발생 전환, 그 불교 생태적 돌연변이를 가져오게 하여야 한다는 절박성이다.

요는 절체절명의 죽음이라는 현실에서 불자 어른들은 두려움을 제압할 현대적 불법이 안 보인다는 것이다. 과연 지장은 해체의 공포를 법열하게 하는 해결사였던가? 낡은 신체에 암세포가 여기저기 침식하면서 드디어 뇌신경 작동은 어느 날 다비로 정지한다. 그리하여 절명의 원수 같은 암세포를 화장장 터널에서 불태워 동반 살인시킴으로써 복수는 증발한다. 나열한 옆의 화득 터널 앞에서는 모두들 죽음이 찬미되고 '요단강 건너가 만나자'는 조직의 약속, 기쁨의 안도를 노래할 때, 명색이 불교미술 신봉자인 가장이 가족들에게 위로하고 설명해야 할 죽음과 슬픔의 언어가 생각나지 않았고, 위안과 공포의 대안을 살아갈려는 가족들에게 결국 남기지 못했던 것이다. 이러한 사실이 오늘의 보편적인 재가불자 또는 처사, 몸빼 보살님을 따라나선 대학 재학 따님들의 의문이고 메아리인 것이 사실이다.

지승은 그랬다. "젖과 꿀이 아니면 먹을 수 없다고 말할 때는 아직 어린아이일 때다. 성장하면 입던 옷도 버리게 되고 하는 짓도 달라진다."

그렇다. 그러나 지승은 깨달음, 그 개오의 법열 근처를 오갔던 이 바닥 프로이고 샤카 부타 조직의 직속 조직원이다. 지금의 전자시대는 1%의 시대로 99%가 잊혀진 이익시대이다. 지승은 99%의 젖과 꿀맛만 아는 미망의 인류에게 죽음과 해체의 미학을 어떻게 제공할 것인가? 고도의 권위와 지능의 (wetware, 공부수좌) 스님 시대. 지금의 지구별에 변혁은 가능할 것인가? 조계종의 '조선 불교 유신론' 같은, 만해가 현실사회에 앞장설 장비, 그것은 결단코 웻웨어 지식승의 시대일 것이다.

앞서 언급한 어느 교수님의 말씀 중 '신불교유신론' (2011)에서 실수하신 한 가지가 주목된다. 즉, 불교는 무당 불교이고 우상 불교였다는 선의, 또는 때로는 악의의 해석에서 불교의 비과학성이라는 인문학적 해석이다.

필자인 이 화가는 불교미술은 우리 동포의 뇌 속에 유전되는 불교미의 정신, 예컨대 불상의 우주적 미소와 자태에서 뇌신경과 진화 생물학이 양자 물리학과 전기전자의 화학적(wetware) 우주 생태와 함께 진화되었다고 본다. 이는 몇 년간 갠지스 강 어느 숲 속에서 관찰해버린 샤카 부타의 과학 세계와 과학 현상, 에너지 순환을 발견한 학자 스승으로서의 종교 아닌 과학의 아름다움이었음을 믿기 때문이다. 이러한 신경 미학에서 비로소 진리와 선함과 정의가 요소화, 문법화 됨을 느끼고 기록화로 복제된다. 샤카 부타께선 현세 생존시 단 한번도 종교를 이야기 한 적이 없었다.

　다중인격행동(Multi tasking). 전자시대는 스마트폰에서 암시되듯이 한 가지 주제나 소재로 여러 분야, 여러 행동을 동시에 사용한다.(One-source-multi-use) 멀티태스킹의 신체두뇌(wet-ware)는 때로 두 손만 허락하지 않는다.(세 번째 손의 착각, Katherine Harmon, Scientific American Mind, July. 2011) 제품, 상품을 여럿이 공유해 협업 소비하는 공유경제(Sharing economy) 개념은 실리콘 밸리에서 시작된 과잉시대 현상이다.(로렌스레식, 2008) 봉은사 법화루에 별종의 아이들이 들어와 불상을 훼손한들 불교가 영원한 것은 지구별이 과학에 의해 돌고 도는 것과 완전히 동일한 원리의 저 과학성과 지구생태학에의 의존 때문인 것이다. 화엄경의 핵심 과학성이다.

깨달음의 나라 인도를 처음 다녀왔을 때, 미지의 신비스러운 세계에 화제와 에피소드로 끝없이 수다를 떤다. 한 번 더 인도를 방문하고 와서는 인도에 대해 묻는 말에만 대답한다. 그런데 세 번째 다녀왔을 때는 물어도 대답 없이 침묵한다. 인도! 이해할 수 없는 나라, 불가사의한 종교와 예술, 그리고 그들의 문화이다. 그런데 한 가지 공통된 의식은 빈부나 계급이나 나이와 남녀 상관없이 모두들 '깨달음'에 대한 잠꼬대 같은 기원이고 성취 욕구라는 점이다.

인도! 원시 수렵 이후 광활한 대륙에서의 그들의 생존 법칙은 신체의 고달픔을 극복하는 정신 세계의 자유와 해방이었을 것이고 샤카 부타 이전부터 아쇼카 대왕에 이르기까지, 그들은 목숨을 부지하고 살려졌던 '깨달음 화두'의 민족이었던 것이다.

쥐새끼의 마음. 쥐 두개골의 해마 역시 중요한 기억 정보를 관장하는 지역이다. 해마의 개체 과립세포들은 석류씨알들이 운반되는 것 같은 연속적 이미지를 보여준다. 나뭇가지 가시같이 생긴 세포들이 다른 가지에 연결되는 장면은 최첨단 고 확대 영상에는 보인다. 영상의 오른편 위쪽 확대에서는 초록색 가지와 접촉하면서 화학적, 유전적, 전기적, 해부학적 관계성의 확대로 원시 뇌의 작동을 확인한다. 마음발생의 눈에 보이는 현실세계이다.(Kat Mcgowan, The whole story, ETHEBRAIN, Fall. 2011)

갠지스 강에 어둠이 걷히고 새벽의 일광(보살)이 희미한 빛을 보낼 때 수많은 인도인들은 붙박이장처럼 굳게 앉아서 명상한다. 태양에너지가 발산하는 간섭파동을 이마 중간 위치의 안테나에서 교신 받는다.이들 요가 수행자인 요기(yogi)들은 참선이나 명상 등의 인고의 수행을 통하여 과거와 미래의 시공간과 에너지 교환을 통한 더 높은 의식차원 속에 빈곤과 죽음의 의미를 거듭 확인하고 확신한다.

이차크 벤토프(Itzhak Bentov, 1981)는 우주의식과 우주의 마음을 말하면서 생성된 모든 정보가 기록되고 저장되는 우주심(宇宙心)이 존재한다고 보았다. 예컨대 명상의 과정에서 생각을 멈춘다는 실험을 수행할 때 눈은 당신 머릿속 안을 들여다 보고, 귀는 대뇌 내부에서 나는 소리를 듣고, 모든 느낌이 뇌세포 망 속으로 거꾸로 뒤집히는 역 삼투압 작용을 시도한다면 마침내 미세한 차원의 증폭이 이루어진다는 것이다.

벤토프는 이러한 무념무상 상태에서의 조화롭던 마음이 생각함의 섬세한 평정상태가 깨어진다고 하였다. 따라서 그는 인간의 두뇌는 '생각의 근원'이 아니라 '생각 증폭기'라고 가정하였다. 결국 생각이나 욕망은 두뇌에서 발생하는 것이 아니라 우주의 마음과 같은 시스템의 존재에서 발생되며 그 교신이 두뇌에 작용, 작은 자극을 만들고 두뇌가 이를 증폭하여 생각이 만들어진다는 주장이다. 이것이 있음으로 저것이 있고 이것이 일어나기 때문에 저것이 일어난다는 것이다.

결국 신체와 두뇌의 추억과 상처, 트라우마는 음반에 음악이 인쇄되듯이 신경조직망의 과잉잡음과 불확실한 리좀 엉킴을 풀어버리는 신체 이완의 작동이다. 종국에는 '아하 !' 하는 번쩍임의 전기화학적 시간의 정지와 그 낯선 공간을 목격하고 그 진동의 떨림과 쾌감 분출의 법열을 경험하게 된다는 것이다. 이러한 강압된 또는 선천적 유전 또는 부모 가족과 학교 선생님으로부터 조직화되는 강령에 대해 역발상의 정보를 진동 흔듦으로써 뇌 속의 음향과 풍경을 돌연히 폐기시킨다. 작동 연출을 통해 세상이, 죽음이, 역사가 "X도 아니었구나"의 풋 개오를 오르가즘처럼 감전당한다. 지금 이 순간, 건너편 수영장에서 내려다보이는 봉은사 추사 글씨의 판전 앞 길은 수십년전 새벽이었고 이어서 동이 텄다.

"뇌 속의 어느 부분에 마음이 있나?" 폭풍이 몰아치던 어느 선방에서 "바람이 움직이는가?"의 물음에 "바람도 깃발도 아니요. 마음이 움직이는 것입니다!"라는 행자 혜능(慧能)의 해답은 현대 대뇌과학의 마음이 곧 두뇌 시스템임을 암시하고 있다.(一切唯心所造, 화엄경)

2011년도 노벨 물리화학상 수상 내용은 아인슈타인의 상대성이론을 뒤엎는, 빛보다 빠른 입자(타키온)인 'Beyond the light barrier'의 원래 우주 망이었음을 (두뇌가 마음의 원래 발신지가 아닌 증폭기라 했던) 벤토프는 예측하고 있었던 것이다.

우연히 태어나 보니 지구별이었고, 그냥 지금 놀다 가버릴 사람에게는 관심도 없었던 두뇌 증폭기 기능이라 하지만 매사 역삼투압과 역 추적의 인드라 네트워크 행렬(매트릭스)은 깨달음 뿐 아니라 모든 엉키고 난해함에서 분석, 관찰, 경향의 도출을 귀납시키는 되먹임의 논리성 때문에 벤토프의 앞선 생각을 부정할 수 없으며, 더구나 이 분의 간섭무늬(Interference Pattern) 이론은 샤카 부타의 깨달음의 과학적 원본이라고 생각한다.

스티브 잡스는 평소에 마지막 결과의 점부터 항상 역 추적하는 네트워크 구도를 생각하라고 하였고 중국의 노자(老子) 가라사대 "순환하여 다시 되돌아오는 것이 도의운동(反者道之動)"이라 했다 한다.

필자인 이 화가의 알 수 없는, 그 때는 대단한 개오와 해탈 경지의 두뇌사건으로 치부하고 불법조직에의 초짜 자격증을 획득한 희열에 젖었던 미지의 경험(착각 경험)이 있다.

그날 새벽도 술이 덜 깬 채로 봉은사 본존불에 향 피우고는 지장전 들고, 영산각을 옆으로 치성광여래의 앞길을 산책할 때, 돌연 검은 새벽에 멀리 해가 뜨고는 "아……!하! 올가미에 매여 있었구나! 청천벽력 같은 권능을 무시하고 집어 던졌더니 벼락도 안치고 한갓 가벼운 토끼새끼였구나!" 했던 것이다. 수십년 후인 지금 생각하면 당시 잠깐의 막힌 콧물 푸는 가벼운 개오 아닌 예비 깨달음 과정의 초기 순서였을 것이고, 아직 이 화가는 대웅전 마루에서 108번의 절을 한 번도 올린 적이 없는, 내 집이 절이고 내가 승려다(自寺自僧). 내 그림만 부처를 꿈꾼다(自畵夢

佛). 그래도 기적 같은 술이 단절되고, 니코틴마저 거부하며 화류계 생활 또한 자연 청산되는 생불로의 첫 원래 자리로 들어선 것이리라. 그래도 환경은 부타의 경호 아래 위기와 고비는 간섭파동의 선율 속에서 아슬아슬하게 가피를 받고 살며, 지금도 봉은사 앞 수영장에 오면 반드시 108번의 락카 열쇠를 주시는 고마운 언니(관음보살)들도 계신다. 하여 핵심은, 뇌 속에 유전된 암호와 후천적「밈」문화 환경 유전정보가 요구하는 왕마마 보이와 수재로서의 강박의식, 엘리트와 반짝 뜨는 미술품의 창작 등 주어진 환경의 굴레가 얼마나 사람을 힘들게 하고 윤리의, 조종의, 정의의 인간구현이 웃기는 비극이고 마음 또는 의식의 폭력이었음을 알게 된 돌연변이의 스펙트럼 분사사건이었다.

"기억은 단순히 현재란 마당에서 나온 구성물이며, 철저히 추리적이고 분명히 부정확한 것이다." 했던 브레들리(F. H. Bradley, 1930)나 기억은 달의 주문에 녹아버리는 실체가 없는 것(Whispering lunar incantation)이라 표현했던 엘리엇의 시들은 '원래 없음' 의 공(sunyata)이라는 무시 공간성일 것이다. 그래서 색즉시공(色卽是空) 이었던가?
영화감독 배창호는 연민과 자비의 휴머니즘 화두로 계속 영화를 만들었었고 어느 날 깨달음의 경지에서 눈으로, 가슴으로, 몸 전체로 체득하게 되었다 한다. "그러나 깨달음을 얻었다 해도 그걸 실천하는 건 다른 일이었다. 1991년 '천국의 계단' 을 만들면서, 자신이 정체하고 있다는 걸 느꼈다. 다시 술을 입에 댔고 생활도 좀 나태해졌다. 그러나 가야할 길을, 아니 자신이 머물고 있다는 걸 알아서 즐거웠다. 고통스럽지만 즐거운 길이었다." 하였다.(민동용, 2011) 내가 평소 열 받는 꼭대기의 뚜껑 속 가소성(plasticity)은 샤카 부타께서 언급하셨던 우주 인드라 망의 축소판 조직 네트워크라는 깨달음만으로도 '즐거운 길' 이라는 영화감독의 말씀이다.

"원시지능, 동물의 두개골에는 무엇이 들어있는가?"
(Adam. T. Hadhazy, Native Intelligence, The Brain, winter. 2009.)
"무엇을 듣는 것은 무슨 냄새를 맡는가에 영향을 끼친다."
(Lyme Peeples, Making scents of sound, Scientific American, Aug. 2008)
인간의 뇌는 약 1,300~1,500그램으로 체중의 2.5%의 무게를 지니면서 약 1,000억 개의 신경세포, 1000조 개의 시냅스로 구성되어 있다고 한다. 그러면서도 에너지 소비량은 신체의 20%, 혈류량은 750ml/min의 좌우 대칭적 모양을 하고 있다 한다.
애네들이 하는 기능은 일반적으로 생각하고, 느끼고, 탐구하는 두뇌기능을 지니면서 우리들 생명 현상의 사령탑 역할을 한다.
인간의 뇌는 대뇌, 간뇌, 소뇌, 뇌간 등으로 크게 나눌 수 있고 중추신경과 말초신경이 뇌와 척수, 뇌신경, 척수신경, 그리고 자율신경을 통하여 전체 우주같은 네트망을 상호 간섭한다.

인간이 1초 동안에 오감으로 받아들이는 정보는 1,100만 개가 되는데 이들 중 약 40개만이 뇌가 처리할 수 있다고 한다. 세상에는 특히, 우리가 속한 국가에 살아가는 여러 사람들은 문자 그대로 각양각색이다. 잘난 놈, 못난 놈, 자신이 손가락질 받고 있음을 모르는 무지한 넘, 혼자 먹고 끼리끼리 선거비용 받는 넘들 등, 각자의 취향에 따라 살고 죽어간다. 문제는 이 이씨조선 시즌 2의 현상이 먹고 튀는 (인물의 과잉으로) 넘쳐난다는 데 문제가 있으며, 정의사회니 콩가루도 나누어 먹는다든지, 유치원 선생이나 군부대 내무반의 보복 폭력들이 말기적 현상을 초래하고 있음에도 그 누구하나 경고하는 공무원도 종교 지도자도 존재하지 않는다는 점이다.

지식의, 지혜의, 군기의 두뇌가 마비되고 모두들 모른 척하는 뇌신경회로만 발달되어진 것이다. 뇌에 각색된 인격과 행태는 가난의 유전과 탄생 후의 「밈」적인 정보에 의해 인간 행태계의 구성세포로서 시스템화 되는데 작금의 분류에 의하면 대략 1:99의 비례로 극단적인 비대칭과 불균형의 공진화 현상을 초래하고 있다.

"네가 피부세포가 되고 싶다면 내가 내장세포가 될게!", "네가 그렇다면 나는 두뇌세포가 될게!" 하면서 몸속 세포들은 쌍방 교신한다. 돌기와 함몰의 단백질로 이루어진 세포막 상의 작은 분자들은 서로 결합함으로써 생명력이 작동한다고 하였다.(후쿠오카 신이치, 2008)

이러한 동시성 또는 마치 평형이론 같은 자기닮음의 프렉탈과 그 건축적 성립이 되어왔던 표준들(modular)은 샤카 부타가 가르치셨던 대우주·중우주·소우주의 '천상천하 유아독존' 이라는 상호일체성을 기반으로 한다. 따라서 대뇌작동의 편향성이 인간사회에 얼마나 악과 선, 미와 추의 추억을 만들었던가를 불법에서는 가르치고 있었던 것이며, 이것은 두뇌의 편향 착시 성질은 이웃과 타인과 가족과 조직에 뇌신경적 동질성을 확고히 하고 있다는 점을 의미하는 것이다.

"행복과 불행은 모두 전염된다." 행복한 타인을 알게 되면 자기 자신도 행복해질 가능성이 15.3 퍼센트 더 커진다. 더욱 놀라운 것은 친구가 또 다른 행복한 친구를 사귀고 있다면 비록 알지 못하더라도 행복할 가능성이 9.8퍼센트 커진다고 한다. 하버드 의대 크리스타키스(Nicholas Christakis, 2010)의 위와 같은 실험은 행복이란 사회관계망을 통해서도 대뇌관계망과 같이 간섭파동으로 퍼진다는 것이다. 우리의 젊은 시대적 지성 간판이었던 김현은 이청준에게 편지 보내기를(1975) "여기 프랑스에서 보니까 너하고 최인훈만이 고통하고 있는 것 같이 보인다. 열심히 쓰거라 ! 불행의 사진을 그리지 말거라!" 하였다.

　스트레스 세포 흡착 모형. 스트레스를 받으면 유연했던 인지기억(cognitive memory)을 넘어서 굳어버리는 행동기억(habit memory)을 두뇌가 편애하게 된다.(M. V. Schmidt, Scientific American Mind, Sept. 2011)
의약품의 발달은 스트레스중의 기억과 회복에 긍정적인 효과를 강화할 수 있게 되었다. 대뇌신경충동은 시냅스라 부르는 다음 회로 너머로 건너뛰는 작동을 한다. 모든 시냅스는 아래 세포에 있는 수용체를 묶어주는 신경 전달 물질과 화학적 전달체에 의해 모든 신경을 한데 묶는 역할을 한다. 특별하게 된 분자 흡착 모형은 시냅스를 안정시키기 위하여 틈새 공간에서 두 개의 세포를 연결하는 모습을 보여주고 있다. 최근의 연구에 의하면 분자 흡착 모형을 생산하는 스트레스 영향은 상처받아진 장기기억과 약화된 시냅스를 회복한다는 가설을 제기하고 있다.

깨달음, 개오, 해탈 등의 의식현상은 뇌신경 또는 중추의 작동에 전적으로 의존하던지, 우주의 어느 존재로부터 교신되어오는 정보에 순간 순간 증폭되는 현상을 보이던지, 유전과 혈통의 취향에 따라 특별한 의식의 질이 높아진다.

신체의 진동수 반응(frequency response)의 주파수 응답 범위가 높은 도인에 의해 어느 날 돌연히 날 벼락같은 법열(mano)의 절정 체험을 보상받는다.(히사쥬네 타수리로, 2004)

초자연적이고 비인격적인 신비스러운 힘과 상태는 최적의 마음상태(Healing bliss zone)로 우주의 리듬과 파동이 뇌세포 회로에 합일함으로써 무아경은 불안을, 환희심은 우울증을, 초월감은 폭력성을, 돌연 '판단중지' 와 함께 무시, 해체된다는 것이다. 아시다시피, 대뇌는 모르핀과 매우 흡사한 화학구조로 이루어진 뇌 내 마약물질이 분비되고 있다. 이로 인하여 인간은 고통과 강압으로부터 쾌감과 함께 고통을 감내할 수 있다.(오오키 코오스케, 2009)

대뇌신경의 깜빡이, 주어진 뇌신경의 10%도 사용치 못하는 편향성과 착각의 회로에 때로는 엄청난 정보 과잉으로 밀리고 쌓여서 결국 엉켜버리고 축소 해체되는 정신 분열 상태는 차라리 완전 이탈의 입원 상태나 김시습처럼 노숙자 헤맴이(본인으로서는 무통무념의 상태이기 때문에) 오히려 치유의 기회가 더욱 효율적인 경우이다.

　필자의 체험과 주변에서 관찰되었던 초짜 분열증 잠재자의 경우, 인간은 멀쩡한 제 정신에 어떤 충격과 자극 또는 주기적 타이밍에 의해 정신분열 상태로 진입할 때는 반드시 몇 초간의 사이 시간성(MA. 間)이 존재한다는 사실을 알게 되었다.

필자는 교수란 직업상, 현재도 대학원 강의와 토론, 그리고 뭐 서울시 교통체계, 컴퓨터 미술치료 등, R&D 과제들을 학생들과 수행하고 있다. 수십년 전 일이었다. 여자 조교 학생 한 명이 갑자기 학과장실에서 필자에게 "내 몸을 겁탈하면 죽인다." 고 조용히 협박했던 적이 있다. 나중에 조교의 가족으로부터 또는 동기생들로부터 모두들 비슷하게 당했다는 이야기를 듣게 되었다. 당시의 나는 비교적 젊고, 약간의 패륜 화가 모딜리아니처럼 기백이 있었던 처지라 고민 중이었고, 어쨌든 공공의 대학공간에서 종결지어야 하는 당대 대학원 학생들의 프라이버시 차원의 절대 보호 과제였었다. 그 후 어느 날, 문제의 조교 부친께서 만나자는 연락이 왔고 논현동인가, 지금은 없어진 '다도' 라는 일식집 방에서 식사를 하게 되었다. 결론은, 내 딸인 당신 조교와 결혼해 주면 어디 어디에 있는 10층 빌딩을 결혼 선물로 드리겠으니 이혼 후 재혼해 달라는 황당한 요구였었고, 딸을 둔 애비로서의 절박한 막장 이유가 있었던 것이다. 돌연히 큰 술상이 뒤집어졌었고 옆에서 시중들던 한복차림 언니는 일갈하였다. "야! 너! 돈 있으면 얼마나 있어? 돈이면 전부 다 살 수 있다는 거야! 이 XX야! 내 비록 동생 등록금 마련 땜에 화류계에 나와 있지만 너같이 대학교수 우습게 아는 놈은 OO야 해!......?!"

이후 그 조교는 좋은 신랑감이 나타나 미국으로 유학 갔지만 그 당시, 학과 사무실에서 그 문제의 조교가 갑자기 침묵모드로 나갈 때는 학과 사무실이 초긴장 상태에 돌입했었다. 뇌신경 회로에 어떤 흐름이 뒤엉킬 때는 반드시 약 5, 6초의 '기어 변속 타이밍'이 존립한다는 사실을 필자는 그 때 이후 지금도 존중하고 있다.

샤카 부타께서는 모든 존재에는 원래 경계나 피부가 없다 하셨다. 극 미세의 '신의 힉스 입자' 같은 삼투압 또는 뇌 신경회로의 경계에는 접속의 간섭파동에 사이공간과 그 횡단 시간이 존재한다고 본다. 이른바 뇌 시냅스의 모드 전환이다.

대뇌신경회로가 작동하는 기능적 계산의 기반은 '접속성'이다. 대뇌피질에는 수만 개의 뉴런이 국소적 회로를 만들어서 수천 개의 시냅스 결합을 형성한다.(David Bock, 2011) "오늘, 엄마가 죽었다!" 첫머리에 주인공 머로소의 독백은 젊은 시절의 경전이었던 알베르 카뮈(Albert Camus)의 소설 이방인(1942)에서 충격을 삼키는 나름의 '깨달음'이었다. 말도 안 되는 부정의 부조리(L'Absurde)를 확인하면서 '사람은 태어나서 반드시 한 번은 죽는다'는 인간의 근원적 조건을 화자인 카뮈는 깨닫게 된다.

화가 리히텐스타인의 '꽝' 하는 만화 그림 속 깨달음이나, 신경미학자 라만찬드란의 'Aha!'의 전도(또는 전도몽상)는 인도에서 출발하여 동아시아까지 떠내려 온 1% 선택받은 이들에게 보상된 해탈의 보색잔상현상(구견열반)의 역설이었고 그 패러독스일 것이다.(샤카 부타께서 발견하신 중도의 철학은 인간 생명체의 모든 세포가 조화와 균형을 취하는 본질이며 보색잔상현상의 예로써 설명된다. 빨간색을 보다가 눈을 감으면 동공 속에 파란색의 반대색이 나타난다. 빨간색의 과잉 작동을 파란색으로 희석시키는 균형생리작용이다.)

카뮈 문학의 해결사 김화영 교수(2011)는 이방인의 불가사의한 의문이 죽음의 세 가지 필연성이라면서, 뜨거운 알제리 빈민촌에서 카뮈 자신을 낳았던 어머니의 문맹과 짐승같이 살았던 묵비권의 침묵은 사망 전 꿈속에 타인 같은 죽음을 확인한다고 말했다. 하여, 태양 아래 이름 모를 아랍인을 쏘아 죽였고 무명의 피살자는 가족도 없이 좀비처럼 사라진다. 주인공 머로소로 분장한 알베르 카뮈는 가난 속에 일찍 부친을 잃고 연극과 축구에 심취하는 미소년으로 성장하였다. 알베르 카뮈는 폐결핵, 레지스탕스, 기자, 평론가로 점령당한 파리의 뒤안길에서 27세의 나이에 소설 '이방인'을 발표한다.

세계 2차 대전의 중심에서 발매되기 시작한 이 소설은 프랑스에서만 지금까지 700만부가 판매되었다 한다. 혜성같이 나타난 이 미청년은 당시의 각하(가카) 판사들에게는 반드시 죽여 버려야

하는 추한 넘, 불효한 살인자였을 뿐이며, 그들은 당연히 사형을 언도하며 집행한다. 김화영 교수는 소설 속 3개의 죽음에서, 진정한 살인은 법을 가장한 지구 역사에 항상 등장하는 1%의 지배집단에 의해 집행된다 하였다. 그 존엄성의 명료한 박해가 세계대전 중 최고의 인간 이상 구현이었고 '자유'라는 인간의 가치를 인류(예비 사형수)에 접속시켰던 정보 메시지라는 것이다. 세기의 위대한 문학 메시지에서, '사형 집행하는 날 수많은 구경꾼들이 몰려와서……' 침 뱉고 돌 던지는 충격이 강할수록 사형수의 존재감과 세상의 의미를 더더욱 깨닫게 한다는 부조리의 완성, 그 자체가 핵심 결론이었다. 세계대전 중, 문자문학은 전달체이고(전달하고), 파리의 지하 시민들은 접속 받고 그 결과, 환희의 자유를 만끽했던 불안의 탈출구였던 것이다. 정보의 간섭 파동이, 대뇌의 신경전달 물질이 끝없이 반복되면서 재확인되고 재 인지되는 예술의 의미는 세기를 넘나들면서 환류, 피드백 되고 자기 유사성, 프렉탈 구도 망으로 공명하고 공진, 공생하는 것이다.

　　예술과 과학과 사람들의 미적인 요소에는 네트워크의 파장되는 리듬과 유동 사이에 시간과 (기다리기에 무척 안타까울 수 있는) 공간의 간격과 사이(MA)가 존재하여야만 비로소 생명력을 지니던지 해체된다. 이른바 신경미학 요소이고 가쁜 숨 고르기 호흡이다.

법열의 순간들, 깨달음의 진통과 해체의 타이밍은 마치 '떠나겠다. 뽕 가겠다'의 예비 신호를 보내는 일정한 시공간의 타이밍이 있다 하였다. 이것이 바로 파블로 피카소와 베토벤 미완성의 핵심 조건이다.

예컨대 알아차림, 뒤집어짐의 해탈의 순간적인 재확인은 다양한 직관과 인식이 필수적 요소로서, 대뇌의 몇 가지 신경회로가 마이크로 초에서 밀리 초에 이르는 매우 짧은 일시적 정보 처리에 관여한다는 점이다. 최근의 연구에 의하면, 시각 시스템의 경우 신경 네트워크 활성이 수 초 간격으로 지속되는 느린 섬광의 빛(비트)을 최고 20초 동안 특정 모델 이미지 등에서 기억할 수 있다.(Sumbre, 2008)

이와같은 에너지 리듬의 활성은 조정 가능한 신경회로의 박절기(metronome) 기능의 기계적 템포로 작동하며 리듬이 있는 감각신호(rhythmic sensory stimuli)에 '순간적 기억 매커니즘'으로 작동한다는 것이다.

네이처에 발표된 초파리 실험에서는 광학적 비트의 확장 속도는 시각 시스템의 시간적 정체성이라는 재인지 시간 매커니즘이다. 초파리를 모델로 한 시각시스템 층의 특이적인 시냅스 연결은 서로 다른 발현층에 창발을 멈추게 하는 시냅스 파트너를 찾는 핵심이 '타이밍(timing)'이라는 것이다.(Petrovic, Hummel, 2008)

최근, 한 순간 한 분자가 어떻게 뇌세포들이 작심해 내는가의 영원한 과제를 새로운 컴퓨터 이미지 소프트웨어로서 더 앞선 매커니즘을 모형화하는 작업들이 빠르게 발전하고 있다. 하여, 두뇌의 감각, 생각, 관찰 등 각각의 뉴런이 다른 뉴런과 소곤거리면서 어떻게 모든 신경네트워크에 정서를 보이는가를 시뮬레이션 할 수 있게 되었다. 이른바, 마음의 파동 모습 신호(Signals in a storm)인 것이다.

이제, 대용량의 슈퍼컴퓨터 블루진이 뇌세포 하나를 가상으로 만들고 1,000억 개를 모아서 아바타 같은 인간의 뇌로 모형화 하고 있다. 3차원(3D) 입체 뉴런 영상의 한쪽 끝 자리 수상돌기에 자극을 주고 각기의 붉은색이 푸른빛으로 위쪽 핵으로 흘러가게 한다. 인공신경의 가상 뉴런작동이다. 이들의 반복되는 전기신호는 간섭현상이 그대로 시뮬레이션 된다는 것이며, 대략 2023년 까지는 인간 뇌의 소프트웨어가 완성될 것으로 보고 있다.(헨리 미크람, 2011)

뉴런 구조와 생리학적 성질은 전기적 마이크로스코프가 시각 중추의 입체 건축적인 미세 규모를 모형화, 정리화 하고 있다는 점이다.

　흥분 세포의 시뮬레이션. 기능적 화상화법을 규격에 맞게 3차원 연속 전자현미경으로 재구축하여 조립하면 마우스의 시각계에 단일세포 수준의 세밀한 접속을 구할 수 있다.

이러한 대뇌피질 신경의 해부도는 일차 시각피질에서의 개별적인 연결상태 조사를 통하여 억제성 뉴런들이 다양한 기능을 하는 흥분세포(excitatory cell)로부터 정보를 받는다. 또한 방향성에 민감한 망막 신경질 세포의 민감도는 부축삭 세포(amacrine cell)와의 비대칭적 연결 관계로 나타난다고 추정하였다

해부학적으로 다시 구축하기 전의 여러 기능적인 뉴런 성격을 각각의 삼각 피라미드에서 흰　상호 연결체에 접속되는 색깔 화살표의 소프트웨어 모형재현은 흥분세포의 엉킴 리좀을 구도화 한다.(Davi D. Bock, Network anatomy and in vivo physiology of visual cortical neuron, Nature, 10. Mar. 2011)

"나는 생각한다. 고로 나는 존재한다." 데카르트의 유명했던 말이다. "나는 행동한다. 고로 나는 존재한다." 카사노바다. "나는 존재한다. 그러므로 나는 생각한다." 우나무노의 말이다. 존재의 확인. 나는 누구야? 왜 나만은 안 죽을 것이라고 생각하지? 이런 것들의 확인 작업이 깨달음의 고통과 환희라고 샤카 부타는 말했다 한다.

세기의 마지막 학문 중의 하나인 대뇌공학의 문턱에서 필자의 깨달음은, "존재는 어떻게 생겼고, 그래서 그 세포나 망이 어떻게 생각이나 이미지나 마음을 만들어 낸다는 것이냐?" 이다. 용의 머리 꼭대기 입구쯤의 역린 비늘을 건드리지 말라 했다. 때는 바야흐로 우주의 암흑 에너지니 준 결합이니, 블랙홀에 인간이 모르는 고도 발달의 문명이 있다느니의 헷갈리는 과학세계에서 "저것이 마음이다. 저 속도가 깜빡하는 오르가즘의 시간 시뮬레이션이다" 라는 가설을 빙자한 가능성을 제시해 보는 것이다.

현재나 미래의 이 분야 학자들이 　'공상 영화를 엄청 본 몽환의 미대교수이자 상상력이 풍부한

이상한 사람’이 “만화 같은 카툰을 엮었구나.” 하면서 웃고 지나갈 것을 상상해 본다. 그러나 진짜 진정성은 이를 통하여 후세대의 잊혀 질지도 모를 ‘한문 불법’이 새로운 메시지로서 한글경전 제작에 참고문헌의 자격을 득 할 수도 있지 않겠느냐는 희망사항이다.

자. 보자! 애플 창시자 스티브 잡스의 유작이 아이폰 4S이다. 이 스마트폰의 두뇌는 삼성이 여타 글로벌 유수 기업의 소프트웨어와 함께 조립한 협찬의 상품미학이고, 세계 최고의 교환가치를 누리고 있는 명품 브랜드이다.

스티브 잡스는 알베르 카뮈만큼은 아니지만 귀족의 자식이 아니었다. 열 몇 살 때인가 그는 라이프지 표지의 굶주린 아이 사진을 보고는 깊이 깨달은 바가 있어 티베트로, 일본으로 날아가 선과 명상을 체험하였다. 애플회사 내에서나 스탠포드 대학 졸업식에서 그의 여러 가지 구라친 문자들은 저 2500년 전 샤카 부타께서 언급했던 내용과 비슷한 그리고 현대화, 진화된 수다들은 아닌지 반문해 본다.

하여, 이 화가는 “다른 항목에서 부타의 환생은 아닌가?” 했던 것이며 미래 불가의 화두는 “결핍을 느껴라, 바보처럼 나아가라”라는 포스트 반야심경의 기능을 충실히 수행할 것으로 굳게 믿는다.

누군가 “불교에는 경제학이 없다”고 헛소리하였다. 무슨 소린가? 아이폰 4S! 스마트폰이 불교경제학이 이룬 상품미학의 치유 가치이고 요즘 수행 용어인 ‘초과수익’ 그 자체이다. 카뮈의 ‘에트랑제’를 다시 읽으면 ‘존재의 이유’가 나온다.

불교신경미학

암컷 공작이 (잘 생긴) 꽃미남 수컷을 선호하는 이유는, 암컷이 자신의 수컷새끼에게 바로 전수될 아름다움 자체를 찾기 때문이라는 '피셔이론'이다. 최대의 대칭성을 가지면서 가장 비싼 비용을 요구하는 신체부위가, 가장 명백한 적응도 지표일 것이다. 사춘기의 체지방은 성별 특유의 방식으로 재분배 되면서, 짝짓기 게임에 유리한 얼굴 정보로 대사진행이 이루어진다. 얼굴은 쾌감을 유발하는 자극물을 모아놓은 진정한 보고이다. 얼굴은 신생아에게 쾌락이 가득한 동화의 나라다. 단한번의 경험이라도 대뇌 시·청·촉각 피질영역의 통합적 발달을 자극할 수 있다.(질 월렌스티아, 2009)

"더럽고 새까맣고 병균을 옮기고 있다. / 가난한 쥐가 서로 논쟁을 하고 있다. / 리본을 달은 멋쟁이 거미 / 빨간 용이 지옥불로 인해서 녹고 있다."(24세 A여자)
"산부의 얼굴, 배설물, 굴뚝에서 연기가 난다. 빨간 곳에서 나온 액체는 젖이다. 호랑나비는 나비 중에서 사납게 생겼다. 오줌같이 보이는 것은 아래로 배설되기 때문이다. 화산이 빨갛게 뚫고 돌출한다. 무궁화 같은 꽃을 보면 둥그런 윤곽이 나온다."(24세, B여자)

수십년 전 이 화가가 알코올 중독으로 뇌가 고장 나고서는 이 우주를 몇일간 떠나 헤맬 때에, 마지막 종착역, 대학 정신신경과 병동에 입원하였었던 적이 있었다. 그때에 우연히 입원동기환자의 로스샤(Rorschach) 검사 기록을 몰래 관찰하게 되었다. 알다시피, 종이 위에 잉크를 쏟고는 양쪽으로 접었다 펴면 나비나 박쥐같은 대칭의 의미 없는 기표가 생기고, 미술기법에서는 이를 데칼코마니(decalcomanie)라 한다. 의사는 환자에게 이를 보이고는 전체적 상징과 부분연상을 기록하게 하며, 자유롭게 자기의 생각을 일기 쓰듯 함으로써, 현재의 환자 두뇌에 엉켜져 있을 원인을 진단한다.

"사람을 직시하는 모습이 보인다. 닭과 새는 죽었다. 돼지도 죽었다. 쥐는 죽어야할 동물이다. 아빠가 짐승을 쫓아 엄마와 새끼들이 쫓아간다."

전체상징 : 인형 : 코끼리, 떡방아, 황금박쥐, 개미
부분연상 : 천사, 불꽃, 양, 꼬마병정, 여우, 용, 금붕어, 사슴, 참새, 황새
반응 : 천사의 날개가 떨어져나가고 있다. 피처럼 보인다.

곰이 산에 기어오르고 있다. 산속에서 먹이를 찾으러 간다. 사람이 구름을 따라서 하늘로 올라간다. 개미가 하늘나라로, 끈을 잡고 올라간다. 용도 개미를 따라서 하늘나라로, 끈을 잡고 올라간다.

그랬던 것 같다. 금붕어도 하늘나라로 올라간다. 참새도 하늘나라로 가고 있는 중이다. 사슴은 하늘나라로 안가고 다른 곳으로 가려고 내려온다.

신화기억의 항상성을 의미하는 대표적 예이다. 새 언니와 현실적 갈등 때문에 현직 교사를 그만두고 대학교수가 되고 싶다는 기록으로 보아 이상향Utopia를 향한 「곰이 먹이를 찾아 산으로 올라가며, 인간들 자신이 구름을 타고 하늘로 가고자하는 영원한 기원으로 해석된다. 사슴으로 상징되는 자아는 역현상으로 표시되고 있다. OSHO는 정상인으로서의 지구 중력성에 기반을 두는 반면, 반 고흐의 정신분석을 통해 수직 상향, 승천적 경향을 선호한다고 하였다.(로르샤 관찰의 예, 모델 22세, 여)

   전체상징 : 나비, 고양이와 쥐의 싸움

   부분연상 : 남녀의 사랑, 사악한 사람이 뱀 같은 것을 던진다. 검은 구름에서 두 사람의 탄생이 보인다. 자유의 여신상.

반응 : 돼지두마리의 사랑에 의한 승화, 무서움에 떨어서 구름 또 구름, 두 남녀가 날아간다. 여신상이 구름 사이에도 있다. 두 여우가 잉태를 해 가지고 한 사람을 또 탄생시킨다. 행복에 겨운 두 남녀, 또 젊은 남녀가 잉태를 하고 위를 보니까, 아름다운 여신상이 또 있다. 여신상은 둘이다. 돼지 한 마리가 놓치지 않겠다는 것, 돼지 할머니가 모든 것을 청소해 주고 있다. 청바지를 입고 싶어라. 파이프를 문 사나이가 그 한 여자를 살리기 위하여 파이프를 물었지 않는가. 나무, 돼지우리, 많은 여우들이 탄생되는 것 같다. 또 하나의 여신상, 놓치지 않겠다는 사람들이 많다. 구름, 이제는 완전히 승화된 것 같다. 청바지를 입고 싶다.

개인의 존재와 실재의 지각이 거의 상실되어 가는 상태. 기억 부재 속에 도사린 신화의 이러한 위기는 오히려 과거의 시간과 원초적 역사 속에 감추어진 신화의 깊은 곳으로부터 도출동기를 유발하고 있다.(로르샤 관찰의 예, 모델 19세, 여)

   위의 A여자는 심한 환백증에, 타의에 의한 과잉기억이 가난한 쥐에서처럼, 항상 논쟁의 신경망을 지닌 것으로 보여진다. 그리하여 더럽고 검은 병균처럼 '추한' 환경과 붉은 용의 구원자가 지옥불로 해결해 줄 것을 요구하는 한편, 리본을 맨 멋쟁이 거미를 항시 기다리는 '멋스러움' 을 갈구하고 있다.

B여인의 경우, 환자기록에 의하면 아이가 시집식구와 이간질을 하면서, 정보환경의 거부현상이

발동하고 산부의 가면처럼 정화, 배설의 통제가 혼돈을 유발시키는 「리좀」 현상을 갈등한다.
(양호, 커뮤니케이션디자인의 신화학, 공간 2월. 1983)

　더러움, 추함 등의 배설상태 인식에서도 ‘무궁화 꽃이 피었다’ 는 신화원형의 항상성을 안타깝
게 지니고 있다. 중생은 번뇌의 오물에 의해서 더럽혀져 있다는 것이고, 그러나 더러움 그 자체
는 아니라고 샤카 부타께서 말씀하셨다 한다.

　익명의 이 생명들은 이후, 모두 쾌유됨을 확인하였다.

　더럽다, 추하다는 느낌은 불쾌한 감각과 그 반대의 즐거움을 동반한다. 인간의 항상성에는 좋
게 보려고 하는 마음. 그리고 동시에 나쁜 해석이 함께 한다. 긍정적이고 균형을 취하려는 욕구
(leveling)와 만사 부정적이고 불균형을 취하려는 경향(sharpning)이 공존한다.(R. Arnheim,
1974)
샤카 부타에 의하면 불쾌와 즐거움 그리고 불고 불락(adukkh sukha)의 감정이 있다고 한다.
(정갑동, 2006)
경집(經集. Suttani pata)에 의하면 “세상에서 쾌, 불쾌라고 하는 것에 의해, 욕망이 일어난다 /
모든 물리적 존재에 있어 / 생기고 소멸하는 것을 보고 세상 사람들은 세속에 매였다고 단정한
다.”(Seeing non-existence and existence in forms, a person makes this decision in the
world.) "분노와 거짓말과 의혹, 이런 것도 쾌, 불쾌의 양면에 나타난다…… 쾌, 불쾌는 접촉을
인연으로 해서 일어난다. 감촉이 없을 때에는 이것도 일어나지 않는다……”(The pleasant
(and) the unpleasant have their origin in contact, when contact does not exist, they do
not exist)

　현대의 진화생물학에서는 샤카 부타의 쾌, 불쾌, 그리고 불고 불락의 연기설을 계속 규명하면
서, 신경미학의 원형을 재확인하고 있다. 질 월랜스티아는 “쾌감은 타오르는 불꽃의 온기와 미학
적 아름다움이고, 우리의 피부에 부딪히는 열기이다.” 라고 하면서 수천년 향상되어온 인류의 생
명과 그 생물학적 진화에, 불교가 보아온 미학의 존재를 기술하고 있다. 영양가 없고 밥값도 안
되는 저 숱한 미학자들의 교과서 마지막에, 쥘 틸레르는 그의 ‘붓다와 그 종교’ 에서 “불행하게도
시대는 불교의 바탕을 이루는 교리들이 우리들 사이에서 기이할 정도로 호응을 얻고 있다.” 라고
썼다.
쇼펜하우어는 그의 ‘의미와 표상으로서의 세계’ 에서 예순 여덟의 나이에 불상 하나를 구입하여,

거기에 금박을 입혔다고 선언했다. 그는 철학활동을 끝나갈 무렵에서야 그는 불교와 염세주의와 존재에 대한 부정을 하나로 연계시키고 있었던 것이다.

"불교도들이 모든 것의 원리로, 모든 것의 궁극의 목표이자, 궁극의 귀결로 삼고 있는 무슨 '순수존재' 와 (전혀) 동일한 관념이다."(엔치클로 페디, 1827)

불상에 금박을 입힌다는 미적 행위. 그 불상이라는 온갖 뇌신경을 감싼 껍데기 피부가 방긋 웃고 있을 때, 그 기표의 미적요소는 현대 신경미학의 생물진화론을 단적으로 상징한다. 예컨대, 돌부처나 청동불상이나 비생물로서의 예술품 또는 상품화된 국보였었다 한들, 현대과학에서는 하드웨어의 범주로 보고, 이때에 깊은 산골 맘짱의 공부하시는 두뇌의 내용(콘텐츠)이 소프트웨어이고, 탬플 스테이 행사가 소프트파워일 때, 우리는 상대적으로 이를 하드웨어라 구분한다.

앞서, 쇼펜하우어의 금박 입힌 불상이 하드웨어로서, 껍데기라는 기표(시니피앙)일 때, 그 외형적, 생리적 신경미학은 우리들에게 쾌감을 일으키는 신경미학의 예술품 그 자체이다. 그래서 이 화가는 불교미술만을 신앙하는 종교인일 것이고, 불법계로 보면 한갓 단위 소프트파워로 치부될 지 모른다.

그러나 헤겔이든 쇼펜하우어이든, 고유섭이든 김용배, 백기수, 김윤수, 김영일(김지하), 오병남이든, 불상미술품의 껍데기 기표에 숨어 도사린 존재의 의미와 그가 전하는 메시지가 진정한 기의를 지닌 아름다움이고 진실임을 알아차렸을 것이다. 하여, 불법의 유구한 진화가 많은 역사기억을 통하여, 오늘에 승계되고 전달되는 탐미의 아름다움이고 진실의 쾌락임이 분명하다.

　한 때, 국민지성 김동길 교수는 이러한 기표 속 기의가 '아름다웁다' 라면서 다음과 같이 한탄을 토해냈다. "안양교도소에 수감돼 있을 때 나는 「반야바라밀다심경」 을 수백번 읽으면서 불교의 아름다움에 감탄하였다. 부당한 재판을 받고 억울한 징역 15년을 살기위해 교도소 어느 독방에 쪼그리고 앉았던 나에게 '조견오온개공(照見五蘊皆空)' 이니 '색즉시공 공즉시색(色卽是空 空卽是色)' 이니 하는 깊은 진리의 말씀은 적지 않은 감격이었다. 그리고 불교라는 종교는 내가 사찰 주변에서, 혹은 초파일 행사에서 보고 느낀 것과는 전혀 다른 차원의 종교라는 사실을 깨닫게 되었다." 김동길 교수는 어느 해 YMCA강당에서 강연하면서, "불교는 자비를 강조하는 나머지, 정의감 때문에 분발하는 일이 적다" 고 했는데, 어느 기자는 그만 "불교에는 정의가 없다" 고 기사화 했다가 혼난 적이 있었다고도 했다.(1988)

그는 불교를 '오묘한 진리의 아름다움' 이라고 표현하였다. '아름답다' 라는 형용사외에 더 아름다운 의미의 표현이 어디 있겠는가?

　불교경제학자 슈마허는 "작은 것이 아름답다"(Small is beautiful)라고 했다.

　지금 이 순간에도 미국은 1%의 금융 잡종 교배자들이 미국 달러의 50%를 차지하고 있는 승자독식의 부조리, 불균형, 분배차별을 유지하고 있고, 99%의 소외된 미국납세자 또는 백수들은 아직도 자세한 영문을 모른 채 살아가고 있다. 뉴욕 월가의 빌딩들은 두껍게 폐쇄되어 아무도 들여다 볼 수 없게 건축되었고(lobotomy) 그 속의 파생금융상품은 끝없는 주택 경기부양을 빌미로 융자에, 이자에, 재투자에 미국 중산층과 서민들을 목숨 걸게 만들었던 것이다.

스티브 잡스는 "생각의 자국을 남기면서 1,000개를 거부하라" 하였다. 자신을 몰아 낸 애플에 임시 최고경영자로 다시 입성했던 그는, 당시 계획하고 있던 제품 개발계획을 모조리 폐기할 것을 지시하였다.

인간 또는 조직의 고정관념, 타성의 모형, 그 도식을 해체하고 버리라는 생각이다. 샤카 부타가 말씀하셨던 모든 기억과 추억, 그리고 매달려있는 모든 끈을 단절하라는 의미와 같다. 애플에서 그는 상품이 아닌 꿈을 팔라 하였다. 불교의 원시본능은 현실의 굴레에서 해방되고 자유스러워지는 완벽한 '비움철학' 그것이었다. 그 수도의 과정은 (Less is more!) 건축 환경과 전혀 동일하다. "바보에 머물러라! 늘 우직하라" 라는 잡스의 차별화는, 바지를 벗고 기워 입으면서 집신마저 다 닳을 때까지, 그 촌스러운 가벼움, 그 날 것 같은 추락의 빈티가 꿈이고 우리의 이상이고 뜻한 바와 같은 의미인 것이다. 우리에게 이발소그림 같은 키치(kitch)미학에 대해 아브라함 몰레스(Abraham Moles, 1971)는 "상위, 기존, 체계, 관료의 문화상층부에 올라오지 못하는 정신이라 했다. 치졸한 형식과 기법의 대중문화와 그 대량복제의 종교미술은 마치 이발소 그림 같은 효율극대화의 교환가치, 그 통속성이 이 미학적 전략 속 마음의 치유가치로 환치되었던 「종교의 일차적 기능」 이었다." 종교역사에 부단히 시청각 교재로서 사용되어 왔던 경전과 그림들은, 현대의 복제 기술시대에도 시대와 환경의 차별화와 그 독창성 해석의 자유가 존재하여 왔다. 어느 날 갑자기, 변기의 추함이 유명미술관에 전시되어 공간에서의 차별성을 연출함으로써 추함과 아름다움, 불쾌스러움이 쾌감으로 환치되는, 그러나 그 예술행위가 진정성을 지니는 진실과 선함에서 출발 될 때에, 시대의 대중들은 그 인격의 우아함을 인정하는 긍정태도를 지닌다. (듀샹의 샘·퐁피두센터, 1917) 장 곡트(Jean Cocteau)는 그랬다. 즉, "순수한 모방의 조형미보다는 개성적인 추함이 더 나은 가치를 지닌다. 민중이 그대에게 비난하는 것. 그것을 값지게 간직하라. 그것이 바로 너다!" 라고 했다. 돌연변이와 반전의 예측 못한 충동은 그 복제 원본의 빛나는 「아우라」(배경의 광채)와 그 과정의 인용이 함께 제시됨으로써 미학의 대상인 진과 선을 유지한다. 예컨대, 만해의 상좌셨던 용담 맘짱이, 오고 가다 말고 「선가구감」 그 깨달음의 거울, 친필원고를 1950년대 석주 밤쌍을 거쳐, 계속 복세 또는 인용되고 있는 에가 그것이다.

진선미의 우아한 인격은 두뇌의 신경환경에 의해 유전되고, 후천적 문화적 「밈」 유전으로 합계 형성된다 하였다. "미를 다하고 또 선을 다 한다" 는 구라는 논어에도 나온다.

인류문명에서 진선미를 생각하기 시작하였던, 저 파르테논신전의 비례와 그 균형미는 유크리드 기하학의 출발과 수학을 통한 기표에서, 진실이라는 기의와 뜻을 아름다움이라 믿었던, 그리스 지중해문명에서의 출발이란다.

존 키츠의 '그리스 옛 항아리에 부치는 노래'에서 "왜 아름다움이 진실인가?(Why beauty is truth?)"를 대칭의 예술품을 통해 이야기하고 있다.(Ian Stewart, 2007)

계속해서 그는, "(스치는) 낡은 시대가 이 세대를 허물 때, 너는 우리의 슬픔과 다른 슬픔 속에서, 인간의 친구로 남아, 그에게 말하겠다. '아름다움은 진리이며, 진리는 아름답다'고, 이는 우리가 지상에서 아는 유일한 것이며, 알아야 할 모든 것이기 때문이다"라 했다.

수학에서는, 아름다움은 반드시 참(진실)이다. 참이(진정이) 아닌 모든 것은 추하기 때문이라 했던 모하메디(Farseem Mohammedy)는 차라리 개성적인 추함이, 더 나은 가치를 지닌다 했던, 미술가이며 시인이었던, 장 곡트의 예지적 생각을 말하고 있다. 진리란 표현은 샤카 부타께서 먼저 사용하셨던 진언이었다. 초짜 불자도 다 아는 "태어남도, 늙는 것도 병든 것도 괴로움이고, 죽는다는 것, 우울, 슬픔, 불쾌, 절망도 괴로움이다. 사랑 안할 사람 만남도, 사랑하는 사람과 헤어짐도 고통이고, 원하는 것을 얻지 못하는 것도 고통이다. 자, 수좌들아! 괴로움의 거룩한 진리란 이와 같단다."(쌍윳따 니까야)

고통의, 그 거부할 수 없는 생명체의 뇌신경 감각은 쾌락과 불쾌감, 그리고 불고 불락의 경계를 접촉이라는 인연으로 서로 연기된다. 감각이 비벼져서 지각, 인지되고, 마음의 정서가 긍정적 또는 부정적 태도로 촉진되고 망각된다. 김동길 교수가 감탄했던 반야심경의 "이거, 뭡니까?"는 「안·이·비·설·신·의」의 내신경중추 네트워크로, 인류의 원시 뇌로부터 공진화하였던 감각의 원천이었고 「미·추」를 통한 「쾌, 불쾌감」의 생존조건이고 생존가능이다. 따라서 '정지된 고통'이란 없다.

하여, 스티브 잡스는 오늘의 이 순간에 예술과 기술의 천재적 융합으로, 마지막 세기 같은 인류의 통신과 교류의 속도감으로, 빈자에의 고통과 탄압받는 우울과 분노에 이상과 꿈을 발로하고 신호 할 수 있는 애플 디자인을 조합하게 된다. 메말라 가는 도파민의 쾌감, 그 즐거운 희열을 제공케 한 스티브 잡스의 전자 종합세트의 세기적 기능과 역할은, 이 화가의 상상력으로는 2500년 전 인물이 환생을 거듭하여 다빈치로, 다시 스티브 잡스로 태어났다는 착각을 살짝 가져보는 것이다. 하긴, 돈 벌 생각은 안하고 영양가 없다는 메킨토시 기종만 고집스럽게 개발하려다가, 자기가 만든 회사에서, 자기가 데려온('펩시콜라 눈감고 코카콜라 마시기'의 이벤트를 연출했던) 스컬러와 이사진들에게서 쫓겨나기까지 했었다. 백수의 잡스는 2002년 신부 로런 파월을 요세미티 국립공원 꼭대기에 데려갔고, 당대의 오도카와 고분(선불교 분파 조동종. 曹同宗, 1932~2002) 맘짱을 주례로 모셔서 결혼식을 가질 만큼, 불심의 유전자를 지닌 것으로 보인다.

잡스의 불심 유전자는 철저히 샤카 부타와의 생각을 같이하여 환생되어 현실화, 상품화되는, 저 "작은 것이 아름답다.", "적은 것이 더 크다."의 구체적 예로 치열하게 차별화된 신경미학이다.

안이비설신의 시스템 망. 자연의 실제 사과, 컴퓨터 정보 처리된 사과, 뇌에 기억된 사과의 이미지. 컴퓨터는 중앙연산장치(CPU)가 일시적인 정보처리 메모리와 하드 디스크의 기록장치를 0과 1에 표현하는 디지털 정보를 처리하기 때문에, 빠르고 정확하여, 적당히라는 정보처리가 없다. 뇌는 화상의 데이터를 완전한 형으로 기억하지 않는다. 시간이 지나면 잊어버리고 색과 형이 바뀌어버린다. '모든 것은 변한다'. 샤카 부타의 위대한 발견이었다.
"제록스에서 그래픽 유저인터페이스를 발견하고 조합한 잡스는 불법의 무아상태(presence of mind)에서 섬광같은 통찰(flash of insight)의 순간혁신을 완성한다."(W.duggun, 2012)

일광보살의 도파민 생성. 최근, 올챙이 실험을 통하여, 시신경의 빛 자극은 도파민 생성 뉴런의 자극에 의해, 올챙이의 보호색 변이를 확인함으로, 시신경에너지는 도파민 창발(dopaminergic) 뉴런임이 밝혀졌다. David Dulcis와 Nicholas Spitzer가 수행한 프로젝트에 의하면, 올챙이를 자연광에 노출시킬 경우, 도파민을 생성하는 중추신경계 뉴런의 개수가 증가하게 된다는보호색 변이는, 생리학적 자극이 신경세포집단에서 발견되는 신경전달물질의 종류를 조절할 수 있다는 사실을 증명하였다.(David Dulcis, Nicholas Spitzer, Illumination Controls differentiation of dopamine neurons regulating behavior, Nature, 13. Nov. 2008.)

빛과 보호색 변이. 빛은 시신경을 통하여 색소회로에 도파민에너지 뉴런을 작동하여 더욱 강한 상호조립(transmitter) 도파민 발생과 함께 색소를 품어 변색시킨다.(Stefan Thor, Light molds plastic brains, Nature, 13. Nov. 2008) 이른바 일광보살에 의한 형형색색의 법계라는 해석이다.

우주의 생명이나 무생물이 생기고 분해되는 윤회와 환생은, 혈통에 따른 유전자의 원형이 우수한 방향으로 번식되는 방향으로 향상되려 하는 경향성을 지닌다.
우주나 지구별의 존속이 유지되고 있음이 진리이고, 그래서 참과 진실이 아름다움과 쾌감을 감각케 하는 이유가 된다고 본다. 이는 인간의 뇌신경 네트워크가 유익하게 향상되려 하는 여러 시스템을 유산 받아지기 때문이다. 도파민 호르몬은 뇌의 최상의 적응 능력인 보상과 가소성을 조절하는 "왜 사나?"의 핵심 신경 화학적 물질이다. 세로토닌은 공격성과 정서감을 야기시키고,

오피오이드(Opioid)는 고통과 기쁨의 고와 락, 그리고 불고불락(adukkh sukha)의 기능, 수상행식(受想行識)에 관계하는 것으로 보인다.

현재의 막장이론은 진화생물학에서 결국 설명되어야 하게 되었고, 또 다른 결론은 이미 샤카 부타께서 갈파하고 지나간, 통찰이었음이 증명되고 있다는 것이다. 질 월렌스티아(2009)는 쾌감은 타오르는 불꽃의 온기와 미학적 아름다움이고, 우리의 피부에 부딪히는 열기라 표현하였다. 그러나 샤카 부타 미학의 통찰은 진실이 주인되는 가식과 무명일 경우, 그 미적 대상은 아름다울 수 없는 조건을 지님으로서, 오히려 추함, 불쾌감의 감각으로 존재한다는 점이다.

"무명(avidya)의 목적이 쾌락이고, 지혜의 목적이 구원이다. 무명은 쏜살같은 것이며, 지혜는 영원한 것이다.(Ignorance is the fleeting, knowledge is the eternal, 정갑동 역, 2006) 썩고 병든 '도가니 현상'에 급히 땜질이나 하고, 승자독식의 먹튀들이 진실하지 못함은, 아무리 직무유기의 도구와 교과서 같은 묵비권으로 모면된다 한들, 진실부재의 미학은 성립되지 않는 것이다. '이씨조선 막장·시즌-2'의 현상이다. 지금의 지구별 상황은 "더 해야 달라진다"(More is different, 클레이 셔키)는 급변하는 돌연변이를 예고하고 있다. 미래의 미륵왕림 이상향(smartopia)은 '삼투현상이 좀 더 평화롭고 빠르게 에너지 교환이 기능하는 전자세기가 와야 한다'로 귀결된다. 모두가 유쾌, 상쾌, 통쾌한 진실과 그 해법의 지혜가 '양전자'의 속도로, '준결정'의 망으로 단순미의 미니멀리즘 환경으로 전환되어져야 한다.

그래서 오늘의 "다르게 생각하고, 항상 허기에 머물고 바보처럼 살아라"(Think different! Stay hungry, Stay foolish)라고 했던 잡스의 생각이, 불법에서 얘기하는 비움에서 채우고, 천진하고 우직스러움이 불자의 길이고 해탈의 언덕인 것이다.

구체적으로는, "단순함은 복잡함보다 더 어렵다. 뒤를 돌아 보면서만 점을 연결할 수 있다. 그 점들이 미래에 어떤 식으로든 연결될 것(간섭무늬)이라고 믿어야 한다. 잘 나간다고 죽치지 말고 다른 놀라운 일을 해야 한다."(유윤종, 2011)라는 잡스의 생각은 현대 신경미학의 요소와 문법을 그대로 설명 해주는 상품미학의 원리이자 샤카 부타가 갈파한 진리이다.

자! 오늘의 빨간 사과 한입에 먹은 이미지의 애플 로고 브랜드상품은, 전 세계에 절대적으로 영향을 미치는 미래지향적이고 생물처럼 급 진보하는 세기의 상징품이다. 상품미학의 제창자 W. F. 하우크는 그의 '상품미학 비평'에서 다음과 같이 함축된 절대(The absolute real)의 아름다움을 규정하고 있다. 즉, "미학의 주요 미적 대상은 예술미이고, 이를 모방, 절취했다고 보는 상품미가 과연 미적 대상인가의 질문은 S.프로이드의 '정신분석학'과 칼 마르크스의 '정치경제학'에서 융합된 상품미학비평의 숭고, 우미, 비장, 골계, 유머 등의 미적 범주에서 자본주의의 대기권에 교환되는 인간의 가치이고 조건이다."라고 규정하고 있다.

하여, 오늘의 상품가치는 명품의 잉여 이익을 탐욕하는 교환가치의 미학으로, 1% 기득권 인맥의 골목길 저인망 탐욕이 극상화 되고있다. 따라서 당연히 불안과 기아와 폭력과 분노의 해결사로서 환생되는, 새로운 유전자의 가치와 조건과, 잡스 같은 그 용기의 유목민 선구자가, 미륵처럼 기다려지는 것이다.

도파민 창발 회로. 인간의 시신경 영역은, 신경미학이 도파민에너지 생성에 의해 작용하는 「도파민 창발 미학(dopaminergic aesthetics)」 이라는 가설을 제기할 수 있고 골격(skeleton), 형태(shape), 색채, 위치(position)를 정보화하는 시공간 처리 뉴런이 전두엽 모듈의 종합에 의해, 과거의 기억과 부호화된 측두부 뉴런을 동원, 쾌감을 발화하는 인터페이스 시스템이라고 정리할 수 있다.(Garter, 2003. Nicoll Alger, 2004.)

뇌 기능의 영상 관찰법은 기능적 MRI영상, 많은 산소를 소비하는 신경활동의 활발성 과다를 공간위치(Where), 운동정보(What), 형식특징처리(How) 등을 기능적 MRI영상, 양전자 방사단층 촬영법(PET fMRI), 뇌자기계측법(MEG) 등을 통해 관찰하는 것이다.(G. Wallenstein, 2009), (Rita Garter, Consciousness, 2009)

우주와 생명은 에너지 덩어리로서 운동, 위치, 열, 빛, 음, 전기, 전자 그리고 우주선 에너지로 구성되었다고, 동포의 대표미학자 김용배는 보았던 것이다.
에너지 미학자인 그는 모든 사유(생각)와 육체적 운동은 별들과 원자의 모든 운동 자취를 짓고 있는 것과 동일한 제 법칙을 쫓고 있다고 서술하였다. 더구나 "사람은 불안스럽게, 하는 수 없이, 대우주 속에서 서 있다." 라고 한 러셀(Bertrant Russell)과 독일 미학자 보링겔(Voringel)의 잠재에너지가 현세 에너지로 발현하는 에너지 경제법칙이, 불법에서 공즉시색의 '예술로서의 초월성과 내재성' 을 메시지로 표출하는 것과 다름없다. 자연은 최단거리의 길을 취한다는, 에너지의 효율성(efficiency, 의료비용과 담배세금이득)과 효과성(effectiveness·흡연사망의 사회전체이득)은 에너지 경제법칙이 최소노력의 법칙이고, 미의 근본 작동법칙이라고 김용배는 규정하였다. 이로서 달이 뜨고, 나비가 꽃을 찾고, 사람들이 귀여운 아이를 잉태한다는 세력경제칙(勢力經濟則, Lex Parsimoniae)의 경제적 생명력의 효과적 사용 의미인 것이다.(김용배, 1957)
정력이 낭비될 때에는 의식과 무의식에 불쾌를 느끼게 되고, 효과적으로 소모될 때에는, 경제적인 쾌감을 획득하게 된다. 따라서 "미감의 양은 대상의 객관적 자극량과 신경에너지의 소모량과의 차에 정비례한다." 는 미감생성의 기본조건이 규정된다. 독일의 대문호이자 시인인 쉬러(J.C.F.V. Schiller, 1759~1805)의 유희충돌설에서부터, 전자시대 미학을 야기했던 노벨쯔(Nobeltz)의 재미있는 놀이에너지, 고유섭, 유희순의 불교 비애미와 「붉」 사상의 최남선, 이병

훈, 그리고 야나기 무네요시의 미학은, 미술사의 흐름에 도사린 반도 미술을, 한과 멋과 풍류로 하는 생리적 신진대사의 '효율 자극량'을 바탕으로 한다. 작금의 완성된 한류 미학, 그 '강남오빠'의 에너지 미학은 구 소련의 반자로프(Banzarff)가 갈파하였던 제 4샤만, 즉 오락 샤만이 신라의 풍류와, 오늘 날에 유전되는 예술충동(re-creation)의 끼와 흥과 놀이의 청사진인 것이다.

영국의 마샬(Henry Rotger Marshall)은 진화론적, 생리학적 쾌감과 고통이 곧 미감이고 후감이라 규정하고 있다. 그는 구속, 실패, 절망의 고통, 긴장후의 휴식에 의한 쾌감 그리고 과로, 기능, 파괴의 고통 등에서 쾌고론적(快苦論的) 미학을 주장하였다.

반동, 불협화음, 삼진박자의 초조한 사이 시공간 등은 분명 반도적 토양에 침식되고 유전되어진 신경에너지의 생리 진화적 미학의 기초일 것이다.

지중해 그리스에서 출발한 미술양식은 간다라를 거처 경주 토암산 석굴암에 와서 그 미학적 완성을 보았다. 앞서 기술한, 아테네 파르테논신전의 수학은 인간의 아날로그적이고 눈에 지각되는 조형의 가름자 역할을 하였다. 피타고라스의 정의에서 부터 유크리드 기하학을 바탕으로 하는 근대 문명은 독일의 공작연맹과 바우하우스운동에서 이론적으로 확립된다.

미학의 요소는 (앞서 잡스가) '뒤를 돌아보면서 확인하라' 던, 그 점과 선, 형, 색채 등이 공간과 바탕을, 그리고 문양을 요소들로 하여, 통일과 조화, 균형과 그 율동성으로 문법화 되었던 것이다. 미학의 통일성을 위해서는 단순미, 집중과 종속, 우세함과, 강조와, 초점화가 필요하며, 결국 미학 전체의 통일성을 달성한다.

불협화음, 반발, 대비 대조와 관련성, 적합성, 유사성의 조화는 대비와 조화, 긍정과 부정, 쾌와 불쾌의 삼투압, 또는 역 삼투압의 전체가 하나임을 의도적으로 어울리게 조화시키는 조건이다. 이때의 심리 생리적 쾌감의 비례는 일반적으로 황금분할비의 수치가 파르테논신전에서 오늘의 근대 건축사에까지 약속되어진 절대비례였지만, 작금의 디지털시대의 스마트폰 가로 세로의 황금분할비, 그 비례는, 모방과 특허에서 국제적 소송과 심판(재판)을 받고 있는 아이러니한 현실(실정)이다.

　색즉시공의 과정, 뼈대. 공즉시색, 무에서 유로, 유에서 마모되어 삭아지는 시간을 본다. 고운사 석탑은 신라 석탑형의 부풀림에서 다이어트를 잘한 뺄샘의 몸매와 완벽한 안정감의 비례를 지니고 있다.(S.Wolfram, A new kind of scientist, Jan. 2011)

비례의 미, 상원사 땜질 탑과 고운사 삼층석탑, 2011

　상원사 땜질 탑과 고운사 삼층석탑은 비례의 미를 대변한다. 안정감은 대칭과 비대칭, 시선이 동의 불안감, 그리고 주제의 안정감, 안도감의 문법이고, 율동성은 연속과 반복, 점층단계 등의 무지개 단계와 심장박동의 터치(touch) 리듬 충족성이다.

따라서 에너지미학의 원천은 생물학적 '쾌' 이며, 예술과 미의 기원을 인간의 진화에서 찾는 공진화의 신경 생리적 성과이다. 이러한 생물학적 미학의 기본요소와 문법들은 뇌신경 시스템의 우점종 진화에서 미의 발생 원형유전자 인식을 새롭게 한다는 것이다.

유쾌, 상쾌, 통쾌함의 진실은, 명쾌한 그리고 순간적인 합선같은 충동현상이고, 해소의 카타르시스라는 감각배출이다.

　우주의 생명진화에서 종족유전자 유전으로 나타났던 기본 미적요소는 대칭감이나 비례미 율동감 등, 앞서 나열해본 요소와 문법이 세계예술사, 그 조형미를 승계해 왔다고 본다.

예술작품은, 예로부터 신 또는 절대적 존재로부터 그 창작의 기본을 이루지만, 이의 과감한 탈퇴와 폐기, 왜곡, 단순화 등에서 예상치 못한 의외의 충격적 창작품 또한 숱하게 출현했다. 어쩌면 미학의 부정, 예컨대 미가 아닌 추, 쾌가 아닌 불쾌의 역설 속에 도파민 에너지의 역류 같은 희열을 분출하도록 하였던 예술사이고 미술사였을 것이다.

「밈」의 미학, 그 건축을 포함한 디자인 사물은 이러한 미감에 더하고 빼는 비례나 대칭 등을 상품가치화 하는 '세력경제직'과 '최소경비로 최대효과를 얻는' 에너지 미학의 지배를 받는다. 앞서 기술하였던 쾌고론적 미학은 '안타깝게 기다리는 기대치의 획득과 그 배설 쾌감' 같은 것이리라.

학문적으로는 환경디자인 분야에서, 이를 '국제양식'이라 하고, 인체와 도시와 지구촌의 삼투압이 최적의 유연성을 지니면서 교류 순환 한다는 개념으로서 유니버셜 디자인(universal design)이라 하기도 한다. 앞서 기술하였던 현대 도시건축의 미니멀리즘, 동시성, 투명성은 탈중심화, 탈위계화, 탈영역화의 「리좀」생성으로 변화되면서, 서울이라는 도시도 하나의 생물로 인식하는 경향이 최근의 정확한 판단이다. '한강 르네상스', '세계 속의 랜드마크 도시 서울'은 전직 서울시장의 전시행정의 대표적 사례이다. 선진국인 일본의 경우, 국토 및 대도시에서 촌동네 구석구석까지의 디자인 개발계획을 시행할 경우, 정책 결정자와 관료들은 항상 '유니버셜 디자인'과 '서비스디자인'의 사용자중심 철학을 존중하고 그 계획과 시행의 모든 과정에 적용하고자 노력하였다. 반면, 그들이 서울을 '디자인도시' 운운하면서 항상 전면에 내세운 것은, '선전 프로파간다(정치술)'이었으며, 당연히 서울시민들이 속으로는 얼마나 비아냥 거렸을까? 생각해 보면 낯이 뜨거워진다. 지금도 한강에 떠도는 동동섬 건축물은 '한강 르네상스'의 대표적 상징물이자 랜드마크가 되어 버렸다.

두뇌의 쾌감중추가 발가락 바로 아래 전류의 특정한 기계적, 음향적 진동이 자기장을 가하는 생물환류(bio feedback) 되먹임의 감각피질에 따라, 순환을 완료한 전류가 쾌감중추를 자극하여 쾌감미학을 창출한다.(Itzhak Bentov, 1981)

쾌감네트워크 뇌에서 쾌감중추를 최초로 발견한 심리학자는 제임스 올즈와 피터 밀러(1954)이다. 따라서 우리들의 그림 그리기는 '시선을 사로잡기 위한 덫을 놓는 행위'(영국화가 프랜시스 베이컨)로서, 인체를 동물처럼 해체하고 직관적 통찰력으로 표현하고자 하는 화가들의 현대적 신경미학 해석과 그 궤를 같이 한다. 인류 출발의 '원시뇌'로부터 표출되는 '수렵과 사냥' 그림에서부터, 현대인의 장식본능에 이르기까지, "형태를 그리고 만들고 싶은", "Will to form"의 자기확장과, 타인 또는 세계와의 접속과 복제욕망이었고, 더 보람되고 이익이 되는 경제원칙인 다즉일(多卽一)의 거인 (자이언트) 만들기 그 자체인 것이다. 샤카 부타의 창작론 제 1조이다. 경계선의 붕괴, 너와 나의 결합이 종착지까지 확인 되어야 하는 욕망과 그 과잉 소유욕은 경계와 차별이 본시 존재하지 않음을 대변한다.

일본의 젊은 뇌신경과 의사 후쿠오카 신이치는 "사람의 눈이 오려낸 '부분'은 인공적인 것이며,

사람의 인식이 발견한 ‘관계’의 대부분은 망상에 지나지 않는다. 우리는 보고자 하는 것 만 본다. 현미경으로 들여다 보아도 생명의 본질은 보이지 않는다. 세상과 생명에 경계선은 원래 없다”라고 갈파하였다.(2009)

　　N+a(a=avata). 「합창」이라는 제목의 그림을 그린 Riva Lehrer는 선천성 척추장애 화가로서, (자신의 색다른 인생을 초월한 은유로서) 이미지와 상징을 메시지화 하고 있다. 그의 그림 속 여주인공의 어깨피부에는, 자신의 주치의사의 얼굴이 깊은 문신으로 새겨져 있다. 환자의 고통과 희망을 모든 사람들에게 호소함으로써, 초능력과 초월의 에너지를 갈구하도록, 문신으로 문자(사인)를 보내는 대표적 장면이다.

21세기 정보통신기술의 발전이 한 고비를 넘어서고 있는 지금, 노벨물리화학상 수상의 근간인 “준형태이론” 또는 양자물리학의 빛 속도 능가실험 등, 우리가 영화 ‘매트릭스’에서 보아온, 너와 나의 벽을 뚫고 통과하는 소프트 웨어의 몰핑(morphing)기법 등이 꿈이 아닌 해몽의 단계에까지 이르고 있음을 단적으로 암시하는 징조이다. 이는 우주진리 또는 법계의 원래 이론이, 21세기에 이르러 과학적 실험과 검증을 거쳐 점차 현실화되고 있음을 확신하는 반증이다.

자연의 여러 문법과 인간의 감성요소는 결국 오랫동안 근대미술사와 현대정신사에서 멋모르고 연출해 왔던 복제와 접속의 결과물이다. 결국, 심리 생리적 분석이 물리화학적 기능 작용에 의해, 뇌과학의 어쩔 수 없는 예술사와 신경미학의 새로운 융합을 가져오게 된 것이다.

　　대우주 속의 숱한 중우주군들, 인간이라고 하는 신비한 두뇌시스템을 장착한 최고지능과 진선미의 인간. 조각가 로뎅(Auguste Rodin, 1840~1917)은 “인체보다, 더 성격이 풍부한 것은 자연 속에 하나도 없다.”라고 했다.

카미유 코르델(Camille Claudel 1864~1943). 프랑스 파리의 미술학도(지망생)이자, 나중에 로뎅의 조교가 되었고 모델이 되었으며…… 때로는, 육신의 끝간 욕정으로…… 조각예술품의 영감과 이미지를 극대화하였던 로뎅의 작품 제작실……

김용배는 “그것은 힘으로서, 또는 우미함으로서, 변화 무궁한 상을 환기한다. 때로는 그것은 꽃과 같다. 곳(장소), 동체의 굽은 품은 화경(花莖) 인상으로 보이고, 유방과 머리의 미소, 또 머릿결의 윤택은 만발한 화관에 상당하는 것이다.” (김용배, 1968)라고 했다.

로뎅의 영원한 연인이고 모델이었던 카미유. 인체 비례미의 절정. 그 카미유 코르델은 예술계에서의 출세욕과 사부님인 로뎅과의 결혼 욕망(욕구)로 하여, 결국 파리근교의 정신병원에 감금당하고, 30년 거지처럼 애완동물처럼 길들여지고 사육당하다 죽는다. 로뎅의 생동하는 인체미의 걸작, 「작품 키스」(대리석, 1886, 테이트켈러리, 런던)에 우리는 탄식한다. “저런 동작과 포즈가 어떻게 아름다울 수 있는가?”, “아하!(aha) 그랬었구나!”의 감탄과 절규.

만화가이자 예술가인 리히텐슈타인(Roy Lichtenstein, 1923~1997)은 “쾅!”(WHAAM)하면서 전투기를 출동시킨다. 그는 예술이란 뭐냐?(What is art?)라고 반문하면서, “아하”(aha)라는 확인, 감동 먹음, 배설감동의 상쾌, 유쾌, 통쾌 미학을 발 빠르게 그의 작품 속에 차용한 것이다. 그는 아날로그시대의 게슈탈트, 조형의 요소와 문법이론을 생물 신경계 감응 이론으로 재정리하고는, 다음과 같은 미학 요소를 제시하였다. 즉, ① 짝짓기(grouping) ② 대칭(symmetry) ③ 초현실자극(hypernormal) ④ peak이동 ⑤ 격리(Isolation) ⑥ 지각적 문제해소(perceptual problem solving)가 그것이며, 최소 소모비용으로 최대보상을 얻으려는, “지혜의 나는 놈 위에 물귀신같이 노는 놈이 있다” 때로는 뇌의 신경 인드라망 미학으로, “아하”(aha). 미학은 이렇게 숨막히듯 변화(transform)하는 것이 아닐까 싶다.

티베트 사자의 신경결정체. 2011년도 노벨화학상을 수상한 준결정(準結晶, Quasicrystal) 이론은, 이스라엘 화학자 다니엘 세흐트만의 혁명적인 지구별 결정구조의 (미친 소리로 치부되었던) 발견이다.
암흑에너지의 존재 또한 중력과 척력작용에 의한 우주존재를 미항공 우주국이 집중 연구하고 있다. 티베트의 사자로부터 영혼이 떠나는 장면 불화를 암흑에너지 환경의 극미세한 구조를 대비·재구성 시켜보는 이미지 시뮬레이션 연구이다.
기억의 실종과 그 생리적 잔상현상이 어떤 신비한 비규칙적 무늬가 전기화학적 행렬(매트릭스)을 지닌 것이 아닌지의 「리좀」 생성과 몰핑기법 등의 ‘영혼조작’ 가능성을 실험, 검증해보는 연구이기도 하다.

신경미학적 생성모델(Neuro aesthetics generating model)

(V.S.Ramachandran, Scientific American Mind, Feb, 2009)

조형문법 (Plastic principles)	도파민 인터페이스 (Dopamine interface)	지적 기술 (Wet-ware)
단순화 (Simplicity)	−적은 것이 더 좋다 (Less is more) −살아있는 게슈탈트 (Animate form)	−시간적 정체성(Timing identity)
짝짓기(Grouping)	−시공 간격과 비례 (Ma interval & proportion)	−Panel 이론 −Pixel 산출
피크이동 (Peak shift)	−율동 감각자극 (Rhythm sensory stimuli) −속도와 억양 (Speed & accent)	−쇼크비계와 구조 (Shock scaffold & skeleton)
광학적 변이 (Optical incorect)	−초현실자극과 불협화음 (Ultra normal stinuli & discord)	−Mach band 현상 −미세기계 전자시스템(MEMS)의 확산
대비와 균형 (Contrast & balance)	−대칭과 비대칭 안정성 (Leveling & sharpening stability)	−착시교정과 반전 (Optical illusion & turn over)
의미와 은유 (Semantions & metaphor)	−음소와 핵심 이야기 (Phonica & umbrella story)	−브랜드 네이밍 병렬 (Brand naming scenario)

양호, 대한임상미술치료학회, 2010

하이쿠(트란스트뢰메르, 2011 노벨문학상 수상)의 마지막 시이다.

"송전탑이 뻗어있다 / 서리의 왕국 / 모든 음악의 북쪽에 / 해가 낮게 걸려있다 / 그림자가 거인이다 / 머잖아 모두 그림자 / 자줏빛 난초꽃들, 유조선이 미끄러져 거닌다 / 달이 꽉 찼다 / 잎새들이 속삭인다 / 멧돼지 하나 오르간을 연주 한다 / 종소리들이 울려 퍼진다."

(스웨덴 한림원은 역사와 기억과 죽음 같은 중대한 질문을 집필해온 시인이라고 평가하였다.) 현재 80세인 이 시인은 1999년 뇌중풍으로 쓰러지면서 반신마비와 침묵의 생활을 시작한다. 명상 속 잠과 깨어남, 꿈과 현실, 의식과 무의식 간의 경계지역을 시적감성으로 탐구, 탐색하면서, 원

손으로 피아노 건반위의 파동을, 예민한 무관심과 초월감으로 시를 쓴다. 이미 한참 영혼과 육신 속으로 들어선 죽음이라는 절대 절명의 시공간을, 로뎅의 여친(여자친구) 카미유 코르델의 정신병동, 신경혼돈처럼, 적막하게 침묵하는 불교 신경미학인 것이다.

카뮈의 미학은 오늘의 불교 신경미학에서도 여전히 유효하게 실존한다.
"왜냐하면, 미의 감성은 미술(상품)의 미학적인 완벽으로부터 오는 것이 아니라, 예술의 모습이 우리의 본능, 우리의 성향, 즉 우리의 무의식적인 인격을 형성하는 그 모든 것과 완전히 일치한다는 사실로부터 오는 것이기 때문이다." (알베르 카뮈, 1976)

짝짓기 뇌회로

돼지의 눈에는 돼지만 보이고, 부타의 눈에는 부타만 보이고(무학대사), 화가의 눈에는 누드만 보인다. 나로 하여금 부타를 사랑하게 한 것은 미술이다.

"그대의 천국은? 현실적으로 대단한 것이 없는 아름다운 이야기이다. 그리고 슬프고 더러우며 누더기를 입었지만 훌륭한, 그리고 가난한 자는 무력한 신을 무시하며 떠난다. 그도 역시 사랑하고 싶고 꽃과 별들에 대해 이야기할 수 있는데 말이다. 아니다. 가난과 비판의 그에게 필요한 것은 복잡한 사랑이 아니고, 동전 몇 닢 짜리 제비꽃 꽃다발로 만족하는 사랑이다."(알베르 카뮈, 불운의 시인 즈안 릭튀스 시의 평론 중)

유아 자폐증은 남자아이에게 많다고 한다. 태어난 지 얼마 후 사람과 물건을 피하고 구석진 곳에 조용히 혼자 있기를 좋아하고 법당에 온 것처럼 시종 묵언을 고집하며 변화를 두려워한다. 자폐증은 뇌 속의 세로토닌 신경계와 도파민 시스템의 활성에 알 수 없는 이상이 생긴 증상이라고 한다.(아라이 야스마사, 1994)

나이가 듦에 따라 하루에 약 10만 개의 신경세포가 죽어가며, 20대 청년은 40년 후에는 약 14억 개의 세포가 실종된다. 이 무렵 즈음이면, '남자는 배, 여자는 항구'(심수봉)의 유전인자가 강박 신경증, 알코올 의존증 등의 남자 히스테리, 신경질, 우울증 등 마음의 불협화음이 생기게 된다. 결국에는 뇌혈관 장애의 할아버지와 알츠하이머 치매의 할머니 증상이 발진되고 시냅스(연접)의 재생과 신경 축삭, 수상돌기의 신장, 발화(가소성)를 촉진시켜 노화 방지에 모두들 난리 굿을 떨게 만드는 것이다.

남자는 핏대 세우며 스트레스와 싸우고, 여자들은 아줌마 해결사로서의 '줌마델라' 다중행동으로 결국, 한달치 장국 끓여놓고는 집을 나가버린다. 치매 직전의 '기분 별로인' 가장들은 돈과 건강과 최후의 수발 담당 여편네가 없으면 노후 생활 종친다. 하지만, 정작 사모님의 경우 돈과 건강 그리고 남편이 아닌 친딸이 절대로 필요한 세상이 되었다.

하지만, 정작 맨날 법당 가서 '입시 기원'이다, '고시공부 축원'이다 하며 기도했던 아들을 결혼시켰을 때, 아! 그 자신의 분신은 아득한 사돈 친척 같아 보였고 며느리는 시금치 반찬도 안 먹는다고 한다. 왜냐면, '시금치' 발음에 '시'자가 들었기 때문이라나 뭐라나?

비바리와 한라산. 제주 CC. 9번 홀. 파4. 377야드. 유화 10호. 1992

　　남녀 두뇌크기의 차별화/뇌신경과 근육감각의 지체. 대뇌의 언어, 기억, 감정, 소신, 시청각 등의 인지와 행태 기능 중추들은 남녀의 성별에 따라 외형의 부피가 각기 차별화되어 있다. 일반적으로 남자보다 여자가 더 크고 많은 지역을 차지하고 있으며, 색으로 치자면 핑크색 부분은 여성두뇌, 청색 부분은 남성두뇌가 더 크게 차별화되어 있다. 즉, 세로토닌 호르몬 생산 비율에서 여성보다 남성이 매우 활발함을 나타내며 성과 뇌질환, 그리고 스트레스 받음에서는 여성이 더 높은 감정 분위기의 영향 받음을 알 수 있다.(Larry Cahill, His Brain. Her Brain, Scientific American, Vol.21, 2012)

　두뇌의 쾌감중추는 기초운동 근육에 지각과 흥미를 강조하는 쪽으로 확장 성장한다. 팬 필드의 난쟁이는 탄생 초기에 그 징조가 광범위하게 나타난다.
팬필드의 난쟁이(Penfield's Homunculi), (S. Blakeslee, The body has a mind of its own, 2008)
기초체성감각 영역의 왼편은 감각을 접하고 관계하는 신체지도이고 기초운동근육 영역의 오른편 두뇌 신체지도는 자발적, 수의 근육의 최지각중추 신체운동지도이다. 두뇌의 쾌감중추가 발가락 바로 아래 전류의 특정한 기계적, 음향적 진동이 자기장을 가하는 생리적 되먹임 감각피질에 따라 순환 완료한 전류가 쾌감중추를 자극, 환희의 쾌감미학을 창출한다.(Itz Hak Bentov, 1981) 자폐증과 경계정신 지체의 여아(4세)가 자신의 아빠를 묘사한 인물화와, 과잉행동으로 주의력이 결핍되는(ADHD) 남자아이(8세)의 인물화에서 뇌신경과 근육감각의 지체 이론을 확인할 수 있다. 즉, 팔이 생략된 손의 형태가 천사의 날개처럼 묘사되고 촉각에 대한 결핍과 지각, 흥미의 부분을 강조하는 경향이 나타난다.(일본임상묘화학회, 17권, 2002. 19권, 2004) 신랑의 모친은 마음속 깊이 배신의 생각이 흐르고 또 흐른다. 사람은 하루에 1만 2000번의 생각을 한다고 한다. 그리고 자녀 한 명당 수백 가지의 생각이 또 추가될 수도 있다는 것이다.(Marie Pasinski, 2011)
이맘때면 이청준의 「벌레 이야기」가 떠오른다. "내 아내는 마흔 가까이에 얻은 아이를 유괴당해 잃게 된다. 그녀는 종교에 귀의함으로써 유괴범을 용서하게 된다. 유괴범 역시 예수에 귀의하였다. 그리고 자기(아내)가 용서하기 전에 용서받은 것을 알고 그녀는 자살한다. 용서는 신이 하고 나는 아무것도 아니란 말인가?" 이 물음에는 "내가 할 수 있는 것은 도대체 무엇인가?"라는 절망적인 외침이 숨어있다. 절망적이었다.

　구라 신경 시스템. 말을 표현하는 개인적인 단계는 연속성을 띠면서 나타난다. '좌 전두엽'의 브로카 운동 피질은 발성 운동체계의 단위별로 음을 움직이고 전달한다. 뇌의 운동 중추는 발음 조직을 후두와 혀로 옮긴다. 발성하는 동안에 스피치 감응센터와 같은 청각지역을 통하여 일정한 자신의 모니터링을 진행시킨다. 말더듬이 두뇌의 경우, 우변구의 활동은 발성과 관계있는 아가미 덮개의 청색지역 활동이 반대로 미약해진다. (RFS) 말더듬이 교정 치료 후 좌변구의 활동 증가와 발성운동센터 활동이 활발해짐을 엿볼 수 있다.(Katrin Neumann, The speech system, Scientific American Mind, Oct. 2006)
"나는 임마누엘의 사랑으로 이 세계를 껴안으려 했다. 그런데 이 세계는 이미 사함 받은 세계였다! 이 세계에서 이뤄지고 있는 모든 것은 나의 개입 없이 신의 섭리로 움직인 것이다. 그렇다면 나는 무엇인가?" 이 절망적인 질문은 그녀를 자살로 몰고 간다. 왜냐하면 자살은 그녀가 개입하여 그녀(어머니·아내·연인)의 힘으로 할 수 있는 것이기 때문이다.(김현, 1986)

분노와 절규의 신화소(신화적 요소)였던 것이다. 그 왕 맘마보이들의 입장. 어느 해 새벽예불을 마치며 치성광여래 앞길에서 문득 "00년 이었구나!" 면서 우주 정거장이었고 생명 목숨 줄이었던 지모신, 그 자궁의 굴레와 충과 효라는 통일 신라의 규범을 한 순간 폭파하며 날려버린 이른바, 깨달음의 예비 현상을 청천벽력같이 느꼈던 것이다.(어둠에서 잠실 쪽으로 해가 갑자기 떴다.)

맨 날, 매일 매일, 대승불교 핏대 맘짱 하시는 말씀 "때로는 부처님도 쳐부숴 버려라! 똥 막대기처럼 인식의 발상을 확 바꾸어 버려라!" 했던 의미를 이제 와서야 이해했다면 변명이 될까? 왜냐면 '초짜 깨달음' 과 '2,500년 전 말씀하셨던 진실' 이 강박의 뇌신경을 조여 왔음에서 해방된 어떤 '자유' 를 쟁취하였기 때문일 것이다.

교신 교환, 관계와 유전자 복제, 이러한 에너지 흐름은 생명체 현상에서 감정이고 사랑이라는 만유인력 같은 의식 진화의 홀로그램일 것이다. 헬렌 피셔(Helen Fisher)는 사랑은 감정이 아니라 우리 뇌의 보상체제에 의해 활성화되는 동기이자 욕구라 하였다. 도파민 신경계는 우리의 보상체계에서 핵심적인 집중과 욕구를 향상시키며 자연적으로 황홀한 상태를 만든다 했다. 하여, 이 화가의 윗대 가족은 돌연한 불효자식에 충격 받고 외국으로 이주하셨고 나머지 가족 조직은 생생하고 건강하게 생존하게 되었던 것이다. 태양! 그 치성광여래의 일광보살 새벽 빛 때문이었던 것이다. 알코올 중독과 니코틴들은 태양의 실 같은 자기장 파장 등, 단칼에 휘발되고 혈관 속에서 짜여져 증발했던 것이다.

이 화가는 어쩌면, 소설가 김광수처럼 종교를 허영으로 달고 있는 신자일 것이다. 그는 내가 잘못 산 건 치지 않고, 불전에 닦아 놓은 것이 없는 것은 치지 않고, "세상에 부처님이 계신가? 계신다면 대답해 보오." 한 적도 있었다.

  사랑에 빠진 두뇌 / 사랑의 신경화학계. 열정적인 사랑=적색. 다른 형의 사랑=핑크색
① 전두엽 중간 이랑 ② 인슈라 ③ 측두 이랑 ④ 모낭 이랑 ⑤ 후두 피질 ⑥ 후두 측두 피질 ⑦ 복부 측두 영역. 혈액 수준과 효과. 코티솔. 부신피질 호르몬. 스트레스. 민첩성이 높아지고 고통감각은 낮아짐. 두뇌 화학물질과 효과. 도파민. 쾌감. 동기부여감은 높아지고 슬픔은 낮아짐. 옥시토신 뇌하수체 후엽 호르몬과 믿음, 애착심이 상승하고 공포감은 낮아짐.(자궁 수축, 모유 촉진제) 바소프레신. 성적 각성. 유혹감은 상승하고 불안감이 낮아짐. 세로토닌 혈관수축 호르몬은 낮아지고 강박관념과 망상. 그리고 공격성이 상승함.(Mark. Fischetti, Your Brain in Love, Scientific American Mind, Feb. 2011)
진화 인류의 힘과 동기는 파생되어진 중우주(인간) 몸체의 신경시스템 구도이다. 뇌는 호르몬이라는 혈액 속의 화학물질과 뇌와 척수로부터 뻗어 나온 신경을 통하여 몸의 모든 기관을 관장한다. 파신스키(Marie Pasinski, 2011)는 맑은 두뇌, 좋은 기분, 그리고 아름다운 외형 몸체까지

삼박자를 유지하려면 체내 기관과 뇌가 하나의 놀라운 시스템으로 작동되어야 한다 했다. 생리적 진화 원형, 유전 종족 보존 장치의 원시 본능을 예로 들어 보자. 불교주간 송금엽(1989)의 '송아지 새끼손가락 사건' 에피소드는 결국 인류가 지구별 작동이 온전한 종족 보존의 짝짓기 구조로 되어있음을 이야기 해 준다.

성적 결정과 Y염색체. 빨간 사각형 정점의 뇌 영역은 INAH-3으로 알려진 반점 조직을 구성하고 있다. 이 지역 단위가 성적 결정 지시에 연결되어져 있다. 뇌 영역 중 우측 염색체가 성적 관련 염색체이고 조그맣게 보이는 것은 남성 Y염색체이다. 동성애 성향은 자연 유전적인가 아니면 후천적 양육 상태인가?(Michael Abrams, Born GAY?, Discover, Jun. 2007)

결손 질병과 상실의 고통 치유. 두뇌와 신체기능을 더욱 효율적으로 학습하는 사랑의 신경 화학물질은 다른 분자들과 포섭 융화함으로써 발화된다. 도파민:운동 신경기능, 보상기능.(음식과 성 쾌감 자극의 발동 기능 수행) 옥시토신:뇌하수체 후엽 호르몬. 자궁 수축, 모유 촉진제로서 유아 탄생과 젖 빨림 같은 신뢰와 감동의 감각을 촉진. 바소프레신: 신경성 뇌하수체 호르몬의 일종. 신뢰와 감동의 감각들이지만 옥시토신 활동이 미비한 효과를 보이는 부분에서 뇌스트레스 반응의 활동을 도와준다.(혈압 상승, 항 이뇨작용이 있음), (Erica Westly, Scientific American Mind, Feb. Mar. 2009)

어느 날 어린 송아지 한 마리를 소년 둘이서 외양간에 밀어 넣으려고 기를 썼으나 매번 실패하고 있었다 한다. 지나가던 한 철학자가 모가지를 엉덩이와 함께 묶어 진입시키려 했지만 송아지는 꼼짝달싹도 않고 요지부동이었다. 때마침 지나가던 동네 아줌마께서 어찌어찌 슬쩍 송아지를 손짓하듯 하니까 꿈쩍 않던 송아지가 금방 외양간으로 제 발로 들어갔다는 것이다. 아주머니는 새끼손가락 하나를 송아지 입에 물려주고는 뒷걸음질 치니까 송아지는 희한하게도 꼬리까지 흔들면서 순순히 아줌마 손가락을 물고 외양간 안으로 따라 들어갔다는 것이다. 모성 자궁 회귀 본능. 진화 생물학의 불법계 기본 정신이다.

"그림 앞을 지나갈 때마다 모나리자가 마치 나에게 미소를 짓는 것처럼 느껴지더니 어느 날 그림 액자가 내 손에 들려져 있었다!" 레오나르도 다 빈치의 그림 '모나리자' 는 도난당하고 나서 2년이나 지나서야 비로소 유명해진 작품이라 한다. 2년 뒤 잡힌 절도범은 바로 그 박물관 직원이었다. 도난당한 직후에야 사람들은 루브르미술관의 빈 벽 보러 몰려 들었다한다.(다리안 리더, 2011) 안동 고운사 입구에도 정면을 응시하는 호랑이 벽화가 있는데 관람자가 90% 움직여도 호랑이는 관람자 자신을 노려보고 있는 듯한 착시효과를 보인다.

진화생물학자 질 윌렌스티아는 (불상과 같은) '좋은 유전자' 관점에서 볼 때 얼굴이나 젖가슴 같은 2차 성 상징의 대칭성이 짝짓기 성공률이 높은 이유는 그 특징이 얼마 전 까지는 위조가 어렵고 그래서 적응도를 정확하게 드러내는 성적 지표이기 때문이라고 하였다.

정신과 의사 김이영(한양 의대)은 먼 옛날, 여전히 심리학자 프로이드의 정신분석 방법으로 필자인 이 화가의 알코올 중독을 치유하곤 했지만 그 다음날 저자의 대학원 강의에서는, 프로이드 심리학은 이미 고전으로 논문에 인용하면 촌스러워진다고 주장하곤 하였다. 심리학자 프로이드는 화가 레오나르도 다 빈치(1452~1519)는 이성과 성교를 해보지 않았다고(이성애자가 아니라고)주장하며, 그 증거로 남녀 결합의 그림(드로잉)에서 두 무릎의 교차가 해부학적으로 틀린 사실(자료)을 그 근거로 제시하였다. 그럼에도 학생들은 '내가 어릴 때 독수리의 입술이 항상 나의 입술을 스쳐서 날아갔다.' 는 다 빈치의 고백에 열광하곤 하였다. 정석범의 칼럼(한국경제, 2012)에서, 24세의 다빈치는 17세의 남창과 동성애 관계를 가졌다가 (비디오 영상은 아니지만) 당시 피렌체 당국에 의해 투서를 당했고, 권력을 가진 유명한 메디치 가문에 의해 풀려났다는 이야기는 모든 의문을 일거에 해소시킨다.

미적 얼굴의 구조 형성에는 대단히 복잡한 생물학적 과정과 대사 비용이 따른다. 얼굴은 발생기의 유전자 교란이나 환경 교란에 특히 민감하고, 그런 교란이 발생하면 비대칭의 이그러지는 시각적 기록이 남는다 하였다. 공포의 절규그림으로 유명한 뭉크(Edvard Munch)는 유아기부터 사춘기까지 '의존적 인격 장애' 라는 뇌질환을 앓게 되었고, 따라서 이성에 눈을 뜨면서도 아름다운 관계를 가져보지 못하였다 한다. 뭉크의 그림은 첫사랑의 키스장면을 그린(1895) 작품이지만 이미 인지되는 공간의 균열과 거부감, 의아함이 녹아 있는 실연관계의 표정이다. 2년 후 동일 구도의 그림(1897)에서는 첫사랑 때의 작품보다 실연당한 2년 후의 작품으로, 우울증과 공포의 정신 생리 반응을 보여주고 있다.

정암사 수미노 탑에 날아와 접속된 솔 씨의 가소성과 불음(풍경), 눈도 입도 실종된 실루엣의 애타는 자태, 청소년들의 예민한 감성과 그 상처는 어차피 간섭파동의 불균형으로 단절되었기 때문에, 인간이라는 개인의 이름이나 번호가 필요 없는 익명성의 인지 부조화를 요구한다. 동맥경화나 프라그 같은 찌꺼기가 끼지 않는 혈관과 신경회로는 간섭파동 무늬인 동심원이 끝없이 전파되고 파도친다. 여러 방향의 간섭동선이 부딪치고 폭풍이 때로는 불지만, 실시간 도착되어진 파장의 진동수를 역추적하면 그 진원지의 수치적 성질을 산출해 낼 수 있다. 상처의 기억이 폭주해 있는 해마에의 인출과 편도체(amygadla)의 불쾌, 공포감 반응이 병목 되고 충돌되어 버릴 때, 이 상태는 유클리드 기하학으로는 작도 산출이 안 되는 혼돈(리좀) 현상이 발생하고 유전 생식기능 기타 생명체 작동이 궤도를 이탈하게 된다. 이는, 대부분의 유럽 화가와 음악가, 문학인들의 창작 발상과 표현의 결과였다.(Zack Lynch, Brain future, New Scientist, 29. Jan. 2011)

바람은 휘날리면서 촛불과 등불을 켜기도 하고 끄기도 한다. 바람은 후속 바람으로 이미 꺼진 촛불을 법당 촛불로 이동시키고 계속 간섭할 것이다. 수억 만 개의 꽃가루가 바람에 날리면서 종족의 유전 정보를 영원히 진화시킴이 불법계의 인드라망이고, 자연 생태계의 비로자나 네트워크이다.

태백산 정암사 수마노탑(보물 제410호) 틈새에 착지한 소나무 꽃씨는 이미 애기 소나무 묘목으로 자랐고, 언젠가는 탑 끝의 풍경이 심하게 흔들리고 소리 지를 때 쯤 영양실조로 소멸되거나 적멸궁(寂滅宮) 앞마당, 인연의 땅으로 착지할 것이다.

우리들도 이렇게 기적으로 우연히 조립되고 해체되고 유전되는 천상천하의 씨앗이었고, 당나라 자장율사가 가져 온 샤카 부타의 치아가 마노석탑에 모셔진, 저 산 아래 삼신각 독성단 나한 존자는 멀리 여린 소나무 묘목 한 그루 살아난 인연, 그 생명의 동심원을 바라보고 있었던 것이다.

만시지탄의 감이 있지만 불교문화사업단의 지현 맘짱은 세계적 프로 골퍼 양용은 선수를 템플스테이 홍보대사로 위축 하였다 한다. 이는 어느 의미에서 한국 불교의 뒤 돌아 봄에 있어 획기적인 사건으로, 법명이 무백(舞白)인 맘짱의 하얀 공이 춤추는 듯 자유와 비약의 바람을 선사했던 것으로 해석된다.

스마토피아의 신체확장. 외과의사 펜벨트가 작성한 호문크루스 뇌 지도는 아날로그시대의 신체확장 또는 축소 난쟁이 그림이었다. 전자시대에는 단면 터치스크린의 손가락 확장이 극대화되는 시대이다. 이른바 「고릴라 손」 시대이다.(David Pague, The trouble with touch screens, SCIENTIFIC AMERICAN, Jan. 2013)

골프라는 스포츠의 묘미는 인간이 고도로 지혜로운 두뇌게임으로 풀어야 하는 '뇌신경 전달(transmitter)' 그 자체이다. 세계적인 프로골퍼인 타이거 우즈의 최근의 행태를 분석해보라. 최경주 선수는 어저께 타이거 우즈의 두뇌가 이상이 생겼는지 신들린 듯 했던 샷이 고장이 나고 도무지 몸이 전처럼 작동되지 못해 안타깝다 하였다.

골프라는 운동은 '알아감' 또는 '깨달음' 의 유사한 두뇌 활용을 몸 전체에 전달하고 신호하는 대뇌 변연계의 게임이다. 예컨대 프로골퍼 양용은 선수의 경기 경영은 끝장에서 반대로, 거꾸로 분석하고 풀어가는 잡스의 '마지막 점에서 거꾸로 시작하라' 는 불교적 개오, 해탈방법을 취하고 있다. 육바라밀이나 십바라밀을 실제로 수행하라는 과정의 역발생, 상대편의 상대 구멍(홀)에서 부터 언덕 마운트와 계곡의 빗물 흐름 자국, 그리하여 최초의 공이 퍼팅으로 출발할 때 모두의 S자 또는 오른쪽 왼쪽으로의 얼마만큼의 포물선 흐름을 예측한다. 이때의 태양광선과 잔디 풀의 기울기, 미세한 바람…… 하여, 마지막 1m 퍼팅의 경우, 천하의 타이거 우즈도 온몸이 경직되어 퍼팅 손에 잡힌 그립이 굳어버리는 입스 현상을 겪지 않을 수 없다. 눈 감고 넣어도 공이 들어가는 (1m 내의 퍼팅도) 단 한번의 퍼팅 실수로 몇 백만불 상금이 날아갈 때, 제 아무리 빨간 티셔츠를 입었어도 참으로 견디기 어려운 강박이고 한탄이었을 것이다.

골프의 핵심은 공격성이고, 마지막 홀에 인간의 정복 욕구를 완성시키는 대뇌변연계의 편도체

극대화이다. 프로 골퍼들에게는 그 중압감을 시합 끝난 후 풀어야 하는 인체의 극복 한계성이 있다. 타이거 우즈는 천재였고 골프에 있어서만큼은 극한의 우수한 유전자를 받고 태어난 것으로 보인다. 그럼에도 챔피언의 최우수한 유지능력에는 여러 여자들을 가까이 하는 성행위를 통한 공격성의 확인과 과로한 대뇌 편도체의 휴식이 필요했었던 것은 아니었는지 ? 남녀가 모두 절정에 도달하는 때에는 뇌 전반의 기능이 저하된다고 한다. 편도체는 덜 움직이는 등 비활성화 된다. 즉, 인간의 스트레스나 불안, 공포, 중압감 등의 감정을 기억하고 관장한다. 그의 섹스 중독은 스트레스에서 해방되는 재창조의 충전행위였던 것 같아 보인다. 이른바 노르아드레날린 신경물질과 세로토닌의 치환 현상으로, 반드시 금단현상이라는 신체 전체의 이상 작동이 진행되어 신들린 듯한 과거의 샷 감각이 다시 감으로 나타나지 않는 뇌신경계의 고장이 발생한다.

최우수 유전자의 진화에 어쩌면 필요할 수도 있는 이러한 종족보존의 불가사의한 짝짓기의 극단적인 본보기를 타이거 우즈는 실험해 보였던 것이다. "안에 있는 것을 분해하고 그 속에 있는 것들을 다시 발견한다. 그 세포들을 지탱해 주는 분자들의 원자들을 이해할 때까지, 하지만 아름다움을 갈망하는 인간성은 어디에 존재하고 있는 것인가?" 존 마틴(John Martin, 2004)은 '외로움의 기원'에서 위와 같이 푸념하고 있었다.

'나는 가수다'에 출연한 조관우의 팔세토(falsetto) 창법은 심금을 울리는 공명(共鳴)이라고 과학동아 허두영 기자는 규정하였다. 타인의 심리적 진동수가 나의 심리적 고유진동수와 비슷해지면서 심리적인 진동량이 커지는 심금을 울리는 감동이라 하였다. 진동에너지는 감동에너지로 전환되는 신경미학의 핵심이다. 아리랑 고개를 넘는 순간의 열락이다.

4

선화가 경허의 비애미학

　월면아! 진정한 단청불사를 볼 줄 모르느냐? 불그스름한 내 얼굴 단청은 부처의 다른 모습이
란다. ……잘 듣거라! 이 몸이 법당이요, 이 마음이 부처니라. 법당의 부처는 죽어있는 돌 덩어
리이고, 법당은 이를 지키는 집에 불과하단다!

(경허가 이생을 떠나던 날, 김탁은 손가락에 붓을 쥐어주었다 한다. 먼저 종이 위에 동그라미 하
나를 그렸다. 색즉시공이 되는 극단의 조선 선화가 분명하다. 허무승은 다음과 같이 쓰고 내려
놓았다 한다. 웅산. 불교신문. 2012)
마음 달 홀로 둥근데 / 그 빛은 만상을 삼켰어라 / 빛과 경계 다 공허한데 / 다시 이 무슨 덩어
리이리오.
　“동굴(사찰)과 승려만이 불교의 담지자는 아니다. 불자들은 자신을 절집의 종속물로 간주하고,
일정한 스님을 따라야만 불교를 믿는 것으로 여겨왔다.”(이민용, 법보신문, 2012)

경허 맘짱(1849–1912)은 절정의 미술가였다고 한다. 대부분 불교서적에 경허의 에피소드가 인용
되어 팔리지만, 최근에 다시 펼쳐 본 사춘기 시절의 저 「선으로 가는 길」 석지현 맘짱께서 인
도 천축국을 다녀갈 때, 묘령의 여인도 동반하셨다는 입소문으로 하여, 더욱 청소년들의 동경을
보시하였다. 그 시절 종교서적은 「벌레 먹은 장미」, 「젊은 베르테르의 슬픔」, 「부활」 등과
함께 꿈의 허기를 낭만으로 읽게 하였던 그 책들이었다.
　“선승으로서 서예에 빼어난 불들이 우리나라에도 많았다. 그 중에서는 대표적인 분이 경허 선
사였다. 솔가지를 꺾어서 썼다는 그(경허)의 친필이 범어사 어디쯤에 있다고 하며, 짚단으로 휘
둘러 썼다는 그의 글씨가 또 해인사에 있다고 한다. 그의 글씨는 가늘게 우는 여인의 애틋함이
있는가 하면, 거침없는 힘이 있다, 칼날같이 날카로운 곳이 있는가 보면, 태산과 같은 위엄과
준엄함이 서려있다. 그의 글씨를 글씨이게 하는 그 근본 힘은 에너지의 유동, 그 집착으로부터
의 끝없는 탈피이다.”(석지현, 1975)
글씨는 샤카 부타의 마음도장과 같다. 한 장의 종이 속에 그 평생을 읽을 수 있다 한다. 서예는
그림이 간결하게 의미화 하는 기호의 추상화 약속이다. 조형예술, 시신경에 각인되는 에너지 미
학의 결정체라 할 수 있다. 오늘의 스마토피아(Smartopia)를 건설한, 저 스티브잡스는 처음에
혁필화(Calligraphic design)전공이었다.
경허의 ‘집착으로부터의 끝없는 탈피’는 샤카 부타가 말씀한 생존의 극상이고, 고뇌의 도피이다.

파블로 피카소가 극상의 데생 기법들을 포기하고 던져버린 30년 동안의 '어린애처럼 되기'의 원초적 회귀는 예술가가 종교적 승화를 구현했고, 종교적 두뇌의 기억과 유전자 업보를 씻음으로써 얻는, 그 수행의 과정과 그 흔적이 시각 에너지의 미학으로 작동할 수 밖에 없는 것이다. 경허가 솔가지를 꺾어 그렸고 짚단으로 휘둘러 썼다는 서예는 예술표현 기법의 굴레와 형식마저 단번에 버리면서, 닥치는 대로 갈겨버리는 저 수많은 억겁을 통해 유전된 정보의 원형, 그 밑그림의 법계를 진짜로 토하게 하는 데는 붓과 먹물 창호지의 격식이 무용했던 것이다.

전광석화 같은 일필의 찰나와 그 속도에는 치졸한 키치(Kitch) 양식의 천진성과 우연성(뜻밖의 발견. serendipity) 미완성의 허무와 찰나를 기록하는 선화이다.

이 화가의 그림에는 시대의 출가삼촌이셨던 경허를 주제로 즉흥적인 그림을 많이 그렸다. 화가의 머릿속을 차지하는 샤카 부타의 실천 교과서였던 경허의 언행이, 젊고 어린 시절의 감수성을 흉내 내게 하였던 것이다. 때로는 음주 화류계의 풍류와 젊은 포효의 알리바이를 증명하는 해결사, 그 재해석 해본 샤카 부타였기 때문이다. 이 화가가 중고교 시절 미술반, 그 초등학교 시절 부산 고등학교 반장이셨던 (고)안상철 화가에게서의 석고 데생 지도는 자기 버리기와 프로의 예술(retro) 포기가 얼마나 힘든 학습인가를 보여주셨던 것이다.

하여, 만년의 최근 화풍은 캔버스 위에 가장 빠른 속도의 표현을, 화가의 직감과 즉흥적인 찰나에 두뇌의 가장 가까운 맨손바닥과 유화 물감을 팔레트에 혼합하는 시간을 생략한다. 그리하여 유화 캔버스 자체가 팔레트 기능을 수행하는, 선택과 집중의 극대화,(화가는 없고) 경허라는 이미지의 선구자, 그 샤카 부타의 재생을 묘사해 보는 것이다.

따라서 근대 조선반도와 만주지역에 성행하였던 혁필화, 귀족과 고급 종교만 향유하였던 조형장식 본능을, 값싸고 손쉽고 빠르게, 장날 장터에서 기복하며, 그리게 하고 구입하였던 것이다. 그 자기의 성함이나 「가화만사성」 이라는 서화의 복제품, 그 혁필화의 수법을 유화 캔버스에서 재생, 실험하게 된다. 말 달리던 저 고조선의 미감이 승계되어 가야한다는 일말에서, 경허의 눈물, 그 서글픈 '안이비설신'의 망각된 페르소나, 그 가면의 경허 카리스마를 묘사해 본다는 것이다. 복제(retro)이고 B급 또는 반 제도권적 이발소 그림 같은 '키치' 스러움이다.

　미간의 별빛은 샤카 부타의 새벽 깨달음 때 보았던 샛별이며, 그의 커다란 귀의 흐름은 단숨에 납작한 혁필 형식의 얼룩 붓으로 그려졌다. 그 끝에 유화물감 주브 그대로 귀 끝에 짜버린 귀걸이와 그 주브에서 떨어지는 경허의 눈물방울, 그 속도는 우주에서 떨어지는 헬리 혜성 같은 간섭파장, 그 자체의 인트라법계, 상징이고 스토리이고, 그 경허만의 알음다움이라 할 수 있을까? 불교이후의 종말을 알고서 삼수갑산으로 도주한 사나이를, 형이하학적 명령으로 확인 사살코자하는 말법시대가 왔다는 것일까?

동북아시아 불교미술사의 선화는 무념무상의 깨달음 같은 선승들의 예술 표현이고, 이러한 사치스러움은 하류 서민들의 생활환경에서는 향유될 수 없는 부타 가르침의 그림 교본이었다. 그리하여 경허 그림의 속도화, 찰나화는 마치 뉴욕 실크스크린 화가 앤디 워홀의 수백 장 복제 인쇄화 처럼, 하층 종교인에게 배부되고 교본화 되는, 티베트 만다라 그림 같은 기능을 수행케 하여야 한다.

힘 뺀, 힘 빠진 노인네 피아니스트 루빈스타인, 왕성한 에너지의 유전자를 지녔던 다작의 파블로 피카소, 그들 예술가가 요령 피웠던 최소 노력의 최대 효과. 그 경제학의 에너지가 효율치는, 예술 주제 대상 콘텐츠의 차별화된 선택이었다. 피 말리는 집중력, 그 다음의 자기 집중 결과물, 과정물을 포기하면서, 빈 공간의 인드라망에 이웃 새로움의 정보와 감각을 채워나가는 140억 개의 뇌신경 시냅스가 발화 가소화, 하이퍼링크(다중비법밥)화, 드디어 그마저 버리는, 그래서 때로는 미완성의 예술이 될 수 있었다. 그래서 감미로움의 아쉬움에서 누군가 뒤에 올, 반도의 산 속 풋 맘짱이 늦게나마 우수의 아름다움을 깨닳고(앎) 아픔과 회한으로 융합, 연출, 승계하고자 함이 분명하다.

손가락 자유선화. 여수 흥국사 맨 뒷마당 뒷벽에 평범한 장인의 손가락으로, 진흙 벽면의 빈 공간을 왠지 채우고 싶은 ‘공백공포’ 의 극복화이다. 장식본능의 즉흥적 정보기록으로서의 용 문양. 옹기화의 진화된 반추상화이고 고조선부터 유전되어온 조선 사람의 본마음이다.(양호, 한국의 돌길, 물길, 왕길, 능길, 절길. 월간 공간, 1979~1980)

저 삼수갑산을 짚신 신고 떠나는 경허의 허무와 슬픔은 조형미술로서 아무리 원초적인 원시욕구로 표현하려 하지만, 시각신경 단독의 가소성으로는 미약했던가?

시인 정현종은 다음과 같이 노래했다.

“……실은 나는 비의(秘意)인 너희를 해독하는 / 기쁨에 취해 / 그런 주정뱅이의 자로 세상을 재어온지라 / 나는 아마 취중득도 했는지 / 이제는 전혀 구별이 안 가느니…… / 누가 거지고 / 누가 광인인지.”

시대의 문학 지성, 김현은 「거지와 광인」 의 이 시에서, 주정뱅이 시인의 잣대로 세상을 재단했고, 그 잣대는 안팎이 구별되지 않는다고 말한다. 구별 불가의 뜻은 유한과 무한, 삶과 죽음, 의미와 무의미…, 등의 대립의 무구별을 이야기하고 있다. “오호라 만취의 불타는 꽃 속에 / 걸리는 데 없이 흥청대고 / 내 가슴에 뛰어드는 저 푸른 풀잎을 껴안는 바람처럼 / 고요히 고요히 춤추는 일……” 이 거지와 미친놈과 주정뱅이는 대립을 마춰시키고는, 춤과 노래와 놀고 시 쓰는, 어떤 헛되고 헛된 삶을 초월해서 산다는 것이다.(김현, 1982)

시대의 삼촌스타일, 수월 맘짱에게 경허는 멘토였고, 기댈 수 있었던 그 시대의 사부님이셨다.
모든 자리를 팽개치고 떠난 사부님을 좇아, 수월은 삼수갑산 산골의 그 어려운 도주와 그리움으
로 드디어 찾아냈지만, 창호지 문짝 안에서는 '너를 모른다' 는 오랜 침묵 끝의 태도였다. 다만
짚신 몇 짝 문지방에 놓고는 역시 북간도 목단강 산 속으로 도주해 버린다. 수월 맘짱께서 배웠
던 것은 불법마저 버린, 불교 최후의 가르침, 그 허무와 감상주의의 유전일 뿐인 것이었다. 경
허 자신은 스스로 '삽살개 뒷다리처럼 너절하게' 44년의 세월을 지냈다 하였다.(탄허, 1969) 그
렇다면, 내일의 여린 불자들, 그 예비 풋 맘짱들에의 가능성은 우리 꼰대 기성인들이 무엇을 내
놓고 사부행세나 그 멘토 기능을 발할 것인가? 오늘의 안국동 로터리, 산 문을 닫을 듯 하였던
천막과 그 플랭카드는 과연 미래불을 기다리는 준비의 인터페이스인가? 오늘 불법의 환경요인과
원래의 샤카 유전 요인은 현재의 불자와 그 마음을 지배하는 진실에, 각기 반반의 선악과 긍정
부정의 비율을 가진다는 것이 대뇌신경과학의 견해이다. 경허가 수월에게 전달된 지적 능력과
성격 형성에는 유전자와 신경질의 관련에 강한 신경전달물질 세로토닌에 관계하는 「5-HTT유
전자」 가 작동한다. 따라서 불안이 강하고 신중한 성격이었을 것이다. 결과적 현실에서는 우수
와 신경 병기의 경향으로 형성되는 「S유전자」 타입이라고 애써 구분할 수 있을까?
반면, 경허가 만공 맘짱에게 수학시킨 불법에는 호기심과 적극적인 성격과 지능학습인 도파민
에너지를 취하는, 수용체 「도파민 D4 수용체(D4DR) 유전자」 가 우세한 '신기성 추구' 의 「I유
전자」 경향이 강하다는 가설을 적용시킬 수 있다.

대뇌 통합 이미지(Integrate Image). 하버드 의대 R. Clay Reid는 뇌과학의 이론을 근거로,
그래픽의 소프트웨어적 미세 확대모형으로 특히 중추의 왕성한 활동 형태(gestalt)를 보여준다고
한다. 색채를 입힌 투명 슬라이드의 미세한 단면들을 재구성해 본 소프트웨어는 대뇌의 화학적
도파민의 쾌감의 새로운 감각을 제공하면서, 정신분열이나 치매, 파킨스 질환을 성립시키는 단
초를 보여준다. 도파민 유전자 전달의 각각의 공간점인 반점들은 신경세포에 빨아들이는 많은
양의 단백질을 생산한다. 두뇌 표면에 가까운 부신피질 근처의 유전량을 상호 작용시키는 뇌지
도의 활동을 엿볼 수 있다.(도파민 쾌감 분포 소프트웨어, Kat Magowan, 전체 이야기, THE
BRAIN, Fall. 2011)

1996년 이스라엘의 유명한 엡스타인과 미국의 조나던 벤자민이 동시 발표한 유전자 정보와 후
천 환경적 영향의 두 가지 대조적 정보는, (2011년에 와서) 원래의 유전된 유전자는 긍정적이고
부정적인 원초적 태도로 구분되어 잉태, 생명화 하는 유전자 진화 현상이 있어왔다는 것이다.
인간 형성의 50% 완료된 상태의 탄생, 그 충격에 종교의 기능이 발생 기원했음을 알 수 있게
되었다.(US News and World Report, Feb. 8. 2011)
쉽게 풀자! 떠나고 해체됨은 원래적 인간 생명의 구조 자체가 법계의 파동, 간섭현상에 의해 조
립되고 때가 되면 해체된다. 반복의 지구진화 현상이고 "놓아두고 떠난다는" 모습은 불교적 슬픔
의 이별을 감각화 시키는, 매번 시대의 유행처럼 보인다.

안동 고운사, 유화 10호, 1975

짚신 쑤기가 특기였다는 수월 맘짱과, 아무도 자신이 이 바닥 떠나면 환경운동 맡아 할 맘짱
이 없다는 걸 알기 때문에 가버린 수경 맘짱, 진짜 떠나신 문수 맘짱께선 슬픈 소멸이었다. 쿠

데타 장군 전두환이 부인 동반 백담사로 가신다던가 하던, 그 유행을 반복하게 되는 「8유전자」 습생과 만공의 유전자로 하여 종칠 뻔 했던 조선 반도의 불씨가 다시 살아났다. 직지사 중심의 발화가소성은 경허 맘짱의 「I유전자」가 공진화되어 왔다는 증명일 것이다. 물론 가설이다.

종교적 신화는 후대의 전법자들에 의해 각색되고 이야기가 전설화, 동요화, 콘텐츠화 된다. 요즘 유행어로는 스토리텔링이다.

집단무의식의 칼 융은 인도 여행에서 다음과 같이 판단하고 있었다. "예수는 부타와 마찬가지로 자신(self)의 현신이다. 그러나 전혀 다른 뜻에서 그렇다. 둘은 모두 세계를 극복한 자이다. 부타는 이를테면 이성적인 깨달음으로써, 그리스도는 숙명적인 희생으로써. 기독교에서는 더 많은 고통이 경험되었고, 불교에서는 더 많이 보고 더 많이 행해졌다. 둘이 다 옳다."(석지현, 1975)

유전자와 환경의 학습, 그 에피소드의 연출과 재창조는 오늘의 세계 종교가 법으로 진화되어 온 적응의 지혜이고 그 꿈인 것이다.

그렇다면, 「S유전자」와 「I유전자」의 우리가 가지고 잉태한 유전자 정보는 기쁨과 환희의 진보 성향과 슬픔과 괴로움의 연민 성향이, 샤카 부타가 보았던 원시 본능이었고, 석지현은 비애에서 핀 슬픔의 꽃이라 표현하신 것이 옳다고 본다. 이것은 타성에 대한 저항으로서, 그 반항의 극치로서의 사랑, 골고다 십자가에 못 박혔던 그 사람 간(가버린) 곳과 공통점을 가지고 있다. 그 분은 그를 못 박는 로마인들에게 말했다 한다.

"하늘이여. 새파란 하늘이여. 이들을 용서하소서. 이들의 전부는 아무것도 모르는 어리석음 뿐입니다." 지난 시절 절상의 문학적 상상력을 겸비하셨던 석지현 맘짱의 표현이셨다. 이렇듯 후대를 사는 진화된 생명들은 그들의 유전을 아름다운 이상과 가치 쪽으로 꾸미고 연출하며, 영혼의 세계를 재창조해 낸다. 그리스도의 산상수훈 또한 이러한 집약의 정수이기 때문에 사상 최고의 문학적 감동을 메세지화 한다는 것이다. 이른바 주류적, 갑의, 제도권적 역사이다.

우리 시대 어렸던 시절, 경허와 문둥병 여인의 동거 에피소드는 모든 선 지식인들이 인용하는 드라마 콘텐츠를 지니고 있다. 때로는 한국불교가 과잉 포장되어 마치 김밥 옆구리 터지듯 하는 일들을 자주 겪고 있기 때문에, 2,600년 전 싯달타 왕자의 현장에서 진행되었던 원시불교를 다시 학습하는 일이 유행처럼 되어버렸다. 그 드라마의 깊은 뜻을 가장 잘 전달하는 원전에 가까운 사실을 기록하기 위하여는, 만공 맘짱께서 문하의 진산 맘짱에게 시시때때로 전달하신 가치와 의미를, 다시 석지현 맘짱이 바로 받아 기록하였던 것이다. 스토리 텔링의 원전을 40년 후 지금 이 자리에 다시 기록해 둠으로서, 왕오천축국전의 혜초 같은 훼손되지 않는 불법의 한 가닥을 유산하기 위함인 것이다.

어느 해 겨울 저녁나절, 맛이 가버린 문둥병 거지 여자가 천장사 부엌에 밥 얻으러 왔다고 한다. 그의 몸은 피고름과 코 찌르는 악취가 진동하였고, 이윽고 닫아버린 부엌 문에 거지는 한사코 문짝에 매달리고 있었다 한다. 생명과 (배고픔의) 그 무서운 발버둥이었다던 것이다. (이 때 우리 인간은 누구라 이 거지 여인을 병들게 하고 배고프게 했는가의, 배후 조정자에 대한 불공평과 부조리에 대한 분노와 연민과 증오가 발동하게 된다. 이때가 바로 샤카 부타가 분석했던 자비의 순간일 것이고 오늘까지 공진화한 불법의 핵심 유전자 정보일 것이다.)

석지현의 섬세한 문학적 표현은 현장의 현실성을 처연하게 기술하고 있다. 경허의 눈에 이 모습이 비쳤다. 그는 손짓했고, 거지 여자는 달려갔다. 그 손짓은 문둥녀에게 있어 마지막 희망이었다.(부타 존재의 세계성을 메시지화하고 경허 맘짱의 샤카 부타 대리인, 그 해결사로서 똑같이 살아 있는 생불의 기능 수행, 이때는 관음보살의 모성적 포용으로 인류 항상성이 유전되는 이벤트이다.)

경허는 피고름 손을 잡고 자기 방으로 들어갔다. 그 날부터 거지 여자와 경허는 같은 밥상에 잠자리까지 같이하게 되었다.(야성적 I유전자 소유의 경허는, 한 때 젊은 수행 중, 몇 달 동거하게 된 여인으로부터 마지막 한 마디, 스님께선 혹시 고자이십니까? 라고 구박받았던 고행의 시절도 있었다 한다.)

동거 한 달 동안 경허의 전신에는 문둥병 여인이 준 피고름이(전염) 번지기 시작했고, 거지 여인은 그가 이 세상에 태어나서 처음이자 마지막의 따뜻함을 받아 본 것이다. (인류 진화의 쾌감 원래. 그 도파민 에너지의 상존과 종족번식 욕망. 그 모성애의 굴레였다. 이 때 샤카 부타는 인도적 풍토의 에로스와 화폐의 향유와 악순환을 가르쳤던 것일까?)

문둥녀 여인의 눈에는 슬픔이 거울같이 흐르고 있었고(대뇌의 거울 뉴런 작동) 어쩌면 그것은 인간이 또 다른 한 인간 속에 용해되어 들어가, 그와 내가 일체가 되어 나눠는 그것(일즉다 다즉일, 원래 무일물)인지도 모른다. 거지 여자의 뿌리 잃고 방황하던 심신은 경허라는 디딤대로 하여 제 자세를 찾고 "스님, 저 세상에 가서도 잊지 않겠습니다." 거지 여인의 뒷모습이 눈발 속에 지워져 가고 있었다.(숱한 영화의 마지막 장면 같은, 저 톨스토이의 안나 카레리나, 그 겨울 러시아 종착역의 눈발 같은 이별, 실종, 상실. 비애의 알아차림, 그 아름다움의 미학일 것이다.)

세계 제일의 장수 맘짱들이 사는 곳은 티베트 카모리아 산맥의 원래 원조적 불교국이다. 이들의 주식이 양고기이고 야크 고기라고 한다. 음주육식의 차산남(차가운 산사의 남자)이고 샤카 부타의 진짜 후예들이란다.(내셔널 지오그래픽, 2012)

경허의 드라마가 절정을 성립시키는 문학성은 이후 피부병 치유를 핑계한 닭똥 소주와 개고기의 습생이었고, 드디어 길바닥에서도 개고기를 구워먹고 다녔다는 그의 무애행이라는 자유와 방종이었던가? 불교 수행의 종말은 결국 자기 신체에의 학대증(Kat McGowan, The Unlocked Mind, DISCOVER, Mar. 2011)이었나? 그는 웃으며 말했다 한다.

"무애행이 아닐세. 말하자면 축생행이네. 개, 돼지의 행동이네. 나의 세계는 부처에게서부터 짐승까지이네." 이 말씀은 후배 석지현 맘짱의 문학적 상상력에서 집약된 경허 맘짱의 진짜 생각을 기술한 것으로 해석된다. 또한 허락 없이 석지현 선배님의 저술을 인용하고, 건방지게 해석도 해버린, 이 순간의 이 화가 또한 죄스럽게 생각하고, 용서를 빌 따름이다. 만에 하나 내 외손자가 청년이 되어 다시 서머셋 몸의 「인간의 굴레」, 헤르만 헤세의 「싯달타」, 「청춘은 아름다워라」, 「데미안」들을 읽을 때, 그 인간의 정서와 이상과 꿈에서 현상 세계가 전자로봇 시대의 마음을 어떻게 해석하고 살아야 하는가의 문제에 필시 봉착될 것이다. 동포 종교인의 스쳐갔던 행실과 의식은 "와, 아하!" 하는 계속 진화되는 신경미학 속에서 살아남는 젊은이들이 되길 단지 바랄 뿐이다. 의협심, 그 도사린 갠지스 강 법계의 새로운 불심이고 골고다 언덕의 원래 정신일 것이다.

자! 보자. 해체의 진정성(authenticity)을 김정휴(1985)는 이렇게 기록하고 있다. 우리가 싸는 오탁악세 중에서 극심한 악취는 사람 몸이 썩는 냄새다. 제자 수월과 만공, 혜월은 갑산으로 가서 사부님의 무덤을 파헤치고, 살점은 흙으로 돌아갔으나, 뼈다귀 몇 개 수집하여 돌아온다. 경허의 위대함은 물론 다 버리고 던져 주면서, '노병은 사라진' 이유도 있지만, 제자 중에서는 그를 배신한 인간이 없었다는 현상은, 조직 네트워크가 때로는 치명적인 수하의 카르마를 등짝에 지고 가는 노병에게는 기이함을 생각게 한다.

자. 현재의 경허 이미지, 시대의 삼촌 스타일이라 표현하였던 어느 시절 생불의 기억은 이씨조선 불교의 비애와 허무의 트라우마, 그 업으로 결론짓는다. 하여 시대의 불운으로 을지로 심야 극장에서 생을 마감했던 기형도 시인이었던가? 평소 이 분의 시 미학에서 문둥녀의 기억을 많이 연민해 왔다.

"비애 술탄 듯 술에 비탄 듯 / 비가 내린다 / 눈물의 씨앗인 사랑……/ 아리랑 아리랑의 청천 하늘 / 오늘도 흐느껴 푸르르고 / 많고 많은 별에 수심 내려 / 기죽은 영혼들 / 거지처럼 떠돈다."

깨달음의 뇌전극

뇌와 아우라, 혁필선화 8호, 2006

"무관심은 명백히 경솔에서 생긴 것이 아니라, 이제는 사이비의 지식이 속일 수 없는 당대의 성숙한 판단력에서 생긴 것이다. 무관심은 사실 이성에게 다음과 같이 호소함을 의미한다. 즉 이성이 하는 모든 일 중에서도 가장 어려운 '자기인식'의 일에 새로이 착수하여 하나의 재판소를 설립해야 한다는 것을 의미한다. 이 재판소는 정당한 요구를 하는 이성을 보호하는 것이요. 반대로 모든 부당을 강권의 명령에 의해서가 아니라 이성의 영구 불변적 법칙에 의하여 제거하는 것이다. 이런 재판소가 다름 아닌 순수이성의 비판, 그것인 것이다." (순수이성비판 서문, 임마누엘 칸트, 1724, 최재희 역)

"집요하게 의문을 캐 들어가던 어느 날, 빛도 소리도 동서남북도 이념도 그 어떤 잡념도 없는 절대 무의 바다에 놓인 나를 경험했습니다. 눈앞에 가치판단 기준을 삼을 게 아무것도 없었지요. 그 순간 열락을 맛보았습니다. 그렇게 나를 괴롭히던 모든 문제들이, 애초 성립되지도 않는 거라는 걸 깨달았습니다. 신이 없더라도 이 세상은 문제될 게 없습니다. 우리 인생이 그 어떤 목적이 없더라도, 모두가 즐겁고 편안하면 그것으로 족합니다."
"심지어는 불교의 연기 법 조차도 하나의 전제에 지나지 않는다는 걸 알았어요, 이후로 못 받아들일 게 아무것도 없었다. 모두가 자기 입장에서 모든 것을 해석하고 표현한다는 걸 알게 되었기 때문에, 내가 처한 좌표를 확인한 상태에서 그대로 이해하면 그만이었지요. 아시다시피 논리적인 추론은 언제나 현실적인 모순과 갭(벽)을 낳아요. 아무리 철저한 자연과학적 방법론으로도 진리에 도달하지 못하지요. 총체적인 진리란 애초부터 존재하지 않으니까." 성철 스님과 맞짱을 떴다는 해인사 「5악당」 중의 한 분, 종림 맘짱께서 깨달음의 체험을 불교신문 대담에서 하신 말씀이다.(2010)

명상 속의 두뇌. 명상을 통한 중립상태의 뇌는 스위치를 끊을 때, 뇌 영역의 특수한 네트워크들은 발화활동이 정지된다. 보라색 영역인 중추 전두엽. 후두부 대상회전. 측두 측막엽은 네트워크가 작동되지 않는다.(Douglas Fox, 공허한 마음, 바쁜 두뇌, New Scientist, 8. Nov. 2008)

스트레스 극복 뇌회로. 삶은 스트레스로 열 받는 연속이다. 조바심, 신경과민, 질식, 멘탈 붕괴, 위축, 순간적 깜빡, 멍함, 골프 퍼팅시에 긴장감으로 손이 갑자기 굳어버리는 입스(yips) 등의 경험은 패닉 상태의 스트레스를 유발한다. 두뇌의 앞이마 쪽 전두엽은 인간의 감성과 이성을 조절하는 기본 두뇌조직으로, 편도체(공포로부터 감성적 반응), 시상하부(배고픔, 성욕, 침해와 같은 기본욕구, 기본 행동을 조절)등의 중추에 신호를 연결한다. 또한 도파민과 황제 호르몬 등을 활동시켜 두뇌 줄기회로의 스트레스 침해를 조절한다. 도파민 생산 세포는 뇌간에서 올라오고, 전두엽은 고장의 모니터링과 현실 점검, 주의와 사고의 상의 하달 지휘, 부적절한 억제를 시상하부에 신호, 편도체의 감정조절을 억제 조절한다. 전두엽 회로가 폐쇄되었을 대 신호는 다음 뉴런으로 연결된다.(Amy Arnsten, This is your brain in meltdown, Scientific

American, Apr. 2012)

　종림은 마지막에 그랬다. "우리는 애초 이 땅에 어떤 목적과 의지를 가지고 온 게 아닙니다. 어느 날 그냥 느닷없이 떨어진 거지……"

화학전공 교수 김희준은 나치 수용소를 체험한 엘리 위젤 노벨 평화상 수상자의 말을 이렇게 소개하였다.(2010)

사랑의 반대는 미움이 아니라 무관심이고, 삶의 반대는 죽음이 아니라 무관심이라는 것이다. 하늘이 햇빛과 비를 내리는 것은 인간에게 농사를 지으라고 한 것은 아니다. 지진이나 해일이 덮치는 것도 인간을 괴롭히려는 것은 아니다. 그렇다고 해서 위안이 되거나 고통이 무마되는 것은 물론 아니다. 그 시점에 그 자리에서 고통을 당한 사람들이, 하필이면 아픈 수난의 역사를 지닌 사람들 때문에 가슴이 더욱 저린 것이라 했다. 바로 싯달타 부타의 가장 기본적인 생각이었고, 그래서 2500년 이후의 지금도 위대한 현실적 우주관이라는 것일까? 자칭 "나는 재벌좌파"의 말법 같은 시대, 불교의 방법론은 무관심뿐이라는 것인가? 지금 순간 지구별 극상의 종교미술건축, 화엄사 극황전이 방화될 뻔 한 위기인데도……

인도의 가출 왕자가 6년 동안 숲 속의 생태를 체득하였던 시크릿 가든의 비밀은 우주의 냉혹함, 무심한 하늘과 땅. 그래서 우주는 인간의 고통에 무심하다는 진리를 터득하게 된다. 아니 신경미학에서 이야기하는 파블로 피카소의 창작행위가 우주와 그 결과물을 차용, 복제한 것이 아니라, 우주 자연을 자기 자신이 훔친 것이라는 생각 때문에 위대한 미술가가 된 것이다. 베토벤의 비장함, 17세에 추남 아들을 두고 떠난 엄마에의 그리운 몸부림, 버림받은 실연에의 고충은 비분과 광분의 불가사의한 광기를 에너지로 하였다. 극복과 그 환희의 유전자를 청각 신경으로 승화시킨 인류의 위대한 음악성이다. 삼중주 op.56의 첼로 흐느낌은, 우주로부터의, 신으로부터의 교신이 아니라 자연과 대지와 숲의 계절과 하나의 나뭇잎의 구조 속에서 파열음과 리듬의 격조, 그 떨림을 절규한 음율 파동, 그 도파민 에너지 미학이었던 것이다. 하여 싯달타 가출인은 그랬다 한다. "나의 말을 믿지 말라. 내가 말했기 때문에 믿으면 안 된다."

현각 맘짱에 있어, 더더욱 자신감 있게 말할 수 있는, 맹목적인 믿음의 독이면서, 인간이 만든 형태일 뿐인 종교론, 껍질에의 옷걸이에 걸친 옷가지에 발생하는 의존적 자기통일성(자성, svabava)의 절대적 존재, 그 연기일 뿐이라는 것이다.

그, '이젠 돌아와 거울 앞에 앉은 누님'의 본성이고, 버리고 온 기억의 공허했던 관계, 그 연기성이다.

"새벽 시내버스는 / 차창에 웬 찬란한 치장을 하고 달린다 / 엄동혹한일수록 / 선연히 피는 성에 꽃 / …… 어제 이 버스를 탔던 / 처녀 총각 아이 어른 / 미용사 외판원 파출부 실업자의 / 입김과 숨결이 간밤에 은밀히 만나 피워낸 / 번뜩이는 기막힌 아름다움…… 어느 누구의 막막한 한숨이던가 / 어떤 더운 가슴이 토해낸 정열의 숨결이던가."

강신주, 강은교에 보이는 시대의 한숨, 그 숨결은 다중적 상호관계로 하여 결국 성립 완성되고, 결국 해체된다. 때문에 싯달타가 보았던 법계의 불심이라는 성에꽃이 생명의 상징인 것이다. 해체, 사라짐, 광장에 모였던 스마트 몹(mobs)의 광기와 순간적 해산, 대지와 바람과 빗물이 잠시 모여 성립된 인간의 몸뚱이들, 그를 지배하는 싯달타와 함께 유전받아진 세포나 핵들은, 부타의 마음이고, 그렇게 공진화되고 있는 것이다.

"이건 껍질일 뿐이다. 석가모니는 불자가 아니었다. 예수도 기독교인이 아니었다. 그들이 종교를 만들라고 말하지도 않았다. 종교가 종교다워지려면 보편적 윤리, 사랑하고 베푸는 마음을 실천 해야 한다." 하버드대 종교 전공의 현각 맘짱이 돌아와 하신 말이다.

상구보리 하화중생. 위로는 보리 불심을 구하고, 아래는 대중을 섬겨서, 이타심을 가지라는 의 미는, 결국 '돌아와 공허하고 텅 빈 마음의 골방'에서(색즉시공) 사라진 번뇌의 실체가 '없음'이 라는 공(sunya)의 물리적 확인이고, 팽창(ta)이라는 화학적 화과동실(꽃과 열매가 같다, 花果同 實)에의 깨달음, 그 과학의 길이라는 것이다.(혜경, 2007)

"펜필드(Penfield)의 뇌수술 전 감각영역, 운동영역 대뇌피질을 전기 자극한다."
전극적 두뇌활동 기록. 두뇌 전체에 전극을 밀집 배열하여 모든 표면의 두뇌활동을 기록하고 있 다. 두뇌와 감각센서의 이미지를 각기 다른 각도로 다중적 수집을 통하여 현재 진행되는 기억의 진행을 컴퓨터 시뮬레이션과 구름처럼 생긴 3차원 입체 영상물을 나타낸다. 각각의 센서 위치는 뇌와 머리의 전기 충전적 자료의 정밀 표시를 나타낸다.(American Scientist, Jan. 2011)

'수행의 등급과 뇌지문 채취'는 앎과 깨침의 절집과 f MRI촬영실 용어이다. 무아지경이라는 낮 은 각성상태일 때는 정신이 깨어있고, 기민하며 준비가 잘 되어 있지만, 정신적 신체적 에너지 는 많이 사용되지 않는다. 운동선수들이 무아지경이라는 상태는 미친듯이 경기가 잘 풀리며, 그 야말로 산천초목과 응원팀 치어걸들의 현란함에서 열락의 각성 상태로 경기와 시합에서 승리를 환희한다. 불교 명상가들은 이러한 상태를 「노력 없는 노력(effortless effort)」의 상태라고 말 한다.(Zack Lynch, Brain Future, 2009)
미국 CIA, FBI의 자금지원에 의해 개발된 Lawrence Farewell 박사의 다면 뇌전도 반응 (MERMER, Memory and Encoding Related Multifaceted Electro Encepaholographic Response)은 뇌에서 나오는 뇌전도(EEG) 신호에서 특정 파장 진폭을 탐지하기 위해 피험자의 두피를 둘러싼 머리띠에 전극을 배치, 이 때 측정되는 특정한 전기활동 결과를 p300 기억, 부호 화라고 하는 좌표방식 측정이다.

뇌전도 EEG 전극투영 뇌지문 채취. 복합신경회로는 전두엽에서 간뇌의 일부인 시신경상으로 연결되어 있다. 외피에서 투영되는 시상은 시상막 대뇌피질에 의해 조절되는 시상망 신경핵에 의해 조정된다. 외과용 전극망에 의해 자극되는 발작기록을 직접 기록 비교하면(Scientific American, Feb. 2011) 두개골 내부의 전극들로부터 동시에 판독된다. 수일간 진행된 그래프상 의 발작징후는 두꺼운 선들로 나타난다. 붉은 점에서 출발한 발작은 청색, 녹색 점 위치로 확산 되며, 시간을 연대표로 기록된 관찰은 성공적인 신경 외과치료를 도와준다.(American Scientist, Jan. Feb. 2011)

뇌파진폭 증감 또는 정지 상태에 따라 명상 수행의 등급을 불교에서는 네 등급으로 나누고 있다. 지광 맘짱에 따르면, 수행의 등급에 따라 영혼들의 광채가 다르다고 한다. 지옥중유신은 거의 암흑에 가깝고, 고차원으로 나아갈수록 중유신의 빛이 선명하고 아름답다고 한다. 초선에서는 즐거움을 이생희락지(離生喜樂地), 2선에서는 정생희락지(定生喜樂地), 3선을 이희묘락지(離喜妙樂地), 4선의 즐거움을 사념청정지(邪念淸淨地)라 부른다 한다.

우주의 법계를 욕계, 색계, 천인 신선들의 무색계로 조직한다는 불교의 가설은 무색계, 극락, 열반락의 차원이 각기 다르다고 설명하신다. 스님께선 유난히 빛과 광채를 많이 체득하신 분으로 보인다.

"등불은 자기 몸을 태운다. 강렬히 태우면 강한 빛이 나온다. 몸을 태우는 고통을 이겨낸 환희에서 죽음의 독배를 두려움 없이 마실 수 있는 초월한 자, 그 살아있는 생불에의 확신과 확인이 우주와 영원을 맞을 수 있다는 것이다." 라고 말씀하신다.

샤카 부타 살아계실 때의 설법생활은 종교 이전의 수행 생활이었고, 종교 이전의 맨발 탁발 행각으로서, '지렁이도 밟으면 꿈틀 한다' 는 '청춘의 맨발' 노숙자 조직이었다.

지금 종교에서는 수좌라 하지만, 샤카를 밀착하여 받들었던 아난다는 깨달음에 대한 구도정신이 절박하지도 않았고, 결국 샤카를 모반 배신 때린 데바닷타 형님처럼, 현시욕도, 최고의 단수인 아라한 경지의 깨달음, 그 강박관념도 없었던 분이라 한다. 데바닷타는 샤카에 대한 경모의 갈애가 미움으로 반전된 전형적 사례였다. 네 넘들은 누렸고, 나는 정권 내내 어쩌구 했던 급수이다. 그저 아난다는 열심히 명상하고, 수행을 게을리 하지 않았다. 그냥 깨달음의 제1 단계인 성인 인수다원과에 도달하는 정도였다 한다.

이후 소승불교에서 깨달음을 얻는 단계를 사과(四果)라 하여 수다원과, 사다함과, 아나함과, 아라한과 순으로 깨달음을 얻는 내용이 상승한다.(세토우치. 자쿠조, 2002)

깨달음의 최고의 경지......, 아라한은 죽음을 넘는 천화(遷化)의 과정에서, 다시 생물로 환생하지 않고, 영원한 부처의 생을 영위하는 성자의 대수고(代受苦) 보상을 받게 된다. 하여 샤카 부타의 깨달음은 무상정등각(無上正等覺) 이라 하고, 절대 진리의 깨달음이 어떤 것과도 비교할 수 없는 지구상의 진실을 본다는 것이다.

당시 인도 갠지스강가, 샤카는 아난다에게도 모든 고난과 역경을 참아내라 하였다. 환경과 조건은 항상 변화하고 그래서 무상(無常)하다 하였다.

우주의 조건이 농축되어 잠시 트랜스포머(조립)된 인간의 신체는 진화될 수 밖에 없는 항상성으로 하여 도파민 에너지의 환희와 쾌감을 증폭하고 자손을 번식시킨다. 그 생태계와 법계 속에서 생명의 유전자를 단절시키지 않는 수행에는, 주변의 유전자 조건을 자애하고 연민을 느낌으로써 슬프고, 그래서 허무와 감상의 미감을 주는 것이다.

이러한 환희와 공허의 정복감은 우리의 신체가 해체되거나 이별일 수밖에 없는, 저 경허스님의 허무와 비감과 삼수갑산으로의 짚신 신고 떠남이었던 것이다.

샤카는 아난다에게 그랬다 한다. 왕궁에 버리고 온 부인 아쇼다라를 9년 만에 만나보았을 때, 그 큰 눈을 부릅뜨고, 분노와 원망의 시선으로 나를 무섭게 바라보았다. 이 세상에 둘도 없이 매정한 샤카 남편은 아쇼다라 왕후의 생명 같은 아들 라흘라까지 빼앗아 간다. 결국 아쇼다라와 난다 태자까지 머리를 깎게 한 샤카는, 현세의 영화와 애욕의 고통, 그 끝남의 해체와 죽음의 썩어 감을 깨달았기 때문이다. 바로 무상정등각으로서, 최상의 아라한 경지이고 생태과학의 진실이다.

그럼에도 불구하고 현세의 고뇌와 비참함은 내세까지 지속되지 않는다. 어떤 삶도 허무함도 없다. 그 어떤 죽음도 영원한 생명으로 성화 될 뿐이다 하였다.(세토우치. 자쿠조, 2002)

오늘의 불교, 그 의문과 함정은 "저 세상이 있는가? 없는가? 지옥과 극락은 정말 있는가? 사람은 어디서 와서 어디로 가는가?"에 대한 질문을 모두 무기(無記)의 침묵으로 한, 샤카의 태도이고 중도(中道)철학이라는 것이다.

사리불 경영학

닭싸움, 유화 10호, 1996, 2003년 화실에서 도난당함

"마치 술을 먹어 생긴 숙취 문제를 다시 술 먹어 풀려는 소위 (아침) '해장술' 사이클이 생긴 것이다. 이러한 매직(magic) 발휘는 짧은 시간에 (부풀린 거품) 버블의 생성과 소멸 반복과 경기변동 주기 짧아지고 폭은 커져, 거품 꺼지며 금융 위기, 불황, 불확실성, 불안……(김경원, 2012)

"옷이 사과처럼 나무에서 열려, 사람들이 옷을 따서 입는다. 농사는 한 번 뿌린 씨에 일곱 번 수확한다.", "남녀가 대소변을 보고 싶을 때에는 땅이 저절로 열리고, 볼 일을 본 후에는 땅이 다시 합쳐진다.", "이웃 마을간 닭 우는 소리가 들리고, 닭이 날아다닐 수 있을 정도로 도읍이

즐비할 것이다.", "백성들은 어른이나 아이의 권리가 평등하며, 조금도 차별 없이 분배되니, 길거리에 널린 보석을 아무도 줍는 사람이 없다."

위의 황당하였던 예언서는 먼 미래의 인류를 구원하러 오시는 미륵불(Maitreya)이 나타났을 때의 지상낙원을 예고하는 2500년 전의 예언경이다.(최종태, 2006)
그런데 이 미륵불 예언경의 유토피아 꿈이 오늘의 물질(atom)이 빛의 정보(bit)시대로 혁명되면서, 대부분 예언의 예측대로 실현되어가고 있다는 사실이다. 옷이 열매처럼 따서 입는다는 다중 생산 기술은 나노 생명기술 생성 과정에서 이미 현대 상품미학을 완성시키는 단계에 와있다고 하겠다.
비트의 속도는 스마트칩 내장에 의해 수세식 변소에서부터 고속도로에 내장된 칩에 의해 자동차가 자동 운전되는 가까운 미래에 오셨다. 이웃 마을 닭소리가 상징하는 교통 통신은 전자유목민 세대가 인공위성과 스마트폰에 의해 빛의 속도 이상의 다중연결, 그 하이퍼링크의 교신 시대에 와 있으며, 닭이 날아다닐 정도 이상의 사람들이 비행기니 인공위성이니에 탑승하고 하늘을 날아다니는 세상이 온 것이다. 스마토피아(smartopia)의 미륵불 유비쿼터스 문명이 예언대로 온 것이다.

샤카 부타 시대의 예언경은 2,500여년이 흐르면서 결국 인류의 진화가 오늘의 전자민주주의와 자본주의의 과잉시장 폭주시대를 초래하게 됨으로써, 스마트폰으로 무장한 유목민들은 출생신분의 '세속' 계급 없이, 정정당당하게 삶을 경영할 수 있는 가상세계, 그 디지털과 아날로그의 증강현실(Augmented Reality)의 공정한 출발선을 마음대로 작동 경쟁할 수 있게 된 것이다. 따라서 모두들 권리가 평등하며, 차별 없는 분배 역시 아우성치면서 저렇게 난리들인 것이다. 청소년 게임도박중독의 핵심이다.
마에트리아(미륵) 지상 낙원 예언경의 막판에, 바티유(Jeorges Bataille)는 예언경의 실천으로, 권리 평등과 분배를 혁명적으로 실천하는 동기를 제공하게 되었고, 지구별은 마지막 진통을 겪으면서, 변혁 과도기의 훈련을 시련처럼 겪게 된다. (양호, 국가 환경 예측과 양산박 테크노, 자유사회연대, 2009)
"길바닥에 널린 보석들을 아무도 줍는 자가 없다." 하였던, 소유와 독점의 문제는 사유제, 공산제의 중도책을 모색하였던 프랑스 사회사상 선구자 피에르 조셉 프루동(1809~1865)의 저서 '소유란 무엇인가?(1840)의 부가가치 이론서가 그 직접적 동기가 된다.
사유재산 제도와 국가에 의한 개인 재산의 몰수와 그 분배라는 공산주의 사이에서 중도적 해결책인 '제3의 길'을 외치다가 칼 마르크스에 의해 몰락한다.

지금 순간에도 전자유목민 유권자들은 "재잘거려라. 보수 꼴통! 세상이 변했다. 근엄한 말만 하고 있다가는 망할지도 모른다." 송평인 논설위원은 위의 예를 들면서 " '나는 꼼수다'가 뜬 것은 참을 수 없이, 가볍게 재잘거리기 때문이다, 거짓도 진실인 것처럼, 아니 거짓이든 진실이든 뭔

상관이냐는 태도로. 쫄지 않고, ‘에리카 김이 불륜관계였다고’ 말할 때도 쫄지 않고, 어차피 ‘꼼수’ 인데……” 라고 기술하였다.

　프루동의 소유가 뭔데 했다가, 소유는 스스로 삐끼요, 딴지요, 꼼수로 자리매김 하면서, 소유의 도시, 그 강남 좌빨들은 기를 쓰고들 자본독식 없었음, 소유 없이 잠깐 접속하였을 뿐, 그 사실도 기억에 없고, 형님, 가신의 짓거리였다는, 또 다른 꼼수의 분배 잠꼬대를 홀리는 현상이, 이 시대정신으로, 반쪽 낙원의 플랜카드로 너덜대고 있다. 과연 새로운 전자 무정부주의는 가능할 것인가? 칼 마르크스는 프루동의 ‘제3의 길’ 에 대해 ‘거친 공산주의’ 라고 호칭하면서, 결국 결별서한(1946)을 보낸다. 하여 작은 불로 사유재산제를 불태우려 드는 프루동의 ‘사상의 순진함’ 을 딴지, 조롱, 작살내 버렸다.

강남 좌빨에도 급수가 있다던가? 테헤란로를 경계로 하는 태북 강남과 학원가 밀집한 태남 강남은 정치경제적으로 엄청난 차별을 지니는 영역성(territoriality)을 지닌다.

프랑스에서도 그 때, 그 시절, 칼 마르크스는 자본주의의 전복을 위해 프롤레타리아와 중산층의 화해를 기대하였던 프루동은 ‘자본과 노동’ 사이에서, 정치경제학과 공산주의 사이에서 끊임없이 망설이는 쁘띠 부르조아의 성향에 불과하다고 질타한 바 있다.

자본권력 독식 시스템과 분배 네트워크, 그 영원한 동전의 양면 같은 좌파 택시, 우파 택시론은 윤평중의 급진 자유주의 정치철학(2009)에서 “보수, 진보 담론을 불변의 실체처럼 여기는 ‘주의화’ 를 지양해야 한다. 누구 정권은 경쟁자를 비진리 자체 (수구 반동세력)라고 단죄하고, 줄기차게 ‘남 탓’ 하면서, 폐쇄적 ‘진리이념’ 에 집착하였다. 현실에서 퇴행적인 장로 정부를 꾸짖으면서, 고압적 신앙과 양심의 수사학을 재단하는 종교권력도 개입을 절제하여야 한다. 아울러 뉴라이트 자유주의의 이론 빈곤은 현실적으로 필요한 분배 정의와 민주적 시민권에 대한 침묵과 정치적 욕망만 과도했다.”고 정리하였다.

마이트리아 예언경에는 “나찰 귀신이 밤마다 온갖 더러운 물건을 치우고, 향 즙을 땅 위에 뿌리니 성안(Ketumati)이 향기롭고 깨끗하다” 는 예언이었다. 나찰귀신의 헌법 사수와 국가적 질서는 결국 유토피아(스마토피아)의 이상을 실현할 것인가? 그 답은 불교경영학에 있다고 본다. 금년도(2011) 마지막의 조계사 신도 성지순례는 감나무의 나라, 청도의 운문사와 사리암(일진 주지 맘짱) 순례길 이었다.

서라벌 국가가 군량미를 조달하고, 부대병력의 서진화, 백제 침공의 길목에서, 흥망성쇠의 농민들에 위안이 되고자 하였던 운문사 자리이다.

후삼국을 통일코자, 왕건은 역시 요충지 청도의 산악과 평야를 필히 장악하여야 했고, 그 전투 경계에 산적 무리들이 농업 생산품을 완전 장악하고 있었기 때문에 청도 탈환은 향후 전투에 중요한 기점을 지니고 있었다. 하여 왕건은 인근 사찰의 보양 맘짱께 한 수 가르쳐 달라 하였고, 그는 다음과 같이 이야기했다고 전해진다. “무릇 개라는 짐승은 밤에만 지키며, 낮에는 집을 지킬 줄 모른다. 또한 개새끼는 앞만 보고 짖기 때문에 뒤를 지키지 않는다. 마땅히 낮에 그 북쪽을 쳐야 한다!”

청도 운문사 원래의 대웅전 용종에 매달린 동자 종치기는 미래세대(4G)에 나타날 미륵불의 장난감 모델일수도 있다. 샤카 부타는 생물체라서 해체되어 떠났고, 현세의 민중은 미륵불이 올 것인지를 불신하면서 그냥 살고 있다. 자기 이름 몇 번만 불러도 성불된다는 나무아미타불은 누구든지 접속되었던 스마트폰이고 인드라 파워라 생각했다. 그래서 아날로그 시대에는 '도로아미타불' 이라는 되먹임의 삶을 조선불교로 살려졌었다. 운문사 사리굴에 신파대사께서 미륵불 출현 전까지, 지루한 세상 제도를 위해 샤카 부타 제자로 항상 천태산상에서 선정, 열반에 들지 않고 말세의 중생을 제도하려던 나반존자상을 봉안하였다.(조선 헌종 11년, 1845)

기다리다 안 오는 미륵 대신 나반존자를 부타로 승진시켜, 조선 불교의 새로운 차세대 해결사로 연출하는 드라마를 연출할 수 있다. 나반생불의 독성각에 봉안한 독성탱화와 산신탱화는 1851년 조선 철종 때 제작되었다. 자, 미래의 조선불을 위해 목숨 바쳤던 통일국가 여린 청소년들의 인류 발생학적 관상은 어떻게 생겼을까? 신라 미소년 얼짱의, 해병대 입대한 현빈의 유전자에 어떤 암호를 전달했던 것일까? 그 해답을 용문사 돌조각 부조에서 발견하고는 그만 기절할 뻔하였다. 그 화랑 투창부대원의 10대 앳된 미소는 토암산 부처님 미소에서 유산된 미소였고, 조선불교 반도인 유전자의 생물 진화적 아름다움 그 자체였다고 말하고 싶다. 누가 조선의 미를 비애의 미라 했던가. 그는 지금 한류 소녀시대, 동방신기를 후지TV를 통해 보고 떠났어야 했던 것이다. 지금 법보신문에 다시 뜨고 있는 야나기 무네요시의 조선미술론이었다.

후삼국을 통일한 왕건은 태조 20년(937) 운문선사라 칭하고, 서라벌 폐도와 울산, 언양, 밀양을 제압하면서 운문사에 큰 힘을 실었다 한다.

그 운문사, 가장 맑은 물에서 가장 사납게 생존하고 있는 물고기, 세리의 무리진 계곡 따라, 가파른 사리암에 올랐고, 경사진 자연 석굴에, 실제 샤카 부타 조직이셨던 나반존자가 모셔져 있었다. 미래의 그 마에트리아, 미륵이 올 때까지 현 세상을 지키겠다고 염원하지만, 주택은 독성각 양식에 거주하신다. 정통 대승에 비켜져서, 알타이 샤먼(시베리아 우랄 산맥과 바이칼 호수의 징기스칸 무속신앙)같은 산신각의 개념으로 생성되었지만, 그래서 더욱 몸빼 보살님들 치성이 대단하다. 사리암 대형 버스는 매일 오전 10시 부산역에서 신도들 모시고 오갈 정도이다. 하여, 경제력은 어렵게 보이질 않지만, 가파른 바위 계곡에 자리하여 겨울 물 부족과 엄동의 지혜가 요구되는 암자였다. 사리암 석굴은 나반생불이 모시기 전, 최초의 수도자 한 분께서 공부하실 때, 석굴은 1인분의 쌀이 나왔고, 어느 날 두 분이 기도하니, 2인분의 식량이 사리암에서 나왔다는 것이다. 입소문은 점차 번져서 많은 수도자가 몰리게 되었고, 드디어 포화상태의 식구를 위해, 석굴을 넓히는 공사를 했다는 것이다. 그 후 돌연히 공급되던 식량이 중단되고 말았다는 것이다. 과유불급 불법은 불교경영학의 기본을 제시했던 것이다. 주어진 성불과 행복을 위한다는 목적을 위하여, 수단을 강구할 때에는 주어진 법계로부터의 수확 이상의 욕심을 절대로 부리지 마라. 그리하면 목적과 수단의 연쇄(End means chain)거리는 끊어진다는 진리였다.

지금 산 아래에는, 불교는 비과학적이고 자본주의 시대에는 불법이 존재할 수 없고, 따라서 불교경제학은 성립되지 못하고 있다는 헛소리가 크다. 물론 대부분의 경제학자들은 경제학 자체를 부정한다. 이병철 재벌이 경제학자였냐는 것이다. 그러나 오늘의 스마트 인드라망 시대의 빠른 도래는, 그 분의 엄청 파산날 수 있었던 반도체 투자의 배짱과 용기, 그리고 미래 예측의 지혜였던 것 아닌가?

요즘 대뇌과학 인용 안 하는 학자 없고, 스티브 잡스 인용 안 하는 교수는 없다. 독점자본주의와 그들만의 권력 잔치의 결과는 99%의 분배와 사리암 1인당 1인분 식량 나오듯 하는 경제문제가 급박하게 대두되기 때문인 것이다.

"백성들은 애 어른 모두 동일한 권리 평등이고, 조금도 차별 없이 분배될 것이다." 하는 미륵 예언경은 2400여년 지나면서 지구별에 두 세 번의 세계 대전을 겪게 하였고, 그래도 더 많은 식량 확보를 위해, 여기저기 시도 때도 없이 강과 굴을 파 제끼고 챙기는, 그 파생상품의 한 건 경제학을 사기쳐버리는 것이다. 언젠가, 무슨 지식경제부 장관인가가 "과학자는 과학만 해야지 정치를 하면 안 된다" 라 했다던가. 그러니 납세자들, 선거권자들은 경제의 'ㄱ'자도 안 믿게 되고 말았다. 물론 세계인의 대략 99%는 행동으로 그렇게 부정적 의사를 '점령'하거나 표현하고 있다. 결국 스티브 잡스는 샤카 부타의 경영학 개론을 스마트 인드라 네트워크 시대에 맞게 개조하여 말했다. "배고파라! 더 바보처럼 굴어라!" 신 반야심경의 후편 제목일 수 있다고 주장한다면, 이 화가는 이후 반도 산 속의 성지순례는 불가능해 질 것인가? 칼 마르크스의 후예들 아닌, 자본주의자들에게도 그간의 수많은 화폐의 속성을, 그 본성을 알아차리고 돈을 벌고 챙기면서도, 매일의 과욕과 욕망을 달래야만 영구불변, 지속 가능의 가피를 받을 수 있다 라고 한, 인물들이 줄곧 있어 왔다.

"환경이 곧 돈이다(Green is Green)" (이 때의 Green은 미국 달러 지폐의 초록 색조이다.) 최초의 하이브리드 기관차를 중국에 300대 수출했던 미국기업 GE의 2010년 200억 달러 순이익 예측기업의 슬로건이다. 비로자나 불법계의 자원을 보호하는 환경 제품만 만들어 판다는 사리굴 경영학이다.

"쇼로 배운다.(Well-being Show!)" 유비쿼터스 IT기업과 과학체험전시 컨벤션 자체가 유희, 놀이, 게임, 한류 등의 전력(일렉트로닉스) 경영학인 것이다.

"정주고 내가 우네, 너무나도 사랑했기에…… 이씨조선 후예들의 노래방 17번 쯤의 정서를 대변했던 주제가, 정(情)이었고, 그놈의 정 때문에 혹은 웃고 혹은 울면서 떠나갔던 원한의, 척박했던 평야고 산사와 계곡이었던 것이다.

국산영화 중에 이 '정'을 주제로 한 극한적인 대립과 대조적 갈등과 극적 화합은 '고지전' 이라는 백마고지 마지막 피아부대 간의 전투영화였다고 생각한다.

서부전선 주력부대였던 미 제 2기갑사단은, 처삼촌 묘지 벌목하듯 개성, 그 고려청자 같은 역사상징도시를 (38선 이남도시였는데도) 판문점 정도로만 진군했었다. 중동부 전선의 한국 육군은, 그리고 인민군은 깡다구(객기)에서는 세계에서 첫째가는 청소년들인지라, 낮에는 백마고지를, 그날 밤에는 인민군이 그대로 점령하는, 피 맺힌 능선이었다. 모든 간섭파동의 인드라망 회로는 반복하면 중독성이 강해진다. 산악 벙커 중심에 조그만 구멍을 파고는, 남북의 낮밤 교대 점령에서 서로 필요한 절대적 물건들을 물물 교환하는 '무정부주의적 아나키스트 시장경제' 가 영화 속에서 진행된다. 통쾌, 상쾌, 명쾌! 케인즈 경제학의 원래 원조인 것이다. 한 핏대, 동일한 문자, 한 제목, 한 가사의 '전선야곡' 을, 양 쪽 참호전선은 시도 때도 없이 한 곡 합창하고는, 전투 시작!(시체 투성이 "전우의 시체를 넘고 넘어") 그리고 당일 전투는 종료된다. 이 민족의 비장함, 그 비극은 누구라 원격 조종했던 것인가. 분배와 독식의 사상가들이 나비효과의 카르마, 그 업보를 몰랐다는 것인가? 오늘도 산 아래에서는 누구의 원인조종자도 모른 채, 결국 희생양 의 완장들은 저렇게들 사라지고, 집단으로 묻혔는데 말이다. 하긴, 1년에 5만명이나 죽여버린 베를린의 히틀러, 그 집단 강제 수용소에 갇힌 유대인들 속에서도, 쥐를 잡아 식량 상품으로 팔 아 챙겼던 유대인 상품미학이 존재했다던가? 젊은 클린턴 대통령은 르윈스키 인턴 백악관 '언 니' 와의 접속으로, 마누라와 이혼당할 뻔 했지만, 언론 기타 인드라망 시스템의 보호와 방어 생체(Barrier bio channel)에 의해, 끝내 하야하지는 못했던 것이다. 그 백악관이 어딘가? 세계 에서 가장 깊숙이 밀폐된 공간이고, 비밀 아지트 아닌가. 여기서의 가장 은밀한 만남들이 어떻 게 외부에 공개되었다는 것인가? 백악관 경호실장은 땅보러 다녔나? 오늘에 와서 그 의문은 미 국 인드라망의 핵심 요소(node)에 유대인 또는 유대인 자본이 침투 장악하고 있고, 미대통령께 선 이스라엘에 불리한 법안을, 그 르윈스키와 같은 방에서 결재하고 있었기 때문이었다는 헛소 리도, 지금 나오고 있다. 미대통령의, 그놈의 정(Sympathy) 때문에 파생된 미디어 상품가치였 다.
앞서 말했던 '고지전' 영화의 남북군 아지트 비밀구멍 속에, 만약 몇 십년 후에 이 영화를 누구 신가 감독한다면, 반드시 교환되는 상품에는 '초코파이' 가 등장했을 것이다. 지금 미 육군이 탈 환 못했던 개성공단은, 문제의 초코파이 때문에 새로운 분쟁이 발생한다는 것이다. 북한 근로자 들에게 간식으로 제공하던 초코파이는 하루에 1인당 3,4개에서 8,9개 까지 지급되었던 바, 이들 은 이걸 먹지 않고 장마당에 내다 판다는 것이다. 비장한 민족 비극이다. 지금은 초코파이 1개 당 북한시장에서 9.5달러(약 1만원)에 팔린다고 한다. 참고로 북한 근로자 기본 봉급이 월 63.8 달러라고 하니 엄청난 가격이다.(산케이 신문, 2011)
미얀마 성지순례 때 한국인 경영 청바지 공장의 현지 여자 꼬마들의 월 봉급이 당시 100달러였 던 것으로 기억된다. 해맑았던 미얀마 꼬마 모두는 국민불교 신도들이었다.

카라, 소녀시대, 그리고 리니지 게임 등이 배용준 한류를 뒤이어 지구별로 번질 때, 이를 예고 암시하듯 초코파이라는 상품은 러시아에서부터 세계로 물 흐르듯 번져나갔다. 지금도 '돌아와요 부산항' 초량동 러시아 상가에는 초코파이가 원/달러 교환하는 주식 기준이었음이 목격되곤 했 다. 이들 닥터 지바고의 후예 마도로스와 보따리들에게는 또 다른 '도망극 테마' 라는 것이다. 형 님 권력에서 먹튀들, 미국으로 하도 도망가서는, 대한항공과 아시아나항공 도망주 주가의 실적 이 좋아진다는 우스갯소리(이은우, 2011)까지 있다는 것이다.
자! 문제의 상품 초코파이의 포장 디자인에는 크게 '情' 이라는 한문 글씨가 로고타입보다 더 눈 에 뜨이게 디자인되었다. 기업의 생산 정신이나 상품에 깃든 교환가치와 상품가치는 '정' 이라는 표방이다. 일본이 이씨조선 점령시 제일 먼저 입국한 것이 야쿠자 깡패 조직의 총무로 도착이었다면, 그 이씨조선 상권은 한류가 지구별을 점령(occupy)하기 전에 선발대로 초코파이를 먹여서 중독 시킨다는 또 다른 우스개 소리도 있을 수 있겠다.

'정', 그 서정적 인격품은 사리굴 경영학의 기본 연민이고 비장감인 분배이고, 배고파도 콩가루 나누는 '정'의 민족정신이다. 달마가 중국으로 와 양무제한테 망신당하고(물론 상대성이론이다) 그 달마의 '밈' 유전자가 영화 소림사 권법 시리즈와 함께 동쪽으로 계속 온 까닭은 '작은 것이 아름답다(Small is Beautiful)', '적은 것이 더 많은 의미를 포함하고 있다(Less is More)'던 빈곤과 핍박의 99%가 지니는 상품미학이었다.

선천적 원시적 유전정보의 기본인 나누어 먹고 배분하면서 농사지어야만 더 큰 효율의 수확을 거둘 수 있다는 마음, 그 정듦과 연민이 역사 속에서, 전란 속에서 비장함으로 발효되었던 것이다. 그래도 역시 지구는 돌 것이다 했다던가? 운문사 비로전의 본존불은 비로자나 불상이었고, 작압전 사천왕상 석주의 앳된 소년병은 김유신 기마병 뒤에 따라 나선, 청도지역 어느 농민의 막내 아들 같았다.

이 화가는 수많은 '규슈 게이오……'의 공습 경보와, 피난민 시절 때, 저 만주 관동군의 가지 중위 패잔병 속에서도, 여리고 앳된 소년나팔수 같은 오빠를 기억한다. 그 선조 유전자의 얼짱 미소년을 조선불교조각 예술품에서 발견, 찾아냄으로서, 사리암 법회에, 하산에, 하루 시간 다 까먹고, 할당된 운문사 순례시간 20분 선심 쓰신 우리 조계사 미인 부장님을 향한 원망도 사라졌던 것이다. 주어진 20분에 모든 법당의 안팎 불화, 벽화, 탑파의 조각미술, 천장 단청무늬의 퇴색 여부, 알려지지 않았던 불화의 토속적인 발견 등으로 하여, 결국 저 비로자나불에게 3배도 못한 뜀박질의 촬영순례였다.

흔히들 대웅전 본존불 만트라 세계 뒷면에 가끔은 (내소사였던가 송광사였던가에) 엄청 큰 규모의 백의 관음보살 그림을 그려놓았던 예가 있었다. 그런데 여기 비로전 본존불 후면에는 왼쪽 편은 달마대사가 붉은 계통의 의상을 입고 소림 석굴에 정좌한 장면과 오른 편에는 역시 붉은 색 계열의 의상을 입은 수월관음을 그려서는 소위 '관음달마도'를 불화로 장식, 기도의 대상으로 삼았다는 것이다. "음! 여기 주지스님들은 그 동안 깨나 글발이 세셨던 분이구나…" 한문 대승 불교 경전에서 한 자라도 재 연출은 '칼날을 대지 말라'는 경고음으로 단념시키는 작금의 민족불교론 아닌가? 달마 정신과 관음의 자비심을 한 데 묶어서, 대승불교의 새로운 스타일을 상상해 내었다, 완성하셨다는 물증을 보았을 때에, 아! 이씨조선 끝자락의 디지털 현세에서 작동될 수 있는 중승불교, 반도불교로 새롭게 해석되고 재창작되는 미륵 불계가 올 수 있을 것인가? 아니면 오늘 발견한 나반존자가 독성당에서 대웅전으로 출두한다는 가능성이 조금이라도 있다는 것인가.(저 송광사 불화들은 문수 맘짱처럼 소각되고 말았다.)

전두엽 기능정지와 스트레스. 열 받은 상태에서의 도파민 에너지는 편도체가 지시 조정한다. 이 때 전두엽 회로는 폐쇄되고 시상하부 등에서 강박장애 행태가 발생한다. 따라서 감정과 충격의 불연결성 및 역할이 상실된다. 전두엽 회로에 도파민 수용체의 효율적 리셉터와 뉴런을 수용하고 있는 회로가 열려서 새고 있고, 따라서 신호는 상실되고 만다. 소위 멘탈 붕괴 초기증세이다. (Amy Arnsten, This is your brain in meltdown, Scientific American, Apr. 2012)

때로는 막가는 생각이나 배신 때리는 발상으로 하여, 달마 소림사 주방장의 눈에 난다 한들, 그냥 화가들, 예술가들은 원래 엉뚱하고 미친놈들이야, 하는 꾸짖음으로만 끝내주시기 바란다. 대체로 이러한 맛이 가는 발상은, 타종하는 새벽에 번쩍 가소성이 발화하다가 아리까리하게 뇌 신경회로가 소멸되고 만다. 그렇다면 사리굴 불교경영학이 진짜 한반도 몸빼 보살님네 가계부에서 적용, 실행되고 있었던 것인가? 지금 이 시대는, 가지고 계시는 스마트폰 또는 자녀분 소유의 것이라도, 디자인 개념이 축소화(minimalism)되고, 생활은 최소경제측의 경영과 법당 오셔서 법회 하시는 '안이비설신의'의 뇌신경 미학, 그 도파민 에너지에 의해 자존심을 극대화 하신다. 아껴 쓰고 공양 반찬 남기지 말고, 버리지 말라는데도 오늘의 식료품값부터 의식주의 지출비용이 힘들어지고 있다는 점이다.

유식하게 말하면 엥겔계수라는 가계의 식 음료품 지출액을 총 지출액으로 나눈 비율이, 소득이 낮으면 계수가 높아진다는 점이다. 예컨대 소득은 지난해보다 5.7% 늘어나는데 그쳤지만 식료품 지출은 7.2% 증가했다는 것이다. 이러한 엥겔계수가 15.0%로서 3년 만에 가장 높았으나 소득 상위 20%인 5분위의 엥겔계수는 12.2%로 지난해 12.4%에서 오히려 낮아졌다는 것이다.

때마침 사립대 6년간 등록금의 6,000명치 분인, 2,400억원의 학교 돈을 빼돌렸다는 학교 경영인이 검찰 구형 5년보다 무거운 징역 7년을 선고했다는 신문 기사를 보았다. 심했던 이자상품의 저축은행, 카드사 수수료, '국민 수다'의 핵심 전화통화료 등은 납세자 눈에 보이지 않도록 위장하는 장사이고 국민 부채는 날로 늘어난다. 가계부채 임계치(WEF)가 GDP의 75%라 한다면, 한 국민 국민 총생산(GDP) 대비 가계 부채 비율은 80%라고 한다. 독일, 프랑스가 국가 부도권 속에서도 이 비율이 60%, 부채 대국인 일본도 66%에 그치고 있다 한다. 어차피 미국은 주택 외상 판매와 그 이자가 99%의 펑크가 나 버리는 주택금융상품으로, 92%의 목을 조르는 현상이 발생하였고, 그래서 자고나면 점령이고, 점령 데모인 것이다. 한국의 주택투자는 증여세나 실정법 위반을 피하기 위해서 아들의 이름으로 땅을 사고는 1가구 2주택을 비켜간다. 그래도 권력자 자신은 "내가 해 봐서 아는데……"의 마이동풍이다. 무지이고 '탐진치' 현상이다.

남주하 교수는 '나쁜 사마리아인들'의 저자 장하준과 '화폐 전쟁'의 쑹훙빙 중국인이 말했던 대형 금융재벌의 음모론과 폭리론은 과장된 것이라 하였다. 금융위기의 근본 원인은 인간의 탐욕과 망각이었다는 것이다. 지금도 모 교수는 현존하는 막말 여꾼대의 최고령이시다. "빈손으로 가는데 기부를 많이 해야죠. 이제 많이 나눠 가져야 해요. 무소유라는 말에는 거부감이 있어요. 일생을 무소유로 사는 것은 바람직하지 않다고 생각해요. 내가 가진 것이 있어야 사회 환원도 가능하죠. 다만…… 드라마를 보면 여자가 남자 때리는 장면이 더 많이 나와요. 방송 작가들 마음에 안 들어요. 여성들이 너무 극성스러워졌어요. 남성 백수가……" 평생 녹은 한양대에서 먹고, 장학금은 서울대에 기부 한 껀 하신 그 교수는 '고독의 대가 금액'이었다 하였다.

한 사람이 살면 한 사람의 쌀이, 두 사람이 살면 2인분 쌀이, 열 사람 살면 10인분 쌀이 나왔는데, 욕심을 부려 사리굴의 구멍을 넓힌 후부터는 쌀이 나지 않고, 물이 나오게 되었다는 나반존자 전설은, 다소 황당하게 막 비교했을 때, 경영학의 대안이 진화 항상성의 효자 업종, 또는 상품 가치라는, 쌀 아니면 물만은 법계 비로자나가 준다는 불교 경영학일까?

핵심은 패션 상품을 생선판매처럼 속도 경영하는 스페인의 「자라」처럼 얼마나 저렴한 가격에 내 놓느냐이다. 이득이 분배되고 직장이 되고 밑거름이 되어야 선순환의 생태계는 '자신의 최소 의식주 삶에 환원' 된다고 하는 샤카 부타의 가르침이었다. 2,500년 전 당시 분배와 탁발과 정사 부동산의 협찬 보시 등, 일본 도쿠가와 이에야스가 에도 땅 지금의 동경에 상업을 일으키면서, 부하 조직원 상대로 부산 저축은행 이자보다 더 지독하게 화폐장사 했던 사실에 비하면, 그 때 그 시절 샤카 부타의 경제적 민주주의(?)는 최소노력 경제법측의 원칙을 철저히 시행하고 예시하였던 경영학이었다.

연민, 정, 감정이입의 'empathy' 라는 자비 개념과 사회적 연대를 의미하는 'pact'의 합성어로서, 욕심과 이윤추구가 위기 발생 때 오히려 역효과 역효율의 반성으로 하여, 분배와 환원을 추구해야, 최고 가치로 작동한다는 것이다. 따라서 이 사리굴 경영학의 미래 대안 극대화 현상 앞에서 현재 불교경제학이 존재할 수 없다는 주장은 칼 마르크스 자본론의 잊혀진 옥탑방 위에서의 허구일 것이다. 삼성전자와 애플사의 디자인 디테일 특허권 독점현상은 세계의 미래디자인 발전에 엄청난 장애가 된다. 스티브 잡스는 적자투성이의 매킨토시를 고집피우고 제작하다가 자기 사회에서 쫓겨나고 만다. 오늘의 애플은 이러한 불교경영학에서 탄생한 것이다.

'일어날 수 있는 모든 일은 반드시 일어난다'(The Quantum Universe, Everything that can happen does happen)는 최근 차세대 양자역학은 우주나 태양계(비로자나 법계)는 텅 비어있는 동시에 가득 찰 수도 있다는 과학 또는 진리이다. 이만큼 공즉시색 또는 색즉시공을 현대 또는 미래과학으로 설명할 새로운 버전이 없다. 양자이론에 따르면 포물선을 그리는 공은 단순히 궤적을 그리며 운동하는 것이 아니라 그 공을 이루는 원소 하나 하나가 순간의 공간 전체로 움직이고 있는 것이라고 말한다.

빛의 파동과 반물질은 아인슈타인의 2개의 절상가치 논문 이론을 무력화시켜버릴, 알 수 없는 미래를 얘기하고 있고, 어쩌면 사리굴 쌀과 물의 원소를 조절하는 변화무쌍한 화엄 세계질서가 존재할 수 있을 것이다.

반야심경의 색즉시공 공즉시색이, 현대물리학도 두 손 든, 양자역학의 원리일 수 있지만, '오온개공' 의 도처가 고통의 바다라는 견해는, 과연 양자역학의 2,500년 후에도 그렇게 규정짓고 있었어야 했냐는 것이다. 무소유란 궁극의 자기(Ego)해체와, 없다의 자유이고, 무존재의 법열을 느껴보라는 대승불교의 기본이다. 그러나 그 실제적인 삶과 생명을 유지하여왔던 사리굴 경영학으로는, 무소유의 법계와 석굴과 그 식료품의 존재는 불가능했다는 이율배반의 이론을 잉태한다.

불가에서의 현재를 보자. 신문의 종이 인쇄 글자에 어느 주지스님은, "나는...... 이 세상이 고통의 덩어리로서 이 고통은 절대로 없앨 수 없고 없어지지도 않는다......" 는 식의 고통의 절대

불변진리를 강조하였다. 그렇다면 약 10%의 깨달음과 고통을 극복하셨다고 보는 깊은 산 속, 맘짱의 마음과 뇌신경 구조는 고통이나 괴로움은 사라지고 실종되어, 회향하시는 삶을 진화하고 계신다.

고통의 극복을 샤카 부타께서는 실천하셨고, 그래서 자신의 핏대들을 성에서 다 데리고 오셨다. 그러한 삶이 유토피아이고 극락이고 법열의 미륵 불법계의 기본이라셨다. 따라서 이러한 세상은 고통의 세상이고 당신은 고통덩어리일 수밖에 없으니 불교를 믿어야 괴로움에서 해방된다는, 다분히 강압적인 선교의 의미를 지녔고, 그렇게 포교하였던 통일신라 경영학이었을 것이다. 또한 영화 '다빈치 코드'에서 본 처연한 집단 복수극 경영일 것이다.

일전 책방에서 "내 아들 죄인으로 만들어 버리는 교회에 보낼 수 없다"는 다소 긴 제목의 책을 얼른 본 기억이 있다. 그 쪽 종교는, 인간은 원죄를 지니고 탄생하는 악인일 수 밖에 없으니, 우리 종교에서 이를 해결하고 구원받을 수 있다는 선교방법이다. 인간은 고통 속에 고통만을 먹고 사니 우리 종교에 귀의하여 해결하라는 선교나 전혀 동일한 기표(記票)구조를 지니고 있다고 본다.

고통, 무소유 등의 원래 개념이 미래 스마트 인드라망의 신세대 유랑민에게도 통용될 것이라고 생각하는 것은 타성에 젖어, 자신이 어느 시간대에 와 있는가를 잊어버리고, 서성거리는 직업 종교인들일 것이다.

　　"삶은 느낌이고 필이다. 흐느낌이고 그래서 아름답다."
세상은 아름답고 생명 잉태는 경이롭다. 고통이라는 강제 강박관념은 법열의 신경 작용을 억제한다. 리좀 생성의 전자 유랑민들은 고통의 바다 굴레에서 자유와 평등을 요구하며 탈영역성을 구사한다. 왜, 고통의 바다인가? 왜, 죄인이었나? 종교계급의 피라미드 위계질서는 원죄의식에 의해 조종된다. 과잉, 잉여 지배는 리좀 엉킴을 생성하고, 왜 전과 없는 죄인이 되어야 하느냐는 항명과 생존 이탈의 탈위계성, 탈중심성의 리좀 현상을 초래한다.(JUXTAPOZ, ANDY MUELLER, NECK FACE, Sep. 2011)

　　죄인의 공동체, 야훼의 임마누엘이 동쪽으로 온 까닭이 인류 원죄의 확인이었다면 그 로마제국을 부양하였던 원죄도 상존하였던 것인가? 이를 기쁨과 환희와 극복의 아름다운 태양의 자기장 파음으로 승화, 증명시켰던 베토벤, 그 예술가는 이단이고 신성모독의 시대정신으로 하여, 백안시 되었다. 그의 혁명은 광대무변한 영겁의 두렵고 공포스러운 우주의 시공간을 의식하였기 때문에, 당대의 현실 프로파간다(선전조작)를 더 높이 초월한 인류예술의 절정에 도달해 있었던 것이다.

　　납골장사의 경영학이 파계불교 · 장례불교라는 종교 기표에도 불구하고 3,000명의 현존 불교학자와 10만 사찰, 20만 맘짱의 일본 불교는 "전근대의 전통적 불교와 구분되는 불교의 근대적 전환과 변용이 포착된다." (조성택, 2011)면서, 개혁의 "종파이론과 남종선의 끝가지에 매달린 법통주의에 매몰" (학담, 2011) 의문을 제기하고 있다.

　유럽철학의 대표주자 키엘 케고르가 청소년 시절 원죄 죄인 환경에서 "나는 무슨 죄를 지었기에 이렇게 단죄를 받아야 하는가?" 하는 의문 속에, 신을 저주하고 부친의 원죄 강압에 충격 받았다 한다. 그 곳에서 가장 깊숙하게 그들 철학을 들여다보고 오신 박찬국 교수는 "절에 가서 절은 안 하지만, 자신을 불자라고 생각한다" 면서 키엘 케고르의 부친께서 하녀와 간음하고, 같이 사는, 형벌 같은 사탄들 속에서, 그의 친 형이 역시 죄인으로 전과가 있는지 확인하기 위해 그 동네 동사무소까지 찾아갔었다는 것이다.
최근의 무늬만, 말로만의 '역시나 학술 발표장' 에서 번쩍 튀었던 콘텐츠였었다.
그래도 조계사 일주문을 나서는 이 화가는 무거웠다. 단지 이들 지식인들의 발제 내용 전달에서, 너무나 고루하고 어려운 문장과 용어를 발제자 모두들 사용하면서, 우아한 지식언어에 함몰되었고, 다음의 어린 세대(3G, 4G)에 소통될 수 있는 손쉬운 언어, 가상세계 속 비트 생태는 무지스럽게 모르고 있었던 것이다. 한국의 미래 불교, 그 딜레마의 핵심이었다.
다행히 교단차원의 한글 소통화 일환으로 한글 삼귀의 반야심경, 천수경을 제정하여, 새로운 시대에 맞는 언어와 환경을 개선코자 하는 불사는, (자다가 생각해도) 아, 가능성이 있는 불법계구나 하면서 꿈을 깬다는 것이다.

　경전에 대한 해석서를 소(疏)라 한다면 반야심경의 한글표준 또한 시대에 걸맞는 21세기형 반야심경의 소라 할 수 있다.(배재호, 2011) 홍사성 논설위원은 이제 '정법중흥' 을 위한 사법(私法)의 극복을 말씀하셨다. 2011년은 긴 역사의 굴레에서 생태적 상승리듬을 타고 중흥되는 긍정의 불법해석 시대이다. 그의 빛남과 그 그림자에 깃든 주술주의, 사주관상 등의 '도로아미타불' 즉 부정적 되먹임은 결국 일광보살의 망원경으로 보았을 때, 크고 작은 물결과 파도의 자기닮음, 그 프렉탈 구조에 다름 아니다. 햇빛이 강할수록 그림자도 짙다던가?
원자의 시대에서 비트의 속도로, 그 속도는 제 3세대(3G)에 비해 12배 이상 빠르고, 더 많은 8만 4천의 데이터를 실어 나를 수 있는 꿈의 4세대(4G) 롱텀 이볼루션(LTE) 소통, 연기 환경이 다가왔다. 이른바 전자미륵세계, 그 스마토피아(Smartopia)이다.(M.히로시, 인공지능 학회지, 2012.7)
2,500여년 전 부터 보강되어온 경전과 그 소의 해석에서 각 나라 각 계곡에 적합한 적응과 순응의 불법이 전수되었다. 달마가 양무제한테 한소리 한 이후 소림사 산골에서 9년 정도 꼼짝 안 했던 선의 경계는, 그 그림자가 중국 본토인종의 취향과 유전자 각인의 지역을 개혁하기가 그만큼 어려웠음을 이야기한다. 그 끝장의 이야기 완성에서 마치 한국 국회가 밀리면서도 무식한 평계와 명분을 위해, 국회의장 단상에 최루탄 터뜨리듯이, 혜능인가의 손을 잘라 연꽃 잎에 싸서 달마대사에게 (무릎 꿇고) 바치는 그 섬뜩한 불화, 반도 산사에 안 그려진 곳이 없다는 것이다.
미래의 미아트리아, 미륵불 출현을 앞당기기 위해서는 반야심경의 한글화로 안도해서는 안 된다. 양자역학의 뒤집어지는 이론들이 노벨상을 받고, 제 3세대는 딴나라당을 재수 없다고 돌을 던진다. 지식인, 지도자들은 그들만의 용어와 그 어려운 한문 경전을 상호 나누면서 그들만의 리그, "너나 잘 하세요"의 스마트 인드라망 문자를 띄우는, 말로만 옥탑 방에 갇혀 있다. 옥탑방 지식인들, 직업종교인들, 있어 보이는 재벌 좌빨(김성주, 2012) 상속인들은 하늘에서 내려와 자기들을 데려갈 것이라고 완벽하게 믿고 있다.

불법계의 높은 곳 옥탑 방에는 주변에 신도 없고 낙하산도 없다. 이미 샤카 부타의 사천왕 신들을 절집 입구의 경비를 책임지게 하셨다.

우주현상의 돌연변이, 때로는 혜성이 일주일 정도 나타나서 임금을 죽게 하고, 바닷 속 지진 충돌로 원자 방사능이 유출된다. 때로는 인물을 내세워 부족을 구하고, 국가를 침공하여 제국을 만들었다. 그리하여 인류는 우수한 유전자를 잡종교배로 얻게 되고, 이들 중의 혁명아는 인류의 긍정적인 공진화를 위해 발 빠른 초치기로 혁명을 완수하였다. 그 핍박의 비장미가 오랜 진통 속에서 혁명아를 탄생시키기도 한다.

그 혁명가의 딸, 부모마저 피살된 '조실부모녀'께서 대전대학교에서 특강을 한 적이 있다 한다. 그 혁명가의 유전에도 혁명과 개혁의 게놈 정보가 살아 숨 쉰다는 것인가? 그는 불 법회를 가질 때 높은 법상 위에 올라앉을 수 밖에 없는 기존의 의식 양식을 타파하고는, 법상, 교탁에서 내려와 대학생 관중의 눈높이에서 마이크 잡고 왔다 갔다 했다는 것이다. 스티브 잡스의 앞선 프레젠테이션 방법만이 앞으로 먹힌다는 것을 재빨리 실행에 옮겼던 것이다. 앞서 인용하였던 "나, 주지스님은…… 고통은 없앨 수도, 없어지지도 않는다" 하셨던, 마음낮춤, 그 하심(下心)이 보이지 않고, '있어 보이는' 오늘의 옥탑 방 00님들…… 그리고 이혼당하는 톱스타 톰 크루즈, 과학종교(Scientolgy)에서, 6살 딸은 인간 고통의 원인 파악을 위해, 낮은 전압장치로 전기테스트 의식을 강제당하는 세상이다.

지리산 호랑이, 또는 움막 맘짱은 미래의 불가에 비만스러운 현상이 발생할 것을 예지하셨던지, "숙여라, 깊이 숙여라, 더 숙여라! 네 놈 전생에 (스스로 높은 척하는 교만인) 아만이 있어. 그걸 버려라!" 하셨다 한다. 송월주 맘짱이 작심하고, 은사 금오 스님(1871~1946)께서 야단치셨던 가르침이셨다.

어느 날, 진짜 시민운동가 서경석 목사께서 가면 쓴 교수가 아닌 맨 얼굴 교수가 필요하다면서, 범지식인 조직에 간판대표로 이 화가를 내 밀었는데, 원래 연단 위에 나서는 체질이 아니라서, 때마침 손자 '합장' 보는 당번 날이라, 데리고 제 3옥탑 방인 광화문 신문회관에 올라갔다. 때마침, 월주 맘짱께서 엘리베이터에 동승하셨고, 두 살 지난 손자는 시키지 않았는데도, 본능대로 그 승복을 향하여 공손히 합장하고 말았던 것이다. 놀란 것은 월주스님과 일행이었고, 스님께선 손자 '합장' 의 머리를 쓰다듬으면서 뭐라 하셨던 것이다. 옛날 전설대로라면 "너는 커서 세상을 지도할 커다란 인물이 될 것이다……" 하셨던 것 같았다.

일본의 불법에는 도의원에 출마하여 지역봉사에 임하는 스님들이 계신다. 경전의 의미를 시대에 맞도록 개조할 뿐 아니라 불자를 위한다면 여러 불경의 수정과 오차 수정을 가해야 한다는 소신이 있다. 송월주 맘짱에서 최근의 법륜 맘짱까지, 미래세대에의 교감과 불가를 위해 현실정치에 적극 참여하여야 한다고 생각한다. 최소한 불교문화 유산의 사수를 위해서도 그렇다. 최근, 강남 봉은사 땅이 수탈 위기에 있던 적이 있었다. 「청춘 콘서트」는 절집 마당의 연장선이고, 확장되는 샤카 부타의 수련장이다. 문수 맘짱은 몸을 불사르시기 전에 청춘 콘서트 같은 속세로 참여할 권리와 용기는 없었다는 것인가? 지금쯤 문수의 사리가루는 낙동강을 흘러 어디쯤 가있다는 것인가?

논객으로 다시 등장하신 어느 전 장관은 세상에 배신이라는 단어가 있는지도 몰랐던 선배 대통령 후보에게 그 자신이 배신당했다 하였다. 새로운 청소년의 리좀 생성된 스마트 인드라망의 쿨(cool)한 속성을 알아차리지 못하고 편들었다가 '만약 모 전 장관이 제 멘토라면 멘토 역할 하는 분이 300명 정도 될 것'이라는 이 시대 신구세대 격차의 상징적인 문자를 받게 된 것이다. 그분은 고교 친구지만 교수직을 가져보지 못하였기 때문에, 신세대의 예측불허, 돌연변이의 돌출 속성을 예상치 못했던 것으로 보인다. 황당함의 예측사례 변수를 모두 순간 대응하는 순발력의 노짱 이었어야 했던 것이다. 아니면 맥아더 장군처럼 노병은 사라진다 했던가.....

스마트 인드라망의 디지털 유랑민들은 서로의 간섭을 손상시키지 않는 범위 안에서 블롭(blob), 접기(folding), 펼치기(unfolding), 그리고 벽면 통과의 몰핑(morphing) 등의 입자운동성(panticle)을 지니는 살아있는 생명체이라고 유추할 수 있다. 서로 보자기 싸기처럼 형체가 엮어지는(trans-form-er), 나타나 보이지도 않는 비 기표성(asignified signifiante) 비 동아리적, 비 중심적 체계의 탈영토화, (형님 부모도 없는 비위계화 현상) 가상현실과 그 증강현실의 삶 속에 시뮬레이션 하듯 다중성(multiplicity)의 알바 유랑민으로 산다. 미래에 닥칠 나의 손자 '합장'의 제4세대(4D) 환경이다.

하여, 그 징조는 고3 수험생의 모친 살해와 그 시체의 8개월 동안의 방기 사건이었다. "전국 1등을 해 서울 법대에 들어가라!" 면서 밥도 안 먹이고 밤새 골프채로 팼다는 것이다. 살해된 어머니의 집착과 학대주의는 어떠한 시공의 업과 원한으로 형성되었던 것인가. 피살된 보살님의 인격형성에 「밈」의 유전자 개조를 위한 저 엄청난 반도 종교집단은 아프가니스탄과 미얀마에 선교가고 없었다는 것인가? 왜 경전은 수정되어야 하는가의 원인제공 현상인 것이다.

"혼수에는 0이 제일이요, 불사에는 돈이 제일이다!" 나꼼수의 스마트 파워 세대에는, 춘성 맘짱 진관대사 대웅전 상량식 법회(1964) 법상 위에 올라, 한참 묵언하고 장고한 다음에, 벼락같이 터뜨린 위의 문자는 꼼수 축에도 끼질 못할까?(김광식, 2009)

오늘의 사리암 경영학의 제 1조라고 생각된다. 경허 노짱은 마지막 떠남에서 한암 맘짱만큼은 달고 가고 싶었다 한다. 한암은 사부님의 마지막 그림자를 누구보다 잘 예지하고 계셨다. 선문답처럼 서로 뜻을 기표화 하였고, 역시 한암은 문자로서, 남아서 불가 불법을 지키겠노라 하셨다. 그 한암의 가르침 '승가 5칙'에 참선, 간경, 염불, 의식 그리고 가람 수호의 철칙이 있다. 그 한암 수하에 인홍과 진관 맘짱 계셨고, 그 여승 호랑이라 불렸던 인홍 스님의 상좌가 진관이셨다. 진관 주지 맘짱께서 '종로에 댄스홀을 허하다' 시절의 양복장이 춘성 맘짱을 초청법사로 모시고 여 승복 중 제일 큰 사이즈로 임시변통 하여 춘성에게 입혔는데, 아시다시피 춘성 맘짱은 원래 거인 자이언트였던 것이고, 김밥 옆구리 터지듯 여 승복 입고 법상에 올랐던 것이다. 본시 법상이나 연단의 공간 공포증 같은 불심의 하심이고, 저렇게 난장판 리좀 혼돈 속에서도 법륜 맘짱의 불가적 처신이 무척 아름다워 보였다.

구텐베르크 인쇄술은 성경을 일상용어로 바꾸는 혁명을 단행하였고, 마틴 루터의 종교개혁 또한 오늘의 지구별 인구 70억의 33%를 그들 언어, 그들 약속으로 뭉쳐져 있다. 이를 위하여 반도 불법은 대승에서 한글화하고 디지털화하는 미래의 스마트 파워를 위하여 한암의 가르침인 가람 수호와 이를 위한 춘성의 사리굴 불교 경영학의 성립이 제일 시급하다.

앞서 말씀드렸던 고통의 고정관념과 강박관념을 탈피하는 슬픔, 연민, 어짐의 장엄 미감이 우주선 지구호의 스마트 환경이라고 재정립하여야 한다. 분만의 진통은 그 원인에 종족 보존의 통과 의례인 오르가즘이라는 쾌감 미학의 법열, 환희, 그 기쁨의 마노(mano)에 의해 성립된다. 유전자가 공진화하는 비로자나불 세계임이다. 원래 경전의 사무량심(四無量心)은 한없는 희(喜)의 마음이다. 몸으로 괴롭다고 느끼는 고수(苦受), 몸으로 즐겁다고 느끼는 낙수(樂受), 마음으로 괴롭다고 느끼는 우수(憂受), 마음으로 즐겁다고 느끼는 희수(喜受), 그리고 좋다 나쁘다의 구별이 없는 사수(捨受)로 구분한다. 희수는 즐겁고 기쁜 긍정적인 감수 작용을 말한다(최원섭, 2011)고 한다.
남(타자)의 기쁨을 같이 기뻐함은 화엄경의 '보현행원'이며 '수희공덕원'은 한없는 사무량심의 희열이고 법열이다. 때마침 이번 네이처 신경저널학회지 사설에서, "이제는 대중과 대화가 시급하다. 과학(불교)의 연구 진전보다 더 대중과의 소통이 중요해졌다"고 절박하게 호소하는 글이 실렸다. 과학자(불교지식인)들의 현학적 자만심(편도훈, 2011)은 지금의 반도 불교 피안에 '양치는 소년' 들일 뿐이다.
딴지나 꼼수에 매몰된 전자 유랑민들은 고통이나 고통의 바다가 어디쯤인지 알지도 못한다. 사대주의적 노짱들의 고상하고 어려운 말장난의 어디쯤에, 재수 없다는 의식을 지니고 산다. 그들에게는 갈수록 엄청난 자존심의 상실을 구겨야 했다. 그들은 "힘들어 한다"는 표현을 즐겨 쓴다. 이에는 현실의 주어진 수단과 멍에들이 얼마든지 극복할 수 있고, 될 수 있다는 극복의 의지를 내포하고 있다. 사무량심에서 보았던 고수와 우수는 여린 그들이 힘들어하는 자기 자신(ego)이기를, 비치고 있는 그 그림자의 실루엣에서 자신을, 또는 거울 보듯 관찰하고 주목하며, 진통의 당사자가 아닌 듯 마취시키는 습관을, 밈 유전자라며 산다. 슬픔의 극복은 쉽게 되던지, 또는 대신 살려지는 사이보그나 트랜스포머 같은 별종 생물로 인식하고 최면을 건다. 어쩌면 벽면대좌의 명상 맘짱과 그 치열한 깨달음에의 한 방법으로 백수의 딴 나라 삶을 영위한다는 것이다. 탈영역성과 탈중심성의 무작위한 랜덤(random)방식인 여우같은(cool) 상처, 상실이 없거나, 혹은 적은 「인간의 조건」으로 살아간다.

나름의 반도청소년, 그 한류라는 특수한 유전자의 자기조직화(Self-organization, Peter

Bentley, 2003)의 교란극복 지혜이다.

'합장' 이라고 별명을 붙인 외손자는 어느 날 잠실 롯데호텔 로비에 장식된 할아버지의 유화 50호 그림들을 갸우뚱하면서 감상하다 갑자기, "할아버지가 그렸어? 할아버지꺼야?" 유아의 학습은 처음 소유권 경계였다. 미래경영학은 나의 세대(me generation)에서 우리세대(we generation)로 간다는 불법이다.

도솔천의 무한 영겁 우주에서 아미타 부타는 하강하시고, 깨달은 맘짱들은 법상 위에서 내려오셔야 한다.

달마의 대승이 동쪽에서 섬나라로 옮겨와 오늘의 일본 불교화를 완성하였을 때, 섬나라의 여러 산신령과 무당사당 말고는 모든 동식물이 신격화되고, 사람 목숨이 사무라이 무사들 앞의 파리 목숨 되는 전쟁터 과부와 그 무덤 투성이 나라였었다. 하여 반도불교가 천수천안 관세음보살님께서 내 아들 딸 기원하는 정화수 한 그릇 떠 놓는 기복기도 중심이었다면, 일본의 불교는 전사한 남편, 아들과 바람피우다 버려진 영아를 위한 속죄의 업장 소멸, 그 기도의 지장보살 신앙이 강하다. 일본의 사찰은 입구부터 끝까지 지장보살상과 그에의 장식이 강하다. 그러나 무엇보다도 인간의 죽음 극복이라는 세계대전주범의 신민은 불교로부터 지장보살에의 확실한 극복 보장을 받는 일본불교로 개혁하였다고 본다.

지난 봄 한국 용산에 나들이 나오셨던 '아미타불 사자내왕도' 는 초가집에 눕혀진 망자를 아미타불과 여럿 조직들이 모두들 하늘에서 내려와 데리고 갈 채비를 차리는 불화였다. 또한 일본 사찰의 지옥도 아수라장은 일본적 학대주의에 의해 끔찍한 참혹함을 보여주는데, 절절 끓는 물에 삶아지는 죄인들 바로 옆에 (뜨겁지도 않은지) 지장보살께서 구출하시려고 기도드리는 모습의 불화가 많다. 한국 불교처럼, 수도중이니 출입하지 마라, 어느 도봉산 사찰 신도회 창구 아줌마, 냉혹하게 찾아 온 꼰대를 박대하여 보내는, 위장 불자 보살의 사찰보조인 등은 돈 내면 49재나 크게 지내 드리겠다는 태도다. 결국 이 관광사찰 주변의 불자인 60대 이상 꼰대들은, 대거 가톨릭으로 개종하고 불교를 떠나고 만다.

아미타불이 정점을 위치하는 위계적인 피라미드 구조는 그 자체가 시스템이나 틀로서, 생명력 있게 실존하셨던 부타라기 보다는 나라의 헌법가치나 최초의 정신 지배를 존재화 시키는 위상(topology)일 것이다.

4G 미래세대의 불확실한 리좀 생성에서는 위아래의 개념도 없고, 오늘 법당 갔다가, 어제 성당 가는 영토화의 습관이 없다. 자기 조직화의 개체(number)가 항상 n-1이 되는 위상 변환(Topological Transformation)의 항상성과 비예측성, 비선형성의 스마트 파워, 그 다중지능을 지닌다. 저 높은 운문사 꼭대기, 저 가파른 백담사 계곡에서 일 년의 반을 회향하고, 도시의 탁발을 시도하면서 몸으로 부딪히는 불교가 반드시 성립되어야 한다.

지금은, 저 천장사의 부엌 문고리를 붙들고 식은 밥 한 숟갈 달라던, 조선의 문둥녀가 정말 경허의 문지방을 건너야 한다는 것인가? 미래의 시간에 외면되는 신앙이 어떠했느냐는 저 터키반도에서 흑해를 따라 험악한 산악 계곡과 땅 속에 도망가 살았던 중세 수도인들의 거지같은 동진 환경을 목도하질 않았는가?

이씨조선이 끝나는 이 자락에서 법륜 같은, 지방과 도시를 회향하며 미래 세대의 슬픔과 그 위안을 순교자나 노숙자처럼 유목하시는 맘짱은, 수백 수천의 폭주되는 불교 수좌님들의 부름을 요구하고 있다. 지배와 종속, 침입과 천이, 확장과 동심원 이론은 개인이나 조직이나 이념이나 철학에 공히 적용되고 있는 자연생태학의 문법이다. 지구별 공진화의 헌법이다.

조계사 앞마당에는 커다란 석조각의 동자상이 앉아서 엄청난 미소를 품고 계신다. 앞서 말씀 드렸던 손자 '합장'은 유모차에 태워져서 가끔은 조계사 박물관 또는 신도회 달마 사무처장님 뵈러가곤 한다. 처장께서는 손자에게 정(情)자 크게 적힌 초코파이를 주신다. '합장'은 동자상에 지폐를 시주함에 넣고는 공손히 합장한다. 범어사 유전자 지시이다.

바로 이 장면이 미래불교의 답이다. 스님께선 끝까지 방문자와 같은 눈높이의 불음을 나누어야 하고, 동자승 같은 개념의 새로운 아미타의 분신, 그 불법계 아바타를 개발하고 이야기를 만들고 백수 생활 속에 위안이, 소통이, 상호 항상성이 시급히 재정립되는 변화 불교로 가야 한다는 것이다. 때로는 심야에 너무 전위적 무애를 수행함으로서 허물 또한 받게 된다. 기다렸다는 듯 차도승(차거운 도시 승려)들에게 국회가 성직세(근로 소득세) '삥땅' 하겠다는 것 아닌가?

"옛날 스님들은 글을 배우지 말라고 했지. 나는 아는 것이 없어 살기는 편해. 너무 많이 알면 아는 것을 지키려다 (할 일을) 못 해. 안 배워야 도인이 나오는 거야. 내 얘기에 귀 쫑긋할 필요 없어." 동한거 결제 현장 백담사에서 (자타가 공언하는 현시대 염불의 권위자) 세민 맘짱께서 '1등 이야기'로 담소 하셨던 말이다.(김선두 기자, 2011)

시대는 혼돈과 리좀 엉킴에 결국 에너지 소실을 가져오고, 모든 지구촌 시스템과 자기 조직화는 축소문화로 갈 수 밖에 없다. 작은 것이 아름답고 미니멀리즘이 도구와 환경을 주도하는 지구생태계 도래이다. 지금 순간 사리암의 샘물은 얼어버리고, 봉정암의 혹독한 눈발 추위는 불력으로 극복된다던가? 약자 보호, 문둥병 여인의 노숙자들, 노스님은 결국 제주행 밤 배 난간에서 사라졌다는, 공분을 자아내는 독식의 옥탑방들 등, 시대정신은 총체적인 불황과 리모델링이 분노와 반칙 특권을 향하여 찔레꽃 꽃향기처럼 번지고 있는 지금 순간이다. 반도종교는 그 환경에, 그 지역에 화합되고 소통되어 재창출되어야 한다는 "안 배워야 도인이 나오는 거야"의 망각과 버림의 철학은, 나름의 태백산, 백담사 선방의 법맥 성격이고, 그 땅, 그 냇가의 생명체가 살아가는 자연 생태학이고, 영양 피라미드 고리이다. 소승과 대승불교가 동진을 반복하면서 오늘의 일본 불교의 개조를 창출하였다고 썼다. 이 화가는 미술대학 교수질하고 있으면서 한국의 독자적 아름다움을 찾아 반세기동안 헤매었고, 그 본질을 불교미술이라는 신경미학에서 찾고, 그리고 지금 구라치고 있는 것이다.

하여, 이름 없는 절집 찾아다니면서 동아시아에 없는, 이씨조선만이, 고려, 통일 신라국만이 향유, 창조하였던 반도 미술의 특징과 그 차별된 예술의 양식에 희열과 법열과 오열을 느껴왔던 것이다. 그러나 결국 상실의 생태계에 의해 진정한 한국미술이 퇴색하고, 식별할 수 없는 불화와 단청 등의 소프트 파워를 발견할 때의 통분은 말할 수 없는 나약함의 자괴감을 느끼곤 한다.

잊혀지고 없어지는 조선미의 가치와 그 정신문명이, 하나라도 아쉬운 상실의 시대에, " '탱화' 명칭 쓰면 안 되고, 문화재청의 도(圖)로 통일한다"라고 하는, 이 나라, 과히 딴나라 정권 공무원 같은 발상은 어떻게 해석해야 할까?

한 발 더 나아가 현 정부 언저리에서 연구비도 받아가는 이 분야 전문가들도 탱, 탱화의 표현이 불도 등의 「도」로 통일하는 것이 맞다는 지지의견이 있다.

문제의 열 받는 내용은 중국, 일본 등 동아시아에서 탱화라는 표현의 유래가 없다는, 한반도의 독창적이고 차별화되었던 불교적 호칭이 있어왔다는 희열이고, 그래서 달마 대승과 '아미타불 서민 태왕도' 와의 분명한 차별성이 미래 반도불교의 가능성을 공진화 시키는 중요 동기부여라고 생각하기 때문이다.

아! 다행히 홍윤식 교수님, 강우방 학자님, 홍선 맘짱 등의 탱화용어 절대보존배경 이론이 강하게 대두됨으로 하여, 불법계를 대표하는 올바른 예측 능력의 정치, 정책인이 절대적으로 등장하여야 함을 인식하게 된다. 세계 인구가 지금 순간 70억이다. 그 33%의 인구가 야휘 사막에서 시작한 종교에 귀의하고, 이 확장과 지배의 생태학은 점차 동진화하고 있다. 이 화가의 손자 '합장' 이 청년으로 성장할 미래에도 '님을 향한 행진곡' 을 불러야 할까? 지금의 어용 현학인들은 노짱으로 끝내 뼛가루 되어 날아갈 것이다. 한국 불교는 반도 현장에 적응, 순응하는 개혁과 변화의 시스템과 콘텐츠, 그리고 이야기를 재연출하여야 한다.

또한, 아름다워야 한다. 아름답다는 진실이, 과학이 이만큼 인류를 낳게 하고 진화시켰다. 인류가 우주나 대지에서 받아가는 에너지가 아니고, 충전 받아지는 끗발도 아니고, 지구별이나 밤하늘 대지에 소리치고 전달해 주는 성불된, 성불될 수 있는 가능성의 환희와 쾌감과 축복을, 전달하고 노래하고 던져 주어야 한다는 가치전도이다. 생명력과 그 예술의 힘이고, 간섭파동의 기본 속성이며, 불성의 존재 이유이다.

그걸 음악으로 혁명한 인재가 베토벤이다. 지난 번 청도 운문사의 초치기 예불에서, 신라의 앳된 화랑의 삼지창 소년 전투병을 발견하고는, 그 기쁨의 승화에서 뛰쳐나와 법당을 지나면서, 베토벤 3번 교향곡 제2악장을 크게 소리 지르며 뛰쳐나갔다. 약간 맛이 간 것인지, 아니면 과잉신도였던지, 하여 미쳐갔던 것인데……

나폴레옹의 기마병 부대는 당시 유럽 타국 전투부대의 1.5배 속도로 빨리 진격하는 기마부대였다. 물론 징기스칸 몽고 기마병에 비하면 엄청 돌파 속도가 느리다. 하지만 베토벤은 나폴레옹, 그 영웅의 기마병이 적진을 향하기 직전의 자세를 3번 2악장에서 음파로 표현한다. 느리지만 개선부대, 승리 부대로서의 전투병 음악이고, 우리로 치면 영화「고지전」에서 좌우빨이 합창하는 '전선야곡' 의 긴박함이다.

청도 땅이 어디였나? 패망 직전의 임금 자리로 하여 스님들과 왕족들이 피투성이 살인극을 연출하였던, 그 헬리 혜성까지 출연한 망국 신라의 땅이었다. 도망친 왕족이 서진하여, 장보고 정예 전투부대를 끌고, 신라 관군과 한 판 교전하였던, 신라의 마지막 전투장, 그 곳이 청도 땅이고 대구 땅이었던 것이다. 그 때 마지막 풋 화랑의 삼지창 꼬마병으로 무서운 전투에 임했던 그 모습의 사천왕상을 운문사에서 발견했던 것이다. 한국 미소년의 대표인물이고, 때마침 이 화가의 왕팬이었던 서광 맘짱이 기수를 돌렸던 곳이 이 곳 운문사였다는 것 아닌가? 마침 운문사의 주불이 비로자나 우주 법계의 상징불이셨고 '관음달마도'의 유일 성지였다. 광대무변한 우주 공간의 영겁을 두고, 그 태양마저 먼지처럼 불길이 사라질, 다만 알 수 없는 어떤 존재, 이를 우리는 비로자나 법계라 하고 그 존재의 영상이나 언어나 메시지를 불음으로 상상하고 느껴 본다.

베토벤은 그 도시, 그 지배종교에 의해 세례 받고 미사곡도 두어 개 작곡하는 그 쪽 종교를 지녔지만, 그의 음악 세계는 이를 초월하고 극복되어진 영원불멸의 인류를 향한 메시지를 만들었다. 환희하고 기뻐하며 살다 가곤 한다는 것이다. 이러한 어떤 도식에도 매이지 않고 양식을 타파하고 혁명화 시켰던 어떤 존재로부터의 음성과 예술성은, 베토벤을 때로는 신성모독 또는 이단으로 몰아갔던 것이다. 아시다시피 베토벤의 제 6번 '전원'은 이러한 선택받아진 대지와 인류 환경을 묘사하였고, 마지막 제 9번 교향곡 제 4악장 '환희의 노래'에서 우주의 신을 초월한 어떤 존재의 실체를 음악 언어로 연출한 것이다.

모든 인류의 역사는 뒤집어져야 발전 진화된다는 모델을, 베토벤은 혁명가로서 수행 완료한 것이다. 돌팔매와 돌아섬의 아픔을 동반하면서도 혁명만이 새로운 유전을 성립시키는 진화론을 실행한 것이다. 하여서 타협 본 것이 '범신론(汎神論)'이다.

혁명이란 본시 내부의 낡았다고 보는 시스템이나 그 창작품을 예기치 못하게 타파하고 개혁하는 것이다. 예컨대 봉암사 일수 맘짱께서 일찍이 결사체 또는 개혁적 주도 태도를 위하여, 똥자루를 직접 져다 해우소에 버리는 일을 자청했다는 이벤트는, 내부 시스템 개혁의 부분 완성 네트워크였다. 선끼와 객기가 넘쳤던 풍수지형의 봉암사는 엘리트 수좌들이 상당히 배출되었고, 또한 친정집처럼 돌아와 거울 앞에 앉는 개혁의 고향이었다. 그러나 객기의 과잉 또는 잉여 의욕이 신주단 산신각과 칠성각의 탱화들을 훼손하고 불태워 버린(1948) 행위는 불신이 아닌 법신(法身)인, 저 청담 혁명가의 말씀대로 "한 생 늦추더라도 중생을 건지겠다. 다시 생을 받아도 이길을 다시 걷겠다. 육신은 죽어도 법신은 살아있다. 그 법신은 '그래도 오늘은 간장 한 가지가 더 올랐구먼. 중 밥상 삼찬이면 족 한기다.'(속가의 딸 묘엄 스님과의 대화)" 하셨다.(송월주, 2011)

불교경영학의 핵심이다. 프로이드의 개인무의식과 칼 마르크스의 자본론을 최종 정리한 하우크의 상품미학은 잉여과잉이익의 착취 욕망인 「교환가치」보다, 원래의 「상품가치」, 그 간장한 쫑의 생명수가 사리암 경영학인 것이다. 그 시스템의 틀은 만기사 원경 주지님 소신대로, 삼라만상에 우연히 놓아진 것은 없다. 어떠한 물건이나 생명이나 밑반찬도 하잘것없이 필연의 존재 이유와 가치가 있어왔다는 생각은, 달마와 남종선의 동진화(학담, 2011)가 원래 타협 보았던 전리품이고 현지민의 원초적 핏대 속의 유전된 지구세포가 아닌가?

"혁명이 뒤집어 통쾌한 것이다." 수백 명이 정화를 촉구하며, 이승만 대통령이 있던 경무대로 몰려갔고, 경찰 봉쇄로 조계사로 후퇴하였다. 돌연 새파란 비구가 통솔을 잘못 했다며, 청담 스

님의 뺨을 때리고 말았다. 그런데 청담 스님은 표정 하나 까딱하질 않았다는 것이다. 월주 스님
께선 청담의 철저한 수행과 뛰어난 법문, 포기하지 않는 열정과 인내심, 남의 허물을 인정하는
그릇까지, 세상을 바꿀 자질을 두루 갖췄다면서, 스님께서 출가하지 않았다면 아마 혁명가가 되
었을 것이라 하셨다. 상쾌하다. 「정치 승려」는 현장의 꼼수도 능히 포용할 수 있기 때문에 민
족 팻대의 극복 대안인 것이다. 목적과 수단의 연쇄고리임이다. 사실상 타종교 정권에서 정치승
려 안 된다는 주장은 비겁함이고 포기이다.

음악과 미술의 혁명. 돌팔매로 엄청 두들겨 맞았던 미술의 혁명아 구스타프 클림트는 베토벤
의 타성에 젖었던 음악 양식을 미친듯이 파괴하고 재창조하는 음악 혁명을 지지하고는, 단호한
미술 행동을 수행하였던 화가였다. 저 유명한 「빈」의 분리파회관(Leihgabe in der sucession
Wien, 1902)의 벽화로서 베토벤 교향곡 제 9번의 이미지를 묘사한 작품이다. 폭 34m, 높이 2m
의 3면 벽화로서, 발표 당시, 베토벤 곡의 과격한 해석 그림으로 엄청난 비난을 받았다고 한
다.(OFF, Dec. 2011)

"제록스라는 부자 이웃집에 TV를 훔치러 갔더니 이미 애플이 훔쳐갔더라." (애플은 마이크로소
프트(MS)의 운영체제 윈도가 자사의 그래픽 사용자 환경(GUI) 기술을 베꼈다며 제소했고, 법원
에서 애플도 제록스의 기술을 참조했다는 것을 증명하고 애플은 패소하게 되었다.
이에 스티브 잡스 애플 최고경영자(CEO)가 빌 게이츠 MS CEO를 '도둑놈' 이라고 비난했지만 PC
시장 주도권은 애플이 MS에 완전히 빼앗겼다.(2012) 어느 쪽이건 패소하면 애써 번 돈을 고스
란히 경쟁사에 갖다 바쳐야 하는 치명적인 손실을 입는다.

즉흥살과 비애살

일본 약선사 감로탱화 변주. 조선 1589. 혁필유화 8호, 2010

더 이상 아무것도 없다는 것은 확실하다! 결코, 결코 아무것도 없었다는 것이 아마 거의 확실하기조차 할 것이다. (그리고 분노가 가난한 자를 동요시킨다. 이 세상의 재난을 구하는 데 그는 무력하다고 욕한다.) 자! 신의 힘을 가진 인간. 자! 신의 아들이여. 기적을 일으켜보라. (날은 밝아오고 가난한 자는 탐욕의 먹튀들 거울에 비친 자기 자신에 불과하다는 것을 알아차린다. 그러고는 고통스런 체념이 배인 철학적 결론에 도달한다.) "사람들은 서로 욕하느라 자신의 시간을 잃는다." (즈안 릭튀스의 평론문, 알베르 카뮈)

"자네 사주에는 역마살이 있고 도화살과 홍염살도 있으니 천생 스님으로 살아야 할 팔자네." 홍성 살 때 일고스님이 내게 해 준 말이었다. 그렇다면 나의 현생은 전생의 죄업을 푸는 일로 생애의 대부분을 보내야 한다는 생각이 든다.(석용산. 등신불, 1995)

어린 시절 최초의 오래된 기억은 하르빈의 밤마차가 돌로 모자이크된 거리를 달릴 때 들려오던 마차의 바퀴소리였고 희미한 가로등의 슬픔이었다, 일본 관동군이 점령한 만주 목단강가의 비행장에는 지금으로 치면 'L 나인틴'의 비행기들이 군데군데 놓여있었고, 엄청난 눈사태로 하여 아버지의 비행장 건설 토목 공사는 쉴 때가 많았다. 가장 기뻤던 기억은 아버지의 흙설탕과 태평양을 모험하는 만화책을 선물받았던 것이며, 어느 날 관사 뒷문으로 여동생이 지게에 실려서 먼 길을 떠나는 슬픔이었을 것이다. 비행장 관사에는 유일한 유성기 음악이 흘러나왔고 대부분이 러시아 민속 또는 베토벤 운명같은, 그래서 가장 각인된 멜로디는 「볼가강의 노래」로 세계대전 말기의 어느 유아에 저장된 희미한 옛사랑의 그림자다.

감수성이 예민했던 사춘기 시절, 집안에는 가보처럼 고미카와 준페이의 「인간의 조건」 포켓 사이즈 여섯 권(삼일서적, 1967, 제53판)이 보존되고 있었다. 은퇴 후에도 계속 두 군데 대학 강의로 먹고 살지만, 밑천으로서의 전문 서적과 모든 자료, 그 많았던 슬라이드 수백 통도 다 버리고 말았음에도, 준페이의 「인간의 조건」 여섯 권은 지금도 간직하고 있다. 소설의 주인공 관동군 가지 중위는 패전의 후퇴 과정에서 겪는 여러 인간적인 패배와 상실에서, 꿈을 잃지 않고 있었다. 당시 동아시아 젊은이들의 전후 패닉 현상을 처연하게 묘사하고 있는 탈주의 대서사 소설이기 때문이다. '인간의 생명을 걸고 있는 양심과 선의와 비통한 희망과 그 애원은 유연하게 역사를 통과한다. 한갓 인간은 격류에 희롱당하는 한 편의 꽃잎처럼 흘러간다.'고 작가는 쓰고 있다.(번역본 잇북, 2013)

당초 대동아 전쟁 전략에서 일본 관동군의 약점은 선점해 버린 만주대륙을 소련 군대가 밀고 내려온다면 동계 전투는 패배를 약속할 수밖에 없다는 예측이었다. 하여 만주의 광대한 목단강 비행장 건설은 실전용이라기보다는 소련군의 진출을 견제하는 위장 비행장의 성격이 짙었다고 한다. 아버지는 이 비행장의 토목 담당 엔지니어였던 것이며, 어린 기억으로도 독고다이(돌격)하는 전투기는 끝내 없었던 것으로 기억된다.

일본의 패전이 임박하였을 때 슬그머니 소련군은 막판에 아주 쉽게 만주대륙에 진주하기 시작하였다. 「인간의 조건」 소설 속 주인공 중위와 함께 같은 경로로 우리 가족들은 남하하게 된다. 또 다른 전후 일본의 베스트셀러였던 「내가 넘은 38선」은 당시 패전민들의 참혹하고 암담했던 현장을 처절히 묘사했던 것이다. 일로 최남단 부산 제 1부두에 정박한 관부 연락선에의 승선은 피난의 생환을 성공시키는 목적이고 업보였던 것이다. 일본 내무성 토목 관리 공무원직이셨던 아버님 가족들은 당연히 승선할 수 있었고, 그렇게 어렵게 부산 부두에 거지처럼 패잔병으로 도착하였다. 아비규환의 일본인 피난민들 속에 어린 나는 가족을 놓쳐버렸고, 어린 기억을 더듬어 외할머니가 계시는 동래까지 부산역 앞 전찻길을 따라 혼자 걸어가게 된다. 여섯 살의 나이에 기록된 유전자 정보는 본능적으로 부모님의 옛 고향을 찾아내는 연어의 귀소본능이 있었다는 것인가? 날은 어두워갔고 신발은 벗어 던진 맨발인데 이윽고 낯익은 냇가 다리가 나타났다. 홍약국집 외삼촌 등에 업혀 물장구치고 미꾸라지 잡던, 그 동래 다리 위에 드디어 도착했던 것이다.

그래도 낭만과 예술의 정신은 관부 연락선상에 여전히 허공처럼 배어 있었던가? '젊은 베르테르의 슬픔' ……, 베르테르가 사랑한 여인 '샤롯데'에서, 어느 도강 청년은 롯데(LOTTE)라는 껌 상품명을 선상에서 구상한다. 오늘의 한반도 1%의 보스로 등장한 분의 예초 관부 연락선 승선이었다.

「인간의 조건」에서 고미카와 준페이, 대문학인이 울부짖었던 사람으로서의 기본 가치와 인간다움의 나라는 어디에서 찾는다는 것인가의 질문이 떠오르는 어린 방황이고 패로였던 것인가?

그리하여 지금은 모두들 보스턴의 영양가가 가장 높은 학자금의 유학을 떠난다. 당시 식민지화된 경상남도의 양산, 언양 통도사 줄기와 팔송정 범어사, 그 끝자락의 인텔리들이 모이던 동래일신여고와 동래고보의 땅은 마찬가지의 지금으로 치면 로스엔젤레스와 보스턴처럼, 관부 연락선을 타고 규슈와 동경에의 유학을 떠났던 유행이 있었다. 애수나 허무의 가수들 또한 투신자살하는 눈물의 연락선이기도 하였다. 이 화가의 아버님은 그 관부 연락선을 타고 일본 군대의 병기를 제공하는 규슈 야하다 철공소에서 알바를 하셨다. 벳부시 광무관 관장님 수하의 양자로 입적, 지금의 구주예술공과대학의 전신이었던 전문대 토목과를 졸업하게 된다. 이윽고 성공한 일본 국적의 유학생은 본국 처녀에 장가들기 위해 부산 동래땅을 밟게 되었다. 때마침 신작로길 수도꼭지에서 물을 받던 동래일신여고생은 남녀가 유별한 동네에서 뚫어지게, 파파라치처럼 쳐다보는 유학생에게 물통에 잔뜩 받았던 수돗물을 뿌려버리고 말았다. 원효는 경주 냇물에 빠져서 옷이 젖었던 로맨스였다면, 이 화가의 부모 인연은 공동 수돗물 뒤집어 쓴 이벤트로 하여 결혼이 성립되었다는 것이다. 동네 일신여고생은 꿈의 일본 생활이 헛된 고생의 신혼길이셨고, 이 화가 아들을 벳부 어느 고찰 앞집에서 탄생시키고는 바로 "구슈게이호! 구슈게이호!"(공습경보 방송소리) 속에서, 만주 목단강 비행장으로 떠나는 관부 연락선 난간 위에 유랑자 공무원 신세가 되고 만다. 어린 시절의 신세타령을 길게 기록해 본 이유는, 평생을 두고 혼혈 아닌 혼혈아, 이중국적 아닌 이중국적자의 유전자에 담겨진 반도와 섬나라의 피해자와 가해자의 기질들이 어떻게 차별되고 변질되며, 때로는 대동아 전쟁같은 돌연변이의 재앙을 군국집단이 발생할 수 있었나? 역사 유전자와 그 미래를 신경 미학이라는 미비한 과학 증거로 진짜 추억할 수 있겠냐는, 질문 때문이다. 인간의 조건과 예술이 지구 위에 어떻게 기능함으로써, 선량하고 긍정적인 유전의 공식(모듈러)만이 공진화할 수 있다는 그 조건을 발견해 본다는 희망이다.

자, 처음의 유아와 어린애에의 제2차 세계대전 중의 오래된 상처는 한 마디로 허망하고 덧없어 방황하였던 "슬픔" 그 자체의 센치멘탈이었다.

허무와 비애라는 '모노노아와레'(物の哀相) 인간의 애조 띤 감상으로 기억된다. 그 증거는, 쉽게는 전후 일본인 정서를 대변하였던 저 미조라 히바리(교포 생선장사따님)의 '미나도마찌 13번지'와 '미나도마찌 사요나라' 그리고 후랑크 나가이(허스키 보이스의 원조 교포 아드님)의 '유락정에서 만납시다'라는 애가였다. 일본인 정서의 아픔을 심현시켰던, 이안 헤리스의 표현으로는 「유현의 미학」이었고, 사멸하기 쉬운 황폐함(히로시마 원자폭탄 투하)과 소멸되는 자기 연민에의 「포기의 미학」이라고 폴 발리는 표현한 바 있다.(2011)

그리하여 스즈키 다이세츠(D. J. Suzuki, 1870~1966)는 「자연의 사랑」에서, 종교적이지 않고

서는 진정한 아름다움을 간파할 수도, 즐길 수도 없다 하였다. 종교적 순종에서만 음울했던 섬나라 역사를 이길 수 있는 용기와 그 슬픔의 극복을 지시한 해법이었다. '숙명인가, 역사인가, 부메랑인가, 업보인가?' 아세아 태평양을 경악케 죽음으로 몰아간 그 업장은 또다시, 진도 9의 지진과 쓰나미, 인류 최초의 세계 대전보다 더 무서운 원자력 발전소의 방사능 확산은 섬나라 일본의 계속되는 허무함의 비애가 아무리 아름다움으로 포장한들, 철없는 이웃 종교 직업인들의 야지와 조롱을 받게 되는, 수모를 받기도 하였다.

진 웰렌스타인은 그의 「쾌감본능」(2009) 저서에서 신체 부위의 비례지수가 여성의 유전적 적응도, 질병 저항력, 생식력 등에서 이상적이면서 아름다운 비례 치수를 0.7로 보았다. 예컨대 마릴린 먼로와 오드리 햅번은 신체 치수가 36-24-34와 31.5-22-31로 매우 다른 형이지만 WHR은 똑같은 0.7이다.

동물들도 때로는 눈물 없이 울음으로써 필요와 억압을 신호화한다. 비탄과 야유의 눈물단지 분비를 음파화 한다. 고래의 경우 눈을 치료하고 목욕시키는 신체를 위해 눈물을 흘린다. (Chip Walter. Why do we cry? Scientific American Mind, Jan. 2007)

그러면서도 먼로는 감성적, 햅번은 이성적인 미감을 지니는 유전자 정보의 차별화된 신체로서 탄생하게 된 것이다.

신경과학에서는 성격과 지능의 약 50%는 가까운 유전자에 의해 좌우된다고 한다. 특별히 일본인을 대상으로 한 「5-HTT 유전자」 조사에 의하면, 173인 중 170명, 즉 98~9%가 신경질을 잘 나타내는 S유전자를 지니고 있다는 것이다. 미국인의 경우는 67.7%가 S유전자를 지닌 것으로 실험되었다 한다. 이러한 유전자의 보유율은 민족과 인종간의 개성차에 영향을 준다. 불안감이 강한 성격의 S유전자 5-HTT는 방출하는 신경전달물질 뉴런을 재흡수하는 수동체와 관계되는 것으로, 일본인의 신경질 경향을 특징짓게 한다.(비타·러시어, 1996, Newton, Nov. 2010)

아직까지는 인간의 유전자 정보는 50%가 그대로 자연 유전되는 상태이며, 30~35%가 비공유환경인 친구, 교사, 병환 등에 영향받고, 5~10%가 공유환경인 모친과의 관계 형성에 영향받는다고 한다.

최근의 유전자 정보 자체는 인류가 태아로서 출발할 때, 이미 긍정적인 유전자와 부정적인 유전자 소유가 각기 50%로서 탄생한다고 한다. 이미 생존 인류나 떠나버린 인류의 반수는 매사에 부정적인 유전자를 지니고 있었으면서, 후천적 공유 또는 비공유환경에 의해 학습, 영향받아진다는 실험 또한 발표되었다.(U.S. News and World Report, Feb. 2011)

진화생물학자 리처드 도킨스는 이미 이러한 후천적 환경지배에 의한 유전자 변형을 밈(meme)이라는 문화적 유전자의 존재를 제시하였다.

그러나 과반수 이상의 긍정적 유전자에 작용하는, 모친으로부터의 약 10% 관계는, 태아와 탄생아의 과정에서 인간 인격과 지능 형성에 결정적인 영향을 작동한다는 것이다.

이 화가의 출생 환경에는 세계대전 말기의 맨날 B29 폭격과 방공호 환경과 모성 및 자궁의 양

수 조건이 극도의 예민한 신경성 자체를, 센치멘탈이라고 하는 황제주도적 감성을 전 황국민에 보급하였다. 더더욱 신생아의 부정적, 감상적 두뇌 이미지를 형성하게 되었다고 보는 것이다.

'글루미 선데이' ……우울한 일요일이라는 부다페스트의 어두운 뒷골목 정서가 희망과 꿈이 저버려진 공산 탱크의 그늘에서, 내일의 기약을 스스로 단절해버리는, 자살에의 모방학습은 오히려 생존 노동자들에게 한가닥 연명되는 신경회로에의 에너지 충전이었을지도 모른다.

화가는 일본을 방문할 때마다 노래방 18번이 계은숙 가수께서 부른 '삿포로 북공항' 제2절 까지이다. 굳이 한류까지는 아니지만 전전·전후, 묘하게 융합되어진 반도와 섬의 유전자 성향은 여전히 향수에 젖어야만 눈물과 삶의 이유를 어렴풋이 확인할 수 있었다던가?

계속 연명되는 존재의 이유, 그래서 「인간의 조건」 가지 중위 주인공처럼, 꽃잎처럼, 떠내려간다는 것이던가……

일본의 패전 후 즐겨 먹어왔던 단팥죽(젠자이)의 당도를 극대화하기 위한 조리법으로는, 짠 소금을 약간 간해 넣는다. 슬픔은 연민의 확산을 장려하고, 인간의 나눔을 학습하는 자비에의 연습을 실험케 한다.

세계대전 말기에의 부산과 시모노세키를 연결하던 관부 연락선은 때로, 미공군의 B-29 폭격기에 의해 쫓기게 되면, 멀리 대마도를 둔 채로 약 9일 동안 태평양에서 풍랑 속에 난파선 신세가 된다. 관부 연락선 선실 내부와 지하 객실의 아비규환의 배고픈 절규와 생사의 불안과 그 신음은 차라리 노아의 방주같이 꿈같은 침몰 직전의 전쟁 재앙이었다.

때마침, 어쩌면 진짜 친일파일수도 있었던 우리 일본 내무성 가족은, 화장실에 몰래 들어가, 흰 쌀밥을 지어, (미래의 며느리에게 배신당할지도 모를)아기 아들에게 먹이려는 원시 모성에의 실천이었고, 금방 밥 냄새를 맡고 온 굶주리는 승객들에 발각되기도 했다. 주먹밥 반 쪼가리도 밥주인들이 먹지 못하는, 진짜 분배의 피난민 사회학이었던 것이다.

2011년 말 개봉 영화 '퍼펙트 센스(Perfect sense)'의 연인들처럼, 뇌의 신경 회로는 작동될 정보가(전염병으로) 미약할수록 한 주먹의 밥덩어리도, 그 미각의 월등함에 탄복한다. 환경의 열악함이 더할수록, 창문 틈에 피기 시작한 꼬마 풀잎이 거룩한 것이며, 이 때의 쾌락 선호(Hedonic preference)가 저 골고다 언덕, 나치스의 유대인 수용소에서 온, 한 가닥 살아남는 생존의 암호 극대화였을 것이다.

리처드 도킨스는 확장된 표현형(The extended phenotype)이라는 생존행동의 극대화, 공진화 현상을 새롭게 규정하였다.(1982)

유전자형은 유전적 정보명령의 집합이지만, 표현형은 유아 생명의 발생, 형태, 행동같은, 관찰되어지는 성질을 말한다고 한다. 따라서 표현형은 유기체의 유전자형, 전달된 열외 유전 요소들, 비유전적 환경요소에 영향받아진다는 것이다.

급속한 전자 경쟁시대, 반도의 먹튀 천민 기득권자들은 한 건 챙기기 위해, 때로는 세계 대학생 자살율 제 1위 국가를 손쉽게 만든다. 도킨스가 이야기한 반도국 젊은이들의 밈 유전자에는 패자부활전이라는 당연한 인간의 조건과 권한을 빼앗긴 채로 저렇게 절망의 고시방 옥탑방에 서성거린다.

그러나 신문 종이에 인쇄된 그 강경지상주의의 어느 대학 총장 얼굴을 관찰하였고, 오른쪽 입가가 상당히 찌그러져 비대칭의 얼굴로 변해진 노화를 보았다. 이 때, 이러한 상태를 우리는 「확장된 표현형」의 유기체 미감 또는 추함을 인지하는 부정적 생물환류(Negative bio feed-back)라는 에너지 미학으로 간주한다.

우점종의 유전자가 번식하고, 쾌감의 보상을 담보하면서, 적자생존의 미래를 되먹임해야 하는 패전의 혼돈과 질서 실종 속에서도 「자기닮음」이라는 프랙틀 구조가 반드시 반복되고 만다. 젊은 유전자들은 패자부활의 우주 법칙이 있음을 긴 시간 두고 반드시 쟁취하여야 한다.

　음악, 최고의 두뇌 훈련.(Gary Stix, How to build a better learner, Scientific American, Aug. 2011)

안이비설의 감각 정보는 뇌의 역할 분담에 의해 처리된 뒤에 연합야로 보내진다.

유아시절부터 집중적인 악기 훈련을 통한 음향학의 숙달은 언어의 이해력과 주의력, 연습 기억, 그리고 자기 규정의 능력 향상을 기하게 된다. 달팽이관에서부터 작동되는 신호회로는 뇌간을 통하여 대뇌 연합 피질로 이동한다. 정교하고 정밀한 전기적 신호의 모니터링 곡선은 인지음향과 조화롭지만 비음악인의 두뇌 신호 라인은 불규칙하기 때문에 뇌신경의 음향되먹임이 부조화하고, 따라서 명료한 의미, 언어, 감성 이해 전달이 부족하게 된다.

　'이제는 돌아와 거울 앞에 앉은 누님'이라는 시구처럼, 삶에는 어디가 굴절이고, 어디가 환승역인가를 확인하는 자리를 가진다. 진짜는 경계가 없다는 화엄 생각이 맞다. 이 화가의 경우, 새벽 기도 공간 중심에 방석 한 개 놓여있고, 그 양쪽에 경주 남산 출토의 조그만 동종 두 개가 좌우로 설치되어 있다. 파동 반복은 중독현상 요인이다.

때로는 배신당하고, 때로는 그림과 논문에의 에너지가 고갈될 때에, 그 도파민 에너지, 쾌락 중추에의 극단적이 자극과 효율 극대화를 위하여 미친듯이 양손에 쥔 방망이로 좌우의 종들을 무차별 난타한다. 그리하여 엄청난 돌연변이의 종소리는 청각을 마비시키고, 심장의 진동은 마치 지진 난 것처럼 뒤집어지는 휘몰이의 환각에 스스로 취해버리고 만다. 땀은 솟구치고 떠나간 아련한 술집 종업원들 이름도 울부짖는다. 환각은 그 이름이 환생하여 원효를 유혹한 관음처럼, 염불처럼 목놓아 울부짖는다. 이윽고 굿거리 장단의 종소리 템포는 힘 빠지고 느린 장단으로 숨을 고른다. 이른바 유포리아(Euphoria), 그 극도의 행복감이다.

아주 느린 '몰토 아다지오'는 종소리의 울림이 흐느끼면서, 멀리 간섭무늬의 동심원 끝으로 사라지는, 그 실종과 마모와 업장의 흐느낌을 통탄한다. 올가즘의 끝은 허탈하고 흐트러진다. 그 끈의 지평선 소리는 미완성으로 하여, 갈증의 주인공을 실종되게 만든다. 남들 깨달음과 명상의 길은, 이 화가에게는 난폭한 불협화음의 무당 춤, 그 울부짖는 난타에서 역으로 온다. 50% 자연산 유전자에 각인된 샤머니즘의 정보이고 체질이고 기질이다.

부정적 환류, 무의미한 잡음과 충돌, 그 역순과 반복의 엑센트는 '끝나리라는 예감을 거부한 채, 지속되는 단어의 상실'(서우석, 2007)이고, 의미의 부정이며 원시 적막에의 회귀이리라. 허공이면서 유영하는 자유이다. 베토벤의 3번 교향곡이 영웅의 혁명과 선언적 명제를 강요하였고, 쇼 팽의 피아노곡이 후회와 회한과 실연의 저술적 반복음이었다고 한다. 스티브 라어치의 바이올린 을 계기로 상실과 단순화의 생체 리듬, 그 심장 박동의 대뇌신경 혼돈을 상실하고 휴식시킨다 한다. 마음의 체증 풀이였던가?

서우석은 그의 '음악적 반복 단위의 기호학적 의미 범주' 라는 기호학회 발표(2006)에서 오늘 와 있는 우리의 현장음악은 무한한 반복의 의미 상실이, 주문과 암송 기도의 원초적 행동을 확인하 고 있다는 것이다. 청각 신경과 그 음운은 강력한 전체 신경중추에의 통합 각인을 기능하면서 "두 단어는 두 음절로 된 발음이며, 그것이 발음 이상이 될 수 없을수록, 그 반복은 주술적이고, 최면적인 효과를 만든다. 음악과 언어(의미)의 반복은 그 구조적 유사성에 의해 의식과 마음에 사상(mapping)되는 아름다운 언어의 뇌 활동이다." 라 하였다. 자! 자아 상실과 최면적인 무아지 경은 실타래같이 엉키고 설키는 뇌신경 네트워크의 돌연한 변이(hyper link)와 복잡스러운 리좀 적인 뿌리구조를 풀고 해체한다. 오늘의 온라인 MMORPG게임과 청소년들의 비보이 광란이 한 반도에 오랫동안 공진화하여 유전받아진, 민족의 대뇌설계지도였던 것이다. 한류라 하기엔 너무 나 통한을 보유한 것이다. 하여, 굿판을 흩트리고 휘몰아치는 소리의 미학은 생성과 소멸의 음 파진동과 정지, 밀물 썰물에의 "유희 반복을 통하여 냉소와 허무의 핍박 민족은 물질과 그 피안 이 저당잡힌 채 개인의 욕망과 기술 진보의 끊임없는 만트라 안에서 몽롱해져가고 있다."(노소 영. 2007)고 진술한다.

풍류와 텔미, 그 삼진박의 즉흥적이며(대애한 민국!) 관능적 변주의 노량목 정한은 민족이 한 줄 기 살아남아 명맥을 유전시켜 온 한류적 집단의식이라고 할 수 있다. "이건 어제의 가락이지 오 늘의 가락이 아니라는, 심상건 가야금의 전설은, 휘몰아치는 야성의 간섭물결 충돌이 불협화음 과 조화를 본능적으로, 신경네트워크로 변주, 변용함으로써 인류의 원초적 존재의 존엄(dignity) 한 존재가치를 승계, 연출한다.

이미 쉴러(F. Von. Schiller) 미학에서는 놀이 충동의 산물이 예술이고, 예술만이 아름다운 인 간상을 구축한다는 이성과 감성에의 중재 놀이가 아름다운 영혼의 존재가치임을 규정지었다. 독 일의 노버트 블쯔(Nobert Bolz)에 의해, 예술의 최고 가치는 관조에서 유희로 그 무게중심이 넘 어가면서, 예술가가 베토벤이나 도스토옙스키가 부여한 의미체계에서 예술의 실생활자 또는 독 자 관객이 해석하는 '오늘의 가락' 그 「수용자 미학」 (reception aesthetics), (노소영, 2011)의 뇌신경과학 결정론이라는 것이다.

건달바, 한산 습득

한산 습득, 건달바(達婆), 힙합 긴나라(緊那羅), 유화 8호, 2009

　산다는 것에는 아무런 무게가 없고, 우리는 처음부터 죽은 것과 다름없다. 인생이란 한낱 그림자 같은 것이다. 그래서 삶이 아무리 잔혹하고 아름답고 혹은 찬란하다 할지라도 그마저도 무의미한 것이다.(밀란 쿤데라, 참을 수 없는 존재의 가벼움, The Unbearable lightness of being, 영화 프라하의 봄, 플립 군트만 감독)
내소사 대웅진 삼존불을 중심으로 하늘에서 수많은 백학이 춤추고, 법열에 넘쳐 춤과 음악으로 공양을 올리는 모습, 꽃 공양의 비천과 황룡을 타고 경전을 모셔오는 모습들은 우주법계 현상의 극단적 찬미를 보여주고 있었다. 장엄한 극락세계의 장면을, 이 시대에 다시 재현하여 그려본다는 마음은, 화가라면 누구나 한 번쯤 시도해 보려는 ‘지상 최대의 쇼’이며, 종교적 완성이라 생각한다.

우선 춤추고 연극하는 천상인들의 몸짓은 뉴욕 맨해튼 뒷골목 흑인 아이들의 힙합 스타일을 그대로 옮겨온 헐렁한 몸빼 바지에, 두건 같은 모자의 형태는 지상의 어디에서도 나타나지 않는 구름 같은 모자에, 바람 같은 옷고리를 길게 날린다. 무중력 상태의 붕붕 떠다니는 군무들과 신비한 말춤의 율동을 백제 땅 내소사 현실세계에서 묘사하고 있었던 것이다. 그것은 세계 종교화의 흐름에서 하나의 경이로운 최고봉을 이루는 조형의 시각신경회로였던 것이다. 우리들 후손에게 자랑할 수 있는 사라지기 전의 몇 안되는 조선반도 고려 불교의 아름다운 장인정신이고, 최고수 미술인의 명품 솜씨, 그 원인제공자 부타의 재생유전자였던 것이다.

화풍의 이미지와 찬연한 지역적 색조에서, 바다 건너 남쪽 송나라와 멀리 인도 지역에서 직접 영향받은 남국 불교미술의 정서를 풍요롭게 표현하고 있다. 자세 또한 비보이의 길거리 춤에서 보이는 해부학에서 불가능한 자태의 몸동작을 찰나화하는, 그리하여 “저 찬연한 무상함”(모노노 아와레 미학 정서)의 순간에 스쳐지나 소멸하는 불교미의 기억을 각인시킨다.

“몸에는 ‘허공의 꽃’ 옷을 입고, 발에는 ‘거북의 탈’ 신을 신고, 손에는 ‘토끼의 뿔’ 활을 잡아 무명의 귀신을 쏘려고 겨눈다.”(최동호. 김호성. 석진오, 1996)하였다.

이 화가가 「한산습득벽화」 쪼가리를 보수하기 위해, 내소사 박물관 구석에 놓여 있는 것을 발견했을 때의 그 놀랍고 두려운 불화 작품은 이루 형언하기 어려운 감회로 젖어왔다. 왼손 손가락을 달을 가리키며 습득에게 무언가 이야기하고 있는, 고목나무 위의 두 도반은, 일찍이 풍간(豊干)과 더불어 삼은성자(三隱聖者)였다고, 김정휴의 전강선사(1985)에서 읽어왔기 때문이다. 물론 전강의 거지 행각과 한길 머릿길 하며, 무애와 숨어사는 듯 했던 삶의 가벼움은 한산과 습득의 거지 정신에서 비롯되었을지 모른다는 글귀였다.

“한산은 남루한 옷가지와 광발에다 뾰족한 모자를 곧잘 쓰고 다녔으며, 국청사 오리길의 한산굴(寒山窟)에 살았다. 습득(拾得)은 풍간 스님께서 길가 학다리 아래에 강보에 싸여 버려진 유아를 주워다 길렀다고 하여 훗날 습득이라고 불렀다”한다.

특히 습득은 출신이 미약한데다, 어려서부터 주방장 보조로 심부름이나 하면서 자랐고, 사람들은 그를 약간 모자란 7푼이(전 YS대통령 표현) 취급을 했다. 그래서 그들은 남이 먹다 버린 음식쓰레기통에서 밥찌꺼기를 건져먹기도 하였고, 혹 누룽지를 얻게 되면 진수성찬인 양 배불리 먹기도 하였다.(김정휴, 1985) 뉴욕 맨해튼 뒷골목의 가수 지망생 샤론 스톤도 길거리 걸식파였었고, 어쩌다 통닭 뒷다리뼈를 발견했을 때가 가장 기뻤다고 했지만 한산, 습득, 그리고 샤론스톤은 결코 자신이 거지라고 생각지 않았을 것이다.

“첩첩 쌓인 구름과 물 사이 / 한가히 지내는 선비 있네 / 낮에는 청산을 노닐고 / 밤이면 돌아와 바위 밑에서 잔다 / 이렇게 유유히 세월을 보내니 / 마음은 고요하여 세상의 번거로움이 없다.(千雲萬水間中有一閑士 白日遊靑山 夜歸巖下眠)

‘선과 문학’ 연구가 웨일리(Arther Waley)는 그의 ‘한산시 27편 연구’에서 “숨겨진 보물, 즉 부타는 우리들 밖에서가 아닌 우리들 마음속에서 찾아와야 한다는 이념을 그 뿌리로 한다"고 말한다.

"중국 지나의 시인 한산은 8~9세기 사람으로, 농사를 짓다 말고 형제 처 가족을 버린 채, 방랑과 유랑을 살면서 책만 읽고, 알아 줄 인물을 찾았으나 허사였다 한다. 마침내 한산에 은거하여 寒山이라는 이름으로 대략 100세 정도 살다 갔다."고 기술하였다. 한산은 남종선의 돈오(頓悟)의 입장을 취하면서, 인간의 자기 마음속에서만 부타를 구할 수 있다는 사상을 가졌다한다. 하나의 마음이 즉 부타다(一心卽佛)라는 마음은, 애초에 직업적인 승려를 싫어했고, 그러한 맘짱들을 많이 나무랐다가 절 마당에서 쫓겨나기도 하였다. 이 때 한산은 손뼉을 치면서 악을 쓰다 가버리곤 했다는 것이다.

"삶과 죽음의 비유를 알려고 하는가 / 우선 얼음과 물을 들어 비유한다 / 물이 얼면 얼음이 되고 / 얼음이 녹으면 물이 된다 / 죽으면 반드시 다시 나며 / 나면 다시 죽는다 / 얼음과 물은 서로 상하지 않고 / 삶과 죽음은 둘 다 더 좋구나."
마치 현대 물리학의 양자론 설명을 듣는 것 같은 이 「삶과 죽음」의 해석은 자연 생태학이 결국은 「生死一如」라고 하는 신경미학의 오래된 예측으로 해석된다. 그렇기 때문에 그의 시대는 애수에 젖은 처량한 자신의 신세나 숨어사는 삶에 대한 회의와 두고 온 고향 가족에의 애절함을 노래할 수밖에 없었다. 삶과 죽음의 어느 것도 즐거워야 하는 '수줌음의 변주'가 숨어있다고 이리야 요시다까는 「선과 문학」에서 밝히고 있다.(1993)
다음해 이 화가는 오랜만에 마곡사에 들렀다가 내소사 '한산습득도' 못지않은 규모와 형태의 수준 높은 필치와 색조로 그려진 한산 벽화를 만나 확인하게 된다. 간혹 새로 단장한 요즘의 사찰 벽화에 만화(그림)식으로 변주된 한산도는 간혹 있어왔지만 마곡사 한산도의 원화적 가치는 또 다른 문화재의 가치가 충분한 소장품으로 보였다. 음......, 이 화가는 향후 50년에, 내 유전자 정보가 유산된 어느 미학자에게도, 원화 손상이 안 된 오리지널 한산도가 유지 보존될 것인가의 의무로 하여 자괴가 느껴진다. 이른바 마곡사 금호약효(1846~1928)중심의 남방화소(南方華所)양식으로 보인다.

얼마 전, 프랑스 해군에 의해 탈취되었던 규장각 도서를 일부 싣고 아시아나 항공기가 인천공항에 도착했다는 미술사가 추가되었다. 마곡사 '한산습득도', 한산은 습득에게 뭐라고 손짓하며 구라를 떨고 있고, 빗자루 쓸고 있는 습득은 근성으로 바라보고 있었다. 해외 불교미술은 고국으로 귀환되어야 하고, 후불 탱화는 원래의 장소에 되 돌려져야 한다. 세계적인 「모나리자」 그림에 액자가 없는 것 같은, 영덕 태백산 속 장륙사 종이관음보살 의 후불 탱화가 서울 용산 박물관 같은 곳에 가 있는 예술문화정책은 재고되어야 한다.

지금에 와서야, 선조대의 기록화와 그 예술적 가치에 대해 난리치고들 있지만, 한반도 사찰에서 승화되었던 불교 탱화 양식이 낡아 사라질 때에, 그 책임은 누구라 질 것이며, 세계유산의 실종을 눈앞에, 코앞에 목도하고 있음 또한 서글픈 사실이다.

강대국에 의해 탈취되었던 국내 감로탱화가 도난 보존의 명목으로 중앙의 박물관으로 이전 전시된 현실. 예컨대 당일치기 비행기로 시외버스 두 번 갈아타고 한참을 걸어서 도착한, 저 종이로 만든 관능의 불상을 참배했을 때의 진정한 당대 중산층 불교미술이 존재하고 있었음에 환희하였다.

그 장륙사 배불화와 감로 탱화는 불상의 뒤에 텅 빈 채 없어진 상태였다. 무심한 메뚜기 떼들만 풍경소리 요란하게 허망한 장륙사를 뒤로했던 것이다. 이후 이 화가는 조계사 뒤편 박물관에서인가, 용산 무슨 국가 박물관에선가 장륙사 탱화가 탈영병처럼 전시된 상태를 발견하곤 분노했었고, 하여, 몰래 극 미세 부분을 촬영하였다.

옛날 강대국의 박물관은 한국의 원 자리에, 한국의 박물관은 전시품을, 지방 산 속의 원 자리에, 탈취나 이전의 빈자리가 없도록 각각의 요람 요소에 환원 배치하여야 진정한 불국토가 되지 않겠는가? 하긴 한산의 노래대로 일체 제법은 인연 따라 생기며, 모두가 진여실상의 체현이기 때문에 환상이고 가상현실 이라는 것인지……, 조작된 시간과 공간의 "산이 깊어 해보기 어렵고 마음이 마치 우물 같다/ 봄이 오는지, 가을이 가는지를 모른다" 했던 세세 불지춘(歲歲不知春)의 오늘이던가?

설벽의 균로로 파손되는 수덕사 경우(오른쪽 위),
외벽 회벽이 완전히 떨어져 나간 천은사 불화(왼쪽 위)

내소사 호랑이 화가

작은 새와 호랑이, 혁필유화 10호, 2009

내소사 칠불, 혁필유화 8호, 2009

    1,700년 6월 내소사 쾌불은 천신(天信)과 일곱 분의 화승에 의해 완성되었다 한다. 높이 996cm, 폭이 15cm의 거의 정사각형 비례이다.

당대 반도예술의 최고봉 천신 화승의 종교 미학이 무엇인지를 확인하기 위하여, 이 화가는 그들의 내소사 쾌불을 한 점, 한 선 모두 필사해(유화 8호 캔버스)보기로 하였다. 그들의 고착된 정통 미술 양식은 절정의 구도와 선묘, 그리고 색채에 의해 모방을 불사하는 수준에 당도했음을 묘화 후 알게 되었다. 아무리 풋 종교적 경지의 화가이지만, 자신의 개성적 암시는 그림에 남기는 법이다. 본존불 오른 쪽 협시불인 관음의 얼굴 표정은 유독 비애와 관능의 그림자를 드리우는 듯한 표정의 메시지를 분명 보내는 듯하였던 것이다.

그렇다. 이쯤에서 진표율사의 울금 바위, 다이빙 장면에 대한 설명을 기술하여야 겠다. 「삼국유사」의 기록으로도 진표는 불사의방(不思義房) 절벽 아래로 뛰어내렸다고 기록하였다. 조용현은 그의 「나는 산으로 간다」(1999)에서 투신 추락의 의미는 종교적 끝장 해결을 위해, 막다른 출구를 지구 중력 법칙에 의존했을 것이고, 두 번째는 백제가 망한 뒤에 품었던 원한의 살(煞)이 그의 김제 금산지역과 변산반도가 신라 당나라 연합군에 의해 작살났던 백제 저항군의 통곡소리, 그 항전과 몰살의 한 맺힌 전투 유적지 중심지역이라는 것이었다.

개암사(開巖寺) 뒤편 웅장하게 생긴 바위봉우리는 굴이 두 개 존재하는데, 다른 하나는 원효방(元曉房)으로 불려왔던 것으로 보아, 이후 10년에 원효와 의상대사는 승전국 신라의 맘짱으로서, 패전국가의 원귀를 달래기 위해 후백제의 땅에 오셨던 것으로 전해졌다.(조용현, 1999)

시대는 지금부터 약 1,200년 전, 개구리들을 새끼줄에 잡아 끼워놓고는 이듬해 봄, (깜빡하는 사이) 물장구치던 냇가에 가 보니 새끼줄의 개구리들은 모두 살아 숨쉬고 있었다는 것이다. 그리하여 삶과 죽음의 원인이 무엇인지를 평생의 질문으로, 맘짱의 길을 보낸다. 그 스토리 텔링의 상표는 변산 울금바위 낭떠러지 대략 75미터 중턱에 한 사람 겨우 기거할 4평 정도 수도 공간이 있었다. 절벽 꼭대기 150센티미터에 쇠말뚝 하나 지금도 박혀 있어서, 쇠줄로 집을 잡아매고 바위에 못질 하여 살았다는 기록이 있다는 것이다.

전쟁 후의 난세는 견훤과 궁예 같은 초보 영웅들이 민중의 선구자로서 기다리는 미륵불의 역할자로 등장하고, 이성계 역시 나 미륵의 브랜드를 차용한다.

환상의 불설은 막바지 진표의 투신 추락에, 지장보살의 몸짓으로 구출되는 것으로 전해진다. 이후 후백제 멸망의 허무와 체념의 장터에서 진표 맘짱은 패전 민중에의 역할을 수행했다고 기술한 분도 계신다.

부사의 방 개구리 목걸이. 유화 10호. 2008

306

개구리 10마리 목걸이. 신라 성덕왕 때 김제군 대정리에서 태어난 진표율사는 열한 살 난 어느 날 친구들과 냇가로 놀러 갔다가 개구리 10마리를 잡아 끈에 꿰어 물에 넣어두고는 깜빡하고 집으로 돌아왔다고 한다. 이듬해 해동한 후 그 냇가로 가 보았더니 10마리 그대로 끈에 묶인 채 발버둥치며 살아있었다. 곧바로 개구리들을 풀어주고는 깊은 생각에 잠겼다. 화가의 이 그림은 금산사 입산 후에 찐쌀 두 말을 울러 매고 변산 부사의 방으로 올라가 추락하게 되는, 매달린 부사의 방을 상상하며 그려 보았다. 그의 명상에는 평생 개구리 열 마리를 꿰인 줄기의 생명과 그 허망함을 화두로 잡았을 것이다.

이 화가는 대학시절 우연히 서울대 4.19기념탑을 설계하고 제작, 설치했으며, 서울대 학생회 주최 영결식에 학생 대표로 영결사를 낭독한 적이 있었다. 이러한 갑작스러운 현실 참여 속에 국가 정치의 부조리를 처절하게 체감하게 되었고, 그 날 낭독한 4.19 영결사 문장에는 "떠나 가는 길 곳곳에 들국화 피었거든, 한 송이씩 꺾어들고 가려무나……"의 낭독 장면에서 서울 음대 장례식장 내부는 통곡의 울음소리가 절정으로 울려퍼져 나갔던 기억이 새롭다.
하여, 세월은 흐르고 노무현도 고향 진영의 뒷산 바위에서 진표율사처럼 투신하였지만, 그 때처럼 지장보살이 날아와 구하지는 못했던 것이다. 지금은 자칭 강남 좌빨, 머리꺼드령녀, 난닝구 조직, 배반의 정치 꼰데들 등의 꼼수 돌연변이가 생기는 급속 진보의 시대이다. 노무현의 등장은 한반도 역사의 긍정 유전자 진화를 위해, 어차피 가고 있는 화폐자본과 그 기생하는 법 집행의 항상성 속에서, 한 번쯤은 속도의 중지와 재성찰을 위한 국가의 숨고르기 역사를 만든 장본인이라고 감히 진술하고 싶다. 동포 핏대의 즉흥살이었고, 결과로는 비애살이었다. 문제는 '강남 좌빨'의 속성이 동포 지성의 대변인처럼 조작되고 행세하는, 이 지금의 끝없는 불황, 불확실성이 진짜 지성인과 침묵하는 차산남(차거운 산사의 남자)에게 "어쩌겠나?"라는 책임 회피의 벽면으로 돌아앉았음이라는 것이다.
최근의 자살공화국에, 지방대 학생 자살과 교수 자살은 이 나라 화폐자본의 개념이 대학 학점 0.01당 6만원으로, 우열과 빈부의 청년을 갈라놓고 말았다는 것이다.
이 나라 순수한 생명체로서, 우주에 우연히 생존케 된 반도인의 젊은 이들의 탄생 존엄을 슬프게 만든다는 현실이다.
자, 급속한 스마트 통신에 의해, 너희들 대학은 "사람 죽이는 대학이냐"에서, 그렇다면 "당신은 머리는 있고 몸뚱이는 없는 교수이다. 너희 대학명은 Seoul National University가 아니라 Sex 또는 Sexual University이냐?"라는 봉숭아학당 같은 선문답이 작금에 오고 간다. 과연 현재의 한국 대학생들의 진정한 교육자는 어디서 찾아 등록금 알바를 할 것인지 헷갈리는 현실이 되고 말았다. 하여 명품 학문백화점 같은 보스턴으로, 뉴욕으로, 갈매기 가족 되어 이 순간도 떠나가고 있을 것이다.
투신자살, 죽음 연습. 종교의 제일 목적과 수단이 자본, 물질화 하면서, 해결사 역할을 못 하고 있는 작금의 국토 현상이다. 진표, 원효, 의상의 정신이 필요하지 견훤, 궁예, 이성계의 혁명정신이 요구되는 것은 아니다.

　미학의 역사 속에서 예술에의 ‘미완성’이란, 무한히 변하는 우주 현상에서, (원래의 완성품이라는) ‘찰나의 정지된 의미’란 존재하지 않는다는 말로 보인다.

　이 화가는 이번 달 꽃피는 4월에 모처럼 지리산 화엄사를 조계사 신도회 달마국장님 인솔로 다녀왔다. 새삼 가람의 좌우대칭적 음향의 종소리가 깊고 물맑은 계곡에 무게 있게 안착되어 있었다. 수많은 구조물들의 공간 관계와 함께, 어쩔 수 없는 짙은 화장과 성형으로 단장되어, 변해 버린 화엄사찰의 경관에 마음을 조였었다.

그도 잠시 뿐 조계사에서 모시고 오신 맘짱의 법회를 가졌던 각황전(覺皇殿)의 엄청난 스케일과 부피감을, 이를 피부로 장식하였던 저 찬란하고 현란한 단청의 색채와 기둥 서까래의 구조, 층간의 창문 처리 등은 완벽한 조화로서 조립되었던, 진짜 조선 불교건축의 최고 진수였음을 다시금 확인하게 된 것이다.

그러나 어쩌랴, 왕실의 도움을 받아 대웅전보다 배로 큰 규모에서부터 형조참판 이진후가 쓴 각황전 글자체의 꽉 찬 구성마저, 세월의 풍진 앞에 낡고 퇴색될 수밖에 없었던 것인가, 변질 퇴색으로 하여 참배 길손의 가슴을 찢게 하는 슬픔이 있었다. 각황전 내부 벽면마다의 그림들은 거의 퇴화하고 떨어져 나가고 있었으며, 대부분의 불화가 마치 원래부터 없었던 것처럼 빈 흙칠로 덧칠해 버렸다. 각황전이 살아있는 생명체의 우주별로 보았을 때, 세포의 숨구멍을 대부분 막아버리고, 숨을 쉬지 못하게 임시로 변조시키고 있었던 것이다.

　단청의 기하학적 무늬는 퇴색하여도 일정한 구성 법칙에 의해 다시 칠할 수 있는 보수의 법칙이 있지만, 유독 각황전 외부 단청 사이사이의 수많은 부처 형상은 햇빛과 비바람에 자연히 물감마저 풍화되고 말았던 것이다. 각황전의 스케일과 그 위상은 부석사 무량수전에서 느끼지 못하는 볼륨의 확장을 발산하고 있었다. 피부와 의상으로부터의 간섭파장이 자기장과 엔트로피의 극대화를, (화가의 눈과 피부에 마치 사이키델릭하게) 그 자이언트의 카리스마를 선사해 주었다. 그럼에도 그 거인 각황전은 늙어가고 있었다. 누구라 어느 불자로 다시 보수하고 다시 색깔 입혀 민족 불교미술의 온전한 보존과 유산될 가치를 시행하는 것인가?

그럼에도 작금의 대부분 사찰이 새로운 건물 불사에 바빴고, 이마저 방화범에 의해 불타 버릴 뻔하였던 바람 앞의 등불이었다는가? 화가의 눈에는 소실되고 있는 민족 불교미술 양식의 영원한 우주 속 사라짐에 가슴 메었던 것이다. 유니버설 디자인 개념이란 지역과 거주인구와 인공물의 효율 극대화 시키는 숨겨진 공간의 적응이고 순응이다. 노약자나 유아의 보호에서부터 자연 경관의 상쾌, 명쾌한 배치와 생략의 유연, 단순화이다. 그럼에도 서울 시장의 입장은 선거 투표에서 재선되는 가시적 한 건만을 위해 한강에 오페라 하우스를 짓는다든가 하는 참으로 노약 소외계층의 시민 불편을 외면하는 정책을 썼다.

시장이 바뀐 지금은 한강에 둥둥 떠 있는, 텅 빈 미완의 건축물들은 흉측한 선거 정치의 종말 교훈을 메시지화하고 있다.

템플 스테이의 원래적 효율과 가치 극대화와, 이를 통한 권위 은둔 불교에의 진정한 대중과의 만남의 장소라는, 선순환의 긍정에도 불구하고, 대웅전 뒷벽의 떨어져 나가고 퇴색되는 사찰 불화의 보수와 재생은, 향후 민족불교 자산에의 통분할 수 있는 최고가치로 유산되어야 한다고 생각한다.

세상 모든 우주가 변한다는 현상을 발견한 샤카 부타는 결국 우주의 모든 존재가 완전한 완성품이 존재하지 않는다고 해석할 수도 있다. 이 화가의 그림에는 완성을 위해 작업을 하며, 고치고 또 손댐으로써 결국은 망쳐버리는 경우가 많았다. 어느 날 그림이란, 미술이란 원래 미완성품인 것이라는 진리를 깨달으면서, 작품 하나하나에의 집착과 미련을 쉽게 떨치고, 다음 캔버스로 넘어가는 작업의 정수를 알게 되었다. 예술을 접속하고 잠깐 만지되, 재생된 창작성에 '소유권을 못박는 집착'은 절대 버림으로써, 비로소 예술의 가치를 공유할 수 있다는 진리였다.

흔히 피카소는 어린아이처럼 그리려는데 한 30년을 고생했다는 화가의 깨침은, 불자의 깨달음의 몇 단계 과정에서의 경지, 그 자체를 삶의 색칠로, 항칠로 그려내는 것이다. 선택과 집중, 그 오차 수정에의 먼저 빨리 손대고 맛보고 해석하고는, 아쉽지만 뒤따라오는 자 없을 때, 치고 빠지는 그림이 세계에서 가장 귀하고 값비싼 피카소의 그림인 것이다.

사람들은 따라서 미완성의, 어딘가 아쉽고 모자라는 피카소의 붓자국에서 감상 향유자와 구매자는 자기의 몫으로 남겨둔다는 이야기가 된다.

우주 역시 미완성이고 인간 또한 미완성이기 때문에, 긍정적이고 번식 왕성한 유전자로 진화하는 과정에 있는 것이다. 따라서 세상의 역사는 항상 미완성으로서 종료가 되고 정복, 완성이 성립되지만, 그 순간은 이미 또 다른 확장과 추락의 문지방을 넘고 있는 것이다. 이러한 교훈은 슈베르트의 교향곡에서 세계인들에게 미완성의 진정한 예술 향유와 그 쾌감 중추를 발현했던 것이다. 슈베르트 심포니 8번 B장조 759번은 안단테 콘 모토를 마지막장으로 미완(unfinished)된 아쉬운 아름다움의 여운을 선사한다.

앞서 장황하게 각황전 미완성의 진행을 나름대로 구라쳐 보았지만, 사실 불사 진행이나 사찰의 운명은 경허 맘짱의 말씀마따나 '북망산천 무덤이요, 부처 문장 쓸 데 없으니 황천객을 면하겠느냐. 오호라! 내 이 몸이 풀 끝의 이슬이요, 바람 속의 등불이라' 규정해 버렸던 것이다. '미완성 교향곡'이라는 것이다.

풍전등화, 이씨 조선 말엽 쇄국정책으로 강화도 앞바다에 나타난 프랑스 포함은 대포 몇방에 놀라 도망간 오합지졸의 뒷자리에서, 골동품 책가지들을 엄청 훔쳐싣고 튀었다. 그 와중에 선조의 무덤을 풍수지리로다 명당에 이장하여야만 며느리와의 파워게임을 이길 수 있고, 난초그림도 큰 돈으로 다시 되사고 싶었던 것이 흥선대원군이시다. 그리고 보니 전국의 명당자리는 불교 사찰이 다 차지하고 앉았다는 사실을 알게 되고, 혹은 연약한 주지를 매수하기도 하여, 사찰들을 불질러 없애버리고, 그 자리에 묘사리 잔디를 입혔던 것이다.

바람 앞에 등불이었던 조선 사찰이었던 것이다. 그래서 역시 경허가 노래했다든가. "숲과 골짜기는 아득한데 / 별과 달이 있는 아래 하늘 / 죽은 닭이 쥐를 잡아서 / 망인의 제사를 지낸다" 하셨다. 이는 조롱과 땅의 뒤집힘의 (미술사에 나오는) 초현실주의, 슈얼리얼리즘적 전도봉상을 이야기한다. 하긴 바람 앞의 등불은, 어느 날 봉은사 명진주지 맘짱 법회에서, 여의도 보온병 국회의원의 강남 좌빨 주지 내보내라는 겁 없는 수작에 열받으신 주지 맘짱…… 그럼 북에 가

악수하고 온 박근혜 정치인도 좌빨인가? 말 안들으면 전부 좌빨로 모는 시대는 한참 지났지 않았느냐 셨다. 법회의 말미에, 문제의 명진 맘짱 "오호라 바람 앞에……"를 참으로 목소리 웅장하게 한바탕 읊으셨던 것이다. 결국 그 바람과 함께 (노병은) 사라진 것이다. 혁명 같은 결사조직의 추억이 있는 봉암사 가신다 했다. 우주의 운항 회로나 건축 불사에서도 때로는 중단과 불타버림의 부침을 지닌다 한다. 내소사 대웅보전의 단청과 불화 불사는 당시의 포교 교육에 절대적 의미와 가치를 지니면서 불사에 집중한 것으로 보이지만, 어떠한 이유로 마지막 한 점의 완성을 못하게 되는 미완성의 불교미를 지닌다. 아마도 화가의 병고나 자금의 단절이나 불교 내의 조직 알력에 의한 예술 불사의 중단이었을 것이다. 이를 위장하고 반전시키는 종교적 선순환을 위해 때로는, 납득할 수 있는 설화 구도와 전설을 만들어낸다. 이 스토리텔링은 때로 기적같은 초현실주의의 보살차원에서 진행된 드라마라야만 신도나 대중이 인정하고 신뢰하게 되는 종교속성이다.

내소사 대웅전(보물 제219호)은 지금도 한 개의 포가 모자란 채 서있고, 그리다 만 벽화가 미완성인 채로 퇴색해가고 있다.

조선조 인조임금 때(1633) 청민선사는 선허 맘짱을 불렀다. 지금 아랫마을로 내려가면 첫 번째 만나는 사람(화엄사 각황전 건립설화와 유사하다)이 법당을 지어 줄 사람이라는 것이다. 이 분은 혼자서 엄청난 통나무를 해다가 쌓기를 3년이 소요되었고, 3년 내내 나무만 다듬고 집지을 생각을 도무지 안 했던 것이다.

선허 맘짱은 장난삼아 목침 하나를 감추었다. 3년 되던 날 목수는 대패를 두고 쌓아 올린 목침을 세기 시작, 돌연 목수는 눈물을 주르르 흘리기 시작하였다 한다.

하여, 목침하나 빠진 법당을 순식간에 완성하게 된다. 청민 노선사는 일렀다. 화공이 단청 불화를 그리는 동안에 절대로 어떠한 인물도 접근시키지 말라 했다.

법당 건축물 문지기가 된 목수를, 스님 부르신다고 내보내고는 재빠르게 문틈으로 법당 안을 들여다 본 선허는 깜짝 놀라고 만다. 그림 그리는 사람은 없고, 오색창연한 새 한 마리가 입에 붓을 물고, 날개에 물감을 묻혀, 벽화를 그리고 있는 게 아닌가.

순간 호랑이의 포효하는 소리가 들리면서 그림 그리던 새는 붓을 떨어뜨리고 홀연히 날아가 버렸다. 이 화가의 그림에는, 호랑이가 붓으로 여러 부처님을 그리는 장면으로 바꾸었다. 이 때 내소사 후불 탱화의 미술 수준은 당대 최고의 임금님 직할 미술대학에서 정규적으로 그림 공부한 공무원 화공이었음을 느끼게 되었다. 일일이 복사필을 직접 그려보니까, 감히 따라갈 수 없는 묘사 필치와 터치를 느끼게 된다. 하여 여러 부처님의 얼굴만 10호 캔버스에 만다라처럼 배치하고, 조선 전통 혁필화 수법으로 리메이크해 보았다.

이 화가 역시, 초등학교 때 안상철 당시 부산고 미술반장, 중고등학교 때 김종학, 이만익 미술반장, 대학입시 때 안국동, 박서보 화실 등에서 석고 데생 하나는 최고수 수준의 기초를 확립한 실력으로 자처한다. 그러나 그 조선조 시대의 최고 주류를 형성했던 종교미술의 극치는 역시 따라잡고 흉내낼 수 없는 경지의 조형예술이었음을 내소사 불교미를 복제하면서 느끼게 된다. 자위하는 것은 그 당시의 화가들은 종교적 신심이 우월하였을 것이기에, 그들 예술이 경지에 닿는 것 아닌가 하는 위안을 하게 된다.

원래 신화의 속성에는 인간이 꼭 지켜야 할 터부라는 조건이 있다. 목욕하는 선녀의 옷을 가로 채고는 나무꾼이 자기 초가집으로, 반 납치하는 신화는, 하늘나라 선녀가 물론 따라나서겠지만, 뒤따라가는 나의 모습을 절대로 뒤돌아보지 말라는 당부를 한다. 이 때 대부분의 신화와 그 약 화된 전설은, 벗은 누드의 선녀를 안 돌아 볼 넘이 있었겠냐는 것이다.

비로자나 법계의 불심이 도와서 짓는 법당에, 잡스러운 마가 낌으로서, 불사가 차질을 빚을 수 있는 교훈을 메시지화 한다. 내소사의 경우도 결국 희생양은 조선의 호랑이이다. 완공 단계의 법당 앞마당에서, 호랑이는 마지막 어흥소리 한 번 지르고 피를 토하며 순교하게 된다. 청민 대 선사는 법문을 남기고 어디론가, 홀연히 떠나버렸다 한다. 문제의 자기 성질에 못이겨 자살해버 린 호랑이는 목수였었고, 그는 전생에 이 내소사의 맘짱이셨다. 따라서 오색영롱한 새는 역시 관세음보살의 화신이었다 하여야, 스토리텔링이 성립된다. 미완성의 영원히 진행, 진화되어야 할 불사의 못다한 마음이라는 것이다.(조용헌, 1999)

 문학인 서정주는 그 바닥의 구루셨던 모양이다. 왜냐하면 예술의 일가를 이룬 노땅의 옆에는 반드시 목숨 걸고 받드는 이모님 시인이 계시기 때문이다. 근년의 어느 인기 문예인 맘짱 옆에 도 간병인 기능의 시인이 계셨다 한다. “……내벽 서쪽의 맨 위쯤 앉아 참선하고 있는 선사, 선 사 옆 아무것도 칠하지 못하고, 너무나 휑하니 비워 둔 미완성의 공백을 가 보아라. 그것이 바 로 그것이다. … 어느 방정맞은 중 하나 뚫어진 창구멍 사이로 들여다보니, 화공은 안 보이고, 예쁜 새 한 마리가 천장을 파닥거리고 날아다니면서, 부리에 문 붓으로 제 몸에서 나는 물감을 묻혀, 곱게 곱게 단청해나가고 있었는데…… 소리치며 떨어져내려 마룻바닥에 납작 사지를 뻗 고 늘어지는 걸 보니 그건 커다란 한 마리 불호랑이었다.” 한다.(정찬주, 2011)

'따르르' 범어사

금정산, 산 속 어딘가에 범어사가 숨었다. 유화 10호, 1998

　십 수년 전 부산지역의 통도 골프장에서 바라본 동래 금정산의 모습을 그린 유화(10호)이다. 금정산 줄기는 오른 쪽 양산 통도사에서 왼쪽 범어사 계곡으로 흐르는 신라와 왜구의 항시적 집권 지역이었고, 그 정기는 감포 해수욕장의 문무왕 수중왕릉에서 출발하여 '돌아와요 부산항'의 오륙도에서 에너지의 최결집을 이룬다.
저 금정산 범어사 앞 동네 팔송정 미나리 물 밭의 감나무집이, 이 화가의 대대손손 장손의 집이었다. 그 큰집의 큰형님께서 일찍이 돌아가시던 날 장례식에 참여하였다가, 당연히 발인하는 입관 의식에 참석하였어야 함에도, 당시에는 골프에만 미쳤던지 통도 골프장 라운딩을 결행하게 된 큰 죄를 짓고 말았다.

홀연히, 경허 맘짱이던가, 오도송에 "문득 콧구멍 없는 소라는 말에…… " 많은 것을 깨달았다. 6월 연암산(이 때는 금정산이다) 아랫길에, "들사람들이 한가히 태평가를 부른다."는 환청이 들리는 듯하였다. 지금쯤 큰형님 입관하는 흙을 붓고 있겠구나……, 나는 이 순간 구멍(홀)에다 골프공을 집어넣어야 한다는 방종과 만행을 경허와 만공을 핑계삼아 위로하였던 것이다.

시간의 흐름(When)과 고향의 산(Where)에서 어떻게(How)라는 기억의 존재(Mind)는, 스치는 찰나의 이별과 애석함, 그래서 더더욱 사람 존재의 가련하고도 자비로워지는 진리의 열반, 그 니르바나를 구하려 드는 것일까? 신라 호족지배 불교는 사찰 앞동네의 한가구당 한 명 이상의 남아는 의무적으로 입산시켜야 했다 한다. 불문에 사랑하는 자식을 바쳐야 하는 희생법이 전통적으로 불가피하게 집행되어 온 것으로 보인다.

저렇게 금정산 자락에 묻히고 있었던 큰형님 장손도 범어사에 입산, 불귀의 몸이 되는 신체였었지만, 당시의 변혁되는 시대정신에 의해 불문 귀의를 하지 못하였던 것이다. 어려서 입산하였다면 지금의 죽음이 평화롭게 극복되셨던 것일까?

'만약 시간과 공간이 / 성인들 말하듯 / 존재할 수 없는 것이라면 / 죽음을 알지 못하는 태양이 / 우리보다 더 위대한 것은 없지 / 신이여 그래, 왜(Why), 우리는 백세를 살기 위해 / 항상 기도해야 하나요? / 하루를 사는 나비는 / 영원을 살아야 하는 거지요.'

인도의 갠지스 강(What)을 그렇게 좋아하였던 엘리엇(T. S. Eliot)의 서정시이다.(정갑동, 2003) 어떤 고정관념 같은 정신 지배나 종교도 그 문학성의 가치가 인간에게는 더욱 소중하다 했던가, 신의 위대함과 초월성보다도, 신화의 문학성과 예술성이 인간에게는 더욱 진실되게 작동한다. 왜냐하면 인간을 움직이는 대표적인 힘은 아름다움이고, 그 중에서도 자기 희생과 동정심의 동시성(Synchronicity)과 투명성(Transparency), 그 공명되는 항상성을 신화나 그 성인들이 갈파하고 가르치신 선순환의 진화론이기 때문이다.

소승불교의 본산 태국 종교국가 영위는, 아이가 성인이 되면 동시에 뽑기를 통하여 반은 불교에 입교하고, 그 나머지 반은 군대에 입대하게 된다. 국민 청년의 반수는 맨발로 탁발하면서 서민들이 직접 밥 퍼주고 먹여 살린다. 퍼주다 만 밥풀은 땅바닥의 개미 떼에게 일정량을 보시 공양한다. 자리 이타심이고 자비심의 원초적 쾌감이다. 그리하여 비록 가난한 삶이지만, 세계적 행복 만족도에서는 최고의 환희심을 지니는 국민이라고 한다. 때문에 항상 신체의 감각을 극대화하고 연속 발동시킨다. 끝없는 수다 떨기, 후진국의 자기 최면, 자기 부재의 효율적이고 선택된 지혜이다.

기유담(奇乳潭) 맘짱은 때마침 범어사에 오신 전강선사의 거지같은 차림과 남루한 행색에 놀라지 않고 눈치껏 곡차(술)를 대접하게 되었지만, 아무리 사분율(四分律)에 술 한 잔 파계는 죽어서 똥 아저씨가 된다 했다. 원래 경허조직이 근대의 춘성조직까지 곡차의 향유는 깨달음 이후의 두뇌마취제 기능을 작동하고 있었던 것일까. 돌연, 화엄경으로 유명한 경명 맘짱께서 문을 열고 들어섰고, 절간의 방 안에는 술 냄새 진동한 가운데 "여기가 어딘데, 어떤 놈이 감히 술을 마시는가!" 하고 고함을 질러댄 것이다. 방 안은 초긴장 일촉즉발의 위기감이 아련한 취기와 함께 맴돌았다고 한다. 돌연 전강선사는 '그래 내가 술 마시는 것이 못마땅하면 화엄사상의 본이 일시 천하에 미진수품인데, 이 술잔은 몇째 품에 속하는가? 답해 보아라!' 술 한 잔 마시는 미진한 일이 팔만사천 화엄경의 몇째 줄, 몇째 품에 속하는가를 질타하신 것이다. 아니, 미식축구 스크람 짜듯 양 진영이 뒤섞여 인드라망을 구축하고 있는데 어느 네트워크망에 술잔 업이란 의미, 기억이 있느냐는 질타였다.

경명 맘짱은 넋 잃은 사람처럼 썰렁해졌고, 김정휴의 기술로는 '죽어있는 말이 살아있는 말에 산산히 조각나는 순간(1985)' 이었다고 표현하였다 한다.

선사는 유유히 다시 술 한 잔 입속으로 털어 넣으면서 "바다 밑 진흙 소는 용을 이루어 가는데, 절름발이 자라는 눈 앞 그 물속으로 들어간다" 라면서 형식 위주의 종교직업인 같은 교풍을 일타한 것이다. 먼지 같은 세상만사, 비로자나 불법계의 현대적 평가 기준은, 때로는 족보와 체면을 따지는 '조선시대' 적이고 '시시콜콜' 의 법칙에 의하는 명세적 기준과, 보다 큰 리더십을 위한 후속적이고 가측적 기준(Goal of Specification or Operationality Paradigm)의 양방향으로 해법을 구해야 한다는 원리가 지금의 대안이고 법당 장소의 현실적, 현장적 요구였다.

한 때 장로 시장이 "서울시를 하나님께 봉헌한다" 는 공식 발언을 질러버린 것은 '자기가 만들지도 않았고, 자기 소유도 아닌 서울을 봉헌한다는 말에 서울 시민의 한 사람으로 황당하기 이를 데 없었다.' 고 박제균 기자는 「대한민국은 세속국가인가」 에서 논술하였다.(2011)

이러한 당시 장로시장의 자기의지(telesis)는 현실적 비용정책에 눈앞의 이익을 극대화 하려는 비즈니스맨들의 CEO적 능률성(Efficiency)을 출세의 기준으로 삼았기 때문에 착각할 수 있는 눈쏠림 멘붕 현상이다. 박제균 정치부장은 논술에서 로마의 성베드로 성당의 장대한 규모와 화려함의 극치, 그리고 엄청난 면죄부 장사와 고혈에의 비용으로 하여 "한국의 아줌마 할머니 여행객 가운데는 베드로 성당을 보고 가톨릭으로 즉시 개종하는 사람들도 있다" 는 현지 가이드의 언급을 소개하였다. 이 때의 그 계획이론 학문에서는 당대의 명세적 종교의 능률성 극대화의 정책이었지만, 후대의 역사 속에서, 그리고 미래의 정책에서 한국 이모님들까지의 선교 효과성은 확실히 미래의 가측적 기준에 의한(전문용어 사용, 죄송함) 효과 극대화라고 해석할 수 있겠다. 현재의 정권 들어서 유독 종교계와 갈등 알력을 노출하게 된 국가적 갈등 이유는 선거 공약에서 능률적이었을지 모르지만, 헌법 제20조 2항 '국교는 인정되지 아니하며, 종교와 정치는 분리된다' 는 건국이념에 비효율화의 되먹음, 그 부메랑의 카르마(업)와 부패의 역사를 필연적으로 방조하게 되었다는 것이다. 대통령 현직 시에도 '대통령 하야 시킨다' 는 대통령의 종교메이커들은 대통령 임기 종료 시 뒤돌아섬, 또는 벽돌 담장으로 줄을 선 것이다. 인간들은 얼마나 무지와 형식의 굴레에서 "여기가 어딘데 함부로 술을 마셔?" 의 경솔한 말 빨 하나가, 졸지에 절름발이 자라 한 마리가 결국 미래의 그물(화엄세계 인드라망)에 행여 들어간다는 말을 듣게 될 개연성이 필연적이었다는 결론이다.

너무 나갔습니까? 지금은 T. S. 엘리엇의 황무지라는 시와 갠지스강의 풍경을 이야기 하려다 결국 아름다움이라는 미의 반대쪽 속성인 추함에 대한 진실을 제기하게 되고 말았다. 그럼에도 이 화가의 기본 생각은 앞서 로마의 베드로 성당 미학이 한국 관광객 이모님의 개종에 영향력을 제시한 서구의 종교미술은, 그 어떠한 초월적 에너지와 기적보다도, 문학성이라는 예술의 스토리텔링이 연약한 인간에게, 감동과 쾌감의 진화를 도모할 수밖에 없었다는 소신에 의함이다.

앞서 '연약한 인간' 이라는 기준을 말씀드렸다. 현재의 인류과학 실험에 신경미학이 그 분석과 증명에서 점차 최후의 기준이 되는 신경과학 존재로 결정된다고 말할 때, 연약한 인간이건 거대한 법률 권력 종교조직이건, 물질과 정신, 또는 위선과 미래진리에서 생명체 또는 유기체의 두뇌 활동은 우주 진행의 핵을 이루는 명령어로서 작동하는 시대가 되었다.

다만, 두뇌명령의 신체 시스템은 그에 따라 얼굴색이나 갈비 또는 비만의 외형적 미모와 추함이 그대로 신호화하여 성형된다. 애플사의 검은 옷 청바지 오너가 삼성 스마트폰 인가를 법적으로 소송하게 되었고, 삼성 또한 맞고소하게 된 게임은 애플의 외형 인터페이스 디자인 구조를 삼성이 도용했다는 것이다. 삼성은 애플이 원래 삼성의 내부 칩이랑 부속기관 시스템을 도용했다는 소송이다. 동전의 앞과 뒤, 선과 악, 미와 추, 지혜로움과 혼자 잘 한다는 착각 등은 우주질서와 변화 흐름의 한갓 파동과 그 맥놀이 현상에 지나지 않는 것이다. 다만 장자와 나비의 꿈이 역으로 추적할 수 있는 0과 1의 속도적 수치환원과 최초의 음모 발신자 추적 가능과 그 불가해한 불확실성, 불황 불안의 재앙 등은 나무 뿌리구조(rhizome)처럼 쉽게 해석되지 않는다는 불가항력 환경이다. 이 때 "다만 모를 뿐(I don't know what)!" 의 미국 세탁소 맘짱 숭샨스님 말씀이 진리에 가장 가까울 뿐이었다. 세계는 무섭고 참으로 두렵고, 원래 신비로운 것인가?

요한 볼프강 폰 괴테의 유럽 전설 희곡 「파우스트」는 아이슬란드의 베스트포트 극단이 한국에서도 공연한 바 있는, 귀걸이고 코걸이의 인간 원초적 욕망과 그 추하고 파괴적이고 위악적인 인간의 존엄성과 그 양면성을 다루는 신화적 요인이 기본구도로 보였다.

파우스트와 범어사

늙은 정신과 의사 파우스트 박사는 자살하려는 순간 악마가 나타나 늙은이의 청춘을 되살렸고, 어린 소녀 그레텔을 만나 눈앞 광야에서 홀로 출산하고, 결국 아이를 얼어 죽게 한다. 파우스트를 목 놓아 부르면서 어린 소녀는 화형대 위에서 불태워진다. 노땅으로 돌아온 파우스트는 그레텔의 화형식에 뛰어들어 함께 타 죽음으로써 영원히 여성적인 것이 우리를 구원한다는, 성애 에로스의 절박한 몸부림을 전달(delivery)한다.(김용, 2012)

　　최근의 '죄수번호 4001'의 베스트셀러 여주인공과 노땅의 로맨스는 현대판 파우스트의 재편집이었다. 희곡 파우스트 원본에 전개되는 북유럽 추운 동네에 염병이 전염됨으로써 도시가 초토화되는 와중의 재앙과 환경은 그대로 현대에서도 반복된다. 동 일본 후쿠시마의 재앙과 원자 방사능 유출의 징벌, 그 아비규환의 인간군집 행태가 전혀 유사하게 다시 반복 전개되었다는 현상이다. 종교는 그제나 오늘에 인간의 슬픔과 재앙의, 치유와 지구촌 선순환의 역할을 수행하고 있었던가?
여기에 위대한 예술의 업적과 감동적 인간성과 순수한 인간애에의 좌절과, 신경이상을 담보하였던 저 빈센트 반 고흐의 등장 초기, 종교적 위선의 현장과 목사의 현실적 포기와 파기 당함을 평생 상처화 한다. 그럼에도 한 사람의 생명이 그의 능력과 열정에 의해, 인류에게 영원히 선사한 노란 해바라기 그림과 검은 까치 떼에의 죽음의 암시 같은, 아름다움의 드라마를 메시지화한 동기를 부여했다는 것이다.
동네 목사의 준엄한 아들 빈센트, 역시 신학교를 졸업하면서 자질의 거칠음과 말더듬이로 하여 목사의 자격을 얻지 못하는 좌절을 맛보게 된다. 빈센트의 어린 마음에는 도저히 납득할 수 없는 황당함과 깊은 좌절감에 빠져버린다. 하여, 하느님의 진리를 전파하고 연약한 인간에의 구현으로, 이상적인 인류세계를 구현하여야 하는 본능적인 사명감과 종교 의식은 왜 실패되어야 하는가? 로, 갈등과 번민의 원초적 부조리를 느끼며 살아간다.
다행히 한 분의 양심적 평가 위원에 의해, 멀리 북방 탄광지역의 열악한 교회 목사 자리라도 가겠냐는 제의를 축복으로 승낙하고, 문제의 비극적 탄광촌에 부임하게 된다. 그러나 성경의 교과서적인 이론과 밤새 준비한 설교문의 내용은 빈민촌 교인들의 내일 없는 탄광 매장 죽음 앞에는 소 귀에 헛 구라였던 것이다.

　　지난 날 서구의 정치 또는 군주를 지배하던 종교는 거의 유아독존적인 거대권력과 과잉 이익으로 세상을 지배하였다. 이러한 타성은 권위와 위선의 귀족화, 천당 승천권이 되었고, 영락교회 한경직 목사님 평양에서 어렵게 남하하여 서울시민에게 보여 준 진정한 기독교의 정신은, 예컨대 신도들과 교회 장로에서 마련한 목사 관사로 이사할 것을 권유받았으나, 집이 너무 크고 과분하다고 사양하셨거나, 국산 고급차를 업무용으로 이용, 승차하여야 함에도, 　당신께서는 당시의 포니 승용차를 애용하셨던 것, 은퇴 후 남한산성 기도원의 거처에서 승천하실 때까지 그 낡아빠진 포니 승용차로 가파른 산길을 오가셨던 것 등이다.
오늘의 성직자와 종교 지도자들의 작태를 보게 되면 자본과 물질의 오염이 원래적 종교의미와 그 기능을 상실하고 있음을 보게 된다. 하여 그 당시 기독교 벨기에 위원회 믿음의 전도사회를 장악한 직업 종교인들은 반 고흐 예비목사의 신학교 졸업과 임명을, 말더듬이와 표현력 부족의 설교 불가능성, 기억력 부족의 학업 성적으로 목사 임명을 거부한다. 다행히 아버님께서 역시 목사시기 때문에 탄광 오지의 가난한 땅 목사라도 하겠다면 보내주겠다 한 것이다. 초지일관, 불쌍한 사람 돕고 싶고, 하느님의 말씀을 전도하겠다면서, 예배 때마다 피폐한 굶주림의 광부와 가족들을 모아놓고 시련이니 고통이니, 겸손, 온유 등의 설교내용은 한갓 공허한 헛소리에 지나지 않았던 것이다.

가난한 광부들의 집과 가정은 지하 600미터 아래의 탄광굴이었고, 꼬마들이 광부로 득실거림은, 그들 아버지들이 광속에 묻혀 죽었기 때문임을 고흐는 처절하게 경험하고 인식하게 된다. 어느 날 탄광은 무너지고 지하에 꼬마 두 명을 합쳐 6명의 광부가 묻혀죽게 된다. 공교롭게도 이때에 넥타이 정장의 벨기에 위원회 감시인단이 중간조사차 현지 교회를 방문하게 되었다. 아수라장의 탄광 참사 속에 피투성이 구호를 돕는 목사 빈센트 반 고흐를 보고는 '교회의 명예와 목사의 품위를 지키지 않고, 매달의 월급으로 영혼의 지도자로서 위엄있는 목자 생활을 했어야 함에도, 거지 노숙자처럼 지저분한 목사 행각을 했기 때문에 파면시킨다' 는 선고를 하고 떠난다. 시공을 초월하여, 시장바닥 노숙자처럼 파계의 자학증을 보였던 원효를 당시 제도권 귀족불교는 파계선고를 내렸던 것과 같았다.

"저 언덕에서 석탄 깨는 아녀자들을 보라! 그 너머 아이들 무덤들이 보이지 않느냐! 하느님의 진정한 계시가 무엇이던가? 이 종교 위선자들아……!" 하면서 피폐한 광부들 앞에서 파직당하고 만다.

후대의 수많은 미학자들은 고흐의 그림과 화가의 개성에 대해 정신분열 환자로 귀를 자르고 자살하는 드라마의 전설을 이야기하지만, 진정한 인간 고흐에의 인격 형성과정과 그 초기 외상후 상처에 대한 분석과 예술 철학은 공부하지 못했던 것으로 보인다.

예컨대 화가로서의 선천적 소질을 타고나지 않았음에도 고향 전원에 돌아와서, 그토록 미치게 자연의 풍광과 대지의 색채와 율동을 사랑하고, 또는 비극미로 해석하게 되었는가의 해명은 아무도 않고 있다. 미숙하지만 그의 자연에의 광적인 스케치는 저 지하 600미터 탄광의 환경과 참사의 피폐함에서, 풍요로운 대지의 초록색 생명력을 관조하였을 때의 희열과 찬미를 재생코자 했던 인류 욕망의 기본 몸부림이었기 때문이다. 외로움, 가난, 사촌 누이에의 애정 불가능성, 어디에서고 왕따 되고, 외톨이의 들판을 누비는 떠돌이, 유일하게 사람으로 대접해 주던 폴 고갱에의 배신 등은 결국 뇌세포의 쇠약과 환청의 고립 우주로 깜빡깜빡 떠나게 되었다. 노란색 위주의 출렁이는 물결 속 인물은 죽음의 한 인물이 태양의 노란 빛 속에 집행된다는 예감, 까마귀 떼의 환시와 소용돌이 간섭무늬의 혜성 그림을 앞에 놓고, 결국 권총으로 자결하고 만다.

반 고흐의 유시이다. "불가능하다. 불가능해! 절망적이다. 아무것도 할 수가 없다. 길이 안 보인다!"

인간의 대뇌에는 바깥쪽에 크게 발달한 새로운 신피질과 그 아래 오래된 피질 속에 원래의 파충류 뇌와 포유류의 뇌가 있다고 한다.(폴 매클린) 도마뱀과 파충류의 뇌 구조를 R복합체라 하며, 인간의 원형으로서 동물적인 공격과 강박관념, 특히 새들에게서 볼 수 있는 약한자를 순서대로 쪼아 공격하는 학대의 본능을 지닌다.

변연계는 이러한 R복합체로 둘러싸여 있고, 그 속의 편도핵을 전기자극하면 동물은 흥분, 분노, 공포 등의 증상을 갑자기 나타낸다. 인간의 치명적인 작업지시와 종교적 대가성의 유혹은, 특히 원생동물의 경우, 기생체의 병원균 같은 작동에 의해, 지성과 이성을 잃어버리고 만다.(C. Koch, Fatal Attraction, Scientific American Mind, May. 2011)

　왜 소림사 주방장은 무술도사였고, 내소사 당취의 땡중 결사대는 왜 자생하면서 절집 영역을 지켰던가? 하긴 범어사 불이문 주련에 "신기로운 광명이 매하지 아니하여 만고에 아름다운 이 문을 들어오거든 망상을 피우지 말라"고 쓰여져 있다.(동산스님 글씨, 월서 2009) 범어사 방화 사건이 마치 벨기에 전도사 위원회 파견 점검 목사팀의 썰렁한 목소리로 들리는, 범어사 일주문 주련 말씀과 같은 탄광의 참사 현장, 범어사 방화 현장의 시간적인 공명과 동시성 그리고 열 받음을 확인받게 된다.

　중학교 3학년 여름방학 때 이 화가는, "이 문에 드는 자, 모든 망상을 버린다"라면서 머리를 깎은 것이 아니라, 멀쩡한 양 눈썹을 면도날로 밀고는, 마치 문둥병 환자처럼 하고 범어사에 입산하게 된다. 당시 6.25전쟁의 피난 시절, 우리들 중등학교 입시는 국가고시(?)제였었고, 우수한 성적으로 피난 온 중학교에 입학하였으나, 중고등학교가 분리되면서 또 다시 중학 입시보다 더 힘든 고교 입시제도에 사생 결단코 매진하게 되었다. 본교 중학교 출신의 본교 고등학교 진학 탈락은 엄청남 가문의 불명예이면서, 현실적으로는 그 탈락의 대가성에, 소꿉동무 여친의 절교 선언이라는 사건이 집행 예정되어 있었던 것이다. 하여, 이 화가는, 십년 고등고시 공부에 늘상 낙방하시는 동네 이장님 댁 큰 형님 따라, 그 고향의 범어사 절집 단칸 절 방에서, 한 두 달 독 심품고 불가의 눈썹 깎기를 단행, 고입시험 공부에 매진(?)하였던 것이다.

더운 흰 절밥에 성게알 젓을 비벼먹던 그 맛은 입시공부보다 더 높은 가치와 의미를 부여하였고, 금녀의 절방 입구 종무소에, 교복만 보아도 가슴 설레던, 경기여중 소꿉친구의 면회금지 후 사천왕문에 들어가 손뼉치면 울리는, "따르르 따르르!"를 반복했던 것이다. 하여, 그 한여름 긴 긴 밤의 꿈은 절제로 하여, 모든 욕구의 망상을 결국 버릴 수 있었고, 초연의 관계는 계속 진화 되었던 것이다. 그럼에도 그 여름방학, 경봉 맘짱 금강산 유점사 대웅전에 기도드릴 때, 앞마당 관광객 중 친아들과 새 며느리 신혼여행 온 모습을 애써 모른 척, 등을 돌렸다는 그 경지는, 일 단 일주문이라는, 단발령이라는 경계의 문을 두고 암묵되어지는 종교의 영역성(territoriality) 이라던가? 그리하여 비로전, 조계문, 천왕문, 미륵전, 대웅전 계단과 한여름 냇물 바위돌밭, 엄 청난 크기의 바위산은 조상의 유전된 이 아이의 신체의 확산이고, 두뇌 해마세포에 영겁스럽게 기억되고 원초적 에너지를 공급받는 파동이었던 것이다. 그런데 누구라 내 몸에 불을 질러? 자 작자수(自作自受)라, 그 방화범이 어떠한 인류의 죄악을 저질렀다는 천벌을 의식하지 못하는가?

그 행동이 「파우스트」의 천사가 말했다는 「사랑」인가? 그 천사는 악마에게, 이 하늘에는 네 자리가 원래 없다고 일갈한다.

그 자손에 유전될 악업의 단백질은 대대손손 천륜의 유전 정보를 지니며 생성될 것이다. 박수 따라 '따르르 따르르' 소리 나던 사천왕 조계문의 비련의 자살연인과 그 영혼의 흐느낌을 다시 돌려달라…… 때문에, 1900년 범어사에 선원을 개설하고, 수선결사를 주도하신 경허와 용성, 성월, 동산 맘짱의 법향이 다시 불씨를 지피고는, 근접되는 사악한 악마와 왜국을 등지고 앉은 미륵불 서향 자세의, 당시의 의미를 다시 극대화하는 절집의 자기 방어가 절실하다.

인류의 진화 유전자는 시공을 초월하여 사랑과 자비의 감성을 자극하는 재충전의 이벤트 행사를 지닌다 하였다. 아프리카 봉고 가봉의 열대 우림, 그 문화인류학으로도 가장 오래된 부족이 아직도 현존하고 있는 지혜로움은, 보위터 성인 행사라고 하는 환각과 쾌감의 뇌와 전신 마취로 하여 대마초 중독까지도, 때로는 치유가 되는 뇌신경의 돌연변이적 초의식화 생리 행사를 유지하고 있다 한다. 즉, 자신들은, 에덴의 지혜가 깃든 아프리카 적도 우림의 부족이라 하고, 이보가라는 초목식물을 대마처럼 재배해오고 있다. 이 이보가 뿌리를 몇일 동안 서서히 먹으면서 신체와 두뇌가 뒤집어지는, 고통과 쾌감이 교차된다고 한다. 요상한 현상은 환각의 최고 절정에서, 이상하게 어릴 때의 상처가 트라우마로 기억되고, 잊혀졌던 선악의 행동이 시공을 초월, 생생하게 재생된다는 것이다. 이 때, 신경과학자의 경험에 의하면, 아무렇지도 않았던 자신의 행동이, 상대방에게는 평생토록 커다란 피해의식을 가지고 살아가는, 그 생생한 거울 단계를 영상으로 이미지화하여 떠올리게 된다는 것이다. 그리하여 이 부족은 대대손손 서로의 상처를 치유하는 보위터 뿌리의 마약 성인식이, 선한 유전자 정보로서 부족의 정신을 아직도 이어온다는 점이다. 만고에 아름다운 유전정보이다.

경허와 문둥녀, 혁필유화 8호, 1996

　해당 사회의 모든 사람이 이익을 얻는다. 종교는 사회적 삶을 좀 더 안전하고 조화롭고 효율적으로 만들기 때문이다. 체제를 지배하는 엘리트 계층이 타인들을 짓누르고 이익을 얻는다. 종교는 화폐 체제보다는 피라미드 구조에 더 가깝다. 종교는 무지하고 힘 없는 자들을 수탈해 번성하고, 그 수혜자들은 그것을 유전적·문화적 상속자에게 넘겨주기 때문이다.
전체로서 사회가 이익을 얻는다. 개인 아닌 집단이 경쟁 집단을 누르고 영속성을 강화한다. (대니얼 데닛, 화폐이론가설. 집단선택이론, 2010)

　아름다운 것을 보았을 때, 기쁘고도 슬픈 멜로디가 들릴 때, 우리는 그 에너지 소모를 신경미학이라고 한다. 왠지 마음이 끌리고 음식의 향기로움과 그 맛에 즐거움을 느낄 때, 우리는 만족하고 행복해한다.
사람들의 두뇌 속에 변연계는 세로토닌 호르몬을 분비하고, 욕망의 도파민이 분비되어, 즐거움과 쾌감을 작동한다. 뇌의 신경망 네트워크는 다중적이고 동시다발로 서로 전기 작용과 화학 변화를 번쩍이면서 전두엽에 엔돌핀이 넘치고, 따라서 행복해하고 드디어 눈물도 짓는다. 눈물은 시도 때도 없이 나온다고 한다. 기뻐도 흘리고 슬프면 더 나온다.

　지금 막 그림을 그렸고, 이 그림을 이야기하고 있는 이 화가의 경우, 선조님들이 대대로, 금정산 범어사 앞마을 팔송정이라는 미나리깡이 있는 감나무 집에서 살아왔다. 아버지의 어릴 때 무용담은, 맨날 범어사에 불려 다닐 때는, 특히 한밤중의 범어사 숲길에는, 가끔 호랑이가 나타나 사람을 해쳤다 하셨다. 아버지는 성냥 한 개비를 오른 엄지손에 밀착시켜, 그 놈이 어흥하고 위협하면, 바로 성냥불을 마찰시켜 발화함으로, 호랑이가 (세상에서 가장 무서워하는) 불을 번쩍여 퇴치하셨다는(?) 것이다.
범어사 호랑이 퇴치 얘기를 통해, 이 몸이 샤카의 유전자를 타고났음을 말씀드리고 있지만, 고백컨대 한 번도 법당에서 108번 절해보지도 못한 자사자승(自寺自僧)일 뿐이다. 그럼에도 사라지고 퇴색되는 불교 탱화 그림을 재생코자 하는 원심 하나로, 숨겨지고 잊혀져가는 절 법당 구석과 뒷마당을 서성일 때는, 가끔 내 마음 나도 모를 눈물을 울먹이며, 원시적이고 본능적인 격한 뇌의 전기 충격, 그 배설물을 분출하곤 한다.
예컨대 벽제 화장터를 지나 유명한 대웅전 벽화가 있다는 사찰을 갔을 때, 그 수행과 구도의 공간이 망자의 제사지내는 역할이 더욱 왕성한, 번잡스러운 절로 변했다는 인상을 받았다. 이 때 목격한 장의사 버스들에게서 화폐의 추함을 느꼈던 것이다. 불교의 한 가지 기능, 그 지장이 저렇게 수행하고 계신 역할이 사찰의 0순위에서 작동하고 있고, 어느 사찰이나 템플 스테이로 절집 짓기에 정신없는 작금에, 그 불교의 태도를 보았을 때, 알 수 없는 분노와 진짜 샤카 불신에 대한 미안함이 앞섰던 것이다. 하여, 뒷산의 이름 없는 암자를 향해 발길을 떠났고, 올라가 본 암자의 지붕은 비가 새는지 군대 천막으로 반을 덮은 상태였던 것이다. 초짜 맘짱 한 분, 군대 초소처럼 파견 나와 염불하시는 경음이 처연하셨다. 다 낡아 쓰러질 듯 비새는 천막 법당, 그 입구의 산 샘물 앞에서 싸가지고 간 현미 도시락을 입으로 털어 넣는 순간, 그 놈의 울먹임이 눈시울을 적셨던 것이다.

초파일 홍국사 법당 탱화를, 그 날도, 뒷벽 불화가 떨어져 나가, 한 곳에 쓰레기처럼 버려진 흙 더미 속의 달마 얼굴과 땅거미 종교화가 아직도 버려진 채로 쌓여있음을 목격하였다. 이씨조선 의 왕실 미술학원 같았던, 당시의 전통적인 민족 미술품이 결국 이 지구상에서 사라지고, 보존 해내지 못하는 화가 자신의 무능한 불사 능력을 한스러워 했던가? 그 날 옆 마당 질펀한 참배객 들은, 그냥 휴일의 갈 곳 없는 관광객이 대부분이었지만, 그래도 사찰은 이들의 일 년 한두 번 방문해 주심도 포용하는 듯, 신도회 몸빼 보살님들, 열심히 비빔밥 공양 대접을 하셨던 것이다. 함께 싸간 현미밥을 비빌 때 한국 불교의 자본양극화, 어느 시절 해결사가 나타나 진짜 사라지 는 반도 불교의 미술 유산을 다시 살리고, 보존하고, 타종교인의 침해를 막아야 하는 임무를 수 행할 것인가. 목이 메었다.

"일송정 푸른 숲은…… 말달리던 간도의 선구자"는 왜 미륵처럼 다시 나타나지 않는가? 성철에 게 맞짱 떴다는 해인사 5인방 또는 봉암사 10인방은 지금 어디쯤에서 벽만 보고 계신다는 것인 가? 지율과 수경, 문수 맘짱의 소실이 "불교는 원래 그래왔고, 그래야 되었다"는 나약하고 서글 픈 대승불교의 실종 해법은, 그래서 순례자들을 기죽은 거지처럼 떠돌게 한다. 연민의 오열을 느끼게 한다는 비장미의 불교가 「시대정신」 이라는 것이다.

물론 또 다른 오열의 경험들, 경주 석굴암내의 목재기둥 철거와 원래대로의 김대성, 아사달식 축조 보수, 그 아수라 같은 관광지 중심의 불국사 대웅전, 과잉 참배객과 자원봉사 보살들의 "사 진 찍지 마세요! 기와불사 하세요!"의 청각신경교란. 그래서 보시된 화폐가 반도불교의 공평한 '함께의 불국'을 어떻게 만들고 분배되고 있다는 것인가? 하여, 반백년 이상 관광객처럼 그냥 다 녔던, 강남 봉은사는 진짜 절집처럼 조경되었고, 약 20명 세계정권 마피아들이 강남 코엑스에 왔을 때, 반도불교의 독창적인 종교미술을 보여주었던 그 안도감으로 하여 비로소 체면이 섰던 것이다. 그 지하철 2호선 타고 오시는 새벽의 몸빼 할머님 보살들. 그들의 구겨진 화폐는 과연, 벽제 화장터 뒤의 도솔 토굴과 홍국사의 벽화 재 보수에 분배 될 것인가?

신경미학에서는 이때를 추함의 미학이라고 한다. 아름답지 못하고 고통스러운, 안쓰러운 미술품 이나 더러운 도시의 쓰레기와 산 속의 폐사물을 보았을 때, 인간의 뇌신경은 불안과 스트레스의 전기화학 작용을 한다. 그 파열의 생리가 눈에서 또는 오줌빨에서 분출된다. 싯달타 부타가 일 갈한 불법의 기본 원리는, 이러한 진통스러움들을 극복하는, 기쁨의 신경미학이 우리들 불신의 마음에 기본적으로 유전 받아 아름다운 방향으로 진화되려는 고유한 과학이 있다는 것이다. 오 늘의 인류가 최고등 동물로서 도파민 에너지, 그 열락의 행복을 찰나로 쾌감화 한다는 그 전광 석화의 신경망 네트워크 구조, 그 삼투압 현상이 우주에서는 간섭무늬로, (지상에서는 생태학의 영양 단계로) 다만 태양에너지에 의해 작동된다. 일광보살이다. 모든 천상천하 동일하고 유사한 인드라망 시스템, 그 전자컴퓨터 까지도 같은 상호관계에 의해 조립되고 해체되는 화엄세계라는 싯달타의 앞선 관찰 결론임이다.

삼라만상 위의 기쁨과 슬픔, 미와 추는 진선미의 생리현상이다. 샤카 부타의 불심이란 어짐의 자(慈)와 슬픔의 비(悲)가 작동하는 장엄한 마음, 그 처연한 생리작용을 말한다. 그 비장미의 불심은 이타심과 이기심의 양면을 지니면서 옷자락을 스쳐, 태어날 때 유전자로 받아지기도 한다. 비로자나불 유전이고 도킨스의 「밈」 유전개념이다. 의사 이종린은 보살의 원은 비원(悲願)이라는 글을 남겼다. "세세 생생 중생을 꽃피우는 것은 바로 대비의 눈물, 즉 대비수(大悲水)이고 대자수(大慈水)이다. 찬란한 햇살이 자라면 대지를 축축이 적시는 빗물은 바로 비이다." 하였다. (이종린, 2000)

　구제역으로 전 불토가 축생의 생매장으로 보살의 슬픔을 자아내는(피납세자의 무능으로 하여 결국에는) 존엄한 인간에게까지, 저 경허가 전라도 고향땅에서 보아왔던 집단 전염촌락의 비통함과 처절함이 시대를 역행하고 있다가 다가올 수도 있다는 예측, 아름다움과 추함의 교차로, 그리하여 금강은 유유히 기러기 떼 흐르고, 축사의 배설물은 새만금의 단백질 제공 생물들을 살찌게 할 것인가?
왔다 갔다 길목을 숨통 트이게 하는 저 찰스 다윈의 20년 실험용 지렁이들, 그들에 의해 썩히고 삭이는 질소, 인산, 가리의 무기화(mineralization) 비옥한 비료는 젖소의 먹이인 잡초를 자라게 하고, 때마침 스며든 빗물로 하여 탄산가스를 호흡하며, 뜨거운 태양의 열기로 하여, 탄소동화작용을 기한다. 대지는 생성과 성장과 소멸의 교향곡을 울리면서, 산소를 대기에 품어내고, 가축과 생명들에게 미각의 배고픔을 채워 준다. 드디어 인간의 식탁에 오른 삼겹살은 다음날 술 찌든 냄새를 풍기며 추한 배설물을 흘리고, 결국 자기가 묻힐 대지로 다시 돌아간다. 이른바 영양 피라미드이고 음식고리이다. 하여 뭇 생명체는 서로 도와가며 상생하였고 그래서 좋은 쪽만 살아남게 된다. 바로 미와 추의 미학에서 아름다운 공명과 진화를 거듭한 것이다. 미와 추의 연민에서 자비가 있어왔고, 알아차린 자비의 원리와 질서가 세상을 자전과 공전, 그리고 사과가 나무에서 떨어지는 작동을 한다. 바로 싯달타 왕자가 보았던 법계 지렁이들의 의식, 그 불심이었다.
그 힘은 절대적으로 태양의 에너지에 의해 작동 순환됨은 동네 꼬마도 아는 진리이다. 진화의 작동 원리, 그 에너지 미학은 화폐라는 교환 증거품으로써 결국 평가되고 완성된다. 애초에 싯달타 부타는 화폐와 자본의 중요함과 이를 다루는 인도 하층민들에의 화폐 화상을 방지키 위해 여러 원칙과 교훈을 남겼다. 화폐가 화폐를 잡고, 그래서 화폐는 절대로 잠들지 않는다는 뉴욕 금융 사기꾼의 속성을 지닌다. 자본축적의 끝자락은 언제나 힘, 엔트로피의 열역학 법칙이 역시 적용되고, 해체되어, 변화한다. 다만 시간과 역사의 간격이 길고 짧을 뿐이다. 영겁의 광년 속도를 모를 뿐이다. 자본이 오늘의 리움 미술관처럼, 유출 도난되는 민족미술품을 보호하고 있음은, 불법의 「자」에 해당되고, 어느 칼잡이 출신의 월급 준 수하 조직원에 의해, 배신의 속도를 화살같이 맞았던 화폐의 축적 한계는 「비」의 미학에 속한다. 바로 자비의 핵심 불성이다.
유학자 이지가 혀에 뱉었던 "나이 오십 이전의 나는 정말로 한 마리의 개에 불과했다. 앞의 개가 그림자를 보고 짖으면 나도 따라서 짖어댔다." 는 것이다. (강신주, 2010)
가난과 아픔, 추하다고 생각하는 외모의 따돌림, 그 불행은 잘 견뎌내면 다음 세상에 그보다 훨씬 값진 보상을 받는다는 설교가 그간의 세속종교였었다. 열심히 하면 성공한다가 멘토 베스트셀러의 핵심 내용일 뿐이다. 그러나 화폐의 속성은 내세까지 기다릴 것 없이 곧바로 현재의 모든 슬픔과 불행 그리고 가난의 문제를 해결하기 때문에 현재의 지구촌이 항상 뒤집히고 시끄럽다.(가라타니 고진, 서울, 1999)는 것이다.

다시금 지안 맘짱의 비유가 생각난다. 1인당 국민소득이 5천 달러를 넘어서면 4촌이 멀어져 남이 되고, 만 달러가 되면 부모가 귀찮아지고, 2만 달러가 되면 자식이 귀찮아지며, 3만 달러가 넘어서면 부부가 서로 불신하게 된다는 것이다. 지안은 이렇게 질문한다. "이게 잘 사는 (화폐의) 모습인가요?" 하루에 자살자가 42명이나 되는 한국은행권의 역기능은 언제까지 냄새나는 추의 미학을 반복할 것인가, 반도불교에 주어진 검은 상자 속 행렬(matrix) 풀이인 것이다.

부여가는 길, 무량사 극락전의 아미타여래와 관음보살상은 조계사 대웅전 삼존불만큼 극락전 공간을 꽉 채울 정도의 엄청난 크기를 지니고 있었다. 무량사 전체의 단청을 위시한 색채는 엄청 낡고 퇴색되고 있었지만 본존불 금박색 또한 심하게 훼손되어 있었다. 가슴이 무너졌던 것은 부처님 입술의 립스틱 같은 적색은 거의 떨어져나가 있었고, 속살의 회색이 강하게 드러나고 있었던 것이다. 2012년 초여름, 조계사 대우 맘짱님 모시고 성지순례로 참배하게 된 이 화가는, 때마침 묵언으로 계셨던 미황사 스님 몰래 카메라 플래시를 터뜨렸고 이를 보셨던 것이다. 초짜 불자로서 마지막(?) 업장을 지르고 말았던 것이다. 스님! 사과드리지만 누군가는 미황사의 시급한 개금을 알려야 했습니다.

see, saw 게임, 유화 10호, 2009

뾰족한 칼날로 찌르면 우린 피가 나지 않던가요? 간질이면 우리는 웃지 않던가요? 독을 먹으면 우린 죽지 않습니까? 부단히 모욕을 당하고도 우리는 복수를 하지 말아야 한단 말인가요? (윌리엄 셰익스피어, 베니스의 상인)

그림 그리는 화가에게는 「최후의 만찬」 이라는 단어와 주제는 항상 머릿속에 맴도는 이상적인 예술이고 배움과 연습, 실습의 최고 모델인 서양 미술의 정수이다.
비슷한 제목 「내 생의 마지막 저녁식사」 의 저자 되르데 쉬터는 최고급 식당의 주방장이었으나 '채워지지 않는 삶의 허기' 때문에 간병 요리사의 직업을 택했다 한다. 그는 사람들이 레스토랑에 가서 맛있는 음식을 먹을 때, 보통 몇 달 후 다시 이 식당에 올 수 있다고 생각하지만, 죽음을 앞둔 이들에겐 지금의 식사가 마지막 식사가 될 수 있다는 것이다. 사람의 몸뚱이가 해체되는 죽음의 길에서는 암세포의 식욕은 엄청난 속도로 신체의 동료세포를 먹어치우고, 살이 찌기 때문에, 말기의 환자는 고통 때문에 한 숟갈 음식도 못 먹고 뱉어 낸다. 허나 이 분들이 먹어보려고 했던 것은 음식의 기억. 예컨대 누룽지라든가 멍게, 우동, 심지어 목을 넘기기 위해 흰쌀밥을 얼음에 말아서라도 넘기고자 하는, 생의 마지막 소유와 그 갈망의 유전자 서열 속에 스민 지나간 기억들, 그 눈물 났던 상처. 트라우마에의 회한과 아쉬움들이 존재했을 것이다. 주변의 가족들, 못다 한 애정을 마감해야 하는 이별과 해산의 순간에서, 더는 생을 늘릴 수 없지만, 기억에 대한 애증과 생기는 불어 넣을 수 있는 최후의 만찬. 재회의 의식이라 할 것이다.
"장로 대통령께서, 특별히 사회 취약 계층에 공정한 사회 분위기를 만들 필요가 있다고 강조하는 그 날도, 밥심(밥힘)으로 일 해야 할 취약 계층의 인부들은 생선살 없이 뼈만 떠다니는 '사골 동태국' 을 먹고 있었다" 는 신문 사설(김순덕, 2011)은 무슨 변사또 잔치에 거지새끼로 위장한 암행어사가 보낸 문자에 "백성은 굶주려 난리인데, 소고기국 국물 등 떠", 어쩌고 하는 춘향전을 읽는 충격을 주고 있다.
북한의 연평도 포격으로, 국민의 자존심에 못을 박게 된 국토방위의 실세가 (김순덕은 '대통령의 아바타' 라고 표현하였다. 그 종교 같은 동아일보 2011년도 사설이다.) 건설 현장 함바집 브로커한테 인부들 식당 밥값에서 삥땅 친 수천만원, 특전사 공사를 따낸 건설사로부터 000만원의 상품권을 떡값으로 챙겼다는 혐의를 기술하고 있었다.
"국방 실세가 무너지자 당장 방위 산업체에선……이제서" 됐다며, 장수 만세(장수 만만세)를 부른다는 코미디에선, 참기 어려운 분노와 정치인에의 조롱들이, 보온병, 폭탄주, 자연산 등의 코미디로, 기억에 묻힌 서해해전과 연평도 군민의 떠나버린 원혼들이 다시 살아나는 듯하다.

르네상스 시대의 「최후의 심판」 은 미술사상 가장 거대하고 위대하며 콘텐츠의 정신을 엄격한 구도로 묘사, 그려진 미켈란젤로의 최고 걸작이다. 임마누엘 왼쪽 아래, 성 바돌로메가 순교할 때, 그의 손에 자신의 살 껍질을 들고 있는 미켈란젤로 화가 자신의 참담한 모습을 그려 넣었다.(김희옥:불교문화와 기독교문화 공통점 모색시론, 감로탱과 최후의 심판도상의 비교, 2011)
근대의 초기 신학자 윤성범은 한반도에 토착화한 유희오락(recreation) 무당인 제 4샤먼

(Branzaroff, 1960) 무당체질은 처음의 불교가 신라 통일의 호국 종교로서 기능을 완수했다면, 임진란, 동학란 이후의 기독교는 마찬가지의 토착 제 4샤면의 변용인 화랑오계에서의 두 세가지 요소에 원래 합일됨으로써, 그 교세의 확장이 성립되었다고 말한다.(윤성범, 화랑정신과 한국 샤머니즘, 사상계, 1963년 12월호)

그는 처음이든 최후이든, 모여서 음식과 포도주 또는 막걸리를 서로 나눈다는, 우주 신경의 기본 순환 시스템의 가동만이, 차별과 적대를 해소하는 응어리의 살풀이 역할을 한다는 것이다.

2013년 전 우리를 구원하러 왔던 이의 본질(윤석민, 2010)은 폭력과 협박이 횡행하던 시대, 마지막 만찬에서, 그는 사랑의 힘을 유언하셨다. 향락의 장이 아닌 천하고 고통스러운 곳에 임하여, 오른 뺨을 맞으면 왼 뺨마저 내어 주라면서 만찬을 끝냈다.

대통령이 이슬람 채권법인지, '자본줄' 인지를 입법화 한다면 대통령 하야운동을 하고, 정권 퇴진 운동을 벌이겠다고 선언한 원로 목사가 있다면, 그 분은 종교가 세력화되었고, 또한 '장로 가카' 를 만들었던 지도자임을 스스로 표방한 사건이다. 항상 원통하게 인용하지만, 최초의 반도 통일 국가를 이룩한 신라 문무왕의 수도 방어 축성을 비토(반대)하고 비방한, 의상 대사의 그 시절, 불교 세력을 재탕, 반복하는 역사를 읽을 수 있다.

오늘의 목소리가 약하게만 들리는 이회창 전 후보는 한 마디 하셨다. "대한민국이 조목사가 좌지우지 하는 나라냐! 내가 대통령 만들었다고, 내가 대통령 끌어내릴 수도 있느냐. 현직 대통령은 개신교 외에 카톨릭, 불교, 심지어 무신론자들의 표까지 합쳐져 당선이 가능했다. 대통령을 협박한다는 것은 참으로 오만방자한 독선이다." 하였다.

또 다른 교계의 선거 공신인 인명진 목사는 "개신교의 역사는 기본적으로 이슬람과의 대결이었다. 설령 이슬람이 이를 계기로 한국에서 포교를 확대한다 해도, 개신교가 우월한 교리로 승부하면 되지 대통령 하야, 정치인들 낙선 운동 운운하면 안된다" 하였다.

비록 중고교생 시절, 여학생 꽁무니 따라다니느라고 을지로 경동교회, 충무로 영락교회 성경 동아리를 다녔지만, 그 때의 강원룡 목사님과 피난 오신 한경직 목사님 「그 시대적 강론」이 새삼 그리워지고, 위대한 기억이었음을 느끼게 된다.

　암소는 먹는 데에만 하루에 22시간이 걸린다고 한다. 파리 떼들은 6시간을 먹고, 벽에 붙는 휴식에 6시간 쓴다고 한다. 인간만이 유일하게 먹고 사는데 정신없다가도, 돈 생기는 일에 벌이의 (모든) 총량을 투입한다. 그래도 에너지 총량의 소비 시간은 100년을 넘지 못한다. "100살이 무슨 상관인가? 순간이 중요하지……" 했던 참으로 구도하듯 그림 그렸던, 윤중식 화백. 어제 100세에 작고하셨다.

인간은 태어나면서 개체의 유아독존이라는 프라이버시를 지닌다. 번식을 위한 짝이 지어지고, 가족이 생기면서 이웃이 늘어나게 된다. 부족이 생기고 동네가 생기면서, 물 좋은 곳으로 너도 나도 모여, 서로 부딪히는 '과밀 현상' 이 생긴다. 캐나다의 사슴 떼들은 일 년을 주기로 동부에서 서부로 집단 이동을 본능적으로 실천한다. 왕성한 번식은 과밀현상을 발생시키면서 초원의 풀들이 모자라게 된다. 이때는 사슴 공동체 자체가 멸종된다. 생태적 법계의 질서는 '과밀' 된 개체 공간(personal space)의 숨통을 위해 사슴의 뿔들이 서로 엉키게 되고, 일단 엉키면 둘 다 꼼짝 못하고 독수리 떼의 보신 공양이 된다.

캐나다 사슴 떼의 총량은 매년 일정하게 유지하여 삶의 공동체 공간과 잡초 식량, 그 제 1차 생산품을 제 1차 소비자에게 알맞게 제공 한다. 그러나 형님 먼저 아우 먼저 하는 질서는 특히 인간들에게, 「영역성(territoriality)」이라는 집단의 세력 확장 욕구와 약육강식의 행태로 발생한다. 사슴 떼의 왕성한 번식이나 인간이 농촌을 버리고 도시로 몰려버리는 행태는, 끝없는 침입과 천이(invasion and succession), 집중과 분산(concentration and deconcentration), 그리고 지배와 종속(dominance and segregation)의 분리 현상이 생긴다. 이른바 법계의 생태원리인 간섭 파동의 동심원이라든가, 돌연변이의 전쟁과 혁명 등이 발생하게 된다.

샤카 부타가 6년 고행의 밀림 속에서 보았던 생태 법계는, 이기와 이타심이라는 원래적 유전자와 환경에의 조건에 의해 아름다운 창발과 번식을 위한 진화에의 적응, 순응으로서의 불심을 목격하게 되었다. 이러한 부드럽고 지혜로우며, 먹이를 나누고, 알아서 조직을 위해 죽어주는 일련의 지혜, 이를 '행태학'에서는 일정한 거리유지를 위한 숨겨진 차원인 「프록스믹스(proxemics)」 신경전이라고 한다.

하여, 집단과 조직의 예측과 지도를 위한, 그리하여 유독 많이 빼앗아 가지려는 요인들이 발생한다. 니체나 칼 마르크스같은 사람들은 전쟁 권력이나 종교 권력의 존재를 신과 이성을 핑계로, 너무 오랫동안 인류를 핍박했다며, 반동과 선동을 감행, 또 다른 인류의 업보를 제공한다고 주장했다. 그리하여 돌연변이의 간섭 파동은 엄청난 혼돈과 재앙을 가져왔다. 스탈린은 마누라까지 자살 방조시켜버렸고, 오늘의 저 「자스민 혁명」 현상, 이집트에서 리비아까지 중동 이슬람의 오랜 과잉 착취의 화폐와 권력에, 그 에너지 총량에의 해체 현상이 발생하게 된 것이다. 이른바 업보, 카르마이다. 칼 마르크스의 어떤 의미에서 멘토였던 바타유(Jeorges Bataille)는 "이들 과잉 탐식된 축재는 원시적이고 본능적으로 초과 에너지를 외부로 배출하려는 것뿐이다. 이는 바람직한 파멸이고 불유쾌한 파멸이다." 라고 표현하였다.

"아리랑 아리랑의 청천 하늘, 오늘도 흐느껴 푸르고 별로나 많은 별에 수심 내려, 기죽은 영혼들 거지처럼 떠돈다." (정현종)고 한탄하였던, 이씨 조선 반도의 기죽었던 쌍놈 계급들, 마찬가지로 끝없는 권력 에너지 파동과 파멸 속에서 밤하늘 혜성만 나타났다면, 이를 징벌과 역모 반란의 명분으로 작동했던 것이다. 통일 신라 후반기, 그 어려운 통일 국가의 후유증, 그 선업과 악업으로 하여, 역사는 혜성의 출몰 상징과 함께, 에너지의 포기와 누수 역사를 가져오게 된다. 선덕여왕 덕만의 오랜 투병 침소 옆에, 흥륜사 법척 스님을 곁에 두고, 몸과 마음의 치유를 위한 염불과 기도 생활을 진행시킴으로서, 당시의 통치 종교권력에의 과잉세력화를 자초하게 된다. 이 때 밀본법사는 현재의 측근 스님 대신 자신이 왕의 병을 완쾌시켜야겠다며, 침소 밖에서 약사경(藥師經)을 읽으면서, 지니고 있던 지팡이(육환장)을 돌연 침실 안으로 투창하여 던졌고, 그 자리에서 법척은 살해되고 만다. 선덕여왕의 누워 계신 침소에는 붉은 피가 낭자하였다 한다.

삼국사기나 삼국유사는 집필자의 권력 성향에 따라 뒤집히기도 한다. 신라 불교 말기의 통도사 중심 권력과 흥륜사 근처 맘짱 조직들의 침입과 천이, 그 생태적 현상은 늙은 여우 한 마리와 간심 맘짱 법척의 시선을 내동댕이침으로써, 선덕여왕의 병환이 금방 완쾌했다는 밀본의 태도를, 선하게도 악하게도 후대는 평가의 메시지를 남긴다. 역사의 양면 속성이다.

정치란 과잉 독식 될 수밖에 없는 권력이 피지배층에게 어떤 메시지를 전하느냐에 따라, 정치의 기능을 아름답게도 하고 절망스럽게도 한다.

정치는 그러한 숨겨진 차원(hidden dimension)의 유연하게 위장시키는, 지배와 종속의 행태를 따르는 본질이었다. 작금의 전환기 역사 속에, 가장 핵심적 이성을 보이는 김순덕 논설위원은, 피지배자들에게는 '희망을 보이는' 정치가 가장 요구되는 정치의 수단이라고 표현하였다. 그는 이렇게 예를 들었다. "미국의 오바마 대통령에 비해 레이건 대통령의 경제 실적이 좋은 것도 아닌데 좋게 기억되는 건, 미국인들에게 '미국은 대단한 나라' 라는 희망을 주었기 때문(영국 이코노미스트, 2011)"이라며, 우리에게 전직 대통령의 좋은 기억을 못 가지는 것은 희망은 커녕 "'대한민국은 태어나선 안 될 나라' 라는 부정적 인식을 강요했기 때문이라는 것이다. 현재의 대통령이 우리나라 권력은 어쩔 수 없다는 국민적 낭패감을 남긴다면 대통령도 국민도 불행이다."(김순덕, 2011)라고 논술하였다.

장로 가카에게 이슬람 무선 자본법을 통과시키면 하야시키고 국회의원들은 낙선시키겠다는 종교 세력의 메시지는, 이 시대 정치를 종교가 작동할 수밖에 없는 반도적 역사에서 보여왔던 지배와 종속의 생태 본질이었다. 문제는 종교의식의 공개의식 공간에서 현직 장로 대통령과 그 부인에게 무릎을 꿇어 기도케 함으로써, 결국 피 종속자들에게 말 안 들으면 이렇게 무릎 꿇게 할 수 있다는 종교의 그 권능이 한 국가의 이데올로기를 완전히 지배해 버렸다는, 그 메시지의 광신성인 것이다.

민주주의 투표 방식에 의해 권력을 잠시 차용시키는 이 시대에도 "불려가 촛대뼈 까였다"는 등의, 남용이 하류 미디어를 통해 들리는, 그 소음들은, 결국 간섭 파동에 의한 엎친 데 덮치는 혼돈과, 풀어내기 어려움의 종말 정치, 그 낙하하고 귀향하는 반도적 역사의 종교 정치의 반복성, 그 퇴화를 불안하게 응시한다는 것이다.

미국의 '아들 부시' 대통령은 장로 대통령을 국빈으로 모신 자리에서 "아니, 교회의 장로 자리를 위하여, 반드시 몇 년 동안 예배 날 주차장 교통정리 자원봉사를 했어야 합니까?" 하고 우스개로 물었다 한다. 원래 원로 개신교 국가의 대통령으로서는 이해하기 힘든 이벤트라는 것이었다.

우리시대의 지성인, 탄허는 역시 당시의 1등 신진 교수 김항배와의 대담에서, 정치인은 나라의 어른이 아니다. 심부름꾼이다. 대통령도 마찬가지다(김정휴, 1980)라고 하였다. "가령 어항 속에 담아 둔 고기에 계속해서 한 바가지씩 물이 떨어질 만할 때 부어줌으로써 고기들이 계속 감사한다는 생각을 갖게 하는 정치를 끝맺음하고, 넓은 강 속에 잇는 것처럼 누구의 덕으로 사는지 모를 세상이 이 80년대에 펼쳐질 것이다." 했던 것이다. 비록 지금은 종교 어른들이 다들 떠나버렸고, 남아서 숨겨진 어른들은 그 목소리가 자본 미디어에 의해 차단되고, 어떤 어른들은 한 재산 챙기면서 종교 조직 내부의 세습 역모가 발생하고 있다. 에너지의 총량은 일정한데 과잉 취득 상태의 화폐와 그 보호 권력은, 넘치기 직전의 표면장력 현상을 보이고, 인연은 악연으로 변질되면서 관성 에너지는 강하게 부딪힌다. 법계의 모든 파동과 간섭무늬의 과잉 중복은 공동 진화의 우주 질서를 적용시킨다. 하여 비만과 과잉 포장과 자본에너지는 자연 방출(spontaneous)의 불법 치유 현상을 조정 받게 된다. 오늘의 인류 문명 진화와 차세대 진화될 세대에의 존재 가치의 당위성이다. 때문에 이 자리에 탄허, 그 마지막 청빈의 어른이 "나의 신경망이 엉킨 낚싯줄처럼 뭉쳐져선 난파선같이 출렁이는 바닥에 팽개쳐지는 날 빗금 빗금 빗금 물결 물결 물결......"(김혜순, 2011)이라 노래하였다.

"......모든 껍데기를 벗어버리고 종교의 알몸이 세상으로 드러날 것이다. 다시 말해서 왕도적인 정치에 철학을 제공하고, 역사의식을 제공해주기 위해서는, 어차피 낡은 껍데기를 벗어 던져야 할 운명에 봉착된다는 것이다. 현재의 종교는 망해야 할 것이다. 쓸어 없애버려야 할 것이다. 신앙인끼리 괄목상대하고 네 종교, 내 종교가 옳다고 하며 원수시하는, 이교인이라 해서 동물처럼 취급하는 천박한 종교의 벽이 무너진다는 뜻이다. 그 장벽이 허물어지면 초종교가 될 것이다. …새 싹이 나기 위해서는 그 자체는 썩어야 한다. 정치의 본질은 그렇게 더러운 곳에 있지 않다. 오늘 우리 정치가 겪는 아픔은 산고의 진통이다. …그래서 정치가의 임무는 막중하다. 그들의 손에 흥망성쇠가 달려 있다. 그리고 꼭 해야 할 일은 기강의 확립이다. 정치의 기강이 세워지지 않으면 도둑놈이 판을 치고, 파리떼 같은 사람들의 독무대가 되고 말 것이다. 기강이란 역사의식과 국민을 위한 철학, 인간을 존중하는 종교적 신앙심이 있어야 세워지는 것이다. 정치를 위한 정치는 백해무익이다. 진실로 인간을 위한 정치일 때만 (국가의) 기강이 세워진다." (김정휴, 1980)
세계 이차대전이 끝나고 한반도의 역사는 엄청난 혼돈의 상처를 지니면서, 38선이 그어진 북쪽은 김일성이, 남쪽은 민주적 선거에 의한 이승만 박사가 정권을 잡게 된다.

이승만 대통령은 그리스도 국가인 미국에 유학하고 독립운동을 한 당시의 국부였었다.
그리스도교의 골수 정치 종교인은 국가 혼란의 극한 상황에서 핵심 해결사로 작동하고, 국내 치안의 경찰 병력을 장악, 대통령의 경무대(지금의 청와대)를 보호해야 하는 내무부 장관 직책에 금강산 수도승을 임명하고 말았다.
1950년 2월 백성욱 제 4대 내무부 장관은 금강산에서 10년 수도했던 승려라는 것만 알려져 있었고, 스님을 내무부 장관 시켰다는 개신교도인 대통령의 발상에 모두들 경악하고 있었던 것이다. 그런데 일단 장관 발령 후 첫 기자회견에서는 그의 비범한 인물됨에 모두들 놀라 자빠질 지경이었다 한다. 때는 바야흐로 임시정부 정치인과 평양을 왔다갔다, 집권코자 하는 공산주의자들 등 당시 국회의 폭정과 백골단, 딱정벌레 지하조직 등 풍전등화의 정치 상황을 노증 하였다. 그는 단칼에 평정하고 질서를 급히 회복, 탄허가 말씀한 국가의 기강을 바로잡게 되었다 한다. (백성욱·김원수, 2008)
백성욱 맘짱, 그 분은 미국 유학에 학위, 또 다시 독일 유학에 박사를 취득하신, 당대의 지성인이었다 한다. 일본 식민시대, 금강산 장안사 지장암과 안양암에 입산하며, 때로는 또 다른 예술 지성인 이광수 등 30인의 청년 결사를 진행하되, 100일을 주기로 귀향이냐 출가냐를 자의로 결정하였던, 불교 정신과 그 철학의 불맥이었다 한다. 이른바 '금강산 결사' 였다.

당시 일본 정보계통에서는 꽤나 신경쓰였던 식민지의 정신적 지주로서 수많은 감시를 받기도 하였으나, 이 분의 개념이, 모든 제자는 살아있는 부타이기 때문에 항상 시봉을 두지 않았다는 에피소드는 유명하다.

불교의 정치적 지혜와 위기의 극복은 우연성에 의해 일치된다기보다, 법계의 어떤 에너지 간섭이 작동한다고 보는 것이 이 화가의 경험이고 소신이다. 금강산에의 단발령을 넘어, 서성거렸다는 그 자체는, 이미 생불의 경지가 확인되는 종교적 성취이지만, 신라 초기의 포교에서 목숨을 담보하였던 이차돈의 순교는 종교가 정치적 목적을 수행하는 최고의 수단이라 판단되며, 종교와 정치의 통합되는 실타래의 엉킴 해결법이었다.

백성욱 장관의 정치력은 이차돈의 죽음 같은 정치를 과감하게 집행, 성취하였던 종교인이면서 시대적 혜안의 정치인이었다.

그는 수제자 중 한분이신 김원수에게 이렇게 전달, 기록케 하였다.

"경무대 경찰을 모두 무장시켰다고 소문을 퍼뜨렸다. 소문을 들은 국회의원들은 경무대로 이승만 대통령에게 달려가 백성욱이 내란 역모를 일으킨다 하니 어쩌면 좋으냐고 탄원하였다. 대통령은 밥이나 먹자며 '어떡하기는 뭘 어떻게 해. 위협이지! 만약에 개헌안이 통과되어도 무효 공고를 정부가 낸다. 몇몇 놈들한테 국회의원들이 매수당한 것은 무효다. 증거? 그래, 증거를 조사하는 것이 내무장관 아니냐. 그러니 증거를 조사하기 위해 국회의원들 한 군데 모셔와서는 뭐가 뭐야! 정치라는 것이 모두 도둑질이라면서!……(결국 대통령과 내무장관, 짜고 친 고스톱이었고, 정치 시나리오의 거짓 정보전이 불법의 이치에는 어긋나더라도) 나라 망하는 것보다는 낫지!" 하였다 한다.

이 화가가 명진, 수경 맘짱에게 (평소 왕 팬으로) 기대하고 성취하기를 바랐던, 저 청년 불교의 결사정신이 시대의 정치를 융합하면서, 미래 세대의 잃어가는 질곡 속의 역사의식을 완성시키고자 하였던, 그 갈망이 있었다. 그런데 '사라져버림' 을 유행처럼 날려, 가버린 것이다. 전자시대 모든 연결고리는 드디어 원자보다 정보(Bit)의 네트망과 그 인드라망 물결의 간섭 파동이 여기저기서 발신 또는 자기장에 의해 동심원 파도 물결처럼 서로 부딪히고 혼돈을 가져온다. 그 발신지를 역으로 추적하면 파동 진폭의 수치와 시간 에너지 총량을 계산할 수 있다. 이들이 나무뿌리 같은 리좀 혼돈을 가져와도 크게, 또는 후에 보면 자기 닮음(fractal)의 법계 질서를 유지하고 있는 것이다. (파도의 곡선은 크던 작던 같이 닮은 곡선을 유지한다.)

21세기의 모든 첨단 분야는 융합이고, 망의 교차 결절점(node)이 우연의 일치 현상으로 아름답고 질서 정연한 항상성(homeostasis)으로 진화를 진행한다. 불법계의 영원한 반복과 윤회(samsara)를 가진다고 감히 생각한다.

국방, 무슨 전문 위원장으로, 책임 회피의 알리바이성 정부 위원장에 임명되셨던 이상우 국제정치학 교수는, 지난 번 서해 한미군사훈련에 방한한 미군 해병대 사령관에게 해병대 병력을 얼마나 인솔하고 오셨느냐 물었다 한다. 나 한 명과 부관 한 명, 단 두 명이 왔다고 대답하였다 한다. 그러면 군사 훈련은 누가 합니까 했더니, 한 부대는 알래스카에서, 무슨 특수부대는 오키나와에서, 군수부대는 괌에서, 상륙 부대는 어디에서 차출되어 한 군데의 일시적 부대를 형성하되, 그때그때의 작전 성격에 따라 융합하고 바로 해산, 원대 복귀시킨다는 것이었다 한다. 고정된 나이키 신발 공장이 없는 것과 같다.

바로 21세기 융합 원칙이고, 전투 훈련 임시 부대는 흙ㆍ물ㆍ불ㆍ바람의 원자가 모였다 해체되는 불법계의 진리, 그 스마트 맘이다. 트랜스 포머 그 자체로 임무를 수행한다는 것이다. 따라서 전자시대에 와서 통신과 임무 전문화의 개체화 통합화는 효율성, 효과성 극대화의 샤카 부타 가르침, 조립과 해체의 중도 원리이다.

금년도 육해공 사관학교 졸업생의 임관식은 '합동성 강화'가 군의 핵심 전략이 되었고, 창군 이래 최초의 합동 임관식을 가졌다 한다. 시대는 전면전 시대에서, 테러나 국지전의 게릴라 포격전 등으로 바뀐 지 한참이다. 새로운 세기에 변질, 진화되는 전투 양상에 맞추는 전략 개발은 미사일 사거리와 원자탄을 만들 수 없다는 우방국과 협약에 의해, 제대로 F 35급 스텔스기 한 대도 못 가져본다. 후진국 군대로 정체되고, 병력과 고급 장교 자리는 엄청 초과위치에 있다는 저가 국방비의 현실이다.

초반 국지전이 전쟁의 승패를 결정짓는 최첨단 전자전에서 장군의 감축과 병력의 특수 기능화와 그 통합은 마지막 군사 혁명군이 편성될 확률이 전무한 가운데에서도, 과감한 구조 조정과 개혁은 불가능해 보이는가? 아니면 군 미필자들만 모인 권력 핵심의 순장족들, '혼자서도 잘 했던' 임기가 끝나가기 때문인가? 그리 보면 '버르장머리를 고쳐 놓겠다'던 YS대통령의 「하나회」 해체 업적은 엄청난 정치 위업이었음이 증명되었고 아무나 손대지 못한 개혁이었다고 평가된다. 최신 국산 이지스함이 몇 초 만에 미사일을 '감지'한들, 1,000km 요격탄이 탑재되지 못하는데 무슨 소용인가? 연평도 터지는데 국민돈 22조원으로 강물파는게 급했나? 핵 항공모함 제조가 더 급한가? 이스라엘이 왜 사냐? 용 모가지에 거꾸로 박힌 비늘은 건들지 말라는 터부는 국제 외교에서도 철칙이다. 영토 순방에서 5년 잠깐, 어느 임시직 공무원은 상대국 역린인 덴노해이까(천황)의 뼈아픈 문제는 건들지 말았어야 했다. 해 저문 2013년도, 동북아이사 갈등에 불 지른 단초가 되고 말았다. 그리하여 공개된 자위대 작전에는 청룡해병대의 대마도 상륙격퇴라는 전략이 우선 순위라는 것이다. 몇 일전(2013.11) 일본국회는 대마도 군사기지주변의 한국인 부동산 매입을 금지시키는 법을 통과시켰다.

최근 한 대학교 졸업식에서, 육사 졸업식 빼고는 스타들이 가장 많이 참석한 사례를 목격하였다. 이 본인이 석좌 교수로서 연단에 참석하였던 2011년 서울 사이버 대학교 학위 수여식에는 축사와 감사패, 명예학위 수여 행사와 함께 주한 미 8군 사령관, 주한 미 공군 사령관, 기타 별 둘, 별 하나 하여 주한 미군 최고위 장성이 모두 참석하여 축하 이벤트를 벌였다. 또 한편에서는, 한 때는 적대국이었던 소련의 바이칼 호수 변 최대 도시의 러시아 대학교 총장과 교무처장 등 일행이 졸업식장, 같은 연단 반대편에 자리하고는 볼쇼이 발레단 관계 학위 수여의 행사를 진행시켰던 것이다.

분단 한국의 수도에 위치한 대학교 졸업식에 세기의 앙숙 미국과 소련군, 지식인들이 함께 학위 수여 예식을 가졌고, 대학 졸업식에 하늘의 별과도 같다는 엄청난 수의 별들이 처음으로 모인 졸업식장이 되고 말았다. 유심히 행태를 관찰해 봤을 때, 미·소 지도자들이 서로 가까이 악수 하거나 눈인사를 삼가고 있었던 앙금이 비쳤던 것이다. 자! 국가 차원의 종교와 정치는 동전의 앞뒤 같은, 서로 색도 되고 공도 된다고 구라 쳐 보았다.

2011년도 서울사이버대학교 학위 수여식 장면, 러시아 대학교 교무처장이 학위 수여를 위하여 나서고 있다.

왕팬 맘짱께서 만든 보우 선사의 부도 자리에는 결국, 봉암사 국보급 규모의 부도가 봉정되었 다. 결국, 이제 다시 오시면 법황루 법회의 신도들 앞에서, "누군가가 불교 우상 앞에서 떡이나 먹는 20만 반국가 단체 소굴이라" 그랬다는 둥, "이들이 믿는 하느님은 어떤 하느님인가? 그러 한 하느님을 또 누가 만들었나?" 하는 질타를 다시는 하시면 안 되신다. 불교성도 있고 정치성 도 있기 위해서는 가련히 여기실 필요도, 용서하실 필요도 없다. 완장 정치인 보온병은 결국 조 직 부하에게 단칼 맞지 않는가? 업, 그 카르마는 무서운 균형감이다. 한국의 종교들은 에너지 과잉과 그 표면 장력의 관성 모멘트가 다시 땅과 물로, 불과 바람으로 생태계 순환에 따라 지금 이 순간도 다시 돌아가고 있지 않은가? 당시 (홍위병) 제주 목사에 의해, 열 손가락 잘려 죽은 진짜 어려웠던 박해 시절, 봉은사 보우 주지 맘짱의 부도와 기념비는 결국 우뚝 서지 않았는가? 종교에서도 역린을 건드리지 않는 예의가 있다.

"법당을 돌 때에는 줄이 없는 거문고를 타고, 구멍 없는 젓대를 부나니. 그 가락마다 고라니와 사슴이 모여와 기뻐하고 봉황이 날아와 춤을 추도다……선실에 있을 때는 올 없는 옷을 입고,

허공을 향해 앉아 문수의 눈을 후벼내고, 보현의 정강이를 쪼개며, 유마의 자리를 부수고, 가섭의 옷을 불사르도다……제삿밥을 먹을 때에는 낱알 없는 밥을 먹고, 흰 쇠고기 국을 마시며, 조주(趙州)의 차를 마시고, 운문(雲門)의 떡을 먹도다……"
지금은 편백나무 보호림이 생태계 혼란으로 해체되고 있는 「미래사」 상량문, 효봉 선사의 지혜로운 카리스마가 그리운 표호(호랑이의 울부짖은) 문학이다.

도롱뇽 은하철도

다리아래 애기 무학, 혁필유화 8호, 2010

　"세상엔 한 생명이 태어나 꼭 하고 가야만 할 일이 따로 있을까? 무엇을 하든 지금 오늘에 감사하며 하루를 누리다가, 구름 손짓하면 언제라도 너머로 달려가고 싶다.
어떤 이들은 불멸을 꿈꾸지만, 나는 소멸을 꿈꾼다. 수만 마리 철새가 창공을 어지럽게 날아도 하늘은 비어있고, 수억 마리 물고기가 바다를 가르고 헤엄쳐도 바다에는 길이 없다. 어떤 위인이 생애에 미처 하지 못하고 간 일 때문에 태양이 외롭거나, 바다가 쓸쓸한 적은 없다. 오히려 너무 많은 일들을 하고 간 위인들 때문에 산이 아프고, 강이 아프고, 바다가 아프고, 미래가 아프다.

열 일 제치고 내게 온 친구들아, 언젠가 열 일 제치고 너희들에게 갈 것이다……” (반칠환, 2012)

　　전라도 화순고을 자치 샘물에 심청전 시리즈 전설이 있다고 한다.
양반계급에 말대꾸했다는 죄로 한산리 감옥에서 옥고를 치르시는 아버님 때문에, 새벽마다 자치 샘 정화수 떠다 정성들여 기도하였다. 어느 날 샘물 위에 떠 있는 참외를 신령님 분부로 먹게 되었고, 그 날 이후 배가 불러 아기를 낳게 되었다 한다.
분이라 해 두자. 분이는 몰래 솜 보자기에 아이를 싸서, 학 다리 마을 근처에 버렸고, 다음 날 지나던 길손이 커다란 학 한 마리가 아이를 품고 있는 것을 발견, 가져다 원님께 신고하게 된다. 결국 분이의 효심으로 아버지는 방면되었고, 학이 품어 키웠던 아이는 후일 비범한 출생의 비밀을 부여받게 된다.
송광사 불일 보조국사와 도선 국사의 출생에 쓰이는 전설이지만, 반도의 선조들은 사생아와 전쟁고아에의 국가 사회적 수용이 관대하였음을 전설이 말하고 있다. 양반, 상놈의 계급, 남 녀 칠세 부동석의 남존여비사상, 전란과 기아에의 청소년들을, 이 재앙으로부터 탈출할 수 있는 숨통에의 터 줌 같은 선순환과 되먹임, 윤회를 적용시켜왔던 지혜였다.
이씨 조선을 건국한 모반 개혁가 이성계에게는 음과 양, 강경과 온건의 정도전과 무학 대사 라는 두 두뇌가 있었다 한다. 정도전은 당시 국가 예산의 반을 차지하는 왕실이 불교 기복 행사와 성리학 중심의 새로운 건국이념을 제창, 불교를 악랄히 배척한 인물이었다. 알려진 대로 무학 대사는 이성계의 사부님이었다. 어느 날 무학 대사님 얼굴을 도둑놈(돼지)같이 생겼다 하자, 대사님은 임금님 얼굴은 부처님처럼 생겼습니다 했다. 임금께 아첨 하는거냐? 했을 때, 저 유명한 “돼지 눈에는 모두 돼지로 보이고, 부처의 눈에는 부처만 보인다!” 는 불법의 핵심을 말씀하신 분이다.
이성계의 임금, 왕자 꿈의 해몽으로, 건국의 신화적 이야깃거리를 제공했던 무학이_ 부모는 임진왜란 때 끌려가다가 탈출, 서산 안면도에 숨어살았다고 한다. 갈대로 삿갓 만들어 팔다 군수에게 진 빚 때문에 끌려갔고, 학돌재라는 고개에서 무학을 낳게 된다.
풀려나 갈대밭 고갯길에 가보니 역시 학 부부 두 마리가 아기를 감싸주고 있었고, 이 때 무학(舞鶴)이라는 이름을 지었다고 한다.
이 화가는 이 손바닥 그림을 그리면서 이씨 조선이라는 척불유교국을 창업한 왕의 이념을 정립하게 되는 신화 구조로서, 아기에 싼 포대나 아이의 몸에, 보통 임금 왕(王)자 문자를 각인시킴으로서, 성인과 위인의 탄생을 예고토록 한다.
함경남도 안변의 석왕사(釋王寺)는 이성계의 임금, 왕자 설화의 태조 건국 1년차 웅대한 호국사찰이었다. 길주의 광적사로부터 500성중(五百聖衆), 16제자, 16나한, 독성나한 등, 엄청난 성상을 배에 싣고, 원산에 닿았고, 여기서 석왕사까지는 태조 이성계가 직접 운반하였다는 것이다. 한 분만 묘향산 쪽으로 가져갔다는 추가적 전설이 있다고 한다.
바로 그 이씨 조선 건국이념의 철학 제공자 무학은 그 곳 설봉산 토굴 생활에서 태조의 꿈 이야기를 상담 받게 된다.

"만가에, 닭이 일시에 울고, 천 가지 집에서 다듬잇돌 두들기는 소리가, 또한 폐가에 들어가 서까래 셋을 등에 업고 나오며, 꽃이 낙화하고, 거울 깨지는 꿈을 꾸었다." 하여, 꿈 해석은 "꼬끼오하며 닭이 운 것은 고귀위(高貴位) 소리요, 다듬잇돌 퉁탕퉁탕 소리는 어근당 어근당(御近當 御近當)하는 소리요, 낙화는 장차 열매를 맺는 것이고, 거울 깨지는 소리는 필시, 천지개벽의 징조일 것이다. 서까래 세 개는 임금, 왕(王)자로서, 세 토막을 이어 들고 나오는 글자의 픽토그램이라는 해몽이었다.

깊은 산골 토굴에 나타났던 욕망의 싸나이, 그는 군왕이 될 관상이었던 것이다. 오늘날 도시 구석구석에 전철역에 일렬로 늘어선 복점, 관상의 좌판상품과 줄서 기다리는 동포의 후예들, 그들의 기복신앙은 무학의 설봉산 토굴이 원래 원조였던가?

　권력 주변 불사와 같은 조선 반도의 기복 유전자는 학들이 감싼 돌다리 아래에서부터 출발하게 된다는 것인가?

지금 이 순간의 압록강 동북공정. 그리고 가까운 미래에 확보될 미륵의 왕국, 그 원초적 실수의 장본인은 이성계 장군이고, 그의 위화도에서의 더 만주 땅으로 북진하지 않고, 수도로 회군해버린 원죄가 있다. 그의 야심이 성공한 원래의 핵심은 천기누설을 절대 하지 말라는 신화 일반의 터부를 지켰기 때문이다.

어린 시절 동화에, 선녀의 폭포수 옆 옷을 숨김으로써, 선녀를 납치한다는 하늘과 땅의 소통 원리에는, 나무꾼은 뒤돌아 벗고 따라오는 선녀를 보지 말라는 신화의 절대 금지 조항을 지키지 못하기 때문에, 결국 인간일 수밖에 없다는 것이 신화의 가르침 중 하나였다.

하여, 토굴의 맘짱은 찾아온 이성계에게 "당신의 관상은 임금상이니 절대 발설하지 말고, 3년 동안에 500성제(五百聖齊)를 올리고 기도하여야 한다. (그리고 지금 이 자리에 석왕사라는 절을 세우시오.) 부디 언행을 절제하고 겸허하면 반드시 일을 낼 것이오!"

그 권력 확장의 과잉과 그 포화 상태에서의 관성 에너지를 조심, 조정하라는 에너지 되먹임의 불법계 정신을 신신당부하신 것이다.

원래 되먹임의 뜻이 진화되고 윤회하는 바퀴처럼 돌고 도는, 모든 삼라만상은 변하고, 또한 지금도 변화하고 있다는 샤카 부타의 발견 핵심이었다.

이성계의 또 다른 해결사 정도전은 천당지옥, 인과응보, 생사 윤회설을 성리학으로 불합리화시켰던 인물이다. 불교 이전부터 알렉산더가 코끼리 부대에 작살나면서도 인도를 정복하여야 했던, 그 인도 신화와 그 철학의 우월성이 유럽 십자군에의 전투 의지를 반복시켜왔을 것이다.

이때의 고대 인도의 신화 중심에, 나고 죽고 다시 태어나야하는 현세의 고달픈 인간 구원에의 사기 침이 필요하였던 원시 신앙이 있었을(?) 것이다.

영혼은 불멸한다는 죽음 공포에의 극복. 이는 원시 동굴 생활 이전부터 극복해야 할 지금까지의 인류 숙명이다.

법계가 인류에게 아름다운 감각을 공진화시킴으로써 번식과 유전의 되먹임으로 하여, 넘치는 인구의 갈등을 해소하고, 서로 돌을 던지지 말 것과 사이좋게 먹을거리를 나누어 살려지는, 우주 질서의 근본 원리이다. 때로는 캐나다 사슴 무리들의 저 태평양까지의 일 년 여정에서, 생태학적인 가족과 인구 수량을 자동적으로 조정하며, 전염병과 세계대전으로 과잉된 인구를 죽여 버리는 생태 현상을 긍정적 환류(positive feedback)라고 한다.

예방 백신과 의술 발달에 의한 과잉 노인네 수량, 부와 권력의 치우침으로 하는 지구 식량 총량에의 굶주림, 아동 절대 확산 등은 인류 항상성에의 부정적 환류(negative feedback)이다. 되먹임의 모양새가 서로 비슷한 모습(fractal)의 자기닮음을 반복하는 것이 아니라, 한 마리 나비 날개 짓에도 일본 센따이 지역 전체가 광폭한 파장 리듬으로 하여, 도시의 삶을 일거에 삼켜버리는 대재앙이 덮치고 만다는 것이다.

이른바 복잡계의 수치 추적 가능한 네트워크가 나무뿌리의 구조처럼 리좀(rhizome)화 된 것이다. 일본의 선진 과학 문명이 자연 회귀에의 유니버설 디자인 개념에 목을 매고, 지렁이 한 마리가, 도롱뇽 한 마리의 생존이, 맨날 땅이 갈라지고 흔들리는 지진의 나라에서는, 절대적 생태계 질서 유지의 상징 신앙처럼 받들어졌던 것이다.

이씨 조선 말기 이후의 한반도에는 북으로부터 대포 포탄이나 군함 피격 침몰, 구제역 생매장 오염 같은 일과성 재앙 외에는 산 좋고 물 좋았던 금수강산이었고, 그래서 밟히는 지렁이와 벌꿀과 도롱뇽 습지가 얼마나 지상천국의 환경과 조건을 소유하고 있음을 우리는 모르고 산다. 자신의 욕구와 축재, 자신의 스캔들이 얼마나 추하다는, 다른 주변의 시선, 자신의 함바집 떡값 착취의 세 바퀴 낙하산 독식 편견이, "지율스님은 천성산 도롱뇽 알 보고 무슨 생각할까" 라는 신문 사설(2011. 3)까지 등장하게 만든 것이었다.

지율 맘짱의 "산(천성산)이 울고 있다고 느꼈고, 산이 도와 달라고 애원하는 소리를 들었으며, 그래서 당연히 뭇 생명에게 도와주겠다고 약속했다." 고 하셨다.

국내 최고 권위의 생태학계 (신경미학) 세미나에서, (논문)을 발제(발표)했던 이 화가에게는, 지율 맘짱의 이 말씀이, 인도 신화의 끝자락을 정리한 샤카 부타의 어떠한 말씀보다 더, 핵심적으로 한국 생태 불교를 정확히 지적하시고 표현하신 것으로 판단된다. 무학 대사의 "돼지의 눈에는 돼지만 보이고, 부처의 눈에는 부처만 보인다." 는 진언은 오늘의 사회경제적 손실의 책임이 지율 맘짱에게 있음을 강조하는 산업개발 독식주의와 재벌 홍위병들의 몰지각한 태도의 기사였다. 지금 이 순간, 전 지구적 (이상 환경의) 아비규환으로 붕괴되어버린 지구촌 곳 곳 땅 껍데기의 경고가, 한 마리의 나비, 한 마리의 지렁이 땅굴, 도롱뇽 한 마리의 생존이 왜 그토록 중요하고, 오늘의 우리들에게 무엇을 상징하고, 시사하는가? 를 조금이라도 알았다면, '사회경제적 손실의 책임이 지율 맘짱에게 있다.' 라는 감히, 하늘을 가리는 기사는 쓸 수 없었을 것이다.

　자! 지율은 그랬다.

　① '산(천성산)이 울고 있다고 느꼈다' 는 다윈과 아인슈타인까지 증명, 발견한 지구 물리 양자학을 그대로 논술하고 있다는 점이다. 일본 센다이 동쪽 130km, 해저 24.4km, 지진 규모 8.8,

다음 날 9로 수정되었던 진원지는, 우주계와 지구 땅의 모든 생물과 무생물이 파동에 의한 진동 확장된 것이다. 즉 간섭무늬(Interference Pattern)을 지니면서, 동심원을 그리며 확장하고, 그 파동들의 겹침들이 혼란스러울 때에도, 비슷한 형태의 크고 작은 파도와 에너지 이동이 바람처럼 겹쳐 확인된다. 땅 속과 바다 속 지층의 엄청난 부딪힘은 이러한 간섭 형태에 의해 폭발하고 터진다. 다만 파동의 진동, 그 떨림의 충격은 경악, 공포, 혼돈, 비탄의 "산(천성산 또는 후쿠시마 산맥)의 오열이고 눈물인 것이다.

지율은 화엄경, 천부경의 '인드라의 하늘에는 하나만 봐도, 나머지 모든 영상이 보이나니, 이 진주 그물은 세계 속 모든 것과 독립적이지 않고 서로 연관되면서, 그가 곧 다른 물체임을 뜻한다.'는 생태과학의 공명현상, 그 자기진동수(self-frequency)와 파동의 맥놀이 주파수(beat frequency)의 간섭과 삼투압(osmosis)의 공명체계인 우주 만다라를 부타의 감성 목소리로 전한 것이다.

② 지율은 '산이 도와달라고 애원하는 소리를 들었으며'의 공명체계는 한 알의 모래알이니 두 개의 바이올린 파동 음 몇 줄기, 태양빛의 맥놀이에서 우주의 간섭무늬 홀로그램을 공명화하는 에너지의 느낌과 지각을 말씀하신 것이다.

후쿠시마 산맥의 땅 속 지렁이들은 풍요로운 선진국 농업과 최상의 쾌적한 유니버설 디자인을 지속 가능케 해왔다. 골프비용이 가장 저렴하여, 한국 골퍼들이 만날 날아갔던 그 풀밭에, 도롱뇽이 생활하고 벌과 잠자리, 나비들이 날아다님은 신선한 공기와 쾌적한 자연의 낙원임을 증명하였고, 이들 생태 순환의 에너지 흐름과 숨통을 영양가 있게 기능하였던 것이다. 공명되어 있던 간섭현상, 자기 진동수와 파동의 맥놀이 주파수가 땅의 움직임에 의해 돌연변이의 떨림과 진동 되먹임이 견딜 수 없도록 삼투압 붕괴와 관성의 폭발이 진행되었을 때, 땅 속에 기생하던 저 지렁이, 도롱뇽 번데기떼들은 살려달라고, 도와달라고 애원하는 절규를 보내게 된다. 지율은 이를 느끼고 듣는 고차원의 인지 뇌신경을 평소 훈련받아진 상태로서, 돼지나 도둑놈은 지각되지도, 이를 알지도 못하는 탐진치의 유아적 상태를 지닐 뿐이다. 땅과 산과 바다 밑의 해저 산맥은 삼라만상과 마찬가지의 무생물과 생물이 살아가는 진화의 현장이다. 현대 뇌신경 과학에서는 도롱뇽 한 마리, 지렁이 한 마리에도 인격체로서의 의식과 지혜의 감성과 그 언어 표현을 가지고 있다고 규정한다.

갠지스 강의 한 알 모래도, 땅 속의 가장 작은 지렁이에도 마음이 있고, 의사 표시를 신호하는 의식이 있다는 공명 체계는 오늘 과학의 기본 상식이다.

최근 하버드 대학 연구팀은 땅 속에서 가장 작은 지렁이의 산란 과정을 관찰하면서, 지렁이가 소유한 302개의 신경 뉴런과 500개의 네트워크에 의해 생식과 사고의 지혜를 지니며, 100개 이상의 지렁이 근육은 레이저의 실험에 의해, 광 발생으로 하여, 땅 속의 터널을 뚫고, 유연하게 헤엄치는 '마음의 커짐'을 증명했다는 것이다.(Davide Castelvechi, The Smallest Mind, Scientific American, Mar. 2011)

지렁이나 도롱뇽은 반드시 애원하는 간섭무늬를 발신한다. 찰스 다윈, 그의 영국 집 뒷마당 실험장에는 지렁이 수백 마리를 양식했다고 한다. 긴 삼각형으로 잘라낸 수십 개의 종이 조각을, 저녁 때 지렁이 숨구멍 입구에 뿌려놓았더니, 다음 날 깨끗이 땅 속 자기 집으로 끌고 내려갔다는 것이다. 이 때 다윈은 긴 삼각형의 날카로운 쪽 끝부분부터, 일사불란하게 온 몸으로 이동시키고 땅에 숨기는 현상을 관찰함으로써, 저 유명한 '지렁이의 지능과 감정'의 존재를 실험했던 것이다.

자! ③ 당연히 뭇 생명에게 도와주겠다고 약속했다는 항목의 '뭇 생명'이라는 표현은 삼라만상 우주 홀로그램 전체를 생명체로 본다는 의미이다. 한 알의 모래, 꿈쩍도 않고 버티는 바위에 의식과 생각이 있고, 미세한 몸동작이 있을 수 있을까? 문제의 재벌 계열 일간지 논설은 "감성의 언어로 호소하는 것도 좋지만 과학적인 환경 평가를 통해 내려진 결론을 무시해서는 안 된다." 는 마녀사냥 식 궤변은 "환경 근본주의 같은 독선의 피해"라고 기술하였다. 당일 톱으로 게재된 센타이 쓰나미 재앙은 어떻게 설하고 논술시험을 치를 지, 후쿠시마 산맥과 센타이 해저 24.4km 속은 인근 천성산 생물계와는 전혀 다른 혜성인지를 묻고 싶다.
수경 맘짱께서 떠난 불교환경운동은 약속조차 지키지 못하는 침묵의 시간을 지금 보내고 있다. 그래도 수경은 학을 띠면서 어느 산 속 바위 위에 기대어 낮잠 자겠다 했다. 화가이면서, 청계천 복원 환경생태 디자이너이고, 신경과학, 뇌 과학 공부를 열심히 하고 있는 필자는, 그 수경이 낮잠 잘 바위 덩어리를 생각해본다. 미래의 바위는 수경에게 속삭일 것이다. "하시던 법계의 일들이 부진하다고 해서, 다시 돌아가셔서 지렁이 한 마리 밟히지 않고 살려내는 생명 가치 일을 다시 하시지요." 하실 것이다.
바위나 그 위에서 노니는 도롱뇽 같은 뭇 생명을 도와주겠다는 그 천성산의 의미는 분명히 우주 질서의 에너지인 간섭파동과 그 진동에 의한 의식과 마음과 지혜를 모두 맥놀이 하고 있음을 다시 강조하고 싶다.
바위가 낮잠 자는 '수경에게 말 걸기'는 이차크 벤토브(Itzhak Bentov, 1981)의 간섭무늬 홀로그램 이론으로 쉽게 설명된다. 공명체계에서 바위는 얼음이나 유리처럼 고체이지만 무정형 물질로서, 삭기도 하고 녹기도 하며, 점성이 큰 액체인 것이다. 자연계의 공명은 고체의 얼음이 증기나 수증기로 간섭현상을 지닐 때, 마음이나 의식을 극히 미세하게 지닌다고 보고 있다.
낮은 차원의 미세한 진동수는 소리와 파동을 간추림으로써 진동과 소리의 「의식 확장」이 성립되는 것이다.(Carlos Castaneda, The Teachings of Don Juan, 1971)

카뮈의 문학에 돌부처의 품 속에 집을 짓고 살았던 제비가 어느덧 남쪽 나라로 떠날 때, 돌부처의 눈에서는 이별의 슬픈 눈물을 주르륵 흘렸다는 이야기가 있다. 이른바 자기희생(Self sacrifice)과 이타주의(Altruism)의 자비사상을 상징한다.
이 때 떠나는 제비는 고마움을 느꼈고 돌부처 형상의 바위덩어리도 제비의 맥놀이 파장을 느꼈을 것이다. 새 봄에 다시 제비가 날아왔을 때에는 제비도 진화된 주파수로 성장했지만, 바위의 자아(ego)도 자극을 받고, 진화가 가속될 것이다. 드디어 바위는 바위의 정령으로 의식이 진화

상승될 것이다. 바위는 광물계의 의식 차원에 해당하는 비교적 낮은 진동수 반응을 갖겠지만, 더 높은 식물계 의식의 경계선에 위치하면서, 이 바위의 에너지 교환 곡선은 멀리 인간계 진동수 반응을 넘고, 영계(아스트랄계)까지 확산될 것이다.

 수경맘짱께서 이 바위에 와 낮잠이나 자겠다고 하셨고, 민감한 주파수의 스님은 이 바위에 호감이나 반감 등 어떤 특별한 기분을 느낄 것이다. 한반도의 원시 부족부터 조상 대대로 바위의 메시지와 그 파동 아우라를 느끼면서, 제사를 지내고, 보호자, 해결사의 진동파를 생성, 의식과 마음이 통하도록 빌었을 것이다.

우리는 바위덩어리나 흙, 물, 불, 그리고 바람같은 원소가 살아있고, 의식이나 생각과 마음을 가졌다고 연상하기는 힘들 것이다. 그러나 어디까지나 불확실하고 끝없이 진동하여 생명 중의 한 종족이라는, 인간의 고정관념일 뿐이라 생각한다.

모든 물질의 질량은 다소 정도의 차이는 있지만 의식과 그 의식의 생명을 보유하고 있다고본다. 모든 물체는 원자의 집합체로 구성되어 있고, 끝없는 진동의 간섭무늬 확장은 태양에서 출발, 지구행성의 자기장과 겹친다.

그리하여 농축되고 농축된 진짜 원자들의 방사능 유출 확장 등은 의식의 양과 질의 밀접한 관성 모멘트를 진동 주파수 응답(frequency response)으로 의식화 공진화를 가져온다.

이차크 벤토프는 그의 '우주심과 정신물리학' 저서에서 의식의 양과 질의 정보처리능력을 절대계와 상대계로 분류하고 있다. 원자, 바이러스, 식물, 개 그리고 인간 의식의 질인 진동수 반응과 그 영역을 구분하였고, 인간으로 오면서 에너지 교환과 그 능력은 확장, 진화된다고 서술하였다. 앞서 말한 인간 신경계의 정보처리능력이라고 하는 고정관념은 인간과 우주와의 에너지 교환이 가능한 소위 「세상」 이라고 부르는 간섭 주파수의 진동영역을 말한다. 벤토프는 또다시 인간계는 저능의 신경계에서 고차적 의식의 질을 지니는 인간 신경계로 크게 나뉜다고 말하고 있다.

 공진(共振, resonance). 모든 우주 물체는 고유 진동수를 갖고 있으며, 이에 해당하는 파동이나 전파를 흡수하는 성질을 가지고 있다. 간섭 파동은 스펙트럼처럼 에너지가 가속 또는 통합하면서 시공간의 공진을 주도한다.

 공간 확장에 의한 에너지 감소를 보이는 전자기파 파동. 파동이 진동하는 순간의 중력파 물결은 망원경에 의해 백만분의 1초 항로변경하는 진폭을 잡을 수 있다.
George Musser. An ear for spacetime.(Scientific American, July. 2007)
Tamara Davis. Is the universe leaking energy?(Scientific American, July. 2010)

 세상이라는 진동 의식계에 진화, 안착한 원숭이, 고릴라와의 혼혈은 오랫동안 살아남았던 네안데르탈 원류인이었다. 또한 우리의 선조인 동시에, 우주나 땅과 바닷가에서 서로 에너지를 교환, 작동할 줄 아는 지혜와 마음을 소유하기 시작하였다. 지구 반대편에서 먹고 살아가도, 그 신경계 의식의 질은 서로 공명하면서, 오늘의 인간적 초능력의 생각과 마음을 지니게 된다. 그

런데 굳이 인간 샤카 부타가 이 모든 간섭현상과 진동수에 반응하는 자기 복제 생식생명체와 흙
과 물과 바람 불고 불타버리는 우주계, 지구행성계를 법계라 하고, 후대의 조직에서는 이를 비
로자나 법계, 그 좌청룡 우백호에 태양 에너지와 달 에너지의 간섭현상 주체를 일광보살, 월광
보살로 작명, 감사의 제사를 지내게 한 것이다.

 즉 고고학자 소렉키 박사는 중동 이라크의 네안데르탈 원류인의 유적을 발굴하면서, 네안데르
탈인들의 묘소 주위에 들국화나 오랑캐꽃을 심어 바쳤던 흔적을 발견한 것이다. 본능대로 살다
가는 동물계는 죽음을 의식하면서 생활하지는 않는다. 다만 인간만이 지식과 마음의 상처와 삶
의 무상함과 허무감을 의식하는 진동수 반응을 신경계에 기억시킬 뿐이다.

 망자에 오랑캐꽃 헌화의식…… 게놈 분석가들은 네안데르탈인과 현대인간은 잡종교배 되어진
것임을 암시한다.(Kate Wong, Our inner Neandertal (Scientific American, July. 2010))

 네안데르탈, 살아 남긴 원시 원류인들의 들국화나 오랑캐꽃에서 느끼는 아름다운 신경미학만
이 먼저 죽음계로 떠나는 정든 마음의 표식과, 남다른 정의 간섭현상이 바로 절대계를 의식하는
법계의 이타(Altruism)와 자비불심의 신경의식계라는 것이다.
인간세상 별별 그녀와 넘들이 살려지고, 그래서 역사적인 샤카 부타나 임마누엘같은, 극한 질량
의 의식 신경을 지녔던 성인들도 존재하였다.
이차크 벤토프는 고차 의식 인간계 위에 진동수 반응이 모두 통합되어 간다는 감정체(아스트랄
체), 직관체 등의 영계로 승화되는 진동수의 절대계를 기술 증명하고 있다. 이러한 의식영역계는
자칫 짧은 현대과학의 정보로는 접근할 필요도 (천기누설의 성역이기 때문에) 어느 맘짱처럼 '다
만 모를 뿐' 이라는 태도가 확실할 것이다.
자, 막판의 장로 권력은 스마트폰의 아이콘같은 비서진과 과잉 위원회를 만듦으로써, 최고 권력
의 고독한 용기와 무능을 살짝 피하는, 또한 리먼 부러드스같은 월가 금융상품의 진화 현상같
은, 딴나라 이민자처럼 등 돌린 공무원으로 기능하고 있었다.
이들의 직접 듣고 보이는 기표에 의해서만 작동 전달되는 언론 방송과 법률 마피아들은, 그래서
결과적으로는 부엉이바위 꼭대기에서 생명을 정지시켰던 전직 권력의 학습을 역사처럼 반복하는
여러 징조가, 김밥 옆구리 터지듯 돌출되고 있다. 막장 드라마인 것이다.
아무래도 직접민주주의 시대나 무정부주의(아나키스트)의 화폐권으로, 또는 교과서에도 없다는
 '경제 민주주의' 주장같은 포스트 한국적 민주주의 대안이라는 것은 공허한 헛소리일까?
원효는 왕후 병환의 특효 경전을 동해 용왕으로부터 정강이 속에 넣고 가라했고 아프지 않겠냐
고 묻는다. "인간 습속에 의거하여 두려워 마십시오." 하였다. 용왕의 칙사를 따라 용궁에 들어가
는 장면. "저놈들은 수하의 아이들입니다. 아래턱이 길지만 놀라지 마십시오." 라는 문구는 고산
사(1206) 창건주 묘에가 죠닌에게 의뢰하여 제작한 「화엄종조사회전」(1433)의 부분이다.(국립
경주박물관, 2010)

　인류의 진화된 과학 문명, 그리고 종교 직업인들의 고차원의 의식 진동 신경계와 이를 배경으로 살아가는 현실 권력들은 초에너지 기본 총량에 의해 부정적 환류의 합계 0이 되는 제로섬 게임이 반드시 발생한다(부증불감). 그래서 선진국 정치는 힘으로 조직된 정치(power oriented game)로 개편된 지 오래다. 하여, 선출된 미국 부시 대통령이 말실수를 자주 하고 다녀도, 국가 기본 네트워크는 선순환으로 간섭 현상이 이루어진다. 단지 도널드 레이건은 시스템에서 성우 배우 출신답게 끝없는 희망을 미국민에게 심었었지, 맨날 잠꼬대 교과서같은 내용을 초짜처럼 배설하지는 않는다. 아참! 아들 부시는 정말 의식적으로 바보같은 언행을 하면서, 투표 국민들을 인간적으로 즐겁게 하였던 드라마를 기획·연출하였다. 마음을 고의적으로 낮추는(下心) 불법이었다.

예술은 훔치는 것

선화 총석정 시즌 4. 혁필유화 10호, 2009

무덤 너머에서 그들은 죽음 외에 어떤 것도 보지 못할 것이요. 그러나 우리는 비밀을 지킬 것이다. 우리는 그들의 행복을 위해 천국과 내세를 미끼로 그들을 유혹하는 것이다.(도스토엡스키, 카라마조프의 형제들에서 대심문관)

음! 한국 속담에 "금강산도 식후경" 이라고, 금강산이 아무리 아름다운 경치일지라도 배가 고파서는 가치가 없다. 마음보다 몸의 조건에 의해 잠재 에너지(potential energy)가 현세 에너지(kinetic energy)로 전환되고, 생리적인 에너지가 적극적으로 증진, 소모될 때 미와 추함의 생리적 미학이 성립된다. "미감이 즉 쾌감이다" 라는 미학은 이미 마실, 알렌 등에서 규정되었으나, 심신의 정력이 비효율적으로 소모되거나, 효율적 증진에 의해 "과잉 또는 무용한 에너지" 의 존재, 특히 기갈이 절정에 달하고, 빈사의 병자에게서는 미감이 있을 수 없다는 스펜서의 미학은 (superfluous and useless energy) 자기 보존과 종족 보존의 에너지 미학, 그 세력 경제측(lex

344

parsimoniae)의 우주법칙에 원칙을 두고 있다.

이 때, 대뇌신경 네트워크의 결합 또는 융합을 항상 대기상태로 두는 시냅스들은 잠재 에너지로서 공(없음)의 형상으로 존재하며, 현세 에너지로 전환하는 쾌감의 발현은 현세 에너지로 전환된 색(물질세계)의 세력화에 놓이게 된다. 이윽고 어떤 반짝 떠오름, 복잡 다난한 계산과 미래 예측과 그 대안이 성립된 흥분과 정력은 (언제 만났느냐는 듯이) 똑바로 해산, 해체된다. 이른바 전자 유목민의 스마트 몹(Smart mobs)이다.

"색즉시공"이다. 미감을 전기적, 화학적 충격에 의해 "아, 아름답다! 아하, 그랬구나! 기획이 수립됐다, 또한 공식의 답을 얻었다." 등의 세력 경제는 그 두뇌 주체로서의 자기가 형성한 에너지, 즉 Ener-nomy가 Ego-nomy로 전환되는, 요즈음 가시적으로 모든 경제 순환에 보이기 시작한 사회 네트워크 서비스(SNS) 현상, 즉 일즉다 다즉일의 트랜스·포·머(Trans-form-er) 법계 구조인 것이다.

물론, 이때의 비로자나 우주 법계는 존재하는 지구 행성 위의 자연 생태학 원칙에 근거한다. 불법이 자연 생태학일 수 밖에 없다는 것은 그리스어로 살기위한 집이라는 뜻이 Eco와 Logy라는 학문, system이라는 네트워크의 합의어이다. 자아 존중과 종족 번식의 아름다운 쪽으로의 진화와 그 향상은, 칸트가 미학화한 미적 쾌감의 특질인 우주적 보편성(Universality)이며, 생태계의 생명 순환을 에너지화, 파장화 하는 태양 에너지, 그것에 절대적으로 목숨 건 도파민 에너지에 의해, 오늘의 신경 미학이 알려지게 된다. 바로 우주 두뇌(Brainsality)이다. 점심 먹고 나서 보니 '금강산이 엄청 아름답다' 하는 미감의 충족은 러셀(Bertrand Russell, 1972)이 말했던 일월관(日月觀)의 전도몽상이고, 각성 상태의 미감(Zen Pleasurability)인 것이다. 시신경에 영상화, 에너지화 하는 의식과 마음자리는 뇌와 금강산의 중간 지점 어디에서 서성대는 것인가? 일단 시신경의 세력경제 형태는 신경미학에서 운동, 위치, 빛, 음, 전기, 자기, 우주선 등으로 그 미적 요소를 분류해 왔다. 지난 시절, 유클리드 기하학에 의한 히틀러의 국민차 「폭스바겐」은 최소 세력 사용법칙에 의한 통일성과 변화성, 균형과 비균형, 조화와 강조성, 음율과 반복성 등의 제 미학 문법에 의해 제작되었고, 지금에 와서야 자동차 모델을 바꿀 정도로 아날로그 디자인 미학을 고집해 왔다. 이른바 상품미학이다.

근대의 미술과 음악, 무용 또한 양식의 변혁을 공진화시켜, 오늘의 문화예술을 진동시키고 있지만, 예컨대 고전 음악이라는 바하, 스카를라티 등 바로크 음악에서 쇼팽, 베토벤 이후의 거슈윈 재즈와, 이어지는 오빤 강남스타일 등은 점차 심장 박동에 가까운 아프리카 원시 타악 음까지 몸 전체의 에너지 파동을 유도하는 철학적 의미와 신경 미학에 의존해 몸을 증명하고 있다. 반복성은 중독성이 강하다. 예술 양식의 진화와 돌연변이, 그 충격과 완충, 그리고 신체화 되는 기본 개념은 피카소(Pablo Picasso)의 "저급한 예술가는 베끼고, 위대한 예술가는 훔친다." 라고 하였던 그 과감한 자기변신의 대뇌 발화에 의함이었다. 모방의 극대화, 융합화의 천재, 스티브 잡스가 자주 인용했던 구절이다.

우주법계의 열락은 우주 유전자, 긍정적 유전자 소유의 진화 욕구에 의해 찬미되고, 몸부림으로 도파민 에너지를 산화시킨다.

(수채화) 화가이기도 했던 저 사춘기 시절의 헬만 헤세는, 「싯달타」 소설을 통하여 샤카 부타의 철학적이고 생태학적인 생각을 서구에 알린다. 칼 융 또한 고대 인도부터 엄청나게 사유되었던 신화의 농축에서, 인간의 집단의식과 그 속에 도사린 마음의 핵, 그 원형(Archetype)을 알게 된다. 수많은 화가들, 난쟁이 로트릭까지 동양그림에서의 달관된 문법과 기법들을 서양에 전수했던 것이다. 더구나 억압되었던 서양의 성적 욕망과 그 적나라한 열락의 진화 선물을, 부타 정신에 의해 시각 예술로 작품화 한 탕카의 악마성을, 더 이상 눌러 억압하는 신으로부터 도주하고픈 야성 회귀 현상을 표출하게 되었다. 오늘의 불교라는 종교가 선이라는 명상의 치유 의식으로 점차 변질되는 현상, 반도 곳곳 사찰에 '템플 스테이'라는 흙과 수풀의 색, 마음 원형의 양파까기인 공(空)에의 귀환, 확인 수련의식에, 오히려 외국인이 몰리는 현상은 조선 불교에 깃들었던 허무적인 현실 도피 철학에 그 해답이 있다. 낙천적이고 유희적이며 긍정적인 샤만 유전자에 후천적 종교 환경이 점차 재생하여, 회복되어 가는 과정의 생태 현상이다. 그래서 법계의 회복이, 주변에서 우상 숭배니 뭐니 지랄스러움이 있을수록, 선순환, 지구의 모든 원자와 더불어 우수한 유전자 승계를 위한 공진화로 진행되는 것이다. 공존이 기본 철학인 불교가, 이씨 조선 몇십명의 이씨 임금들이 탄압했던들, 잡초의 유전자와 그 바람의 씨앗들은 죽지 않았다. 생태계의 제 일차 생산자(Primary Producer)로서, 구제역에 생매장되다만, 황소에의 먹이 연쇄고리(Food chain loop)에의 영원한 역할을 해왔던 것이다.

  샤카 부타! 그가 위대한 것은, '이를 깨닫고 나니까, 자기 마음이 돌연 없어지더라'라는 진실, 그 진리를 제자 조직에 알아듣도록, 40년 열심히 노력했다는 점이다.

이성계의 나라 조선, 한참 후의 유전자 핏대(왕)에, 후처로 들어앉으신 문정 왕후, 그는 보우 맘짱을 통해 절대 권력을 위한 자신의 유전자 변형, 그 후손과 왕권 보존을 위한 기복 신앙의 민족성으로 하여, 신라 김시습 이후 최고 최량의 불사를 행하게 된다. 복을 빈다는 기복 신앙이 아니라 복을 짓는다는 생명 탄생의 미션(임무) 수행이었다. 그래서 배불 현장의 현실적, 저항적, 혁명적 불사였었다. 백성과 노비, 하층민 일자 무식쟁이들에게, 자신들이 왜 사는지, 누가 해결사인지를 교육시키기 위해 인도, 중국을 거쳐 들어 온 불교라는 종교의 역사와 이야기, 그리고 지옥도 같은 나쁜 짓 하지 말고, 주인을 배신하지 말라는 감로 탱화 종류를 약 400여점 그림으로 그리게 하고, 탄압받던 경기도 지역 법당에 배포, 장식하였다. 하기는 인도에서의 샤카 부타 실화와 그 배경의 신화적 상상, 이후에 보강되는 상징과 드라마들은 그 쪽의 미술 양식에 의해 완벽한 회화적 묘사만이 일말의 손상 없이(심재관, 2010) 그 사상들을 사람들의 감각 속에 전달할 수 있었던 것이다.

달마의 소림사 동굴로부터 시작하여, 엄청나게 묻혀 온 한문투성이의 선문답 같은 그들만의 옥탑방 교본, 그 경전과 번역에만 매달렸던 조선 반도 우리에게, 원효가 뛰어난 것은, 길동무 의상만 당나라로 떠나보내고 자신은 돌아서서, 자신의 맘을 알아보았다는 점이다.

대문호 윌리엄 셰익스피어, 영국이 인도와도 바꾸지 않는다는 셰익스피어는 당시의 기독교 세상에서, 때로는 마녀 사냥으로, 때로는 십자군의 이슬람교도 침공 등의 하늘같은 공격 풍토에서도 유일하게 비기독교인 입장에서 예술 창작을 성취한 분이다. 물론 덴마크 신화나 전설이 그의 예술 재각색이나 재연출, 재창작의 기반이었다고 한다.

오늘날에도 그의 예술 창작 문학성이 인류에 감동을 주고 있는 원인중 하나는, 그 구약성서의 야훼와 그 사막에서의 열악한 신화 배경 요소가 없었다는 점이다. 햄릿 역시 진짜 아버지가 아닌 국왕의 왕자로서, "죽어야 하나? 살아야 하나?(To be, or not to be, that's the question!)" 하는 문제로 하여, 유전자가 신에 의해 창조될 수 없는 원시 야만의 존재 본질에서, 그의 사색은 연극의 전편을 관통한다. 햄릿 왕자 또한 아버지 국왕의 밀서, 이 왕자를 영국 국왕이신 당신의 수하에 휴가 연수를 보내는 바이다……적당한 시기에 빨리 죽여 버리기를 바란다는 편지를, 호송 경호원의 가방에서 꺼내 읽게 된다. 이윽고 영국으로 떠나는 항구의 언덕에 도달하였고, 우연히 길가 공동묘지에 땅을 파고 있는 무리를 만나게 된다. 새로운 무덤자리를 파는 작업이 아니라, 기존의 생무덤을 파헤치는 작업을 하고 있었고, 작업 지시원은 왕자가 있는 궁중 공무원이었다. 그는 27년 전에 직접 파묻었다는 햄릿 왕자의 어린 시절 가정교사였던, 아무개의 해골을 파서 들고 있었던 것이다.

원효 스님은 당나라로 배 떠나는 나루터 어디쯤의 무덤 밭에서, 해골 바가지에 고인 물을 마셨고, 햄릿은 죽으러 가는 영국행 뱃길에서 자기 옛 가정교사의 머리 해골을 만나게 된 것이다.

　생태계의 공명 현상이다. 우수 유전자의 공진화 현상이다. 원숭이가 꺼낸 고구마를 바닷가에서 씻었고, 불에 구워먹으니까 더욱 맛이 있었다. 한 번도 교류가 없는 먼 바다 건너 섬의 원숭이도 우연히 같은 행태 현상이 나타났다는 공명현상…… 그 공진화는 씨앗이나 알의 유전자 정보에 깃든 불법계의 인드로망 현상에 다름 아니다. 맹난자(2004)는 셰익스피어라는 인물을 통하여, 보편적인 유전자 진화를 "그는 그저 살았고, 인생을 보았고, 그리고 죽은 것에 지나지 않았다."라고 말했다. 인생을 널리 있는 대로 바라보고, 있는 그대로의 모습을 나타내는, 지상 만물의 섭리에 대해서 (신의 대변인처럼) 아는 체하는 일이 별로 없었음으로 하여, 셰익스피어는 대자연(불법계) 그 자체와 같았다고 말한다. 즉, 싯달타와 같은 선도자(taste maker)였다.

　동유럽과 서유럽에서 각기 생산되는 밀가루의 품종과 그 맛은 미세하게 서로 차별된다. 그들의 극상의 미각 음식 문화에서 빵의 대량 재배 문제는 (전투장면 촬영 세트장 같았던) 유럽 강산의 원인 제공인, 먹고 사는 투쟁의 격전장이었다. 결국 아프리카 원시인의 북로 이전, 바울 등의 종교 북진 등에는 빵과 빵을 쥐는 권력이 종교로 하여 핑계되어졌음을 증명한다. 최근 유럽 밀 곡식의 유전자를 추적하던 중, 유럽의 어떤 부족이 종족보존에 의해 확산되고, 잡풀 속의 보리나 밀을 집단 경작, 대량 생산, 오늘의 문명국 기본 식량이 된 밀 곡식의 유전자가 다뉴브 강가 어느 초원에만 번식하는 잡풀의 유전자임을, 그리고 현재의 서구 유럽 밀 곡식의 원조였음이 확인되었다고 한다.

달마 종교의 동진화로, 반도 해동국에 도착되는 불교 교과서와 시청각 자료들은, 처음에 그들만의 호국 불교라는 미명으로 귀족화, 권력화, 세금 명목화 하였다. 같이 묻혀 온 당시로서의 선진국 예술, 특히 미술품에서는 진경산수라든가, 만다라의 복제화 등에서, 상류 지배계급의 고급 문화예술을 영위하게 된다. 시골 장터에서는 혁필화가 싸게 판매되고, 조형성이 뛰어난 서민의 (비종교적) 민화 등이 떠돌이 화가들에 의해 복제되었다. 각설이 타령 등 역시, 언론의 미디어 기능으로 저잣거리의 유전자 정보를 제공하곤 했다. 이리하여 후천적 문화적 장터 정신이 밈(meme)이라는 반도적, 하층민적 정서가 함께 유전되고 있었던 것이고, 이를 부추긴 이벤트가 "대안! 대안!" 하며 거지처럼 떠돈 원효의 시장경제 이벤트였다.

보우 땡짱과의 불윤 사회정보망, '아니면 말고 음모'를 대차게 물리친 문정왕후, 그 보살님의 탱화 불사에, 약사불을 주불로 한 일광보살과 월광보살의 협시 그림은, 후에 원전이 수많이 복제되어 일본까지 팔렸던지, 전쟁터에서 훔쳐갔던지 했을 것이다. 다행히 현재 한국 국립 박물관 소장품이, 원조 탱화로 보이는 점은, 일광·월광보살의 보관 장식에 태양을 상징하는 삼족오와 월광을 상징하는 달나라의 토끼 방아가 그려져 있다는 것이다. 필사, 복제되어 다량 생산된 일본 소재의 약사불화에는 삼족오와 토끼가 그려져 있지 않았다. 예술의 지역 풍토 동화설과 창작 차별화의 본보기였다. 이로하여 점차 서민을 아우르는 민족의 전통적 예술 양식들이 잉태, 탄생해가고 있었다. 지금의 풍요들을 각자 챙기고 확장하는 산사에서, 그 문정왕후의 탱화 시청각 불사 교재들은 낡고 퇴색되고, 조선 미술의 아름다운 미학은 지구별에서 사라져가고 있다는 죄의식이다.

약사삼존도(藥師三尊圖). 일광보살의 관 장식은 삼족오의 해 모양이, 월광보살의 의관에는 계수나무 아래 토끼가 방아 찧는 보름달이 장식되어 있다. 동일 구도의 일본 도쿠가와 미술관 소장에는 삼족오와 토끼가 없다. 복제하는 가운데 생략된 것으로 보인다.(조선 1565년. 국립중앙 박물관 소장)

원래 비로자나 법계의 기본은 종족 보존과 우량종 번식을 위한 적응의 네트워크로서, 이들은 기본 질서에 의해 결합되고 해체되고 진화된 유전자만이 남게 된다는 것이다. 따라서 이 때의 우주 질서는 태양 에너지라든가 하는, 결합된 에너지의 파동이 번지고 겹치면서, 간섭 무늬라고 하는 복잡한 생명 현상을 만들어 낸다. 한 많은 단발령에서 유점사 멀리를 내려다 본 병풍 같은 금강산 예봉들은 하나같이 날카로운 칼날의 바위들로 빼곡하였다. 이들은 뾰족한 기본 형태가 끝없이 반복 또는 확대된 금강산의 기본 형상을 이룩하고 있다. 이러한 모양은 설악 울산바위에 와서 그대로 자기닮음(fractal)하고 있다. 해금강 총석정에 와서는 서로 대칭되어, 같은 형태를 지닌 바위들이 바닷물과 바람에 오랫동안 부식되는 조형 형태를 이루고 있다. 생명 유지의 기본 등뼈를 중심한 대칭의 형태가, 비대칭으로 이지러지는 해체현실감은 우리들에게 신경 쓰이는 조형 요소이다. 이들의 성장 시스템은 해바라기 꽃씨나 솔방울, 고사리에서처럼 황금분할의 비례를 가질 때 성장 조건이 된다.

일광의 간섭무늬와 모아레 착시. 태양광관(corona)이 해표면의 자기장 파동이 간섭되는 이론적 추정 모델과 동심원 파장의 겹치는 부분에서, 대뇌시각중추는 모아레 무늬를 어른거리면서 발광시킨다. 이는 태양의 바퀴 안테나 모양이 어떤 시각 착시를 일으킨다는 가상을 증명하고 있다. 모아레 파장은 물결치면서 자기닮음바퀴를 되먹임한다.(Richard Woo. Revealing the True Solar Corona, American Scientist, May. 2010)

이때의 생명력이 우리 유전자정보 속에서 쾌감을 유도하는 인류 성장 동력이 발생한다.
안·이·비·설·신의 신체에 조건반사 되는 대뇌 의식은 미술과 여타 예술이, 인류나 서민에게 어떠한 즐거움, 행복한 느낌, 신경 쓰이는 풍경과 그 풍경의 묘사가 엉뚱하게 새로울 때, 우리는 신경미학의 네트워크를 통한 예술의 인지 본질임을 감히 규정할 수 있다.
그 반도 조선 땅. 질서의 시간 경과는 춘하추동의 변모와 소모 및 생성의 끝없는 불법 장면을 선물한다. 간송 전형필 님, 이병철 님 등의 민족예술 보호 철학에 의해 민족의 문화 자존심을 가질 수 있었다. 그 분들은 후대에 우리 선조의 문명이 이 정도 진짜였다고 보여줄 수 있는 해외 유출품을 구입하고 보존하여 왔다.
겸재 정선(1676~1759)이 83세 타계할 때까지, 해금강 총석정을 64세 때(청풍계), 74세 때(해악전신첩) 그림 등, 3점의 족보를 보관, 정선 서거 250주기 간송 미술관 특별전을 개최하였다. 그의 붓과 먹물과 양식은 승계되는 전통 기법에서 출발하였지만 화가가 늙어갈수록 그림은 대상에의 집중 강화와 그 세월, 그 대뇌 에너지의 반짝임에 의한 순간 찰나적인 필치와 기억의 변주라는 점이다. 겸재의 총석정 그림이 당시 귀족적 미술 양식에서 출발했다면, 최근 이 화가의 그림은 처음부터 실종된 서민 미술인 혁필화와 부적 기법에 의해 다시 리메이크 해 본 것이다. 산사의 그림이 아닌, 시장통의 사랑방 미학은 어땠을까? 겸재 72세 때 총석정 그림에는 배경이 과감히 생략된 양식 타파이고, 마지막 총석정 그림에서는 4개의 기둥바위에 한 두 개가 파괴, 침식되어가는 추상화로의 변천을 보여주고 있었다.

이 화가의 총석정 혁필 유화(10호, 2009)는 기본이 태양 에너지(일광보살)의 가려진 일출을 배경으로 불국토 금강산 해금강 전체의 약동하는 파동과 파도 물결을, 혁필이 초치기로 반복하기도 하고, 때로는 그냥 물감 튜브를 짜서 떨어뜨린 폭포수의 진폭, 그 사이 갈매기 떼 날아가고, 인공물인 관음정이 벼랑 끝에 위험한, 그러한 불법계의 찰나적 진동형상을 무념 무상으로 속도화(serendipity, 순간 가변적인 미감)시킨 그림이다. 조선 서민의 혁필화 자국의 재생과 간섭무늬의 자기 파장 속에, 한민족 특유의 미적 신경이 찰나의 간극 속에 사라진다는 그림이다.
유클리드 기하학, 그 대칭과 비례 법칙, 법계의 질서를 파괴, 해체시키고자 하는 대뇌에의 강박의식, 결국 그 결과 초래된 그림의 손자국 낙서는 혼돈의 리좀 형식(Rhizome), 그 대뇌 시스템의 가소성(plasticity) 작동인 프레쉬 맵 현상의 전자시대 조선 선화가 만들어진 것이다.

금강혁필화, 10호, 1996   해돋이, 10호, 1996

오줌 꿈 교환가치

꿈의 상품가치와 교환가치. 유화 8호. 2009

햇볕에 빛이 바래면 역사가 되고, 달빛에 젖으면 신화가 된다던가? 미학은 예술을 통해 시신 경과 마음을 훈련시키고, 마음은 제2의 두뇌인 눈을 훈련시킨다. 태양이 꽃에 색깔을 넣어주듯 예술은 삶에 색을 입힌다.(러스킨, 1890)

감옥이 별다른 이유 중 하나는 빛이 적게 비치는 것이고, 빛이 없다는 것이다. 태양의 공평한 축복을 강제적으로 차단당한다는 것이다. 대학 1년 후배인 미학자 김지하는 감방구멍 틈새에 우연히 새싹 나는 풀잎을 관찰하면서 생명의 위대함을 느꼈다 했다. 이 '오적'의 시인은 알코올 중독에서 기적적으로 지금 살아남았고, 오늘자 신문(2012. 7. 15)에 이젠 '오백적'이 난무하는 나쁜 넘들 세상이라 했다.

반항하는 인간(l' Homme volte)은 사르트르와 보바르 계약 여편네, 알베르 카뮈의 검은 옷 조직의 핵심개념이었고, 박정희, 김지하, 조용필의 시대 속에서 학보병으로 전방에 다녀왔던 시대의 명분이었다. 우리를 무반동총중대 사수로 복무케 한, 스탈린은 레닌의 조직 속에서 결국 다 죽이고, 자신의 사랑스런 아내마저 간접 살인, 그 자살의 우울과 외상 후 스트레스장애(DTSD)를 혁명 노동자 전체에게 겁주는 잔혹함을 보였다.

오랜 역사 속에 등장하셨던 싯달타 왕자는 인도 대륙의 참혹한 계급제도와 피폐한 서민의 삶 속에서 신들의 제약과 구속을 보았고, 어느 날 성문 밖의 흙탕 속에 지렁이 한 마리의 꿈틀거리는 삶과 죽음에 대해, 크게 충격을 받게 된다.
이 시대 최고의 연속드라마였던 '시크릿 가든' 그 주인공 현빈은, 신경쓰이는 소녀가 셋방산다는 달동네를 찾아보고는 '내셔널 지오그래피 잡지에나 나오는' 빈민촌 옥탑방의 처절함에 크게 충격 받는 장면이 나온다. 싯달타 왕자나 현빈 백화점 상속인이나 영혼에의 응답 능력은 실패, 백수, 좌절감의 어제 오늘에, 아름다운 기쁨과 위안을 선사하고 있다. 마음의 구출과 (선구자가 도저히 보이지 않는) 거인에의 기다림에는 한가닥 예감이 스치면서, 현빈의 해병대 입대 장면이, 아! 다음의 미래세대, 자이언트의 모습을 보는 듯 하였다. 성우 배우 출신의 레이건 미국 대통령, 그 목소리의 희망과 꿈을 기대해 보았던 것이다.
열악했던 인도의 무덥고 찝찝한 삶의 구속에서, 한 명의 반항했던 인간으로서의 샤카 부타는 '죽은 시인의 사회'에서 생명의 해탈을 전파했던 것이다.

조선 탱화의 발원지 피앙, 통가 석굴군과 봉황문 금관. 티베트 라샤 궁전의 700년 마지막 왕은 혁명가에 의해 암살당하고 왕족들은 에베레스트 산맥의 서쪽 끝자락으로 도주 피신하였다. 천해의 방어기지같은 구게왕국을 건립하고는 동굴생활을 하면서 새로 번창하는 국가를 재건하였다. 어느 날 인도에서 아타자 맘짱이 왔고 튀린사라는 사찰을 건립한다. 뒤이어 린첸산토는 패불된 인도에서 수많은 화가들과 채색원료를 가져와 굴 속 도시의 후기 인도 불교인 밀교를 번창시킨다. 이타적이고 사랑의 결합사상이 만다라와 탕카같은 경이로운 석굴 벽화 문화를 창조하였고, 이러한 구게 미술양식은 실크로드를 따라 동진하게 된다. 초원의 왕조 거란(10세기 말)의 공주왕관에는 정수리에 미세한 부처 본존상이 장식되어있다. 조선 탱화로 안착하는 경유지의 불교 미술이다.

자! 시대의 원리는 아메바같은 척추가 없으면서 시스템이 권력화하는 '자스민 혁명'과 구제역 전염, 핵 발전소의 방사능 유출 같은 돌연변이의 인간상실 사회로 변환된다는 것이다. 죽은 시인의 사회이다. 그 죽어간 시인은 친절의 의미를 노래한 샤카 부타이고, 인간 임마누엘이었다. 인류가 잔류할 때 까지 친절의 정뜸과 연민의 자비는 그로하여 계속 살려질 것이고, 빛과 태양이 영양가를 제공할 것이다. 자비의 유전된 현대어가 '친절'이다.

　신화와 전설, 원시 터주 세력의 제사장은 태양의 절대성을 신격화하였고, 아시아쪽 종교 연출인들은 우주현상 질서와 그 에너지를 법계로 하여, 태양과의 연락병을 다리 세 개 달린 삼족오로, 달님은 계수나무 아래 방아 찧는 토끼를 집단기억화 시켰다. 일광보살과 월광보살. 이들을 조정하는 비로자나 법불로 영상화시키고, 기도, 제사, 숭배의 놀이와 안도의 무용을 춤추게 한 것이다. 때로는 신화에 반드시 그 교훈을 이야기 속에 포함시킨다. 대체로 신화의 금기는 인간이 지켜야 할 우주의 질서이다. 숭배와 찬미의 주체인 인간이 지켜야 할 질서이다. 숭배와 찬미의 주체인 태양에너지에서는 인간세계의 조직화를 위해 뇌의 진동이 우수하게 발화하는 고도의식인에게, 때로는 기적까지 포함한 통제의 힘을 준다. 따라서 잡고 난 권력에 마비되는 속성을 고치기 위해서는 자만심이나 건방짐, 무자각성을 경고하는 금지의 조건을 제시한다.
중국의 진시왕은 39세에, 그 어렵고 얼기설기 형클어진 중국 부족들을 드디어 통일해 제국을 설립하는 재능을 보였다. 기적같은 신화일 수 있고 하나의 역사이면서 전설이었다. 그러나 에너지 총량의 한도를 조정하지 못한 과도한 토목공사, 함양궁전, 아방궁 축조, 만리장성, 대형무덤 축조 등으로 하여 과잉 노동력 착취와 헤게모니의 극대화를 도모하였고, 결국 에너지의 고갈과 몰락성을 자초하게 된다.
중국의 동쪽 바다 건너 반도국도, 태양의 절대성을 신격화하고, 임금을 황금의 관을 씀으로써 민중을 지배할 수 있는, 그러한 빛과 그림자의 나라로 군림하였다.

　민족 최초의 통일국가 임금이 문무왕이었다. 어느 날 김유신 장군의 딸들, 보희는 문희에게 시공성이 초월된 진동리듬인 꿈을 비단 몇 필로 사고 팔았다. 하여 태종무열왕비가 된 꿈의 매입자는 「백월산 신앙」이라는 태양과 흰 달의 신앙을 초의식화하면서, 신앙을 생활화하고, 드디어 아들을 잉태하니 이 분이 문무왕이시다.
통일의 원동력 하나였던 「백월산 신앙」은 이후 자주 나타나는 혜성으로 하여 신라말기 왕위 쟁탈전의 계시나 암시처럼 작용하면서, 왕가 내의 죽음의 저주같은 역모의 피투성이를 초래하였다. 예컨대 조카 희강왕은 삼촌 김균정을 왕의 자리에서 시체로 끌어내린 근친 살인자였다. 민예왕 김명은 희강왕을 왕좌에 올린 장본인이었지만 다시 혁명군과 함께 희강왕을 참살코자 하였고, 결국 희강왕은 자살한다.
민애왕과 희강왕에 의해 살해된 김균정의 아들 김우징은 복수를 맹세하면서, 장보고의 해상왕국 청해진으로 숨어들어갔다. 복수의 결전장 대구 자갈밭 밤하늘에 또다시 긴 꼬리가 달린 혜성이 나타났고, 장보고의 정예 기갑부대는 민애왕의 10만 오합지졸을 작살내고 만다. 애초에 김유신과 김춘추는 꿈을 판 보희를 당나라 임금에 인질로 조공 바쳐졌었다. 노랑(태극)나비를 서라벌로 보내 군대 이동의 정보를 제공하였다는 후대 전설의 시나리오로 아름다움을 장식한다.
불가사의한 혜성의 출현 주기와 권력 정상의 에너지 충돌은 나침반으로 북극성의 위치를 통해 항해의 인간 생업과 생존을 지침받는 치성광여래로 하여금 불교에 동화시켰다. 지승맘짱은 북극성이 영원히 닿을 수 없는 별이어서, 모든 사바세계의 질서의 최고 꼭지점이라 표현하였다.(1989) 신라 진평왕 때 안흥사(安興寺)에 지혜라는 맘짱이 계셨는데, 낡은 절을 보수하고 싶었어도 평소에 돈이 없어 슬퍼하고 있었다 한다.

그러던 어느 날 꿈속에서 옥과 비취로 예쁘게 장식한 선녀가 나타나서 "나는 선도산(仙挑山)의 신모(神母)인데, 불전(佛典) 수리비, 금 열근을 시주하여 돕고자 한다. 내가 앉은 자리에서 금을 가져다가 삼존불을 아름답게 장식하고, 벽에는 오십삼불과 여러 천신(天神), 오악신군(五岳神君, 경주 토함산, 선도산, 지리산, 태백산, 부악산)을 그려 놓고, 해마다 봄 가을에 일체 "꿈에 백월산 올라 오줌을 하도 누니, 서라벌이 온통 홍수가 났다."

"중생을 위해 법회를 베풀도록 하라" 하였다. 다음 날 문제의 땅 속에서 황금 160량을 발견하고, 이를 통하여 무사히 절의 보수를 마쳤다한다.(최영순. 2007) 하늘과 땅의 소통은 선대의 정착민이 믿었던 여러 초능력에의 의지, 예컨대 지모신이나 산신령, 해신과 용왕, 삼족오를 통한 하늘과의 연락이, 불법이라는 커다란 시나리오에 용해되면서, 결국 나라의 흥망성쇠와 통일의 나침반으로 기능했다는 것이다.

신라 안홍사 지혜 맘짱의 보수 불사를 협찬 보시하였던 신모는, 중국 진한 때 도교의 신선사상이 반도로 전파되는 모티브이다. 후에 신라에 건너와 선도산의 산신(신선)이 된 중국 황실의 여인이었다는 전설은 불법과 함께 신선사상이 전파된 사실도 말해주고 있다 하겠다.

미술이 먼저? 종교가 먼저?

유전자의 추락, 유화 8호, 2010

"내 집이 절집이고 내가 승려다(自寺 自僧)."
"내 그린 그림 부처를 꿈꾼다(自畵夢佛)."
(박은경. 정은우, 한국의 불상과 불화, 민족문화, 2008)

택시기사의 마스코트 동자승

　현재는 신경과학을 집필중이면서 편협하고 자기도취적인 연구 방법을 떠나, 소통의 포스트모던 철학으로 미래불을 말하는 컬럼비아대학 베르나르 포르(Bernard Faure, 2011)는 "불교라는 것은 없다. 엄밀하게 말해서 불교도만 있을 뿐이다. 불교 안에 어떠한 본질이 있는 것이 아니라, 불교도가 그 어떤 본질을 담고 있다" 고 말할 수 있다는 것이다.
　"불교의 진리에 대해서 감히 말할 자가 누구냐고 한다면, 당연히 불교신자가 말할 수 있지 않겠느냐. 그러나 실제로 불교도가 누구인지를 말하기는 쉬운 일이 아니다. 누구나 자기 자신이 불교도라고 하면 불교도가 될 수 있기 때문이다. 헤겔(종교철학강의)은 부타는 역사상 인도에서 존재했던 인물로 간주된다 했지만, 만약 부타가 나타나지 않았다 하더라도 그러한 존재는 아마 만들어졌을 것이다. 즉 실존과 관계없이 부타는 구성의 과정(미화 포장)을 거친 산물이다."
통일 인도의 아소카왕은 인도 전역에 8만 4천 개의 탑을 세우려 했고, 샴비왕은 침략과 폭력의 죄책감을 가졌다 한다. 악업무마를 위해 국가차원의 공양 의식에 초대된 스님들끼리 싸움판이 벌어졌고, 결국 한 스님의 죽음으로 판이 끝나고 만다. 하여 신경질 나신 샴비왕은 결국 불교를 폐쇄해버렸다 한다.

임진왜란의 위세 초기에는 오다 노부나가와 도요토미 히데요시 쇼군에 의해 사찰스님들의 토지 부동산 투기와 스님의 군사무장화를 일거에 불태우고 작살내면서 비파(琵琶) 호수가의 종교권력을 종식시킨다.

그럼에도 불구하고 우주의 드라마는 간섭파동이 계속 진화되고, 원래의 비로자나 법계는 시청각 자료와 미술작품을 통하여 인류의 본성인 자비심을 끝없이 자극, 진동케 한 것이다. 그래서 유럽 중동 대륙은 종교미술로 도배된 박물관 대륙이었다.

베르나르 포르는 불교란 여러 별들이 함께 모여 있는 성운과 비슷하다고 표현했다. 끊임없이 재창조, 재복사되는 부타의 이미지, 그 드라마는 최근에 두드러지게 나타난 또다른 허구일 뿐이라 하였다. 소유가 아니라 접속이라는 것이다. 그럼에도 인류 감성과 그 생물학적이고 치유적인 적자생존의 유전자 법칙은 끝없이 살려지는 아름다움에의 욕구, 그 진선미의 또 다른 형식에 의해 (살려진다고 기원하면서) 춤추고 제사를 지낸다.

그것은 우상숭배나 이단과 사탄이 아니다. 그 동네, 그 강가, 그 협곡에의 유전자 제공자들이 유산하고자 했던 예술품이며, 삶을 찬미하는 신경미학 에너지, 그 주변에 산재했던 양귀비 꽃과 대마에의 모르핀 쾌감, 그 대리만족의 유전이었던 것이고, 그 종교전쟁의 쾌락지배 역사였던 것이다.

법신(法身), 보신(報身), 그리고 화신(化身)의 삼신불은 부타의 몸이 세 개 있다는 의미가 아니라, 인간의 마음 본체를 지적하는 샤카 부타의 본신을 법신이라 하고, 공간이 끊어진(우주가 생기기 전 면목인) 우주 핵심체를 법신이라 한다.(김정휴, 1979) 보신은 개개인의 오롯한 밝은 마음, 즉 법신이 시·공이 끊어진 마음의 본체라면, 그 때의 그 드러남의 우주마저 삼키고 남는, 태양광명보다 더 밝은 마음 광명의 출현이 보신이고, 이 때 마음의 그림자는 화신이 된다는 것이다.

김정휴는 물그릇에 비친 달의 이미지가 화신이며, 우주에 진짜 가득한 달빛은 보신이고, 천상에 본래부터 떠 있는 달은 법신이라고 쉽게 예를 든다. 기독교의 삼위일체와 연상해보면 성부(聖父)는 법신이고, 성신(聖神)을 보신, 성자(聖子)는 화신이 된다고 기술하고 있다.

왜곡되고 오도된 원인과 결과론은, 신라가 통일을 위한 상투적 명제였다고, 시인 고은은 이야기한다. "이 세상 모든 일은 헛되고 덧없고, 거짓이나 죽기 살기로 부려먹고 빼앗는 대로 견디다가, 죽어서 극락에 가기 위해서는 현세의 고통과 형벌을 수용해야 했던, 과거 시간의 억압, 업장 때문으로 유도한다(고은, 1979)는 것이다.

베르나르 포르의 원래 불교는 없었다는, 경포대 호수의 5개 달그림자 같은 용화세계나, 샹그릴라에서 마지막 매독에 걸려, 타히티섬 초가집을 불사르며 화장되어 버렸다. 그 마지막 영상, "우리는 누구이고 어디에서 와서 어디로 가고 있는가?"의 그림 제목은, 고갱이 아니었어도, 원효가 아니었어도, 복제의 아바타는 끝없이 반복 등장하고 사라짐을 계속한 법계의 운명론일 것이다. 탄허스님의 탄식은 그랬다는 것이다.

원효는 초기 귀족불교에서 그 자신의 체질인 낭만적인 파계를 통하여 민중에게 미래의 메시아

(구원자), 미륵을 고취시킨다. 그러나 그도 다른 재야 야승들과 같이 불교를 개인적인 농세(弄世)와 열락으로 도취되어갔음으로 하여, 철저한 피지배 민중의 구조화를 달성하지 못했다. 민중을 피상적으로 격려하는 촌락 편력에 그치고, 민중사회의 실천적인 신앙화에 이렇다 할 깃발과 기능을 발휘한 적이 없다고 지적한다. 위의 표현 중에 수많은 재야 야승들이라는 의미는 민중에 대한 조직화, 의식화라는 정치·사회적 성숙을 집행 개혁화한 경험이, 하산의 흔적조차 시도, 또는 나타나 보여주지 못한 채 형이상학적 민중 사랑의 수작에 그치고 말았다는 것이다.

그냥 수경 맘짱, 돌아가 바위에 눕겠다 하신 것과, 명진 맘짱 "떠나가는 배" 합창 속의 실종을 감히 서운하게 생각하는, 그 "누적되면 누적될수록, 그리고 절실하면 절실할수록, 그 현실에 자생하고 표기하며 체념하는 몸빼 보살님들" 「방석 깔아 조직」이 허공에 맴도는 것처럼 느껴지는 지금의 해 저녁이다.

하여, 시장바닥은 노동력을 팔아야 돈을 만지게 되고, 종교는 하층민에게는 현실의 고통을 덜어주는 아편처럼 작용한다. "종교는 아편이다"라고 말했던 칼 마르크스는 다음과 같이 이야기한다.

"종교상의 불행은 현실 불행의 표현이고 현실의 불행에 대한 항의이다. 종교는 번민하는 자의 한숨이며, 인정없는 세계의 심장인 동시에 '정신없는 상태의 정신'이다. 그것은 민중의 아편이다. 민중의 환상적인 행복이라는 종교를 폐기하는 것은 민중의 현실적인 행복을 요구하는 일이다. 자신의 상태에 대해 그리는 환상을 버리라고 요구하는 것은 그 환상을 필요로하는 것을 버리라는 요구이다." 사람들에게 종교를 부정하고 믿지 말라는 것은 마치 민중에게 마취제 없이 고통을 감내하라는 뜻(강신주, 2009)이라는 것이다.

서양의 종교는 이단이고 사탄이라는 굴레로 하여 민중에게는 마녀사냥으로, 거꾸로 매달려 강물에 목매달아지는 죽음과 그 생존의 초월성으로 노동을 제공하여 왔다. 죽지 못해 살아왔다는 것이다. "우리는 달에서 서민의 얼굴을 보고, 구름에서 군대를 본다. 그리고 경험과 반성을 통해 수정(개혁)되지 않았다면 선천적 성향을 통해 시민에게 아픔을 주거나 기쁨을 주는 모든 것에 악의와 선의를 부여한다." 데이비드 홀은 그의 「종교의 자연사」에서 진화 개혁변이의 경향성, 항상성이 종교의 존재를 진행시켰다고 했다.(Daniel C. Dennett, 2006) 마녀사냥과 영혼 장사의 지금의 본거지 서양에서는 '살고, 그대로 살게 하라'(Leven and leben lassen)의 참으로 가벼운 종교의 기쁨, 그 쪽, 지금의 시대정신인 것이다.

우상을 숭배치 마라! 서양의 도시와 성당, 수많은 역사 교훈적 성상과 무덤의 구실들은 우상이라기보다 인류가 기도하고 기뻐할 수 있는 아름다운 예술품, 그 쾌감이고 상징의 미학인 것이다.

「숫타니파타」(922~923. 966게송)에 민중에의 억압으로도 보이는 금기는 (엄청난 강박으로 하여) 병들고 고통스러운 하층민에게는 구속이고 쥐어짜임으로 나타난다. "눈으로 보는 것에 탐내지 말라 / 저질 이야기에 귀를 멀리하라 / 맛에 탐착하지 말라 / 세상 물건을 어떤 것도 내 것이라 고집하지 말라 / 고통을 겪더라도 결코 비탄에 빠지지 말라 / 죽고 사는 생존을 탐내지 말라 / 두려움에 떨지 말라 / 병이나 배고픔, 추위나 더위를 견디어야 한다 / 저 집 없는 사람들은 용기를 가지고 굳세게 살아야 한다", 바로 살아도 살려지지 않을 엄청난 구속이며, 구도자가 숨어지낼 수 있는 '수도중이오니 출입 금지'라는 대중의 포기이고, 사찰의 국경선이다.

지금 이 순간의 달라이 라마나 오소는 아주 쉽게 가고 있다. 명청한 의식의 밑바닥 대뇌 파동이고, 지각이나 인지되는 안이비설신의의 무감각화와 '다만 모름'이라는 자유의 태도일 뿐이다. 오소는 명청한 교인의 예를 들어 뇌(mind)와 마음(heart)을 푼수처럼 쉽게(stay stupid) 비우라 했다.

어느 공식 석상에서 사회자는 다음과 같이 건배의 소리를 한다. "내 인생에서 최고의 순간은 다른 남자의 아내 품에서 보낸 시절, 그 분은 바로 저의 어머니입니다!" 영국으로 돌아 온 얼마 뒤 어느 날, 교회 오찬에 참석코는 이를 바로 써먹어야겠다며 건배를 선창하게 되었다. '내 인생에서 최고의 순간은 다른 남자의 아내 품에서 보낸 시절, 그 사람은 바로……?' 한 순간 긴 침묵이 흘렀고 옆에서는 빨리 말하라고 재촉이 성화같았다. 깜빡한 그는 "대단히 죄송합니다. 그 여자의 이름을 까먹었습니다!"(Osho, 1999)

뇌신경학자의 거두 리타 카터(Rita Carter)는 경험한 개인 역사의 지적은 기억을 변질시키고 재편집함으로써 지각과 감정과 기억을 자기 자신이 소멸되고 무인도에 와 있다고 생각하는 '유행성 건망' 환자가 많이 발생한다고 한다. 자기로서의 관찰과 자기 응시는 나의 필름에 작용되는 영상으로서 흔히들 관찰, 판단한다. '진정 나는 나인가?'의 거울작용인 것이다.

불교경관미학이라는 독보적 분야의 최고 석학 이안 해리스(Ian Herris)는 '자신의 실종'이라는 불교 최후의 깨달음과 뇌신경의 혼란과 잡음, 그 과잉 네트워크의 가소성(plasticity)으로 하여, 자신의 존재를 실종당하는 경우가 있다고 한다. 두뇌에 작동되는 「자기 실종」은 현실과학과 그 현장에서는 하나의 환영, 환상으로서 진행된다.

이 때의 지각되어질 시각 대상, 즉 환경으로서의 존재물들, 즉 색의 인식체는 파커(Parker, 1999)가 환영론으로 대신 설명하고 있다.

"대지와 산, 강은 환영이고, 그림은 환영의 환영이다. 환영에 대한 이러한 설명은 또 다른 환영이다." 한갓 꿈이었고, 나비 꿈을 꾼 자신의 기억도 역시 한여름 밤의 환영이라는 것이다.

이안 해리스는 타이하쿠 신젠(1358~1415)의 '……인간 창의성의 마술적인 환영에 의해 정의된 세계에 대한 형상을 찬미했다(Parker, 1999)'고 재인용하면서, 화가의 자연과 우주에의 묘사 능력은 종교신경미학의 기본 본질이라는 것이다.(이안 해리스, 2006)

화가 그림의 환영 자체가 환상일 수밖에 없다는 것은 삶의 상태를 관찰할 수 있는 객관적이고 개성적인 조망에서야 비로소 자유로운 위치가 되고, 고정관념의 박탈과 새로운 에너지를 빛나게 (아우라처럼) 한다. 지나간 종교 또한 타성에 젖고, 과잉 축적되는 조직권력과 화폐로 하여, 유다와 같은 배신의 욕구가 발생하면서, 엔트로피 증가의 한계법이 반드시 적용된다. 샤카 부타는 이 세상에 변하지 않는 것은 아무것도 없다 하였다. 단지 시간의 길고 짧음, 공간과 지역에 따라 중복 복잡해지는 간섭형태에의 마음에 달려있다 한다. 태평양판과 아시아판의 일본 지진 충돌은 시공의 타이밍 현상이었다.

그간 무소불위의 법치국가에서 판을 치는 법률 기업의 법사회 지배와 승소에의 불균형은 '유전무죄 무전유죄'의 자본주의, 민주주의의 끝없는 시비걸음을 보여주었다. 영원 불멸의 법치국가의 법치기업은 결국 변화의 지진을 맞을 수도 있다는 것이다.

유럽과 한국의 FTA 무역협상이 성공하게 되면 서구의 염가 법률기업들이 봇물 터지듯 한국 법률시장을 석권하게 된다. 10대 법률기업 중 적어도 7개 로펌은 도산할 것이고, 그간의 비대한 관료 유입과 엘리트 현직 공무원의 세바퀴 낙하산 등, 과비용 과승소의 한국형 민주자본사회에의 경종을 울릴 수 있다는 것이다.

결국 비대한 기업이나 세속되는 종교단체 또한 한 때의 환영이고, 꿈이고, 거품일 수 있는 것이다. 인간 또한 당연히 매한가지의 법칙에 지배받는다.

전직 대통령의 투신자살도 카르마의 업보였지만 이를 방조하였다고 보는 '대검 중수부 검사들의 본사찰 출입을 금한다'는 플랜카드 경고 또한 한갓 꿈이고 환영일 수밖에 없다. 그 이유는 언젠가는 모든 것이 변하고 뒤집힌다는 탈루의 진화 세상이기 때문이다. 그리하여 저 사형수 소크라테스의 "논리는 이제 그만하면 충분하다. 이제는 음악이다. 음악이 있어야 2대의 존재가 균형잡는다. 이제 철학은 그만하면 충분하다. 피리를 불어라!"

소크라테스 자신에 억압되었던 강박의식이 꿈속에의 잠재의식 복합이 되어, 내가 나에게 속삭이며, 피리를 불라 했던 것이다. 한여름 밤, 철학자의 꿈소리였던 것이다. 사실 칸트가 어떻고 니체, 소크라테스가 말장난했던 철학들은 스마트폰 문자처럼 지워져 기억도 시키지 않고 있다. 다만 달라이 라마가 서구에서 뜨고 있었던 것은, 중국인들이 세계인들에게 얄밉게 보였던 반대 대안이었음이 또다른 이유일까?

서구에서 초청된 달라이 라마의 법문에서 '야성적이고 신비한 티베트적 종교를 듣고싶어 했지만, 정작 본인은 반야바라밀다 심경만을 설명하고 만다고 했다.

망명객 달라이 라마에게는 기본과학정보 또한 접하기가 힘든 상황이다. 다만 티베트 불교가 회자한 미술과 악마같은 제사의 탄타라 만다라같은 관능적 탕카미술로 하여, 서양의 만네리즘을 극복하는 대안의 예술로 각광받기 때문이다.(전우기, 2002) 그보다는 진짜로 원시적 본능과 그 유전된 신경미학의 작동이 인류에게 가장 직접적이고 효율적인 감각과 느낌을 연출해 낸다는 사실이다.

이집트와 예루살렘에서 출발한 로마제국에의 종교는 빠른 속도로 북유럽까지 확산되는 종교의 전쟁이었고, 십자군의 정복정신을 잉태했다. 그 확장의 조건 속에는 예술과 미술, 건축 등 인간 감성의 교신화에 정신의 핏대와 감각을 흐르게 하는 역할은 엄청났다. 지금도 유럽 대륙 자체는 하나의 거대한 미술관 같은 예술과 종교의 대륙으로 도배되어 있다.

한편 동아시아의 불교는 같은 선교의 기능을 지닌 예술이 시청각 자료로서의 예술과 신경미학에 절대적으로 좌우되는 선교기능을 상대적으로 평가절하하는 경향을 보여왔다는 것이다.(이안 해리스, 2006)

원효는 임금이 불러도 그냥 "대안, 대안" 하면서 "크게 안녕하다." 라고 무의식적으로 궁시렁거렸다 한다. 초월도 좋고 건망증도 좋다. 그냥 순수한 그리고 가장 단순한 마음의 상태인 ‘그냥 좋다’, ‘그냥 좋잖아요!’의 소크라테스는 피리만 불어라는, 온갖 집착에의 버림이었다.

그 천진난만한 파블로 피카소의 유아같은 미술, 미래불교의 방향은 바로 그냥 좋잖아요에서 출발하여 야만, 전인류의 원래모습, 미래 슬픔에의 견뎌냄의 조건으로 기능할 것이다.

지금은 동남아 한류 석권에의 기본 정신은 왜 공부 안 하고 이상한 춤만 노래 맞춰 추느냐에 “그냥 좋잖아요!”의 유전자 기본 유희본능, 특히 한반도 제 4무속 재능의 의식과 종교가치의 동기유발이었을 것이다. 어느 날 택시를 탑승한 이 화가는 기사 머리 옆에 달려서 진동하며 춤추는 부처 인형을 보고는 불교신자이십니까 하였다. 택시기사는 아니라고 답변했다.

그럼 부처를 왜 달고 다닙니까 하니까? “손님! 그냥 좋잖아요!” 하였다. 그 때 이 화가는 전율하는 영감의 인스퍼레이션을 받았다.

그렇다! 종교의 굴레와 강박, 그 타락하는 절대권력화의 국가 지배욕망, 그 허접한 환영의 어리석음은 추락하는 바이러스와 비자금 통장에의 증거품도 필요 없이, 가볍고 단순한 아름다움을 즐기며 살아간다는 진리일 것이다. 아름다운 미학의 조건에는 변화무쌍한 사회와 두뇌의 네트워크 작용의 지배를 받는다. 그 신경미학의 조건은 우량 유전자가 더 좋은 조건으로 번식하고, 이러한 짝짓기를 욕망화하는 감각에의 쾌감, 그 성적 에너지의 생동감이 신경미학을 잉태하는 전인류적 감성이고 지성이라고 말할 수 있다. 그리하여 앞서 택시기사에게 누가 달아주었냐고 하니까, 숨겨둔 애인이 선물하여 마스코트처럼 달고다닌다 하였다. ‘그냥 좋다’의 조건에는 번식욕구와 이타심의 자(慈)와 비(悲) 개념을 포함하고 있었던 것이다. 이 화가의 경우, 그림의 대상이 휴머니즘과 자비의 인성을 아름답게 표현하고 있는 불교미술 대상에서 가장 예술적 감흥을 제공하고 때때로 희열에 넘친다.

그림 그리고, 이들 불교 미술을 향유하며 감상하고 즐김으로써 결국 종교 메시지도 어렴풋이 느끼게 된다. 어쩌면 한국 전통미술의 핵심을 만천하에 발견해낼 수도 있겠다. 원초적 예술론의 블랙홀, 그 두뇌의 비밀이 영상으로, 또는 환영으로 그려질 것이기 때문이다.

이를 위하여 기원하고 기도한다. 백팔 번 엎드려 절해본 적도 없고 강렬한 불경을 외운 적도 없다. 그냥 내 집이 절이고 내가 승려다(自寺自僧). 내가 그린 그림속에서 부처를 꿈꾼다(自畵夢佛)(백불동 미술관……, 곤지암 소재 작업실에 거의 백 개의 불상 조성을 원했었다. 한갓, 한여름 밤의 꿈이었고, 애지중지하던 석등 석탑 등은 이웃의 진짜 절집(빛고운 절, 무진맘짱)에 불사했다.)

종교, 그 불교적 굴레는 더도 절대 아니고, 아니어야 미륵 같은 미래불일 것이다. 그냥 좋아, 그냥 기도하는 것일 뿐이다. 그 출발 동기는 한갓되이 돌덩어리에서 어떤 미소와 의미를 메시지로 전달받을 뿐이다. 퇴색한 벽화에서 즐거움과 슬픔의 연민과 에너지를 받는다. 때로는 돌아와 외로움을 서로 이야기한다. 그래서 아름다운 예술이고, 그 미학이 종교가 아니면 판타지(환영)일 뿐이다.

그래서 나(self)답고, 알음(知)답다.(하준우, 2010) 나다운 아름다움이고, 인드라망(node)의 자존심이다.

이 시대 절상의 종교 칭송가 오소(Osho)는 이렇게 노래한다. "노래를 만드는 사람을 칭송하라. 아름다운 음악을 창조하는 사람을 칭송하라. 이제부터는 아름다움의 창조를 그대의 종교로 삼으라. 사랑이 바로 종교다. 세상을 좀 더 아름답게 만드는 사람을 칭송하라. 토론에 앉아 단식하며 자신을 학대, 고문하고 바늘 침대에 자빠지는 것은 잊어버려라. 대신에 아름다운 장미를 키워내는 사람을 칭송하라. 세상은 그런 사람들에 의해 보다 다채로운 세상이 된다. 우리는 그런 창조 속에서 삶의 의미를 발견할 수 있다. 삶의 의미는 창조에서 나온다. 그러므로 종교는 좀 더 시적이고 미적인 것이 되어야 한다.(Osho, 2005) 알음답다……"

물 좋은 기림사 탄생 탱화

기림사 탄생신화, 유화 8호, 2010

　태양이 지지 않는 나라 대영제국은 우수한 소총중대를 선두로 하여 미지의 아프리카 대륙을 정복해 나갔고, 원주민과의 전투에서는 항상 승리의 개가를 울렸던 최강의 부대를 자랑하였다. 남아프리카 영국 정예 중대는 룰루족이라고 하는 원주민 최정예 전투부대의 화살 협공과 끝없는 정면 돌파의 공격에 피투성이의 난투전을 벌였으나, 결국 패하고 마는, 영국군 역사의 유일한 치욕을 남긴다. 아직도 영국 전략국은 패전의 원인을 규명 조사 중이라 한다. 영국군 소유 소총의 지속적 사용에서 오는 과열과 파열, 룰루 부대의 이상한 버섯에서 추출되는 모르핀 마약 섭취 후 미친 광란의 돌격 전략, 치밀한 부대장에서의 전투형태 신호 전달 등 아직도 신비의 패전 원인을 규명치 못하고 있다 한다.
한편 유명한 윈스턴 처칠 대위 부대는 이집트 나일강변의 수많은 유적 탈취와 함께 구약 성서에의 흔적과 식민지화의 선두에서 승승장구한 전투를 치렀지만, 역시 지금의 아스완 댐 이남의 적도 부근 수단 부대에 의해 처칠 부대는 저지당하고 만다.

노아의 증손자 이름을 탄 에티오피아 고산지대에는 푸른 나일 강이 출발하는 샘물이 있다.
기독교인이 반수 이상을 차지하는 이 나라의 성인 산타 조지는 용을 쳐부순 신화를 지니는 에티오피아 국부였다. 바로 이 나일 강 출발의 샘물을 성수로 의식을 지내고 지금도 모든 병을 낫게 하는 기적을 보여주고 있다 한다.
원시 고대부터 한반도의 고려장, 일본의 죽음으로 가는 협곡, 영국의 리투아니아 지하성수 등은 성 조지의 성수 성역과 함께 노환의 전염병의 치유 장소로서, 요양과 기도의 공동묘지로서 기능하였다고 한다.
에티오피아의 신성한 물줄기는 푸른 나일 강의 가파른 협곡을 따라 빠른 속도로 수단 쪽의 흰 나일 강과 합쳐지지만, 수단 쪽 흙탕물은 아스완까지 흘러도 서로 섞이지 않는 점이 관찰된다고 한다. 쉽게 섞이는 물의 진동수에 파장 차이가 심함으로서 삼투압의 혼합이 아프리카 민족 갈등처럼 화합되지 않는 것이다. 나일 강 상류의 푸른 강 협곡은 '눈물의 계곡' 으로 불리운다. 산소 결핍의 고산지대는 맨발로 뛰는 소녀들과 스타벅스 커피원두를 작황하면서, 터무니없이 값싼 일당으로 노동을 착취당하는 가난의 나라이다. 흰 나일 강가의 인간 착취 또한, 원시(학대)적인 전통으로 지금까지도 행해진다. 「두칸」 이라는 결혼 전 신부의 의식은, 가지로 엮은 의자에 앉아 아카시아 나무토막에다 백두 유향을 피우게 하여, 그 연기를 신부의 아랫도리를 쬐게 함으로서 생식과 번식의 우량 자궁을 만든다는 것이다.
하긴 러시아 북부의 사미족은 그 추운 얼음을 십자형으로 뚫어, 성수의 풀장을 만들고 옷을 벗겨 목욕하게 하는 무당 의식을 행한다. 얼어 죽지 않고 살아남으면 쌍 반지를 주면서 한 가락지는 얼음을 깨고 묻게 한다. 그리고 하얀 연필 같은 부적을 기념으로 준다. 곰의 생식기 중앙의 뼈를 말린 것이다. 번식과 공진화의 유전자 향발성을 전통 생활화하고 있었던 것이다. 성수. 그 물에 용해되는 치유와 생산의 기적은 인류가 오랫동안 진화하는 한 방법의 신앙이고 지혜였던 것이다.
'길고 짧은 건, 대 보아야 안다' 는 한국식 의식의 불신풍조는 중국의 경우 좀 더 과학적이었다.
'길고 짧은 건, 물에 넣어보아야 안다'(入水見長)는 속담은 중국 역사상 유일한 여자 황제였던 당나라 측천무후에 의해 지어졌다고 한다. 주변의 남성 참모들의 역모 혁명을 지혜롭고 여우스럽게 다루던 이 여자 임금은, 하루에 홍국사와 신수대사 두 맘짱을 정치 해결사로 작정하면서, 왕실의 스캔들 방지를 위해 얼마나 여색에 초연한 선사인가를 구두심문하게 되었다. "스님들도 때로는 여자 생각이 나십니까?" 측천무후가 두 맘짱을 떠 보았고, 홍국사는 말도 안 되는 말씀이라 하였다. 신수 맘짱께선 "몸뚱이 있는 한 그 생리 현상을 어떻게 할 수 없겠지만, 단지 방심치 않을 뿐입니다." 하였다.
아무리 관상을 보아도 속내를 알 수 없기에 임금은 두 맘짱을 목욕탕으로 모시고는 청순가련하면서도 섹시한 궁녀들을 홀딱 벗겨서 맘짱들 때를 닦아드리게 하였고, 이를 이중 유리문 밖에서 관찰하였다. 그런데 절대로 여색에 동하지 않는다던 분은 몹시 흥분하여 어쩔 줄을 몰라 했고, 신수대사는 여체의 교태에 단연코 동하지 않음이 목격, 관찰되었다.
하여, 측천무후는 "물에 들어가니 길고 짧음을 알겠더라" 라는 시구를 이 때 지었던 것이다(백성

욱. 김원수, 2008)

2,500여년 전 샤카 부타의 깨달음 주변에도 나가요 여인들의 처절한 유혹이 있었고, 이후 오늘에까지 견디기 힘든 종족보존 법칙이고 신경미학의 진실이다.
구라 펀치의 최고봉 춘성 맘짱께서 하루는 열차 여행길을 가게 되었고, 열차 앞 좌석에 목사 한 분이 마주하게 되었다 한다. 이윽고 목사님께선 우리 기독교의 예수님은 십자가에 못박히신 후 하늘나라로 부활하셨는데, 스님의 종교에서는 아무것도 부활하는 게 없질 않습니까 하면서, 계속 조롱의 설교를 하셨다 한다. 듣다, 듣다 못한 춘성 맘짱께선 벼락같은 언성으로 "내게는 새벽마다 힘차게 부활하는 중간 XX가 있어, 이 XX야!" 하셨다 한다.

음경 부활의 유전자. 인간의 음경 크기와 뇌의 형태에 특별히 발현하는 조절 DNA 소실이 침팬지와 쥐의 전두엽에 작동한다. 컴퓨터 조사 분석을 통해 실험한 결과, 상호생성 인간 특성 발현으로 500여개 이상의 인간 특이적 게놈 손실이 발견되었다. 제거된 염기 서열은 침팬지와 다른 동물들에게서 잘 보존되어 있는 염기서열이다. 이와 같은 유전적 변화는 인간의 독특한 음경과 뇌의 생물학적 특성을 형성하는 데 기여한다.(Cory Y. McLean, Human-specific loss of regulatory DNA and the evolution of human-specific traits, Nature, 10. Mar. 2011)

광대무변한 공포의 우주 속에 유일하게 떠도는 물 별. 지구의 생존은 흙과 불과 바람, 그리고 물에 의해서 생명의 번식이 진화되고 있는 혜성이다. 2011년 3월 개봉된 할리우드 우주영화 「월드 인베이전」은 물 자원이 동이 나버린 발전된 혜성에서, 우수한 비행선과 로봇화한 우주인들이 막강한 화력으로 로스엔젤레스부터 주요 도시를 급습 점령한다. 현빈 같은, 진짜 애국자 해병대들이 구사일생 로스엔젤스 하수도의 위장한 우주선 본부를, 결국에는 쳐부수는 영화이다. 미래 예측력이 뛰어난 시나리오로, 역시 지구의 물자원이 앞으로도 가장 중요한 인류의 자원, 우주 속의 핵심 원소가 됨을 메시지화 하고 있는 영화이다.
호모 사피엔스라는 원시(인류)인으로 부터의 진화는, 물가에서 물과 함께 먹고 사는 물의 인간이었다. 따라서 세계 어디에서나, 물을 숭배하고 물의 혜택과 선물을 감사하는 의식이 다양하게 전개되었다. 성스러운 물, 성수는 미래 종교에 더욱 숭배되어야 하는 인류의 생명수인 것이다.
모택동은, 중국 권력을 장악하면서 외국 기자들을 불러, 양자강을 발가벗고 수영해 건넘을 보이고는, 결국 북경대학교 좌빨 학생 군중 속에 극적으로 등장한다.
인도에서 건너 온 달마스님은 당시 최고의 왕인 양무제와의 면담에서 불교를 다 알고 있다는 듯한 태도로 하여, 왕으로부터 가보라는 말을 듣는다. 그는 소림 토굴을 향하여 양자강을 건널 때 갈대 잎 위에 서서 건넜다 한다. 중국에는 양자강 물을 소유하면 중국 전부를 가진다고 했다 한다. 하긴 한강은 역사적으로 주변국에의 소유권 쟁탈의 역사를 지녔고, 지금의 동북아시아 형국도 한강물 쟁탈전의 포탄 속에 흐른다 할 수 있다.
옛날 인도 범마라국 임정사에 한 남아가 아버지를 찾아왔으니 그는 원앙부인이 낳은 태자 안락국이었다. 아버지 수다라왕이 열반에 들면서 임정사 광유 맘짱은 안락국에게 인연을 찾아 멀리 떨어진 250만리 해동국에 가면 그 곳 문수보살이 부처님을 모실 수 있는 곳이라 했다. "가거든 거북이가 물 마시는 형국을 하고 있는 산맥을 찾아라. 동해의 기운을 마시고 사는 용의 연못이 있고, 탑의 모습인 남쪽 돌산에는 옥정(玉井)이라는 우물이 있다. 그 물을 마시면서 수도하라. 북쪽에는 설산을 닮아, 돌 빛이 흰 산이 있는 그 산 토굴 속에 부처를 만들어 모셔라" 하셨다. 해동 계림국에 도착한 안락국은 거북이 물마시는 형상의 연못가에 우물을 중심으로 암자를 세우기 시작하며 임정사(林井寺)라 개명하였다.(서문성, 2006)

한반도의 사찰이 물 좋은 곳 아닌 데가 어디 있겠느냐만, 기림사는 간판이 「물 절」이고 「물만 먹는 절」인 것은 틀림없다. 다섯 가지 맛이 난다는 절 물은 이 물 먹으면 장군을 낸다는 장군수, 오정수, 맹안수, 그리고 후원의 화정수, 그리고 일주문 옆 이슬이 고인다는 감로수 등 물 시리즈의 물만 먹고 살았던 절이 분명하다.

작년 조계사 신도회 성지순례 따라 오랜만에 불국사를 다녀오면서, 뜻밖의 함월산에 숨겨진 기림사를 가게 되었고, 함월산에 달이 뜰 때 그 깊고 가파른 산세에, 예사 정기의 사찰이 아님을 느끼게 되었다. 지금은 불국사의 말사이만, 애초에는 불국사가 기림사의 말사였다고 한다. 대적광전의 주불은 비로자나불이셨고, 대적광전 앞 석탑의 때깔은 유니폼같이 통일 형태를 이루는 감은사지 석탑보다 더 비례와 윤곽에서 율동적이며, 육감적인 형태를 지니는 초기 신라 석탑 양식의 아련한 미감을 지니고 있다.

장육사와 함께, 종이로 만들고 옻칠 한 「건칠보살 좌상」은 당시의 지역불교 세력이 동아시아 최고의 조형감각과 종교미학을 지녔음을 알 수 있다.

이 화가는 한국의 미술대학이 최초로 미학과를 개설하였을 때부터 미학 강의 언저리에서 한국의 독창적인 미적 본질과 디자인 상징이 존재하는가에 대한 평생의 작품 제작, 이론 논문 탐구 등을 현장화, 실용화, 국제화 해 보았다고 생각한다. 하여, 수많은 고유섭의 후대들이 추구하였던, 말로 하는 미술론 본질은 지금에 와서 백남준 이미지 정도로 밖에 개발되고 알려지지 못하고 있다고 본다.

한국의 전통적 문화적 미술 콘텐츠는 비교적 종교미술에서 반도적 토착화와 그 서민적 예술의 독보적 창조성을 표출하였다고 보지만, 미술 재료의 재창조, 재생산하는 환류의 끝없는 현장 작업화는 미약하게 이루어져 왔다고 생각한다. 차라리 일본의 선(Zen) 미술, 중국의 남북화, 만주의 서민 혁필화에서 오늘의 세계성을 확인받고 있는 것이다.

이제와 몇 년 동안, 깊은 산골 묻혀진 불교미술과 그 탱화의 실종 퇴색을 가슴아파하며, 유화 물감으로 캠퍼스에 복사, 재생, 재창조, 재편집, 재 연출함으로서, 먼 훗날 진짜 조선미술, 저 탱화라던가 불교 벽화의 퇴화 이후에도 민족정신이 재생되고, 이 시대 속에 남는, 반도 법계를 승계하고 싶다.

전혀 시중에 알려지지도 출판되지도 않은 미지의 탱화나 불화가 퇴색 되어가고, 그러한 반도

탱화가 이 화가의 각고 끝에 발견될 때의 그 희열은, 법열 그 자체로서의 떨림과 도파민 쾌감을 진동케 하는 것이다.

뜻밖의 기림사 비로자나 법계의 축소 공간, 대적광전을 예불하고, 천장과 내벽의 희미한 불화와 문양 단청 등을 찰나 찰나에 관찰하다가, 긴 족자 규격으로 그려진 서쪽의 기림사 창건 역사화 같은 불화를 보고는, 그만 괴성을 지르면서 실성할 뻔하였다.

몰래몰래 촬영하여, 상경 후 그대로 3쪽 화폭을 한 캔버스에 축소하여 재현하되, 가능한 한 당시 화가의 붓 터치를, 그 색채, 그 이미지를 원화에 가깝도록 묘사하였다. 물론 그림 속 연못 배경의 거북이 같은 산이라든가, 고구려에서 남하하는 (모든 중생은 성불한다는) 일승사상(一乘思想)의 보덕(普德) 맘짱의 모습 등은 이화가가 선택, 가미, 연출한 것이다.

기림사의 예사롭지 않은 자리 환경과 원래의 초기 사찰 이미지는, 제임스 힐튼의 소설 「잃어버린 지평선(Lost Horizon)」의 티베트 히말라야 산 속, 은둔의 지상 낙원, 그 샹그릴라(Shangri-La)의 신화 이미지를 표출해 보았던 구법 그림이다.

비로자나 우주법계의 생불, 떠도는 미망 속의 처녀 불화를 한 점, 한 생불, 한 보살이라도, 이생에서 놓치지 않겠다고 서원하며 찾아 헤매는 반도불의 가치와 그 이미지는, 법열의 반도 생불 재생화이다.

　비록 한 깨달음이 안 되더라도, 버려야 할 미망도 아닐진대, 마치 함월산 깊은 계곡 끝의 용선과 옥정 우물물에, 오미수(五味水)에 목욕이나 하는, 떠도는 짜깁기 거지, 그리는 기법들을 다 잃어버리고, 오랫동안 미망에 홀로 선 　'백치화가' 이다.

미소짓는 오줌 빨

  철학자 데카르트의 「정력론」(사랑, 증오, 놀람, 욕망, 기쁨, 슬픔, 1649)은 'passion'이라는 정념과 'emotion'이라는 정서감에서, 좋고 나쁜 희로애락의 뇌 과학 연구에 동기를 부여하였다. 이어서 합리론과 경험론을 통합한 철학자 칸트(1724~1804)의 저서 「인간학」은 세이브 (Shaver, 1987)등을 거쳐 아놀드(B.M.Arnold)의 「정동혼성설」의 입체구도를 색입체(色立体)에 관계시켰다. 즉, 2개의 색을 혼합했을 때 중간색이 생기듯이, 슬펐고 놀랐을 때의 실망감은 그 반대 위치의 정서가, 기쁨을 동시에 환기시키는 갈등을 유발한다는 것이다.

예컨대 부부의 죽음으로 막대한 유산을 상속받을 수 있을 때 슬픔과 기쁨을 동시에 느낀다. 부인의 장례식 도중 화장실에 간 남편이 '회심의 미소'를 띤다는 괴담이 아놀드의 정동혼성설(情動混成説) 이미지 형성이다.(야마다 리에이, 2007)

샤카 부타의 해탈에 악마 마라의 세 딸들이 등장하여 '탐 욕 애'(貪欲愛)의 애욕과 성적 쾌락을 자극하는 5상도의 항마성도가 있다. 마라의 자태는 왼손에 거울을 들고 자신의 신체적 매력을 과시하고 있다. 이들은 결국 노파로 변하는 백골관의 에피소드로 끝난다.(마트라 출토, 마트라 박물관 소장, 인용. 미사히데 모리, 에로스와 그로테스크의 불교미술, 춘추사, 2011)

마음의 상태를 연출하는 자율신경의 각성은 혈압, 호흡, 대사증진, 공격과 도주, 과격 충동 등의 뇌 알파파 진동을 활성화 한다. 빛에서 빨강 녹색이 구동하면 노란색이 되고 청의 스트레스 신경과 적색의 도파민 신경이 혼합되면 자색의 불안한 상태를 지각하게 된다. 명상하고 염불하고, 법열상태의 고통극복의 상태(Rumner's high)는 진에(瞋恚)의 분노 저주감을 상쇄시키는, 긍정적이며 고통을 삭제시키는 녹색의 세로토닌 신경(A6, 부족하면 우울증 증가)이 적절한 치유기능을 수행한다. 불법에서 인간의 충동을 3독(三毒)으로 구분하였던 신경계는, 「탐」이 도파민 신경에, 「진」이 스트레스 노르아드레날린 신경에 속한다. 「치」는 인간의 어리석음과 무지(無知)에 지혜를 공급하는 세로토닌 신경계의 불법적인 치유회향세계이다. 삶의 환경에는 쾌, 불쾌로 분류하여 기억하는 편도체와 해마(海馬)가 반응한다. 뇌가 '강남스타일'이 촌스럽다! 이장 스타일이다! 혐오감이 난다! 그래서 더욱 좋다! 등의 마음 상태를 불탐(不貪), 불진(不瞋), 불치(不痴)의 선과 악으로 대분할 수도 있다고 한다. 이때 「탐 진 치」는 색(色)이고 「불 탐진치」는 빛(光)이라고 가정한다는 것이다.

무색계의 빛 3원색이 결합된 무색 투명의 색이, 샤카 부타께서 말씀하신 해탈의 상태이고 불도의 종착역, 그 마음의 무색성향 미촉법인 것이다.

  '아미타'라고 염불하는 마음은 우주에 힘차게 흐르는 끝없는 생명의 에너지 그 무량수(無量壽. Amitayus), 무량광(無量光. Amitabha)에 귀의해 버린 보살의 마음이다.(이츠키 히로유키, 2000)

기쁨의 회로. 두뇌신경의 이미지 형성은 진화 또는 퇴화하는 기본 속성이 있다. 종이책 시대에서 IT영상 시각환경으로 변하면서 문자 인식의 이성적 의미는 전두연합야의 활성화에서 게임 뇌가 활성화되는 뇌의 후두엽으로 이미지가 전환되는 시점이다. 건강한 사람의 전두연합야에 도파민 분비는 사고를 높이는 정보처리 회로이다. 이러한 창조력은 특히, 노르아드레날린 분비가 의식을 민감하게 작동함으로써 집중력, 주의력, 주목력을 증진시킨다. 이러한 학습기억은 복부 내피중추에서 분출되는 욕구의 회로망이 섬중추 대상증축편도체와 측위 세포핵으로 전달되고, 엔케필린(뇌하수체에서 만드는 진통작용의 물질)으로 연결된다. 중추의 핑크색 영역이 마리파나와 아편성향 마취약 작동에 의해 뉴런 리셉터들이 기쁨, 쾌감을 자각하게 된다.(M.L.Kringelbach, The joyful mind, Scientific American, Aug. 2012)

(A) 징검다리를 건너면 실제보다 길게 느껴진다. (B) 옛날 시내버스의 소녀차장은 버스와 정류장 사이의 간극에서 손님을 조정하는 기능을 수행하였다. 각기 공간적 연속성(spatial sequence)과 시간적 연속성(temporal sequence)의 경계 간 속도와 거리의 사이(MA.   )착각현상이다. (양호, 환경디자인행태학, 1989)

미래의 한국두뇌 시스템은 비약하고 있다. 얼마 전, 런던올림픽에서 유독 강했던 양궁, 칼(펜싱), 권총의 금메달 실적은, 역시나 유도경기와 함께 고조선 동이족에서, 주변강국 기마병으로부터 살아남은 두뇌유전자의 3원색과 그 강직한 혼색의 지혜였다고 생각된다. 양궁의 금메달 2관왕, 기보배 불자의 환희는 좌절과 분노와 비애를 긍정적이고 낙천적인 세로토닌 신경계의 활성 극대화로 이룩한 법열의 승리자로 완성시켰던 것이다. 궁시렁녀, ‘항상 불음을 염불하며 세로토닌 신경물질을 분비시키는 기보배 선수는, 주변에서 맛이 가버린 (궁시렁거리며 사는) 선수로 비쳤다고 한다. 우주의 과녁을 향한 영겁으로 돌아가는 화살촉의 회향간극이 갑자기 속도마저 없어진 투명 무색의 공(空)으로 적막하게 사라지는 것이다. 경계 간 속도와 거리의 사이(MA, 間) 착각이다.

　청바지를 새로 사고 싶었는데(탐) 구겨지고 울퉁불퉁하여 화가 났다면(진) 어차피 구겨지는 청바지를 예쁘게 구겨보자.(세로토닌 신경계)
주름 청바지를 발명하게 된 원리였다고 한다. 도요타 자동차 주인은 히말라야 산맥을 넘는 두루미를 연구하여 차체의 무게를 줄였고(MA. 間) 길 찾는 나비의 원리를 보고 차량용 내비게이션을 개발했다 한다. 이른바 4개의 진실, 고집멸도(苦集滅道)의 세로토닌 호르몬 약 빨리고 8정도(八正道)의 화엄세계이다.

5

패자부활전

꼬리에 매달린 효동, 터치유화 10호, 2010

영화감독 김기덕은 "스스로 치유하고 또 극복한다. 가학을 통해 사랑하고, 사랑을 통해 복수하고, 피학을 통해 스스로를 구원한다."

예술은 자학속에서 피어나는 꽃이다. 예술가에게 결핍과 분노는 피와 살이다. 화가 이중섭은 찢어지는 가난과, 가족을 향한 그리움 속에서, 버려진 담배갑 은박지를 긁어, 그림을 그리며, 자신의 예술적 영혼을 불태웠다.

그는 또 상처받고, 죽을 것처럼 분노할 것이며 어쩌면 숙명처럼 또다시 세상에서 버림받을 것이다. 그것이 예술가의 길이다. 현실이 비루하고 뇌가 빠개질 것처럼 고통스러울수록 예술은 예술가에게, 더욱 그 고통에 감사한다.(이승재, 2012)

① "장군가카! 새로 내 보낼 담배 껍데기 도안은 어떤 칼라로 할까요?" "저기 보이는 단청색깔로 해!"(혁명군 찝차가 마침 비원 앞을 지나고 있었고, 그 당시 아리랑 담배의 디자인 컨셉은 이렇게 결정되었다. 5.16 군사 혁명군의 대중조작 (퍼로파간다. 선전) 기본 컨셉과 방향은 모두 정해졌지만, 최종 디테일은 모두, 전문가들에게 의뢰한다는 지혜가 있었다. 하여, 당시 서울미대 권순형, 민철홍 교수님은 그렇게 아리랑 담배갑 포장디자인 프로젝트를 수행하게 되었다. "내가 해봐서 아는데……" 하면서, 혼자서도 잘한다는 월급쟁이 시장이, 야전 목침대를 회사에 갔다놓고는, 밤 세워 일한다는, 선무당이 사람, 회사, 나라 잡는 병역미필 인물형 보다는 "전우의 시체를 넘고 넘었던" 5.16 군사 혁명군이, 백배 지혜로웠던(나았던) 역사가 있었다.

② "삼성은 모든 것을 베꼈다."(H. 매겔히니, 애플사 변호인)
"아이폰 출시 전에도 직사각형에 모서리(edge)가 둥근 형태의 스마트폰이 있었다. 경쟁사 제품을 벤치마킹하는 것은 통상적인 경영활동이며, 아이폰도 소니를 벤치마킹 한 것이다."(찰스 베토벤, 삼성 변호인)

미국 폭스 뉴스, 홈 앵커는 개신교가 갖고 있는 형태의 '속죄의 용서'가 (불교에는) 없다는, 날나리 같은 방송으로 스스로의 종교를 선악본에 바탕하고 있음을 대변하고 있었다.

'한국방송에 대한 신화 기호론적 연구'를 참고하면 (KBS TV, 언론매체의 '강남권역' 신화형성과 이데올로기, 김남일, 백선기, 2007) 무한 경쟁시대의 '강남'이라는 장소는, 상징적 부자동네, 사교육 1번지 인기지역, 격전지, 투기장, 폭동 진원지, 과열 투기지역이다. 또 입시전쟁터의 학원공간에서, 대립, 갈등의 정도가 극에 달하는 결과, 특례와 고착화, 특성화, 독점, 초토화, 위화감, 부익부 빈익빈의 비인도적 시간을 보내고 있는, 쉽게 근접할 수 없는 위수(계엄)지역이기도 하다. 사회문화 생태적으로는 입시부정, 변칙과외, 위장 매매, 환자 현혹, 집값 부추기기, 투기, 위장전입, 성인 조폭흉내, 병역기피, 의혹, 비리, 차명, 세습, 부패, 님비 등 등의, '칼 마르크스 경제학'이 다시 씌여진다는 핑계를 극단적으로 제공한다. 하여, 거주자는 등골이 희고, 울며 겨자먹기, 칼을 빼들다, 숨통 트이다, 울고 웃는, 막차 탈라, 상투, 실종, 눈치, 눈가림, 배짱, 출산기피, 위장출산 등 등의 신체적 생리현상을 보이고, 결국 그 업보는 이기심, 성형중독, 외모지상주의, 고도 교육열, 위축, 투기심리, 상승기대, 불패신화, 강박관념, 좌절, 화풀이, 맹신, 유혹, 망국병, 스트레스, 후유증, 위기, 위화감 등 등의 병리적 고해에 허우적거린다.

　우주의 모든 작동원리, 힘(엔트로피)의 극대적 증가에는 '자동조절' 이라는 에너지총량에서의 균형이 반드시 진행된다. 비로자나 법계의 어떤 위대한(Something Great) 항상성에 의해, 자연의 치유가치가 발현된다. 시인 유하는 '바람부는 날이면 압구정동에 가야 한다' 라는 당대의 시 문학으로, 소비와 유혹의 위세를 노래하였다. 시인이 말한 바람은 인간의 저주받은 욕망과 허영의 바람을 의미한다. "불을 키운 것은 팔 할(80%)이 바람이었다는 그는, 네온사인의 모든 불빛이 신 또는 악마의 불꽃을 상징한다" 고 말한다. 풍전등화, 불을 키운 것은 팔 할이 / 바람이었다 / 이젠 바람도 불과 함께 놀아난다 / 휘황찬란 늘어진 샹들리에 주위에 붙은 똥파리 / 불의 소망 근처에서 / 불의 구린내를 빠는 똥파리의 / 윙윙 날개 바람 / 바람 속으로 빽이 든든한 / 촛불들이 기쁘다 구주 기쁘다 / 걸어간다. 보무도 당당히, 오징어의 시커먼 눈들이 / 신바람으로 몰려가는, 불의 뷔페 파티장 쪽으로 / 자신의 부모가 과연 무엇을 해서 권력과 부를 얻었는지 알 턱이 없는 아이들은 '뽀얀' 얼굴로, 천사처럼 촛불을 들고 거리를 행진한다.(강신주, 2009)

　조르주 바타유(G.Bataille)는 「저주의 몫」 이라는 그의 저서에서, (이스터 섬의 권력을 위한 과잉개발의 끝과 같은) 독점 에너지를 아무런 대가도 없이 소모하지 않으면 체계가 위험에 빠진다는 자본 개발 생산의 무한한 진보약속은, 그 대척점에서 「일반경제론」 의 기본을 숙고하여야 한다는 경고의 메시지를 보냈다.(무정부주의적 「통화론」 은 칼 마르크스 조직에 의해 불같이 실종되고 말았다)
패자부활전의 기회가 없는 한국의 소외된 소년 소녀들은, 기존의 굴레와 이를 조작한 1% 기득권자들을 향한 「전복 유전자」 를 지닌다 하였다. 따라서 돌연변이나 우발적이며 이질적인 에피소드 속에 도사린 뒤죽박죽의 가상세계, 그 제 2의 삶의 현장은 뒤집음의 기회의 땅일 수 있었던 것이다.
이도 저도 그도, 안되는 소년들은 길거리 노숙자들이 인도하는 피난의 골목에서, 이들이 타고나 유전된 무속적 체질을 처절하게 발휘하고 있다. 이런바 한국 비보이(B-boy) 문화는 미국 흑인들의 (노예들의 삶의 고통과 슬픔을 시사화 하는) 힙합문화, 랩 음악을 복세, 모방하는 하위문화를 재생산하고, 환호하게 된다. 이른바 '오빠 강남스타일' 바람을 이미 예고하고 있었던 것이다.

인터넷문화의 급속한 기술 발달과 환경으로, 청소년들의 존재감과 정체성 등이 실종되는 한국사회에서, 즉흥적이고 역동적이며 분노의식을 분출, 발산할 해방구로서, 초지일관 미국힙합 원본의 복제, 모방을 통해, 그 삶이 최고의 가치임이고 신앙임을 맹신하여, 한국의 비보이(B-boy)들은 꾸역꾸역, 매일매일 모여서, 즐기고 확인하고 있는 것이다.

이들, 한국의 「비보이」들은 흑인에 비해 다리는 짧은 약점을 지녔지만, 오히려 굿거리, 풍악에서는, 조선 반도의 선조로부터 유일하게 유전되어진, 제 4샤만의 춤과 노래의 우월한 축제적 무속세포가 우리 한국의 「비보이」들에겐 이미 잠재하고 있었던 것이다.

일반적으로, 사회적으로 잘 적응하지 못하고, 학교를 중퇴하고, 취업하지 못하고 백수생활로 떠도는 그 유랑의 구원은, 힙합과 랩 음악으로, 전통적 가치를 치환하는 청소년 중심의 비주류 하류 문화를 형성하게 된다.

　매서운 비바람의 영국해안, 악천후 속에 마지막 36홀 경기를 수행한 '브리티시 오픈'의 챔피언, 우리 동포 신지애 선수는 "날씨……탓하기 보다는 매 순간 즐기려고 노력했다."라고 하였다. 찰라, 찰라와 찰라의 순간과 사이(MA)가 유일한 인간의 존재가치이다. 일념즉시 무량집.(법성계) 이를 가능케 했던 더 큰 이유는 왕언니 캐리 웹(호주선수)의 좌절이었고, 패자의 조건과 황혼의 어둠 앞에 '마음낮춤'(下心)과 '마음비움' 이었던 것이다. 이제, LPGA 무대는 신지애를 비롯한 우리 한국의 소녀군단(박세리 키즈)이 평정한지 오래다.

　결국 지난 2002년부터 2007년과 그 이후에도, 한국 비보이는 세계 비보잉 대회에서 챔피언의 자리에 오른다. 이제 한류의 문화상품으로서, 또는 종합예술의 주류 무대예술로서 자리잡게 되는 필연의 결과를 가져 왔다. 한국관광공사는 '비보이'를 전략적 문화상품으로, 차세대 신성장동력의 주요분야로 지정하였고, 특정 기업인은 2007년부터 5년 동안, 100억원 이상을 투자하여 이들의 연속적 공연을 지원하고 있다.

　김덕수 사물놀이패 역시, 초창기 정부의 문화정책 부재 속에서 오늘에 이르기 까지, 실로 엄청난 야성적 자생의 성장과정을 겪어왔다. 태백산 강릉 깊숙한 무속집단은, 일 년에 한번 단오제에 나와 공연하고는 바로 입산, 추적할 수 없도록 깊숙한 산속에 숨어 버린다고 한다. 이들은 신생아를 업고, 떨림의 무속 춤을 추기 때문에 주어진 떨림, 우주의 파동을 유아의 심장으로 습득한다. 이들은 유전자의 잡종교배를 막고 순수혈통을 보존하기 위해, 고립 단절된 생을 영위한다고 한다. 김덕수 또한 사물놀이의 창작적 한계에서, 이들 미지의 샤먼들을 찾아, 한수 배우려 했다지만 결국 불가능 하였다는 썰(소문)이 있다.

이제, 세계적으로 한국 사물놀이 공연은 유명해졌다. 애시 당초, 동포 농민의 농악과 수많은 전래 전통 민속예술은, 불교(계)에서 철저히 이기적으로 외면당하였다.

하여, 불교(계)의 의식에 행해지는 범패 등의 불교 공연예술만을 어렵게 전승시켜, 그 명맥만은 살아있다고는 보지만, 결과적으로 오늘의 종교적 포용외면이 수많은 청소년 한류 지망생들을 엉뚱한(?) 다른 곳으로 내 보내고 마는 우를 범하고만 것이다.

한반도의 미래는 차세대 모두의 진화(공진화)에 의해 합하여지는 융합 속에서 발현될 것이다. 이들 미래세대는 엄마 뱃 속에서부터 전자 테크놀로지를 감전 받고 나오는 네트세대, 케이팝스 세대이다. 앞서 언급한, 태백산 깊숙이 은둔하여 사는 무속원조의 모태 유전처럼, 진정한 디지털 원주민이고 디지털 원어민이다. 만 1살 무렵부터 컴퓨터 자판을 만지면서 온라인 소비생활을 보고 자라며, 3세 때 부터는 마우스를 클릭, 온라인에서 노래방 한글과 영어를 배우고, 5살에 이미 휴대폰으로 문자를 보내는, 겁나는 '신인류'이다.(김상훈, 2009)

2010년 뉴욕에서 개최된 LG모바일 월드컵에서, 세계 최고의 「엄지족」으로, 영광의 챔피언을 먹은 이는 17, 18세의 한국 소년 소녀였고, 이들은 10만 달러의 상금을 받았다고 한다. 이제, 개인은 UCC를 통해 직접 자기 자신의 삶을 경영하는 혼자살이(Egonomy)시대가 되었고, 문화예술은 유희와 놀이로서의 수용자미학(Reception Aesthetics, Nobert Bolz, 2007)이라는 과학과 예술의 전자개인주의 시대가 도래하고 말았다.(노소영, 2007)

우주 멀리에서 교신되어 오는 파장, 비로자나 화엄세계에서 발신되는 법계의 진실과 기능 공진화는 빛이나 음악, 그리고 인간이나 식물의 근원은 동일한 에너지의 집합체로서, 자연생태계를 연출하는 과학이다. 태양에너지, 그 일광보살의 신앙을 설법한 「화엄경」에서는 만물의 본체를 음양으로 보고, 태양 표면에서 내 보내는 음파나 그 자기(磁氣)가 결합한 음파가 거대한 충격파 에너지에 의해 가열된 가스의 흐름, 태양풍이 이 지구 법계에 계속 불어오고 있다.

"보라, 3천년 법성(法城)이 허물어져 가는 꼴을! 들으라. 2천만의 동포가 헐떡이는 소리를! 우리는 참을 수 없는 의분에서 가만히 일어섰다. 이 법성을 지키기 위하여, 이 민족을 구하기 위하여! 단결과 박멸이 있을 뿐이다......"

위의 만당선언문(1930)은, 일본식민지 정책 배척, 총독정치의 악폐 척결, 부타정신의 구현이라는 조선불교정립을 위한 최범술(사천 다솔사)등의 독립운동 이념이었다.(임해봉, 2001)

화엄법계의 조정에 의한 발신자는 일방적 또는 충격적으로 전달된다.(encode 현상) 이때의 낯선 언어의 습득은 의미와 되색임의 자동조절에 의해 '부증불감(不增不減)'의 조화를 성립시킨다.(decode현상) 법음의 생명은 에너지 정보로서, 마음과 몸체에 화엄으로서 작동한다.

환희와 법열, 그 기쁨은 사무량신(四無量心)이다. 법음 교신의 극치는 뉴턴의 만유인력법칙, 아인슈타인의 상대성이론, 그리고 우주음의 극상을 발신해 보임으로 불신의 심혼, 그 귀에다,

가슴에다 못을 박게 한 우주 중계인인 베토벤(Ludwig Van Beethoven)이다.

베토벤의 우주에너지 교신은 현상계의 혁명과 저항, 그리고 독선의 반복을 충격화 한다. 공진화 되고 있는 불신의 우월성을 지닌 영혼을 묘사함으로써 그 기를 살린다.

그의 5번 교향곡(운명)은 확신, 주장, 강요의 반복과 연속에 의한 두 개의 음운을 끝없이 교차시키면서, 음향과 의미의 주제를 때로는 주술화, 때로는 폐부를 찌르는 우주의 파장생명으로 진동시킨다.

끝없는 영웅의 우월성은 쇼팽의 음악에 이르러, 후회와 실연에, 반추를 나약화시킴으로써, "……스스로 이렇게 말했을걸……"(If I did) 이라는 의미의 상실을 전달하였다 한다. 스트라빈스키에 와서는 속도가 없는, 의미가 없는, 이런 반 평등의 음절 경향을 띄운다.(송기정, 한국기호학회, 2007) 결국 현대음악의 파동반복, 단조로움의 맥박고동과 같은 기도의 음색으로 하여, 염불과 나무아미타불 기도로 중독성 있는 심혼, 마음, 숨소리의 생 화음으로 귀착되고 만다. 이른바 휴식반응(relaxation response) 효과이다.(허버트 벤슨, 2000)

　사무량심. 사이(MA · 間). 지노고분 맘짱은 스티브 잡스와 함께, 서체디자인을 교습하는 만화장면, 문자 하나가 전세계를 포함하는지? 획과 공간의 공즉시색(空卽是色) 현상에서 사이(MA · 間) 인지감각이 존재하는지, 만화에 '몽따쥬' 된 경전 문자의 만다라(久遠寺소장, 2012) 등에 대해 논의 하고 있다.(The Zen of Steve Jobs, A Forbes and Jesse, Prod)

우주 유성의 극치는 베토벤의 '사무량심' 이 의미하는 모든 법음을 창작해 내었다. 오히려 '무색성향 미촉법(無色聲香 味觸法)' 의 감각단절 속에서 이기(Ego)를 완전히 버린 자신의 에너지를 전부 불사르는 초월의 귀먹어리와 불멸의 용기를 우리들에게 주는 인류 영원성의 곡이라 할 수 있다.

자애(Loving Kindness)의 메시지는, 나폴레옹 황제를 주제로 한 제 3번 교향곡 「에로이카」 와 5번 「운명」 교향곡 그 자체가 인류의 자비심을 극치화한 우주 음이라 할 수 있다.

비(침묵, 연민, compassion, sympathy)의 경우, 가난과 귀먹음 몸 전체의 진통을 (첼로 소나타 4번 후기 현악 4중주 No.14 등에서) 듣는 이에게 폐부를 찌르게 한다.

희(喜. good will)의 경우 제 9번 교향곡 중 「환희의 노래」 합창은 초연이 나치스의 히틀러 생신축하로 공연되었음에도 불구하고, 당시의 정치나 종교를 완전히 뛰어 넘는 새로운 범신론(汎神論)의 음악미학을 승화시키고 가피, 틀림의 대비, 법열, 그 원초적인 감각원형을 건드리는 희열, 해탈, 치유현상을 선사하고 있다.

범 우주의 교신 끝자락은 본래의 마음자리에의 귀환이다.(평온, equanimity)

베토벤 피아노 소나타는 그러한 적멸의 회귀본능을 보여준다. 소나타 No.23(열정, Appassionata) 등은 마음의 복귀를 건반으로 호소한다. 인류 정신머리 내부의 세로토닌신경계

호르몬 분비 조정이다.

　미와 추의 시스템. 아름다움과 추함, 긍정과 부정의 생각에도 기본적 양의 에너지를 필요로
한다. 뇌가 에너지를 사용할 때에는 POMC라는 단백질 분해현상이 반드시 일어난다. 스트레스의
긍정성과 극복은 단백질이 부신피질 호르몬과 베타 엔돌핀으로 분해되면서 육체적인 고통을 완
화시키고, 엔돌핀 분비는 정신적 스트레스를 해소한다.(Haruyama Sigeo, 2006)
공포 경고시스템의 조율 작동은 인간이 위험에 직면했을 때, 놀라 도망치는 대뇌 공포가 화학적
염기로 하여 작동한다. 이러한 스트레스에 의한 시상하부의 반응은, 대뇌를 힘들게 할 때 부신
피질 자극 호르몬(CRH)과 뇌하수체 방아쇠 작동에 의해 화학적 사이클이 열쇠의 역할을 한다.
ACTH호르몬을 혈관에 보내고, 신랑 부근의 아드레날린과 코티솔 호르몬을 지원한다. 이러한 코
티솔 증가는 신체를 가능한 한 스트레스에 도전하게 작용한다. (brain's alarm system, 심무가
애 무가애) 이러한 힘 빠지는 스트레스의 고통은 두 가지의 화학적 저항 네트워크에 의해
(Toning down, 무유공포원리 전도몽상 구견열반) 약물 또는 불교적 치유에 의해 정상으로 조정
작동된다.(Gray stix, Toning down the brains alarm system, Scientific American, Mar.
2011)

　베토벤은 친구에게 보낸 편지에서 "이 세상을 천 번이라도 더 와서 살고 싶다" 라고 호소하였
다. 에너지정보의 생명화에 엄청난 의욕을 보이는 그 자락에, 윤회(shasara)의 유전자를 호소하
고 있는 것이다.
환청 속 베토벤의 피아노건반, 홍대 뒷골목의 「크레용 팝」 들, 「김나영」 의 파리 길거리 거지
패션, 이상화 선수의 빙판 신기록 연속 연출, 이들은 시간과 공간을 떠난 찰나의 승화작용이다.
간신들의 청원에 시달려 결국, 중국황제는 털보 달마에게 사약을 내려 웅이산에 묻어 버렸다. 3
년후 인도 갔다 돌아오는 사신이 파미르 고원에서 죽은 달마가 신발 한 짝을 들고 서서 "이제
야 천축국으로 가는길" 이라 했다 한다. "임금에게 바빠서 인사도 못하고 떠났다 전해 달라"
는 것이 었다. 하! 기막힌 진 임금은 웅어산 무덤을 팠고, 관속에는 신발 한 짝만 들어 있었다
한다.
윌리엄 브래이크(William Blake) 시인이 그랬던가? 한 알의 모래 속에서 세계를 보고, 한송이
들꽃 속에서 천국을 본다. 손바닥 안에 무한을 거머쥐고 순간 속에서 영원을 붙잡는다 했다. 순
간의 영원성은 '현재의 열반화', '현재의 가피화' 라는 비로자나불의 원칙이고 요즘 정치적
으로 회자되는, 「진정성 신뢰감」 의 진리이다.(필시, 구약성서 전공 C회장처럼 화엄경을 탐독
했을 것이다.)

비로자나 법계는 자전도 하고 공전도 한다. 태양, 그 일광보살과 월광보살의 동심원도 영원한 에너지이다. 함부로 부회하고 떠도는 거지집단들은 우주의 무섭고 공포스러운 어떤 '위대함' (Something Great)의 진실을 전혀 모른다. 각 나라, 각 시대가 잠깐의 일식이나 그림자 현상을 차용하여 세력화, 조직화하는 쏠림현상의 진보, 혁명, 반란, 역모, 배신의 순환성일 뿐이다. 천문대에서 점차 크게 멀리 보이는 우주법계는 자원의 진화론보다 더 심오한 '직립 오기통·빠빠빠' 로서 법계의 생명화, 지구의 생태계화를 증명한다.

흔히 불교는 신을 찬양하고 숭배하는 종교가 아니기 때문에, 나약한 인간은 의지할 구원자나 영웅이 없다고들 한다. 저는 절대적으로 신앙한다. 2,500년 전에 화엄세계가 존재하고, 그 진화순화에 의해 모든 생을 살라 하였다. 그때의 생(삶)도 삶(생)의 순간, 순간이다.

필자의 경우, 거창한 중국대승불교의 한문 소리는 황금으로 취급한다. 문제는 다음세대에 그 가치를 학습할 방법론이 상실되어 있다는 점이다. 그냥, 앙코르왓 사원처럼, 관광만 하면 된다는 것일까? 욕쟁이, 김용운은 중국종교사를 너무 과잉 연구하였고, 일지 맘짱께선 「밈」 복제시대 선불교를 재창조 재 서술화 시키지 못한 채 불광(월간지) 인터페이스에서 사라지고 말았다.

혼자살이(Egonomy) 충돌

마차 별자리-간섭파동의 충돌. 삼투압 현상세계. 유화 30호, 2009

　"다시 살아났다고? 그렇다면 그가 있는곳을 안내해라. 그를 볼 수 있다면 천 파운드를 줄테니까, 그는 흙 때문에 눈이 멀어 보지 못하지. 머리를 벗어보자. 이런, 이것 좀 봐라! 머리카락이 꼿꼿이 일어서, 마치 라임 가지들처럼 떠도는 내 영혼을 붙잡는구나." (헨리 6세, W.섹스피어)

　선덕여왕의 깊은 병환을 보살피고 있었던 법칙선사를, 원모의 실체(멀리서 조종함. divide ruler) 통도사 자장의 하수인이, 밀본의 칼 아닌 육환장으로 창밖에서 던져 찔러 버림으로써, 여왕의 침상은 피투성이 낭자한 살육의 황룡사 폭력 업보를 유전시킨다.
　샤카 부타께서 6년간 숲속에서 터득하셨던 자연 생태계는 바람과 햇빛이 흐르면서 유연한 　'자명등' 의 진리로서 향상, 진화되어 왔다. 그러나 인류 중생의 이기적 자기(ego) 확장은 에너지 총량의 「목적과 수단의 고리」(End means chain)에서 약육강식과 적자생존의 인간 생태학을 혼란스러운 세계로 가져오곤 하였다. 부타께서도 "청바지를 입으셔야 한다"는 전법의 개혁은 디지털 전자환경의 급변하는 '리좀(rhizome)' 환경에서는 개인주의의 확장과 복제 과잉, 독점의 이기주의를 효율 극대화한다. 슈퍼컴퓨터로도 산출 되지 못하는 탐욕으로 하여, 지구 에너지의 실존(interbeing)이 붕괴되는 재앙을 초래하고 있다.

따라서, 21세기 리좀환경의 생태계 시스템은 다음과 같이 재구성 될 수 있다. (양호, 환경디자인과 생태학, 공간. 179권, 1982)

원래 살기위한 집 (Oikos)으로서의 Eco와 학문인 logy가 생태학(Ecology)이라면, 이를 유지 경영하는 방법을 합쳐, 경제(Economy)라는 우주진행 법칙을 인간 생태계 (Human Ecosystem)라 규정할 수 있다. 우주계의 알 수 없는 속도와 시간이 수치화 기하학화 할 수 없는 위상기하학(topology) 환경에서의 경제는, 다중적인 이기적 복재 「밈(Mimeme)」들이 n+1과 그 이상의 확장 자아(ego)가 전자 유목민으로서의 영리한 경제적 삶을 수행한다. 그 새로운 전자 법계를 우리는 에고노믹스(Egonomics)라고 호칭할 수 있다.(페이스, 팝콘, 2001) 이른바 부타경제일 것이다.

리좀(rhizome) 엉킴 끈 이론. 전자시대는 극단적인 개인의 자기가치를 추구할 수 있고, 그럴수록 스파게티 같은 엉킴 현상은 "다만 알 수 없음." (But, I don't Know)이다. 이들 전자 차세대는 ① 모바일 커뮤니티 플랫폼 (U.P.O.C)에 의해 「붉은 악마」 응원단의 속전속결 집합처럼, 시간동기화(John Geirland, 2003) 속성을 지니면서 ② 1% 이내의 소수 조직이 99%를 지배 충족시키는 네트워크를 가지며 ③ 도저히 해결되지 못하는 '리좀' 현상의 해결사로서, 「아바타」 같은 대리인 또는 대리 위원회로 직무를 유기한다. 영화 「아바타」(2009)는 그리하여 원래의 인간이 후천적 문화유전자 「밈」의 극치를 보여주고, 선한 아바타 집단이 생태적 이타주의와 인간주의로 돌아서서 우주공간의 별들 속에서 전쟁을 수행하는 (미래 전자세계의 증강현실) 효율화를 극단적으로 보여준 영화이다. ④ 그러면서도 자녀들은 전자 족쇄족(Multi-user platform)이라는 기술의 인질로서, 지리정보 시스템(GIS)의 위치추적을 받는 권력에의 도청, 감시 하에 더욱 노출되며 ⑤ 가족해체와 아버지에게서 오는 「스위치현상」이 생긴다.(J. Geirland, 2003) 드디어 앞서 기술한 디지털 이주민들과 전자 원시인들은 부정, 분노, 그리고 협상, 우울증의 단계로 변하면서 (David Melinda, 2002) 유한한 생을 떠나고 만다. ⑥ 여성은 모성본능의 이미지에서 영화 킬 빌, 선덕여왕, 애니-매트릭스의 여주인공 같은 여전사로 변화하고, 남성은 꽃미남 같은 이미지로 변하여, 성 정체성의 상실을 가져오는 '차가운 도시의 남자'

(차도남) 성향(Metro Sexual)으로 진화한다. 종국에는, 인조인간! 또는 기계인간을 향한 욕구가 청소년들의 새로운 꿈으로 전개된다. 반지의 제왕, 세기의 무용수였던 조루즈 돈 현상은 원래 인간의 양성적 유전자가 마녀, 무녀, 정령, 산신들의 상징으로서, 남녀 인격을 보유하기 때문이다.

성 본능자리. 뇌신경은 여성으로 하여금 시상하부(Hypothalamus)의 자극을 필요케 하면서, 기관조직을 재가동하여 활기찬 성행위를 조장케 한다. 측좌핵소체(Nucleus accumbens)는 쾌감을 나누는 동기를 쌍방 제공한다. 감정중시의 편도선은 욕망의 자리이다. 성행위는 우리에게 기억센터인 해마(Hippocampus)속에 성장하는 「충족 세포」들에 의해 더 스마트한 성적 쾌감을 만들어 낸다.(Kelly Lambert, A tale of two Rodents, Scientific American MIND, Sept. 2011)

신경미학의 극상 교환가치. 「천재유전자의 조작교배」. 세계적 첼리스트 요요마를 탄생시키기 위하여 할아버지는 엄청난 교육비에 소요되는 돈을 번 다음, 당대 음악적 재능이 가장 우수한 유전자를 지닌 며느리를 선택한다. 그리하여 낳은 손자가 오늘의 요요마이다. 세계 음악사상 가장 우수한 미모와 천재의 우울함 또는 비극적인 눈동자를 소유한 바이올리니스트 데이비드 가렛(David Garrett)은 1960년 독일인 바이올린 광인과 미국인 발레리나 어머니의 유전자를 받아 탄생되었다. 데이비드 가렛은 극상의 외모와 연주로 관중을 가슴 멎게 하는, 최고의 유전자 교배의 최고로 결과된 생명체이면서, 역시나 아르마니 패션쇼의 톱 모델이기도 하다. 지금의 한국은 할아버지의 경제력과 며느리의 정보력, 그리고 아이 아빠의 무관심만이 미래의 천재를 만든다고 한다. 아 참! 요즘, 아이 엄마들이 신랑을 선택할 때에는 그 아버지가 전관예우 아니면, 최소한 평생 연금 받는 공무원, 교수, 군 출신을 선호한다는 것이다. 용돈 신경 안 쓰겠다는 의미란다.

가상세계 속에서의 제 2인생(Second Life)은 선진국형 청소년의 일상화된 에고노미(Egonomy)이다. 「사이버—마르크스」적인 다중저항(Anti-mutitude) 현상은 법계의 원래적 원칙이었던 상호연결, 접촉, 연합, 복제, 협력의 네트워크 창출을 무기화와 자본과 화폐의 전지구화 종속에 대항하는 또 다른 전자 지구화의 환경을 도모한다.
맥도날드 불매운동, 느린 삶의 환경운동, 소로(Solo)의 시민 불복종 운동, 마하트마 간디의 제자 비노바 바베의 토지헌납 운동 등은 전자시대의 칼 마르크스 정치경제론이 프로이드의 심층 심리학을 만나면서, 자기복제의 확장과 한정된 자원에의 상품미학이론을 낳게 된다. 하우크(Hauk)의 상품미학은 전자세기의 끝없는 분배와 치유의 「사이버—마르크스주의」 실천을 요구한다. 미래의 스마트 4G세대는 '자기파괴'를 통하여 자아(ego)에서 무아(self)로 이주하려는 개인경제(egonomics)가 냉혹(cool)한 성향으로 치환되면서, 죽음의 유희 등, 충돌을 선호하게 된다. 해저문 2012년 망년회 잔치의 주제는, '경제민주화'라는 용어를 가장한, 1%의 천민자본 세습 현상을 해결, 또는 선점하고자 했던 대선전략 방법론의 영웅이 이기는 구도였다.

새로운 4세대를 규명하고 선동한다고 보여지는, 자칭 문화적 생태경제학자(Egonomist) 우석훈은, 그의 베스트셀러 「88만원세대」에서 "20대여. 쫄지마! 상상해라. 혁명을!" 이라고 폭발적인 선언을 하고 있다. 소년 소녀들은 서태지 이후 실종된 우상과 영웅을 그에게서 희구하고 있다. 2012년은 '청춘콘서트' 시대였다. 이 역시, 한국의 현재가, 아니 지구전체가 불온한 징후들로, 요란법석 '난리굿'을 치고 있다는 사실에 슬퍼한다. 스마트 세대의 영웅부재, 롤 모델 전략은 레닌을 이상형으로 삼은 '똘아이', 칼 마르크스처럼 공부하고 싶다는 정신 나간 '넘'들, 로자 욱셈부르크처럼 뜨겁게 살고 싶다는 희한한 여학생들, 모두가 자기 자신의 대리영웅을 찾아 헤매는 것이다.(김경, 2009) 미래 한반도의 증강현실(augment reality), 그 중심의 성장동력은 한류로 포장된 조선인 유전자 미학이라고 우석훈은 말한다. 우리 사회에 미친 넘들이 너무 오랫동안 없었다며, 그동안 한국은 압축고속 성장 하면서 너무나 잔인해 졌다는 것이다. 지렁이 죽일 때 아무 생각 없이 죽이는 것, 선거용 강 뚝 개발, 보복 면피용 신도시 개발은 결국 우물 안 땅값만 올리는 선민주의, 그러나, 그것이 얼마나 잔인한 것인지는 아무도 모른다는 '순수한 잔인함'인 것이다. 오빠 "강남스타일" 줄곧 삼류, 불량 이미지의 트레이드 드레스(trade-dress) 싸이의 육갑(六甲)은 '커피 식기도 전에 원샷 때리는', '밤이 오면 심장 터져버리는 촌스러운 남자, '나는 뭘 좀 아는 놈'이라며 거들먹 대는 강남오빠......(이새심, 2012) 1%의 재벌 좌빨 들과 그 세습 넘 들을 조롱함이다.

연기론과 아바타. 사람 뇌 속의 시냅스 신경관절처럼, 영화 「아바타」에서는 나무들이 서로 교감한다. 자연을 관장하는 우주의 어느 별 속에 신의 메시지가, 한 뿌리에서 다른 뿌리로 전해져, 꽃이 피고 열매를 맺는다. 세상 만물이 서로 연관되어 있다는 연기론을 극명하게 보여준다.

Roland Emmerich 감독, 영화 「2012」는 지구의 종말론을 예측하는 세계 실력자들이 제2의 노아의 방주와 그 탈주를 시도하면서 마지막 기지를 티베트 산 속에 구축한다.

제임스 카메룬 감독(AVATAR, 2009) NAVI의 여전사. 교황청 기관지는 「아바타」가 "자연숭배와 관련된 강신술(Spiritualism)에 베여있다. 생태계를 새로운 세기의 종교로 대체해야 한다고 주장하는 가그라 독트린에 눈감아 주고 있다"고 비판했다. 교황 베네딕토 16세는 자연 보호의 필요성을 역설해 '녹색교황'이라는 별명을 얻었지만, 자연을 우상시하는 것도 경계하였다. 이른바 범신론을 거부하는 것이다. 프란체스코 새 교황(첫 지하철 출신 교황)께서는 “우리는 동정심 많은 비정부기구(NGO)에 불과할 수 있다. 가난한 자들을 섬기는 가난한 교회를 만들겠다.” (“I Would like to pray a blessing”)고 하셨다.

벌써 점화된 전자 종교전쟁의 콘텐츠 예를 들어보자 “불빠들은 지지를 해도 왜 꼭 저런 불신자 좌빨 종북 유촉새 같은 것들을 앞세우져? 역겨운 절깐 향불 냄새가 개유빠, 광노빠, 노랑물, 좌빨, 뻘건물에 섞여서 온 나라를 분탕 칠 치고 있군요! 주 여호와 하나님의 공의의 준렬한 검이 너희들의 행위대로 샤프하게 번득이고 심판 하시리라!”(주의검)
“이런 x독 알바 넘이 여기가 어디라구 x설레발을 치냐……”(넌 x독빠)
이상은 불교신문에 인용된(2009. 12. 9) 댓글전쟁의 악플 콘텐츠이다. 디지털 기술과 그 문화의 효율극대화는 그 만큼의 ‘인’ 과 ‘연’ 에 의한 부작용을 수반한다. 수행 카페들을 통한 새로운 종교증강현실(온라인과 오프라인의 합쳐진 화엄세계 환경)은 미래에 또 다른 동포적, 반도적 위기를 조장할 것이다. 법계 이념을 선점하고 있는 학계에서는 “생물학의 휘하로 통섭 되라는 오만함을 가지고 있다.”, “70년대 사회생물학이 단순한 생명체를 이야기 하는 학문을 넘어, 지금처럼 생태계를 논하며 생명현상을 이야기 하기위해…… 현재는 단순히 닭을 떠난 ‘알’ 에만 머물러 있는 것은 아닌지?”

생태학자 지율 맘짱께서 거주하셨던 셋방살이 집 사진까지 (따라가서) 촬영하고는 (당시, 도피했다는 근거 자료로서) 한국 메이저 신문에 게재하였던 그 J일간지 사설(2013. 3. 20)에 “개신교의 천민자본주의와 세습과 부패의 냄새가 코를 찌른다. 300개의 교파확장은 신도쟁취를 위해 개척교회를 프리미엄 받고 팔고, 한해 문 닫는 교회가 500개”라고 논술하였다.
동일자 법보신문 헤드라인은 “불교전공 교수 41%, 3년간 논문 1편 안 써……”였다. 그럼, 동일자 방송뉴스를 보자. “명동 등지의 기독교 과잉 마이크 또는 샌드위치 공포문자는 외국인이 평가한 「한국관광」의 혐오감 인상 제 1위였다.” (MBN방송, 2013. 3. 20)
“……유전이건, 세균이건, 그래서 어떻다는 거야?”(홍성욱, 최재천, 2009) ‘진화론의 불교적 합의’(안성두, 2009) 등의 발제에서 종교적 고차원의 언어와 과학적인 전문용어를 비교, 통섭, 설명 한다는 대표 학술발표의 딜레마를 엿볼 수 있다. 문제는 말을 너무 고상하게, 그리고 우아하게 하는 바람에 청중과의 괴리가 생긴다는 점이다.
해답은 있다. 미래의 ‘젊은이 불교’ 는 싸이(psy)의 「강남 스타일」 대박 비결에서 그 해결책을 찾아야 한다. 첫째, 대박의 그 ‘말 춤’ 은 크라우드 소싱(crowd sourcing)을 통해, 전국적 대중 규모의 신곡 안무가 세상을 놀라게 할 수 있다는 역발상의 아이디어로 ‘다수의 지혜’ 를 인정하고, 찾아내고, 받아들인 것이다. 두 번째로는, 로열티를 요구하거나 저작권 침해소송을 거는 대신, 엄숙함과 자기 고착적 ‘애’ 를 떠나 다양한 패러디를 장려하고 인류를 즐겁게 하고자 했던 ‘신사고’ 이다. 이른바, 「강남스타일」 의 미래불교 연기론인 것이다.

앞서 우리는 인터넷 소통을 통한 신인류, 4G세대의 전자적 언어가 얼마나 전자이민자들에게는 생소하고 난해한 기호 또는 암호인가를 말해 보았다. 그들의 감각과 취향 또한 엄청난 세련미와 우아함으로 (개인의 감성적 세계 속에 도취하다 싶을 정도로) 우리의 삶을 급속히 진화시키고 있다.

문화적 언어들을 살펴보자. 스타벅스 커피매장은 이미 신인류의 사랑방이고 티켓처럼 커피를 주문한다. “더불, 톨 바닐라 라떼 하나요! 우유대신 두유로 교체해 주세요!”(손님1), “에스프레소 도피오 하나 주세요. 더블 샷 맞죠?”(손님2)

필자에겐, 암호 같은 이런 주문은 ‘나’ 만의 소비 경향을 추구(Klaus oberbeit, 김상훈, 2003)하는 개인경제의 자아가치이고 확인받는 교환 놀이이다. 떠도는 전자 유목민, 신인류는 여전히 샤카 부타의 생태계 원리인 화엄세계의 순환성, 상호 관련성, 유한성, 그리고 자기 조절성을 전자적 도구 또는 무기에 의해 효율 극대화를 도모한다.

중동 고란고원 초생 달 지역의 (BC 4,500년경) 약 40km지점에는, 잣나무(gopha wood, 물푸레나무가 오역되어있다.) 재료에 의한, 300x50x30 피트의 「노아의 방주」 흔적이 남아있다고 한다. GPS에 의해 관측된다는 엄청난 홍수기간은 「창세기」 를 과학화 하는 설정으로도 볼 수 있다.(김준민, 1983) 미국 실용주의 철학자 콰인(W.V.O. Quine, 2010)은 다음과 같이 말하고 있다. “진화론자들이 진화에 관한 절대적 확실성에 매달리려 하지 않았던 까닭에 창조론자들은 더욱 쉽게 진화론자들에게 도전장을 내밀 수 있었다. 그때부터 창조론자들은 자신들의 이론도 진화론만큼 관심을 받을 가치가 있다는 주장을 펼 수 있었다. 종교계나 신비론자들 또한, 자신들의 진영을 띄우기 위해 같은 방법을 사용한다.”(LE MONDE, Siplomatique, JAN. 2010)

구산의 제자 바첼라(Martine Batchelor)는 그의 저서 「선의 원리」 에서 구산이 인용하는 일화를 소개한다. 전갈은 개구리에게 물어 죽이지 않겠다고 굳게 약속 할 터이니, 저 강을 등에 업고 건너게 해 달라고 하였다. 하지만 등에 입혁가는 전갈은 강 한복판에서 개구리를 물어 버렸고, 개구리와 전갈 자신도 다 죽게 되었다. 는 스토리이다. 오랫동안 반복해온 습성은 전갈에 유전된 유전자의 생존본능이고, 삶의 현장문화에서는 「너와 내가 하나의 운명체」 라는 법계 진리의 지혜,「밈」 의 작용이 동원된 것이라는 해석도 가능하다. 그럼에도, 종족집단 유전자와 집단조직 이기주의는 대립의 고통을 배가 시킨다. 바로 우리는 미래의 신인류를 위해 세계의 분노와 고통으로 점철되는 빈자와 약자를 위한 화엄경의 가르침은 자연생태학이라는 진실을(임혜봉, 1994) 서라벌 장바닥에서 풍악과 노래 춤으로 음주 전법하던 혜공, 혜숙, 대안, 사복, 원효에서 다시 찾아야 한다. 하여, 서양의 새로운 문화권에 이민 가신 ‘수하물불교’ (Baggage buddhism)

는 법전의 믿음 없는 불교(Buddhism without Belief) 등으로 참여불교를 변상시켰다. 미치광이 지혜(crazy wisdom), 영적 물질주의(spritual materialism), 부정적인 부정(negative negativity) 같은 새로운 세기, 새로운 나라, 새로운 실험정신이 치열하게 변용 진화되어야 하고, 그 결과 당연히 자연스러운 항상성의 진화론이 승계되고 있다.(진우기, 2002) 현대 불교의 구체적인 자본민주주의의 삶은, 우리의 삶 자체가 '지극히 상식적으로 살아갈 수 있는 불교환경'(샤카 부타의 진실을 필연적 진화된 모습으로 재창조, 재구술, 재서사화)으로 변상되어져야 할 것이다.(프로테스탄티즘 윤리가 자본주의의 출현을 가져왔지만 이제! 자본주의를 지속시키는 것은 불교윤리인 것처럼 보인다.(영국 경제주간 이코노미스트, 2013. 11)

내안의 북극성 (My Inner Polestar)

호랑이 부적, 유화 10호, 1996

스피노자는 범신론(汎神論)을 통해 무한한 신적 존재는 자연과 동일한 것으로 보았다. 신을 우주와 대자연의 내재적 원인으로 해석했다. 인격체의 신이 아닌 자연으로서의 신을 긍정한 것이다. 신의 본성인 자유로운 신앙이 아닌 맹목적 복종을 강요하는 교회체제의 신을 부정했다. 교회가 사랑과 자비의 신이 아닌 속박, 심판, 처벌하는 인간화된 신으로 조작했다고 비난했다. "비록 내일 지구의 종말이 온다 해도 나는 오늘 한 그루 사과나무를 심겠다"는 명언은 우주, 세계, 시간은 하나이므로 시작과 종말은 본시 성립되지 않는다는 것이다. (박재선, 2012)

"나 가거든 상여는 쓰지 말 것이며, 널(판지) 위에 뉘여 들국화, 산국화로 덮어 달라" (채만식, 1902~1950)

    신학자 윤성범의 한국 무당론. 한국기독교의 초기토착화에 길선우 목사, 이용돈 목사와 함께 신학이론을 정립한 「화랑정신과 한국샤머니즘」(샤만의 제 4직능, 오락에 대한 멋의 해석학 서설, 사상계, 1963년 12월호) 이라는 논제는, 전자시대가 도래한 (동계올림픽 벤쿠버세대의) 한국 청소년 정신의 유전자적 본성과 기본본질을 분석하고 갈파해 버린 글이었다. 50년이나 지난 오늘 날에도 이 논제는 여러 분야에로 재해석되고 진화되고 있는 참으로 소중한 논제의 근거이자 토양이다. 아울러 신화적이고 인류학적인 해석과 규정이 특정한 취향으로 흐를 수 있는 오류를 함께 지니고 있음으로 후세의 동포핏대의 유전자를 규정하는데 차질을 줄 수도 있다. 어쩌면 천기누설일 수도 있고, 용의 우주작동원리인 역린을 건드리는 오만함일 수도 있는 것이다. 이렇게 말 할 수 밖에 없는 사정은 세계사적 모든 현상이 더 더욱 알 수 없는 위상수학과 그 신비의 장으로 흘러 나가면서 무서움의 돌연변이와 중성미자(빛의 속도보다 빠른 유령입자) 세계를 감지, 예측할 뿐이기 때문이다. 신학자 윤성범의 논술의 핵심은 한국무속의 특이성이 오락과 재미와 축제의 현대 한국 청소년 정신에 도사린 무당적 유전이라고 해석했다는 점이다. 러시아 종교학자 반제로프(Banzaroff)에 의하면 시베리아 무속직능은 제사자(Priest), 의사(medicin-man), 점쟁이(Prophet)의 세 가지 직능이 존재하는데 한국샤만에서는 제 4샤만이고, 「오락」을 관장하는 가락, 예능의 무용 무당이 존재하며 「별신신사」 가 이에 해당한다는 것이다.

    벤쿠버 올림픽의 깜짝 메달리스트들은 한국 어른들이 미처 알아차리지 못했던 오락과 여흥, 유희의 개인화 추구와 이를 통한 치열한 삶을 살와 왔던 것이다. 금메달 시상식에서 전 세대, 부모, 삼촌 세대 메달리스트들의 감동의 애국가와 감격어린 눈물대신 이상화, 모태범 선수의 사물놀이 세레모니 의식은 그들만의 존재감과 통쾌함을 세계만방에 전파하려고 했던 것이다. 마찬가지로 남아프리카 월드컵 축구 한국 청소년 선수들의 경기 행태는 어떠한 강적에게도 쫄지않는 즐김의 지혜 그 자체였던 것이고, 그래서 전 세계가 화들짝 더 놀랐던 것이다. 벤쿠버 올림픽의 모태범, 이호석, 이정수, 성시백 메달리스트들의 대표격인 이상화(법명 정토심) 선수의 모습과 오세암 '생불동자' 의 오른손 수신호는 원래 고통을 극복한다는 뜻이라 했던가? 이정수 선수는 모태신앙을 노적사, 칠보사에서, 모태범 선수는 경기 중 에너지 극대화를 봉선사 마루에서, 비운의 성시백 선수는 108 염주의 밀착소리와 법화경의 가르침에서, 이호석 선수는 어머니와 시합전에는 범안정사 참배하는 태극 불자들의 불법계 에너지 극상 상징체들이다. 다중해결사, 줌마멜라 보살어머니로부터 유전 받아진 미래세대(4G)의 스마트 인드라망의 결절점(node platform)들인 것이다.

한국전통의 무속신앙이나 풍수지리, 풍류 등은 자연(세계)과 인간의 원만한 조화를 이루고저 하는 원초적 행위이다. 최준식(1997)의 풀이에 의하면 무(巫)라는 글귀는 하늘과 영계, 땅과 인간계, 무당들(춤추는 사람들)이 합쳐진 뜻을 지니고 있다고 한다. 무당은 앞서 오락샤만에서 특색(특징)인 춤과 노래를 통하여 법열의 망아경(엑스타시)에 빠져들어 하늘의 신령들과 교신한다. 놀이, 오락, 만찬, 한마당을 통한 광기의 리듬과 무질서 속에서 하늘과 땅, 너와 나의 장벽이 망가지고, 해체되는 그리하여, 내일의 새로운 세상을 재창조 해 온 수천년 동안 '박제된 반도인' (반야지혜)의 에너지 재창출이었던 것이다.

베토벤의 경우, 그는 분명히 그의 작곡 영감이 어떠한 계시에 의해 분출된다고 하였다. 그는 "무한한 정신을 가진 우리들의 유한한 존재는 다만 슬픔과 기쁨속에 태어났으니(조견오온개공도 일체고애) 불멸의 연인 요세핀이여! 이제 이렇게 말할수 있소. 탁월한 이들은 고통을 통해서 (능제일체고 진실불허) 기쁨을 얻는(전도몽상 구견열반) 존재로서 계시를 받고있는 것입니다! 나의 예술이 가장 고결하고 훌륭한 소양을 겸비한 사람들에게 받아지고 있음의(교신의 효율 극대화) 가장큰 기쁨(쾌감반응의 법열화)이 되고 있습니다!" 라고 말했다.
베토벤, 그 광기의 영감은 유아기부터의 태생적 분노와 모든 자연적 경의의 상실이란 자포자기적 파멸 속에 발상되는 넘치는 뇌 신경망 교란의 분출이었던 것이다 그 광기의 작곡 영감은 초에너지의 우주적 교신에 의해 대리 암호해독과 같은 파동(음악)을 극대화 하고 있었던 것이다. 그리하여 법열의 해체는 비애의 눈물에 절제되고 귀는 악마같이 절망적으로 먹어 갔다. 새로운 4중주곡 14번, 16번을 써 내려가면서 특히, 제 13번 현악 4중주곡 중 제 5악장 '카바티나' 에서 그는 눈물로 뒤범벅이 되는 슬픔의 카타르시스와 오르가즘을 만끽하였던 것이다. 탄생의 환경부터 불우하였던 베토벤은 깡통 거지와 프랑스 혁명의 소용돌이 속에서, 세상이 당대 현실의 지배종교로부터 해방과 자유를 원하는 인간과 자연의 잔발장시대로 대표되는 그 문예부흥의 고독한 들판에 혼자 서 있었다. 넘치는 뇌와 몸의 음소(音素)(성철 스님 맘짱의 표현으로는 '들리는 소리는 모음 (母音)' 이라 하였다)를 영감으로 토해내는(모든 신들과 우주 자연 그 자체인 법신(法神)의 존재감을) 쾌감 발화, 아름다움의 찬미였다. 본 저자는, 바로 이 찬탄음이 인류생명의 유전자이자 진화의 본질로 해석하고픈 것이다.

8만 4천 법문을 당시의 당나라 시대 정신에 적응시켰던 현장(玄奘) 스님 맘짱의 260자의 요점화, 엑기스화는 불사라기 보다, 이들 대승을 초월하는 알 수 없는 존재를 풀어본 것이고 그 결실이 오늘 날의 '반야심경' (The heart sutra)일 것이다. 성철 큰 맘짱께서 울부짖으신 "보이는 만물은 관음이다. 아아, 사회대중은 알겠는가? 산은 산이요, 물은 물이로다" 는 베토벤의 초월된 어떤 존재성과 일치하는 동질한 본체를 암시, 은유한 것일까?

아기궁둥이에 몽고반점을 갖고 태어나는 우리 동포들에게는 무당의 한풀이 마당과 불가항력적 존재로 부터의 (알지못하는) 교신과 위협속에서 한류 생태의 고유한 심미감이나 가치관이 정립되어 왔다. '무궁화 꽃이 피고지는' 김진명 작가의 처연한 논증이다. 이러한 집단무의식은 외래 문화와 예술을 통해 들어오는 종교와 부단하게 융합, 공진화 하게 된다. 이는 베토벤의 절대 절명의 계시 받음과 톨스토이의 고뇌에 찬 기찻길 종착역 도주가, 진화되는 인류의 기본속성임에도 불구하고 특정 종교애의 현상처럼 사유화 해버리는 오류를 범하고 있었다는 점을 시사한다. 신라화랑의 세속오계인 나라에 충성, 부모에 효도, 교우에의 신의, 임전에 무퇴, 살생의 유택이 결국 하늘을 받들고 사람을 사랑하는 홍익인간으로서의 단군신화는 유교나 불교의 영향력에 의한, 상당한 후기에 형성된 한반도적 정신 사상이라고 해석된다. 윤성범은 "한국 오락 샤만이 원래는 개신교적 생각과 전혀 동일한 경향성을 지난다" 라고 그 근거로 기술하였다.

　최후의 만찬은 예수께서 십자가에 못박히기 전에 제자들을 불러 모으시고 저녁식사를 하시면서 떡과 포도주를 손수 나누고 나의 죽음을 기억하라고 분부하신다. 이때의 식사는 슬픔과 이별의 의식사이지만 3일후 부활하심으로써, 이 만찬은 오히려 「즐거운 식사」 (agaliasis)로 변하고 만다. 이후 성 만찬은 세례행위와 함께 오늘의 복음을 가져온 개신교 정신의 기본이 되어왔다. 즉, 땅위의 사람들이 서로 모이고 음식을 나누면서 여흥과 오락을 즐김으로써, 개인이 해결 할 수 없었던 고독, 우울, 불안, 절망 등이 해소되고 내일의 새로운 에너지를 축적하는 재창조(리크리에이션)의 원래적 인류진화 공식을 의례화 한 것이다.

자작나무 숲이 끝나는 러시아 종착역 모스크바, 유화 10호, 2003

   윤성범은 다음과 같이 세계 진리의 기본을 명기하고 있다.
  "진리는 나 혼자만의 진리는 아닌 것이다. 진리는 만인이 공동으로 누릴 '공유재' 인 것이다. 진리는 나 혼자만의 똑똑함, 잘남, 판단력에서 이루어지는 것이 아니고 어디까지나 남과의 공동관계에서 일어나는 법이다.", "이조오백년의 당쟁사에서 우리는 너무 많은 「경우따짐」, 「고집」, 「정의감」, 「청백」을 보아왔다. 이것이 조선조와 통일신라의 차이점이다" 라고 적고 있다. 오늘의 한국종교가 가는 길(원초적 출발의 종교적 의미)이 얼마가 변질되고 있었음을 일깨워주는 의미심장한 은유적 언급이라 아니할 수 할 수 없다.
신라 1천년의 영화는 오락과 가무, 그 소통과 기분전환에서 멋과 풍류의 동포적 정신을 정립하였다. 벤쿠버 동계 올림픽, 런던 올림픽 시상대와 월드컵 16강, 8강, 4강 세레모니에서 화랑의 후예들은 여전히 지금도 전 세계에 케이(한류)의 굿판을 보여주고 있다.

　기원전 3,800년 배달국의 천문대장은 영토경계였던 만주 흑룡강에서 국경의 위도를 확인하기 위하여 당시의 북극성 고도를 측량하고, 전투에 임할때는 달의 형태와 월식, 그리고 달의 뜨고 짐의 천기를 이용해 전쟁에 임했다고 한다. 어부의 항해나 농부의 농사짓는 계절을 제대로 파악하기 위한 북두칠성과 그 적당한 길이의 북극성 측정은 고대 발해국에서 통일신라까지 유전되고 진화되었던 동포의 원형이었을 것이다. 칠성각, 산신각, 선황당 신앙이 미신처럼 승계되어 온 반도전체의 온 산야는 외세의 어떤 군대도, 어떤 조직도 영원히는 넘볼 수가 없었고 이제, 온 세상과 공존하는 지혜스러움으로서 미래의 자손세대까지 영구히 공진하는 동포의 유전자이고 살풀이의 삶, 그 자체인 것이다.
강강술래, 처용무, 판소리, 제주 칠머리 당영등굿, 강릉 단오제 등은 유네스코에 등재된 여흥과 놀이의 유전문화이다. 동포들은 북두칠성과 북극성 그리고 달의 파동과 밀물 썰물 속에 재창조의 결속과 위계질서를 확인하였다, 호항루시에 의하면 보릿대춤도 추고 허튼춤도, 막춤도 추며 징과 장구, 꽹과리 리듬으로 생과 사를 찬미하였던 것이다. 해방감과 그 찰나의 자유를 쾌감 본능으로 승화시켜 곡절 많은 동포의 역사를 참고 인내하며 견디었고, 짝을 찾아 유전자 정보의 번식 욕망을 숭앙하였을 것이다. 그 유전자 정보의 씨앗이란 아이폰의 신화, 스티브 잡스의 말처럼, '정자은행'의 놀라운 '지상최대의 쇼'이자 제 2세(F2)의 잉태와 생성은 구술문화에서 문자 메시지로의 이전도중의 암호 부적이미지인 3개의 독수리 머리와 호랑이 몸체를 조립한(호신부적, 유화10호, 1996년 제작) 동포의 호신용 트랜스포머 부적이었다.

호신부적, 유화 10호, 1996

신화 구술메세지는 영상이미지로 이전하기 전 부적과 부적문자화의 지역종교가 원시토착 신앙과 체제저항 조직화로 부족 결속을 익명화하였다.(증산사상의 원시반본, 原始反本)

(이 시대에 더욱 그리워지는) 청담 스님 맘짱, 그 하루밤의 소침으로 하여 묘엄 스님 맘짱을 낳게되고, 어저께사 다비장으로 아버지 따라 떠나셨다 하였다. 새삼스럽게 샤카 부타와 원효의 핏대가 어떤 의미를 지니는지에 가슴이 여린다. 1947년 봉암사 결사의 청담, 성철, 향곡 자운 맘짱의 혁명구도세력에 뒷산 백련암 여스님 7, 8분이 함께 참여하였고, 청담의 따님 묘엄께서도 직접 수행하셨다 한다. 그 수행 장소는 봉암사 무문관 공간에서 가장 길고 두려운 한옥 건축물이 아닌가?

여기서 문 걸어 잠그고 참구하는 '존재의 이유'는 당시의 풍전등화 같았던 불법 정도에서 필연적으로 생성되었던 우주 진동리듬의 자연 발생이었다. 물론 비장하였던 죽기 살기의 선끼와 광끼, 그리고 동포의 핏대에 유전된 제 4샤만의 살(殺)끼는 오늘의 조계사 앞마당을 지키는 불가상승의 기운 제공이었을 것이다. 하여, 산사 변두리의 무당님들 굿판들이나 산신령 등은 보리를 구하고 개인 존재를 말살하려는 감옥 수행에 방해가 되었을 것이다. 이러한 패쇄풍토는 아직까지도 일년에 사월초파일 하루 산문을 개방하는, 등을 돌린 패쇄 불교를 표방하고 있는 것으로 보인다.

지구의 에너지나, 개인의 두뇌 속 씨넵스 신경회로나, 뭉치고 해체되는 동포들의 스마트 인드라망세계는 인류 진화속도를 맞추어가는 21세기 전자시대의 다융합되고 존중되는 지혜(반야)의 진액이다.

인제 스님 맘짱께서는 뉴욕 맨허튼 소재의 세계 개신교의 본부같은 교회에 가셔서 반야심경 깃발을 펄럭이시며 법문을 가지셨다. 맘짱께서는 선진국의 진화발전과 인류 진화속도를 맞추어가는 21세기의 마지막 남은 그 진액과 암호를 분석하고 융합 소유화하는 세계지식인의 지혜로움을 보여 주고자 하신 것이다. 자. 그 차별점과 틈새(gap)는 무엇인가?

진보신학의 명문인 뉴욕 유니언 신학대 학생 에이미군(2011)은 "현세의 고통을 떠나 깨달음의 세계에 가야 행복할 수 있다는 진제 스님의 말씀에 감명을 받았다. 그런데 과연 이 세상에 살면서 우리가 흘리는 눈물은 가치가 없는 것일까?" 라는 의문이 든다고 하였다. '새로운 전자세기의 새로운 운영주체 세대인 현세에 살면서 흘릴 수밖에 없는 눈물의 의미와 그 손등으로 닦아내는 99%의 소외세대에 대한 해답은 왜 없느냐?'에 대한 (작금의 한국불가 문제의 핵심을) 미국의 한 신학 대학생이 부드러우나 날카롭고 경이스럽게 한 소리 질러버린 것이다.

그 대학의 현경 교수님은 "오늘날 전통적 의미의 종교는 퇴조하고, 그 대신 영성을 추구하는 명상이라던가 하는 자신에의 깨달음이 완성될 때 비록 각기 다른 종교의 분자를 통해서노......" 라고 표현하고 있기도 하다. 그렇다. "나는 인터넷 세상도 싫고 돈도 싫다. 등록금이 없어서 대학에 들어가지도 못한 나를 바라보는 것도 싫다.", "물가지수 품목개편 및 물가 상승률 하락 뉴스를 보면서 느끼는 건 참 꼼수 대통령스럽다는거!" (동아일보, 2011) 미국의 '눈물의 의미'와 한국의 '쪽 자폐증'과 '증오의 양분화', '진화생물학'에서의 '문화유전자' 밈(meme)의 "뒤로 쓴 야구모자와 그냥 앞으로 쓴 모자는 두개의 밈인가, 경계가 없는 하나의 「밈」정보인가?"의 질문이 이를 잘 대변해 주고 있다.

196,70년대 우리 어린시절 "찌르렁 찌르렁, 비켜나세요 자전거가 나갑니다……"의 동요를 기억하시는가? 북에서 피난오신 김대현 선생님은 허망하셨던 피난지의 삶을 술로 달래실 수 밖에 다른 방도가 없었다. 선생은 한많은 미아리고개 넘어 길음시장 깊숙한 곳에서 막걸리완 또다른 (약간의 카바이트와 약물을 조작한) 특주를 즐겨 마셨고, 가끔은 이 자리에 오현명 작곡가 선생께서도 나타나셨다.
당시의 대학 교수 월급 지급 방법은 반쪽 종이에 월급 내용을 타이핑으로 찍어서 공공의 지급 양식임을 알려 사람들이 신뢰케 하였다. 정작 수령 액수는 팬 잉크로 숫자를 기입하였었다. 김대현 교수님은 그런 월급 반쪽 종이 용지를 매달 30장 입수하여 자신의 그달 월급 30분의 1금액을 각 장에 기입한 후 월급날 밤이 새도록 미아리 바닥 단골 술집 30군데를 급박하게 도신다. 그리하여 누적 외상 값과의 대차 대비에 관계없이 주인 마담에게 온 몸 던지듯 월급 봉투를 건넨다. 그런데 문제는 이 잔돈푼도 안 되는 봉투를 건네받으신 30분의 미아리 마담들이 모두 감지득지 하면서 아주 만족스럽게 받아 들였다는 점이다.
30분의 미아리 마담들은 한 분 한 분, 모두가 다 각각, 한 달 고생하셨던 교수 월급 봉투 그 자체를 교수님 자신의 가정에 가져가질 않고 유일하게 자기에게 던져 준다는 착각(그 소유의식이랄까?), 애정의 독식쾌감 같은 것을 누리고자 했던 것이다. 요즈음, 국내외에서 헛소리처럼 질러대는 분배, 나눔, 연탄택배의 기본 정신과 삼각김밥 민주화, 그 출발점은 한많은 피난지 미아리 고개의 선술집(독주집)에서 이미 선생께서 순회 분배하고 '찌르렁 찌르렁' 실행하고 계셨던 것이다. 피난생활의 그 비애와 눈물 감춤의 쓰라린 미소를 선생께선, 한달 30일 매일, 서로 다른 선술집(독주집) 순회 분배라는 상생의 피난정신을 실천하고, 자기 자신은 대리만족을 통해 '자유와 해방'을 취하신 것이다.

베토벤, 셜테레제 말파워

종족보존본능, 옥시토신 분비 신경계가 유독 발달된 대표적 예술가로 베토벤을 이제 마지막 팔겠다. 예술가 베토벤은 비엔나의 연인들에게 그의 피아노 소나타를 바친다.(헌정한다) '월광', '열정의 소나타', 그리고 40대의 위대하셨던 평민 작곡가가 혼신으로 집착하였던 10대 소녀 테레제 말파티를 찬미한 '엘리자를 위하여' 등이 그것들이다. 아! 남성에 바쳤던 '고별소나타'(26번 op.81a, 1809)는 당대의 황제 동생이며 스폰서 친구였던 루돌프 대공이 프랑스 방사포부대 포탄에 놀라 도망갈 때 작곡하였다. 인생의 마지막 즈음, 자신의 폐부에 한숨마저 소진되어갈 때의 피아노 소나타(작품번호110, 111)는 「탄식의 노래」로 불리게 되었다. 쇼팽의 피아노 소나타도 여자타령이었다. 미술가? 역시 마찬가지였다. 조각가 로뎅은 여자 조교겸 모델이었던 카뮈에꼬르텔, 그 우주적 몸의 아름다움을 찬탈하였다. 화가의 열정? 역시나 일 것이다.

"판사가 개그맨의 자유로운 발언을 부러워한다면 판결은(개그처럼) 재미와 희롱을 못해서 마지못해 내리는 것이냐?", "결국(현재의) 지위와 권력에다 연예인의 권한과 정치적 권한도 누리고 싶다는 얘기 아니냐?"(국회의원 김영선, 2011) 평등과 정의의 저울주 앞에 작금의 가치가 연예인들의 권한을 최고로 치는, 역시나 제 4샤만의 제국인가? 하여 「안 무슨 현상」'이던 「소녀시대」 현상이던 상관없지 않으냐? 자유와 해방, 평등과 정의를 달라는 것이 시대적 치유가치이고 위안이 될 수 있다는 대한민국 동포의 핏대 스타일 아닌가?

스티브 잡스는 대학 중도자퇴를 무슨 시대의 유행처럼 한 건 아니다. 그냥 자퇴한 것도 아니다. 대자보를 붙이고 당당한 이유와 명분을 "큰 배움도, 큰 물음도 없는 대학없는 대학에서 나는 누구인지?, 왜 사는지?, 무엇이 진리인지 물을 수 없었다." 얼마전 자퇴학생 장혜영을 김창혁 기자가 인터뷰 지면 한면 가득히 기사화 했다는 사실은, 이 시대의 종이 미디어 시스템 붕괴와 그 기존 가치관의 엉킴이 심각함을 말해주고 있다는 것을 대변함이다. 김창혁 기자는, 기존 가치관은 "당돌한 변이다. 나중에 내가 옳았음을 반드시 보여주겠다는 얘기 아닌가?"라는 결론을 내리고 있었다. 자기 자신의 어릴적 종교를 핑계로 어머니가 가출하고 "낚시는 너야 재미있겠지만 물고기 생각을 해 본 적이 있느냐?" 하셨던 위대한 아버지마저 새 장가 가버렸고, 딸은 이후 할머니 집에서 성장했다고 하였다. 가정의 일차적 기능이야 해체되어 가지만, 돈을 받고 가르치는 오늘의 대학은 원래의 본질에서 변질되어 버리는 사회현상을 초래하고 있다. 그 원상 회복은 대치동 학원가의 교육시장에서 다시 학습되어야 한다. 인기 학원강사는 그 가르치는 텍스트의 효율 극대화에 의해 좌우된다. 오늘의 대학 교수의 일차적 과업과 월급수령 대가는 교수의 전공과목을, 주어진 강의시간에 충실하게 강의하고 연구하고 실습하는 교수 자신만의 연구과제와 그의 독창적 실적을 구축하는 것과 밀접히 연관되어 있다. 비록, 국제학술 수준의 SCI논문 발표기준이 아니더라도 특정분야의 독보적인 연구업적을 보유하거나 많은 대학원생을 휘하에 거느리고 국가 R&D프로젝트의 책임연구원으로 참여하여야만, 아이들 취업률도 아주 높아야 겨우 교수다운 교수가 된 세상이라 쪽 팔리기를 넘어 개탄스럽기까지 하다.

동시대의 지성을 탐구하기 위한 공간과 그 도구를 제공함이 대학의 원래 존재 이유이다. 지금 이 나이에, 필자가 감히 헛 소리하고 구라치는 듯하는 이유와 내용인즉슨, 정년 후인 아직도 자신만만한, 그래서 약간은 몽상가 같고, 이상한 영화를 너무 많이 본 교수 같기도 한, 지금도 대학 교단에서 두 개의 대학원 강좌와 사이버대학 강의를 진행하고 있다는 자존감과 자기상상화, 나 자신만의 이론과 개똥 교육철학 적립에 너무나 당당하게 매진하고 있기 때문이다. 필자 주변의 수많은 정치성 짙은 해바라기성 폴리페서 교수들이 뜨고 지고(멸멸하고) 있다. 그때마다 이 우아하신 교수는 어떤 분야, 어떤 주제와 논제로 매주 강의하고, 교신하고 실험할 것인가로 고민하곤 하면서 씁쓸함을 감출 수가 없다. 몇 몇 서울대학교 총장 후보 교수들은 출근하자마자 유권자인 타 교수 연구실을 정기적으로 순방하여, 야심적 한표 부탁으로 하루의 일과를 시작하면서 교육과 연구, 선거를 융합화하고 생활화한다고 한다. 그래서 자신의 방에 소파를 치운 교수가 많았다고 한다.

쾌락과잉에의 탈주, 그 원력의 보상. 지구별 인류의 에너지 미학의 총체, 골프 챔피언 타이거 우즈의 영원한 배고픔의 갈구는 지상최대의 성취효과를 발화시켰다. 그 에너지의 완성은 신경과 신체의 모든 옥스토신 호르몬 기능을 가동시킬 때 가능했고, 이때 성적인 오르가즘 또한 총량적인 집중에 가세하였다. "불교 신자니까, 피부가 검으니까 추락하는거야"라는 이상한 인간들의 질

시속에서도 보상쾌락 시스템 중독을 이겨내고, 2011년 마지막에 다시 챔피언으로 복귀한다. 타이거 우즈의 그 환호의 절규는 불자의 또다른 기도 행위의 끝자락이다.

　시대는 기하급수적으로 미해결의 가속화 페달을 밟고있는 것인가? 지하철의 된장녀, 개똥녀에서부터 "울 아버지가 검사다. 왜 반말이야. 너나 조용히해 이 싸가지 없는 XX야! 임산부도 노약자석에 앉을 수 있어." 시리즈의 9호선 막말녀. 악에 받힌 생물들에게 빛(비트)의 속도로 확산 전이되는 그 동영상을 제공함의 원인과 원력은 어디쯤에서 시발된 것인가? 자족의 자폐증, 자신의 위암수술을 극복한 방송음악인 김태원은 이렇게 뱉었다. "신을 믿지만 교인은 아닙니다. 제가 내일 죽는다고 해서 특별한 걸 하리라 보십니까? 제가 발버둥 친다고 뭘 하나 얻습니까? 오는 것 그대로 맞이할 겁니다" 방송음악인 김태원은 인터뷰했던 임희윤기자에게 "지금은 논리정연한 완벽함이, 허술하고 모호한 순수에 지고 있는 시대"라고 말했다 한다.
필자는 긴머리에 검은안경, 나레이션의 귀재인 김태원이 남성이었음을 최근에서야 알게 되었다. 내가 보기에 그는 양성결합이미지 캐릭터였던 것이다. 이는 시대와 성, 지하철의 위계공간과 중심질서, 앞서 언급한 법무부, 교육부, 과학기술부, 행정부 같은 정부 기관 시스템, 대학의 전공별 경계가 붕괴되고, 그 내부의 소프트웨어격인 법관, 공무원들, 해바라기 교수들, 종교정치인들의 시뮬라크르(Simulacres, J Baudrillard, 1981)되는 어쩔수 없는 전자시대의 대측점이라 할 수 밖에 없는 현상임은 자명하다. 그리하여, 그랜저검사는 벤츠 여검사로, 실체 몸보다 덜 실체 같은 새로운 빛(아우라)과 그림자(Trade-dress) 99%의 소외 백수들에게 열받게 하는 패션 좌빨의 시뮬라크르 구도가 반복되고 있다. 이러한 자기 닮음이 계속 되먹임되는 동안 농어민과 소상공, 백수 장미 대학생은 길거리로, 교수는 정치판으로 내몰리면서 흐르고 주름(fold) 잡히는 것이다.

복짓는 미네르바의 호랑이. 유화 10호,2008

　복짓는 미네르바의 호랑이. 아프리카 케냐에서 채집된 민속화에 호랑이 젖무덤 3개로 인간모성의 다산기원을 신앙하는 샤만화, 이를 유화 10호로 다시 리메이크한 그림이다.(2008) 아프리카인이나 필자인 한국 화가나 인류의 원초적 기원과 기복은 존재의 이유를 추구하는 제일 가치이다. 샤카부타께서 기도하지마라(중아함권 17의 가미니경)하셨던 신화는, 사과가 떨어지는 만유인력 발견이전의 지구중력과 물에 던져진 바위의 중력거부를 위해 주문과 기도하지 말라는 기도불용납설을 의미한다.

　35억년 진화속에 경계는 없다. 틱타릭(Tiktaalik)은 물고기와 육생동물 사이의 상호중계 진화

생물이다. "물고기의 지느러미가 육생동물로 진화하는 특화기능 지느러미, 그리고 드디어 수족으로 진화된 화석추적 인류조상의 본 모습이다. 10억년 이상의 시간속에 생성된 것으로, 바다와 육지의 경계개념은 존재하지 않는다."(Neil shabin, Your inner Fish, 2008)는, 35억년의 시공에서 인용되어야 할 "배고픔에 목말라하라"는 오늘의 화두(Stay hungry) 주문에 엄청 상충된다. 미네르바의 올빼미는 해가 질 녘에야 비로서 날기 시작한다.(헤겔) 지금은 해 저문 문명사의 대전환점이고, 리좀생성(엉킴)의 대립항 붕괴시대이다.(M.맥루한, W.브레이크, 보드리아르) 억만년 영겁속의 기도빨이고, 칼이고, 민족불교인데, 무엇이 어디가 경계인가?

원래 칼날이란 경계를 위해 분화시키고 보는 기능을 수행한다. 법보신문을 통한 최근의 민족불교론 정립의 교수들 간의 의견 대립은 언젠가는 누군가 행동하여야 했던 진짜 발전론이고 개혁의 합의 도출이다. 일상의 형식적인 교과서식 세미나와 원어민 말장난 같은, '그 밥에 그 나물' 이 아니었기에 더욱 치열했음을 관망하였다. 더구나 상대의 이론과 견해를 존중하는 학자적 태도와 합의 교환되는 문제점의 대중화, 담론화는 우리 미래불교의 확연한 완성을 기약하는 듯 하였다. 사람들은 논쟁의 언어수준이 지하철 경로석에서나 대학 강단에서나 그 사용 언어의 격과 순수함, 그리고 교환되는 상식어로 관망, 판단한다.
물론 전통수호자들은 승려결혼, 세속화, 환속, 공동체 파괴, 권력의 기생…… 그렇다면 도대체 딜레마론은 무엇인가? 전체를 보는 것만 유효하고 구체적인 것에는 적용하지 말라는 것 자체가 딜레마는 아닌가?……필자도 이런 이분법적인 해석을 극복하려고 노력하였지만, 근대불교에는 다양한 노선이, 또한 비판의 '칼날' 이라는 것은 교수들 간의 비판이 그만큼 예리함을 수식한 것이었음을 이해해 주었으면 좋겠다.

아! 경계와 한계. 그 동포의 핏대에 유전된 "산에 가야 범을 잡고, 또랑 치고 가재잡는다. 사과는 맛있고 맛있는 건 바나나, 바나나는 길고 긴건 기차다. 백두산 뻗어내려 화려한 강산, 인천 앞바다가 사이다래도 컵없인 못먹고……" 등의 품바 각설이가 동네거리에, 원효처럼 떠돌며 (아유월치·araivartika) 동네아이들에게 각인 시켰던 동포 유전자 타령이었다. 원인과 결과, 그 업장과 소멸의 경계와 국경선의 비무장화는 민족불교론에 암시된 경계의 문제였다. 다만 불교미가 아름다운 기쁨과 환희의 창작열을 고취하기 때문에, 불교미학과 그 속에 잉태되었던 동포의 핏대 성분을 찾는 것 뿐이다. 뇌신경 미학의 최고 선이다. 그렇터라. "추한 것이 극에 달하면 아름다움이 되고 아름다움이 극에 달하면 추해진다." 주은례와 친했던 화가 예천위는 근대중국의 (당대 최승희(1911~1969)같았던) 최고 무용수를 데리고 살다가 (종교적 핑계로 이혼하고 떠나버린) 추억을 향해 쏟아 낸 중원 미학 제 1조였었다.
동포의 부족국가는 신화와 설화가 동요가 되고 판소리가 되는, 그 시대와 환경에 적응하여 접촉되는 구술문화이다. 그리스의 예술이 찬연했던 것도 문자문화의 도입이 지연되는 구술문화의 신화적 시대였기 때문이다.(하롤드 이니스. Harold Innis, 1950) "작년 왔던 각설이가 죽지도 않고 또 왔네……"의 작년과 금년은 인간이 조작한 경계였고, 이를 극복하면서 넘나들었던 각설이는 시장의 모든 경계와 담을 붕괴시키면서 선조들의 경험을 말과 소리로써 유전시켰던 것이다. 앞서 말한, '행복'은 정상적이고 체계적이며 진실된 어떤 기표를 말한다. 품바 각설이나 우리는 감정의 억제를 위해 교과서적 단어를 사용해야 함에도 불구하고 행복의 단어를 해체시킨다. 그리하여 분노의 숨소리가 깃든 변성의 행복이라는 알리바이를 성립시킨다. "잘먹고 잘 살아라!" 역시, 변심한 '님'이나 만해 맘짱의 그 '님'이나, 인간의 품격과 인격은 포장되었지만, 그 기의의 기표(Significant)는 원망과 다시 돌아옴의 희망 사항이었을 것이다. 이른바 '미디어는 맛사지 다'(팽땡 피오르, 마샬맥루한, 1969)라는 부정적 의지와 그러기 위한 희색, 중도에의 원력이고 만유유전의 흘러서 변해간다는 그 옷자락 스침의 인연이다.

　　구술문화. 글자문화. 이미지문화. 아프리카 집게 개구리는 제초제에 노출될 때에 임의로 성별을 바꿀 수 있다.(Jeff Koons at Anthony d'offay, 런던WI, 1994) 때문에, 뉴욕 맨하튼 스튜디오에서 제프쿤스는 작품 「두개의 진공 청소기(2012)를 설명하면서, "일체의 미술품이 마음의 조작일 뿐이다." 하였다.(Scientific American, May. 2010)
보상하는 신세계, 지상최대의 버라이어티 쇼(도킨스, 2000)는 연속적 쾌락자극을 주는 시뮬라시옹 세계였던 것이다. 낫놓고 'ㄱ'자도 몰랐던, 정화수 떠다 놓고 북두칠성에 새벽마다 빌었던 동포의 어르신들은, 그리하여 육두문자의 유전자에 의해 개화되고 포용되었다는 것인가? 그리하여 산에는 산신령의 초상화가, 칠성당의 탱화가, 해랑자의 용왕님 벽화가 한반도의 원주민 신앙의 대상이 되질 않았든가? 하여, 구술문화는 미술문화로 바로 넘어왔던 것이다. 그 반대편, 유럽의 8세기에서 9세기동안에는 구술문화에서 금속 인쇄문화로 재빨리 전환되었고 이때, 당대 종교화와 성상의 조각을 철저히 파괴하는 성상파괴운동(Iconodasme)이 저 동로마, 비잔틴 제국에 의해 감행된다.(박기현, 2006)
이른바, 야훼는 모세의 석판에 써준 십계명에서 "눈에 보이는 것의 형상을 만들지 말라"고 명했다한다. 이후, 유럽의 종교는 성상숭배와 이의 파괴라는 또 다른 역사의 음양현상이 반복되었고, 지구별 절정의 예술양식인 저 고딕예술의 잉태가 성 프란체스코(Francois d'Assie)와 성 보나벤투라(Saint Bonaventure)의 청빈주의, 신비주의, 모범주의의 바로크양식으로 탄생된다.

　　"세계의 전 인류여! 환희의 대지와 생명을 찬미하라!" 했던 베토벤 9번 교향곡 제 4악장, '환희의 노래'는 이때부터 존재의 의지가 자연만물에 육화(肉化, 박기현, 2006) 되어 왔다. 믿음과 그 자연예찬의 핵심에, 피조물 또는 종교미술의 시각적이고 촉각적인 숭배의 다신교적 철학이 성립되고 있었던 것이다. 보드리아르는 원형과 복제술, 그 복제된 새로이 등장한 현실의 원본 오리지날을 '무언가를 숨기고 작동하는' 교환가치로서의 시뮬라시옹 실제 존재를 말하고 있다.

진화 생물학에서 말하는 문화적, 후천적으로 생성 포장되는 「밈」 유전자의 암호와 그 「밈」 모델이라고 할 수 있다. 반도의 토종 기복종교인 북극성과 이를 측정 휘구하는 은하계의 북두칠성 신앙은 이미 마샬 맥루한과 그 제자들이 읊조렸던 구술문화 · 문자문화의 '확장' 이었다. 「구텐베르크 은하계」 (Gutenberg Gallaxy)라는 문자세계가 새로운 디지털 영상미디어 시대로 전환되는 예술생산의 놀이, 유희단계에 접어들고 있는 유희 미학론인 것이다.(N.볼츠, Norbert Bolz, 2000) 이는, 처음의 본질적인 신은 존재하지 않고 오직 기표에 의한, 또한 심미적이고 지역 정서적이고 예술 작품 본래의 가치와 상징을 추구하는 인류진화 본성에 흘러가게 됨으로써, 결과적으로 성화상의 파괴는 광포해졌고, 오늘의 부산지역 불상 훼손과 봉은사 대웅전 땅 밟기의 우상파괴 행동대의 작태를 노증했던 것이다.

어느 의미에서 경계선의 월권이었고, 대립되는 항목의 조건들이 무너져야만 새로운 디지털 테크노에 살아 남아짐을 의식하게 된다. 한반도의 동포들은 앞서, 원효부터 품바 각설이 딴지걸기, 나꼼수의 연속 승계되는 「밈」 유전자의 시대별 시뮬라크르는 '아리랑 고개를 본능적으로 넘겨버리는' 동포 핏대 속의 유전 정보 원형질이다. 전등사 명부전 외벽화는 도승일국등이 파손된 프란시스 베이컨 작품처럼 어지러져 있다. 전등사 명부전 감로탱화는 그 내용의 콘텐츠 수량이 면적대비 엄청난 포화 묘사로 원전에 가까운 탱화로 보인다. 스님에 의하면 남해 보리암 감로탱화와 동일 작가군에 의한 수준작이라 하였다. 지옥도중 3 작품이 도난당하여 신작으로 교체하였으나 원전과 차별해 보인다.

"미와 추함. 정치적 좌파와 우파, 매체에서의 진리와 오류, 자연과 문화 등의 대립항들이 붕괴되기 시작한다." (쟝 보드리아르, Jean Baudrillard)는 것이다. 또는, 박기현(2006)은 "모든 것이 시뮬라시옹 재생산의 측면에서 상호 교환이 가능해진다"고 기술하였다. 리좀(엉킴) 생성의 탈위계성, 탈영역, 비중심성의 전자구도로 전환되는 예컨대, 헷갈려버리고 엉켜버린 '먹튀깡통' 같은 신조어, '신 인류'의 등장을 보는 것이다. 예술도 마찬가지로 변별성은 사라지고 사찰법당의 현판도 이발소 키치그림처럼 난초화와 문자가 조합되는 재미스러운 미학이 대두된다. 대웅전 추녀 밑에 징벌하고픈 술집 작부나 원숭이를 벌세우기도 한다.(전등사)

한때, 부산역전 제 1부두는 패망한 일본 난민을 태우고 마지막으로 떠난 부관연락선(부산시모노세키)이 정박하였던 추억의 부두였다. 그 부두에, 이번에는 미군과 탱크를 실은 전투 수송함이 도착하였고, 동네 꼬마들은 "헬로! 기부미, 초코레트, 츄잉검......!" 하면서 미군을 환영하였다.

그때 죽지 않고 살아 돌아온 우리네 동네 이발관 거리에서는 "인천 앞바다 물이 사이다 물이라도 '커푸' 없이는 못먹는다"는, 당시의 G.I 영어, 품바 각설이로 신이 났다. 우리들 꼬마는 쉽게 그 말뜻을 (콩그리쉬 기표(Significant)와 도구, 방법, 중매자의 기의를) 알아차렸던 것이다. 교환과 소통과 순환의 신인 '헤르메스의 귀환'이라는 해체미학과 스토리의 대승도, 소승도 가미(신)불교도 아닌 반도불교에 유전된 은하계, 그 원효 각설이 시대인 것이다.(Inchon front, many many cider, Have no Copu, what's gonna do……!)
바야하르 문명의 대 전환점, 밤의 작동신 헤르메스와 해 저문 황혼에서야 날기 시작한다는 미네르바의 올빼미(헤겔, 이니스)가 제 4세대(4G)에 접수된다는 뜻이다.

그 징조중 하나를 예로 들어보자. 최근 신세대 철학자 김용운(2011)은 반야심경의 색즉시공(色卽是空)을 '존재하지도 않는 집착의 마음과 그 고통'에 목매일 필요가 없다는 의미의 색즉비색(色卽非色)으로 변형시켜야 한다고 주장하였다. 당신이 상상하고 집착하는 색은 현실에 존재하는 색이 아니다. 부타의 존엄성을 부타가 존재한다는 '부정과 긍정의 역설'이 진술되어야 한다는 글이었다. 이 화가가 반도 기복불교를 상상하는 다섯 항 중에 '오온개공이도일체고해'라는 '고통의 바다'(苦海)생각을 차선인 「슬픔의 바다」로 변주함으로써, 지구별 종교의 원죄의식, 고통세상이라는 강박관념에서 해방되는 자유를 '일체비해'(悲海)로 재해석해야 한다는 생각과 유사하다 하겠다. 세속도시에 그 민족불교가 가능하다는 광덕 맘짱께선 무상한 허무주의와 선문답에 머물러 있음을 웅변하셨다 한다. 1981년, 깨달음 뒤에는 더 이상 닦을 필요가 없다는 돈오돈수(頓悟頓修)와 깨친 후에도 계속 닦아야 하는 (頓悟漸修) 해인사 대 송광사의 정신대결은 "다들 부질없는 짓이고(월산), 엿장수 마음대로 되는 법은 하나도 없다."(쑹샨, 崇山, 1927~2004) "걱정들 하지마라" 하셨다 한다.
블랙홀 같았던 근대 중국의 불교적 불씨는 탄쓰토으 량치차오, 장타이엔 등의 사상가들에 의해 불교적 회향이 중화의 기본임을 돈오돈수의 열정으로 살려지고 있다고 한다. 마찬가지로 근대 일본의 불교 변신은 예술적, 건축환경적 그리고 역사적 토양에서 실용적이고 자연을 신격화시키는 기복신앙으로 변주되고 있다. 때로는 미신과 무당의 이씨 조선적 양반 지배계급의 태도는, 오늘의 대명천지 국내 지식인들이 불자였건 타종교였건, 콤플렉스의 위장과 공부의 챗바퀴 한계로 인하여 오늘의 조계종을 매도하는, 작금의 꼼수들로 결국, "너나 잘하세요"가 된 것이다.
경계의 투명성 동시성. 원시 우주의 간섭파동은 현재 시간의 법계 은하계를 유지, 진화, 퇴회하고 있지만 지금까지의 해석은 빛의 속도개념으로 우주를 보아왔다. 원래의 우주행성 본질에 중성미자라는 유령입자가 작동하면서 100억개의 입자가 생명체를 통과하여도 느낄 수 없고 무게 또한 없다 한다.
'모두가 하나고 하나가 모두'라는 샤카 부타의 관찰대로, 경계도 없고 동시화, 투명화되는 에너지계라는 것이다. 에쿠와도르 열대우림에서 발견된 투명개구리는 복부피부가 투명하여 폐, 간장, 위장을 모두 볼 수 있다.(Newton, 6. 2010)

유령입자. 신의 입자의 기호화. Bitmap의 인지계량화. 20세의 아토피성 피부염 환자의 가옥화는 단지 창문의 커튼만 묘사하고 중도에 단념한다. 자신의 가정은 공허하고 불안정하며 외부세계의 에너지를 자신이 단절한 자아의 빈약성과 현실 도피적인 인지 장애인 묘화량 부족의 Bit 수를 보인다.(細谷律子, 임상묘화 연구, 2002).

종합실조증환자의 묘화. 비트지도(Bitmap) 형식의 묘화 속도시간 그리고 시각성의 주의력, 기억장애 이미지등의 정신적 에너지수준을 측정하는 묘화량 추측 알고리즘이다. 측정방법은 PC의 회상편집용 Adobe Photoshop 4.0을 사용, 색조를 흑백, 해상도를 500, 명도 80으로 스캔한다. DFT(Design Fluency Test)는 총반응시간 묘화시간, bit수의 시각력에 대한 주의력, 기억장애, 장기기억 등 묘화속도가 반응시간의 평균치로 총 반응시간 평균치, 묘화시간의 중앙치 픽셀 수의 평균중앙치를 비교 대비한다. 행동과 인지기능과의 관련 생존의욕과 긍정적 마음이 환자 그림에서 발견된다.(일본임상묘화연구, 2006)

2012년은 미지의 과학과 우주환경이 그 간의 여러 징조와 암시로 인하여 또 한번, 지구는 둥글다는 코페르니쿠스적인 충격과 경악이 될 것이라는 예측을 표면화 했던 해라고 보아진다. 알려진 암시로는 컴퓨터 성능이 매년 두배로 늘어났던 골든 무어(Golden More)법칙이, 인류가 공유하는 정보량이, 역시 매년 두배로 확장된다는 마크 루거버거(Mark Zuckerberg)의 속도와 넓이의 시공적 확장을 동일하게 주목하고 있는 것이다. 현재의 딜레마는, 그러면서도 복잡한 유전자라는 건초더미의 리좀(엉킴)에서 바늘찾기의 암 유발인자를 찾아 헤매고 있는 모양새이다.

결국, 올해 노벨상(2013)이 인정하고만 "무게는 알 수 없지만, 에너지는 분명 지니면서 태양으로부터 매초 100억개가 날라오는 중성미자(Neatrion)라는 유령입자'를 인정하게된 것이다. 이를 예언하였던 볼프강 파울리(1930)는 "눈에는 보이지 않고 전기나 자장의 영향도 받지 않으며, 작은 입자가 동시 방출된다" 고 하였다. 그리하여 베타 붕괴의 에너지는 없어진게 아니라 유령같은 이 소립자가 갖고 달아나며, 예컨데, 100억 개의 중성미자가 사람의 인체를 순간 뚫고 지나가지만 느낌은 전혀 없다는 것이다.(프레드릭 라이너스, 1995)
원래 아이슈타인의 상대성이론에서는 정보가 빛의 속도보다 빠르게 여행할(Beyond the light barrier) 수 없다고 하였다. 결국 간섭파동이라는 우주의 순환과 되먹임의 리듬을 말했던 벤자로프의 '우주마음(Akasha, Universal Mind)'의 존재가 자장과 중력장애 등의 은하계 존재를 인증하게 되는 것이다. 알려진 데로 우주의 빅 뱅(Big Bang)이라는 대폭발은 오늘날 현대과학의 절대관측으로 대략 100억 광년 정도의 거리로 추정된다. 최초의 원시 별은 불타는 수소가스 덩어리의 형태로 생겨났고 핵반응에 의해 열과 빛이 생기고, 태양과 닮은 우주알(cosmic egg)들이 통칭 은하계로 태어났다. 벤자로프는 현재의 인간 몸체를 구성하는 다양한 원소가 별들 속에서 합성되었고, 이들 찬란한 별들에서, 원시의 본질적인 인식이 인체의 조상인 북두칠성과 북극성으로부터 극히 작은 진동이 정보암호로서 기억되고 기록되는 진화속성을 지닌다고 보는 것이다. 결국 나침반이 생기기 훨씬 전부터, 어쩌면 지금부터가 오늘의 인간신체에 확장 진화됨으로써, 내 몸안의 물고기 형태가 정보를 지니고 있다는, 스코틀랜드 고중생대 화석 채취로 증명되고 있는 것이다. 하여, 극동아시아의 끝자락에 집시처럼 유목하고 이동하였던 원시 원주민 동포들의 뼈 속까지 유전된, 그 아득한 원래 원조의 북극성을 향한 '찬물 한잔 떠놓고 기도하고 생명을 위탁' 한다는 행태는 인간의 본능이고 생명체의 당연한 원칙이었을 것이다.

자! 이제는 '무당' 이니 '미신' 이니 헛소리하는 지식 가장인들이 "너나 잘 하세요" 의 확실한 근거와 시간성을 알아차렸을 것이고, 지상의 종교가 얼마나 미약한 우주성을 지니고 있음을 간파해 보았다. 때문에 경전 시나리오로 종교인들은 싯달다 왕자가 탄생할 때의 첫말 '천상천하 유아독존' 이라는 의미는 구두 기록문자 자체의 새로운 '천상천하' 라는 의미의 영역이 이토록 광대 무변한 모래 폭풍 속의 먼지였다는 뜻이다. 올여름은 꽤나 더웠고, 그 덕에 송광사의 법회에 현묵 맘짱께서는 엇그제 비로소 종단에서 선풍기 4대 내려 보내 주셨다는 것이다. 그러면서 참여법회의 몸빼 보살님들은 골치 아프고 어려운 법문을 그만하시고 자기자신들 이름 명호나 한번식 불러달라고 애원하신다 하셨다.

맘짱께선 반야심경을 딱다구리 템포로 곡을 작곡하시고 보급하셨던 것이다. 아! 송광사에도 한여름 바람처럼 대웅전 풍경에 스치듯이 새로운 변화의 진리가 진행, 또는 진화되고 있는 것인가? '민족불교' 란 말은 보태지 않아도 자연생태계, 비로자나 우주마음은 맥놀이진동의 템포로 되먹임이 선순환 되고 있구나 느껴진다. 애써, 송광사 여름법회의 몸빼 보살님처럼 어렵고 살기바빠 무슨 말인지 모르니, 그냥 복이나 빌어 달라하셨던 의견개진이, 오늘의 불음이고 미래의 반도불교 나침반이고, 북극성 옆자리 월광 보살님께 절하는 환희와 법열의 우주심일 것이다.

성철 맘짱께선 맞짱뜨러 온 명진맘짱에게 "너는 선끼보다 객끼가 더많은 X……!"(도올·봉은사, 2011)하셨다지만, 이 화가가 보기에는 성철 맘짱께선 주어지는 법당 수도시간을 당대에 가장 많이 소비하셨던 분으로서 '선끼' 보다는 '천끼' (天氣)가 최고로 강하셨던 분으로 해석하고 싶다. 그래서 오늘의 반도땅에, 유치원생들도 다 안다는 '산은 산이요, 물은 물이로다!' 라는 표호 음성을 남기신 것이다.

중세 서구의 정신사에 「구텐베르그 은하계」 가 명멸할 때부터 그들 스타일의 돈오논쟁은 '우상숭배' 하지 마라. 아니다! 대지에 신이 육화(肉化)되어 있다. 정 그러면 우리는 범신론(汎神論)으로 간다. 하여, 저 베토벤의 제 9번 교향곡 제 4악장 '환희의 노래' 합창이 시성 쉴러와 괴테에 의해 창작 되었다. 지구상의 모든 인류 가족들과 형제들이여! 생명존재를 찬미하고 구속에서 해방되고 자유를 찾아라! 이는 바로 라인강 숲속의 시냇물 묘음이었고, 바람에 휘날리는 낙엽의 때깔이었고, 월광소나타의 관음 교신이었을 것이다. 베토벤 9번 교향곡은 성철 맘짱을 통해 한반도에, 그대로 공명과 동시성을 통하여 재확인되었다. 하여, 올해는 바로 다니엘 바렌보임(Daniel Barenboim)이 지휘하는 유태인 교향악단에 의해 휴전선 DMZ에서 북을 향해 환희의 합창을 보냈던 것이다. "원각(園覺:샤카 부타의 깨달음과 우주의 신령스런 해탈)이 보조(普照: 크게 바치니)하니, 적(寂: 죽고 고요한 desolate)과 멸(滅 : 사라짐)이 둘이 아니다. 보이는 만물은 관음(觀音)이요. 들리는 소리는 묘(妙音)이라. 보고 듣는 이밖에 진리가 따로 없으니, 아아. 알겠는가? 산은 산이요. 물은 물이로다." 아름다운 시적 운율이고 카타르시스이다. 성철 맘짱 당신의 우주마음의 존재로 하여, 보고 느낄 수 있는 광대무변 영원회귀의 그 적막하고 숨이 막히는 텅빔을 알림이다.

"그 뒤 그는 자신이 물고기였기를 바랐다 / 하얀 미끄러운 배가 자신의 손가락 사이에 잡혀 / 자신의 위기에 몸부림치는, 그 뒤 그는 자신의 물고기 였다는 것을 알았다. / 그 뒤 그는 마지막 순간에 그녀 자신의 완전한 순결의 맛을 알기 위해 / 술 취한 노인이 숲속에 가둔 젊은 여인이기를 바랐다"(Then he knew that he had been a fish, Then he had been a young girl)(T. S. 엘리엇)

텅 비어진 은하계와 그 생명과 사멸이, 화엄세계 불법에 의해 되먹임되는, 자기닮음이라는 지적은 시청각 중추의 아름다운 쾌감을 너희들은 느끼고 '필' 이 꽂혀야 한다는 메시지였던 것이다. 민족불교이건, 인드라망이건, 성철의 묘음앞에 촛불이었던 것인가?
그래서 그러셨다. "걱정하지 마라. 만고광명 (萬古光明)이고 청산유수(靑山流水)니라." (쑹샨, 2004)본시 중성미자 입자로 되어있는 자유와 해방의 만고강산이라는 것이다.

마중나온 간타파 꽃불 사자, 티베트, 아크릴화 6호, 뉴욕 불교 루빈박물관 원화 재변주, 2012
죽음 직후의 환상적인 영혼의 흔적위에 19세기 티베트 꽃사자가 망자를 끌어안고 저승으로 떠나가는 불화
(Mahasiddha Ghantapa)를 몽타쥬하여 죽음의 시공성을 동질화 유사화시켜 보았다.(RUBIN MUSEUM OF ART.
ABRAMS. 2008). (Paul Fishwick computing-Aesthetic.2006)

　　해부학적 한계극복은 계통발생의 진화론적인 현존인류를 '완벽한 몸매' 로 진화시켰다. 인체의
이상적인 동작조건은 우주생성의 조형조건과 원리에 지배를 받는다는 현상을 인근 프랙탈 예술
영역 간의 분석으로 비교해 보자.
작금의, 지구행성은 비생물 환경과 생물의 과잉 또는 잉여개체들로 인하여 혼돈과 불가해한 환
경현상을 초래하고 있고, 인류의 과학진화는 이들 카오스와 프랙탈 구조를 극복하는 동시성과
투명성, 유사성을 대뇌 신경시스템으로 조명하여 인간의 마음과 감성, 흥겨움을 알고리즘화 하
게 되었다. 따라서, 동시에 필연적으로 진화, 발전되고 있는 컴퓨터 테크노는 '컴퓨터 미학' 이라
는 인간중심의 유익성을 향하여 발전하게 되고, 대뇌 신경과학 역시 '신경미학' 이라는 융합된 미

감의 비밀과 진선미의 위치를 탐구하게 되었다. 대뇌 신경시스템의 진화 핵심은 종족보존의 법칙이며, 그 욕구의 최상에 시공간 환경의 인체와 그 몸부림이 진화의 외피를 선도하고 있다고 본다. 21세기 디지털시대로 고비를 넘는 순간은 신경미학과 컴퓨터미학의 추구에 의해 인간의 마음과 두뇌를 통한 융합, 동시화, 연속화된 종합예술로서의 구조와 원리를 확인할 수 있다.(양호, 대한임상미술치료학회, 2010)

유령입자. 힉스신 아이슈타인의 상대성이론과 빛의 속도는 미래의 예측 불가한 새로운 귀신입자, 신의 입자의 진짜 화엄경 같은 인드라망의 현실세계를 다시 확인시켜야 하는 21세기에 와 있다고 본다. 아이슈타인은 바르미츠바(BarMitzavah)라는 성인식을 치루었고 이때 그 의식의 하나로 선문답을 받았다고 한다. "아무도 없는 숲 속에서 커다란 나무가 쓰러졌다. 소리가 나겠는가? 안 나겠는가?", "아무도 듣지 못하는 소리가 과연 소리인가? 아닌가? 하는 성인으로의 인증샷을 독창력으로 대답해야 했다"고 보는 것이다.

아미타부타는 2,500년전의 샤카 부타 조직과 그 문중에의 실존인물이었나? 아니면 불법계의 시스템을 구축하는 하나의 액자나 스타일의 상징 이미지이고, 그러한 기의(뜻)을 지닌 기표로서의 상상존재이고 법계시스템을 대리하여 주변에 계시는 홀로그램인가?"는 이 미숙한 화가에게는 무지했던 의문일 수 있는 것이다. 야나기 무네요시는 시스템이고 디스플레이 화면이라는 것이며, 정윤모는 인드라망의 접속, 조립, 전이 등의 세상만사 자기닮음의 되풀이가 무한 중첩 비율에 의한 비례상수의 확장 또는 축소의 우주 만다라 모습을 하고 있다고 하였다. 따라서 천문수학적 입장에서의 인간과 부타의 싸이즈는 1m:1.28×Km=1:1.28×?이라는 10의 30제곱 상수비례라고 설명하고 있다. 실로 인간의 두뇌능력으로는 예지되지 못하는 무한과 무시간의 비로자나법계, 그 광대무변한 '알수 없음'의 세계를 유추할 수 있다.
이러한 의구심은 결국 최근 실험에 의한 양자이론이, 힉스입자 등의 속도가 투과성, 그리고 사라짐 등의 홀로그램 모습으로 비로자나, 아미타, 수미산 등의 차원으로 고차원적 설명이 가능함을 입증하게 되는 것이다. 그럼에도 이러한 입증이나 확인이나 상상력 또한, 앞서 아이슈타인의 숲속나무의 바람소리처럼 대뇌 뉴런이 작동하는 자기닮음의 뇌신경 네트워크망, 그 인드라의 신경화로 계산되고 발화, 실험되는 실제공간이고 실제로 뭉친 덩어리인 것이다. 얼마전 네이처(NATURE)지에는 '천사와 악마'의 반전되는 그림과 배경 착시의 최신 일러스트가 게재되었다.
'천사와 악마'의 반전되는 그림과 배경 착시의 최신 일러스트 아래부분 컴퓨터 이미지는 그림의 중심부로 우리의 시선을 이동하면 한 마리의 나비형태로 서서히 전향되는 연속성을 느끼게 된다. 이른바 다의도형(多義図形)이다. 나비의 윗 부분을 지각할때 우리는 나비떼들이 잠자리채로부터 멀리 도망쳐 날아가버리는 아득한 원근을 느낄수 있다. 이때 가까움부터 멀리 가버리는 인드라망들의 시간을 인지할 수 있다. 이미 나비의 추억이고 기록이고 역사였다. 그러나 엄연한 현실은 한갓 종이 위에 그려져있는 '생명 없음'의 종이인쇄 한 장에 지나지 않는다. 나비들은 한여름 밤의 꿈이었고 홀로그램이었고 대뇌신경회로를 통하여 다만 해마 속에 각인된 짧은 기억 확인에 지나지 않는다는 것이다.

순간적으로 인간의 뇌가 취급할 수 있는 정보량은 고작 50비트에서 100비트 정도라고 한다.(시미즈 히로시, 임준식, 임승원, 1992) 결국, 보고 있는 것과 보이는 것은 반드시 동일하지도 정확하지도 않는다는 것이다. 어차피 인간은 억 만년 전부터 자연 진화된 유전자 정보의 '제 눈에 안경'이라는 세상을 보는 구도와 선입관과 고정관념이 있어 왔다고 하자. 이는 자기 닮음의 반복 되먹임과 그 프랙탈 구조에서 각별히 살기가 편한 방법론으로 자기식의 인터페이스나 틀이나 거울모형이라는 모듈(module)을 대뇌 정보화하고 있었다는 것이다.

빨간사과를 보았을때 대뇌의 기본정보는 맛있었다 라든가, 그렇다면 바나나가 더 맛있지! 그리고 바나나는 길었지? 그럼 기차 아닌가? 하는 홀로닉 고리를 통하여 이미지 조작을 하게 된다. 이때 추억의 해마(海馬)는 대뇌피질의 전두엽, 두정측두의 각 연합야(連合野)와 상호네트워크의 연락망을 가지면서 사과부터 기차까지의 정보고리를 기억, 저장한다. 이러한 뉴런과 뉴런사이의 시냅스(synapse) 정보통로는 수백밀리초의 단기간에 인드라망 상호의 관계를 계속 변화 시키는, '시시각각으로 변화하는 뇌'라고 표현하였다.(D.Hebb, 1985, C.Malsburg, 1980. 시미즈 히로시, 1992)

학습의 타이밍은 2013년 현재까지 대뇌신경망 기능의 확인된 발화, 가소성의 진실이다.

하이젠베르크 노벨물리학 수상자는 "일사에 통하는 언어와 위치, 속도, 색 등은 소립자에 대하여 모두 불확실하고 애매하며 결코 결정할 수 없는 결과가 되어 버린다. 하나의 원인 (업장, Karma · 긍정적 되먹임)에 대한 결과 (업보, 주어진 되먹임)는 어떠한 결정도 되지 않고 무한한 가능성의 가치 확률로 나타난다."고 주장한다.(아라카네 덴린, 다카다 아키가즈, 1989)

결국 원자, 전자의 세계에서는 인간이 알고있는 인과율(因果律)이 성립되지 않는다는 것이다. 마찬가지로 양자역학에서의 객관성의 무존재, 뉴턴역학에서의 인간은 우주의 방관자이고 어쩌면 인간이란, 자신의 물리학으로 결정된 기계이면서 내가 우주의 주체가 된다는 것이다. 이러한 인간의 인식은 주관과 객관의 경계는 없어져, 인식하는 인간은 '우주의 창조자'가 된 것이라고 하이젠베르크는 말하고 있다.

슈뢰딩거의 고양이 실험. 왼쪽상자 속의 원자핵이 붕괴하면 그 정보는 오른쪽 상자에 전해져 망치가 청산가리가 들어있는 병을 깨뜨리도록 되어 있다.(아라카네 텐령, 타카다 아키카즈, 1994)

바로 방등경(方等經), 반야경(般若經), 법화경(法華經)이 설법하신 총체적 물리학인 화엄(華嚴)의 시공융합체(時空融合體)로서, 나비가 뒤집어 보면 퍼스널 컴퓨터이고, "꿈에 본 나비는 내가 본 나비인가? 나비가 꿈꾼 나 자신인가"의 유사한 인식 부재로부터 삶은 출발하고 또는 종말을 완수한다. 1930년도 노벨물리학상을 수상한 어윈 슈뢰딩거는 '슈뢰딩거의 고양이'라는 유명한 실험을 제창하였다. 왼쪽상자에 방사능 핵을 넣고 이를 분열하여 감마선을 내보낼 때에 왼쪽상자 속 고양이 방 위에 청산가리병을 바로 위에 설치, 망치가 감마선에 의해 작동하고 청산가리병을 깨뜨리면 "10분 사이에 방사능 물질이 붕괴되는 확률이 50%라고 합시다. 그러면 10분 후에는 고양이가 살아 있는지, 죽었는지 어느쪽의 확률도 50퍼센트라고 말할 수 있다"는 파동방정식이 성립될 수 있다는 것이다.

결국 고양이는 죽지도 살아있지도 않고, 반은 죽어있고 반은 살아있는 상태라 할 수 있다. 따라서 생과 사의 중간은 없는 것이고, 결국 상자를 열어보면 생사의 한쪽이 결과되어 있을 꺼라는 것이다. 이러한 무존재의 현재상태를 아이슈타인은 맹열히 반대하였다고 한다.

"측정하지 않으면 물질 등은 존재하지 않는다"는 '코펜하겐 해석'으로 이름지워졌던 현상은 최종적으로 관찰자와 이와 같은 정보가 도달하는 사람의 의식 결정에 의한다. 슈뢰딩거는 "우주는 지각되지 않는 한 무수의 가능성을 가진 존재이지만, 지각되면 하나의 결과가 밖에 존재하지 않게 된다. 우주를 현실로 하는 것은 「자기자신」이다"하였다.(아라카네 덴린 . 다카다 아키카르, 1994)

결국 내 개인이 죽으면 지구가 없어지는 것이다. 내가 눈을 뜸과 동시에 지구 또한 태어나기 때문인 것이다. 17세기 시인 존 던은 그랬다. "누구든 그 자체로 온전한 섬은 아니다. 모든 인간은 대륙의 한 조각이며 대양의 일부이다. 그러니 누구를 위하여 종이 울리는 지를 알려고 하지마라. 종은 그대를 위하여 울리는 것이다."

2천 5,6백년전 싯달타 왕자가 탄생하였을 때 탄성을 질러버린 그 유명한 '천상천하 유아독존'의 진정한 의미는 인드라의 제망(帝網)이고, 파동과 빛속의 천지는 만물이 유숙하는 여인숙이고 광음은 백세대로 승계되어온 길손(이백, 李白)이라는 'Only one is every one' 개념이라 표현할 수 있다. 그래서 "인간은 섬이 아니다. 혼자서 존재할 수 없다. 누군가의 죽음은 나의 삶으로, 누군가의 울음은 나의 눈물로 이어져 있는 까닭인 것이다."(정끝별, 2012)

서기 2144년의 서울은 과거와 미래가 최고조로 융합된 지구별 수도 중심도시가 된다. 영화, 클라우드 아틀라스(2013개봉)는 약 500년의 윤회와 업보를 6개의 이야기로 화엄세계망을 중첩, 반전시키는 내용이다. 네오 서울의 식당 '파파송'에서 알바하는 인조 인간 종업원들은 비누음료를 마시며 복제 노동 생활을 한다. "우리의 삶은 우리 것이 아니고 자궁에서 무덤까지 삶이 연결되어있다. 과거와 현재, 악행과 선행을 행할 때 마다 새로운 미래가 탄생한다." 면서 윤회의 연기법을 영화화 하였다.

풀사타이밍(Pulsatiming) 전파천체의 풀사타이밍 속의 극미세한 움직임은 광대무변한 비로자나 불법계의 중력 물결파도의 존재를 암시하고 있다.(Nicola Jones, Five experiments Higgs, Nature, 5. Jan. 2012)

'누군가의 웃음은 내 눈의 눈물' 이라는 인류공진화의 항상성 본질이 어질고 슬퍼다는 자비의 원형이고, 미래의 자손들이 마르고 달토록 잘먹고 잘 살수있는 삶(Well being)의 지혜와 반야를 샤카 부타는 알려준 것이다. 이러한 원형의 과학이 화엄세계의 '경계없음' 과 상호침투된 상태의 유령입자, 신의 입자등이 난무하는 비트의 속도보다 엄청난 인드라 네트워크, 그 제망의 융통 무애현상을 말하는 것이다.(색불이공, Form does not differ from emptiness, emptiness does not differ from form · Seung sahn, 1997)

경두(鏡頭)의 비유 분자거울(Molecular Mirror). 경두(鏡頭)라는 말은 심리학자 라캉의 엄마 얼굴 같은 젖먹이의 거울단계이론을 상징한다. 디스플레이, 사용자 아이콘, 되먹임의 자기닮음을 리좀화(뒤엉킴화) 하는 우주현상에서 화엄경은 주어진 방속에 많은 거울을 고리처럼 늘어 놓는 장소 또는 공간, 대기권을 은유하고 있다. 한 가운데 양초를 각 거울의 각도 조정으로 비출 때 결국 모든 거울이 서로 서로가 비춰지는 현상을 제망(帝網)이라 하였다.(시미즈 히로시, 1992) 이러한 양초들의 반복 이미지는 세상의 고양이들이나 상자들이 어쩌면 환상과 착시와 잔상의 홀로그램으로 망막세포에서 해마에 우선 각인된다.
제눈의 콩깍지같은 표준 선입관의 모듈에 의해 오락가락하게 된다. 결국 "산에 가야 범을 잡고 또랑(냇물)쳐야 가제잡는다." 는 진화 항상성의 전두엽 판단이 작동하게 된다. 유식하게 표현한다면, 세상이라는 장소, 공간 또는 대기권, 뉴런과 시냅스 회로망들이 조작하였던 '구속조건을 해소시키는 상태' 즉, 모든 경계, 구별이 해체되는 공간인 진공의 자기부재, 즉 없음이고 상자속 고양이의 색즉시공(Form is emptiness)인 것이다.

화엄의 먼지입자. 너와나, 원래 경계가 없다. 지구를 닮은 외부 별들이 대기에 분광, 잔상시키는 스펙트럼들에서 생명의 존재를 확인할 수 있다. 이때의 그 핵은 엄청난 질량을 가지며 불안정스러운 가상의 유령입자 힉스신의 입자가 화엄경의 티끌같이 상호 접속력, 조립력을 가지고, 경계를 없앤다.(Nicola Jones, Five experiments higgs, NATURE,5, Jan. 2012)

이씨조선. 영조와 사도세자, 정조는 슈레딩거의 상자인 쌀통 속에 감금 당하고는 약 8일간의 삶과 죽음의 경계를 넘나 들었다. 이때의 관찰자 혜경궁 홍씨는 사도세자라는 기구한 생명 시스템의 구속조건이 처연하게 생성되고 리좀화되고 있었던 장소, 그 '뒤지 공간' 이라는 유전의 정보가 단절되고 소실되어진 죽음, 없어짐, 도련님 즉시공의 거체생기(擧體生起)라는 정보공간이 화엄세계로 성립된다. 생명적 시간과 공간, 이를 미립자 세계에서 되먹임 해 보았을 때 이백의 시 속 여인숙은 뒤주, 상자, 대기, 극미세 우주라는 공간이고, 나그네는 하룻밤이던, 8일동안이던 유숙하였던 유령입자이고 사도세자였던 것이다.

거울에 비쳤던 촛불이던, 뒤주에 스며든 한줄기 빛의 스펙트럼이던, 바로 억만겁의 알 수 없는 나그네의 시간인 것이다. 공허하고 적막한 한 세상 한 세월을 오랜 각고의 탐색끝에 문득 알아차렸던 불가에서는, 그 시스템 자체를 비로자나 불이라는 청정한 법신(淸淨法身)이라고 표현한다. 이 법계에 포용된 생명 네트워크를 경영하는 사상, 철학, 질서, 법칙의 최고 우주 헌법 자체를 우리는 「아미타」라고 할 수 있다.(No increase, no decrease) 그 법계는 엄격하게 삶과 죽음의 경계가 헤쳐 모였고, 또한 간섭물결의 흐름에 의해 피와 살이 썩어서 흙이나 물, 불로 바람같이 되먹임하게 된다. 임상의사 아라카네 덴린(1989)은 말했다. "때때로 깨닳고 알았다 하고, 죽을 때 방실방실 웃으며 그럼 안녕이라는 녀석은 한넘도 없다. 괴로울 때는 괴롭고 아무리 수행과 인연인과의 이치를 터득하였더라도 해체와 죽음에서 도망칠 수는 없다."

대등국사(大登國師)는 떠날 때, "허공 어금니를 깨물다." 라면서, 죽어서 어디로 가며, 허공도 원통해 하지 않을까 했다는 것이다. 의학계의 시각으로 보았을 때는, 만약 영혼 같은 것이 존재하였다면 이 우주는 영혼으로 꽉 찼을 꺼라는 것이다. 지구별 인간이 50억년쯤 살다 죽었다면 지구의 황혼도 지금쯤은 태양을 가렸을 것이라는 결론이다.

"나는 생각한다. 고로 존재를 알 수 있다." 라는 데카르트부터 시작된 구라들이 결국 마음의 성곽인 두뇌와 그 속에 도사린 송과체(松果體)와 뇌실공간을 네트워크로 하는 신경회로의 유전자 작동인 것이다. 태양풍 자기장과 지구별 생명체와 미물들은 땅의 대지에 유숙하고 유랑하며, 때로는 스마트폰과 스타벅스 커피가 담긴 종이컵들로 하여 간섭하고 침투하는 우주입자들이 이 화가이고, 주변 정리되는 아바타 신도들인 것이다.

어제밤 꿈에, 나를 두고 먼저 떠나버렸던 애인과 뜻밖에 황당한 전화교신을 하게 되었다. 스티브 잡스가 편하고 빠르게 접속시키는 아이폰 시스템을 만든 후, 옛날 한큐에 통화되고 촬영되는 시절에 비해 첨단 전자기기는 더더욱 (축소 집약될수록 접속과 발화회로가) 과잉폭주, 다중상태를 가져오고 있었다. 꿈속의 나는 가족에게 시급한 전화연락을 취했음에도 계속 알지 못하는 번호로 연결되었다. 순간적으로 통화 접속과 함께 "여보세요! 여보세요!" 하는데 그 음성이 존재불능의 연인목소리가 분명하였다. 순간 "야! 너는 죽었는데 어떻게 전화 받았어?!" 했던 것이다. 물론 꿈속이 분명하였고 바로 메모를 위해 잠을 깨고 말았던 것이다. "아 ! 죽음도 결국 뇌신경의 작용에 지나지 않는구나 ! 변연계, 특히 편도핵과 해마라는 하드웨어에 잠시 기록된 짧았던,

또는 오래전 선조때부터의 기억이고 추억일 뿐이다" 라는 진실을 터득케 되었던 것이다.(제법공상, No cognition no attainment)

하물며 '가카새끼' 니 '00대 계집애들' 이니 '보온병' 이니 하는 잠시 운좋게 조립되어 한강물 먹고 노는 탐욕자들에게 본시 영혼은 없는 것이다. 영혼은 기억이고 추억되는 '산 자의 신화' 이고 전설일 뿐이다.(욕망의 단계, 인생 오욕, Desire for material wealth, sex, fame, food, for sleep)

　　화엄세계 비로지나의 분자 거울(Molecular Mirror), 여인숙에 빛보다 빠르게 간섭하는 유령소입자 N1은 그 자체가 또다른 인드라망의 속성을 지니면서 우주 만다라를 공진시키는 힉스입자 모양을 하고 있다. 이때의 힉스입자는 마치 전투에서 전사자는 죽어 이름이나 영혼은 해체되었지만, 그 군번(Number)의 숫자는 비로지나 법계의 일련시스템으로 영원하나 지리나 위치를 남기지 않는다. 이들, 둘이 뭉치고 고립되어 제 2, 제 3의 '공즉시색' 이라는 N2, N3의 별들과 생명체를 작동시킨다. 그런데 N2의 태양이나 달님은 한 마음 속에 작동되는 자기 마음속 마음일 뿐이라는 것이다. 결국 N1+Noo=No의 색즉시공, 색즉시 고양이, '사도세자 즉시공' 의 반야지혜를 발견하게 되는 것이다. 천상천하 유아독존이고, Only one이 곧 Every one이다.

넘버 1번, 그 아미타불 시스템 질서 속의 Number one은 마초나 혹은 좀비같은, 반가사유보살 조각상이나 수세식 변기작품 (듀샹의 작품) 같은 상품가치나 교환가치, 그리고 치유가치 같은 '존재의 이유' 가 원래 없는 것이다. 앞서 슈뢰딩거의 체류탄 맞을 고양이는 Self로서의 N1이라는 숫자개념이다.(無我 , 소승불교, Insight into nonself) 그러나 쌀통 속 사도세자는 권력환탈과 그 욕망이라는 이기적 확장에 의해 어린왕족의 유전세포를 죄의식없이 해체시키려 했던 '살인의 추억' 이었다.

비로지나 불법계의 간섭파동과 그 물결은 아름답게 진화하기 위해 우점종 유전자를 번식시키고 종국에는 미륵불을 보내어서 우아한 불법계를 완성코저 하였던 샤카 부타의 유언이었다. 이러한 알아차림은 생물진화에 숙명적으로 조건화된 아름다움과 그 진선미의 숭고함으로 하여 대뇌신경 회로에 쾌감의 보상체계를 장치하고 있었던 것이다. 오늘의 혜경궁 미쓰 홍과 그 유전된 '소녀시대' 의 어느 된장녀들은 한손에 스마트폰 수다 음성, 한손에 스타벅스 테이크 아웃 종이컵 빨대기 흡입, 종족보존의 임무수행을 위해 아름다운 곡선미를 극단적으로 강조한 쾌감의 하이힐 해골관으로 하여 결국 자아 Self는 Ego의 자아로 한참 욕망화하였다.

"00대 계집애들......아나운서로 뜰라면......" 등의 잡스러운 최근 음향은, 원래의 숭고한 진선미의 생명에너지를 더럽히고 추하게 작동시키는 '잉여포화가치' 이다.

벤츠 자동차 뇌물의 여검사, 화살받이 판사, 특정 종교조직 도메인과 유사한 신흥 조직, 이들로 하여 시대정신은 자꾸만 경계와 국경의 또다른 폭력과 지배, 그 추악감각을 증폭시킨다. 이미

고양이 실험은 엄청난 돌연변이로 유희되고 조롱되고 미와 추를 함유하게 된다.

최소비용과 소모량으로 최대보상을 얻고자 하는 원시뇌의 인드라망 신경계는 도파민 전달물체의 약 0.1초 동안 반짝 순환되는 쾌감 뇌시계와 이미지를 지닌다. 쾌감중추는 뇌간 부위에서 측중격핵, 전조체, 전두피질부위 같은 쾌감중추로 축색돌기를 투사하는 일에 관여하는 중뇌변연 도파민계의 일부이다. 생물진화론자인 질 월렌스티아(2009)에 의하면 또다른 구성요소는 뇌의 오피오드계이고 카나비노이드계 또한 뇌시스템이 '좋아함'을 조절하는데 일조를 한다고 한다. 네번째 신경전달물질 시스템은 벤조디아 제펀(신경 안정제)및 GABA(감마아미노부티르산)과 관계가 있으며 쾌감본능은 4개의 신경전달 물질체계가 중계된다.

쾌감뇌시계. 신경활동의 사이클은 도파민 신경전달물질이 연료역활을 하면서, 시간적인 효율이 지연될 때 무기력한 상태를 동반한다. 뇌시계는 고속영상의 필름처럼 도파민 신경활동을 빨대같은 루프를 통하여 뇌바닥의 도파민을 만드는 흑질, 시상의 주변조직인 대뇌기저핵 그리고 전두전야를 통한다. 통상 뇌시계의 순환은 0.1초 간격으로 순환한다.(The BRAIN NOOK, 2009)

'침대는 과학'인줄(원래는 보드리아르의 이론이었다.) 알겠는데 한번 더 누리겠다는 거냐? 온갖 신종 짭새들이 몰리는 당인가? 차라리 누님 당인가?의 부정적 예측능력 부재는 대부분의 동포유전자들에게 미래를 암시하고 은유하는 불길한 예감을 들게 한다.

역대 미국대통령 선거기본전략의 1조는 상대당, 경쟁후보측의 예상되는 공격물을 (절대적인 가능성)으로 추출하고, 그 예상 공격문구나 이벤트 음모를 대처하는 역공격 또는 기피 이야기로 초치기 대기시킨다.(양호, 1998. 2003. 2007) 2012년대의 분노를 야기시킨 장로정권과 미래권력은 동일한 1%중의 1%에 의한 두뇌게임 방법에 마비되고 안도하고 있다. 배나무 아래에서 갓 끈만 매지 말고 가지밭 근처에 가서 알짱거리지 말라하신 선조의 교훈은 장난이고 구라만이 아닌 것이다. 심지어는 차기 선거의 홍보예산 경비가 50억 규모로, 특정 개인조직에 이미 선취권을 넘겼다는 소위, '아니면 말고'의 부정적 되먹임 음모가 역풍으로 작동되고 있다. 미래의 동포와 그 분노를 합일화, 에너지 총량화하기 위해서는 99%의 유전자가 숨겨 놓았던 소외, 왕따의 마음을 확실히 잡는 구체적 증거를 파격적으로 던져야 한다. 지난해에는 민족불교론에 대한 교수간의 건전한 논쟁이 교환되었고, 초짜 불도들은 처음부터 끝까지 무슨 논쟁인지를 (대중적 결론과 대중적 말투를) 손쉽게 대안으로 내놓지 못했다. 하여, 왕성한 종교논쟁의 기표속에 실제적인 반도불교는 미래불의 개혁과 차세대 또는 전자세계의 다중적이고 현실세계적인 불법을 외면한채 대승불교의 난해한 학문 속에 묻혀 있다. 수경 맘짱께선 진정으로 깊은 산속 바위위에 기대서 낮 잠만 주무시고 있는 것일까?

두뇌세포의 손상과 죽음은 노쇠한 퇴화와 뇌진탕같은 충격후의 개체 뉴런들의 죽음에 의한다.

축색돌기의 세포줄기들은 미세한 츄브에서 공급되는 타우(Tau) 단백질에 의해 안정, 조정 되어
진다. (CTEM)세포의 위기는 덤풀이 엉키면서 독성이 중독 혼합된다는 점이다. TDP-43이라는
세포질속에서 정상적인 뉴런은 붕괴되고 분해되며, 뉴런내부에서 덤풀처럼 엉켜버린다. 결국 축
색돌기 내부의 건강한 미세 츄브관과 고정된 타우 단백질의 생명체는 분해, 엉켜지는 덤블처럼
세포핵의 뇌사상태로 연속적으로 이전된다. 뉴런 인드라망의 생과사. "죽어도 좋고, 살면 더
좋고"(J.Barthlet, The Collision Syndrome, SCIENTIFIC AMERICAN, Feb. 2012)

　　미래의 전자시대에 다시 처절하게 사육, 실험되고 있을 사향 고양이들. 아프리카 다마가스칼
섬나라는 인류의 최후적 원시생태계를 은폐시키면서 야금야금 코코아와 커피, 그리고 흑진주 같
은 돌보석을 생산한다.
앞서, 된장녀들에게는 엄청 비싸게 팔리는 루왁커피는 커피체리만 먹고 사는 아프리카 사향고양
이가 싸 제끼는 배설물 원두를 갈아 원액을 정제, 추출한 것이다. 루왁커피에선 진한 초콜렛과
캬라멜 향이 끝내주는 맛의 미각을 주고 있지만 그 고양이의 배설 결과물 자체는 추함과 더러움
의 불쾌함을 동시에 내포하고 있다는 점이다.
극단의 선은 극한의 악이 대비되었을 때 강열한 쾌감 중추의 자극을 극대화하고, 극단의 추악함
이란 그 속에 아름답고 쾌락스러운 도파민 신경전달 물질의 코카인 같은 효율화 회로를 동반한
다.
칸트의 모더니즘이라는 아리까리한 목걸이, 귀걸이론에서 결국 현실적 미학은 저 유명한 듀상의
전람회에 출품되어진 변기였다. '듀상의 변기' 미학을 논하지 않았던 미술이론이나 서적이 존재
하지 않았을 정도로, 모두들 한 비평들 하지만, 이 화가가 보았을 때 일본의 대표지성인 가라따
니 고진의 논리가 정상적 분석을 하였던 것으로 판단하고 있다. 그 시절, 반도의 동포지식인들
이 좌빨이론의 뒷그림자에 숨어있기도 전에 가라따니 고진을 칸트에서부터 프란시스 후쿠야마의
「역사의 종말」 까지 작살 내버렸던 칼 마르크스의 변주자였다. 「프로이드 심리학의 유머」
(1993), 「은유로서의 건축」(1995) 등, 전후 일본의 포스트모더니즘을 대표하고 또한 이를 번복
한 것은, 일본의 정치적 책임의 회피에 이용당하고 있었다. 천황제 폐지, 그리고 쟝 쥬네와 팔
레스타인 동성애 전투병의 전사 속에서, 서구적 오리엔탈리즘을 아름다움과 그 지배라는 구도속
에 예술적 가치와 상품미학을 구축했다는 점이다.
그는 서울에 와서(1997, 백낙청, 박유하) 듀상이 전시한 것이 통상적으로 추악함을 연상시키는
변기라고 하는 감정을 괄호로 묶어 둘 것을 촉구하였다. 그러나 불쾌를 괄호로 묶어두는 능동성
이 형이상학적인 쾌(快)를 부여한다는 것이 칸트의 생각이다. 낭만주의에서는 이 괄호로 묶어두
기가 하나의 도착을 파생시켰다. 예컨대, "도덕적인 반발을 불러일으키는 악은 그것을 괄호로 묶
어두는 주관의 능동성에 의해 쾌(快)를 초래한다. 그 때문에 탐미주의는 거꾸로 악이나 타락

(abjection)을 필요로 한다.”는 추악함의 루왁커피 고양이 변과 변기는, 악과 미와 불쾌의 자기 해체속에 주어진 삶의 감각화와 대뇌인드라망의 생명에너지화를 추억, 담보하는 것이다.

　　결국, 도파민 신경전달물질의 쾌감중추 작동은 갈림길에 놓이게 된다. 쾌감의 증폭과 탐욕의 추함은 도착과 학대의 무지함, 그 ‘혼자서도 잘해요’의 끝없는 금단현상에 업보가 가중된다. 또 다른 진선미의 쾌감중추에서 메시지로 받아지는 비로자나 법계의 진짜 시스템 이해와 확인의 연습속에 숭고함과 환희스러움의 불교미적 태도, 낙관의 가치인 샤카 부타의 자비심 파동네트워크인 것이다.
뇌의 쾌감중추 작동과 깨달음의 판단중지(epoche)속에 도사린 생명진화본능의 짝짓기 유전자 진화는 빛보다 빠르고 유령같은 입자들의 망과 파이프관들에 의해 죽고 살려진다 했다. 이러한 불교신경미학의 진실을 알아차리고 또는 알아차리지 못하면서, 왜 사는지도 모르고, 자신이 누구인지도 모르고, 어떻게 조립된지도 모르고, 무식한채 존엄하게 생을 끝내는 지구별 생명체가 대부분이다. 탐, 진, 치의 불법계 세로토닌 분비 신경계 발화 이유이다.
“그럼 왜 사냐? 뭣 땜시 죽는데?”의 갈림길은 분명하다. 탐미와 찬미의 알아차림과 그 ‘선으로 가는 길’이 있고, 국민 재수(없는)것처럼 존재의 이유도 모른채 끝없는 탐욕과 그 죄의식의 마비, 마취, 그 ‘치’의 상태가 있다.
“죽음을 생각하는 삶은 무엇인가 상실될지도 모른다는 두려움에서 벗어나는 최고의 길이다.” 스티브 잡스의 스텐포드대학 졸업식 축사의 전자 화엄경 가르침이다. 생과 사의 정확한 변이 장면은 뇌신경시스템의 리좀 엉킴이 해체되고 마는 일종의 홀로그램이다. 다시 말하면, 인드라 네트워크를 구성하고 있는 극미세 중성미자(neutron)는 시공을 관통, 초월하는 어떠한 한 덩어리로도 뭉치고 빠지는 속성을 지닌다. 과거나 미래로 시간여행도 가능한 타키온(Tachyon) 실험 중성미자는 아이슈타인이나 이를 실험하고 있는 에레디타오 박사도 “미치고 환장할 노릇”(Being crazy!) 이라 하고 있으니 말이다. 현재까지, 스위스에서 이태리까지 땅속 732Km를 뚫고 초당 약 3억개를 달려, 빛보다 0.00000006초 빠르게 도착한다는 타임머신이다.

　　대뇌 또한, 엄청난 다수의 시넵스 뉴런으로 형성 작동되는 인드라 네트워크 시스템이다. 프로게이머 세계챔피언(W.C.G) 서지훈의 승패는 게임도중 판단작동 완료시간이 최소 0.00005초라고 한다.(내셔널 지오그래피, 2005) 토머스 영에 의해 빛은 파동의 성질을 가진다 했고, 아이슈타인은 빛이 작은 입자라 했다. 전기적 활동과 대뇌 축색 돌기관속을 흐르는 임펄스(impulse)는 의미적인 정보를 운반하고 있는 택배물(담채, 坍體) 또는 신호이지 뜻(의미), 그 자체는 아니라고 한다. 그러나 그 속에 유전되어진 부호화되고 암호화되며 지도화된 발화 가소성은 정보의 의미를 지닌다고 본다.(시즈미 히로시, 1992)

순간적으로 뇌가 취급하는 정보량은 50비트에서 100비트정도라고 한다. 실제로 50에서 100비트의 기체분자 집단운동은 컴퓨터에 의해 시뮬레이션(Simulation) 추적할 수 있다. 결국 삶과 죽음은 뇌세포의 생성과 망가짐이고 이러한 생물적 뇌 인드라망은 생물생명에너지에 범용되는 컴퓨터 법망이라 할 수 있다. 임준식, 임승원 번역의 사미즈 히로시 제작 '생명과 장' (1992)에서는 손쉽게, 주판알의 집합원리에서 생물 컴퓨터의 의미정보를 사고, 실험하고있다. 주판이 많은 알의 가소성 작동이 4칙연산(四則演算)이라는 소프트를 사용, 계산하는데에 적합한 구조를 하고 있으나 컴퓨터는 연산칙(則)에 의한 정보처리에 적합한 구조를 지닌다는 것이다.

0과1의 투사는 화엄사상에서 말하는 제망(帝網)으로서의 거울시트(And Mirror Sheet)에 출현, 묘사, 생성되는 '빨간사과' 시뮬레이션 홀로그램 같은 '침흘리게 하는' 유용한 정보로 바꾼다.

데이비드 마(David Marr, 1945~1980) 분자생물학 MIT교수는 인간의 뇌를 일종의 범용컴퓨터에 견주어서, 뇌의 하드시스템과 상호의존 소프트 흐름의 계산이론이라는 제 눈에 안경, 또는 선입견, 그룹짓기의 모듈 형성이 되어있는 것으로 보았다. 빛의 광자가 투과한 스펙트럼의 가시광선 무지개는 원래 경계구분이 불가능한 '색환상의 순환이행설' 이라는 (옆의 색으로 끝없이 이전할려는) 시신경 속성을 지닌다. 그런데 이러한 무한의 색을 인간은 빨주노초파남보의 7색으로 구분하여야 속이 시원하다. 몇 개의 구분되는 의미의 분절(덩어리)로 나뉘어 인식할려는 이른바 '계산이론' 의 지배를 받고 있다는 것이다. 아이슈타인도 그랬다던가? 나무는 보고 숲은 보지 못했다는 실수도 계산이론의 착시, 환상에 의존한다. 하이젠베르크(노벨 물리학상수상)는 마찬가지로 언어, 위치, 속도, 그리고 무지개 색의 소립자에 대한 의미는 모두 불확실하고 애매하며, 결코 결정할 수 없게 된다고 말했다.

원자, 전자의 세계에서 우리의 상식인 인과율은 성립되지 않는다는 것이다. 외상 술값 떼먹었던 오래된 외상(트라우마)은 소립자 형성의 자아(self)가 아닌 '재수없음' 의 자아(Ego)에 업보된 인과율 상보순환이다. 세포의 분열생성과 공화(空化)라는 화엄철학의 융통무애(融通無礙)가 정보를 생성하면서 그 창성법칙을 이(理)라 한다면, 그 이로부터 자기분절 또는 분화하면서 사(事)가 생긴다고 한다. 우편번호나 군번의 일련번호가 장소의 이(理)라 한다면, 이를 달고 사용하다 반납하고 딴데 가서 놀아버린 상태가 그 추억과 힘들었음, 고독했음의 드라마가 '사' 라는 '자기닮음' 이라 할수있을까? 어차피 이판사판인 것이고 도로아미타불이라는 것인가?

파동신호나 광자를 받아서 유익한 정보로 바꾸는 장치는 모두 일종의 컴퓨터이다. 같은 의미작동으로서 인체의 조직도 컴퓨터이다. 예컨데 근육은 컴퓨터를 내장한 엘린일 수 있다.

근육에는 액틴과 미오신이라는 단백질 분자가 모여서 만들어진 두 종류의 섬유가 있다. 수축과 상호 협조해서 운동의 효율을 높인다. 인간의 뇌는 이러한 조작정보를 자율적으로 만들어내는 특수한 전용 컴퓨터에 적합한 시스템으로 되어 있다. 그래서 인간의 뇌는 생물의 범용 컴퓨터이고 ‘생물학적 완성도’에 감탄한다.(김어른, 2012)는 무생학의 디지털 화엄생각을 철저하게 신경미학으로 희극화시켰던 것이다. 어차피 화엄의 바다에 인드라망으로 월세 들고있는 모바일 브레인(Mobile Brain)이 사람이다.

색즉시공 공즉시색. 양자론의 다세계 해석 이미지로서 각기 50%의 가능성의 세계가 확률해석의 가치로서, 과거시간에의 여행과 같은 가능성을 검증하고 있다.
인간의 판단은 프리킥의 공이 좌와 우의 두 방향중 한 방향만 판단 결정하게 된다. 공(입자)이 투광되어 거울망에 도달할때 골 키퍼가 공을 잡게 되면 인연이 성립되는 모양 (색, 망, 데이터)이 나오고, 골 키퍼의 반대로 저항없이 통과해 버리면 텅빈 그물망이 된다.(Kips. Thorne, Time Travel Newton, Mar. 2012)
빛의 삼원색인 색 파장, 빨강, 초록, 파랑을 각기 함께 비추이면 노랑, 하늘색, 자색으로 보인다. 빛의 2차색은 도료의 3원색이 된다. 빛의 삼원색이 합칠수록 선명한 투명색으로 나타나고 색의 혼합은 탁한 검은색으로 결과된다. 뇌신경계 호르몬 시스템으로 대비시켰을 때, 욕망, 창조의 과잉은 분노와 갈등으로 순환,이행되고, 이는 다시 치환과 의도적 항상성에 의해 무색투명의 해탈을 얻을 수 있게 된다. 선의 과정은 검게 되는 혼탁색을 빛의 삼원색이 「가법혼색」의 투명한 ‘없어짐’(무아)으로 승화되는 과정일 수 있다.

0.00005초의 가소성. 화엄의 바다, 마음의 파도는 대뇌 변연계의 기억과 본능(instinct), 전두엽의 추리(reasoning)와 의사결정(decision making)의 인드라망에 의해 ‘초치기 발화’로 게임의 손끝 터치, 타이밍을 확장, 승패를 결정한다.(NATIONAL GEOGRAPHIC, 2005)
모바일 두뇌 개념은 호문크루스 난쟁이(팬필드 의사의 뇌와 신체의 확장과 축소 상상도) 뇌지도에서 보는 바와 같이 ‘용불용설’의 근육 사용빈도가 인체이상의 극대화를 초래한다.
스마트폰의 손가락 터치행태는 전자유랑민들의 극대 진화 손등모양으로 길러지고, 또 그럴 것이다. 한반도 전자공화국은 바야흐로 2·3세 유아들조차 스마트폰 게임중독에 심각한 오염현상을 초래하고 있다. 초등학생들이 대낮 수업중에도 멍하니 허공만 바라보는 수업 기피현상은, 전날 밤늦게 게임놀이 하였던 쾌감 또는 편도체의 이상공격에서 오는 회로의 잔상때문에 통상적인 초등학생의 학습기능을 수행치 못하는 것이다.
어차피 미래의 반도체 회로는 생체분자인 유전자, 예컨데 몸속 대장균에서 뽑아낸 유전자를 이용하여 컴퓨터용 반도체 회로를 만들 수 있다는 점이다. 현재보다 반도체 저장용량이 매년 배로 증가한다는 시절은 호랑이 담배먹든 시절이라는 것인가? 우표 크기의 메모리에 고화질 영화 1만 편을 저장하는 100배까지의 저장용량을 가능케하며 기존의 실리콘 반도체 기술은 곧 끝장난다는 것이다.(김상욱, 2012) 바야흐로 비키니 젖가슴문자, 인증샷 전자시대에 진짜 ‘코피를 조심하라!’

는 시대가 온 것이다. 화엄의 바다, 그 인드라망 네트워크는 트위터, 구글, 아이폰, 페이스북의 전자한류 공룡시대를 넘쳐 파도치고 있다. 그리하여 "생물학적 완성도"는 인간의 뇌세포 하나부터 가상으로 만든 다음 1,000억개를 모아 인간의 '자연산 뇌'를 바꾼다고 한다. 스위스 로잔공대 뇌의식연구소가 진행하고 있는 '불후 브레인 프로젝트'는 2023년까지 인간 뇌 소프트웨어를 완성하는 것이다. 대뇌 뉴런의 한쪽 끝인 수상돌기에 전기자극을 주는 방식으로 가상 뉴런들을 생쥐의 가상두뇌에 이입시킨다 한다. 대뇌 신경피질은 언어와 인지작용을 담당하는 곳으로 인간사고의 마음자리이다. 최근 100만개의 매소서킷(mesocircuit)을 구현하는데 성공하여 뇌회로를 구성하게 되었고, 손짓 눈짓으로만 작동이 가능한 스마트 TV 시대가 열리고 렉서스 무인자동차(CES, 2013)가 생활화 되는 WITH 모바일 시대가 왔다.(따뜻한 기술, 인터넷, 융합의 약자) 즉, 이름하여 2023년 까지 인간의 꼴통 구조를 인공지능 로보트로 만드는 시대가 온다는 것이다.(헨리 마크람, 2011)

　한반도에서 머리깎고 맘짱되겠다며 법당을 지원하는 불자 수가 2023년이 되면 기하급수적으로 줄어들면서, 2044년에는 겨우 신규 출가자수가 21명 밖에 안될 것이라는 충격적인 예상이 나왔다.(퇴휴, 불교 미래사회연구소, 2012)
이러한 미래예측은 카톨릭이 현재의 두배나 신도가 늘어나면서 반도의 대표종교가 되고, 상대적으로 고국산천의 선방은 고승들의 떠남과 함께 적막산천이 될 수밖에 없게 된다는 것이다. 영포집단이나 상대적인 신흥에너지인 이노수(이화여대출신, 전노, 수도권조직)나 2030의 백수, 게임중독 세대들이 찬연한 한류의 아우성과 인증샷의 돌아선 자리에 「A10 쾌감 중추」만 자극하고 중독으로 금단현상을 초래한다. 미래의 동포핏대 회로에 샤카 부타 불법은 기득권 경전을 과감하게 전복하고, 미래세대의 터치폰 콘텐츠에 조망되는 진선미를 시급히 재 잉태, 분만, 혁명화시켜야 한다. 사이보그 지능로보트 인간이든, 자연산 생물학적 완성 인체이든, 전자화엄의 바다 그 새로운 인드라망의 사(死)즉생(生)이 절박한 것이다.
　이를 위하여서는 이 분야의 세미나 논제시, 발표교수들은 경전의 번역 같은 해석 발제는 "이제 그만하시라" 하고 싶다. 이 순간도 수많은 깊은 산속 수좌 차산남들은 처절하게 해석하고 공부하신다. 이들의 불업을 차용하지 마시라. 자기전공의 스펙트럼을 통한 새로운 시대의 새로운 메시지를 실험하고 대안을 내놓는 교수 본연의 역할과 기능으로 돌아가시라.
다빈치의 모나리자는 끝없이 변용되고 시대감각으로 재창조된다. 그렇다고 모나리자의 원화 아우라가 소멸되는 것이 아니라 그저 끝없이 진화하고 있을 뿐이다.

4대강의 진실

낙산사 홍련암, 유화10호, 2009

"이게 무슨 타는 냄새지? 태양이 죽어가고 있지않나! 지쳐서 나가 떨어진게야! 공룡과 헤라클레스와 이 바위와 나를 만들어 내느라 그리 지친게야!"(Philip Whalen, 1923)

"성형미인(인간)이 자연(산) 미인(신)을 제치고 미의 사절이 될 수 있으려나? 신이 인간에게 진건가?"(온라인, 2012)

"모태미녀라고 말 한적 없다.(미스코리아에 대해)바라는 부분이 있을텐데 실망을 할 수 있다고 본다."(2012 미스코리아 진)

부타는 인류 최초의 자연 생태학자셨다. 그분께서 갈파하신 우주의 위대한 원리는 과학적 진실이기 때문에, 그토록 인류에 회자되어 왔다고 본다. 수많은 전투의 결과와 외교적 지혜, 과학적 사고로 드디어 문무왕은 신라를 통일국가로 완성하였다. 그 바탕은 말할것도 없이 불교의 호국정신이었다. 문무왕은 통일국가의 완결성을 위해 수도 서라벌에 견고한 성벽을 쌓아서 향후, 국내외의 침공과 반란을 막으려 했다.(양호, 강물생태와 가상수미래, 선진화시민행동, 2009)

문무왕은 당시 신라정신의 지주였으며 막강한 종교적 조직을 장악했던 의상에게 서라벌의 축성에 대한 의견을 물었다 한다. 의상은 "왕권의 정치가 정도로 수행되면 풀밭에 금을 그어놓아도 백성이 이를 밟고 넘어가지 않을 것이며, 지배자의 권력이 오만할 때에는 아무리 성곽을 높게 쌓아도 백성은 이를 넘어트릴 것이다" 라는 편지를 문무왕에게 보냈다고 한다. 문무왕은 크게 뉘우치고는 의상에게 수많은 전답과 용돈을 선물로 보내지만, 이 또한 의상은 패전의 포로로 잡혀서 억압받는 노예들에게 나누어 쓰게 하시라고 돌려 보낸다.

물론 의상은 서라벌에 높은 성곽을 쌓게 되면 당연히 노역으로 인한 패전의 수많은 노무자와 포로들의 고통스러운 삶을 생각하고 반대를 한 것이다. 그러나 그 결과, 최초의 통일국가인 신라의 수도와 왕이 거처하던 궁궐이며 사찰들이 대부분 피침 실종되어 그 흔적이 역사에서 사라졌음 또한 사실이다.

간디스강의 마중 꽃불(2005). 빠르나쉬 강물위에서 10불식 구입한
인도기복신상들과 해뜨는 새벽의 배위 구매모습, 그 가난한 자들은 반만
태운(화장시킨) 시신들이 둥둥 떠내려 간다. 돌연 또는 항시 하늘에서
마중나온 래영불들이 이들 시신을 끌어안고 승천한다.
(뉴욕, Rubin Museum, 2011)

　반도불교는 죽음의 시신을 직접 챙긴다는 부타와 지장의 몸짓이 보이지 않는다. 조선 아미타 불상은 오른 손바닥만 들어보일뿐, 몸을 낮추어 옥탑방 불자시신을 직접 인솔하러 오시지는 않는다.
강의 흐름은 극락 아미타세계의 하부시스템 물결이고 간섭파동이다. 간디스강 최초의 번개신 인드라망 인터페이스다.

　한 큐에, 나랏돈 22조 2,000억 써버렸다. 한국형 항공모함 5대를 4년간 건조했더라면 피침 연평도의 반도국가를 자존할 수 있었을 것이다.(한국 재정학회, 2012)

　금수강산의 수자원은 조선반도의 토지를 비옥하게 하였던 국가존립의 기본 동력이었다. 그러나 지금은 계곡과 하천의 대부분이 붕괴된 토사와 폐수오염에 의해 (인체로 비유하면) 동맥경화증에 걸려있다. 중국은 티벳 고원에서부터 기저우 댐, 샨샤 댐 그리고 황하유역의 베이징까지,

400대 도시가 물 부족으로 고생하면서 돌발적인 사막의 검은 모래 폭풍으로 시달리고 있다. 물 부족 도시난민이 점차 늘어나는 추세는 잘 나가는듯 하던 중국 경제의 빛과 어두운 그림자이다. 2020년에는 한국도 물 부족 국가로 진입한다. 이미 과학자들은 중국에서처럼 천연 빗물 자체를 수자원으로 최대 확보코저 하는 개발계획이 진행되어 왔다. 베이징 올림픽 수영장 자체는 가벼운 비닐 물방울로 건축되면서, 자연 태양열과 년 중 빗물을 지붕에 저장하여 수영장의 물과 하수원으로 사용하는 에너지 자생공간을 만들었다.

한반도 전국은 지방하천과 상습 수해지구의 물길에는 이미 자연 순환적이고 자기닮음(Fractal)적인 우주의 흐름이 완전히 막히고 덥혀져 있다. 지방하천의 쌓여진 토사는 경작할 수도 없으면서 속수무책의 게릴라 집중호우를 주변 주거 농락지에 위협을 주어 왔다.(양호, 4대강 생태 인큐베이터제안, 산업정보학회, 2010)

　　지난 정부의 4대강 정책 수립자들은 4대강에 진입하는 상류하천의 토사와 수로붕괴의 상습적인 재해를 매년 땜질할 것이 아니라 기본적인 기후변화적 예측에 의해 토사를 제거, 다리 제방의 인공적 안정성을 먼저 시행하여야 한다. 2020년 또는 2030년의 국가 수자원 총량을 시뮬레이션 해보면 이웃 중국의 2030년 수량확보 계획, 일본의 2050년 국토 년간 저수량 확보계획 등에서 년간 월간 강수량 대비 인공빗물저장 시스템의 전국화가 가장 시급한 국토개발계획이라고 보았다. 그러나 4대강 개발계획은 결과적으로 몇 년 후 재수정 되어야 될 비장기적 비예측적 비생태적 비디자인적 공사이다. 올해 대학생들의 봉사활동에서 4대 강물을 각각 채취하여 마셔보는 이벤트를 가졌다. 이때, 모든 참여 대학생들은 한강물만 빼고는 다른 강에서 퍼온 물의 냄새 때문에 결국 시음하지도 못하였다. 프랑스의 세느강에는 아름다운 수로와 강변공원이 많다. 수변도시 대부분의 공원은 강물을 1급수로 정화하는 필터기능을 기본적으로 설치한다. 서울 왕십리 한양대학교 앞은 광진교에서 흐르는 극도의 오염된 거품폐수가 한강으로 유입되고 있다. 서울시장은 뚝섬 경마장을 「서울의 숲」으로 개조하여 사슴 방목과 함께 강변의 아름다운 숲 공원을 조성하였다 했다. 바로 여기에 정부의 비과학적이고 미래 예측력 부재의 한껏 실적주의 사고를 엿볼 수 있다. 선진 프랑스의 경우처럼, 서울의 숲 바닥 같은 곳에 도심의 폐수를 유입시키고 정화시켜 한강에 내 보냄으로써, 정화탱크의 인공습지와 정화수의 흐름을 그대로 하여, 시민들이 수영을 할 수 있을 정도의 선진국형 1급수를 만들어 흘리면 어떨까? 그러나, 우리는 2020년, 2030년 이후 청계천의 탁류와 함께 한강 르네쌍스의 수변도시를 하였을 때, 그 시절 시장은 사진 한번 찍고 재선거에 임하겠지만 우리의 후손들은 4대강 개발과 고급한 수변정화습지 등의 삼투압 현상의 미예측성으로 인하여 우리에게도 2009년 영국, 네덜란드, 스웨덴의 해변 콘크리트 뚝을 부시고 제거하면서 자연성 모래사장으로 회복시키는 자연회귀 현상이 반드시 올 것으로 예상한다.

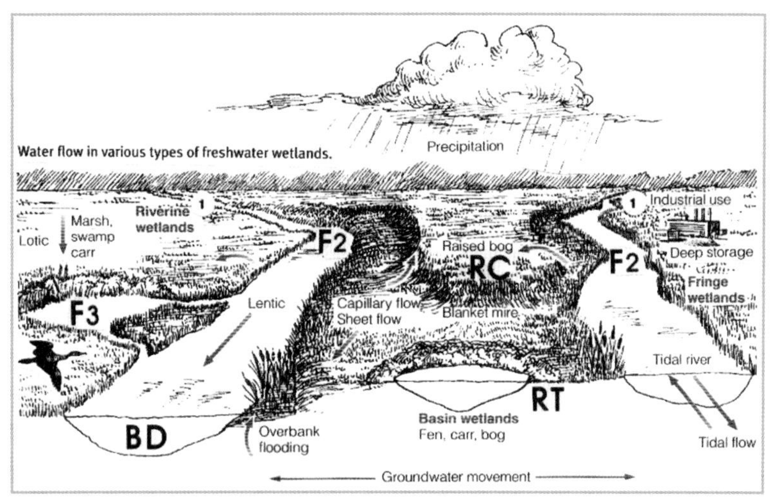

피부생태계 · 삼투압 모듈, 양호, 나투터와 빌바오 효과, 대통령 선본, 2009

이미 미국 켈리포이아주 '버컬리' 도시는 하천 제방을 제거하는 등 자연성 회귀로 성공한 삶을 영위하고 있다. 우주 별들의 운항과 지구내부의 선순환, 그리고 사람의 정신 머리속 인드라망은 '유사해부학' 적 공진화, 항상성을 진행하고 있다.

4대강의 대규모 보에 의한 생태계 교란은 적어도 1년을 주기로 하여, 실시간적 현장모형에 의해 모든 생물계의 생태계 순환과 음식고리(Food Chain)의 진행 상태를 관찰, 실험하고, 그 연후에 본 설계와 마스터플랜을 작성, 시행했어야 한다. 물론 절대 물 부족 국가인 중국의 몸부림은 손문, 모택동때부터 양자강의 샨샤 댐을 막아 미래 중국의 성장동력으로, 그리고 황하지역의 갈수와 공업폐수를 해결할 것으로 보았다. 그럼에도 불구하고, 샨샤 댐(댐높이 185m) 건설에 앞서, 기저우 댐을 하류의 동일한 계곡으로 설정, 댐 높이 50m로 하여 실험용 기저우 댐을 건설해 보았다. 그리하여 이집트의 나세르 대통령이 소련의 원조로 건설하였던 아스완 댐의 5가지 생태학적 실패원인을 관찰하고, 수정보안의 되먹임 끝에 샨샤 댐을 건설 완공을 보게 된 것이었다. 이른바 '60년 계획에 60년 시공' 이라는 중국적 사고 방식으로 지구의 자기닮은 프렉탈 구조를 개조하고 말았던 것이다. 산샤 댐의 1년 저수량은 일본의 1년 사용 수자원 총량과 맞먹을 정도의 엄청난 수량이다. 무게는 지구의 자전축을 흔들면서, 이웃 산악지대에 지진이 나기 시작하였으며 갈수록 토사 침전과 폐수오염의 폐인을 결국 보게 되었다. 떡 주무르듯 4대강을 막았던 보 16곳 중 11곳이 부실공사로 강물이 터지고 있다. 국토의 경관이 추한 인공물로 되고 말았다.(감사원, 2013)

지구상의 각 나라는 나름 최초의 이미지와 취향을 가지고 있으며 문화와 예술의 향기는 독창성과 차별화라고 하는 국격을 가지고 있다. "인위적으로 만든 청계천처럼 단순히 물을 흘려 보내는 곳……"이라는 결론은 잘못되었다고 본다. 지금 청계천은 인공수로로 맑은 물을 흐르게 하고 있다. 그러나 어느 나라 어느 도시의 수변인지는 절대로 느껴지지 않는 '무국적의 계천'이다. (이 화가는 「서울시 도시 디자인 기본계획」 용역을 수행하면서 청계천 복원 디자인 심의위원장을 수행하였었다.)

"지금 독화살을 맞고 눈앞에 신음하고 있는 중생을 돌아봐야 한다."(사치기, 구사론. 捨置記, 俱舍論) 샤카 부타께서는 당시 960가지가 넘는 언론의 여러 생각들이 형이상학적이고 철학적인 논의들로 난무되고 있음을 일거에 알아차리셨던 것이다. 음식을 먹어야 하고 배설해야 하는 지구의 셋방신세는 이제 전자유목민으로서 잠시 조립된 한갓 생물일 따름이다. 샤까 부타의 차별은 독화살을 쏘아버린 권력이나 홍위병 일지라도, 고통의 지옥 문에 다다를 수 밖에 없는 연기에 의한 생명 조직인 것이다.
하여, 화살의 상처를 보는 여실지견(如實知見)의 지혜는 조선반도의 역사 전력에 혹은 밀착했고 혹은 핍박 받아진 수난의 종교였으며, 새로운 세기의 새로운 전자시대 불교의 교리가 되어, 드디어 0과1의 비트적인 상호 관련성, 상호 의존성의 빛을 누리는 절대권력의 어디쯤에 불교가 있는가를 처절하게 규명, 진단되어야 한다.
법 마당으로 돌아와서는 비과학적인 대상으로 그 간의 신비화, 도피화했던 불자들 역시 상처의 과학적 치유를 재창조시켜야 한다. "돈만 된다면 죽이고 파헤치고 허무는 일을 예사로 여기는 권력과 자본의 탐욕을 그냥 지켜볼 수 밖에 없는 현실의 눈물"을 수경 맘짱은 일갈 말씀하셨다. (수경, 2009) 땅과 물이 숨을 쉬어야 하고, 독화살의 상처가 자연치유 되는 우주와 지구의 항상성은 "그래도 지구는 돈다"라고 '갈릴레오 갈릴레이'처럼 진언하고 싶다.
토목 공사식 자본 상품개발은 과잉 태양에너지의 사치한 소모이다. 우주선 강변의 교환가치는 조선반도의 후예들에게 증여해야 할 생태계의 최고가치이다. 즉, 이러한 기호와 상징가치는 유산의 재 진화와 유전자의 미학을 치유하는 바티유(G. Bataille)의 「일반경제」의 진실이며, 주어진 세기적 리좀 구조와 차후의 「자연생태환원」 비용부담이 (동포의 자녀들에게) 유산될 수는 없는 것이다.(양호, 4대강 양론과 U-Ecodesign, 국회, 2009)

부타는 생태학자

지율스님 어디갔나, 유화 8호, 서울민미협 리얼리즘전 출품, 서울시립미술관 분관, 2011

 "사람이란 왕을 뜯어 먹어, 살이 찐 구더기를 미끼로 생선을 낚을 수도 있고, 구더기를 먹어 살이 찐 생선을 먹을 수도 있습니다" (햄릿) "그건 또 무슨 뜻으로 하는 말인가?" (국왕), "그저 임 금님께서 거지 뱃속으로 화려한 행차를 하실 수 있다는 것을 보여 드리려는 뜻입니다" (햄릿)

 부처님께서는 "모든 땅과 물은 나의 옛 몸이고, 모든 물과 바람은 나의 본체" 라 하셨다. (법망 경) 하여, 수경 맘짱께선 부처님의 법신에게 생명의 본질로서 만물의 현현한 존재를 규명하셨 다. (수경, 2009)

생태계의 우주와 대지는 창발과 항상성에 의한 「자기조절」의 적응한계를 진화시켜 왔다. 이른바, 아미타불의 근본적 법계와 불성의 이러한 에너지는, 찰스 다윈의 '적자생존이론'에 의해 현대과학의 기본원리를 규명하고 있다. 샤카 부타께서 터득하신 모든 땅과 물과 바람이라는 자연과 생명체는, 독일 생태학자 Ernst Haeckel에 의해 「살기위한 집」과 「학문」이 합쳐진 생태학(Ecology=oikos+logos)이라는 과학 분야로 재진화하게 되었다. 또 다른 생태학자 오덤(Odum)은 생물과 환경사이의 에너지 개념을 도입한 상호관계, 즉 자연의 구조와 기능을 연구하는 학문이라고 재규정하였다. 이른바 원인과 결과 관계이다. 생태계(Ecosystem)는 하등생물에서 고등생물로 구성, 연결되면서 먹이사슬(food chain)의 기능을 수행한다.(태양은 치성광여래의 옆자리에 일광보살로서 불리운다.) 태양광선의 부분인 광자가 태양에서 차가운 대기를 뚫고, 지구 생태계에 닿기까지 1,600억km라는 먼 거리를 오는데 걸리는 시간은 8분 정도이다. 땅과 물에서 자라고 있는 식물들은 자양식물 (green plant)로서, 엽록소를 지니는 녹색 단세포 생물이다. 이들은 풍부한 대지의 빗물과 지하수 그리고 흐르는 강물을 뿌리로 흡수하여 태양열(radiant energy)을 받아 공기속의 탄산가스를 마시며 '광합성 작용'을 한다.
인류 생명체에 가장 중요한 산소와 함께, 자기보호를 위한 '피톤치드' 같은 물질도 내품는다. 이때 바람은 식물의 종족번식을 위해 멀리까지 바람개비처럼 날려 보내며, 꿀벌과 나비도 날라온다. 이때의 토지에 자란 잡초는 젖소나 면양이 뜯어 먹게 되고, 「제1차 생산자」(primary producer)의 기능을 수행하게 된다.

샤카 부타는 생태학자였다. "모든 땅과 물은 나의 옛 몸이고……"라는 「법망경」의 말씀은, 이러한 생태계의 광합성 기능을 밝히셨던 것이다. 엽록소에서 만들어진 에너지는 동물들에게 생명을 유지할 수 있는 (제 1차) 소비자의 역할을 수행케 한다. 들에서 자란 풀을 먹은 젖소가 인간의 식탁에 올려져 먹거리가 되는 단계를 기본적인 먹이사슬이라고 하며, 이때는 3내지 5단계의 영양단계를 「음식고리」(foodchain) 영양단계 (trophic level)라고 한다. 초식남(풀만 먹고 사는 남자)의 경우 영양단계는 제 2단계이다. 습지 속의 식물 플랑크톤(제1차 생산자. primary producer)을 동물 플랑크톤(제 1차 소비자, primary consumer)이 먹고, 이를 멸치가 잡아먹고, 멸치를 먹고 살이 찐 고등어를, 드디어 사람이 잡아먹었을 때, 이를 생태계의 영양단계라고 한다. 이러한 지구상의 먹이사슬을, 샤카 부타께서는 생태계의 순환성이라는 비로지나 법계의 시스템으로 이야기 하셨던 것이다. 이러한 자연생태계의 구성은, 녹색 단세포 식물 (Autotrophs)이 제 1차 소비자인 Hetrotrophs, 그리고 제 2차 소비자인 Phagotrophs, 최후의 포식자(Tertiary consumers)인 육식동물로서의 인간(Carnivore)에 의해 먹이 피라미드가 형성되고 있다.(양호, 환경디자인과 생태학, 공간 179권, 1982)

　우주의 유일한 최후의 포식자인 인간이 항상성과 창발성을 지니면서, 생명체의 탄생과, 생로병사의 과정을 밟으면서, 비로소 순간마다 변화하고 우주 속으로 실종되는 비로자나 불성을 명확히 증명하고 있는 것이다.　"이것이 생김으로서 저것이 생기고, 이것이 없음으로서 저것이 없고, 이것이 멸함으로서 저것이 멸한다."는(아함경), 실유불성(實有佛性) 즉, 생명체가 음식을 먹고 배설물을 방출하는 에너지와 물질의 환원과 재생 시스템을 말하는 것이다.　'인과 연'의 상보상존의 순환과 의존은, 마치 뫼비우스의 띠처럼 일정한 에너지 총량을 가지고 흐른다. 자연생태계의 에너지 흐름은 "에너지는 사멸하지 않는다"는 열역학 제 1의 보존법칙(thermo dynamics)과, "에너지는 바로 돌아가지 않는다"는 불가역성(不可逆成) 법칙에 의해 절묘한 생명행위를 영위한다. 최후의 포식자인 인간과 에너지 중간생산자들의 배설과 그 사체들은 흙에 묻히고 강물에 뿌려진다. 「반야심경」과 「제행무상」諸行無常)의 개념으로 해석할 수 있다. 대지나 흙에 버려진 동식물 시체, 낙엽이나 지렁이, 메뚜기 뒷다리 등은 부셔주고(humus) 썩어서 (bacteria decay) 질소, 인산, 가리 등의 무기화(mineralization)를 통해 무기 염료(Inorganic salt's)를 생성한다. 갠디스 강에 던져진, 다비 장비가 약소했던 반쪽 시체는 여전히 강물 속에서 탄소동화작용을 한다. 그리하여 다시 플랑크톤의 먹이가 되고, 그 멸치는 뱅글라데시와 칼캇타 삼각지역의 빈민들에게 유일한 단백질 영양을 제공하면서 포식자 인간에게 환생(shamsara) 된다. 「공즉시색」의 순환 생태흐름이다.

천성산 지킴이 지율 맘짱께서, 한마리 도롱용으로 저렇게 「참여불교」 운동을 하심은, 이러한 조선반도의 주어진 대지에 인간을 포함한 모든 생명체와 그 무기화 순환이 막히고, 콘크리트로 뚤리고 덮이고, 쉬 호흡조차 안 되는, 국토의 삼투압 불능의 생태계를 우려하였기 때문이다. 문제는 지율이나 수경 맘짱께서 이러한 사회문화적 생태학이 아닌, 보리수 아래서 참으로 터득하신 자연생태학과 그 여실지견(如實知見)의 구체적 과학성을 장로 권력과 토목공사 수혜자(?)들에게 제시했어야 했다는 준엄한 명제와 과제가 있었다는 점이다.

　파스칼이 말했다고 한다. 광대무변한 우주의 진실과 초월의 에너지를 엿보면, 우리는 무서운 공포와 불안의 감성을 느끼지 않을 수 없고, 그저 묵언의 감사함만 지닐 뿐이라 하였다. 누가 우주를 창조, 진행, 유지하고 있는가를 감히 물을 수 없는 '존재의 강대 영원함'만 느끼는 것이다. 그럼에도 불구하고, 때로는 독화살을 맞아가며 생존하는 인류는, 그 개체 자체가 우주와 대지와의 한 부분(간섭파동, 全一惺)이며 닭이 낳은 알로서 유전된 북두칠성의 유전자를 지닐 수밖에 없다는 '불구 부정'(더럽지도, 깨끗하지도 않는)의 차용된 신체임을 눈치채야 하는 것이다. 생태계의 먹이사슬에 에너지가 흐를 때, 그 총량은 '부증불감'(늘지노, 줄지도 않음)이고 과학적으로는 열역학 법칙이다. 이때 빈대, 벼룩을 잡는 D.D.T 라는 화학약품의 총량은 단세포생물에서 인간까지, 그리고 그 배설물에서 대지와 습지에 까지 죽지 않고 기생한다. 저 우주의 비로자나 법계에서부터 치성광여래의 일광보살, 월광보살, 그리고 나의 유전자를 특별히 제공하신(?) 월광보살 옆 동네의 금성, 아니면 북극성의 유전자는 지구에 셋방(?) 들어 살면서 가소성 (plasticity)과 항상성(homeostasis)이라는 우수한 유전자 쪽으로 긍정적 되먹임(positive feed-back)을 한다. 또 다른 부정적 되먹임(negative-feed back)은 전국의 성지 사찰을 돌아다 니면서 때로는 기도하고, 때로는 주변의 모든 소유를 (이사할 때) 편하게 버리라는 '원래 아무것 도 없었음'을 흉내 내는 떠돌이로 진화된다고 상상한다. 다 버리고 삼수갑산, 짚신 신고 떠난 경 허의 유전정보가 따로 있나? 이 화가도 문둥병 비슷한 여인과 충분히 동숙할 수 있었고 원효처 럼 때로는 거지같이 흘러 다녔다. 도화살과 역마살의 유전이었다.

하나의 신념, 어느 별에서 유전 받아진 유전자의 생각은, 인류 최초의 생태학자 샤카 족 부타 께서 갈파하신 생태계의 원리, 그 '반야바라밀다'(paramita, 저 언덕에 도착)의 법칙이다. 첫째 는, 앞서 설명된 '물질과 에너지의 흐름이 주기적으로 순환하되 에너지는 사멸되지 않는다.'는 보존의 법칙과 '돌아가지 않는다'는 불가역 열역학법칙인 「순환성」(circulation)의 성격이다. 이때의 에너지는 업(Karma)의 환원되는 예측 가능성이다. 둘째는, 상호 「관련성」 (interralation ship)으로서 녹색식물 환경은 육식동물의 분해자가 배설하는 물과 대기권의 지리 학적 환경, 그리고 배설물의 무기화에 의한 화학적 반응으로서 일즉다 다즉일(一卽多, 多卽一)이 된다는 점이다.
세 번째는, 지구의 한계인 「유한성」(limitation)이다. 이제, 모두들 코펜하겐에 모여 "생태계의 공급원(resouces)은 유한한가?"고 부르짖고 있다. 원래 생태계는 인간의 생물학적 환경이다. 이 에 인류가 적응하는 구조로서 문화가 대두되며, 서식하는 환경은 같지만, 살아가기 위한 철학관 과 방법론이 다르다.("Place to live work", "Way of life")는 인간정주, 서식(human settlement)이라는 물리적 환경, 그리고 경제력, 정치적 사회적 환경 속에 인간이 생존한다는 점이다. 네 번째는, 인류가 기하급수적인 진화 속도를 지님은 비로자나 불법계에 자동 충족되는 인간의 「자기조절」(self-control)속성 때문이다. "한 점의 먼지에서 우주를 보며, 우주의 광활 함 속에서 하나의 먼지를 본다"라는 인간의 신체는 '우주의 축소판'으로서 모든 인간은 중우주로 서 샤카 부타의 몸통이라는 위대함이다. 지구상의 생물존재는 최저와 최고의 온도유지한계선 (hypothermia)이 보장되어야 한다. 인간의 최고 한계온도는 45도이며, 심장수술시 34.5도 이하 라야 수술이 성공한다고 한다. 29도 이하로 체온이 내려가면 체온의 자동조절 장치는 정지되고 만다.(양호, 4대강 양론과 U-Ecodesign, 국회, 2009)

인간이 먹이사슬 구조에서, 음식 피라미드의 정상을 차지한다는 것은, 비로자나법계에서 인간 만이 항상성과 자동조절 시스템을 갖추었다는 반증이다. 살기위한 집과 그 학문인 생태학,

Oikos(살기위한 집)+remain(유지, management, maintenance)=Economy 즉, 경제와 상호 보완하는, 유독 인간만이 개발할 수 있는, 때문에 이토록 문명과 진보를 가져오고 있다고 보는 것이다. 그러나 인간의 과도한 욕망이 권력화, 세속화 되는 과정에서는, 원래의 비로지나법계를 과도하게 개발, 변용시킴으로써 개발이익과 99% 경제 피지배계급의 종속을 도모하는 약육강식의 업을 초래하게 되었다. 마샬 맥루한은 의복은 피부의 확산이며 자동차는 발의 연장이라고 하였다. 이는 인간의 유익한 진화를 위한 생태계에의 적응 문화수단을 말한다. 인간의 과욕은 인체의 유지 한계선과 자연의 과학적 엄격함을 때로는 붕괴, 파괴 하였다. Ian McHarg는 폐병환자로, 스코틀랜드 바닷가의 요양소에서 바닷가의 조개나 고기들의 행태가 원래 "형태는 기능에 의해서 생긴다."(Form follows function)라는 독일공작연맹의 원리를 "모든 형태는 생태계에 의해 생성된다"(Form follows ecosystem)라는 비로자나 우주 자체의 속성을 발견하게 된다. 「우주선 지구호와 카우보이 경제」(spaceship earth and cowboy economy 개념이다.

달마스님은 소림굴 9년 생활에서, 땅 곤충들의 치열한 적자생존의 전투장을 관찰하게 되고, 후일의 소림권법은 달마 생태학자의 교본이라고 보면 된다. 부타의 생태학적 발견은 에너지 정보의 순환성, 상호관련성, 유한성, 그리고 자기조절성이 생물학적, 지리학적, 화학적 반응으로 나타나고 있다는 '진리체계' 이다. 이러한 생태계 환경은 인류가 경제로 경영하고, 삶을 영위하면서 문화라는 인간정주와 문화적 유전자 밈(meme)의 물리적 환경과 비 물리적인 사회경제, 정치적인 사회적 환경을 유지하게 된다.(양호, 카우보이경제와 우주선지구호, 대통령선본, 2008) 바로 여기에서, 인간은 지구의 유한한 자원의 과도 개발, 소유라는 비로자나 법계의 순환, 상호관련의 네트워크를 단절시키는 커다란 오류를 범하게 되었다. 새로운 전자시대에 진입하면서 인류는 커다란 위기와 말세의 재앙을 상정하고 있다. 원자의 아날로그 순환환경에서, 어느 날 갑자기 빛(Bit)의 속도로, 디지털의 급변 환경으로 와 버렸고, 따라서 한정된 지구위의 인구증가보다 기술진보의 속도가 더욱 빨라졌으며, 수확체감 현상에 의해 지구경제의 비관적인 전망이 우세하게 되고 말았다. 애플사의 아이폰과 나노 아이팟 제품은 '다중정보의 간섭무늬' 가 혼란해지는 '극한의 광속도를 집약 정보화' 하는 유전자의 모형, 현실화 현상이다.

이태리의 아물레리오 페케이 박사가 주동이 되어(1968. 4. 20) 세계의 정치, 경제, 자연, 사회적 문제의 상호관계를 규명하는 「Club of Rome」을 창설하고, 첫째 사업으로 "인류의 곤경에 관한 연구과제" 를 MIT공대에 의뢰하게 된다. 「로마 그룹」 의 보고서에 '경제성장의 한계' (The Limits to Growth, Donella H, Meadows, 1972)라는 지상의 비관론은 이렇게 작성되었다. "자연 생태파괴와 자원 고갈은 인간의 두뇌와 과학기술 개발에 의해 해결되어야 한다." 는 주장은 로마그룹 창립 10주년 기념연설(1978. 7. 13)에서, 페케이 박사가 다시 강조한 지구의 숙명이고 숙제였다. 필자는 앞서 통일국가의 서라벌 수도 수성을 위해, 당연히 성벽을 쌓아야 한다는 통일 주체세력 문무왕의 인공개발주의와, 자연생태 또는 패전국 유민의 기본적 삶의 보장을 위하는 생태주의자 의상대사의 비관론과의 충돌을 이야기한바 있다. 오늘의 지구생태학은 이러한 인간행태학(Human behavior)과 자연생태학의 조화와 균형이 시급하면서, 도로 후진국의 굴레와 원시 수렵농경시대에로의 피지배국민으로 회귀하여야 하는 우를 범할 수 있다는 것이다. 「로마그룹」은 이렇게 이야기 하고 있다. "인류와 자연의 조화에 있어서 최대의 위험은 재생 가능한 자원에 있다. 그 예로, 열대우림의 무자비한 파괴이다. 과거 수천만 년 간이나 식물과 동물의 생존을 유지해온 열대 우림의 40%는 이미 실종되어 버렸고, 남아있는 부분도 1분간에 20 헥타르의 비율로 태워지거나 벌채되고 있다. 이 파괴의 경향이 억제 되지 않는 한, 30~40년 후에는 열대 우림이 소멸 되고 말 것이다. 이는 유전의 고갈과 시기를 같이 하지만, 인류에 미치는 영향은 더욱 심각하다. 바로 인간의 지혜와 두뇌, 과학기술이 시급히 적용되어야 하는 이유이다" 그럼에도 불구하고 과학기술에 의한 생산과잉의 자동화, 능률화는 인간의 두뇌노동시간, 근육노동시간의 감소와 여가의 증대를 가져오게 하였다. 지구상의 모든 생명체는 자연위에 존재하지만, 인간만이 자연과정을 변화시키고, 생태계를 수정 할 수 있는 능력을 지니고 있다. 이러한 과학과 기술의 발전은 자연 속에서 조화와 균형을 찾기보다는, 그것을 지배해야 한다는 기독교적 자연관에 바탕을 둔다. 이는 자연에 대한 정복욕이다. 드디어 인류는 이미 스스로를 전멸시킬 수 있는 물리적인 힘(핵)을 가졌고, 앞으로 태어날 생명들의 유전인자를 의도적으로 조작하고 있다.(양호, 국가환경 예측과 양산박 테크노, 자유사회연대, 2009)

결과적으로 현대인간은 기계와 상품에 예속 당하고 있으며, 현대인의 자기소외는 자본과 권력에 의해 '지배, 종속' 되고, 약육강식의 '침입과 천이' (Invasion and succession), 그리고 에너지의 '집중과 분산' 이라는 와중에서 인간 구원의 원초적 절규가 발생하는 것이다. 2500년 전 비로자나 법계의 생태적 판단은, 다윈의 진화론과 아인슈타인의 상대성 이론 등 현대과학의 '우주법계를 향한 알아감' 은 계속 진행되고 있었다. 인류의 과학 기술은 한 세기가 바뀌면서, 경이의 전자환경에서 '색즉시공 공즉시색' 과 같은 바라밀의 현상이 쉽게, 가시적으로 진행되고 있다. 이제, 「불교생태학」 은 전자 세기 속에서 새로운 과학적 차원의 해석이 이루어져야 한다. 빌게이츠의 나노 아이팟과 스마트 모바일 등이 그 상징 상품이라 할 수 있다. 우주정보가 소용돌이치는 간섭물결의 '화엄세계 인트라망 인터페이스' 인 것이다.

비로자나 일광보살. 생태순환 피라미드. 햇빛은 모든 생명의 근원이다. 햇빛이 없으면 식물은 광합성을 하지 못하고, 산소가 배출되지 않으면 동물도 사람도 호흡 할 수 없다. 태양에너지를 통해 바다의 물은 수증기가 되어 하늘로 올라가고, 그것은 다시 물(H_2O)로 바뀌어 대지를 적신다. 이를 통해 식물은 필요한 수분을 제공 받고 성장하며, 꽃을 피우고 동물에게 먹이를 제공한다. 태양의 자외선, 전자파, 중성미자, 풀, 자양식물(1차생산자)의 증식 삼투압, 소(1차 소비자)의 호흡, 발한, 배설, 썩음, 흙과 강물의 증발이 먹이시설(Food chain)의 단계를 순환시킨다.(SCIENTIFIC AMERICAN, May. 2010, 재편집)

"붕어새끼가 인슈라섬에 올라타?"

무소유의 인슈라섬. 혁필유화 10호, 2009

　종교는 그림자다. 그림자는 진정한 현실이 아니다. 늘 변한다. 자, 손 모양에 따라 그림자가 바뀌지 않나, 그림자는 좋은 모양, 나쁜 모양, 네모, 세모 등 가지각색이다.
불교는 종교라기보다 나의 마음을 찾아줄 수 있는 기술이다. 맹목적인 믿음보다는 '나는 누구인가'를 바로 볼 수 있는 도(道)다.
예수가 마지막에 한말이 뭔지 아나? "아버지 왜 나를 버리십니까?"이다. '왜', 'why' 이것이 참된 화두다. 예수님도 화두를 들고 가셨다.(유럽에서 쓸쓸하게 방랑자로 살고 싶다는 현각 맘짱,

이향휘 매경기자, 2012)

"강을 ① 건넜으면 그만이지 배까지 ② 짊어지고 갈 필요 없다. 벌도 꽃 속의 ③ 꿀만 물고 가지 향마저 물고가려 한다. 바람을 ④ 쫓으면 채찍 그림자도 ⑤ 저리나니. 그 누가 이러한 참 용의 뼈인가. 손에 벽옥의 망치를 ⑥ 들고 정령의 굴을 때려 부순다. 아름다운 물고기는 그물을 뚫고, 붉은 붕새는 쇠사슬을 ⑧ 찢는다. ⑨ 깊이깊이 바다 밑으로 다니고 높이높이 산 꼭대기에 선다. 바람 앞에서 두어 번 읊조리고, 하늘 밖에서 곡두재 꼭대기의 구름이요, 쌍계루 앞의 달이로다."

수산 큰 맘짱 동안거 결제 법어(법보신문, 2009. 12)는 진화론자 도킨스(R. Dawkins)의 진화가 펼쳐낸 '지상 최대의 쇼'를 불법의 문자로 아름답게 표현하셨던 시대적 미학이다. 도킨스는 "우리 주위는 너무나 아름답고 경이로운 생명들로 가득하다. 이것은 우연이 아니며, 무작위적 이지 않은, 자연 선택에 의한 진화의 결과이다." 라 하였다.

수산 맘짱의 법어에는 (삶들이 약동하는) 생명 에너지가 넘쳐흐르는 문자 표현의 '형용사'와 '동사'가 서술되어있다.

사람과 생명체의 개인거리(personal space)가 주어져 있다는 소유의 기준을 이야기 한다. 동사들이 전하는 메시지는 진짜 자기 자신을 발견하려는 외형적 상태, 즉 프라이버시(Privacy)의 원래 유전된 속성을 표현한 문장으로 보인다.

그 의미하는 바는, 현 사바세계의 관념과 넘침이 과밀(crowding)을 이름이며, 스파게티처럼 엉킴의 「리좀」(rhizome)현상에서 생명의 영역성(territoriality)의 소유경계 지혜를 읊조리신 것으로 보인다. 인간행태(Human Behavior)의 기본 구조로서, 이 화가의 이학박사학위 주제였다. 하여, 현재의 위치와 위상은 극복과 알아차림의 열망, 그 법열의 '지상최대의 쇼', 그 우주의 화엄세계 진실을 알리시려 한 것으로 해석된다.

모두들 "도대체 그 열반의 경지를 체득한 하나의 길이란 어떤 것인가?" 라는 물음에, 운문선사 또한 "이 부채는 뛰어오르면 33천의 천상까지 올라가 제석천의 콧구멍에 붙고, 동해에 있는 잉어를 한방 치면, 곧바로 뛰어올라 갑자기 그릇에 담긴 물을 뒤엎은 것처럼 비를 쏟아 붓는다!"고 답하셨다. 부풀림 극대화의 양전자(힉스입자) 현상이다.

모두들, 콧구멍에서 진짜 용 뼈까지, 생명체의 춤추는 에너지 발현을 통하여, 삶의 환경을 확인하는 즐거움과 그 쾌감의 승화를 노래하고 있다.

이른바 '생명력의 아름다움'이 우주의 본질이고, 이 때문에 오늘의 여기까지, 침팬지 인간들은 다 같이 공진화되었다는 것이다. 허긴, 오늘도 회색 몸뻬바지 입고 방석 깔고 백번 넘게 큰절 바치면서, 마루바닥에 깔아놓은 가족사진 가피 받아가는 엄마들에게 "사실, 민물에 사는 잉어가 바다에 있을 까닭이 없는 것처럼. 열반의 한길을 이러쿵저러쿵 하는 것은 무의미한 일이다." 라고 하신다. 끝내 바람 앞에 등불처럼 선풍을 일으키고 사라졌던, 저 경허의 비탄이 한갓 월셋방 살다 가는 꽃속의 꿀도 꿀벌의 새끼 백천의 꽃가루를 운습하지 않으면 꿀이 빚어지지 않는다 했던가? 경허의 허무한 탄식이 이 글을 쓰고 있는 이 화가에게는 왜 그렇게 슬프고 아름답기만 한 것인가? 비장미의 쾌락 아닌가? 경허의 허파 속에 품었던 욕망과 억제의 본능이, 떠도는 문둥병 여인을 동숙하면서도, 노랗게 마음이 자유스러웠던(?) 그 초월의 시공(kalavada)이었을까? '죽 쒀어 개 주어봤자' 의 삼수갑산 도피, 그 어떤 수제자에게도 이름자 돌림을 주지 않았고, 그래서 대한초등학교 반장선거 같았던, 세승의 재산을 분할하고 소유하려는 추악한 분규를 절대로 허락 하지 않았다. 그리하여, 침묵으로 결별해 버렸던 마지막 현세의 분신, 그 진짜 무소유가 더욱 그리워진다. 아름다움과 추함, 그 콩가루의 분리와 확산, 그래서 나누는 미세함과 미약함의 진 실을 더 더욱 폭력과 화폐독식으로부터 구출되어야 함을 생각하게 하는, '먼바다의 섬' 인 것이 다. 사후의 세습쟁탈이 없을 때, 진짜 「무소유」 로 규정한다.

유아기로부터 유소년으로 성장하면서, 자비와 연민의 나눔과 또 다른 취득욕구와 폭력은 인간 의 불가사의한 두뇌의 성 신경에서 조정되고 있다.
무소유의 인슈라섬, 신경활동의 회로는 나눔의 기부효과에서 오는 충족과 잠재적인 손실들에 대 한 우리들의 정서적 반응에 작동한다.
2008년 스탠포드 대학생을 상대로 한 기능적 MRI 실험에서는, 명품을 구입하고 판매하는 제품 들에 반응하는 뇌의 특정 부위가 관찰되었다 한다.
우리가 활인판매가격으로 제품을 구입했을 때의 측위전두엽 중추는, 다른 가격대로 구입했을 때 보다 보상시스템이 증가하는 현상이 관찰되었다. 우측 내반부의 섬인 인슈라(insula)는 측면 대 뇌 틈새에 묻혀 있으며, 렌즈 핵의 바닥 섬유막 위에 놓여있는 대뇌 겉질의 타원형 지역으로, 남녀를 불문하고 물품을 취득, 소유권을 정할 때 판단되는 기부효과의 중추로 알려져 있 다.(Bruce Hoal, 「내꺼! 소유열망, 공평하게 나눌 때」, SCIENTIFIC AMERICAN MIND, Sept. 2011), (K. Hamann, Nature, 18. Aug. 2011)

"술이 빛을 발하고 여색 또한 그러해, 탐욕 번뇌로 세월을 보낸다." 라는 경허의 탄식은, 당대 최고 엘리트의 쾌락선호 뇌신경 집중성향이 '종족보존의 향상성' 이라는 진화되는 생명체의 속성 을 말하고 있다. 이어서 "지팡이와 짚신이 사자로 변하여 동등하게 한번 뛰면 누가 능히 앞서겠 나?" 라는 표현은, 당대 조선반도의 빈곤과 피침과 전염병의 질곡 같은 계곡에서의 인간의 조건 을 사자 같은 용기로 획득할 것이라는 수행자 자신의 처연한 다짐을 일갈하고 있는 것이다.
"악귀는 물러가고 여색은 탐하지 말라" 라는 원초적 불법은, 뇌신경과학이 이 세기에 와서 마지막 진실을 증명하고, 불법의 생명확장이, 종족보존이라는 선한 유전자의 증식이라는 것을 말함이다. 그 삶의 과정과 지혜를 갈파하고 선도하는 불법의 금세기적 정체성은, 쾌락선호 성향(hedonic perennity)을 당연히 인정하는, 뼈아픈 자기 수정의 과제를 안고 있다.

만해의 저 백담사 불교유신, 그 개혁의 졸도할 것 같은 종족 보존 본능의 불교적 해결책은 그냥 나오지 않았던 것이리라. "님은 갔다"는 체념의 '님의 침묵' 은 그래서 더욱 안타까운 법열이다. 미래과학세계는 여전히 도킨스의 문화적 유전정보와 암호에 의한 인간 본연의 원초적 본능을 희열화한다. 저 티베트 탄트라 밀교의 역사는 후천적, 지역적 욕망에 작동하는 「밈」(meme)이 인간두뇌 발생에 기여하고 공진화했던 「확장되는 표현형」의 명령과 집합과 극복이었던 것이다. 불교의 종착역에서, 당대의 경허는 조선반도를 향하여 그렇게 사자후를 날렸던 것이다. 그럼에도 인간은 연약했고, 허무와 비탄은 불법의 원래적 귀착지 였다고 보았으며, "부처니 중생이니 내 알 바 아니니, 평생을 그저 취한 듯, 미친 듯 보내겠다." 하셨다. 흐르는 바위 냇물 사이에서 계속 반복, 확장, 재 암호화, 재해석 되었던, 조선불교의 상징적 '서사시' 였던 것이다.
하여, 법전은 하한거해제(2011)에 "사자후에 뇌가 찢어지도다. 탐욕에 물든 견해로 법을 듣는다면, 설사 사자후라 할지라도 여우 울음소리에 불과하다" 하셨다.
확장되는 표현형 (불교양식의 콘텐츠)는 공진화 하면서 시간과 공간을 초월하는 항상성의 진화를 도모한다. "내 몸 원해?"(외출을 허락받은 여 사형수는 꽃제비 훈(현빈)에게 이렇게 말했다. 영화 만추에서)

　욕망도피의 업장. 신라문무왕 때 엄장 맘짱은 친구 광덕의 장례를 치른 후 눌러앉아, 광덕의 아내에게 같이 잘 것을 요구했다. 친구의 아내는 "니가 음심을 품는 것은 붕어새끼가 나무에 올라타려는 격" 이라 하였다. 어차피 '광덕' 이와 동침하며 살았는데, 왜 '나' 는 안되냐고 보챘더니, 남편과 10년 동거는 했지만 올라타지는 않았다 하였다. "……다짐 깊으신 세존께 우러러 / 두 손을 모아 / 원암생(原巖生) / 그리워하는 이 있다고 사뢰소서 / 아, 이 몸 버려두고 / 사십팔원을 이루실까."(삼국유사, 有情(Sattva), 생물적 존재원칙)
선시화가(禪詩畵家) 경허와 전혀 동일한 불성의 슬픔(悲)을 노래하였던 T.S 엘리엇은 '한편의 서정시' (A Lyric)에서 경허의 노래를 반복, 모방한 듯 불교 미학을 노래하고 있다.
"만약 시공이, 누가 말하듯 존재할 수 없는 것이라면, 섞는다는 걸 모르고, 태양이 우리보다 더 잘난 건 없지, 신이여. 그래, 왜, 우리는 백세를 살면서, 맨날 기도만 하나요? 하루살이 나비는, 영원으로, 살려지는데."
진화생물학의 입장에서 본다면, 불성의 영원한 원형은, 경허와 엘리엇이 각자 서로 다른 문자, 다른 언어로 표현했다 하여도, 그 원래적 암호의 유전자 정보는 전혀 동일한 메시지를 공진화, 동시화, 항상화 함을 설명하고 있다.
지금, 해인사 앞뜰에는 (회색 몸빼를 모두 버리고는) 검은 치마 흰 저고리의 유니폼 차림으로 우리들 보살님네들께서 8만 대장경의 목판을 하나씩 머리에 이고는, 하얀 끈으로 검은 머리 파뿌리같이 동여 맨 채, 한 줄로 경배하는 의식을 치르고 계신다.

번뜩! 이 화가의 눈에는, 원래의 사람 머릿속에 그토록 오랜 세월 유전 받아진 유익한 정보는 '샤카 부타' 란 분이 두뇌 속에서 끄집어내신, 그 정보의 암호였다는 판단으로 다가온다. 8만4천 문장으로 기억 하고 목판에 기록 판각한 그 8만 대장경의 유전자 암호를, 각기 한 장씩, 원래의 두뇌 전두엽 자리에 밀착시키고, 합일시킴으로써, 인류 유전의 원형을 오늘 날, 다시 한번 확인 시키려는 행사(이벤트)로 보인 것이다. 시간적 연속인지(temporal sequeuce cognition)의 재확인 몸짓이다.

만물이 둘이 아니다(不二. advayatua). 포고사 정완석(1989)은, 어머님께서 시집오신 무릉 산골에는 15리쯤 떨어진 곳에 삼원사가 있었고, 명절날은 어머니 따라 절에 가는 즐거움으로 어린 시절을 보냈다고 한다. 벼를 타작하는 날은 공양미를 동지분 칠석분까지 따로 정갈하게 봉지로 포장하셨고, 절 가는 길 살얼음이 낀 시냇물을 맨발로 건너고 얕은 산 고개를 넘으면서 잠시 앉아 쉴 동안에도 어머니는 머리 위에 있는 공양미 보자기를 그대로 얹고 계셨다 한다. 도대체 땅에 내려놓지 않는 이유를 어린 마음에도 알 수 없었다 한다.
8만 대장경 목판을 유전자 수취인들이 두뇌에 밀착하여, 물동이나 피난 보따리 이듯이, 동시적으로 재접속, 재소유 함으로써, 샤카 부타가 인류 두뇌에서 끄집어내었던, 예컨대 연민이나 슬픔 같은 암호를 재 복제해보자는 명확한 종교적 몸짓 행위였다고 해석된다. 명쾌, 통쾌, 상쾌함이다.
오늘날, '방석 깔어. 줌마' 수다꾼들의 그 질곡을 예로 들어보자. '줌마' 꾼들의 얘기에 의하면, 부친의 유전을 극대화시킨 미국의 전직 판검사 이민아가, 자신의 삶에서 겪었던 괴로움을 이렇게 처연히 표현하였다 한다. "아무도 다다를 수 없는 그 곳에 있는 사람, 거기가 땅 끝이라고 생각합니다. 제가 그랬어요. 그 곳에는 소망이 없었습니다. 죽음이 마치 불속에 다 타버린 재처럼 인간적인 욕심과 모든 틀이 다 불타버려 잿더미가 됐을 때……"
고통에서 오는 몸과 두뇌만의 진통, 그 한계선을 극복하는 에너지 용량의 효율 극대화는 뇌 과학의 종교적 가소성, 예컨대 대장경 목판을 제 2의 피부화 함으로써, 전이 체감되는 삼투압 파동과 역 삼투압의 순환 교환 메시지, 그 양자 물리적 극 미세 교류는 유익한 항상성(homeostasis)을 공식적으로 연출하고 불협화음 해탈을 극복한다.
'줌마' 보살님들의 영광이고 법열이었다. 이씨조선 박해를 지혜롭게 이겨냈던 전기 화학적 치유 기능이고, 해 저문 가야산 계곡물에 넘치는 도파민 화학 호르몬의 신경계 가소성 극대화이고, 또한 말법시대 극복의 불법지혜이다. 유아독존은 천상천하 그 자체이다. 자! 미학도 철학도, 지들끼리의 말장난으로 우아하였던 프랑스 파리의 '까페수다' 를 지금 현 시점에 적용시켜보자. 가슴 설레던 이 화가의 고교시절 불어 수업은, 학생들의 불같은 집단 강요에 의해, 불어 선생님은 교과서 공부 대신, 한 학기 내내, '사르트르' 니, '보바르' 니, '카뮈' 같은, 실존주의 미학 같은 강의를 해 주셨다. 다음 학기에 그 꽃미남 불어 선생님께선 실종되고 말았다. 2호선 전철이 지나는 대학(한양대학교)으로 직장을 옮기신 것이다.

　"새는 알을 까고 나온다. 알은 세계다. 태어나려는 자는 한 세계를 파괴하여야 한다. 그 새는 신에게로 날아간다. 그 신의 이름은 아프락서스다." '데미안' 의 문학 세계에 우리 모두들 뽕 가버렸던 유소년 시절이 있다. 그 유연시절, 몽빠르니스 뒷골목에서 공부하고 온 김화영 교수는 우리들에게 지중해 알제리 근처의 뜨거운 사막도시의, 그 이글거리는 태양의 원인제공에 대해, 그 뜨거운 '태양' 때문에 살인을 하고, 그리하여, '사형집행을 받는 날' , '내게 많은 군중들이 침을 뱉으라' 등의 형이상학적(?), 온갖 실존주의적 구라들을 풀어내셨다.
이제, 우리들은 늙어가고, 시간의 연속적 추억과 그 생각들도 퇴색되어 가고 있다.
김화영 교수는 그 때 그 시절, 우리들에게 구라(?)치셨던 그 실존주의(?)의 마지막 주옥같은 옥고들을 정리하여, 최근 모 신문에 게재하셨다.

　육체(법신)는 현재(비로자나불)의 현재(찰나)이지만, 근심 걱정(고통 탄식)은 미래의 현재(불성)이고 과거의 현재(역사)이다. 벌레나 짐승과 달리 인간(self, Ego)에게만 과거의 기억(외상, 트라우마)을 바탕으로 미래를 기획하는 문화(meme 문화적 유전자)가 있다. 문화는 단순한 '부가가치' (상품의 교환가치, 하우크(Haug)의 상품미학)이전에 바로 그 정신(자비)의 산물(인과 응보의 업)이 아니던가? 실로 '정신없는' (떨림과 탄식 없는) 세상이다.

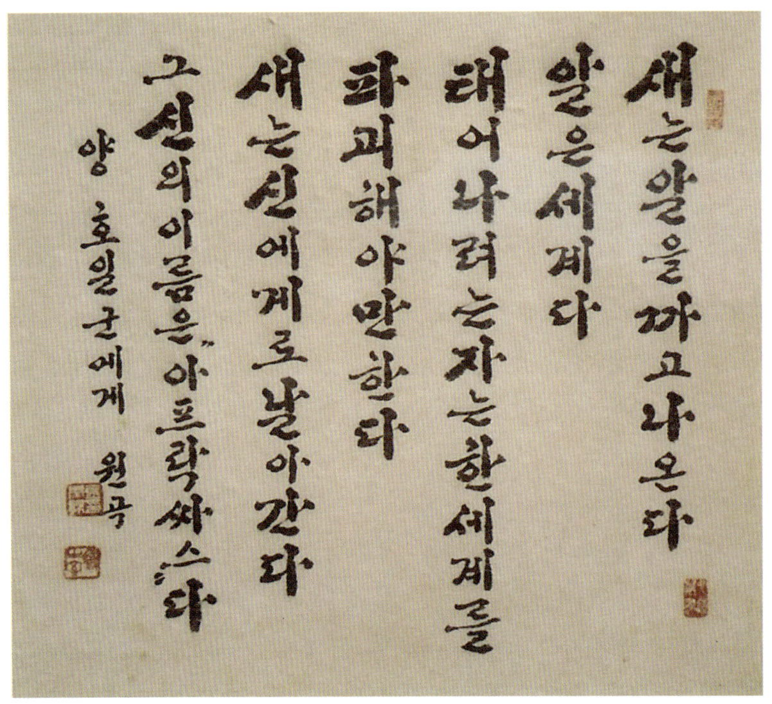

원곡 김기승 작, 충무공 서체로 국전대통령상 수상 하셨다. 필자가 대학 졸업 후, 직장의 은행장께서 당시 박정희 대통령이 좋아하시는 충무공체 글씨를 받아 오라 하셨고, 그 심부름의 와중에 구전(심부름 값)으로 한 글씨 선물 받았다. 40x40cm, 1963

돌을 던지지 마라! 야훼는 분명히 슈퍼맨이었고, 전쟁에서 편을 들고 질투하고 분노하는 존재였다. 신약성서의 하느님은 그보다 관대하고 자애롭지만, 여전히 어머니 또는 모성의 힘이 아니라 아버지이시고, 기적을 행하는 아들을 통해 세계 속에서 활동한다. 육체가 없는 개인이지만, 그럼에도 실시간으로 기도에 응답하는 신은 어떤 사람들에게는 여전히 너무나 인격적이다.(데니얼 데닛, 2006)

"누구든지 죄없는 자라면 이 창녀에게 돌을 던져봐라!" 법신 그리스도이고 육신 임마누엘의 역사상 모든 추궁을 불허하는 문학적 진리를, 화가들은 그림으로 그리고 싶어 한다. 카뮈의 이방인 주인공 사형수 뮈루스의 독백은, 위의 진리에서 패러디 된 것으로 생각된다.

고교 때부터 각인되었던, 꽃미남 불어선생님의 '실존주의 생각'은 이 화가의 놀랍지만 환희에 넘치는 지금의 생에서, 좋은 외상의 '선(善) 트라우마'로, 갠디스 강 숲 속의 생각과 합류하게 되었고, 김화영 교수의 경전번역으로 하여, 더욱 부풀린 착각 같은 생의 향상을 얻어갔던 것이다.

그럼에도 불구하고 앞서 인용된, 김화영 교수의 실존주의 옥고에 괄호를 쳐서 구라친 개똥철학, 또는 약간 비켜서 본 과학적 사고의 이야기는, 어디까지나 선무당 사람 잡는 일개 환쟁이의 입장에서 주절주절해 본 것이다.

　자! 그렇다면, 객관적 판단을 먹고 사는, 더구나 일기예보 같은 과학적 데이터의 희생양이 된 이승건 기자가 쓴 어느 날 ‘오늘의 날씨’를 옮겨보고, 지구 유전자의 암호를 해독해 보자. “나는 날씨다. 기상예보가 내 미래를 맞힐 수는 없다. 나는 파란 하늘에 날벼락을 때리고 무서운 태풍 저편에 일곱 색깔 무지개를 띄운다. 갑작스러운 눈비로 많은 이를 곤란케 하다, 언제 그랬냐는 듯 빛나는 태양을 보여준다. 춥건 덥건 밝건 흐리건 나는 날씨다. 울다 웃고 좌절하다 용기를 얻고 기분 나빴다 좋아지는 인생, 그러고 보니 날씨는 나다.
전국이 햇볕 쨍한 날…… 동일자 신문만화 (황중환)　‘최고의 화가’를 보자.”
① 다빈치, 피카소, 앤디 워홀, 김홍도, 장승업도 이 작가의 작품 앞에서 고개를 숙일 겁니다……와! ② 구도, 비례, 색상, 기법은 물론 철학까지 요즘 이 작가의 작품, 최고거든요.
③ 장소:갤러리 하늘, 작가:가을 하늘, 재료:공기, 흔히들 비로자나 법세계로, 불가에서 해석하는 우주 삼라만상은 태초의 텅 빔에서 어쩌다가 오늘의 지구라는 별로 파편처럼 뭉치게 되었고, 그 위에 파리 목숨보다 못한 인류라는 두뇌세포가 영리하게 유전되면서, 지구위의 환경과 생명체들이, 함께 공생하며 살게 되었다 하자. 이때의 비슷한 생물진화는, 그 때 그 때의 고구마를 씻고 구워먹는 법을 동시에 알게 되었다. 이러한 자기닮음 현상은 약육강식의 정글법칙에 의해 폐기되는 되먹임과, 우아한 유전자 꽃미남 「밈」 유전자는(선순환 구도에 의해) 긍정적인 되먹임의 복제와 그 확장이 보장되어 왔다. 이러한 생물진화적 우점종 유전자의 혈통은 생명 또는 무생물의 항상성(homeostasis) 암호에 의해 수확이 증가한다고 월터 케논(Walter Canon)은 주장하였다. 또 다른 구조이론가 베르탈란피(L. V. Bertalanffg)도 자기근절과 자기 조립반응에 의해 끝없는 되먹임이 반복, 복제된다고 하였다. ‘평행이론’이라는 반복과 동시성의 자기닮음, 그 프렉탈 구조가 관측되는 것이다. 예컨대 고종황제(1919), 백범 김구(1949), 박정희(1979), 노무현(2009) 등은 30년을 주기로 조립되고, 극한적 일을 낸 인물들이 해체되는 자기 닮음의 평행이론을, 그 예로서 보여준다고 한다.(최창현, 2010)

이 화가의 경우, 길거나 짧은 인생에서 스쳐 지나는 인연, 또는 연인들의 이름에 대부분 동일한 돌림자 한자를 가진 자가 스치듯 인연으로 다가와 자기 닮음의 평행이론을 증명하였다. 의상은 강원도에서 관음보살을 만났다는 데, 원효는 두 번 다 못보고 스쳐 지나 갔다는거 아닌가? 쏨샨 큰맘짱 말씀이 맞다. 다만 모를 뿐이며 불가사의한 우주현상의 순환 간섭무늬이다. 정신없이 실험되고 연구, 발견되는 현대과학의 정보콘텐츠는 이 화가를 더욱 아리까리하게 실성하도록 한다.

필자가 술 없이 맨 정신으로 지낸 지난 수 십 년의 텅 빈 세월에도, 아무리 대웅전 마루바닥에 방석 깔아도, 뇌신경의 강박 조립된 구도와 그 물길은, 업장 소멸의 회로 방향도, 항상성의 이론도, 착각과 새로운 착시현상도 단지 백일몽일 뿐이다. 그나마 나를 지탱하게 해 준 뇌구조의 과학적 새로운 연구와, 법계의 판단을 기준하는 법어는 몇 천 년 전 유추하였던 8만4천 법문의 진리일 것이다. 하여, 일지 맘짱마저도 헛소리 하지 말라며 다음과 같이 질타하셨다. "삶의 척도와 무분별한 난장판이 극한으로 치닫는 지금, 인생과 사회를 말하는 고급이론이나 현학적인 언어는 이미 진부하다. 그것은 이기심의 언어이며 교만과 탐욕의 언어일 뿐이다. 젊은이와 어린 소녀들이 소비과잉과 절대빈곤의 극단으로 치닫고, 자살과 폭탄 제조 인터넷사이트에 빠져 있을 때, 과연 혼자만의 성불이나 견성은 그렇게 그윽하고 우아하기만 한 것일까?", 스스로 반문해 보지 않을 수 없다. 불교는 "우리는 스스로 어떤 종류의 사회를 원하며 이를 위한 구체적 수단이 무엇인지를 알아야 한다." 라고 고요하게 묻는 종교이며, 이 질문에 대한 가장 순수한 실천적 명제는 "인과응보의 법칙(업)과 공존의 법칙(자비)이다."(일지, 2001)
"아데(아제) 아데(아제) 바라아데 바라상아데 보디스바하" (피안으로의 인도원어)

   그래도 해 저문 강가를 건너는 피안은, 우주진화에 공명되고 통합되어진 '하나가 전부고 전부가 모래알 하나, 갠지스 강 물방울 하나' 임을 불교과학성은 확고한 진리로서 증명하고 있다. 이른바 화엄세계 아미타 시스템 인터페이스(거울)이다.
최근 네이처(Nature, 25. Aug. 2011)에 발표된 시의적절한 연구논문은, 불법세계의 동시성 공명과 그 공진 항상성의 진실을 투명하게 밝혀주고 있다.
   "전세계 기후변화와 관련된 인류폭력 사태 패턴(Civil conflicts are associated with the global climate, Solomon M. Hsiamg" 이라는 제목의 연구논문 발제는, 사회적 충돌이 엘리노 기후와 관련되어 있는지의 여부로, 1950년에서 2004년 사이에 (열대기후 지역 국가들에서 수집한 자료를 통하여) 기후가 사회적 폭력사태의 21%에 영향을 끼쳤다는 사실을 보여 주고 있다. 이 연구 결과는, 전 세계적 이상기후가 현대사회의 사회적 위험성에 엄청난 영향력을 행사하고 있다는 사실을 의미한다.
지금 이 순간, 종교 지식인들이 저마다 현대불교를 비판하면서도, 한편으로는 비켜서서 대안 없는 말로만 엘리트 행세를 하고 있는 형상이다. 그러나 우리는 분명히 알아차리자. 지금 이 순간의 한국불교는 1,200년 이래로 가장 순탄하게 위기를 극복하고, 항상성의 공진화 속에서, 어느 정도 생태적 영양단계의 흐름 상태로 선순환, 선진화하고 있음은 분명하다. 오히려 불국토의 새로운 양식과 내용으로 이야기를 바꾸어 나가고 있다고 혼자서 생각해 보기도 한다. 벌써 잊었는가? 전두환 장군이 작살냈던 법난과, 봉은사 몽둥이질, 조계사의 대법원 순교결사, 보우선사 열 손가락 절단, 알아서 기기 사형을 집행한 제주 목사 등...... 이 모든 것이, 지구상의 에너지 총량은 불변한다는 상대성 잉과응보의 불법이다. 왜냐하면 비극적 역사와 작태를 슬프게 바라보는 저 대자대비(Mahakaruna)하신 몸빼 보살님들이, 아직도 여전히 불국토에서 복받이 방석을 자유롭게 깔 수 있는 이 자유는, 영원한 진화 불심의 가피 유전원형이기 때문이다.

까뮈는 즈안 릭튀스(Jehan Rictus)의 '젊은날의 단상'이라는 시를 인용하면서 다음과 같이 당대 실존미학을 규정하고 있다. "그는 고통 받기를 거부한다 하였다. 그는 지쳤으며 경제학자들과 법률가들에게 지쳤으며, 왕과 지배자들에게 지쳤으며, 국회에 지쳤고 교황들과 성직자들에게 지쳤다. 그는 행복하길 바란다. 그는 자신의 모든 힘을 다해 이것을 원한다" 하였다. 그는 짐승처럼이라도 살고 싶은 것이라고 절규한 것이다.

르네상스시대의 천재화가 미켈란젤로는 그림과 조각에서 뿐 아니라 300여 편이 넘는 시를 통하여, 섹스피어 이전의 통한과 속죄의 문학적 메시지를 남겼다 한다. 그리하여, 그는 더 이상의 고통 받기를 거부하면서 죽기 전에 자신의 그림과 문건들을 모조리 불태워 버린다. "그의 아름다운 몸을 감싸는 옷이 되고 싶다."고 한 연인, 카발리에리라는 동성애의 귀족 청년이었다고 한다.(정석범, 2012)

베토벤의 목적과 수단

"같이 안죽을래?", 봉은사 대웅전 관련 감로탱화 부분 복제, 유화 8호, 2010

봉은사 대웅전 우면 '관음불화' 양측의 장구 치는 천녀는 평소 왕 팬인 봉은사 신도회 수석무용수 '고모보살'의 국보 수준 미모로, 이 화가가 재 묘사해 보았다. 좌측 인터페이스의 양금 켜는 악사는 역시 광팬인 러시아 출신의 첼리스트 미사 미에스키(Mischa Maisky:장한나의 사부님)를 패러디해 본 그림이다. '비장미의 흐느낌' 원조미학이다.

"베토벤의 예술은 자신의 영역을 훌쩍 넘어버렸어......놀랍게도 절대적 고독 속에 자리잡은 완전한 개인적 자아의 영역으로 들어섰던 거지, 그는 귀먹음으로 인해 감각적 세계로부터 완전히 고립되었어. 그는 영혼 왕국의 고독한 군주였었어!" (Adorno, 1969)

음악은 예술 중 가장 완벽한 예술이기 때문에 이해보다는 느껴져야 한다는 점을 보여주는 것이다. 사실상 미학적인 감동의 가장 큰 부분은 우리들의 인격이 가져다 준다. 미는 자연 속에 있는 것이 아니며 우리가 자연 속에 미를 부여하는 것이다. (알베르 카뮈, 1937.) 불교는 많이 안다고(knowging) 완성된 것처럼 소음을 전하는 것이 아니다. 느낌을 생각(thinking) 해 보는 것이다. 그래서 절 집 미술환경의 회색과 세습 반도국의 미학 단절에 분노하는 것이다. (알고 생각한다는 개념은 이명옥(사비나미술관 관장)의 구분론 인용이다.)

「베토벤 바이러스」 는 시공을 초월하여 한국 안방을 뒤집어 놓았던 인기 드라마였었다.

" 누가 너보고 참으래 ? 그냥 터뜨려! 확 해야 한다. 멋있어야 한다. 해야 한다 따윈 집어 치우라고! 그냥 네 본능대로 하란 말이야. 오기, 독기, 싸우고 덤비고 터뜨리라고!", 찌질이 오케스트라의 왕 싸가지 지휘자, 강마애(강마에스트로)의 독설은 '쫄아 기죽은' 한국의 줌마 보살들에게 베토벤의 법음과 함께 환희의 카타르시스를 무차별로 질러 주었다.

"그냥 네 본능대로 하란말이야!" 의 강마애의 절규는 현세의 모든 미망의 근원을 잘못 인식하게 만드는 문화적인 말나식(末那識) 작용이 점차 자신도 모르게 조작되는 자본 속의 법계임을 시청자들이 깨우쳤던 드라마였다.

"부모 때문에, 자식 때문에, 애 때문에 희생했다? 착각입니다. 결국 여러분 꼴이 이게 뭡니까? 하고싶은 건 못하고 생활은 어렵고 주변사람 누구 누구 때문에 희생했다. 피해의식만 생겼잖습니까! 이건 착한 것도 아니고 바보인 것도 아니고, 비겁한 것입니다! 마음만 먹으면 얼마든지 만들어 낼 수 있는 백가지도 넘는 핑계를 대고 도망친 겁니다!" 강마애, 그는 "마음만 먹으면" 이라는 마음법의 견성(見性)과 그 「치유」 를 다그친 것이다.

문학평론가 정여울은 이렇게 쓰고 있다.

베토벤(Ludwing Van Beethoven, 1770~1827)의 운명은 저 우주로부터 최악의 조건을 조장하여 잉태시킨 세상의 어머니들에의 자녀 생육 지침이었다. 베토벤은 태어날 때부터 얼굴이 붉고 곰보자국으로 얼룩졌으며 아버지의 혹독한 음악훈련과 매질 속에서도 고통을 극복할 수 있었던 것은 흉한 얼굴의 열등감을 자신의 어머니, 그 자애스런 뽀뽀와 보살핌으로 하여금 위대한 음색의 메시지를 구현할 수 있었던 것이다. 항상 그의 어머니 관음은 찌든 가정의 굴레에서 어린 베토벤을 교외의 대자연으로 데리고 나갔다. 그리하여 우주로부터 원래의 기능과 자질을 수행하는 파도 교신을 받도록 하였다. 때로는 비와 천둥 속에서도 "쉿! 엄마. 조용히.. 숲 속의 나무 사이를 지나가는 바람과 흐르는 강물의 소리를 듣고 있어요. 마치 웅장하고 힘찬 한편의 교양악 같아요. 저 새들의 노래 속에 그들이 어떻게 날아와 사는지를 보세요……!" 그 어머니는 베토벤이 17세 때 폐결핵으로 세상을 떠났지만 힘든 음악생활에도 계속 생명력의 환희를 불어넣어 주었던 에너지의 감동 그 자체였다.

드디어, 시련의 조건은 수상행식(受想行識)의 귓병 악화와 약시, 그리고 백작부인과의 대체 모성

같은 사랑, 고통, 절망, 죽음에의 예고는(외성제) 오히려 광활한 극복의 우주교신 메시지를 만들게 했던 것이다.

"시청자들은 그의 어이없는 독설이 무서웠다가, 재수 없었다가, 망해졌다가, 마침내 터질듯한 카타르시스를 느낀다. 찌질이 오케스트라가 연주하는 귀머거리 베토벤의 '합창'을 들으며 저마다의 권태스러운 삶의 간힌 욕망의 아우성을 듣는다. 남 탓하고 희생하고 핑계대다가 놓친 인생의 소중한 기회들을 신명나게 애도하면서 마음속 저마다 오롯이 반짝이던 지레 포기해버린 뜨거운 꿈을 상상한다."

강마애, 그는 가난에 찌들어 컨테이너에 살던 소년의 유일한 꿈, 그 음악 앞에 부끄럽지 않은 것만이 유일한 신앙이라 하였다. 해탈의 본성, 우주의 유전자는 깊숙이 세포화한 우리 불심의 음성이고 음경(Sound landscape)을 메시지화 한 것이다. 또 다른 베토벤 광신도 라이트 감독의 신작영화 「솔로이스트」(The soloist)에서는, 제이미 폭스(Hamie Foxx)가 분한 또 다른 가난에 찌든 LA흑인 노동자 첼리스트였었다. 피해망상 정신분열증은 치료를 할수록 폐인이 되어 버린, 외부세계와 단절된 삶을 영위하면서 그 중심의 유일한 믿음, 베토벤과 그의 음악이 광대로 변한 우주 비로자나의 감동에너지를 보여준 이야기인 것이다.

베토벤 '영웅', 1, 2 악장과 3중 협주곡, 그리고 9번 교향곡 '합창'의 3악장 연주는 불우한 흑인 노숙자의 유일한 삶의 에너지로서, 선율 미와, 감동의 길거리 동냥과 연주를 가능하게 했던 것이다.

미친 듯 들판을 어설렁 거리며 소리지르고 손과 박자를 맞춘다. 문득 멈추어 서서 수첩에 급히 무언가를 휘갈긴다. 떠돌이 노숙자의 남루한 차림은 신고에 의해 LA경찰에 체포된다. 화가 난 노숙자의 주장에 "뜨내기 주제에…… 베토벤이 너처럼 생겼을리 없어!" 나중 부당한 체포에 비너노이슈타드 시장은 재삼 재사, 백배 사과 했던 예술 노숙자였다. 남루한 취한의 진짜 베토벤을 당시 비엔나 경찰서장께선 "위대한 베토벤이 너처럼 생겼을리 없어!" 했다는 실화(?)도 있다.

"카핑 베토벤"(Copying Beethoven, Agnieszka Holland 감독)이라는 영화에서는 연주 시 악보를 지휘 손짓으로 보여주는 대리 연주자를 (무대 아래에 둔) 참담한 청각장애를 영상화 한다.

이미, 위의 합창 교향곡 이전의 장엄 미사곡(Missa Solemnis op.123)은 일단 카톨릭 미사곡이라는 형식을 채택한 후에, 그것을 넘어 섰다고 한다.(Maurine M. O. Stuart, 1922~1990)

종교음악 형식을 미세한 부분까지 파악하고 창작에 몰입하여 결국 교회음악을 초월하는 우주적 새로운 형식을 작곡한 것이다. 이때 베토벤 전 생애의 넘치는 초월적 음신의 에너지는 이미 신체와 함께 쇠퇴되고 있었고, 작곡발표의 현실적 여러 고충은 당대에 불발될 수 있었던 배경이 있었다 한다. 당시 유럽에 새롭게 팽배 하였던 범신론(汎神論)이었던 것이다.

기도란 하늘의 파동(비트)에 자신을 동조시키는 것이다. 우주법계의 자전과 공전, 그리고 사과가 나무에서 떨어지는 소리를 보기 위한 것이다.

심혼을 울리는 위대한 예술들은 예술가의 잔여 자체를 전부 태우고 소모시킨 형국의 결과물로 잉태, 창조되는 것이다. 이때의 함몰과 집중은 가짜 자기에서 진아(眞我)로 그리고 진아가 실종되는 개체(self) 착각의 쏟아짐 속에서만 꽃을 피우는, 우주 유전자정보의 전달 또는 그의 대리 연출 행위라 할 수 있다.

다음세대 젊은이들이 출가, 불법의 진리세계에 회향해야 하는 스님의 수가 점차 줄어든다고 한다. 젊은 이들이 불교를 외면 하는 것은 불교가 시대에 맞는 언어로 법을 전하려는 노력이 부족하기 때문이다. 차세대 전자문화의 핵심은 예측 불허의 그들 삶을 선점, 예상 하면서 전법의 불교가 난해한 한문자 경전에서 전혀 독자적인 문자로 구현되어야 하는 절박한 문제가 대두된다.

"베토벤은 진정한 선불교인이야. 모든 고충과 슬픔을 다 초월했잖아 !", "베토벤은 진정한 시대의 선각자였다." 미국에서 오랫동안 불교의 대중화에 헌신했던 스튜어트는 "베토벤은 진정한 시대의 선각자였다."고 하였다.(1982)

1852년 독일에서 태어난 카투수는 "나는 어느 날 나의 붕괴를 경험했고 상심한 마음을 수습할 나는 「믿음」 이 아니라 인간의 확실한 경험에 근거한 종교를 찾아 나섰다. 교조주의도 없고 과학과도 조화를 이루며 지상의 모든 종교와도 갈등이 없는 종교를 찾아 나섰다." 라 하였다.

그가 저작한 「업. 초기의 불교이야기」 (Karma, a Story of Early Buddhism)는 문호 톨스토이가 러시아어로 번역하였고, 그의 「법구경」 과 같은 아름답고 운율 있는 경전(진우기, 2002)을 베토벤이나 쇼팽 같은 서양고전 음악에 붙이는 실험을 해본 전법의 선각자였다.

"서양에 맞는 부타의 정형(canon)을 재창조하기 위하여 그는 문화예술 속에 동양적 이상과 우아한 미학의 그리스적인 고귀함을 융합코저 노력하였다 한다.

이제, 한국에서도 "아름답고 진취적이며 생동감 있는 부타 이미지의 메시지화"는 점차 대중적인 확산을 도모하고 있다.

비천선녀의 비트파동음율이 탁본된, 배경의 종소리를 들으면서,
저자의 평생을 함께한 석조관음(높이 159cm)

　　TV방송 연예대상에는 올해부터 정당한 종교적 성취를 메시지화 하는 탤런트들이 생기고 있다
한다. 고음 불자로 널리 알려진 개그맨 이수근은 수상소감 서두에 "평창 극락사 자용스님께 먼
저 감사의 말씀을 전하고 싶다" 하였다. 세계적인 축구스타 박지성 선수의 드리블 모습이 고귀
하고 우아한 것은 불신의 모습이 참다운 나를 만드는 우주적 교신으로 성립되기 때문이다. 정작
자용 맘짱께서는 "노래방 가면 찬송가는 많이 있는데 찬불가는 「연꽃 피어 오르기」 딱 한 곡
있다." 하셨다.
참으로 근대화 과정의 반도불교는 문화 예술과 과학에의 승화는 나 몰라라 밀려 있었을 뿐이다.
대 문호 괴테, 톨스토이, 헤르만 헷세, 심리학자 칼 융, 수많은 입체주의 화가들이 동양의 이상
에서 한계를 극복코저 하는 동안 조선반도의 석학들은 벽면에 돌아 앉아 아인슈타인의 상대성
원리와 찰스 다윈의 진화론을 철저히 비교 분석하지 못하였던 것이다.
다행인 것은 샌프란시스코에 모인 히피족 비트의 종말적 최대 절망은, '딜라이 라마와 틱 낫한

446

스님들의 마약'에 취한 미국청년의 사이키델릭 정신, 그 생각이 끝나는 그곳에 과연 무엇이 있느냐?를 질문하고 나섰던 점이었으며, 쑹샨은 미국의 세탁소에서 일하며 "Don't know mind!"를 전하면서 '마약'의 굴레를 "Just say No!" 그냥하라. "Just do it!"의 미국식 화두를 던졌던 것이다.

안타까운 점은 새로운 세기, 새로운 디지털 환경에서 세계인이 차세대에게 전달, 제시할 수 있는 전자적 불법의 변상도 그 혁신적 전략 개발이 절박하다는 점이다.

또, 이들이 살아야 할 반도의 미래는 자본과 그 권력의 지속가능을 위한 불안과 불황과 불확실성의 신세대는 단지 일회용 상품에 지나지 않는다는 (잔혹한 1%의 논리가 지배한다는) 것이며, 다윈이 절규 하였던 인간의 존엄성이 모든 잡종 생명의 공동체로서의 생태계 존재가 위협 받고 있는 형상이라는 점이다.

앞서 기술한 미국 소도시 주택은 보험상품을 위해 자발적인 화재를 조장하고, 플로리다의 소도시 주택가는 텅 빈 채로 대마초 재배지역으로 전락하고 있다. 영화 「솔리스트」에서, 미국 최대도시 LA에는 베토벤 주인공과 함께 9만명의 노숙자가 빈민촌에 기거하며, 전세계 개도국 농촌에서는 26억 인구가 물 부족, 배고픔, 노상 배변 등의 참혹한 삶을 영위하고 있다.

세계의 자본가 마피아들은 지구온난화, 빙하 감소, 핵 화학 오염, 온실가스 배출감소 등 유행과 포장된 명분 찾기에만 골몰하면서, 인류의 존엄성과 원래의 법계 속성, 공평한 에너지 교환으로써의 비로지나 법계를 외면한 알리바이만 쫓고 있는 형상이다.

심지어 지구 소외 계층의 우상으로 군림하였던 골프왕자 타이거 우즈, 그의 영웅상은 자본과 이윤추구의 도구로 각색 되어 왔지만 이젠 용도폐기의 명분을 종교적인 굴레로써 뒤집어 씌우고 있다. 무 국적 무 공장 신발회사 '나이키'는 광고효과 극대화로 우즈와 교포 미셸 위를 소모, 소진시켰다. 미국 폭스 TV의 브리트 흄은 '폭스 뉴스 센데이'에서 "타이거 우즈의 스캔들은 기독교에 귀의하여 속죄와 용서의 신앙을 가져야 마땅하다. 불교도인 그의 신앙에는 속죄와 용서의 구원이 없다"고 하였다.

「가이아」이론에 의하면 우주 삼라만상은 인과의 법칙에 의해 서로 연결됨으로써, 진화 창발되는 것이며 타이거 우즈의 경우, 번 만큼의 우주예금통장(타기다 아키가즈, 2007)에서 잔고 사용에 오류가 있었음을 말해 주고 있다 한다.(연기계. Interbeing)

참으로, 불법은 선인선과(善因善果), 악인악과(惡因惡果)의 인과법칙임을 아인슈타인에서부터 찰스 다윈까지 (그 진화론이 200년 지난 오늘에도) 존재됨을 설명하게 한다. 타이거 우즈는 (그를 한번 이겼던 한국의 양용은 불자님과 같은) 법계의 유전자를 받아 세포화된 근육과 뇌를 가졌다. 필자의 경우도 타이거우즈가 아무리 악행과 죄를 지었다 하더래도 나의 정신머리, 나의 신체와 전혀 동일한 법신이며, 그나 필자나 돌아서 뒤 안으로 가면 결국 우주의 대지에 질소 인산 가리로 썩어지는 같은 몸통이다.(아제, 아제, 바라아제, 바라성 아제……)

타이거 우즈는 재능을 지녔으며 연습벌레다. 부상 회복과 함께 무엇보다 머릿속이 달라져야 한다.(뇌신경 네트워크의 가소성 극대화) "언제 돌아 올지는 아무도 알 수 없다." (잭 니클라우스, 2011) (간섭무늬의 교차망들은 역추적으로 그 발신 파장의 원점을 수치적으로 추적 가능하다. 번뜩 떠오르는 발화가소성 극대화에서 보이는 '정신머리의 신경망 기능 발휘는, 당시의 찰라적 모든 조건을 배경으로 조립되었던 천재적 뇌신경의 발현이었다.) "언제 다시 돌아올지" 의 체육 기록적 예측치는 역추적이 불가능한 혼돈적 「밈」 유전 복제의 극한이었기 때문에 재 계량화, 재 기록도전화, 재 성립 복제 가능 등, 뇌 수로에의 찰라에서 불타버린다는 사실이다.

  싱글 골퍼 안성기, 정혜선 등의 배우들은 도대체 이 화가 동반자에게 자신의 핸디 급수를 나타내지 않는다. 왜냐하면, 정복이나 입성이나 명품 구매후의 개체 공격 욕구와 폭력성은 지배욕구, 자신감의 남성호르몬 테스토스테론의 분비 조정이 신체의 주어진 조건이기 때문이다.
작금의 불교는, 전국 사찰의 자녀 입시와 출세를 위하는 회색 몸배 보살님들로 넘쳐난다. 그러나 완전한 스마트 폰과 전자시대가 「증강현실」 로써 과학 문명화 되어 생활주기를 완성하고 있을 때, 지금의 순간, 갓 바위에 버스로 기도 갔던 보살님들의 기복대상들은, 그들이 주류세력으로 입신 출세 하였을 때, 당신의 어머님과 그 기도빨을 우리는 어떻게 승계, 관찰, 설파해야 하는가 ?
팔만대장경이 관광의 대상으로서의 목판구실만 한다면, 2,500년 전 보리수 아래에서의 인류 최고의 발견은 어디로 갈 것이며, 어떻게 차세대 취향에 맞게 설명 되어지고 어떠한 문자로 승계 되어야 하는가의 절재절명의 피안에 우리가 서 있다고 보여진다.
패자 부활전이 실종된 1등 인간만이 독식, 득세하도록 조작되는 디지털 환경 속에서, 참담한 소외의, 역할부재의 고통헌신을 '그저 피안으로만 갈 것' 을 재탕 방송하는 불교 엘리트들의 도피된 포기는 앞으로 계속 밀릴 수 밖에 없을 것이다. 불법의 영역은, 국립공원이라는 같은 산 울타리에서 따로 존재하고, 그 속에서도 '수도 중 출입금지' 라는 더 깊은 토굴로 침잠하는 오늘의 순간, 지금의 찰나이다.

  "아프가니스탄의 탈레반 정권이 바미안의 불상을 파괴 했을 때 세계각국은 신랄한 비난을 던졌다. 그러나 바로 그 때 100만명이 넘는 아프가니스탄 사람들이 주린 배를 움켜쥐고 죽어가고 있었는데, 왜 그 죽음 앞에서는 그 어느 누구도 슬픔을 표명하지 않는가? 지금 이 세상은 사람보다 불상이 더 중요한가?", 이란의 영화감독 마흐말 버프의 절규였다.
한반도 횡단 208km 울트라 마라톤대회에 참가하시는 진오 맘짱(대문사주지)은 강화도~강릉을 64시간에 주파해야 하는 인간의 한계에 도전한다. 300km 마라톤이라는 가능성 한계도, 신체에 너지의 총체적 행렬(메트릭스)에 엉키는 맘들이 찰라적 막힘 없이 흐르는 에너지총량의 완성, 그 결승점이 간섭파동의 효율극대화 라는 기적의 신비를 이루는 것이다.   '통일 종단 마라톤' 을 계획하시는 진오 맘짱의 수단은 마라톤이고 목적은 다문화센터 건립기금 모음이다. 베토벤의 음악은 수단이지만 그 삶의 목적은 절정의 우주 음악성을 통한 진실의 탐구와 진리 예술이었으며 선과 미의 수단으로 피아노 건반(진실)에 가 닿는 것이었다.

남매탑

남매 탑. 유화 8호. 2009

"예수의 시신을 안은 마리아가 너무 젊지 않습니가?" (조각작품 '피에타'를 막 완성한 미켈란제로에게)

"정숙한 여인은 더디 늙는 법입니다." (미켈란제로)

한 40년 쯤 전이었던가? 계룡산 등산과 갑사(甲寺) 예불 끝에, 일행은 입구에 자리한 계곡 옆 민박집에서 숙식을 한적이 있었다. 하지만 계곡의 폭포와 급류소리에 기나긴 밤을 설친 적이 있었다. 저녁 예불의 중심에 서 계셨던 것으로 기억되는 대웅전 본존불의 표정은, 우리가 알고 있었던 부처님의 근엄하고 자비스러운, 그러면서도 우리들의 고통을 함께 나누는 듯 한 기본 표정과는 달리, 한참 그 정 반대의 표정을 하고 있었던 기억이 난다. 누가 보아도 계룡산 앞마을에서 농사짓는 어리숙한 바보 같은 '처삼촌 아저씨'의 표정을 하고 있었던 것이다.

후에, 흥국사 본존불의 촌스러운 키치 모습에서 마음을 낮춘(하심) 부처님을 발견하기까지(모든 점과 비교했을 때), 나만 못하신 갑사 본존불의 어수룩하신 어리석어 보이는 이미지는(갑사 민박 이후) 일생을 두고 이 화가가 미술가로서 곱씹어 보는 구심의 화두였던 것이다.

갑사 앞 민박의 긴 밤, 잠을 이루지 못했던 이유는 개천의 폭포소리와 갑사의 농경 하층적 이미지, 그리고 중턱에서 여러 번 스쳤던 남매 탑의 전설에서 만은 아니었다. 동행하였던 미대생과 그의 메시지가 무엇이었다는 본질을 결국 외면해 버린 이 화가의 이기심은, 후일에 스스로 먼 곳 떠나버림과 그로 인한, 이 미숙한 청년의 회한에서 지금까지도 평생 향을 사리고 촛불을 밝힐 때 구천을 떠돌지 말고 좋은 곳에서 잘 먹고 잘 살기를 몇 십 년 기원해 보았다. 하여, 인과응보, 부메랑, 업장 카르마, 그 용서와 기도 속에, 먼저 나로 하여 서운한 마음으로 떠났을 아릿따운 영혼에의 기도들, 그 행위 하나로만 이 화가는 불자라고 칭할 수 있는 유일한 종교행위였다.

사실, 108번의 절도 해 보지 않았고 제대로 법회에서 정식으로 신앙을 청하지도 않았다. 어쩌다 어린시절, 석지현과 일지의 책을 읽으면서 헤르만 헤세의 '청춘은 아름다워' 나 토스토엡스키의 우울함에서 인간의 삶이 기본적으로 무엇이며 어디에서 왔다 어디로 가느냐 하는 정도의 개똥철학일 뿐이다.

사라져 가고 있는 조선불교와 그 기록화인 감로탱화, 대웅전 안팎의 불화를 유화라는 새로운 재료와 혁필 기법으로 확대 재생산해서, 나의 사랑하는 손자들 세대에도 쉽게 보이고 읽힐 수 있는 '샤카 부타의 진실'을 가능한 빠짐없이 채록, 기록화로 남기고 싶을 뿐이다.

이제 겨우, 「반야심경」 전 구절을 혼자서도 염불할 수 있고, "그 속의 의미가 신경과학이나 전자공학과의 어떤 원리를 부타께서 2,500년 전에 갈파하신거였구나" 하는 정도 깨달았을 뿐이다. 약간의 자신감이 발동하게 되었다. 그리하여 불교 구석구석에 비치는 동포 핏대와 가난했기 때문에 질겼던 생명, 그 유전자의 암호를 풀어 차세대 언어로 전하도록 하겠다는 그 정도의, 풋 종교화가이고자 한 것이다.

이러한 코미디적인 이 화가의 상상력은 조계사 성지순례로, 혹은 달랑 홀몸으로 전국의 숨겨진 사찰과 그 불화를 채집하고 다닐 때, 우연히 그리고 드디어 평생을 천도 기원 드렸던 종교예술인 뼈가루들의 한 생을 눈앞에 바라보게 된 것이다.

2010년 늦 여름, 송광사 대웅전 왼편에 자리한 관음전에는, 그때도 맘짱의 경 읽는 불음과 기도하는 보살님의 자리가 있었다. 본능적으로 이 화가는 내부에 장식된 탱화의 특히, 구석진 아랫부분에 묘사된 고려인들의 일상적 삶과 무간도 지옥에서의 여러 재판 장면을 스케치하고, 때로는 눈치껏 사진에 담는다. 아! 내가 아니면 누구라서, 이 땅에서 사라질 조선 불교의 어느 미술을 한껀 한껀 발견하고, 법열과 성취에 빠지는 작업을 수행한다는 말인가? 나는 미쳐가고 있었다.

정부 문서와 경전, 장서를 비장하고 있는 고운사의 별채는 그 외벽의 벽화 장식이 연화와 십장생 단청위의 태극 기하학 심볼이 조화를 이루는, 한국사찰 미술의 대표적 극치이지만, 2013년 현재 마모 회색률이 80%를 넘어서고 있다. 나무재료 위의 채색은 수명이 오래가지만 회가루나 찰흙 위 채색은 덩어리처럼 떨어진다.

"수레 타고 말고 찾는 이 뉘일꼬? 나비랑 벌이랑 엿보이는 그들 뿐. 천박한 땅에 태어나 내 탓을 내가 하며 남더러 저버린다. 어찌 한탄하고 있으리"(최고은)

직지사 대웅전은 오랜 역사를 통해, 전통적이며 조형의 극치를 보여주는 연화세계의 단청미학을 보유하게 되었다. 보수 채색 작업이 없었던 까닭에 세계적인 독자적 단청과 불화 세계는 거의 식별 불능의 퇴색화가 되어 있었다. 전등사의 경우, 단청 보수를 아마추어 맘짱 께서 임기응변으로 단청무늬를 땜질하셨다

이 사람 풋 불자는 이후, 부처님께 향을 사르고 절을 올린다. 하여, 이 화가는 업장처럼 주어진 기록에의 임무로 하여 불가항력적인 삶과 죽음의 기로에서 화류계(花柳界) 스타일을 누렸던 것이다. 그리하여 관음 앞 마루 머리숙여 큰 절로, 법열 또는 지혜, 그리고 참으로 기적적인 부타 조직에의 가피와 무고통에 그만 오열하게 되었다. 관음전의 맘짱께선 기나긴 관세음보살 정관을 목탁으로 절규하는 듯 했고, 돌연 옆자리 관음 앞에 108배를 드리는 듯 여승 한 분이 참으로 고요하고 느린 동작으로 절하고 계셨다. 걸치신 가사는 몸에 맞지 않는 듯, 기도 중 고치는 옷 자세속에서, 갓 맘짱이 되신 (초심으로서의) 깊고 아픈 기도와 관음애의 깨달음을 갈구하고 계셨던 것이다. "아! 돌연 수십 년 먼저 떠났던 인연들이 (나의 엄청난 기도 덕에) 환생하여 저렇게 관음의 자락을 택해 윤회하고 계셨구나" 하는 생각을 하게 되었다. 돌연 가슴 메었던 심장 언저리에는 가벼운 통증이 돌고 관음의 부르짖음만 계속되어갔다. 상경시간이 되었는데도 나타나지 않는 이 화가 꼰대를 찾아 조계사 달마 처장님이 난리가 나셨다.

이 후, 새벽기도에 환생하여 새로운 삶을 사는 잊혀진 모든 유전자 생명들에게 복과 만수무강, 그 깨달음의 성취를 기원하는 방향으로 기도빨을 바꾸고 말았던 것이다.

예술가는 살짝 맛이 간 듯 살아야 한다. 화가의 예술은 공상가나 상상에 의한 시나리오를 이야기로 꾸며야 하는 특기를 수행한다. 송광사 관음전에서 지켜 보았던 옛 소녀의 환생한듯한 환각과 관음의 마루에서, 그냥 원초적 오열로만 교감하였던 법열의 순간은 계룡산 갑사에서도 체감하였다. 남매 탑인 오뉘 탑에서도, 옛날 옛적에 있어 왔던 드라마와 같이, 샤카 부타께서 성불

하실 때부터 그 주변에 알짱거리던 무희들의 메시지는 존재해 왔던 것이다.

그 옛날, 갑사에서 동학사로 넘어가는 고갯길 언저리에 한 맘짱께서 홀로 수행하고 계셨다고 한다. 하루는 호랑이 한 마리 찾아와서는 목에 걸린 뼈다귀를 빼달라 하였고, 맘장께선 어렵사리 먹다 남은 짐승의 뼈를 꺼내 주었다. 또 다시 찾아온 그 때 그 호랑이는 어여쁜 처녀를 등에 업고 나타난 것이다. 남매 탑.(유화 8호, 2009) 이 화가의 그림은 호랑이 등에 업힌 처자의 모습을 조금은 즐거운, 그리고 감사의 표정으로 호랑이가 바라 보고 있는 장면을 손바닥 터치로 반짝 그려본 선화(禪畵)이다.

처음 납치당해 왔을 때 아팠던 몸은 젊은 맘짱의 극진한 간호로 완쾌하게 되었고 당연히 맘짱을 연모하게 된다. 이에 맘짱께서 넘어가면 종교적 드라마가 되질 않는다. 당연히 깨달음을 향한 치열한 구도행태가 인간의 욕망에 의해 절대로 무너져서는 안된다는, 샤카 부타의 입장이 이 전설의 핵심이다. 결국 처자도 맘짱과의 의남매의 결의를 통해 평생을 구도의 외길로 생을 마친다. 오뉘 탑이라 불리우는 남매 탑의 이야기는 이렇게 전해지고 있는 것이다.

 "종교적 목적을 수행하기 위하여 인간은 얼마나 옥시토신 분비의 욕망을 처절하게 포기하고 극복해야 하는가?" 하는 전국의 사찰 어느 언저리나 부근에서 항시 흘러 나오는 기본의 '절 집 스타일 이야기'이다.

 영원의 미를 꿈꾸었던 화가 모딜리아니(1884~1920)는 가난과 치명적인 질환과 알코올 중독으로 하여, 파리 상제리제 거리의 쇼윈도들을 밤새 부셨고 다음날 조간지 기사에 시민들은 대리만족으로 열광하였다. 그는 죽을 때 "그리운 이태리여 !" 라며 귀소본능을 호소하였고, 그의 영혼과 예술을 성취케한 연인 19세 소녀 잔 에뷔테른(관음) 보살은 일주일 뒤 역시 투신 자살하여 동반여행을 떠나고 만다. 애욕과 자비의 무게와 경계는 이렇게 원래 없었던 것이다.

 "주색(酒色)이라는 일탈행위는 승가적으로는 물론이고 사회 규범이나 도덕적으로도 지탄받는 일로 도저히 납득하기 어렵다."(불교평론 52호)는 문자는 평론이지 학술지의 논문차원은 아니었다.

원래 계획이론(Planning theories)에 나오는 '목적과 수단의 연쇄'(End-means chain)는 경계와 간극(MA)의 없음(원래 프리즘의 무지개 각색은 경계가 없다)을 연구하는 학문이다. 무엇이 술이고 어떤 경계가 법적인 성교상태인가? 아기의 DNA검사도 그리 쉽더냐? 춘성 맘짱께서 도봉산 망월사의 주지로 계셨을 때 선방의 젊은 수좌들에게는 잘 때 이불을 덮고 자지 못하게 하셨다 한다. 하여, 그 시절 젊은 스님들은 이불 자체를 커다란 점퍼처럼 해 입고 생활하셨고, 승방의 방석들은 크게 만들어 다목적으로 사용하였다고 한다. 남성이라는 생리적 욕구는 예나 제나 수행에서 극복하여야 하는 과제 중 하나였나 보다.

"가행 정진하라. 고행 난행을 두려워 말라. 천대받고 모욕 받는 수행자의 삶을 즐겨라. 삼계를 떠나라. 체득하기 어려운 진리를 체득하라. 고통스런 수행을 이겨내라!" 춘성 맘짱은 우리에게 언제나 처삼촌처럼, 나처럼 같이 사는 것이다. 참 자유인의 삶이셨던 춘성도 언제 씹힐지 모르니 조심하셔야 한다.(?)

해마야! 뱅이야! 그리고 T.S 엘리엇

약자 폭력, 탱화 재복제, 유화 8호, 2011

"만회할 수 없는 시간들은 폐지되지만 우주는 영구 불멸의 재창조로 보존된다.
신과 선조들의 영웅적인 과거는 그들의 업적에 관한 종교적 재조정에 의해 영구 불멸의 재창조
로 보존된다. 그리고 신화적 순간에 다시 재현되고, 또 인간은 자신을 원형의 모방에서 현실화
하고 진실화하면서 살아간다.
인간은 더 염세적인 전망을 갖는다. 시간은 덧없이 지난다. 그리고 미래는 돌연한 망각이 된다.
기억 상실, 절망, 자신의 비판 등이다. 우리는 다만 살아갈 뿐이고 속절없이 그 때 그 때 지나는
영원한 현재(eternal present)를 즐길 뿐이다." (유행어 「에찌 edge」를 처음 사용한 도시계획가
케빈 린치, 맬시아 엘리아드(Mircea Eliade)의 신화론적 시공론. Kelvin Lynch, What time is
this place, M.I.T. press, 1980)
스트레스를 받으면, 뇌의 시상하부(Hypothalamus)에서 CHR(부신피질 자극 호르몬 분비촉진 호

르몬)이라는 호르몬이 먼저 나온다. 그러면 뇌하수체에서 ACTH(부신피질 자극 호르몬)의 분비를 촉진한다. 이 호르몬이 부신피질에 자극을 주어 '크르티솔'이라는 스트레스 호르몬을 분비한다. 이 흐름을 스트레스 회로라 부른다. 대뇌피질 내부에 오래된 고 피질과 인간의 의사결정이나 가치 판단 등에 관계하는 신 피질이 있고, 해마(Hippocampus)는 고 피질 쪽의 대뇌 기저 핵에 있다.(Neikkei. S. A, 2006)

해마는 단기기억에 관계하며, 극단적으로 위축되어 기억 장애를 일으킬 경우, 외상후 스트레스 장애(PTSD)가 온다. 황우석 교수가 논문조작 사건으로 몇 년간 작살나는 바람에, 잘 나가던 우리나라의 줄기세포활용 첨단 재생의료 분야가 다른 나라들에게 한참 밀리고 말았다. 그러던 중 황우석 박사는, 월정사 어느 암자에서 캐나다의 줄기세포 특허 소식을 듣고는 한참을 오열하였다 한다.

난쟁이 호문쿠루스 그림으로 유명하였던 외과의 펜필드는 간질 환자를 수술하면서, 인간의 기억이 뇌의 측두엽(Temporal lobe)에 입력되지는 않을까?의 가설을 제기하였다.(1940) 결국, 기억 또는 비약된 우리의 의식과 마음은 두뇌 네트워크 전체에 축적 될 수 밖에 없는 것이다. 인간이 중우주이고, 인간의 두뇌와 그 속마음이 우주 법계의 순환 에너지 원리를 그대로 공진화시켜 오늘에 와 있다. 2,500년 전 샤카 부타에서부터 오늘의 과학에 이르기까지, 이 모든 것을 증명하고 있다. 이 화가는 우주의 삼라만상이 서로의 '간섭물결파동'에 의해 네트워크(망)으로 연결되고, 때로는 과잉 엉킴에 의해 리좀(rhizome)적 혼동과 복잡함이 뭉쳐 버린다고 보고 있다. 이때의 간섭무늬의 연결, 교차점은 중우주의 동일한 마음의 의식기능, 뉴런 간섭 파동 시뮬레이션(David D.Bock, Nature, 10. Mar. 2011), 투입된 억제성 뉴런들이 한 점에 집중적으로 시냅스로 입력된다.

오래된 기억과 유전된 원초적 정보는 두뇌전체의 다중사용(multi use)에 의하겠지만, 그 경험의 암호는 대뇌피질에 쌓이는 것으로 보인다. 이러한 전기화학작용의 신경가동은, '초치기의 순간 대응적 반짝 지식'의 창출이, 워킹 메모리의 기능으로 작동함으로써 기억을 조합하고 통합하여 사용한다고 보는 것이다.

오랜 수행을 통한 혼돈의 두뇌 회로에서, 돌연히, 또는 적막하게 시공을 초월하는 어떤 해탈후의 특정 '정지감'은, 어쩌면 이러한 회로에서의 깨달음, 그 상태일 것이다.

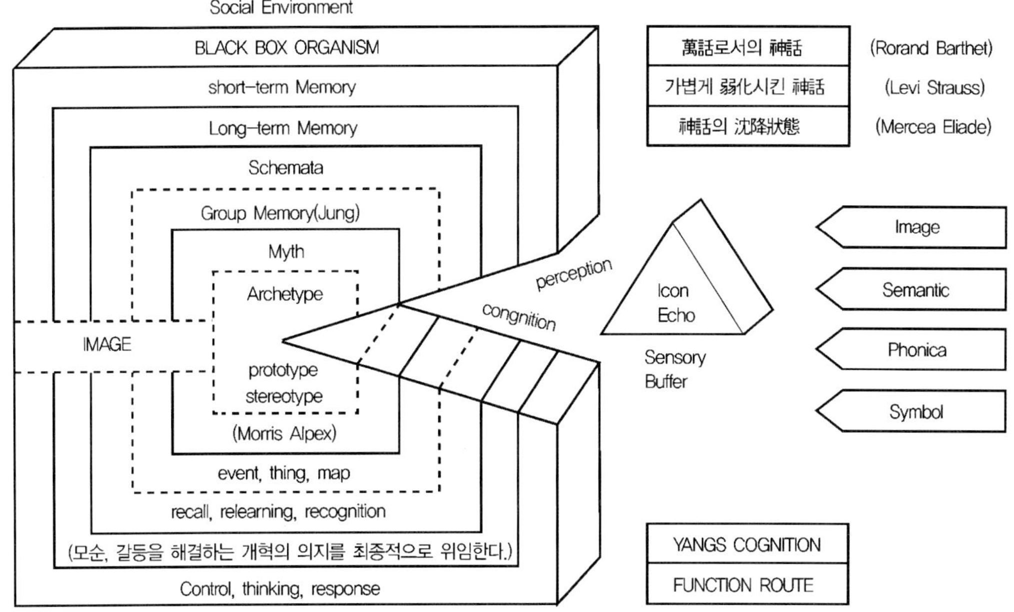

장단기 기억의 신화구조, 양호, 커뮤니케이션 신화학, 공간 188호, 1983, 2월호

사르트르는 "실존주의 철학에서 원래 인간의 '자아'라는 것은 없다." 하였다. 해탈이라는 불교의 명제는 자아의 해체이고, "너가 있음으로서 내가 있다"는 상대성에서 자타이타일여(自他利他一如)라는 사회적 불교로서의 실존의 이미지를 지녀온 것은 아닐까?

정갑동(2006)은 T.S. 엘리엇의 시 '바람 부는 밤의 광시곡'(Rhapsody on a windy night)해설에서 "자아는 (다른 것과 마찬가지로) 통합된 것이 아니다. 일반적으로 자아의 기준, 즉 기억으로 간주된 것은 면밀하게 음미하면 흩어진다."라면서 '기억'이란 단순히 현실적 구성물이고 철저히 추리적이고 분명히 부정확한 것이라는 브레들리(F.H Bradley, 1930)의 규정을 인용하고 있다. 산천초목과 삼라만상이 간섭파동에 의한 인연과 그 해체라는 샤카 부타의 자연생태학적 견해는, 해체후의 '자아'란 양자입자나 시체가루의 흩어져 버린 한때의 유전자 지문번호에 지나지 않는다는 실존부재의 상태를 말한다. 흔히 트랜스포머(Trans-form-er)로서, 잠시 인연과 업보 트라우마에 의해 통합된 자아(self)가 장기기억과 단기기억으로 입력된 이미지(ego)로서 행사하다 말고, 다비와 묻힘으로 종치는 반복의 윤회성은, 자신의 구성요인이었던 기억의 해체와 썩음 그 자체일 것이다. 이때, 구천을 떠도는 영혼이나 잔인했던 운명들은, 뒤늦은 산자들의 기억에 복제되고 잊혀지는 추억일 뿐이고 법신(法身)일 뿐이다. 샤카 부타는 싯달다 왕자시절, 성문 밖을 왔다 갔다 하면서 가아(Ego)들의 욕심 부림과 그 슬픔을 관찰하셨다. 자신의 종족보존 욕망이 얼마나 갈애와 허무함을 동반하는지, 저 요한 볼프강 '괴테' 나 '간디' 할배의 황혼 속의 '욕애'를 몸소 목격하였던 것이다. "속삭이는 달의 주문은 / 기억의 바닥과 / 그 모든 분명한 관계와 / 그 구분과 정확성을 융해하고 / 어둠의 공간을 통하여 /한 밤중은 기억을 뒤 흔든다 / 광인이 죽은 제라륨(꽃)을 흔들듯이."

위의 랩소디 광시곡은 달의 속삭임이 기억과 관계(relation)하면서, 미친놈 무당처럼 광기의 추억을 재 연출하여 보았자, 말짱 헛것이고 결국, 망각이-텅빔, 실종 그자체로의 시공간이라는 것이다. (색즉시공, 공즉시색)

엘리엇은 그의 시 '황무지'에서 저 유명한 구절인 "4월은 가장 잔인한 달 / 죽은 대지에서 라일락 키워내고 / 기억과 욕망을 뒤섞으며 / 봄비로 잠든 뿌리를 뒤흔든다.(April is the cruellest month, breeding / Lilacs out of the dead land, mixing / Memory and desire, stirring / Dull roots with spring rain.)" 라는 욕망(desire)과 기억(Memory)의 시원적 유전자 정보를 노래했다.(정갑동, 2006)

"압박과 설움에서 해방된 민족", "저 엄청난 살육과 그 기억의 바닥이 절단 나버린 고국산천"에서, 어제와 미래의 차세대 유전자가, 생동하는 화랑도와 서편제의 한류, 그 'K-강남스타일'로 조선 동포의 핏대들이 좀 뜰려고 하고 있는 찰나에, 좀비같이 지꺼(자기 것)만 챙기는 '넘' 들 끼리끼리의 묵시적 동조와 폭언의 합법성이, 여지없이 미래세대의 전망을 좌절시키고 있다. 하여, 지금 이 순간에도 불쾌한 「리좀」적 사회현상이 여기저기서 그 한계를 넘고 있는 것이다.

"어제 「도가니」를 보고 그때 그 기억, 그 악몽이 떠올라 밤잠을 설쳤습니다. 피해자들로서는 도저히 납득할 수 없는 재판결과에 경찰, 검찰, 변호사, 판사의 유착이 있을 것이라고 오해하는 건…… 어찌보면 당연하지 싶습니다." 라고 임은정 여검사는 재판 당일의 일기를 소개하면서, 여리고 불운한 불구소녀들이, 이 조선 땅에서 눈뜨고 당해야 했던, 저주의 폭력과 직업종교인들의 추함을 처절하게 목격하고 수하 지옥의 분노, 인간적 분노를 기록하였다.

"……법정을 가득 채운 '농아' 들은 수화로 이 세상을 향해 소리없이 울부짖는다. 그 분노에, 그 절망에 터럭 하나 하나가 올올이 곤두 선 느낌, 어렸을 적부터 지속되어온 짓밟힘에 익숙해져 버린 아이들도 있고, 끓어오르는 분노에 치를 떠는 아이들도 있고…… 눈물을 말리며 그 손짓을, 그 몸짓을, 그 아우성을 본다. 변호사들은 그 '농아' 증인들을 거짓말쟁이로 몰아붙이는데, 내가 막을 수가 없다." (2007. 3. 12)

"법정이 터져나갈 듯이 팽팽하게 부풀어 올랐던 그 열기가, 소리없는 그 비명이 기억 저편을 박차고 나온다. 정신이 번쩍 든다. 내가 대신 싸워 주어야 할 약자들의 절박한 아우성이 밀려든다.

그날 법정에서 피가 나도록 입술을 깨물고 눈물을 말려가며 한 다짐을 다시 내 가슴에 새긴다. 정의를 바로잡는 것, 저들을 대신해서 세상에 소리쳐 주는 것, 난 대한민국 검사다.” (2009. 9. 20)

검사 임은정의 일기에서 표현되는 극단적인 한글 표현과 그 수사는 전문 문학인 보다 월등한 소구력에, 진실에 호소하는 문예적 수준과 그 가치는 (때마침 몰락하고 있던) 우리 국민의 자존심을 추스르고 다독이는 한 가닥 위안이 분명한 것이었다. 상쾌, 명쾌함 그 자체이다. 이 때, 우리의 불교는 어디쯤에나 가 있었다는 것인가? (학창시절, 서울대 미학과 김윤수 떠돌이 형님이 신었던 것과 비슷한, 그러나 본질적으로 다른) 그 신군부들의 핸죠깡(낡은 군화빨)에 대웅전 바닥이 마구 짓밟혔던, 그 총칼의 집권 명분, 그 희생양에 피를 본 우리 불법과 법계와 사찰들은 지금 어디쯤에나 가 있다는 것인가?

섬나라로 건너간 원효의 뿌리는, 그 ‘해탈불교’가 반도 무당과 산신각에서 손잡는 동안, 일본 섬나라의 스님들은 해탈불교에서 사회적 불교로 그 역할을 확장하였다. 1890년의 빈민 구혈원론(貧民救恤原論, 무라카미 타이언)은 최초의 불교사회 정책론이었고, 1897~1907년대의 명고신지(明故新誌)에는 해탈종교로부터 사회적 불교로 전환, 불교의 지배를 근대사회에 확산하여야 한다는 운동이 시작되었다.(이노우에 신이치, 2008)

때문에, U.S.A.(미군) 핸조깡 부대가 주둔하고서 그들에 묻혀버리고 말아 섬나라 일본불교는 더 이상 확장되지 못하고, 남 규슈 네델란드 배 들어오던 곳, 그 어디에 겨우 한자락 순교성지를 보존하고 있는 것이다. 어느 날, 어느(?) 서점에서 잠깐 보았던 책에, 임진왜란 때 침략자 일본군은 (카톨릭 군대로) 일본 카톨릭이 조선반도를 침탈했던 것으로 기술된 내용을 보고 깜짝 놀란 적이 있다. 도요토미 히데요시는 일본 열도를 통일하던 끝자락에서, 규슈 남단의 독한 부족들의 저항을 한동안 받게 된다. 규슈 남단의 독한 부족인 이들은, 징기스칸의 제주도 주둔 해군 주력부대의 부단한 상륙공격을 끝없이 막아 내었던, 성주 소유의 특공부대를 휘하에 소유하고 있었다. 결국, 이들은 대마도 건너 대륙을 치자는데 연합하자며 조선 반도를 침공하게 된다. 이 때, 이 규슈부대의 성주 상징 깃발이 열십자(十)였었고, 이 열십자(十) 상징은, NHK 방송국에서 연출하였던 일본 국민 연속극에도 자주 등장하였다. 이 열십자(十) 상징은 도요토미 히데요시의 죽음 이후, 경제담당 비서실장의 주력부대와 동쪽 후지산 계곡에서 입성하려던 도꾸가와 이에야스의 직할부대 장군 역시 십자문양의 깃발을 사용한 것으로 기억된다. 최근, 한국 불교 자승 스님께서는 프랑스 파리에서 열린 여러 불교 행사를 주관하신 후 “한국불교는 우물 안 불교였었다. 향후 50년의 미래 불교를 생각하겠다.” 라고 하셨다 한다. 아니다. 우리의 불교는 오히려, 대승불교의 팔만사천 한문글씨를 고집스럽게 신봉하면서, 세계대전과 6.25(동족상잔)의 전화에 가려졌던 독창적인 선불교의 유전자 정신머리이며, 과거의 피투성이의 역사 속에서, 면역성과 항상성을 키워왔으며, 그 결과, 지금의 독창적인 정체성을 지니는 반도불교로 진화하고 있다고 이 화가는 감히 단언한다. 물론, 엄청난(?) 종교지식인들이 (배가 산으로 올라갈 것 같이) 여기, 저기서 시누이 한마디 하듯, 한국불교의 개혁을 주장함으로써, 비로서 자기도 종교지식인 기득권 그룹에 꼽사리 끼었다는, 자기만족형 종교지식인들이 아직도 많이 있다. 이름하여, 자기도취증(complacency)의 극상이다. 찰나에 흐르는 파동물결은 우주 생태적이고 불법계의 질서에 의해 순환되기 때문에, 오늘 이 순간은 "누구라, 함부로 잘했다, 못했다, 고쳐라, 산속에 숨지 마라, 한글 불경을 새로 만들어라, 화폐에 너무 가까이 가지 마라……" 등등의 각자 견해는, 오히려 고음의 잡음화, 탈 영토화, 탈 위계화의 혼돈과 복잡함을 조장하는 소음이 될 수 있는 것이다. 문제는 베트남과 티벳의 고승들이 미국에 가 살면서, 그들도 늙고 하여 대가 끊길 때, 새로운 고승들의 철학원행이 승계 되지 못하고 있는 위기와 마찬가지로, 오늘의 우리 불교도 어떻게 사회화, 경제화, 과학화되어야 하는가? 하는 점이다. 산속깊이 조실스님들은 사라지고, 선운사는 선지식의 종착역을 만들고 있다. '괴로웠던 기억'의 최초의 해결사는 '샤카 부타' 이셨고, 세월이 흐르면서 '괴로웠던 추억'들은 첨단의 영상기제들을 통해 들여다보이게 되고, 기억 또는 추억의 아픈 모양새를 관찰하여, 세포의 신경재생과 슬픈 사연이 어떤 증상으로, 어떤 의도로 상관관계를 가지는가의 연기론으로 발전되고 있다.

최근, 네이쳐지에 연구 결과를 발표한 신더(Jason S. Snyder)의 연구진은, 뇌신경에서도 유독 해마부위가 신경 재생을 가능케 하고, 특히 단기기억의 저장기능에서 스트레스 후 우울증 증상의 치유에 주도적 역할을 수행한다고 주장하였다. 논문에 의하면, 스트레스 호르몬에 대한 수용체들이 빽빽하게 위치하고 있는 뇌 영역인 해마에서 신경 생성이 감소하게 되면, 불안감과 우울증 같은 질환이 발생하게 되지만, (이제까지) 이에 대한 명쾌한 해답이 과학계에 밝혀진 바는 없다고 한다. 신더 교수진은, 생쥐에서 신경 재생을 억제할 경우, 내분비 및 행태(behavior)적 스트레스 반응에 문제가 발생하여 다양한 우울증 증상들이 증가하는 것을 확인하였다. 따라서 신더 교수진의 연구 결과는, 해마부위에서 유쾌한 신경세포들이 스트레스 반응을 조절하게 되며, 또 해마부위가 우울증 증상과 밀접히 연관되어 있다는 것을 최초로 밝힌 연구로 기록되게 되었다. 해마신경세포의 수 감소와 위축, 회복, 「트라우마 외상후 스트레스 증상」의 환자는 점차 해마가 축소 위축된다. 일본 가오야마 대학병원 정신신경과가 PTSD환자 124명의 MRI영상을 컴퓨터 3차원 화상에 재구성, 해마의 궤적을 비교 연구한 결론이다.(뇌와 마음, Newton, 11, 2010), (R.D. Fields, The Hidden Brain Scientific American Mind, May/June.2011), (Jason S. Synder, Adult hippocampus neurogenesis buffers stress responses and depressive behavior, Nature, 25. Aug. 2011)

"인간은 커다란 고통 속에 있도다!" (Der Mensch liegt in grosser pein!) 자칭, 20세기 마지막

철학자 말러(Gustav Mahler, 1860~1911)의 가곡 원광(遠光) 중에서의 울부짖음이다. 과학계에서는 두뇌 인드라망의 깊숙한 중심에 자리한 해마 신경의 재조립에 의해, 상처로부터의 기억과 추억을 의학적으로 해결할 수 있는 마지막 고비에 와 있다고 한다. 시인 최승자는 「20세기의 무덤 앞에서」란 시를 통해 "먹어도, 먹어도 배고픈 환각제인 것 마냥……잊어라, 잊어라 죽음의 운명을, 어느 날 구름 한 점씩 새로이 피어나는 날들을 위하여" 라고 노래하고 있다.

한때 너무나 떴고, 그래서 너무나 얼굴을 팔고 다녔기에, 한때 우리 동포들에게는 뭉클하게도 서글펐던 상징으로서의 황우석 교수님……

국격이 낮아 보이는 냄비근성의 과학적 연구 환경에서, 잠시 돌팔매 맞아 손 놓고 피해있는 동안, 의료 선진국들은 황우석 연구의 경계선을 한참 추월하여, 미래에 먹고 살 국가 경제의 마지막 유전자 연구를 선점하고, 질주하고 있다. 문제는 잠시 '도망자' , '유랑인' 이었던 자신이, 자신의 우울증 치유의 확실한 실험주체였었고, 실험대상으로서의 '타인 같은 자신' 이었다는 점이다. 허문영 기자는 황우석 박사에게 예의 '우울증' 은 없었느냐고 물은 적이 있다. 황우석 박사는 답했다. "자살 생각 많이 했죠, 독극물을 주사할까, 목을 맬까, 약을 먹을까, 구체적으로 계획했던 적도 있었습니다. 염치가 없기도 했고, 나를 욕하지 않을까, 심한 '대인 공포증' 에 시달렸습니다. 차라리 교도소에 들어가는 게 낫겠다고 생각한 적도 있습니다.(그는 외국을 떠돌며 연구하는 낭인 생활을 할 때도, (속죄하는 마음으로) 조선반도, 한국 쪽 하늘을 보며 하루 네 번 108배를 했다고 한다.) 굳이 핑계를 대자면 말이죠, 전 마이너리티 학문을 했어요. 이른바 경기고등학교도 안 나왔고 의대도 안 나왔어요. 외국학위도 아니고 (그런 상황에서) 일(프로젝트)을 위해 연구비를 나눠 줄 수 있는 권력의 끈을 잡고 싶었어요. 그 당시 우리 같은 사람 눈에 그런 권력은 감히 넘볼 수 없는 영역이었습니다."

그래. 최승자! 한번만 더 인용합니다.

불면증, 환청과 환시의 뇌신경 인트라망의 전기 화학적 합선과 "삥이야!는 '슬펐으나 기뻤으나' 의 그림자 일 뿐이라 했고 (찰나에) 세상은 간 곳 없고 부풀어 오르는 먼지 뿐" 이라 했다. 수백 수천의 손길과 천만개의 시선으로 동포들을 주목 한다는, 그 천수 천안 관세음보살 '님', 농아들이 교직원들로부터 능욕을 당할 때, 반도 동포 불교의 역할은 어디에쯤 있었는가? 인화학원의 불구 학생들이, 문제의 집행유예를 선고받은 교직원들에게 그 후에도 똑 같은 방에서 교육을 받고 있었다는 것이 정의? 또는 원초적 양심인가?

"내 판결로 약자가 큰 고통을 받아 가슴 아프게 생각한다." 는 판사 이한주의 이름이 공개 되었다. 사법부가, 나라 전체가, 시스템 자체가, 길들여진 특정 대뇌 신경회로의 단백질 과다 노출, 그 영양가 과잉의 수로에서, 모두들 반짝 직무유기의 삥이야! 라는 소음으로 온통 도가니탕이 되고 만 사건이었다. 인화학원, 그 음란의 공간이 비록 타 종교 재단의 소유라 하더라도, 여기에 천수천안 관세음보살님, 천안의 눈물과 탄식이 흘렀어야 했던 것이다. 미륵구원 미래불의 출현 가능성인 것이다. 시누이 같은 비판의 천재, 천수천안 종교지식인들은 모두 다 어디에 가있었나? 백 번이고 천 번이고 생각하여 보아도, 영화감독 황동혁, 검사 임은정이 바로 관세음보살의 화신이었고 현신이었다.

봉숭아학당이었던가? 개그콘서트였던가? 갸루상은 말하기를, "나는 원래 사람이 아니무니다" 재해석해 보자. "나는 자아(ego)가 아니고 원래 self(無我, 인생군번) 이무니다." 즉, 나는 이기적인 내(Ego)가 아니고, 군번이나 숫자에 지나지 않는(No.1), 무아(無我. self)이다. 이를 처연히 확인 했을 때가 앎이고 깨달음인 것이다. "뻥이야!" 그 구라들은 장엄했던 것이다. 우리는 죽음마저 너무 쉽게 수다 떨고, 자신을 남처럼 쉽게 (처삼촌 무덤 벌초하듯) 살아가도록 증강현실화(argumental reality) 시킨다. 그래도 "부처님의 웃는 얼굴이 보인다." 는 전자문자는 우울증으로 자살한 어느 유명가수가 평생의 사부님 같은 맘짱에게, 마지막으로 보낸 유서였다고 한다. 부처님과의 동반 자살이었다. 해마야! 뻥이야! 그리고 '깨달음' 이다.

서산대사 칼 들다

계급장 떼고 맛짱. 유화. 8호. 2009

"눈물을 잘 흘리는 부하를 조심하라! 귓속말을 잘하는 측근도 마찬가지다. 눈물엔 배신의 이물질이, 소곤소곤한 말엔 변절의 독소가 담겨져 있다!"
("이 버러지같은 놈들......!"이라며 보스에 권총을 발사한 촌스러운 양아치로 하여, 졸지에 대통령 되신 분이, 나름 백담사로 귀양 갈 때 말한 속임수의 진실이다.)

"나는 비록 늙었으나 아직도 총을 들고 방아쇠를 당길 힘은 남아 있다. 위기가 오면 나라를 지키기 위해 기꺼이 전장으로 달려 가겠다!"
북한의 포격으로 연평도가 작살나던 날, 소설가 이외수는 책세상 트위터에 이렇게 글을 남겼다 한다. 일부에서는 전쟁을 선동하느냐는 비난도 제기 되었던 모양이다. "마치 제가 전쟁을 부추기고 있는 듯이 얘기하는 분들도 계시는군요. 겁을 내시는 것도 당연하겠지요. 하지만 이런 상황에서는 자신의 결의부터 다지는 것이 중요합니다. 남의 탓이나 하는 습성은 아무 짝에도 쓸모가 없습니다. 겁이 나시면 도망치세요!"
"나 비록 늙었지만 나라가 위기에 처하면 총들고 나가겠다는 말이 시빗거리가 되다니, 차라리 삽 들고 벙커나 파겠다고 하면 가만 있었을까 ?"(동아일보. 2010)
하여, 지속가능한 권력의 과다한 잡음 속에서, 묘향산이 자리한 황해도 해안포대의 포탄이, 마치 조롱하듯, 놀리듯, 장로정권의 허리를 지르는 공격이 감행된 것이다.

이 땅의 납세자들은 이외수 작가 이상으로 분노하고 모멸감을 가졌다. 국방담당 참모는 13분만에 곡사포 3문으로 즉각 연평도에서 반격한 것은, 잘 훈련된 군대만이 할 수 있다고 자랑했다. 스타크래프트 같은 가상게임의 즉각 응사는 불가능한 일이라며, (부하 해병의 전사를) 애도하고, 분노하는 표정연출을 할 줄 몰랐던 것이다.
군번 0037511 무단동총사수 예비역인 이 몸은 지금, "아~대에한민국~" 조용히 불러 보았다. 절대 권력은, 준 전시중 장군을 즉각 교체하지 않으면, 그 분노의 상처 트라우마가 자신에게 부메랑 된다는, 선군 임금의 통치역사를 바보스럽게 모르고 있었다. 하긴, '무궁화 꽃이 피었습니다'의 작가 김진명은 바보와 바보가 교체되는 것이 민주주의이지, 천재가 20년 집권하는 것이 민주주의가 아니라 했다.(2012) 역시나, 주변의 책임분담 공무원들은 결국 부패와 불안만 주고 떠난다. 임진왜란 때 동래부사 송상현은 왜병에게 붙잡혀 군사 배치도를 빼앗길 처지가 되었다 한다. 그러나 순순히 내주지 않았음은 물론이다. 결국 왜병장수가 군사배치도가 들려있는 그의 오른팔을 칼로 잘라 버리고 말았다. 순간 그는 군사 작전도를 왼손으로 집었고, 왼손마저 잘리자 자신의 입속으로 넣어버렸다. 마침내 목이 잘려 나갔지만, 군사배치도는 이미 피로 짙게 물들여져 있어서 볼 수가 없게 되었다 한다.
우주에서 인간이 누리는 에너지 총량은 100년을 넘지 못한다. 한 인간이 열광하는 집단이 되었을 때, 그들이 얼마나 사악해 질 수 있는 지를 그린 최초의 대표적 종교화는 H.보쉬의 「십자가를 진 그리스도」로 알려져 있다.(나가노 고지, 2002)

대체적으로 「감로 탱화」의 등장이 1589년이라고 보았을 때, 미켈란젤로의 저 「최후의 심판」은 1541년에 완성된다. 이후, 종교화에서 가장 사악한 인간 군중들을 처절하게 표현한 세기적 예술품은 H. 보쉬의 「십자가를 진 그리스도」로 알려져 있다.

십자가를 진 그리스도의 얼굴은 연약함, 고통, 부드러움의 침묵을 중심으로, 추악하고 광기어린 사악한 얼굴들이 시계방향으로 만다라처럼, 에너지 중심의 주변을 맴돌고 있다. 이 작품이 종교화의 최고걸작으로 평가받고 있는 이유는, 인간에 대한 잔혹함과 그 안타까운 연민을 느끼게 하는 커다란 감동을 주고 있기 때문이다.

미켈란젤로의 '심판받는 지옥의 동굴화'와 '그 군상의 표정'들은 적나라한 극한의 고통을 호소하는 극단적인 사실표현이다. 「감로탱화」(티베트 불교의 탱화(Thangka)는 「티베트사자의 서」로 알려진 빠드마삼바라바(Padmasamblava) 승자가 인도에서 도입한 화가수도승의 기법과 재료에서, 그 불교 예술미학의 꽃을 피우게 되며, 탕카불화가 동쪽 끝에 도달하여 반도의 '감로탱화'라는 양식으로 독립한다. 탕카불화와 감로탱화의 일반적 구도는 그림 하부의 여러 죄목별 심판이 이루어지는 매뉴얼에 의한 교과서적 교훈을 주로 묘사하고 있다. 그 핵심은 반도적 동포성향이 '권선 징악' 이라는 명분아래, 백성의 순종을 강요하면서, 체념과 상납의 노동을 선동하는 귀족 불교적 지배속성을 나타낸다는 점이다.

이에 반하여, 춘향전의 "암행어사 출두요!"의 순간이나, 홍길동, 장길산 도적 떼의 탈취와 분배는 한층 쌍놈들의 유사 종교적 권력방어 기제라 할 수 있을까? 한국의 무속 샤머니즘이 유독 유흥적인 이벤트인 춤과 노래, 여흥이 특생인 것은, 그만큼 자연환경과 지배 권력의 악조건에 견디어냄, 그 저항의 생리에너지 자체가 밑바탕에 깔려 있었음이리라.

문정왕후의 사후, 보우 맘짱의 제주도 귀양을 위장한, '때려 죽임'과 동시에 불교탄압은 더욱 거세어질 수 밖에 없었다. 이러한 복수와 억압의 「마이너스 엔토르피」는 동일한 량 이상의 역현상을 초래하고야 만다. 업장의 「가역성」이다.

선조임금은 자신이 살고자, 간신과 참모들이 몰아가는 폐불정책에, 서산대사는 묘향산에서 압송되고, 유정 맘짱은 금강산에서 체포되어 투옥되는, 「정여럽사건」을 먹튀 희생양으로 삼았던 것이다. (자광, 1984) 이후, 6개월 만에 그 처절한 임진왜란이 발발하였고, 선조와 그 주변의 자리다툼의 당연한 업보로서 국가 전체가 박살나게 된 것이다.

선조임금은 말로만 위기모면 하면서 자리보신만 했던 간신들의 도주를 목격하게 되었고, 깊은 배신과 허탈감으로, 마지막으로 서산대사에게 사람을 보내 구원을 요청한다.

유비가 제갈량을 세 번 방문하여, 요리저리 피하는 제갈량의 협조를 빼도 박도 못하게 받아내고는, 양자강변의 최후전투에서, 조조의 대군으로부터 위대한 승리를 거둔다. 물론 제갈량의 지혜는 강변의 물속도, 바람의 방향, 풀잎하나의 양자 요소 속성을, 계절 따라 훤히 꾀고 있었던 자연 생태학자였다.

한경직 목사님을 찾아가 군부대 내, 짓다 만 교회를 완공하도록, 여러 번 간청하셨던 군대스님 지광처럼, 선조 임금이 서산대사에게 세 번이나 신하를 보내 간절한 구원의 뜻을 전했다 한다. 서산은 선조로부터 차후 불교탄압을 중지하고, 알아서 기는 과잉충성의 탄압 공무원들을 축출하겠다는 다짐을 단단히 받았다 한다. 하여, 서산은 마침내 위기의 임진왜란에 온 나라의 승군을 일으키게 되었다. 당시 수도 한양은 도요토미 히데요시의 사무라이들에 의해 점령당했고, 선조 임금은 의주까지 도망가게 되었다. 서산대사 휴정 맘짱께선 전국 팔도의 각 사찰에 긴급 격문을 띄운다. 격분의 전문을 여기서 다시 기록해 둠은, 이 순간 이 나라의 권력게임에 대입시켜 보았을 때 너무나 유사한 자기닮음, 그 프렉탈의 역사반복을 되먹임하고 있다는 법계진리를 확인시키고자 함이다.

"사부대중에게 고하노라! 부처님은 살상을 금하여 미천한 생물에 이르기까지 그 생명을 귀하게 여기셨다. 그런데 잔악한 왜구가 이 땅에 범람하여 국왕이 피난하고, 민생이 도탄에 빠졌다. 이제 불교의 힘과 그 법력이 아니면 구제 할 수 없게 되었다. 나라와 중생이 있지 않고는 우리 불교도 있을 수 없다. 비록 조선왕조가 우리 불교를 철저히 박해했다 한들, 이 땅은 우리가 지켜야 할 청정도량이다. 국왕을 뵙고 조정에 승통을 설치하고, 내가 도총섭으로서 승군을 일으키기로 한 바, 팔도의 스님 네들은 한 사람도 빠짐없이 떨쳐 일어나라! 먼저 강원 함경도 승려들은 금강산 건봉사로 가서 유정을 중심으로 뭉치되, 즉시 순안 법흥사로 진군할 것이고, 황해도와 경기도 승려들은 구월산 의엄을 중심으로 뭉치되, 역시 순안 법흥사로 내려오라. 나는 묘향산 승기를 일으켜, 먼저 순안 법흥사로 달려 가겠다. 충청, 전라, 경상도 각지의 승려들은 지역별로 거사하되 신중하기 바란다."

그리하여 묘향산의 서산대사, 금강산에서 신명당 유정대사, 구월산 의엄, 지리산 처영, 계룡산 영규, 가야산 선열스님 등 전국의 큰 스님들과 이순신 수군 휘하의 1,500여명 스님들은 순교의 희생 속에서 이 땅, 이 반도의 불맥을 승계하였던 것이다.

자광스님은 이렇게 말하고 있었다. "임진왜란 때 칼을 든 스님들이 대신 성불하기를 원했다. 그러기 위해 그들은 '불상생'이라는 계율을 어기고 칼을 높이 쳐들었던 것이다. 국왕에게 아부도, 불교 핍박의 유림 참모들에게 져서도 아니었다. 도리어 박해를 받았기 때문에 더 떳떳하게 전쟁에 나설 수 있었다."

북한 인민군 240mm 방사포대는 연평도 포격을 위한 치밀한 국사 작전을, 심지어 각 포의 각도를 시간별로 발사하는 시뮬레이션을 계획하고 있었다. 그 순간에 년 간 국토 방위비를 30조원

이나 쓰는 나라, 세계 20명의 실세 권력이 모여 세계 권력경영의 이벤트를 벌이는 하루 전날,
'G20 잔치판' 건너편 봉은사의 명진 맘짱은 문경세제 봉암사로 떠나고 만다. 새삼, 미국이 제국
국가인 것은 정작, 정적 힐러리를 바로 국무장관으로 끌어안은 진짜 개신교정신 때문일 것이다.
조선왕조 유교정권의 열락은 결국 군부 무신들의 반란을 자초하였고, 그 또한 5년 동안의 권력
자리 분배에서 매년, 마피아두목이 뒤집어 졌다. 배신과 탐욕의 반복은 「최후의 심판」 그림에
나오는 베로니카 같은 조선의 역할이, 공시성(synchronism)이론에 의해 등장하게 된다. 동시성
또는 공시성은, 각기 다른 섬에 사는 원숭이 떼들은 어느날 고구마를 바닷가에서 씻어 먹고, 껍
질을 벗겨먹는 법을 비슷한 시기에 터득 실행하게 된다는, 생물진화의 선순환 법칙. 그 항상성
의 구체적 현상을 말한다. 이러한 우주질서, 비로자나 법계의 흐름은 예나 제나, 동서양을 막론
하고 순환되는 되먹임 현상이다.

조선의 유교정책이 무신에 의해 작살 날 즈음에, 영조의 친구 같은 신하 (암행어사) 박문수는 베
로니카 같은 지혜로, 영조 임금의 깡다구 같은 철벽 소신을 유도해 낸다.

어사 박문수는 전국 팔도강산 210여군데에 암행어사로 나타나, 백성의 아픔을 해결하는 당대 민
중의 구원자였다고 한다. 마치, 의상대사가 전국 대부분의 사찰을 창건하였다는 의미는, 당대의
정신적 지주이면서, 민생 해결의 갈구를 표현한 기둥(롤) 모델이었기 때문이다. 영조임금 재위
어전회의에서 신하들은 "나라의 임금은 작은 일까지 너무 자세히 보거나 세세한 일을 들고 개
입하여 일의 대세를 놓쳐서는 안된다."고 하였다. 영조 재위 20년째에 무신들의 판세를 꺾기
위해, 무신의 머리를 모조리 베어 대궐문에 매달겠다는 강단은, 핵심 참모 박문수에 의해 연출
되었다. 삼각 김밥같은 국가경영의 선택과 집중이다.

　임진왜란 때, 소서행장의 규슈 카토릭 기갑사단(부대 깃발이 십자였다.)을 물리치고 다시 입산
하신 서산대사의 묘향산 비로봉(해발 1909m)은 보현사가 멀리 가까운 듯 놓여있고, 절벽 같은
신선폭포 쌍폭과 오엽송 속의 상원암 경관이 가려져 있다.

묘향산, 동양화가   林人, 인사도 고서점집에서 구입하였던   서울근교의 풍
경」이라는 일본인의 식민지 그림기행문에서 발췌, 1940

조선반도 전체에서 구름같이 집결한 승군은 결국 나라를 지켜냈지만, 그 사령관 서산부터 등
돌려 입산하고 만다. 개인의 이기적 개오 때문이었는가? 아니면 전투승병들의 피와 원한을 모른
척 했는가? 그리하여, 다시 핍박의 불국토를 예기치 못했다는 것인가 ?
샤카 부타나 대승불교의 가르침에는 그렇게, 절집 안팎을 지켜내라는 보호본능이 원래 없었다는
것인가? 그렇다면 생명존중의 법계 승계의 미륵세계 기다림이 모두 허구였다는 불법이 된다.
자! 보라! 불교 생태법계를 지켜내던 수경 맘짱께서도 결국은 등 돌리고 말지 않았는가?
호시탐탐 적과 대치한 장수나 임금은, 너무 말이 많으면 적에게 모든 전황정보와 예측을 그대로
전달해 줌과 마찬가지의 구도를 가져온다. 카리스마 있음의 조건에는 첫째도 묵언이고, 둘째도
표정에 세세한 감정을 나타내지 않아야 한다. 그래야 적과 부하조직이 두려움을 느끼고, 조직을
통솔하는 과감한 용단과 용기를 실행에 옮길 수 있게 된다.
포커 놀음판 얼굴은 두려움과 신비를 조장한다. 미남귀족 이미지의 존.에프 케네디 미국대통령,
그의 말수는 지극히 적고 조용하다. 때문에, 결정적인 한마디, 그의 메시지는 효율 극대화의 카
리스마를 지닌다. 저 유명한 '국가가 국민에게 무엇을 해줄 것 이라는 생각에서, 국민이 국가를
위하여 과연 무엇을 할 것인가' 를 생각해야 한다는, 대통령 취임식 연설은 아직도 우리의 가슴에
새겨진 유명한 메시지이다. 하여, 그는 전 미 국민의 재산과 평화와 꿈이 한방에 날아갈 수 있
는, 쿠바로 향한 소련 미사일 적재함에 선전 포고를 하고 만다. 바로 그 용기가 오늘의 미국군
전투의 최상위 가치개념으로 이어진다. 어제는 「고소영」이고 오늘은 「00의 교회」, 1% 인맥이
동 (시사저널) 이라던가? 대통령 취임초기의 케네디 조직은 하버드대학 출신들로 구성되었고,

468

이들의 쿠바 침공은 결국 참패로 끝났다. 잡종교배일수록 우수한 유전자가 탄생하는 진화론을 간과한 것이다. 케네디가 이를 현실로 인식했더라면 피살 되지도 않았을 것인가? 2013년 가을 무리한 근친교배의 1%층 유전자 생산은 두만강 표범 같은 종족 적멸의 화엄현상을 낳고 있는 것이다.

충청도 산골오지인 무주 구천동 같은, 깊은 산속은 왕권의 지배 권력이 미치지 못하면서, 혹은 산적이나 호랑이의 출몰, 이를 바탕으로 하는 지역, 부동산 부자들의 횡포로 치외법권의, 불가침 영역이었다 한다. 당대 백성들의 영웅 박문수는 구씨와 천씨 토호의 만용에 맞서, 현장에서 소꿉장난, 전쟁놀이하는 아이들의 재판놀이에서 아이디어를 얻고, 지역 난제를 해결하였다는 설화도 전해진다.(박현문, 2010)

자연히, "어사 박문수가 맨손으로 호랑이를 두들겨 잡았다"는 소문이 확대, 재생산 되면서, 당대 핍박받는 백성들을 구원해 주길 바라는 희망의 선구자(메시아)로 숭앙받게 된다.

옛날 옛적 호랑이 담배 피우던 시절에는, 효성과 은혜를 갚는 서민의 수호자로서 호랑이가 기능하였다. 따라서 연약한 인간이 행할 수 없는 커다란 힘과 능력의 상징으로서, 또한 두려움의 피해를 희석시키기 위해서, 용맹과 풍자의 호랑이를 이미지화 하였다. 더구나 불교의 생명존중 사상과 토속 신앙은 호랑이를 인간과 동일한 자연의 일부로 해석하였기 때문에, 호랑이를 살상하거나 포획을 장려하지는 않았다 한다.(김동진, 2009)

그러나 심심산골 호랑이의 현실적 번식은 백성을 위해하고, 유교적 포획정책은 호랑이를 잡으면 포상하기도 하고, 착호갑사(捉虎甲士) 라는 군대도 만들었다 한다.

한 민족에 오래동안 공생하였던 백두산 호랑이들, 때로는 생명의 위험과 핍박의 오라가 고통스러울 때, 구원의 해결사로서 떠오르는 암행어사 박문수, 그 영웅의 용맹함을 화가들은 글로, 그림으로 메시아처럼 묘사하기도 하였다 한다.

탐진치 삼원색 가설

〈탐〉

사슴의 경우, 18가지 화려한 뿔을 가진 수사슴이 암컷의 선택을 받는다. 힘은 세지만 뿔의 가짓수가 홀수여서 비대칭인 사슴은 선택을 받지 못한다. 오리는 화려한 의상으로 먼저 털갈이를 한 수컷이 맨 먼저 짝짓기에 성공한다. 질병과 기생충, 병균은 '개성에 기반을 둔 미'를 창출하는 보이지 않는 손이다.(라이히홀프, 2012) "아름다움이 우리를 구원한다."(소냐, 도스토예프스키의 죄와 벌)

〈진〉

싸구려 술 몇 잔으로 목소리는 커지고 행동은 난폭해지며, 논리는 단순하고 자기 반복적이 된다. 하지만 날이 밝으면 남는 것은 두통뿐이다. 보복의 결과는 언제나 자신에게 돌아올 뿐이다. 어떤 경우에도 상대에 대해 합당한 경의를 잃어서는 안 되며 영혼이 오가는 길을 막아서는 안 된다.(무라카미 하루키, 2012)
몸에 한세상 떠 넣어 주는 / 먹는 일의 거룩함이여 / 이 세상 모두 찬밥에 붙은 더운 목숨이여……(황지우, 거룩한 식사)

〈치〉

애매모호함을 껴안아라. 그리고 그 안에 들어가 모호함의 정체를 파헤쳐라.(레오나르도 다빈치)

생물진화 시스템의 원천은 뇌간에서부터라고 한다. 중요한 시사는, 이곳이 임신 중에 가장 먼저 발육이 발생하는 영역들이라는 사실이다.(진 윌렌스타인, 2009)
원시적이며 생물학적 진화요소인 대칭과 비대칭의 미감은, 아날로그 환경에서 디지털테크노와 드디어 혼돈의 불가사의한 리좀적 네트워크망의 뒤엉킴 구도 세상에 진입한다. 그 돌연변이의 잡음과 폭음이 지고나면, 지구별을 진동시킨다는 복잡계 현상에서는 모든 작동과 발진이 대뇌신경계에서 출발하고 있었다는 그 원래의 진리를 알게 된다.
진화론의 찰스 다윈은 그의 "인간의 유래 및 성에 관한 선택에서, 인간의 눈은 대칭 또는 규칙적 형상을 좋아한다. 심지어 가장 저급한 야만인도 그런 대칭문양을 장식에 사용한다. 대칭은 성(sex)의 선택을 통해 발전했고, 인간뿐 아니라 일부 동물의 무늬 장식에도 이용되어 왔다.”고 하였다.

  알카익 스마일(Archaic Smile). 은행잎 같은 얼굴형. 달을 보는듯한 입언저리는 그리스적인 고풍스런 신비의 미소를 숨기고 있다. 조선반도를 통하여 전해진 불상조각기술은 당나라 문화의 영향을 받는다.
인도북부 간다라 지역에서 최초의 불상이 탄생(78. 128. 144년 설). 파미르 고원에 거대 불상군 양식을 돈황과 운강(460년경)이 조선반도로 유입한다. 이후 백제 성영왕은 일본 왕에 조그만 금 불상을 선물한다. 현재의 보살반가사유상의 경로이다.(보살반가상, ikkojin, Oct. 2012)
유아의 경우, 일차시각피질(V1)에서 세포증식이 최대치에 이를 무렵 아기는 좌우대칭이 분명한 사물에 강하게 끌린다고 한다. 그 즉시, 하류의 시각피질 영역에 대한 경험 기대성 ‘시냅스 가지 치기’를 통하여 정상적인 성장을 촉진한다. 이때 자기자극 과정에서 쾌감이 발생하면 이 쾌감은 강한 좌우대칭, 회전대칭, 방사대칭(Radial symmetry)등에 선호된다. 또한 청년 배란기의 수많 은 선호성향의 기초가 되고 배우자 선택기준에 미치는 영향 또한 막대하다.(Gene Wallenstein, 2009)

  갓 태어난 아기의 엄마를 향한 ‘거울단계’를 이야기 하였던 라캉(Jacques Lacan, 1901~1981) 을 빼고는 유아생리를 말할 수 없겠다. 그는 인간은 이미지에 얽매인(먹고사는)존재로서 다른 동 물과 달리 미숙한 상태로 태어난다고 했다. 우리 인간은 태어나면서부터 걸을 수도, 스스로 몸 을 지킬 수도, 혼자 힘으로 먹을 것을 구할 수도 없다. 그래서 인간은 완전함을 나타내는 ‘시각 적 이미지’와 자신을 동일시한다는 것이다.
그는 “아이는 어머니가 바라는 자신의 모습을 자기의 이미지로 받아들이며, 누군가 타인의 시선 과 연관되어 있다. 우리의 시선은 시각의 ‘동학’(動學.dynamics)속에 사로잡혀 있다.” 라고 하였 다. ‘동학’은 말할 필요도 없이 옷자락이 스쳐도 인연이라는 부타의 연기론을 심리 생리적으로 분석한 것이다. 베토벤은 으뜸 맘마보이의 원조였었으나, 그렇기 때문에 어머니를 상실한 상처 는 한 위대한 음악인의 일생을 어둡게 하였던 원인이 된다.
베토벤은 슬픔에 매우 인색하였으며, 음울한 성격에 비극적인 생애를 살았다 한다. 그럼에도 그 는, 누구보다 타고난 낙천주의자였고 그의 음악에는 삶의 비극성과 관계없이 역설의 창조를 담 았다.
그의 소나타 7번 D장조의 작품명은 Mesto 즉, 슬픔을 뜻하는 이태리어이다. 모든 고독을 예감 하듯, 슬픔의 절규와 독백이 끝나고 이어지는 3악장은 다시 희망의, 그리고 4악장은 환희가 넘치는 평화의 승리를 작곡한 것이다. '고집멸도' 의 구조이다.

　인간의 기본 행태(behavior)는 유전된 성질과 후천적 환경적인 영향성 즉, 진화학자 도킨스가 이야기 하는 밈(meme) 문화유전자, 그리고 현재의 표정, 행태, 이미지의 인간 인터페이스에서 풍기는 현실 심성으로 구성되어 있으며 이 논리는 현대과학의 핵심이다.
진화학자 도킨스는 여기에 「내공」 이라던가, 신경경제학에서 말하는 「타이밍」 그리고 일반신경미학에서 언급하고 있는 예술구도를 개인별로 흐트러짐 없이 서술하고 있음에, 새삼 경탄을 보내지 않을 수 없다. 예컨대, 모성본능이란 태아를 '낳아본 자와 못 낳아본 자' 의 사무치는 뼈 속의 애증은 분명히 구분된다는 경험론(UX)은 확실히 미래국가, 기업, 가족 경영의 스마토피아(smartopia)적 혼혈과 불확실성을 해석하는 분명한 다중지능 인터페이스(One　Source　Multi-tasking)를 말함이다.

　얼마 전, '쾌도난마' 종편 방송프로에서 역학자 자운은 모 '대한초등학교 반장선거' 후보를 예측하면서 '타이밍의 늦어졌음' 을 언급하였다. 얼마 전, 나라 망신의 주인공인 윤창중은 평소 나름의 소신과 칼 논리로 "귀에 걸면 귀걸이, 코에 걸면 코걸이, 이래도 좋고 저래도 좋고, 아니면 말고," 식의 막말들을 매일 매일 일갈하곤 하였었다. 칼 퇴근하여, 저녁 일찍 먹고 이래도 좋고 저래도 좋고 나름의 여유를 만끽하는 노동국민의 삶은 유명한 오스카 와일드가 했던 말이었고, 그런 몇 일후, 스마트폰에 날아온 모 문자는 모 선거캠프의 "지원자수가 배로 증가할 것(지지배배)이다" 라고 예측하고 있었다. 암울했던 지난시절 청룡사 뒷골방에서 '농부가' 를 한스럽게 부르셨던 후배가 있었는데 그는 서울대 제적생이었던 임진택이다. 하여 한 몇 년, 아니 수년간 끊었던 술을 다시 폭음하며, 농부가에 뒤집어졌던 이 화가의 정신머리의 뚜껑을 달랜 추억이 갑자기 떠오름은 왜일까? 다시금 생각해보니 '저녁이 있는 삶' , 한 국가의 품격과 지성을 되살렸던 이 선거 구호는 후배 임진택의 작품임이 분명하였다.
골수 우파 전원택 변호사님께선 정치권이 탐욕과 이권의 정권쟁취 놀이(혼돈·리좀현상)로써 꼬여 있는 법과 제도를 기본적으로 개혁하지 않으면 국가의 미래가 없다 하였다. 그러면 어떤 대책이 필요하냐 ? 라는 박종진 앵커의 유도심문에 다시 혁명이 일어나야만 해결된다고 (생방송으로) 질러버렸던 것이다. 이때 종편 방송국 안의 붉은 경고등이 요란하게 울렸고, 방송은 재빨리 CF로 넘어갔던가? 연극인, 후배 임진택은 역사속의 모든 비극적 드라마를 가장 많이 기억하고 있는 분으로 보인다. 애욕과 권력 지배욕과 증오, 분노의 질투심, 예컨대 심복의 계략과 배신에 의해 애첩을 죽이고 진실을 깨달은 오텔로(Othello, Shakespeare)같은, 결국 스스로 자살해 버리는 비극들 말이다.
동물 같은 인간의 원시 본능은 두뇌 속 가장 깊숙이 자리하고 있는 뇌간(腦幹) 시상하부(視床下

部) 그리고 시상(視床)이다. 이른바 5F를 발화하는 본능중추이다. 성욕, 식욕, 집단의식욕구, 공격정복욕구, 그리고 도피욕구(fucking, feeding, flocking, fighting, fleeing. AH. 마슬로 욕구)의 본능이다.

　　모두들, 바야흐로 시대정신은 탐욕과 이권, 그리고 한자리의 승자독식을 위해 아우성치고 먹튀(먹고 튐)함으로 귀결되고 있다. 분배와 공짜의 인생을 목청 놓아 부르는 것 자체가 전투에 필승하고 말아야하는 혈투로만 보이고, 주어진 몇 년간의 단기위기 극복과 윤리적 타락을 위한 (인천 앞바다가 사이다 물로 넘쳐도 컵이 있어야 하는데) 깃발도 붉은색이고 립스틱은 붉게 발라야 한다는 것이다. "높이 들어라. 붉은 깃발을……" 6.25 한국전쟁 때의 인민군 군가 아니었든가? 북한 날라리? 탈북미녀들의 깜짝 패션쇼, 젓가락 하나로 완성하는 초스피드 북한 파마법, '쥐구멍에 쥐들이 주서 모은 먹거리 부스러기의 몰래 먹기' 등의 함흥 시스터즈들의 피눈물은, 제발 일본 NHK, 미국CNN, 영국BBC의 PD들에겐 절대 영원히 알려지지 말아야 하는 동포의 핏대, 그 민족의 '정신머리' 자존심이기 때문이다. 융합과학도 좋고 방송사 광고 흥행도 좋지만 민족의 핏대는 비공개 원칙 아닌가? 도도한 피침의 전쟁사 속에 지켜왔던 민족원형(archetype)의 유전자는 우리 국민들이 악랄하게 보호하여야 하는 것이다. 월급 받는 대통령이 국내 섬 순시한다는 것은 당연하고, '너희 X신들 원하는 특종(?)' 감도 아니다. 그러나 침략 이웃국가의 덴죠헤이까(천황) 원형을 건드렸다는 것은 국내외 역학관계의 미래 예측능력의 무지함이었고, 기다렸다는 듯 인접국 일본 우빨에게 빌미를 주고 말았다. 이때의 '원형' 이라는 심리학자 '융' 의 집단심리학 용어는 예컨대, 구본무 LG전자 회장님께서 '뼛속까지 완전히 바꾸는 전략' 이라 하셨을 때의 '뼛속에 엉어리진 유전자' 원형을 의미한다. 참으로 시대의 덕장이신 회장님을 우러러 인지하게 된 것은, 골목 빵집까지 세습하는 자본 세습이 전혀 아닌, 탐진치 불법에서의 분노를 순치 하셨던 그 표정을 우연히 보게 되면서부터였다.

때는 바야흐로 대한민국 국군보안사령관 예하부대의 핸죠캉(군화빨)들이 LG반도체 기업을 강제로 빼앗아 가버린 일주일 후였었던가? 예의 LG디자인 김철호 연구소장과 함께 곤지암 C.C.에서 골프 한 게임 하던 중, 바로 뒤 홀에 사모님과 함께 구회장님이 분노를 이기고 살아서 나오셨던 모습을 보게 된 것이다. 진노를 순치하셨던 용안이셨다. 고 노무현 대통령에게도 한 '300명 멘토 어른' 이 계셨고(?) 서울대학교 문리대에 '마다리' 를 걸친 거지 철학과 학생도 그 멘토 어른 중, 한명이셨다. 노 정권때 뜨셨던 김윤수 선배께선 미대 미학과 댕기면서 다 낡은 군화에 군복 물들여 입으셨던 관계로 (우리들은) 그 형님을 '핸죠캉' 이란 별명을 붙였었다. 또 다른 종편방송 「판」 시사프로그램에 한반노 주사파의 대부, 김영환이 출언하셨다. 아! 아마도 방송 노출이 가장 힘든 분이 나오셨고 시청자들은 놀랐을 것이다. 어느 시절이던가? 필자인 이 화가의 출근길. 대학교 정문은 육군탱크가 막아 서있고 우리들, 교수들은 할 수 없이 값 싸고 손쉬운 용산의 미

8군 골프장으로 출근하던 휴교령 발동의 시절이었다. 드넓은 골프장의 필드 잔디 위에는 때마침 미군들의 군사 연습인 C.P.X가 전개되고 있었고 헬리콥터들이 비상착륙하면서 부상병들을 후송 시키고 있었다. 그 때 정작 이 나라 젊은 교수들은 골프내기 하다 말고 잠시 피해 있었고, 직장 인 대학은 휴교인데 타국 육군들이 이 나라 지킨다고 저렇게 영화 '람보' 처럼 피 땀나게 훈련하고 있었던 것이다.

한편, 그러한 역사의 같은 찰나에 서울대 법대생 김영환 학생은 북쪽에서 온 공작원과 같이 반잠수정으로 평양의 수령궁에서 김일성을 만나고 있었던 것이다. 말하자면 옥살이도 한 대학생 간첩이었고, 따뜻한 남쪽 반 토막 국가를 전복하고 적화 통일코자 했으며, 그리하여 "어린 시절 뼈저리게 보았던 가난과 배고픔의 못사는 동포 핏대에의 도의적 책임감(?)"에 운동권 교과서 「품성론」 등을 집필, 국가최고의 존재가치를 그 나름 설정하고 나름의 혁명가의 길을 가게 된 것이다. 즉, 자기 나름의 기본적인 인본주의와 그 속에 오랫동안 유전되어 진화된 「자비정신」 의 원형 본성을 진술하고 있었던 것이다.

왼쪽부터, 판 첸마라(Panchen Lama), 중국의 모택동(Mao Zedong), 그리고,
21세기의 달라이 마라(Darai Lama)의 다정했던 1956년도 사진은 오늘의 티베트
불교의 탈주, 분신사태를 암시하고 있었다.(양호, 정치행동학, 1991)

기업탈취의 쓰라린 악몽 발자국. 곤지암 C.C. 레이크 코스 5번홀, 유화 30호, 2008

　그러나 우리는 냉혹한 이성과 지혜로 우리 현실의 위치를, 세계 각 민족과의 관계와 역사 속을 꿰뚫고 있어야 한다. 아마도 중국의 긴 역사와 그 속의 13억 7천만 명의 과잉 인구, 그들의 두뇌와 몸속에 유전 진화 또는 원형으로 뭉쳐진 '살아남기'의 지혜를 판독하고 있어야 한다. 모택동의 붉은 패잔병들은 연안 내륙의 가난하고 짐승 같은 생존의 계곡마을들을 일년동안 피신하면서, 결국 양자강을 도하하고 북경대학교를 접수한다. 그들 떼 조직 빨치산과 6.25때 뒤늦게 한반도에 인해전술로 북치고 나팔 불고 피리 불었던 그 부대원들은 중공군 제 8로군이었다.(영화 '고지전'에서도 이 장면이 나온다.) 그들은 주은례의 외교적 도덕적 지혜와 등소평의 경제혁명에 의해 오늘의 중국 최고 권력과 군대를 (아직까지도) 역시나 장악하고 있는 것이다. 어쩌면 이 지구상에서 가장 위대한 장기집권 혁명 권력이면서, 그렇게 때문에 가장 위태위태하고 불안한 정치권력을 유지하고 있는 것이다. 통일국가로서의 진시황제 때부터 현재의 공산독재 체제까지의 통치술에는 상상 할 수도 없는 불가사이한 통치술이 발달한 나라이다. 지금은 많이 개선되었으나 과거 홍콩을 위시한 몇 차례의 칭화대학 세미나와 운동, 관광 등으로 중국 변두리 혹은 외진 공원에 가 보았을 때, 저항하고 항거하며 국제사회에 고발하고 있는 참혹한 탄압과 고문의 사진전시를 보면서, 인간 폭력성의 동물 이하적 잔혹함은 아귀들의 지옥 고문도와는 상대가 안되는 고문기법과 도구를 발달시켰던 억압 국가였었던 것이다.
필자의 뇌 해마에 담겨진 이러한 장기기억은 어린 시절 애절했던 만주 '하르빈'의 밤거리 장면으로 더욱 이 사람에게 각인되어 있는 아수라의 끝 모습이다.

이 화가가 태어난 일본 벳부는 마침 제 2차 세계대전이 한참 진행 중이었고, 연일 B 29 폭격에 의해 반공호 드나들기 바빴다. "구슈게이호……! 구슈게이호……!"의 음소기억을 뒤로 하고 우리 가족은 만주 목단강 비행장을 향해 관부 연락선에 올랐다. 거의 일본의 패전 날까지 만주 땅 '하르빈', '봉천' 등에서 일본 관동군 목단강 비행장건설 토목감독이셨던 아버님 따라 (소련군 남하직전까지) 유년시절을 보냈었다.

이때의 오래된 기억 속에 아직도 뚜렷이 남아 있는 장면은, '하르빈' 도시의 밤거리 까스등 같은 가로등 아래로 돌 자갈로 포장된 거리에 역마차가 달리는, 그 빛과 소리의 이국 풍치였다. 말씀 드리고자 하는 요지(핵심)은 그 '하르빈' 뒷골목 가로등에 비친 어렴푸시한 인간 거지들, 행려 시체들이 쌓여진 도시의 냄새와 적막한 떼죽음들의 충격이었다. 병으로, 혹은 고문, 구타로 혹은 아편중독으로 죽어가는 도시의 인육 쓰레기는 한참 후에 모택동 전기를 읽고는 잠깐이나마 납득(?)할 수 있었던가? 붉은 홍위병 조직을 직접 조정했다던 강청 사모님도 "중국 인구 한 3억 정도 원자탄 한방에 죽어도 우리 국가는 끄떡없다."고 했다던가? 혁명가 김영환의 「중국 단동 국경(?)지대 기관원(고문기술자)에 의한 고문 체험」 방송 진술에 의하면 "뒷짐 수갑 채우고 한 달 고문하기, 전기 고문, 또 무엇보다도 정신적 공포와 수치감 주기, 등 등 이루 말할 수 없으며 그나마 고문 흔적을 후에 남기지 않기 위해서 외국인(외국 여권소지자)는 다소 참작했던 것으로 보인다."라고 하셨다. 귀국 후 고문 안 당했다는 약속 각서를 쓰게 하였으며 아편 찌른 상태의 뿅 상태로 고문기술을 수행했던 것은 아닌 것으로 보인다 하였다. 고문기술자 그들 또한, 떼 조직의 명령에 하는 수 없이 비인간으로 살아가는 '홍위병 시즌-2' 일 뿐이었다.

가장 강조하고 싶은 혁명가 김영환의 결론은 "진짜 혁명가는 진실에 눈감지 않는다."이었다. 2012년 해 저문 그래서 더욱 황혼마저 붉게 물드는 말법의 시대에, 젊은 이 청년이 유독 그립고 우아해 보이는 것은, 조선반도 주사파 대부의 입에서 "개인의 영달을 위해서 탐욕이 점철하는 국내 정치판 놀이는 사양하겠다."는 언급 때문이었다.

음! 순간 이 나라, 이 시대의 여야, 선악, 좌우빨, 보수 진보의 모두는, '욕망이라는 이름의 전차'를 향하는 「탐·진·치」로또 중독증 환자로 비쳐졌다. 왜냐면 좋은 자리 다 누렸던 '여와 야'의 끝없는 욕망과 딴지걸기, 스토커 현상의 지겨운 '품격스러움' 이었기 때문이리라. 원래 이 나라 남자들은 「의리의 싸나이」로 유전되었고, 반도적 환경에 의해 뭉치고 살아남는 지혜에 의해 오늘의 올림픽 금메달 국가로 성장하였다. 예를 들어 혹여, 남자가 주변의 사생활 정리가 미진하여 결국 외박을 하였다 하자. 부인은 남편의 절친한 친구 열 명에게 전화를 했고 그 중 여덟 분은 당신 남편 우리 집에서 잤다고 했던 이 나라 싸나이들은 의리의 보호본능이 있어 왔다. 나머지 두 명 친구는 당신 남편이 아직도 우리 집에 자빠져 자고 있다고 주장했다 한다. 해 저문 꼰대세대의 제일 가치관이었다. 만약에 이 남편의 사모님께서 어느 날 여자 친구 집에서 외박하고 왔다 치자. 남편은 즉각 전두엽 해골 뚜껑이 열리고 부인의 절친 열분에게 전화를 걸었지만 하나같이 모르는 일이라 하였다 한다. 만약에 이 남편께서(과년한 두 딸과 의대 교수 부인, 그리고 자신의 혈통이 독립운동가 할아버지 혈통을 받은) 현직 정치인으로서 "……데, 그년, 서슬이 퍼레서, 사과도 않고 얼렁 뚱땅……" 이라고 부인의 절친들에게 전화를 해댔다고 가정을 해본다면 이 나라 우아한 계급 1%의 사회에서는 어떤 일이 발생하였을까?

목하 전환기와 상실기, 그리고 막가파의 시대이다. 최동훈 감독의 「도둑들」이라는 영화에 시민들이 초유의 떼들로 상영관에 몰려오고 있다고 한다. 광고판 슬로건 문구에는 소심한 총잡이 엔드류의 한 말씀이 나온다. "도둑놈들하고 일하려니까 불안 불안 하여……!!" 위의 '그년남'은 그랬다 한다. '그년'은 '그녀는'의 줄임말이고 '그녀'의 오타 또는 헛 발음이었다는 변명이었다. 물론 "무능한 도둑은 금고만 보지만 유능한 도둑은 도망갈 퇴로부터 챙긴다. 고수 산악인은 정상 정복보다는 하산에 대한 준비를 더욱 철저히 한다. 서울 마포에서 오랫동안 중국 음식점하신 주인 주방장은 단 한 번도 그날의 주문요리 종류를 얘기해 본적이 없었다. 몇 명이 예약했다는 눈짐작으로, 그날 준비해 둔 재료만으로, 최고의 효율적 요리를 그것도 속도감 있게 만들어 내온다. 반을 자른 호박덩어리에 금방 태운 누렁지를 넣고 만들어 내는, '소리 나는 요리'는 서울에서 처음 만들어 졌다. 중국 통일 후 진시황제는……하, 심심하셔서 '오빠 강남스타일' 처럼 전국에 소리 나는 음식을 공모하셨고, 응모하여 실패한 주방장들은 다 죽였다는 이야기가 있다던가? 일국의 지배계급(권력자)가 (국민의 반을 차지하는) 여성을 비하하고 함부로 욕하였을 때, 이웃나라 공안원은 반도의 젊은 동포 혐의자를 체포 구금하고 우습게 고문 취조해버려도 관계없다는, "당신의 국가 권력자도 국민을 그년……하면서 막 대하지 않느냐? 그래서…… 우리도……하였을 뿐이다"라고 한다면 기분이 어떨까?

세계 제 1의 부자 주지, 여성무용가 주지, 일본의 유일한 여성 주지, 일본의 1,200년 된 고찰 대일사의 주지 김묘선 스님은 이매방 스승의 무용제자로서, 마을의 제사와 장례를 주관하는 존경받는 사찰주지이다. 평소 마을주민들에게 '승무' 같은 춤을 강습하면서 주민들의 신뢰를 구축하고 있다.(MBC TV, 2012)
소림사 주지 쓰융신(釋永信)은 쿵푸, 무술 등의 순회공연과 영화제작, 다양한 투자 및 비지니스를 통하여 엄청난 부를 축적하였다. 또한 종교인은 공산당원이 될 수 없지만 지방 인민의원이면서 그 덕으로 소림사 브랜드를 키워왔다. 현재는 약 30억 달러의 자산을 운영하고 있는 것으로 알려져 있다.(Newsweeks, 2012. 8. 15)

샤카 부타의 탐진치 진실에도 진에(瞋恚)라는, 어리석고 성냄이라는 삼독의 욕망, 분노, 그리고 무지한 마음이 있다. 문제는 '그놈의 헌법', '나꼼수 역풍', '그녀의 그년', '머리끄 더령녀' 등 의 언어 화살이 역기능과 부메랑과 같은 '적과의 동침' 또는 적을 승리하게 하는 부정적 되먹임(겹사꾸라)의 역할을 하고 있는 것이다. 하여, 무식과 무지, 탐욕과 부패의 이권 챙김, 그 '욕망이라는 이름의 인간 걸식'을 볼 수 있는 것이다.

철학자 이주향 교수가 그러셨던가? "……악을 두려워하지도 않지만 선의 철창에도 갇히지 않는 힘. 바로 무식의 힘! 배운 게 없어 무식한 게 아니라 배울게 없어 무식한 그 뚝심의 힘!……" 이 "넌 왜 사니?"라는 찰나의 소리를 듣고 보는(looking) 꼰대들의 '탐 진 치'일 것이다.

헌법학 최고수 성낙인 교수는 '빈대처럼 오늘은 이 년의, 어제는 저 넘의 정치권력 옆에 밀착 방 어하는 떼거지 손자병법 연출가'와 달리 가치기준과 정신적 품성론을 제기하고 계신다. 왠지 이 문장이 꽂혀서 여기 소개해본다. "……바로 여기에 가진 자의 덕(virture)이 요구된다. 그것은 가진 자의 자비가 아니라 윤리성에 터를 잡아야 한다……" (동아일보, 2012)

음! 자비라는 마음이 단백질의 신경세포로 구성되었다고 생각하는 이 '풋 불 빠' (오빠 초보불자) 에게는 윤리 도덕이라는 또 다른 경계의 가치와 의미가 사뭇 혼란스럽게 다가온다.

이번 여름도 부모님 계시는 일본 동경으로 휴가를 다녀왔다. 그 참에 단골서점이 있는 동경역전 '마루노이지' 서점에서부터 '간다' 대학가의 고서점, 그리고 새로 들어선 '신쥬쿠'의 초대형 서점 을 깡그리 뒤져서 '샤카의 뇌', '불교의 에로스와 그로테스크' 등의 주옥같은 서적들을 챙겨왔다. 한참이나 탐독하고 지금 이 자리에 소개하고픈 최근의 불교이론들로는 알봄뮬러 수마나사라 (Albomulie Sumanasara) 스리랑카 불교 대장로와 아리타 히데호의 '마음의 3원색' 가설 등 이 있다. 이를 통하여, '탐 진 치'와 뇌신경의 시스템을 같이 겹쳐서 풀어 봄으로써 욕망과 불안 스트레스와 어리석음의 구도를 해답코자 소개해 본다.(불교와 뇌과학, Saneca. Co., LTD, 2010)

우선, 지난 2012년 대통령 선거의 계절 '그년남'으로 상징되는 '탐진치' 신경세계의 원래의 자비 마음과 윤리적 성격의 차별의미는 꼰데 말빨인 이만섭이 예의 그 바닥 언어로 가치와 신념추구 의 진실을 말씀하셨다. "도덕적으로 가장 썩은 정권이라는 말이 공공연하게 나도는 현실을 정작 장로대통령(당사자)은 모르고 있다. 내일의 국가 지도자는 도덕적으로 깨끗하고 양심적이며 능력 보다 정직한 품성의 '리드 쉽'이 절박하게 요구된다." 하셨다. "실로 진실에 눈감지 않는다"는 혁 명가 김영환과 원로 정치인의 사용자경험(UX)적 대안이 이 나라, 이 사바세계의 내일에 중도적 으로 작동하는 무색투명의 3원색 융합법으로 오히려 설득력 있어 보였다.

자! 또 예를 들어보자. 황우석 교수님의 쇠 젓가락 동포핏대는 세계적 줄기세포의 실험 잉태 가 능성을 보여 왔다. 그 가능성은 국가나 지구나 우주가 원래 원하는 공명원형은, 다른 여러 석학 과 전자환경과의 통합 생리학이 결함과 폐기와 보강의 지혜, 용기를 합쳐야 한다는 것이었다. 목적을 위해 끝없는 긍정과 부정의 환류를 통하여 수단의 진실성이 창출되는 것이다. '죽은 경제학자의 살아있는 아이디어’로 알려진 어느 경제학자는(선거철에는 넘쳐나는 경제학 교수들로 하여 이름을 식별할 수 없는 지경이다) 최근의 불황, 불안, 불확실성의 젊은이들에게 “내려놓아라. 멈춰라. 포기하라”라는 ‘행복론’은 추상적이고 연약한 삶이지, 탄생된 생명력의 최대 효율적 인생론이 아니라고 주장한다. 그는 신경경제학과 진화생물학, 르네상스미술 등을 통하여 경쟁 행복론을 제기하면서 도전과 경쟁, 스트레스가 오히려 만족감 쾌감을 느끼게 하는 신경전달물질 도파민을 분비시키고, 스스로 삶을 통제할 때 느끼는 성취감이 행복의 원천이라고 주장한다. 욕망과 탐욕, 불가사의한 애증욕구는 생명력의 불씨가 끝날 때까지 영원히 작동하는가? 괴테의 파우스트, 박범신의 은교……, 콜롬비아 출신 가브리엘 가르시아 마르케스(1982년 노벨문학상을 수상한 전세계 3천만부 판매기록의 베스트셀러 작가이고 저널리스트이자 정치운동가, 소설가)는 그의 ‘내 슬픈 창녀들의 추억’(Memories of my melancholy whores, 2004)에서 고집스럽고 보수적인 90세의 신문사 비평가를 주인공으로 등장시킨다. 평생 사창가의 여인들과 섞여 살아가다, 어느 날 단추공장 어린 노동자 소녀를, 한달 월급을 하루만에 벌 수 있다며 꼬셔, 90세 꼰대 노친과 하룻밤을 보낸다는 내용이다. 역시나 “나이는 숫자로 판단하는 게 아니라 느끼는 거야” 14세 소녀 델가디나는 말했다. “왜 이렇게 나이 들어 내게 오셨어요?” 했다 한다. 최근 영화기자 이승재가 새벽에 봤다는 영화 ‘야한문:욕망의 꽃’은 27세 배슬기에 76세의 신성일주연, 한국형 복수극이라 한다.

빵과 분배와 무욕녀, 세계적으로 가장 아름답게
사랑할 수 있는 여친의 조건은 프라하와 부다페스트
여인이 소유하고 있다. 공산국가의 인민 여배우는
돈에 대한 욕심이 없다. 예술을 수행하는 대가로
국가가 월급을 지원하기 때문에, 남친에게 돈을
원하지 않는다. 남성에 대한 열망은 패기와 유머
감각뿐이다, 초상화 알바 중, 프라하 찰스 다리
아래에서, 1966

또 다른 누군가는, 인간은 환상을 만드는 동물이다! 그리고 노화는 인간이 만들어낸 환상 중에서도 가장 '거대한 집단망상' 이라 하였다던가?
스리랑카 상좌 불교 스마나사라 대장로 역시, 불교는 인간의 충동을 탐 진 치(貪瞋痴)의 3요소로 구분한다 하였다. 통합생리학 전공 아리타 히데로는 이러한 3요소에 대응하여 「탐」이 도파민 신경에, 「진」이 스트레스 노르아드레날린 신경에, 「치」가 세로토닌 신경에 활성화 상태를 가진다는 '탐 진 치 3원색 가설' 을 제기하였다. 영상의학의 발달은 사람의 뇌를 절제하지 않고 관찰 분석하여 치유하는 뇌와 마음의 화엄세계를 알아보기 시작하였다. 두뇌 속 회로가 특정적으로 활성화 되는 부위를 통하여 인간의 의식과 뇌기능 의식을 새롭게 설정함으로써, 뇌 세계와 대우주의 인드라망이 어떻게 융합하는가?의 공식 모듈을 '마음의 3원색' 가설로 풀어보게 된 것이다. 현대 뇌신경은 마음 또는 의식에 영향을 주는 3 종류의 주요 신경계가 있는데, 구체적으로 도파민(dopamine) 신경계(A10)는 욕망의 신경물질과 그 회로로서 인간의 기본 의욕, 정서감 운동발현 등을 통하여 쾌감을 발현시키는 도파민 에너지 호르몬이다. 따라서 보수, 부자, 성적, 지위, 꿈 등을 구동시키는 욕망, 의욕의 '붉은색 마음' 이라 할 수 있다.

쾌감 인드라망. 인간의 뇌신경 영역은 도파민 에너지 생성이 발화하는 도파민 창발미학 이라는 가설을 제기할 수 있다. ① 골격 ② 형태 ③ 색채 ④ 위치를 정보화하는 시공간 처리 뉴런이 (전두엽 네트워크의 종합에 의해 부호화된) 측두부 뉴런을 동원하는 영역이 쾌감을 발화한다.(Carter, 2003. Nicoll. Alger, 2004) 원초적으로 도파민 작동성 뉴런의 발화는 태양의 빛에 의해 좌우되고 손실된다.(양호, 청소년과 디지털속성, 대한임상미술치료학회, 2005)
뉴런정보 창발수준은 ① 뇌의 구조시스템. 전달 물질같은 하드웨어 ② 뉴런경로 시공간 타이밍과 흐름(커리어)의 생리적 수준 ③ 지각-인지의 계산이론이 가소성의 다중 변화론에서 결과적인 해석이 된다는 관점으로 뇌 과학을 관찰하여야 한다.(시미즈 히로시. 임충식, 1994)
뉴런과 뉴런사이에 시냅스(synapse)라는 정보통로는 통상 펄스(pulse)의 형태로 전파된다. 이때의 신경전달물질(Neural transmitter)은 뇌간에서 방출되는 정보생성과정이 세로토닌 히스타민 등으로 작동한다. 덤풀같은 별모양세포는 녹색세포가 발화, 확장하고 있고, 늙은 적색세포는 정지된 상태로 보인다.(R.D.Fields, The Hidden Brain, S.A.MIND, Mar. 2011) 인간은 존재 자체가 내 뇌에 존재하는 뇌 내 마약물질과 각성 물질에 의존하여 진화한 '마약 의존자' 라 할 수 있다. 마약이 쾌감작용에 미치는 전두 연합령, 측좌핵, 시상하부, A¹⁰ 중뇌의 4개소가 쾌, 불쾌의 창작, 희열 및 폭력, 공격성을 양면화 한다.(오오키 고오스케, 1991) 코카인 약물의 행태적 반응은 대뇌변연계피질 신경측위의 섬유소구역에 있는 DI 도파민 수용체 시냅스가 신경세포에 자극되어 진다. 이 정거장의 구루타민산 확산신경은 코카인 도착 후에 발화, 강화, 상승작용을 민감하게 감당한다.(M.E.Wolf, Behavioural effected cocaine reversed, Nature, 5. Jan. 2012)

노르아드레나린 신경은 인간의 숙명적인 조건인 생명력이 발현하기 때문에, 그 에너지의 업, 카르마로 하여 발현될 수 밖에 없는 스트레스에 작동 대응 하면서 주의력, 집중력, 그리고 불쾌한 감정에 발생, 활성화되는 '청색마음' 이다. 복어, 전갈의 맹독. 분노의 호르몬이다. 세로토닌 신경계는 쾌감의 도파민과 노르아드레나린(noradrenalin)의 불쾌감을 억제하여 평상심을 회복시키는 '녹색의 마음' 으로 명상, 운동 등의 뇌 회로 윤활유로, 마음과 생각과 의식에 대뇌피질 활동을 진정시킨다. 따라서 복수신경을 억제하며, 부타께서는 6년 고행 후, 이른바 세로토닌 (serotonin. A6) 신경의 유의의(有意義. Atthasamlita)의 평화를 회복하셨던 것이다. 저서 '불교와 뇌 과학' 에서 스마나사라 대장로는 샤카 부타의 하산후 (해탈의 직전)에 도파민 신경의 활성화에 의한 악마의 딸 마라 처녀들의 유혹을 받게 된다고 했다. 이러한 에피소드는 샤카 부타께서 뇌 속의 쾌락을 구하고 불안과 분노, 그리고 무지와 고통의 삼각구도를 체험적으로 완벽하게 이해하고 있었음을 말함이다. 우리의 일반적인 가시적 3원색은 빨강, 노랑, 파랑이다. 이들을 각기 혼색하면 보라색, 녹색, 오렌지색의 제 2차 무지개색이 나타난다. 이른바 색계(色界)의 3원색이다. 물리적으로 빛(光)의 3원색은 빨강, 청색, 초록색으로 이를 전부 합하면 투명한 백색이 된다. 색계의 3원색이 합치면 물론 검은색이 되고 만다.

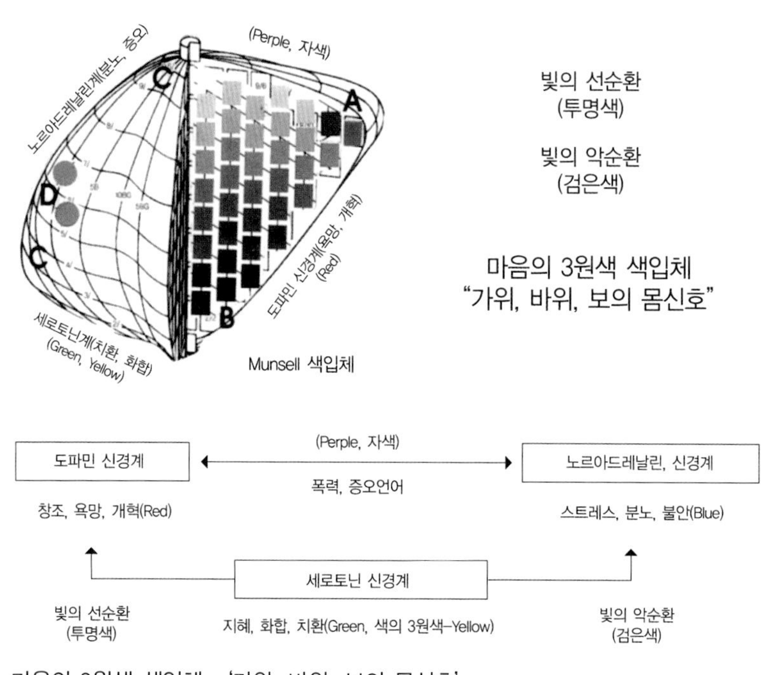

마음의 3원색 색입체 '가위, 바위, 보의 몸신호'

용어해설

간섭무늬(Interference Pattern)

냄비 속 물결은 가장자리로 둥글게 동심원을 그린다. 서로 엇갈리면서 상호작용을 한다. 간섭무늬파동이다. 보강간섭과 상쇄간섭이 번갈아 나타난다. 육체 또한 상호작용으로 진동하는 에너지량의 변화하는 전자기장의 간섭형태이다.(J. Satinover, 2010)

생불화 변상모델, 혁필화와 금산사부적

동북아시아 혁필화(에크프라시스. Ekphrasis Art) 서민 부적 장식과 용화선경 미륵 천지개벽 기다림의 12지 부도. 24혈도 이모티콘 G.U.(Graphic Use)

리좀생성(Rhizome Being)

철학자 들리지가 '인간의 동물되기' 개념을 제시했을 때, 마침 3개의 생태계 철학을 가졌던 펠렉스 가타리와 학문적으로 만나, 머리와 몸이 따로 노는 생태철학이 탈위계, 탈중심, 탈영토화의 리좀현상이 발생한다. 감자뿌리의 땅속 엉킴이 혼돈 속에서도 줄기를 연결하는 "그리고, 그리고, 그리고"의 인터넷 전자속성을 상징한다. 전자 혁명이 완성된 현재에는 비트속도의 전자 시스템 엉킴이 현대 사회 생태계 혼돈을 표현하는 것으로, 본 원고에서 재해석 규정하고 있다. 'QR코드의 리좀생성' 탈위계, 탈영토성의 무질서 전자정보.(뉴욕 타임스, 2012)

뇌 만다라 연합

최근에 범람하는 뇌신경 과학들은 지난 몇 10년동안, 마치 스위스육군의 나이프같은 차별화된 영역에서, 각기 다른 신경작동이 성립된다고 생각하고 있다. 미래의 다중감각 진화는 두뇌기능의 이해관점을 바꾸면서, 발성재인지 소프트웨어의 개선과 같은 장님과 귀머거리를 도우는 안이비설 신의의 융합과학과 분절들의 통합에 의해 뇌신경이 발화하고 있었다는 '경계가 없음' 쪽으로 실험연구 되어야 한다. 좌측 뇌 시뮬레이션은 가장 기초적인 뇌 감각영역을 표현한 전통적인 만다라 인터페이스라면, 우측의 새로운 시뮬레이션은 미래 뇌 과학의 의식계(마음) 혼합건축 이미지를 보여주고 있다.

청각(사운드)과 시각(비쥬얼) 그리고, 촉각(터치)의 황, 적, 청 3원색의 분절들이 제 2차색으로 혼색되었을 때, 다중 그림자 효과 같은 IT 게임뇌 등의 유기적 뇌신경 창조가 분출된다. 「안이비설」 신의의 과잉 중첩 때 뇌신경은 석류처럼 뚜껑이 열린다. 반야심경 시즌 2의 새로운 뇌과학이다.(L.D.Rosenblum. A confederacy of senses. SCIENTIFIC AMERICAN. Jan. 2013)

「밈」 문화유전자

대뇌 신경세포와 디지털 신경망의 공통점은, 세포들 간에 항상 되먹임하는 상호학습작용을 한다는 것이다. 진화 학자 도킨스에 의하면, 유전자는 세포조직을 이용하는 복제기능이지만 밈(meme)은 두뇌자체를 복제 장치로 이용하여 모방형태로 전달한다고 한다. 이때 숙주(host)의 암호화(encode)로 매개체(vector)에 전염되고, 이어서 이를 통한 해독화(decode)로 다른 숙주(vector)로 감염된다.(양호, Penfield 난쟁이의 신경미학, 대한 임상 미술 학회, 2011)

스마토피아(Smartopia) 진화

자웅양성적(Hermaphroditically joined) 시바신(원형적인 신성혼. Archetypal sacred marriage), (벵갈. 12세기)은 유전자 진화로 남성 또는 여성이 복제된다. 안드로미디어(2011) 게임 아바타는 완성된 생물진화에서 문화적 밈 유전자인 신체와 기관총 스마트폰으로 복제, 진화되어 있다. 철학자 고미숙은 "반복은 순환의 죽음이다. 암, 자폐증, 치매의 공통점은 이웃과의 단절이다. 이때, 세포단위든 개체단위든 일단 소통이 단절되면 모든 존재는 자기 동일성만 증식하게 된다." 하였다. 밈 유전자의 용신(用神) 네비게이션 기능을 말하고 있다. 드디어 '울부짖는 교황' (프랜시스 베이컨, 1954)은 섬뜩하고 기괴한 밈 유전자마저 해체되어 버리는 단절과 전이와 소멸의 간극(MA·숙주와 복제자 사이)으로 다비 또는 퇴화된다.

저자 콘텐츠

경기고, 서울미대 응미과, 서울대 환경대학원, 한양대 이학박사, 한양대학교 교수, 학장,
뉴욕 SVA 교환교수, 국전입선(1959), 대한민국 산업디자인전 심사위원장(2002),
대한민국 미술대전 심사위원장(2003), 서울시 도시디자인 위원 · 청계천복원 심의위원장(2006)
대한임상미술치료학회장(2012)

현

서울사이버대학교 멀티미디어학과 석좌교수, 한양대학교 명예교수,
(사)차세대R&D기술정책연구원 이사장, 서울민족미술가 회원, 경기불자회 회원

저서

커뮤니케이션디자인의 신화학(1988), 환경디자인행태학(1990), 정치행동학(1991),
그림여자 그림남자(1999), 골벽 글벽 화벽(2004)

논문

한국의 옹기문양(1979), 한국의 돌길, 물길, 왕길, 능길, 절길(1979,1980),
아스완 댐과 나일강 생태학(1981), 아시아 혁필화 변천사(1998),
한중일 컴퓨터그래픽 비교(2002,2003,2004), 환경심리 · 인간행태디자인 연구(박사학위),
서울 도시디자인 기본계획-Ⅰ(2006)

발제

청소년과 디지털 속성(2005), 나루장터와 빌바오 도시 효과(2007),
카우보이 경제와 우주선 지구호(2008), 2020 과학도시의 시장성 모델(2008),
국가환경 예측과 양산박 테크노(2009), 4대강 양론과 U-Eco Design(2009),
강물생태와 가상수 미래(2010), 신경미학과 피크 이동(2010),
4대강 가상수 인큐베이터(2010), 착시와 신경과학(2011), 뇌에 고통은 없다(2013)